Wilfried Meichtry

VERLIEBTE FEINDE

Iris und Peter von Roten

Nagel & Kimche

Hinweis:
Die Dokumente sind den Originalen getreu wiedergegeben. Offenkundige Schreibfehler wurden korrigiert, und vereinzelt wurden die Satzzeichen angepasst. Die zum Teil französisch geschriebenen Briefe Peter von Rotens und anderer Personen wurden vom Autor ins Deutsche übersetzt. Aus Gründen des Persönlichkeitsschutzes bleibt die Identität einzelner Personen, die in diesem Buch vorkommen, verschlüsselt.

Der Autor dankt dem Schweizerischen Nationalfonds für die grosszügige Unterstützung dieser Arbeit

Der Verlag dankt der Gemeinde Raron für ihre freundliche Unterstützung

Verliebte Feinde erschien erstmals 2007 im Ammann Verlag, Zürich

4 5 6 7 8 21 20 19 18 17

Herstellung: Andrea Mogwitz und Rainald Schwarz
Satz: Gaby Michel, Hamburg
Druck und Bindung: Friedrich Pustet
ISBN 978-3-312-00524-6
Printed in Germany

FSC
www.fsc.org
MIX
Papier aus verantwortungsvollen Quellen
FSC® C014889

Für Meret Flor und Ruben Valerio

Ich erfinde Gestalten, die es gegeben hat.
Peter Härtling in »Hölderlin«

VORBEMERKUNG

Dieses Buch ist der Versuch einer Annäherung an Iris und Peter von Roten. Es basiert auf einem reichhaltigen Nachlass, zahlreichen Gesprächen und meinem Einfühlungsvermögen. Obwohl ich mich fünf Jahre lang mit Peter und Iris von Roten auseinandergesetzt habe, kann ich nicht behaupten, dass ich die ganze Wahrheit über sie kenne oder für alles eine Erklärung liefern kann. Was mich bei meiner Arbeit geleitet hat, ist das Bemühen, mich an die historischen Quellen und Fakten zu halten und die Ergebnisse meiner Recherchen so aufrichtig wie möglich niederzuschreiben.

Im Zentrum des Buches steht der Briefwechsel zwischen Iris und Peter von Roten. In den Jahren zwischen 1943 und 1949 haben sich die beiden 1288 Briefe geschrieben. Im Vergleich dazu gibt es für die Zeit nach 1950 nur mehr spärliche schriftliche Zeugnisse ihres Zusammenlebens.

Der wissenschaftliche Anspruch meines Vorhabens konnte von allem Anfang an nur ein relativer sein. Wissenschaftlichkeit im Sinne von absoluter Exaktheit ist bei der Darstellung vergangener Leben eine Utopie. Obwohl ich das Leben und die Gedankenwelt von Iris und Peter von Roten immer wieder bis in die kleinsten Verästelungen rekonstruieren konnte, lässt sich ihr Leben nicht streng nach den Gesetzen kausaler Logik auffächern und analysieren. Die Natur des Menschen ist nicht so konzipiert, dass sie im Handeln, Denken und Fühlen einem durchwegs erkennbaren Interesse folgt. Sie hat vielmehr etwas Zersplittertes, gar Widersprüchliches und Wandelbares an sich und ist oft von Zufällen und Zeitumständen bestimmt.

Als Autor fühle ich mich Iris und Peter von Roten im höchsten Mass verpflichtet. Auch wenn sie nicht mehr leben und ich sie nicht persönlich gekannt habe, gestehe ich ihnen grössten Respekt zu.

Burgdorf, 2. März 2007 *Wilfried Meichtry*

ERSTER TEIL

Es haben Pflicht und Liebe mutig
Die ganze Nacht in mir gestritten,
Mein armes Herz ist jetzt noch blutig,
Der Himmel weiss, was ich gelitten;
Die Pflicht hat endlich wohl gesiegt,
Doch auch mein Glück gebrochen liegt.

Leo Luzian von Roten (1824–1898)

I

DER ENFOUTIST

(1943)

Peter von Roten ging nie ohne Zigaretten ins Zuchthaus. So gut es ging, verstaute er die Päckchen in seinen Hosen- und Jackentaschen, kaschierte sie in seiner Aktenmappe. Obwohl es nicht untersagt war, Gefangenen Zigaretten mitzubringen, zog er es vor, die Gauloise-Päckchen heimlich an die Zuchthäusler zu verteilen. Alles andere hätte seinem Ruf geschadet. In den Genuss der Zigaretten kamen vornehmlich seine alten Klienten. Der Holzdieb von Ergisch, die beiden Wilderer von Ausserberg, der Brandstifter aus dem Goms. Arme Schlucker, um die sich niemand kümmerte und die ihre Anwaltsrechnungen nie bezahlen konnten.

Die geheime Zigarettenverteilung im Zuchthaus von Crêtelongue erfüllte Peter von Roten mit einem seltsamen Gefühl von Stolz. Kein beruflicher und auch kein politischer Erfolg konnte ihm auch nur ein annähernd ähnliches Gefühl verschaffen. Wie wenig hatte es ihn beeindruckt, als er sein Jurastudium mit dem Doktortitel abgeschlossen hatte, oder wie erschreckend unbeteiligt stand er vor seinem Elternhaus, als ihm die Dorfmusik von Raron nach der Wahl ins Walliser Parlament ein Ständchen brachte. Hochgefühle und Freude empfand er komischerweise nur dann, wenn er Grund gehabt hätte, sich zu schämen: wenn er seinem Militärkommandanten nicht gehorchte, ohne Billett Zug fuhr oder vom Präsidenten des Kantonsgerichts gerügt wurde, weil er während der Arbeitszeit private Briefe schrieb. *Vernichtungswonne* nannte er dieses Gefühl und fragte sich, was es zu bedeuten hatte, dass er sich heimlich wünschte, verhaftet und in Handschellen durch das Dorf geführt zu werden.

Ist ein Mensch, schrieb Peter von Roten am 1. Mai 1943 an eine Bekannte, *mit solchen typisch asozialen Gefühlen nicht eine Gefahr für die Mitmenschen, wenn er durch den Zufall der Geburt und des Vermögens an ausgesetzte Orte kommt? Ich hoffe, Sie klopfen sich mit dem Zeigefinger auf die Stirne, wenn Sie dieses lesen. Ich kann Ihnen zu Ihrer Beruhigung sagen, dass ich gegen diese asoziale Einstellung kämpfe und hoffe, sie auszurotten. Aber ich muss mir dabei immer sagen, dass ich mein eigenes Ich ausreisse und zerstöre und an dessen Stelle ein konventionelles Wesen züchte, das mir gar nicht verwandt ist. Eines ist mein Leben und das andere ist die Rolle, die ich zu spielen habe und jeden Tag besser spielen will.*

»Du musst deine Pflicht lieben lernen!« sagte die Mutter. Und Peters Pflicht bestand darin, der Mutter zu gehorchen und in die Fussstapfen seiner Vorfahren zu treten. Der früh verstorbene Vater, die beiden Grossväter und drei der vier Urgrossväter hatten Jura studiert und sich alle durch brillante politische Karrieren im National- und Ständerat hervorgetan. Peter hasste all die Leute, die ihm seit seiner Jugend sagten, wie sehr er seinem Vater gleiche und eines Tages wie er für die Rechte von Kirche, Dorf und Partei eintreten werde. Für ihn war die katholisch-konservative Politik eine erbliche Belastung, an die er nicht wirklich mit Überzeugung glauben konnte. *Ich komme mir vor wie ein Hochstapler,* schrieb er in sein Tagebuch, *der auf der Bühne etwas spielt, an das er gar nicht glaubt.* Seine politischen Interessen zielten in eine andere Richtung: *Ich habe eigentlich erst in Italien gemerkt, dass ich Anarchist und Revolutionär bin und nur aufgrund der Stellung unserer Familie Polizeipräsident von Raron.*

Peter von Roten hatte nie etwas anderes gelernt, als nach aussen hin zu funktionieren. Statt revolutionäre Ideen zu verbreiten, musste er Jugendliche strafen, wenn sie rauchten. Viel lieber hätte er es erlaubt und die Jungen dazu angestiftet, die neue militärische Flughalle und die Soldatenstube in Brand zu stecken. Das erste Strafverbal, das er wegen Rauchens austeilte, hatte bei der Dorfjugend eine grosse Schreckwirkung. Er fühlte den Kit-

Peter von Roten, um 1945

zel der Macht, der ihm aber keinerlei Befriedigung verschaffte. Nein, Macht betörte ihn nicht. Vielmehr erschienen ihm jene Gebiete als reizvoll, wo er zweifelte und sich Fragen stellte. Am liebsten hätte er sich wie Montaigne mit einer grossen Bibliothek in einen einsamen Turm zurückgezogen und ein Buch geschrieben. Aber ein Mensch, der schrieb, seine Zeit verlas und verträumte, war für die Mutter, Tante Ida und den Familiengeistlichen Rektor Raphael ein Tunichtgut und eine Provokation. Dabei war die einzig würdige Arbeit des Menschen doch die Arbeit für sich selbst: die Beschäftigung mit Literatur, dem Schreiben und der Kunst.

Dieses ganze Leben ist ein verfluchtes Servitut, zog er im Sommer 1943 Bilanz. *Wenn man nur wüsste, warum man lebt, beziehungsweise nicht lebt. Ich muss immer denken, dass ich nichts in meinem Leben wirklich selbst gemacht habe.*

Mit Mutter, Tante, dem älteren Bruder Ernst und zwei Hausangestellten lebte Peter von Roten im kleinen Oberwalliser Dorf Raron, in dem seine Familie seit Generationen das Sagen hatte. Er war eingebunden in die Verwaltung des grossen väterlichen Besitzes, betrieb ein kleines Büro als Advokat und Notar im benachbarten Visp, war Gemeinderat in Raron, vertrat die katholisch-konservative Partei im Walliser Grossen Rat, war stellvertretender Rapporteur beim Instruktionsgericht Visp, Mitglied des Geschichtsforschenden Vereins Oberwallis, Mitarbeiter des »Walliser Boten«, Rechtsberater des Bienenzüchtervereins Raron, Besucher der Baumschulkurse an der Landwirtschaftlichen Schule Oberwallis, Korporal in der Gebirgs-Batterie 7 und Präsident sowohl der Krankenkasse als auch der Ausgleichskasse Raron.

Ihm graute vor all den zeitfressenden Ämtern. Vor all diesen belanglosen Dingen, mit denen er sich Tag für Tag beschäftigen musste. Der junge Mann war nicht der, der er sein wollte. Er wusste, woran er litt, und konnte nichts dagegen tun. *Im Seelenkampf der Pflicht,* hatte sein Grossonkel Leo Luzian ihm und seinen Brüdern ins Stammbuch geschrieben, *zeigt sich des Mannes echter Wert.* Persönliche Interessen, Wünsche, ja selbst Gefühle waren sekundär. War das der Preis, der für Privilegien und Wohlstand zu entrichten war?

Alles scheint mir besser zu sein als Politik oder Jurisprudenz im Wallis, beklagte sich Peter bei einer Cousine. *Denk an Rimbaud, der in Abessinien mit Kakaobohnen und mit Büffelhörnern handelte, oder an Franz Kaspar, der den Inka von Mexiko die Messbücher von Benzinger aufschwatzte und ihnen dafür die Chinarinde abnahm. Ist das nur eine Illusion? Aber um im Wallis zu leben, ist meine Bildung nicht die geeignete, sondern dafür sollte man Bettler gelernt haben oder Räuberhäuptling. Dabei ärgert es mich, dass ich so unlogisch bin mit mir selbst: Bald sage ich, es gehe gut, bald wieder, es gehe schlecht.*

Morgen sind Grossratswahlen. Ich will ganz gleichgültig sein und mir über diese Politik nicht den Kopf zerbrechen, sondern mich drum foutieren. Dieser Enfoutismus soll meine Grundeinstellung sein.

2

BRAUTSCHAU

Die, welche so in den Ehestand treten, dass sie Gott von sich und ihren Herzen ausschliessen, und die Wollust also pflegen wie ein Pferd und Maulesel, die keinen Verstand haben, über die hat der Teufel Gewalt. Haben die Söhne und Töchter das gebührende Alter erreicht und fühlen sie sich nach reifer Überlegung, nach vorhergegangener Beratung mit Gott, mit ihrem Beichtvater und mit ihren Eltern dazu berufen, dann können sie sich, Glück und Segen, Friede und Eintracht erhoffend, als Braut und Bräutigam zum unauflöslichen Lebensbunde die Hand reichen.

Pfarrer Alois Andenmatten am 6. März 1945 im »Walliser Boten«

Nach altem Familienbrauch kam für Peter von Roten nur eine standesgemässe Heirat in Frage. Zwei Möglichkeiten standen ihm offen: Entweder suchte er sich seine Braut selber aus, oder aber die Familie traf die Wahl. Im Gegensatz zu seinen Geschwistern tat sich Peter aber schwer damit. Nicht weil es an interessanten Partien mangelte, sondern weil er sich nie entscheiden konnte. *Ich beobachte bei mir selbst*, schrieb er in dieser Zeit, *eine masslose Unsicherheit und radikale Unentschlossenheit in allen Dingen.*

Immerhin wusste er, was er nicht wollte: Eine reine Vernunftehe kam seit Catinka nicht mehr in Frage. Er wollte aus Leidenschaft heiraten und nicht aus Gründen von Schicklichkeit und Vermögen. Ein Leben ohne Leidenschaft war sinnlos! In der Liebe genauso wie im Beruf. Arbeiten, um Geld zu verdienen, damit man eine gesicherte Existenz hatte? Nein, davon wollte er nichts wissen. *Ist es nicht ein Fluch für uns sogenannt bessere Leute*, schrieb er im Sommer 1943 in sein Tagebuch, *dass die*

Klassenzugehörigkeit die sentimentale Seite bei weitem überwiegt? Hans Anton behauptet, dass nein, denn viele Leute wären froh, von Roten zu heissen oder diese und jene sozial höhere Stellung einzunehmen. Aber man kann hieraus noch nichts schliessen, denn daraus, dass die einfachen Bauern die besseren Leute beneiden, folgt noch keineswegs, dass diese glücklicher seien als jene.

Aber auch gegen das Ideal der romantischen Liebe hatte er Vorbehalte. War sie nicht eine andere Art von Wahnsinn? In den meisten Fällen nur ein kurzzeitiges Glück? Und Sexualität ein ihm gänzlich unbekanntes Land? *Zwischen dem Liebesgefühl und der Sexualität*, wird er sich Jahrzehnte später erinnern, *bestand damals eine absolute Trennung, ich konnte zwischen dem einen und dem andern überhaupt keinen Kontakt herstellen.* Mit Liebe war immer nur die geistige Liebe gemeint, die etwas erhaben Göttliches und Reines verkörperte, während körperliche Liebe und Lust in Kirche und Elternhaus als Sünde gegeisselt wurden. Nichts, rein gar nichts war einem katholischen Jungmann vor der Ehe erlaubt. Die Beziehung zu einer Frau, hatte er gelernt, musste bis zur Heirat keusch bleiben und auf blosser Kameradschaft beruhen. Als ihn Martina von Erlach kurz nach seinem siebzehnten Geburtstag in einem unbeobachteten Augenblick unerwartet auf den Mund küsste, war Peter genauso fasziniert wie um seine Jungfräulichkeit besorgt. In diesem Spannungsfeld stand seine ganze Jugend und Adoleszenz: Sexualität war das Verbotenste und Verlockenste zugleich.

Mit Zwanzig erfolgte der Eintritt ins gesellschaftliche Leben. Wie seine älteren Geschwister nahm Peter an verschiedenen Bällen und Hochzeiten führender katholischer Familien aus der Innerschweiz, Solothurn, Freiburg und dem Wallis teil und knüpfte erste Fäden zum weiblichen Geschlecht. Der grossgewachsene und attraktive Mann mit dem schwarzen Haar zog schnell die Aufmerksamkeit der Frauenwelt auf sich, was ihn überaus erstaunte. Das einzig Unangenehme war die Mutter, die nicht nur über all seine Kontakte im Bild sein wollte, sondern jedesmal, wenn er sich mehr als einmal mit der gleichen Frau traf, die Hochzeitsglocken läuten hörte.

Der lange Arm der Mutter reichte bis an die Universität Fribourg, wo Peter unter den Fittichen seines sieben Jahre älteren und der Mutter treu ergebenen Bruders Hans Anton stand, der nach abgeschlossenem Theologie-Studium an einer historischen Dissertation arbeitete. *Hans Anton ist mir Schutzengel und Damoklesschwert,* so Peter an seine Grossmutter Hedwig Feigenwinter-Kym. *Ich besuche mit Heldenhaftigkeit die Rechtsvorlesungen. Vorderhand habe ich allerdings noch nicht viel Vergnügen daran, dafür aber um so mehr Resignation und den leisen Hoffnungsschimmer, dass ich mit der Zeit der Jurisprudenz etwas mehr Freude zuwenden kann. Denn wenn die treue Pflichterfüllung Brot ist, so wäre Vergnügen an der Sache noch Confitüre dazu.*

Peter realisierte schnell, dass der süsse Brotaufstrich im Jurastudium nicht zu haben war. Er war enttäuscht, oft schlecht gelaunt, wurde zunehmend mürrisch. Zu einem offenen Konflikt mit der Mutter und den drei älteren Brüdern kam es, als er sich weigerte, in die katholische Studentenverbindung einzutreten, in der sich die katholische Elite versammelte und Beziehungen knüpfte. *Die paar Male, da ich an einen Stammtisch ging, fand ich eine so langweilige und lustlose Gesellschaft vor, dass mir die Freiheit dann doch lieber war.*

Nach nur zwei Semestern verliess er im Sommer 1936 die Universität Fribourg. Die Gründe sind unklar. Hatte er genug vom Studium, oder war es – wie mir seine Schwester Jahrzehnte später erzählte – sein Drang in die Welt, der Wunsch nach Aufbruch und Unabhängigkeit? Seine nächste Station scheint ein Kompromiss zu sein: Für ein Semester immatrikulierte Peter im Herbst 1937 an der Sorbonne in Paris, wo er wie in Fribourg der Oberaufsicht seines Bruders Hans Anton unterstellt war, der hier für seine Dissertation recherchierte. Der Zwanzigjährige nutzte seinen Paris-Aufenthalt. Er belegte Vorlesungen über Literatur, Philosophie und Recht, verbrachte viele Tage im Louvre, füllte zwei

Peter von Roten auf einer Hochzeit in Luzern, um 1940

Hefte mit Erinnerungen an seine acht Jahre am Kollegium Brig, besuchte Ausstellungen und erkundete die Stadt. Mit grossem Interesse verfolgten Peter und Hans Anton auch die internationale Politik. Erstaunt meldeten sie Mitte Dezember 1936 nach Raron, *dass der Thronverzicht des englischen Königs Edward* VIII., der die geschiedene Amerikanerin Wally Simpson heiraten wollte, *in Paris mehr Schlagzeilen macht als der Hitler-Franco-Pakt.* Die beiden Brüder wurden Zeugen der heftigen innenpolitischen Grabenkämpfe, die sich der Front populaire des sozialistischen Ministerpräsidenten Léon Blum mit den Kommunisten, Konservativen und Nationalisten lieferte. Als sich Innenminister Roger Salengro im November 1936 das Leben nahm, kam es zu Grossdemonstrationen: *Ich war an der grossen kommunistischen Demonstration für Salengro*, schrieb Peter an seinen Bruder Hildebrand. *Meine schäbigsten Kleider hab ich angezogen und das Zeichen der Sozialdemokratischen Arbeiterpartei Österreichs, um mich gegen alle Risiken abzusichern, stellte dann aber fest, dass das nicht nötig war, weil alle sehr viel besser angezogen waren als ich. Als dann in der Metro eine junge grosse Frau mit wilden Augen die Internationale anstimmte, gab ich mein Bestes und sang mit nach der Melodie, die Du uns gelehrt hast.*

An den politischen Wirren in Frankreich schieden sich die Geister der Brüder. Während Peter dem Front populaire, der einen humanistischen Sozialismus vertrat, mit Sympathie gegenüberstand, distanzierte sich Hans Anton dezidiert von der Regierung Blum und setzte auf die konservativen Kräfte.

Das Semester in Paris war für Peter der Höhepunkt seines bisherigen Lebens. Er fühlte sich geborgen in der Anonymität der Grossstadt, aufgehoben in der grossen Masse namenloser Menschen. *Nur in der Stadt kann man Mensch sein*, schrieb er in sein Tagebuch. *Ich kriege allmählich einen Hass auf das Wallis, weil mir scheint, alle menschlichen Untugenden seien dort in irgendeiner speziell dichten Art konzentriert und versammelt.* Als er bei einem Museumsbesuch Marianne Bauer kennenlernte, die ihn in der Folge zu gelegentlichen Spaziergängen und Museumsbesuchen einlud, war er schnell verunsichert. Als sie ihm kurz darauf schrieb, *Je serai bien contante d'entrer en relation avec vous pour echange de conversation*, begann er seine erste Korrespondenz mit einer Frau, die er nur wenige Male gesehen hatte.

Im Herbst 1937 setzte Peter sein Jurastudium an der Universität Bern fort. Er bezog ein Zimmer in einem Studentenheim, wurde Mitglied der Grande Société de Berne und verfügte binnen kurzer Zeit über ein eindrückliches Netz von weiblichen Bekanntschaften, die aus grösstenteils renommierten Häusern stammten. Seine Aufzeichnungen aus dieser Zeit machen deutlich, wie er insgeheim dieses und jenes Fräulein genauer zu mu-

Peter von Roten, um 1945

stern begann. *Ich bin so erzogen oder überhaupt so gewickelt – sei es aus Tradition oder weiss Gott warum –, dass ich mir ganz instinktiv vorstelle, zwischen einem Mann und einer Frau führe die Freundschaft normalerweise zur Ehe.*

Trotz seiner grossen Chancen beim weiblichen Geschlecht konnte sich Peter nicht wirklich in eine Beziehung einlassen. Wenn immer sich Neugier oder sexuelle Lust in seinem Innern regten, trat sein frömmlerisches Gemüt auf den Plan und legte reflexartig den gebührlichen Sicherheitsabstand zu allem Weiblichen fest.

Sehnsucht und Angst. Das waren Peters Seelenzustände, wenn ihm eine Frau gefiel. Die Folge war, dass er bei Rendezvous mit Frauen angespannt wirkte und sich mehr als einmal linkisch benahm. Wie sollte er auf diese Weise eine wirklich interessante Frau kennenlernen?

Der Ausweg war schnell gefunden. Statt Frauen bei gemeinsamen Treffen näher kennenzulernen, begann Peter im Winter 1937/38 mit verschiedenen Frauen zu korrespondieren. *Bei Dir, Peter,* schrieb ihm eine junge Zürcher Architektin, *geht es mir genau wie in einer Barockkirche, wo ich, beeindruckt von der Gewalt des Raumes, nach der Konstruktion oder wenigstens nach den innern Raumzusammenhängen suche. Aus Interesse, was hinter diesem wilden Sturm verborgen liegt.*

Fasziniert von seiner Persönlichkeit war auch T.: *Ich habe viel und oft über Deinen Brief nachgedacht, er zeigt mir so ganz die Harmonie in Deinem Wesen. – Raron und Rilke: Lust niemandes Schlaf zu sein unter soviel Lidern – Barock – Greco – Wald – Individualismus (das erste, was ich von Dir wusste) und daraus heraus eine mir immer noch unverständliche, leichte Sympathie zur Diktatur (mehr im Hinblick auf den Diktator als auf das Volk, oder?).*

Binnen kurzer Zeit war Peter mit mehreren Frauen, die er nur einige wenige Male gesehen hatte, in Briefgespräche vertieft. Die erhalten gebliebenen Briefe dieser Frauen – Peters Briefe sind verloren oder nicht zugänglich – dokumentieren eine breite Palette von Themen. Peters radikaler Antimilitarismus und sein fehlender Patriotismus sind in den teils sachlich distanzierten und teils sehr persönlich gehaltenen Briefwechseln überall ein zentrales Thema. *Du schimpfst aber ganz tüchtig auf das Militär,* zeigte sich R. erstaunt und fügte an: *Es ist gut, dass bei uns jeder seine Ansicht und seine Meinung vertreten kann. Anderenfalls hätte man Dich schon längst zum Schweigen gebracht.* Die für Offiziere schwärmende B. redete Peter ins Gewissen, dass er *punkto Militär einfach ganz schrecklich* sei, und stellte klar, dass *mir nebst Gott und Familie das Vaterland das Höchste zu sein scheint, was wir auf Erden besitzen.*

Die Berner Aristokratin S. verurteilte Peters armeefeindliche Einstellung, konnte aber seine antipatriotische Einstellung gut verstehen: *Punkto Patriotismus,* schrieb sie im Oktober 1938, *wollte ich noch sagen: Wir Berner hätten manchmal auch Lust, auf diesen Klotz von Schweizer Kreuz zu spucken, denn das, was wir vor Napoleon waren, und das, was wir jetzt sind – da ist ein ebenso grosser Unterschied wie bei Euch. Ihr müsst nicht meinen, nur Euch Walliser sei es schlechtgegangen, auch uns haben diese »Miteidgenossen«, die Freisinnigen, solche Kontributionen auferlegt, dass wir nicht nur die Möbel, sondern auch die Güter und Schlösser weggeben mussten, gestohlen haben sie uns einfach alles. Das kommt nur davon, weil die Franzosen ihren Liberté-Égalité-Blödsinn zu uns brachten (dem Berner Bauern wäre doch sonst nie so etwas in den Sinn gekommen), und deshalb bin ich der Meinung, dass wir den Jean-Jacques Rousseau oder den Napoleon hassen müssen (der ist schuld, dass Ihr Schweizer seid, nicht wir!), ich hasse also den Rousseau, nicht das Schweizer Kreuz.*

Von Peters insgesamt zwölf Brieffreundinnen aus diesen Jahren freute sich einzig M. über seine antimilitaristische Einstellung: *Es freut mich, dass Du nicht glaubst, dass das Militär ein Gradmesser für den wahren Wert eines Mannes ist. Dass Du ein militanter Antimilitarist bist, glaube ich Dir aber nicht. Antimilitarist schon, aber militant!? Dafür bist Du ja viel zu sanft.*

Der Rekrut Peter von Roten, 1936

Ich kann mir nicht vorstellen, dass Du etwas ohne Ruhe verfechten würdest.

Hierin irrte sich M. Beim Thema Militär brannten dem stets konzilianten Peter regelmässig die Sicherungen durch: *Ich bin schon wieder in diesem verfluchten Kostüm,* enervierte er sich im Sommer 1943. Sein Verhältnis zur Armee war seit der Rekrutenschule schwierig. Was ihm am meisten zu schaffen machte, waren der Machtdünkel und die Willkür seiner Vorgesetzten, deren Schikanen er monatelang ausgeliefert war. *Ich hoffe immer noch,* empörte er sich einige Jahre später bei T., *mit einem meiner damaligen Vorgesetzten irgendwo zusammenzukommen, wo man keinen ärztlichen Schein braucht, um Leute zu beerdigen.* Für die Mutter war klar, dass Peter eine Offizierskarriere anpeilen musste: *Es wäre wirklich eine Demütigung,* schrieb sie ihm am 16. Juni 1937 in die Unteroffiziersschule, *wenn Du nicht aspirieren würdest. Strenge Dich also an und leiste Dein Bestes. Meine persönliche Meinung habe ich Dir längst mitgeteilt. Ein Mann in Deinem Alter und mit Deiner Erziehung soll seine Pflicht voll und ganz erfüllen.*

Aus der von der Familie erwarteten Offizierslaufbahn wurde nichts. Ein Disziplinarverfahren – Peter hatte während einer Inspektion »Merde« auf seinen Helm geschrieben – und ein Wachvergehen besiegelten seine militärische Karriere. Seinen Aktivdienst verbrachte Peter im Goms und auf dem Simplon. *Ich mag mich gut an die Tage erinnern,* schrieb er 1977, *als der heutige Oberst-Brigadier Jean-Louis Jeanmaire bei unserer Einheit auf dem Simplon Dienst tat. Er war damals erst zwei- oder dreisternig, und der Ruf eines schneidigen Haudegens ging ihm voraus. Mit uns lahmen Maultiertreibern wurde er beauftragt, »Kampf« zu üben, und das ging so vor sich, dass er uns erklärte, in jenem Stall in hundert Meter Entfernung sei »der Feind«. Den gelte es jetzt zu erledigen. Er wandte sich dann an mich als Korporal und wollte wissen, welchen Weg ich zur Erledigung des »Feindes« vorschlage, ob Flammenwerfer oder Beschiessung mit Mörsern oder Kanonen. Diese Befragung erfolgte in einer drängenden* *und zugleich tänzelnden Art, durch die den Untergebenen die Not der Zeit und die Wichtigkeit der Aufgabe suggeriert werden sollte. Meine Antwort brachte ihn ganz aus der Fassung: Ich schlug nämlich vor, zuerst einmal den Feind zu fragen, was er eigentlich wolle. Bevor man sich beschiesst oder erschiesst, sollte man doch miteinander reden, sagte ich.**

In den insgesamt 150 Tagen Aktivdienst zwischen 1939 und 1944 musste der aufmüpfige Korporal von Roten einige Verweise einstecken und schliesslich wegen wiederholten verspäteten Einrückens sogar eine zehntägige scharfe Arreststrafe absitzen. *Das Militär wird mir zum Ekel,* schrieb er im Juni 1944 aus dem Aktivdienst. *Ekel ist nicht gut. Eher zum Feind. Ich kann keine Achtungsstellung machen, ohne innerlich zu zittern vor Hass, dass man mich zwingen kann, gestreckt dazustehen. Ich glaube, ich kann mich nicht länger mehr enthalten, Kommunist zu werden, wenn ich hier bin.* Als er im Herbst 1945 nach umfangreichen medizinischen Untersuchungen aufgrund einer Doppelniere als »militäruntauglich« eingestuft und vom Militärdienst befreit wurde, war seine Freude gross: *Es kommt mir vor wie eine Erlösung aus einem ständigen Alpdruck.*

Peter von Roten wird sein Leben lang an seiner armee- und schweizkritischen Einstellung festhalten. Im Gegensatz zu andern kritischen Intellektuellen – Max Frisch, Arnold Künzli oder Roman Brodmann – gehörte er nie zu den Verfechtern der »geistigen Landesverteidigung«. Seine ersten armeefeindlichen und antipatriotischen Artikel stammen aus dem Jahr 1944. Am 22. September schrieb er in seinem Leitartikel auf der Frontseite des »Walliser Boten«: *Was heute in der Schweiz an sprachlicher Landesverteidigung getan wird, ist meistens wohl gut gemeint, aber von so derartiger Stupidität, dass man lieber Watte in die Ohren und Bretter vor die Augen nähme, als sich das anzuhören.*

* Brigadier Jean-Louis Jeanmaire (1910–1992) wurde im Jahre 1977 wegen Landesverrats und Spionage für die Sowjetunion zu achtzehn Jahren Zuchthaus verurteilt. 1988 wurde er vorzeitig aus der Haft entlassen.

Und eine Woche später zum Thema allgemeine Wehrpflicht: *Jahr für Jahr werden Tausende zu Soldaten gemacht, die lieber nie ein Gewehr in die Finger nähmen noch eine Uniform anziehen würden. Und trotzdem werden sie, wenn sie 20 Jahre alt sind, geschoren wie die Landesverräter in Frankreich, dann in Kasernen gesteckt und dort monatelang gedrillt, bis sie gelernt haben, dass gehorchen besser sei als denken.*

Im Herbst 1944 machte ein anonymes Schreiben an General Guisan das Eidgenössische Militärdepartement auf den aufmüpfigen Redaktor des »Walliser Boten« aufmerksam. In der Folge legte die Bundespolizei eine Akte über Peter von Roten an, in der bis ins Jahr 1987 die meisten seiner staats- und armeekritischen Artikel, seine Kontakte nach Ungarn, wo er im Sommer 1939 an einem Studentenaustauschprogramm teilgenommen hatte, festgehalten und seine Aktivitäten für die »Gruppe für eine Schweiz ohne Armee« protokolliert wurden.*

Ein wichtiger Grund für Peters staats- und armeekritische Haltung liegt in seinem aufmüpfigen Charakter. Ein zweiter ist seine Haltung zur modernen Schweiz: Wie viele katholische Aristokraten seiner Zeit war auch Peter von Roten ein Nostalgiker des Ancien Régime, trauerte jener Zeit nach, in der das Wallis noch eine unabhängige Republik war und von mächtigen Familienverbänden regiert wurde. Mit der Französischen Revolution stürzte das Land seiner Auffassung nach in eine dunkle Epoche bitterer Niederlagen. Am Anfang stand die lange französische Besatzungszeit (1798–1813), dann der überstürzte Beitritt zur Eidgenossenschaft (1815), der im Oberwallis grösstenteils abgelehnt wurde. Es folgten der fatale Sonderbundskrieg (1847/48), die heftigen Stürme der Kulturkampfjahre und die wilden Verfassungskämpfe von 1873, als man im Wallis die eidgenössische Verfassungsrevi-

* Peter von Rotens militärkritische Kolumnen aus dem »Walliser Boten« wurden zum Teil auch in der linksdemokratischen und antifaschistischen »Nation« abgedruckt. So zum Beispiel seine Kolumne »Drill des Geistes«, siehe »Die Nation«, 11. Oktober 1944.

sion zwar wuchtig ablehnte, sie dann aber doch – da sie gesamtschweizerisch gutgeheissen wurde – annehmen musste. Demonstrativ hängte Peters Grossvater Hans Anton von Roten das Resultat dieser Abstimmung an die Türe, die zur Bibliothek führte. Fünf Generationen später hängt dieser Beleg eidgenössischer Indoktrination auch heute noch an der besagten Stelle.

Obwohl Peter von Roten kein Zeitzeuge dieser historischen Prozesse war, haben sie ihn nachhaltig geprägt. Die gelebte Erinnerung an die Welt des Ancien Régime war ein über Generationen kultiviertes familiäres Ritual, und der latente Nonkonformismus breiter Kreise des Wallis gegen die Zentralgewalt von Bern hatte eine lange Tradition. Als überzeugter Föderalist sah der junge Peter im freisinnigen Bundesstaat von 1848 einen machtvollen Obrigkeitsstaat, der die besiegten Katholiken mit Waffengewalt unter seine Fahne gezwungen hatte. Sein Leben lang wird Peter davon überzeugt bleiben, dass das Walliser Stimmvolk die radikal-liberale und kirchenfeindliche Verfassung von 1848 nur angenommen hatte, weil eidgenössische Besatzungstruppen vor den Stimmbüros aufmarschiert waren.

Mit dem Ausbruch des 2. Weltkrieges machte Peter in seinen Briefgesprächen mit Frauen vermehrt die Tagespolitik zum zentralen Gegenstand. Wie er selbst verurteilten auch die meisten seiner Gesprächspartnerinnen den deutschen Angriffskrieg. Eine Ausnahme war B., Tochter einer vornehmen Schweizer Familie: *Sie schreiben da so gemütlich*, schrieb sie ihm im Oktober 1939 – einige Wochen nach dem deutschen Überfall auf Polen –, *die Deutschen seien an allem schuld. Ich weiss schon, das ist die allgemeine Auffassung, und sie ist bis zu einem gewissen Grad auch richtig. Aber erstens sind Sie sonst nicht einer, der unbedingt die Meinung der Masse hat, und zweitens denkt nämlich diese Masse in ihrer Wut gegen die Deutschen überhaupt nichts und steigert sich so in eine stumpfsinnige, unwürdige Einseitigkeit hinein. Meine erste Reaktion war ja auch ein namenloses Mitleid mit den tapferen Polen. Dieses Mitleid ist erheblich geschmolzen, weil ich in den letzten Wochen von den verschiedensten Men-*

schen über Polen reden hörte, und alles tönte ungefähr gleich. Und dann war ja V. in Polen. Sie hat schon immer gesagt, die Polen seien eine ganz minderwertige Gesellschaft. Es braucht ja schon Idioten, um auf die Versprechen der Engländer hereinzufliegen und sich auf die militärische Hilfe der Engländer zu verlassen? Dass die Engländer die Polen mit allen Mitteln systematisch gegen Deutschland aufhetzten, werdet Ihr ja auch wissen. Die Deutschen sind nun einmal das tüchtigere Volk als die Engländer. Dass so ein Volk nicht in der Stellung bleiben konnte, in der es bis jetzt noch war, das scheint mir klar. Oder scheint Euch das normal, dass die Franzosen, Engländer, Holländer etc. die Welt besitzen und Deutschland nichts?

Als die Deutschen im Sommer 1940 die Beneluxländer und Frankreich besetzten, kannte B.s Begeisterung keine Grenzen mehr: *Die grossen Leistungen der deutschen Armee*, schrieb sie am 18. Juni 1940 an Peter, *muss wohl jeder, der noch im Stand ist, neutral zu denken, bewundern. Die Franzosen tun einem ja furchtbar leid, dass sie wieder so dumm waren, den gleichen Blödsinn zu machen wie anno 1914. Sie waren eben ganz blind in ihrem Hass gegen »les sales boches«. Mich freut es nur, wenn es jetzt diesen faulen Engländern an den Kragen geht, die das Blaue vom Himmel herunter versprachen und nie hielten.*

Peter war entschieden anderer Meinung. Er verurteilte die deutsche Aggression, und als immer offensichtlicher wurde, dass in den Konzentrationslagern Juden vergast wurden, schrieb er am 14. Juli 1944 im »Walliser Boten«: *Dass Mitte Mai 1944 62 Eisenbahnwagen mit jüdischen Kindern in Auschwitz in Polen vergast und dann ihre Leichen verbrannt wurden, das hätte doch der ärgste Feind Deutschlands nicht zu sagen gewagt. Man mag vielleicht an der Genauigkeit der Zahlen zweifeln, die für die gesamten bisher ermordeten Juden angegeben wurden. Sie schwanken zwischen zwei Millionen und einer halben Million. Auch wenn die kleinste dieser Zahlen stimmt, handelt es sich noch um den grössten Massenmord, den die Geschichte kennt.*

Eine sehr viel ambivalentere Haltung als zu Deutschland nahm Peter zu Mussolinis Italien ein. Seit dem Kollegium und noch viel mehr nach seinen Studienaufenthalten in Italien im Jahre 1940 und 1942 faszinierten ihn das Land und seine Kultur. Allein um Dantes »Divina Commedia« im Original lesen zu können, schrieb er einer Freundin, lohne sich das Studium der italienischen Sprache. *Mir ist klar, dass meine Italienbegeisterung etwas Künstliches und Übertriebenes hat. Man kann über Italien als Grossmacht lachen, aber solange man Latein und italienisch lesen wird, werden Vergils »Tu regere imperio populos Romane memento« und Dantes Klagen in den Herzen der Menschen irgendwie das Idealbild eines Imperio aufwerfen, gegen das auch die englische Wirklichkeit nicht aufzukommen vermag, weil sie eben Wirklichkeit ist und somit ihre konkreten Grenzen und Mängel hat.*

Für den Duce selber hatte Peter von Roten nicht wenig Sympathie. Wie zahlreiche katholische Intellektuelle – Gonzague de Reynold sah in Mussolinis Italien ein *prachtvolles Architekturwerk** – betrachtete Peter das faschistische Italien als eine Art Versuchsstation der autoritären Demokratie. Auf besondere Sympathie bei den Katholiken stiess Mussolinis Anerkennung des Vatikanstaates in den Lateranverträgen von 1929. In Mussolinis Nekrolog schrieb Peter am 1. Mai 1945: *Wir können heute über den Toten kein Urteil abgeben, weil wir noch zu nahe an ihm stehen. Sicher ist eines: Mussolini war ein grosser Neuerer. Seine politischen Ideen, die er selbst in zahlreichen Schriften niedergelegt hat, waren für seine Zeit etwas ganz Neues und etwas so Bestrickendes, dass wahrscheinlich immer Menschen sich für seinen Antiliberalismus begeistern werden. Mussolini hat Italien gut regiert; das werden alle sagen, die während den guten Zeiten des Faschismus in Italien waren. Das Erbe, das er 1922 übernahm, war keineswegs rosig, und hätte er nicht in schliesslichem Nachäffungstrieb den Grössenwahn seines deutschen Nachahmers*

* Gonzague de Reynold: »Die Tragik Europas«, Luzern 1935, S. 260

selbst nachgeahmt, so könnte Italien heute ein blühendes und reiches Land sein.

Sehr viel Raum in Peter von Rotens Briefgesprächen mit Frauen nimmt die Literatur ein. Mit den meisten seiner durchwegs gebildeten Briefpartnerinnen tauschte er regelmässig Bücher aus, die nach beidseitiger Lektüre ausführlich besprochen wurden. Kapitelweise und sehr detailliert analysierte er mit einer deutschen Studentin Dantes »Divina Commedia«, diskutierte mit andern Frauen Werke von Rainer Maria Rilke, Hermann Hesse und Paul Claudel. Um seine umfangreiche Korrespondenz überhaupt bewältigen zu können, diskutierte er das gleiche Buch oft mit verschiedenen Brieffreundinnen.

Im Dialog mit reformierten Frauen wurde regelmässig die Religion zu einem schwierigen Thema. Was mit Peters Neugier auf das Verhältnis seiner Gesprächspartnerinnen zur Religion begann, spitzte sich schnell auf die Frage nach dem rechten Glauben zu. Und hierin gab es für Peter keinerlei Zweifel. *Magst Du Dich auch für allein rechtgläubig halten,* reagierte M. gereizt auf seinen alleinseligmachenden Katholizismus, *ich könnte nie und nimmer katholisch werden. Bei Euch scheint mir die Freundschaft mit der Kirche immer eine Art Kuhhandel. Ihr berechnet, was die Kirche alles für Euch erwirken kann, und merkt dann, dass es sich schon lohnt, sie zu lieben, Eurem Seelenheil zulieb. Wir alle sollten ja, wie Sie auch sagten, in diesem Sinne Egoisten sein, unserem Seelenheil zulieb, da bin ich einverstanden. Aber man soll doch nicht eine Kirche lieben, wir sollten nur Gott lieben. Ich komme einfach nicht von der Idee ab, dass sich Eure Kirche im Laufe der Zeit ganz energisch zwischen Gott und die Menschen gestellt hat, und die Stützpunkte ihrer Macht sind eben die Gnadenmittel, die sie sich zuerkennt. Für uns soll die Kirche keine solche Leibgarde sein, die einen von drei Türen weg verscheucht und nur zur vierten hereinlässt zum lieben Gott. Wenn möglich noch, weil sie bei dieser 4. Türe Eintritt verlangen darf.*

U. war höchst erstaunt, dass die Autorität der Kirche für Peter unantastbar war: *Das ist es, was ich am Katholizismus nicht begreifen kann: die Unterordnung unter eine Form, die von Menschen, wenn auch im besten Glauben, geschaffen wurde. Es ist mir eine ganz neue Entdeckung, dass Menschen von Deiner Bildung und Deiner Einstellung aus tiefster Überzeugung katholisch sein können.* Trotz schleichender Ablösung von seinem Elternhaus blieb Peter im Religiösen ein überzeugter Ideologe sei-

Peter von Roten, um 1945

nes Herkunftsmilieus. Der kirchliche Katholizismus mit seinen Dogmen und Lehrsätzen war verbotenes Terrain für seine kritische Intelligenz.

Hie und da scheint mir, entrüstete sich V., *in Deinem Glauben liege mehr eine tiefverwurzelte abergläubische Angst als glühende Liebe zu Gott. Es wäre noch viel zu sagen über unseren Glauben, das einzig Richtige wäre halt doch, wenn wir uns wiedersähen oder wenigstens so hie und da einmal, das Schreiben ist so mühsam.*

Genau das aber wollte Peter nicht und führte hundert Ausreden ins Feld. *Zu schreiben,* konstatierte V. irritiert, *wenn man sich nicht sehen will, finde ich unbegreiflich.*

V. war nicht die einzige, die Peter gern getroffen hätte. *Aber woran ich eigentlich immer denke,* schrieb U. nach einigen längeren Briefen, *wenn ich Dir schreibe, darüber sagte ich Dir noch nie etwas. Aber vielleicht möchtest Du nicht, dass es wahr ist, dass ich ohne Dich nicht so glücklich wäre, wie ich es bin. Dieses Wissen um die Liebe zu Dir ist mir schon lange. Ich denke täglich an Dich. Ich bete immer ganz besonders für Dich.* Und C. schrieb Peter bereits in ihrem zweiten Brief: *Darum will ich Dir sagen, wie mir unser Zusammentreffen vorkommt: Eine Liebe auf den ersten Blick ohne jegliche Zukunft. Ein Flirt war es nicht, das weiss ich heute genau. Ich hab Dich lieb. Offenbar mehr als Du mich, da Du schreibst, dass ich Dich als Tänzerin hingerissen habe.*

Für R. war Peter ein klassischer Januskopf: *Für mich gibt es zwei Peter. Den einen, der mir fern ist und mir Briefe schreibt, die mir unglaublich nahe sind, die ich mindestens fünf Mal durchlese und nachts unter mein Kopfkissen lege, und der andere, den ich viel weniger kenne und bis jetzt nur fünf Mal sah. Ich habe durch Ihre Briefe innerlich zu Ihnen gefunden, und was an Geist, Seele und Humor darin lag, zog mich gleichermassen an.*

Die Herstellung von Liebe im Akt des Schreibens. Als die Industriellentochter R., mit der Peter über Monate intensiv korrespondierte, darauf drängte, *den Peter meiner Briefe, dessen Geist und Seele ich liebe,* näher kennenzulernen, gab er seine Zurückhaltung auf und willigte ein. Das Zusammentreffen wurde zu einer grossen Enttäuschung. *Als ich Sie in Bern sah,* fasste R. das Treffen einige Tage später zusammen, *waren Sie mir, obwohl nun wirklich zugegen und »vivant«, doch innerlich irgendwie fremd, und es lagen (von mir aus gesehen) gleichsam abweisende Strahlen zwischen uns. Ich dachte, seine äussere Person ist mir so sehr fremd und erfasst mein Wesen gar nicht. Mit diesen Stimmungen und Erwägungen fuhr ich heim, und dann kamen Ihre Briefe und bauten abermals die Brücke.*

Das zweite Zusammentreffen schaffte Klarheit. *Wir sind zu verschieden,* stellte R. fest, und mit dem Eingeständnis, *Sie sind mir sehr sympathisch, aber gegenwärtig nicht mehr,* fand ihre Korrespondenz ein schnelles Ende.

Peter von Roten litt an der Diskrepanz zwischen Schreiben und Leben. Nirgends konnte der junge Mann authentischer leben als auf dem Papier. In seinen Briefen führte er eine imaginäre Existenz. Auf der Bühne des Lebens aber wirkte der galante Frauenverehrer der Briefe unbeholfen, schüchtern und gehemmt. Obwohl er R. schriftlich seine Liebe erklärt hatte, gelang es ihm nicht, seine Worte in die Mündlichkeit zu übersetzen. Wenn Peter seinen Brieflieben gegenübertrat, erwies sich die schöne Briefwelt als Phantasiewelt, konnte der real existierende dem fiktionalen Peter nicht das Wasser reichen. *Mein Elend,* schrieb er nach der Trennung von R. resigniert in sein Tagebuch, *besteht in einem Mangel an Herz, über den ich mir nicht klar bin.*

Am 30. Mai 1943 verlobte sich Peter Hals über Kopf mit B., der Tochter einer wohlhabenden katholischen Familie, die bei der Mutter auf grossen Anklang stiess. *Eigentlich lag mir der Gedanke an eine Verlobung sehr fern, aber als B. plötzlich sagte: »Alors? Fiancés?« konnte ich nicht anders, als begeistert zustimmen. Und ich war offen gestanden in jenem Moment auch für den Gedanken an eine Verlobung, Haushaltung, Radio und Stehlampe begeistert; auch hatte ich vom Herumflirten genug und sehnte mich nach ungestörtem Besitz. Dass mich der Gedanke an Verlobung wohl erfreute, nicht aber mit Seligkeit erfüllte, erklärte ich mir durch seine Plötzlichkeit und durch die systematische Arbeit, durch die ich mich an B. herangemacht hatte, wie an eine Beute, die man von weitem schaut und beschleicht und endlich nach allen Regeln der Jagd ohne Fehler und Zwischenfall in den Krallen hat.*

Unmittelbar nach der Verlobung begann Peter krampfhaft nach etwas zu suchen, das die Verlobung auflösen oder wenigstens ihre offizielle Ankündigung hinausschieben konnte. Schliesslich sah er keinen andern Weg, als B. einzugestehen, dass er nicht wirklich bereit gewesen sei, sich zu verloben. So kam es, dass die Verlobung wieder aufgelöst wurde. Peter nahm die Schuld auf sich und erklärte, *nichts zu fühlen und kein Herz zu haben.*

Peter von Rotens gescheiterte Frauenbeziehungen sind ein Ausdruck seiner Suche nach sich selbst. Von früher Jugend an lebte er eine doppelte Existenz: Vor der Familie hielt er sich gehorsam und brav an die Konventionen, gegen innen aber führte er – wie er selber schreibt – *ein geheimes Leben und ausserhalb der gängigen Moral.* Der ihm vorbestimmte Lebensweg als Notabler mit hohem kantonalen oder eidgenössischen Amt stand gegen seinen Traum von einem freien Leben als Dichter und Denker. Dem ihm eingetrimmten Pflichtbewusstsein widersprach seine Nonchalance den ernsten Dingen des Lebens gegenüber. Die Folge war eine grosse innere Zerrissenheit, eine ins Schizophrene gehende Trennung von Aussen- und Innenwelt, die Zeitzeugen bis heute irritiert. Verständlicher wird diese Ambivalenz, wenn man sich vor Augen hält, wie sehr sich Peter mit seiner Persönlichkeit im Spannungsfeld einer Zeitenwende befand, wie er von seiner Herkunft her im Ancien Régime verwurzelt war, mit seinem Wesen aber in die Moderne drängte.

Von den grossen Veränderungen, die seinem Leben unmittelbar bevorstanden, hatte der siebenundzwanzigjährige Peter von Roten im Frühling 1943 noch keine Ahnung. Was hätte er wohl gesagt, wenn er einen Blick in die Zukunft hätte tun können und gesehen hätte, dass ihm die Begegnung mit einer Frau bevorstand, die sein Leben von Grund auf erschüttern und der er eineinhalb Jahre später schreiben sollte: *Du musst Dir wohl Rechenschaft geben, dass Du für mich eine wahre Umwertung aller Werte bist.*

3
CIRCE

Ein jeder Engel ist schrecklich. Es war dieser Rilke-Vers, der Peter einfiel, wenn er an Iris Meyer dachte. Und dann fiel ihm noch Circe ein, die schöne Zauberin aus der griechischen Mythologie, die Odysseus' Gefährten in Schweine verwandelte und überhaupt jeden, der auf ihre Insel kam, mit einem Zauber belegte. Ganz so schlimm war Iris Meyer nicht. Als er sie nach einem Kinobesuch küsste, verpasste sie ihm eine schallende Ohrfeige und wandte sich von ihm ab.

Kennengelernt hatte er Iris Meyer an der Universität Bern, im Wintersemester 1938/1939. Iris war die schönste Studentin im juristischen Seminar. Gross, schlank, sinnliche Lippen, die hellblonden Haare am Hinterkopf zu einem Chignon geknüpft. Immer extravagant, aber dennoch äusserst elegant gekleidet. Seit dem Tag, als er sie zum ersten Mal in der Vorlesung gesehen hatte, war er ein heimlicher Bewunderer ihrer Schönheit. Diskret und aus sicherer Entfernung bewunderte er sie, wohl wissend, dass diese Schönheit für jemanden so Gewöhnlichen wie ihn, der durch rein gar nichts aus der Studentenschaft hervorragte, unerreichbar sein musste.

Im Frühjahr 1939 fand Peter auf dem Universitätsgang eine Brieftasche, in der ein Ausweis steckte, der auf den Namen »Iris Meyer« lautete. Als ihm seine Banknachbarin sagte, Iris Meyer sei die Grosse mit dem Pelzmantel, hatte er einen wunderbaren Vorwand, die heimlich Bewunderte anzusprechen. Seit diesem Tag kannte er sie. Man traf sich in den Vorlesungen, grüsste und unterhielt sich in den Pausen. Persönliches erfuhr er dabei nur wenig. Das wurde auch nicht anders, als sie ihn zu einem Spaziergang einlud, auf dem sie ihm aus dem Stegreif einen beeindruckenden Vortrag über die Architektur der Berner Heilig-Geist-Kirche hielt. Einige Tage später besuchte sie ihn völlig unerwartet in seinem Zimmer im Stadtbachquartier. Peter fühlte sich geehrt, war aber auch irritiert, denn Damenbesuche dieser Art hatten in den Augen seiner Mutter etwas Ungebührliches und Aufdringliches an sich. Das Gespräch ging über Lyrik, Kunst und Politik, wo es zu Meinungsverschiedenheiten kam. Iris glaubte an die Idee der Schweiz, er verteidigte seine kritische Haltung gegenüber Staat und Armee. Als sie ihm am Tag darauf ein Büchlein über den Sinn der schweizerischen Freiheit und Demokratie in die Hand drückte, hatte er keine Zweifel mehr daran, dass ihr zu Ohren gekommen war, dass er mit den Aufständischen im Spanischen Bürgerkrieg sympathisierte und im Verdacht stand, an der Universität kommunistische Propaganda zu betreiben.

Peter war verzaubert von der Schönheit seiner Kommilitonin. Die Sicherheit ihres ästhetischen Gefühls und ihre natürliche Eleganz waren überaus beeindruckend. An Intelligenz, Bildung und Eigenwilligkeit übertraf sie alles, was er bislang gesehen hatte. Zu allen Themen hatte sie eine eindrückliche Meinung. Etwas Geniales, ungeheuer Kühnes und Stolzes ging von ihr aus. Etwas Hochfahrendes charakterisierte ihr Denken. Die junge Frau mit dem hungrigen Blick verfügte über eine flinke Intelligenz, ein hellwaches Bewusstsein und war offen für neue Gedanken. Man wuchs in ihrer Nähe förmlich über sich hinaus. Wie keine zweite verkörperte sie das Moderne und die Emanzipation. Peter wusste nicht, was er tun sollte. Den Lehren seines erfahrenen Freundes Victor di Francesco vertrauen, der behauptete, alle Mädchen erwarteten nach einer gewissen Zeit körperliche Zärtlichkeiten? Bei Iris Meyer schien das anders zu sein, denn es gab ihrerseits nicht das geringste Anzeichen eines Interesses an seiner Person. Im Gegenteil. Sie erschien ihm unnahbar, kühl und trug bisweilen den argwöhnischsten Blick der Welt zur Schau, der alles um sie zu verachten schien. Die junge Frau, die die nervöse Angewohnheit hatte, unentwegt zu reden, und deren Gestik etwas

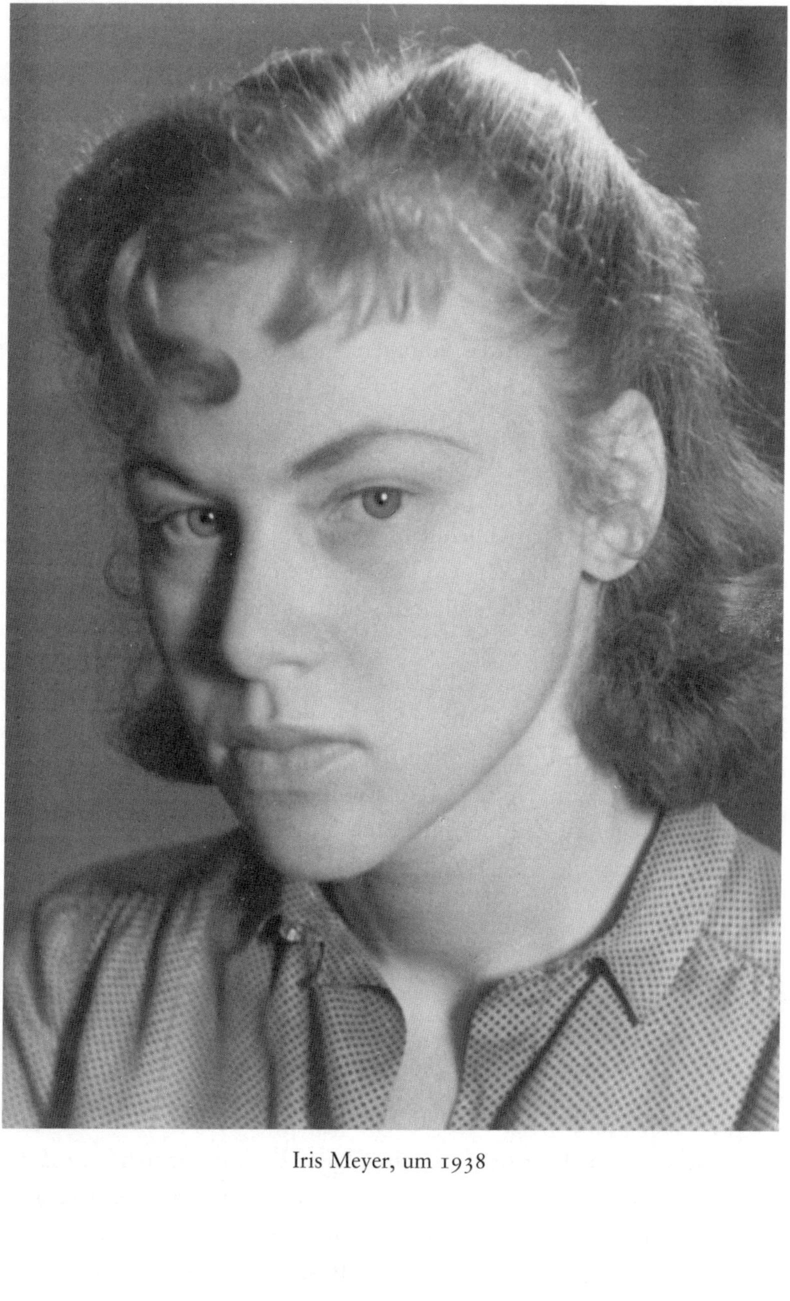

Iris Meyer, um 1938

seltsam Drängendes hatte, war einzig und allein an einer intellektuellen Beziehung interessiert. Daran hatte er keinen Zweifel.

Ich kann Dir nicht sagen, wird Iris Meyer zehn Jahre später an Peter von Roten schreiben, *wie ich Dich bewunderte. Dein Temperament, Deine Intelligenz und Deine überlegene Heiterkeit. Du erschienst mir wie ein griechischer Gott, der mich in Staunen und Bewunderung versetzte. Ein Mensch, der eigene Gedanken hat. Und eigene Gedanken sind so selten wie gute Gemälde oder Gedichte.*

Mit dem Beginn des Sommersemesters 1939 begann Peter in Iris etwas Übermenschliches zu sehen, *eine Göttin aus Stein.* Der Gedanke des promethischen oder nietzscheanischen Übermenschen, der ihn bislang nur theoretisch beschäftigt hatte, wurde in dieser Frau zum ersten Mal Realität. Iris Meyer war ein Wesen völliger Übermenschlichkeit, nicht gebunden an religiöse oder moralische Schranken, ein Wesen jenseits von Gut und Böse. Sosehr ihn dieses Bild faszinierte, hatte es auch etwas Bedrohliches an sich. Peter war sich nicht sicher, ob Iris Meyer ein tugendhafter Mensch war oder dem Laster frönte. Er musste der Sache auf den Grund gehen. Ohne jede Ahnung, wie das zu bewerkstelligen war, begab er sich eines Nachts im Juni 1939 zum Haus in der Freie Strasse Nr. 44, wo Iris ihr Zimmer hatte. Als er sah, dass in ihrem Zimmer im ersten Stock noch Licht brannte, beschloss er, einen Blick zu riskieren. Über eine Mauerecke und einen Gartenzaun voll spitzer Eisen kletterte er die Fassade hoch.

Dieser nächtliche Einbruch in mein Zimmer, so Iris viele Jahre später, *war ungeheuer spannend. Ich höre noch Dein wunderbares Keuchen an der Hauswand, es liess mein Herz ganz rasend schlagen, denn ich ahnte, nein, ich war sicher, dass Du es warst und damit die Erfüllung meines Herzenswunsches.*

Mit einigen Schwierigkeiten gelang es Peter, sich auf den schmalen Fenstersims zu schwingen. Es war niemand im Zimmer. An einem angerosteten Eisenbügel, mit dem der geschlossene Fensterladen arretiert werden konnte, hielt er sich fest. Als er auf die spitzen Eisen des Gartenzauns hinuntersah, wurde ihm mulmig zumute. Was für ein Unverstand hatte ihn in diese Situation gebracht? Dann kam sie ins Zimmer, im Morgenrock und mit aufgelöstem Haar. Wie unsäglich schön sie war. Ob sie am Tage ihre Haare bewusst nach hinten kämmte, um weniger schön zu sein und Verehrer abzuschrecken? Als sie ihn sah, kam sie ans Fenster und bat ihn zu sich herein. Er fand das sehr sonderbar und brachte kein Wort über seine Lippen. Im Gegensatz zu ihm schien sie durch die Situation überhaupt nicht kompromittiert. Sie bat ihn, kurz zu warten, wollte sich ankleiden. Kurz darauf sassen sie sich gegenüber und tranken Tee. Mit keinem Wort kam Iris auf seine mitternächtliche Kletterpartie zu sprechen. Dabei musste es doch ziemlich komisch ausgesehen haben, wie er auf dem Fenstersims kauernd die Nase an ihr Fenster gedrückt hatte.

Mit der Fortsetzung ihres Gesprächs über die Demokratie versuchte Iris ihrem Besucher über seine Verlegenheit hinwegzuhelfen. Peter aber konnte sich nicht konzentrieren. Die ganze Situation liess beklemmende Gefühle in ihm hochkommen. Er hegte einen bösen Verdacht: Ein Mädchen, das auf diese selbstverständliche Art und zu mitternächtlicher Stunde Männer in ihrem Zimmer empfing, konnte nur sittenlos sein. Wenn er daran dachte, wie ihn seine Mutter zurechtgewiesen hatte, als er Martina von Erlach bei ihrem Besuch in Raron beim Packen ihres Koffers helfen wollte.

Iris Meyer gehörte auf die Seite der Lasterhaften, war eine sündige Verführerin! Daran hatte Peter plötzlich kaum mehr Zweifel. Jedes Gericht der Welt hätte ihm recht gegeben, hätte ein Mädchen, das zu mitternächtlicher Stunde Männer in ihr Zimmer nahm, der Prostitution verdächtigt. In ihrer Unnahbarkeit – was war sie anderes als der Ausdruck von Gefühllosigkeit? – sah er die Bestätigung seines Verdachtes. Vielleicht war er ja nur einer von vielen, die nachts in ihr Zimmer kamen. Und womöglich war sie sogar bereit, sich dem ersten besten hinzugeben. Peter wurde klar, dass er auf der Hut sein musste. Wie aber sollte er ihren Reizen auf Dauer widerstehen können? Oder hatte Frédéric Chopin nächtelang mit George Sand über Akkorde und Literatur geredet und sie dabei nicht einmal geküsst? Wie viele Männer konnten nächtelang mit Iris Meyer über romantische Gedichte diskutieren, ohne zu wünschen, mit ihrem Geist nicht auch ihren Körper zu geniessen?

Die Situation erforderte, dass er all seine Tugend zusammennahm, denn hier ging es um nichts Geringeres als sein Seelenheil. Einer plötzlichen Eingebung folgend, versuchte er Iris in ein Gespräch über den Sinn von Gut und Böse zu verwickeln. Das Thema beschäftige sie nicht, wehrte sie ab, und ohnehin lasse sich die Welt nicht so einfach in Gut und Böse einteilen. Nach dieser Aussage war endgültig klar: Die Frau stellte unzweifelhaft das Böse dar.

Als Iris die zunehmende Verunsicherung ihres Gesprächpartners bemerkte, schlug sie einen Spaziergang vor. Bei mondheller Nacht gingen die beiden fast wortlos durch Bern und zuletzt auf Peters Wunsch hin noch in die Krypta der Dreifaltigkeitskirche, wo die ganze Nacht hindurch das Allerheiligste zur Anbetung ausgesetzt war. Der Abschied war nüchtern und distanziert: ein kurzer Händedruck, ein paar flüchtige Worte.

Bei den nächsten Zusammentreffen gab sich Peter noch zurückhaltender, mimte den geistreich-ironischen Intellektuellen. Gleichzeitig aber beobachtete er Iris insgeheim sehr genau und war überzeugt, bald schon den endgültigen Beweis ihrer Sündhaftigkeit erbringen zu können. Genauso scharf observierte er seine Mitstudenten, die mit ihr die Treppe herauf zum Hörsaal kamen, und mehr als einmal sah er Iris im Geiste umringt von einer Schar Trabanten und Verehrern, die nach Mitternacht auf ihr Zimmer gingen.

Zum Bruch kam es, als sie ihn einige Wochen später – kurz nach dem Ausbruch des Zweiten Weltkrieges – ins Kino einlud. »Das Korallenriff« mit Jean Gabin und Michèle Morgan. Als er Iris nach dem Film nach ihrem Verhältnis zu Gott fragte, wurde sie ungehalten und fuhr ihn an, sie nicht schon wieder mit religiösen Fragen zu langweilen. Auf diese Kränkung und die darauf folgende angespannte Stille wusste Peter nicht anders zu reagieren als mit einem flüchtigen und unbeholfenen Kuss. Iris antwortete mit der erwähnten Ohrfeige. Er sei ein armer Tropf, herz- und gefühllos, schimpfte sie. Und sie sei überheblich und unnahbar, konterte Peter. Im Streit und ohne sich zu verabschieden gingen die beiden auseinander. An der Universität ging man sich daraufhin aus dem Weg und grüsste sich auch nicht mehr.

Als Peter von Roten so böse von mir wegging, schrieb Iris kurze Zeit später an einen Freund, *konnte ich einen Tag nicht mehr essen, weil alles wankte.* Sie konnte *den Walliser,* wie sie Peter für sich nannte, nicht so leicht vergessen. Er war ein Mensch mit Phantasie, frei von jeder Trivialität. Der unabhängigste Mensch, den sie sich denken konnte. *Als ich heute auf der Veranda sass, betrachtete ich die Birken mit dem neuen Laub. Da kam mir plötzlich in den Sinn, dass ich Peter von Roten so irrsinnig gern hatte, dass mir – dies ist wörtlich zu nehmen und bedeutet keineswegs irgendwelchen poetischen Vergleich – vorkam, in dem ganz zarten, geheimnisvollen, trockenen Klirren der Birkenblätter (nur im Hochsommer, wenn die Blätter eine gewisse Festigkeit und Dürre haben) täte sich sein Geist kund. Tatsächlich. Ähnlich wie immer in der Poesie die Welle oder der Wind eine Botschaft bringt. Oder wie soll ich es noch genauer sagen? In diesem leisen interessanten Geklirr der Birkenblätter kam die gleiche Verführung und Verheissung zum Ausdruck wie in seiner Erscheinung. Ich weiss im Augenblick nicht, was mich im Leben je so zauberhaft angezogen hätte.*

Ein halbes Jahr nach seinem Bruch mit Iris Meyer verliess Peter die Universität Bern als Doktor beider Rechte. Seine nächste Station war Italien, wo er in Florenz und Perugia ein Semester lang Politik- und Staatswissenschaften studierte. An *die gefährliche Circe* Iris Meyer dachte er nur noch selten, und wenn er es trotzdem einmal tat, sah er in ihr eine glücklich überstandene Gefahr. Italien war für Peter von Roten das Land der unbegrenzten Möglichkeiten. Weit mehr als die Politik- und Staatswissenschaften faszinierten ihn die italienische Kunst und Literatur. *Ich*

Peter von Roten im italienischen San Marino, 1940

spazierte durch die Stadt, schrieb er aus Perugia an R., *und beim Anblick der verlotterten Cafés, die ihre Stühle und Tische auf die Trottoirs stellen, kam mir eine so grosse Lust nach jener Einstellung, die da versinnbildet ist: dass man seinen Café trinken kann und nichts weiter zu denken braucht als das. Ich weiss überhaupt nicht, ob Sie genau verstehen, was ich meine? Für mich sind Stühle der Cafés auf dem Trottoir ein Symbol des Menschen, der lebt, um zu konsumieren, und nicht durch die fatale Regel der Konvenienzen und aller möglichen Gesellschaftskorane dazu verurteilt ist, reich zu werden auf Kosten seiner Ruhe. Können Sie sich in Bern vorstellen, dass jemand auf dem Trottoir seinen Café trinkt, ohne durch ein Gitter von Efeu, das der vorsichtige Wirt hinstellt, geschützt zu sein, damit der Gast sich nicht zu schämen brauche, wenn er Kaffee trinkend ertappt wird von einem fleissigen Mitmenschen. Ich würde nichts lieber tun, als einmal zu Fuss durch das ganze Wallis zu gehen. Aber ich kann nicht einmal zu Fuss von Raron nach Visp gehen, weil es sonst heisst, ich spinne, und meine Wähler könnten merken, dass ich Dichter und nicht Politiker bin.*

In Perugia verliebte sich Peter in die holländische Studentin Catinka Blauboer. Zum ersten Mal in seinem Leben konnte er unbefangen mit einer Frau zusammensein. Die gemeinsame zehntägige Wanderung durch die Toskana war das *schönste Erlebnis meines bisherigen Lebens. Vom Morgen wusste ich nur, dass ich 600 Lire im Sack hatte, und vom Abend, dass ich für Catinka und mich zwei Betten finden musste. Hand in Hand liefen wir bei grosser Hitze über holprige Strassen, bewunderten die hügelige Landschaft, lagen im weichen Gras vor einer alten Kirche und mussten mit schlechtem Gewissen aufbrechen, als jemand aus dem Pfarrhausfenster hustete.*

Beim Abschied auf dem Bahnhof von Florenz vereinbarten die beiden ein Wiedersehen. *Gott schenkt den Verstorbenen den Frieden*, schrieb Peter in seine Taschenagenda, *den Lebenden aber die Leidenschaft.*

Im Spätherbst 1940 absolvierte Peter seine Anwalts- und Gerichtspraktika. *Welche idiotische Arbeit,* klagte er über sein Praktikum am Walliser Kantonsgericht, *ich zu erledigen gezwungen bin.* In seinem tiefsten Innern betrachtete er sich als Versager. Statt ins Leben aufzubrechen, war er nach Raron zurückgekehrt, statt zu heiraten, lebte er wieder mit Mutter, Tante und Bruder unter einem Dach.

Maria von Roten blieb die Unzufriedenheit ihres Sohnes nicht verborgen. *Er ist immer so angespannt,* schrieb sie an Peters einzige Schwester Marie-Anne. *Ich habe das Empfinden, er sei nicht am richtigen Platz. Ich merke es an seinem ganzen Wesen.* Als Peter der wohlhabenden S. anvertraute, wie sehr ihm sein Studienaufenthalt in Florenz gefallen habe und wie gerne er ein Künstler wäre, erinnerte ihn diese energisch an seine Pflicht: *Wäre es zum Aushalten, wenn wir alle Künstler wären? Da käme es niemals zu einem geordneten Leben, weder in staatlicher noch in kirchlicher Hinsicht. Das begreife ich, wie der Aufenthalt in Italien Dir zusagte. Es ist aber grossmütiger von Dir, wenn Du Dich*

Peter von Roten und Catinka Blauboer in der Romagna, Herbst 1940

eine Zeitlang Eurem Besitztum in Raron widmest. Ich bin in der gleichen Situation. Die Pflicht ist schwer. Man tut den grössten Teil der Arbeit für die andern. Der Besitz besitzt uns. Wir sind gebunden. Man kann nicht plötzlich auf und davon.

Peter müssen diese Zeilen sehr beschäftigt haben. *Ich bin wirklich allein,* schrieb er konsterniert auf den Briefumschlag und wandte sich an V., von der er wusste, dass sie ihn verstand. *So stehst Du da vor mir,* antwortete ihm V. im Januar 1943: *Ein junger Mann von noch nicht dreissig Jahren, gross und stark an Körper und intelligent und reich an Geist, und Du hast die Flügel hängen. In meinen Augen hast Du wirklich alles, was Dich befähigt, das Leben zu meistern, nur scheinst Du Dir dessen nicht bewusst zu sein. Suche Dir Deine Aufgabe immer schwerer, als Du sie haben möchtest. Dabei darfst Du Dir aber nicht etwas Aussergewöhnliches erhoffen, wenn Du ein Mensch sein willst, der mit einer normalen Durchschnittsanstrengung und in den Schranken der Gesellschaft durchs Leben gehen will. Wenn Du das aber nicht willst, und ich möchte es mir wünschen, so verachte die Schranken, wenigstens die der Tradition und der Gesellschaft. Aber dann musst Du es eben ertragen können, dass Deine Familie die Hände über den Kopf zusammenschlägt, dass einmal ein von Roten nicht im Wallis bleibt, dass er vielleicht eine Frau heiratet, die dem Gang und Gäbe nicht entsprechen. Aber was hat das darum zu bedeuten, wenn Du wenigstens vor Dir selber als Mann dastehen kannst und nicht im Zweifel über Deine Nützlichkeit bist.*

Worte wie Balsam. Rein verstandesmässig muss Peter von Roten klar gewesen sein, dass dies sein Weg war. Warum aber folgte er ihm nicht? Fehlender Mut, aus dem vorherbestimmten Lebenslauf auszubrechen und ein Leben ohne Bezugssystem Familie zu wagen? Auf Individualität zu setzen in einer Welt, in der alles im Wir-Gefühl aufging und suspekt war, wer auf seine inneren Wünsche setzte? Womöglich – oder sehr wahrscheinlich sogar – fehlte es Peter am letzten Rest Überzeugung, war er nicht der im tiefsten Inneren überzeugte Kämpfer, dessen es bedurft hätte, sich aus den Krallen von Mütterchen Raron zu befreien. *Der Mensch verlangt und scheut zugleich, aus seinem gewöhnlichen Selbst vertrieben zu werden,* schreibt Eduard Mörike, einer der Dichter, die Hans Anton seinem jüngeren Bruder Peter zur Lektüre empfahl.

In Raron ahnte man nur wenig von Peters Zerrissenheit und seinem Gefühl der Fremdheit in der eigenen Haut. Der junge Mann litt an eklatanter Entscheidungsschwäche, kämpfte mit Minderwertigkeitsgefühlen und spielte den sich selbst verachtenden Misanthropen, der das Treiben der Welt kaltschnäuzig belächelte. Niemand wusste, dass seine Briefgespräche mit Frauen den Mittelpunkt seines von familiären und beruflichen Pflichten überfrachteten Lebens darstellten. Maria von Roten immerhin muss gespürt haben, dass ihr Jüngster nach mehr Unabhängigkeit strebte. Diese aber wollte sie ihm nicht zugestehen. Sie war vielmehr der Auffassung, dass Peters oppositioneller Geist eine straffe Führung brauchte. Der Mutter war jedes Mittel recht, um mehr über das Leben ihres verschlossenen Sohnes zu erfahren. Sie besuchte ihn unangemeldet in Bern und machte selbst vor seinen Briefen nicht halt. *Es tut mir leid,* schrieb sie ihm nach einem spontanen Besuch im Winter 1940, *Dich so etwas vernachlässigt zu sehen! Raffe Dich auf! Lasse Dir unbedingt eine neue Kleidung für den Sonntag machen. Kaufe Dir gute Schuhe, und ziehe bei dem Tau rechte Gummischuhe an, schon aus Rücksicht auf die Familie von Roten. Ich bin nicht recht zufrieden, dass Du tanzen gehst. Von Herzen wünsche ich Dir Glück und Gottes Segen. An ihm ist alles gelegen, dass Du ein ganzer Mann wirst, würdig Deiner Väter.*

Peter nahm die mahnenden Briefe seiner Mutter gelassen zur Kenntnis. Aus Höflichkeit verzichtete er in der Regel auf eine Reaktion. Und wenn er doch einmal antwortete, wählte er einen geradezu förmlichen Ton: *Ich sehe mich genötigt,* schrieb er der Mutter, die ihm im Januar 1939 vorwarf, zu wenig für sein Studium zu arbeiten, *Ihre ohne Zweifel wohlwollenden Reklamationen entschieden zurückzuweisen.*

Von der Kindheit bis ins Erwachsenenalter versuchte Maria von Roten ihrem aufmüpfigen Jüngsten Zügel anzulegen. Als der zweiundzwanzigjährige Peter an Silvester 1938 Martina von Erlach zu einer Skitour einlud, musste er sich gefallen lassen, dass die Mutter den älteren Bruder Ernst als »Anstandswauwau« an seine Seite delegierte.

Um Konflikten aus dem Weg zu gehen, verzichtete Peter nach dem Abschluss seines Studiums und der Rückkehr ins Wallis darauf, Damenbesuch in Raron zu empfangen. Die Folge war, dass der durch Beruf, Politik und öffentliche Ämter äusserst beanspruchte Peter zwar ausgiebig mit Frauen korrespondierte, dabei aber das einsame Leben eines Junggesellen führte. Die Gelegenheiten, Frauen kennenzulernen, beschränkten sich auf ein paar wenige Hochzeiten, Bälle oder Einladungen pro Jahr. *Ob Dir das Stillesitzen in Raron nach den lebhaften Studentenjahren nicht etwas schwer fällt,* erkundigte sich 1942 ein Studienfreund. Das Stillesitzen fiel Peter nicht nur schwer, es quälte ihn. Er wollte ein anderes, ein interessanteres, ein spannenderes Leben. *Auf dem Weg nach Raron,* schrieb er in sein Tagebuch, *sind heute immer wieder Autos an mir vorbeigefahren, schöne und wüste. Aber auch die schönsten davon haben mich nicht im mindesten gereizt. Was mich aber faszinierte, waren die Leute, die mit dem Velo unterwegs waren, mit grossen Säcken auf den Gepäckträgern. Ist das nicht kindisch? Ich bin einfach auf dem Stadium der Studenten stehengeblieben, der meint, die Freiheit bestehe darin, dass man mit dem Velo herumfahren könne und kurze Hosen anhabe.*

Grosses Kopfzerbrechen bereitete Peter aber nicht nur seine äussere Lebenssituation. Auch seine Bilanz in Sachen Frauenbeziehungen fiel ernüchternd aus. Er zweifelte nicht nur an seiner Ehetauglichkeit, sondern stellte sogar seine Liebesfähigkeit in Frage. *Ich habe ja in den letzten Zeiten gewusst, dass es so kommen musste, und um ehrlich mit mir selbst zu sein, hatte ich mir gesagt, dass ich überhaupt nie würde ein Mädchen lieben können. Ich weiss, dass ich im Zeitpunkt der Hochkonjunktur mit*

R., diese Liebe an älteren Lieben mass und mir dann sagen musste, dies sei die elendste und erbärmlichste von allen. Aber dann kam mir in den Sinn, wie ich, als ich Catinka am nächsten war, innerlich über sie spottete und wie mir B. auf die Nerven ging, als sie mir in Bern bis zum vierten Stock entgegenkam. Und doch habe ich beiden nachgetrauert, als ich wusste, dass die Liebe aus und dahin war! Rien n'empêche tant le bonheur que le souvenir du bonheur, sagt Gide.

4

IRIS MEYER

Am 24. März 1943 erhielt Peter von Roten eine Ansichtskarte aus Luzern. Mit ein paar knappen Sätzen erkundigte sich Iris Meyer nach seinem Befinden und bat ihn, ihr mitzuteilen, was aus ihm geworden sei.

Raron, am 30. März 1943

Liebes Fräulein Meyer,

um Sie zuerst rein materiell zu orientieren, so ging ich 1940 nach dem Dr.-Examen in Bern zurück ins Wallis, wo ich das Notarsexamen machte. Dann ging ich im Frühjahr 1940 nach Florenz und machte dort eines jener klassischen Auslandssemester, wo man mit Amerikanern und einem Chinesen vor römischen Tempeln fotografiert wird. Im Herbst 1940 fing ich dann mein Praktikum in Brig an bis Mitte 1942. Im Sommer 1942 war ich dann wieder in Florenz, diesmal, um an der Universität »scienze politiche« zu studieren, allerdings ohne irgendwelche Prüfungen zu machen oder Arbeiten abzugeben. Seit Juni 1942 bin ich wieder Praktikant bei unserm Obergericht in Sitten. Zur Anwaltsprüfung habe ich es noch nicht gebracht, einerseits aus Mangel an Kenntnis und andererseits, weil ich doch noch nicht wüsste, was nachher machen.

Wenn es nicht fatal ausgeleiert klingen würde, sagte ich, dass Ihr lieber Brief mir »wie aus einer andern Welt gesandt« wurde. Wie in den Romanen, wo der russische Grossfürst Jugendbriefe nachliest und dann als Rahmenerzählung alle seine Jugendgeschichten aufgetischt werden. Mit dem Unterschied, dass es ge-

wöhnlich der russische Grossfürst ist, der die Mädchen verführt, während es hier umgekehrt geht.

Von Ihnen erfuhr ich, dass Sie auch Frl. Dr. geworden sind. Nach Bern kam ich in den letzten Jahren leider nur mehr vereinzelte Male. Nach Luzern kam ich diesen Winter 1941/42 zur Heirat einer Kusine und im Sommer per Velo zu den Jedermann-Spielen. Hätte ich gewusst, dass Sie in Luzern waren, hätte ich Ihnen sicher angeläutet, denn die Erinnerung an unsere sonderliche Bekanntschaft ist in mir noch recht lebendig. Auf dem Land wird man überhaupt geneigter, über alles und jedes nachzudenken und die Eintönigkeit der Gegenwart mit heroischen Bildern der Vergangenheit etwas kurzweiliger zu gestalten. Dabei kommt man dann je nach der Stimmung, die man gerade hat, zu den entgegengesetztesten Schlussfolgerungen.

Sie haben mir einmal gesagt, die Frühaufsteher und die Spätaufsteher seien eben zwei Klassen von Leuten, die gegenseitig mit grösster Verachtung aufeinanderschauten. Ich habe diesen Spruch und seine Lehre als eine teuerste Erinnerung an Sie behalten und hie und da versucht, alle Konflikte auf den Nenner zu bringen, so gut es eben für einen ging, der in vielem auch zu irgendeiner Kategorie gehört, dessen Ruhm es ist, mit tiefster Verachtung auf die andern zu sehen. Schlussendlich waren Sie doch eine ganz grässliche Skeptikerin, eine unverbesserliche Negation von allem, was nicht Ästhetik war. Oder irre ich mich? Das war so meine Überzeugung, dass ich unwillkürlich dachte, als ich ihren Brief erhielt, ob Sie wohl in Davos oder in Leysin seien und in einem Notizbüchlein alte Adressen nachsuchten, eben wie die Grossfürsten der Romane.

Luzern, den 11. April 43

Lieber Herr von Roten,

Sie sagen, meine Karte hätte Sie wie in einem Roman angemutet. Beim Lesen eines Romans hat man gegenüber dem wirklichen Erleben den Vorteil, es als Ganzes zu überschauen. Anders als der geneigte Leser erfährt aber der Beteiligte nur wenig mehr als die Hälfte vom ganzen Geschehen, er weiss sicher nur, was er selber denkt, das andere zu erforschen ist dem unzulänglichen Vorstellungsvermögen überlassen. Ich dachte, Ihnen werde diese »sonderbare Bekanntschaft« so merkwürdig wie mir vorkommen. Deshalb will ich das Meine tun, um deren Bild abzurunden. Es sind im ganzen drei Sätze von Ihnen, welche ich seinerzeit wie Kostbarkeiten gesammelt und gehütet habe. »Lieb und güet«, sagten sie vor 6 Jahren, als Tött Banderet und ich Sie am Pavillonweg besuchten. Allerdings nur in bezug auf den Wein, welchen Sie gaben, aber es schien mir auch so schön, diese Worte von Ihnen zu hören. Dann im Sommer vor vier Jahren sagten Sie einmal, ich täte immer ironisch reden. Das erschien mir wie eine Taube, welche einen Waffenstillstand ankündet. Und das letzte Wort, welches mich berührte, war kurz vor dem bizarren Schluss unserer Beziehung. »So, jetzt sind Sie gut verwahrt«, sagten Sie, nachdem Sie das Deckblatt aus dem Kasten hervorgeholt hatten. Das war die Andeutung eines Schattens von Zärtlichkeit. Diese drei Worte waren für mich Indizien des Vorhandenseins einer Seele in Ihnen. Denn ich zweifelte nämlich daran.

Am Anfang jenes Sommersemesters dachte ich Tag und Nacht an Sie. Alle Farben waren stärker, und alle Geschöpfe waren durch Ihr Leben lebendiger für mich. Der Zuneigung zum Trotz machte ich einen Vorbehalt: Ich liess diese nicht aus der Hand und war bereit, mich von ihr loszusagen. Das rührte von einem ganz merkwürdigen Gefühl her: Ich dachte eben, dass Sie vielleicht keine Seele hätten. Ich könnte mir auch gar nicht vorstellen, dass ich mit Ihnen Mitleid haben könnte, weil mir schien, es könnte Ihnen nichts weh tun. Sie seien unempfindlich, also gefühl-, seelenlos. Von dieser Tatsache überzeugte mich dann Ihr Kuss unmittelbar vor den grotesken gegenseitigen Beleidigungen. Dieser Kuss erweckte in mir unwillkürlich den Vergleich »wie ein 12jähriger Bub, dem man gesagt hat, gib nur Tante Amalia auch einen Kuss zum sechzigsten Geburtstag, sie hat Dir immer Schokolade auf Weihnachten geschenkt«. Und nach die-

sem widerwilligen Kuss sagten Sie mir noch weiter »Sie«. Also diese Gefühllosigkeit liess mich erstarren. Es kam mir vor, es käme auf das gleiche heraus, wenn ich anstatt Ihnen eine Puppe aus Sägemehl umarmen würde. Da man schliesslich in einem anderen die wärmende Seele und nicht Sägemehl sucht, sah ich zu meiner Rettung nur eine Lösung: auf der Stelle diese Liebe mir gänzlich aus dem Herz zu reissen. Dazu hatte ich mich entschlossen, als ich Ihnen sagte, es sei sinnlos, noch ein Wort mit Ihnen zu sprechen. Ich habe dann meinen Vorsatz auch innert 48 Stunden ausgeführt. Aber diese 48 Stunden waren nicht schön. Sie waren so, dass ich ein Schlafmittel kaufen ging, um »den Verstand zu verlieren«, das heisst, um nichts denken und nichts fühlen zu müssen. Da ich aber eine dreifache Dosis nahm, wurde es mir noch schlecht, was auch nicht tröstlich war. Im übrigen gibt es gegen die Liebe nur ein Heilmittel, das ist wieder die Liebe. Es wirkte auch bei mir. Und so waren Sie für mich gewissermassen »erledigt«. Während es mir vorher vorkam, als ob mir die ganze Pracht der Schöpfung in Ihnen entgegentreten würde, liess mich nun Ihre Erscheinung so gleichgültig wie die eines Laternenpfostens. Ein Mensch ohne Seele, dachte ich. Ich habe ihn sehr gern gehabt, und habe mich glücklicherweise wieder von ihm losreissen können. Zwischen jener Zeit und heute stehen für mich ganze Epochen. Sie erscheint mir so weit zurück wie die erste Klasse.

Es erstaunt mich etwas, dass ich in Ihrer Erinnerung als Skeptikerin und Ästhetin dastehe. Mir scheint, ich hätte noch andere Eigenschaften. Was das Skeptische anbetrifft, so glaube ich, dass ich »den Becher bis zur Neige geleert« habe. Mit der Zeit kam mir viel mehr und immer stärker das meiste absurd vor. Können Sie sich vorstellen, wie das ist? Es geht bis an einen gewissen Punkt, wo entweder alle Stricke reissen oder eine andere Richtung eingeschlagen wird. Wenn man also mit der Skepsis gewissermassen auf den Boden gekommen ist, ändert die Richtung, das heisst, es tritt eine Neueinsetzung in die Werte ein. In dieser gefreuten Verfassung befinde ich mich endlich wieder nach zehn

Jahren. Es interessiert mich viel mehr als vor zwei Jahren. Vor allem freue ich mich stärker an Gesprächen, offenbar, weil ich die Leute lieber habe als früher. Anderseits ist mir klarer als vorher, wie schwer es ist, zu verstehen, was andere sagen wollen, und sich selbst verständlich zu machen.

Und nun kam mir die Vorstellung, Sie würden einigermassen verstehen, was ich sage; Sie kommen mir ein wenig ähnlich vor. Und merkwürdigerweise gerade dann, wenn ich mich erinnere, wie Sie während Ihrem letzten Winter in Bern ohne Mantel umhergingen.

Die Seelenlosigkeit ist etwas in den Hintergrund getreten. Ich kann Sie mir weder beseelt noch unbeseelt vorstellen. Was mich an Gedanken an Sie freut, ist die Vorstellung, dass Sie verstehen, was ich sage.

Was Sie mir von Ihrem »äusseren« Lebensgang mitteilen, ist etwa das, was ich mir gedacht habe. Merkwürdigerweise hat mich die Tatsache, dass Sie in Raron leben, mit Genugtuung erfüllt.

Es ist mir etwas schwergefallen, Ihnen unironisch zu schreiben.

Ihre Iris Meyer

Sitten, am 14. 4. 43

Liebes Fräulein Meyer,

ich danke Ihnen dafür, dass Sie mir nicht ironisch antworteten, und überhaupt muss ich Ihren Brief beantworten, weil Sie mir das Vertrauen entgegenbrachten, so viel von Ihrem Innenleben zu erzählen. Ich muss Ihnen nun gestehen, dass ich masslos erstaunt war zu erfahren, dass Sie jemals Tag und Nacht an mich gedacht haben. Das hätte ich mir offen gesagt nie träumen lassen, und zu meiner Entschuldigung muss ich sagen, dass Sie nie etwas davon merken liessen. Und wie ich mich zu erinnern vermag, waren Sie damals unter den Studentinnen bei weitem die schönste (wenigstens scheint es mir retrospektiv so), und ich hätte es mir wahrhaft nicht denken können, dass Sie jemanden so Obskuren wie mich überhaupt beachteten. Darum schien es mir bei Anlass meines ausserordentlichen Besuches bei Ihnen der Beweis Ihrer restlosen Lasterhaftigkeit, dass Sie sich sogar mit mir abgaben. Ich nahm deshalb alle meine Tugend zusammen, um Ihnen zu widerstehen. Weiter nichts. Sie haben mich dann einen »blöden Knaben« und ein »Kind« gescholten, wahrscheinlich ohne zu ahnen, wie richtig Sie trafen. Aber ich denke, es sei besser, hievon nicht zuviel zu schreiben, damit der Brief nicht zu sehr nach französischen Romanen aussehe.

Ich gebe mir nämlich nicht Rechenschaft, inwieweit ich damals fehlging, aber aus Ihrem Brief zu schliessen, haben Sie wirklich »den Becher bis zur Neige« geleert. Mir aber können Sie glauben, dass ich damals wie jetzt über eine Dosis Harmlosigkeit verfügte, die Ihnen vielleicht unglaublich vorkommt.

Sie werden sich wohl noch daran erinnern, wie Sie meine des öftern religiösen Gespräche damit abschlossen, dass Sie sagten, ich hätte kein Recht, Sie mit solchen Dingen zu langweilen. Das hing alles mit meiner Harmlosigkeit zusammen oder, wenn Sie lieber wollen, mit einem gewissen einheitlichen und unkomplizierten Denken. Als Sie z. B. auf mein Zimmer kamen mit dem Banderet, da fühlte ich mich äusserst hoch geehrt, und vorher, als ich Ihren Geldsack gefunden hatte, war es mir vorgekommen, ein gütiges Schicksal habe mir die Möglichkeit geboten, mich Ihnen zu nähern, wie unter 100 000 Kindern eins ausgewählt wird, um dem Präsident der Republik den Blumenstrauss zu reichen. Und um offen zu sein, hatte ich noch beim Abschied in Bern und noch heute in der Erinnerung von Ihnen den heimlichen Respekt und die verborgene Bewunderung der Tugend für das Laster (seien Sie bitte dadurch nicht beleidigt, denn das soll nur sagen, wie ich mir Ihnen gegenüber vorkam aus dem Grund, den ich oben angab).

Es wundert mich eigentlich sehr, wieso Sie dazu kommen, mir zu schreiben. Je länger ich darüber nachdenke, desto sonderbarer kommt es mir vor.

Ihr P. v. R.

Luzern, den 16. 4. 43

Lieber Herr von Roten,

ich danke Ihnen für Ihren Brief. Wie letztes Mal schreibe ich voraus, dass ich nicht ironisch schreibe. Jedenfalls wird Sie mein Brief kaum mehr erstaunt haben als jetzt mich der Ihre. Wenn ich Sie recht verstehe, so war Ihre Beziehung zu mir ungefähr derart: Sie spazierten in der Nähe des Tigers auf und ab und wagten sich sogar einmal in den Käfig hinein, um zu schauen, was er tun würde. Ich glaube nicht zu irren, wenn ich verschiedenen Stellen Ihres Briefes entnehme, dass ich Ihnen als Inbegriff der Lasterhaftigkeit vorkam. Obschon das nicht schmeichelhaft ist, kommt es mir gar nicht in den Sinn, beleidigt zu sein, weil es mir restlos unbegreiflich ist. Ich weiss, dass, wenn man schon die Leute in Tugendhafte und Lasterhafte einteilt, ich eindeutig auf der Seite der Tugendhaften einzureihen wäre. Das sage ich nicht aus Überheblichkeit, sondern einfach, weil es so ist. Ich habe nie den Vorwurf der »Lasterhaftigkeit« erhalten, und es ist mir deshalb vollständig fremd, mich dagegen zu verteidigen. Ganz abgesehen davon, dass ich auch sonst nicht wüsste, was zu sagen, weil ich denke, dass meine Art zu leben jeden Augenblick schon den Vorwurf genügend widerlegt. Und, wo dies nicht erkannt wird, jede Beredsamkeit vergeblich wäre. Wie in aller Welt sind Sie denn zu dieser abgeschmackten Vorstellung gekommen? Die einzige Antwort, welche ich selbst, spekulativ genug, dazu finde, ist die: Nach meiner Beobachtung haben die meisten Männer mehr oder weniger ein schlechtes erotisches Gewissen. Einzelne sind geradezu davon besessen. Nun liegt es in der menschlichen Natur, die Schuld abzuschieben, und zwar von sich auf den Anlass – in diesem Fall also auf Frauen – der eigenen Sünde. Nur auf diese Weise kann ich mir erklären, dass sehr vielen Männern die Frauen »lasterhaft« als »sündige Verführerinnen« vorkommen. Diese Tatsache – eben dass viele Männer einem ganz ungerechtfertigt die Rolle der wandelnden Lasterhaftigkeit zugedenken – gehört zu den Sachen, welche mich im Leben am meisten empört haben und welche mir immer unverständlich waren. Es wundert mich auch heute noch, nur hat man sich einigermassen daran gewöhnt.

In dieser Richtung suche ich also eine Erklärung. Anderseits hat es wohl keinen Sinn, weiter darüber nachzudenken oder Sie etwa vom Gegenteil überzeugen zu wollen. Es wäre ja wahrscheinlich, wie wenn ich einem, welcher immer blind gewesen ist, die Farben erklären wollte.

Was »den Becher bis zur Neige geleert zu haben« anbelangt, so weiss ich nicht recht, ob Sie mich falsch verstanden haben. Offenbar kam Ihnen das etwas wie »reuige Sünderin« vor. Darum sage ich es noch einmal: Ich habe mich lange Zeit gegenüber Leuten, welche ich nicht gut kannte, eines ironischen Tones beflissen. Dazu hatte ich allen Grund. Mir kamen die meisten Leute ziemlich lieblos und vor allem unloyal vor. Da ich nun Angst vor Verrat und Lieblosigkeiten hatte, suchte ich mir die Leute zu entwerten, um weder Liebe noch Treue von ihnen zu erwarten und mich dadurch noch in den Zustand zu versetzen, wo einem der Mangel an diesen Eigenschaften wehtut. Oder in einem Wort: Ich war also von einem Ressentiment erfüllt. Mit einem Ressentiment gegen die Leute kann man schlecht leben und, wenn es einen stärkeren Grad einnimmt, gar nicht, es ist ein unerspriessliches Gefühl. Das habe ich erkannt und suche mich entsprechend zu verhalten. »Den Becher bis zur Neige leeren« heisst also, ich habe gesehen, dass man kein Ressentiment empfinden soll. Und sonst heisst es nichts anderes. Jedenfalls hat es nichts mit Lasterhaftigkeit und Tugendhaftigkeit zu tun.

Während ich nun schreibe, frage ich mich doch, ob Sie verstehen, was ich schreibe, wenn Sie schon offenbar derart falsch meine Art beurteilt haben. Der heimliche Respekt der Tugend vor dem Laster etc. ist also gegenüber mir wirklich am falschen Ort. Ob Sie das glauben? Es wäre etwas unter meiner Würde, mich zu rechtfertigen. Deshalb schreibe ich nichts mehr darüber.

Allerdings habe ich, wie ich hoffe, mir damals nicht das mindeste anmerken lassen, dass ich Sie gern hatte. Mir schienen das bedeutende Gefühle, welche man nur hätte erkennen lassen dür-

fen, wenn man sicher gewesen wäre, dass sie nicht profaniert bzw. auf steinigen Boden gefallen wären. Jetzt natürlich macht es mir nichts aus, sie zu erwähnen, weil sie ja nicht mehr lebendig sind.

Dass Sie mich »bei weitem am schönsten unter den Studentinnen« gehalten haben, hätte mir damals sicher wohlgetan zu wissen und mich auch ermuntert. Jedenfalls habe ich von dieser eventuellen Tatsache nicht viel gemerkt, und ich habe mir hie und da gesagt, wenn man die Form und Gestalt eines Nachtfalters hätte, könnte man nicht bescheidener und unbemerkter das Dasein an der Universität fristen.

Ich habe Sie nie für nicht herzlos gehalten. An der Herzlosigkeit zweifelte ich nicht. Nur an dem Vorhandensein einer Seele. Aber wie gesagt, diese Frage beschäftigt mich nicht mehr.

Wenn es mir nur gelungen ist, Sie davon abzubringen, zu meinen, ich sei die wandelnde Verkörperung des »Bösen«. Wenn Sie meine Verblüffung, welche sich nicht einmal bis zum Gekränktsein aufraffen kann, und meine gutwillige Offenheit nicht entwaffnet, kann hier allerdings nicht geholfen werden.

Wieso ich Ihnen schreibe, habe ich schon in meinen letzten Briefen gesagt. Weil es mir vorkommt, Sie könnten verstehen, was ich sage. Das ist weder alltäglich noch selbstverständlich und scheint mir Grund genug, um einige Mühen auf sich zu laden.

Andererseits sieht Ihre ungefasste Meinung in bezug auf mich allerdings nicht nach Verständnis aus. Aber Ihr grober Irrtum ändert merkwürdigerweise diese Hoffnung noch nicht.

Ich habe Sie in Verdacht, dass es Ihnen einige Enttäuschung bereiten würde, zu erkennen, dass ich weder bös noch lasterhaft bin, sondern eher das habe, was man einen »guten Charakter« nennt, und überdies eine Harmlosigkeit besitze, welche geradezu an Unklugheit grenzt.

Die Abwehr gegen Ihre religiösen Gespräche hatte die Bedeutung: Ich lasse mich nicht stundenlang zu Überlegungen und Äusserungen forcieren, welche ein Thema betreffen, welches mich nicht beschäftigt. Mir scheint, dass man gerade bei religiö-

sen Sachen ganz die Zeit abwarten muss. Inzwischen hätte ich oft Lust gehabt, ganz genau über solche Themen zu sprechen. Es ist auch möglich, dass Sie mir in Verbindung mit dieser Neigung wieder in den Sinn gekommen sind.

Ihre Iris Meyer

N.B. Beim nochmaligen Durchlesen Ihres Briefes fällt mir der Satz auf: »Die geheime Bewunderung der Tugend für das Laster.« Solche Tugend kommt mir ein wenig verdächtig vor. Die echte Tugend lässt das Laster kalt, dünkt mich.

Raron, am 19. 4. 43

Liebes Fräulein Meyer,

es liegt mir ferne, über Sie irgendein Urteil fällen zu wollen in Sachen Tugend und Laster. Oder genauer gesagt, ich will auf Ihre Versicherung hin gerne glauben, dass Sie zur Kategorie der Tugendhaften gehören. Ich schrieb Ihnen wohl nur, um meine damalige Haltung zu rechtfertigen, und dabei kann ich Ihnen als Grund nur das wiederholen, dass ich Sie als lasterhaft ansah. Natürlich war das in erster und einziger Linie in erotischer Hinsicht gemeint. Aber ich sage Ihnen noch einmal, dass diese Idee bei mir darum möglich war, weil ich auch nicht im Traume daran dachte, Sie könnten etwas wie Liebe für mich empfinden. Ihre ästhetische Lebensauffassung schien mir ausgezeichnet hierzu zu passen, und störend empfand ich im Gesamtbild, das ich mir von Ihnen entworfen hatte, nur die Tatsache, dass Sie an die Schweiz glaubten. Es mag sein, dass ein so völliges Misskennen Sie erstaunt. Sie können aber ruhig darüber lächeln und den Kopf schütteln, denn Sie wissen ja, auf welche Fehlerquellen es sich stützt.

Wenn ich Ihnen nun von der geheimen Bewunderung der Tugend für das Laster schrieb und davon, dass Sie mir die Frage des Guten und des Bösen stellten, so hat das damit die folgende Bewandtnis: Ich gehe immer noch von der Idee aus, die ich von

Ihnen hatte, als der Verkörperung des Übermenschen, erhaben über Moral und Religion. Und hier, glaube ich, ist eine gewisse Bewunderung möglich, ohne dass darum die Tugend aufhört, Tugend zu sein. Ich meine, es ist das satanische »non serviam« irgendwie in uns allen verborgen, und die Sünde als Ungebundenheit von höheren Gesetzen hat, wie mir scheint, auch für jene einen Reiz, die weder das Objekt der betreffenden Sünde (z. B.: fremdes Gut, Frauen etc.) begehren, noch sich über die betreffende Norm kaltblütig hinwegsetzen. Ich rede hier auch nicht von einer gewissen Räuber- oder Schmugglerromantik, die ja auch in gewissem Sinn an verbotenen Früchten ihre Freude hat, sondern von der ewig menschlichen Sehnsucht nach totaler Freiheit. Man kann das am besten mit dem Wort der Schlange im Paradies erklären: »Ihr werdet sein wie die Götter.«

Oder wenn Sie die Frage weiter interessiert, lesen Sie vielleicht in den Bekenntnissen des Hl. Augustinus im Zweiten Buch das 6. Kapitel nach. Es heisst da ungefähr in Kürze, dass dieser Trieb nach Sünde ein Anflug nach dem Göttlichen in uns sei, indem wir als Diebe die Allmacht Gottes, als Stolze seine Erhabenheit nachäffen. Jedesmal aber, wenn ich Ihr Bild mit all seinen körperlichen und seelischen Schönheiten in mir erweckte und dazu mir dachte, dass – wie ich glaubte – Sie erhaben seien über Gut und Bös, also von meinem gläubigen Standpunkte aus das Böse darstellen, so gewann jene Figur des Übermenschen für mich neuen Reiz, weil es eine Wirklichkeit war statt blosser Abstraktion. Ich habe ja seit Ihnen öfters Bekannte und Kameraden gehabt, die auch erhaben über Glauben und Sitte waren, aber sie haben mir nie diesen Eindruck völliger Übermenschlichkeit gemacht wie Sie. Ich glaube Ihnen hiermit erklärt zu haben, wieso Sie – nicht die, welche mir heute schreibt, sondern jene halb mythische, halb imaginäre Iris Meyer, die in meiner Einbildung weiterlebt – wieso Sie mir also die Frage nach dem Guten und Bösen stellen. Eigentlich stellen also nicht Sie diese Frage, sondern ihr Traum- oder Wunschbild in mir. Mir ist vielleicht ein ähnlicher Irrtum unterlaufen, als ich Ihren Ausspruch vom »Becher bis zur Neige leeren« als auf Ihren Lebensgenuss zielend verstand. Wie Sie mir aber nun schreiben, ist es bloss Ihr Misstrauen gegen die Menschen und Ihr Ressentiment, das damit gemeint war. Also um so besser!

Ihr P. v. Roten

Luzern, den 27. 4. 43

Lieber Herr von Roten,

wäre es wirklich möglich, dass Sie so banal sind, dass schon die Stichworte »einen Mann in sein Zimmer nehmen« und »eine ganze Nacht durch« genügen, um daraus die »Hingabe an den ersten besten« abzuleiten? Solche rudimentäre Denkweise kann nach meinem Dafürhalten dreifachen Ursprung haben: Dummheit, niedere Psychologie, Verblendung, welcher das erwähnte schlechte Gewissen zugrunde liegt. Die Dummheit schliesse ich in Ihrem Fall aus. Da Sie das schlechte Gewissen in Abrede stellen, bleibt nur noch die »niedere Psychologie«, was mir sehr zu denken gibt. Sie wird von einer Art Männer gehandhabt, welche zur seelischen Liebe unfähig sind und glauben, sich auf die sinnliche um so besser zu verstehen. Alles in allem haben sie die Mentalität unangenehmer 6.-Klässler. Es wird mir ganz schwarz vor den Augen, Sie nur schon supponiert in dieser Gesellschaft zu sehen. Ich halte mich darum immer noch an das schlechte Gewissen. Meist ist es doch die richtige Erklärung, obschon natürlich bei der Erwähnung die Betroffenen sich darüber nicht klar sind und der Protest ganz dazugehört. Anderseits kann man ja in keinen Menschen hineinsehen, und am Ende haben Sie vielleicht einen Grund, an den ich gar nicht gedacht habe.

Obwohl mich jenes Urteil – auf welchem Grund es auch immer beruhen mag – beleidigte und ich meine Handlungsweise nicht rechtfertigen möchte, weil ich es wie gesagt unter meiner Würde halte, so gebe ich mir der Klärung der Lage zuliebe die Mühe, sie darzustellen, wie ich sie verstehe. Ich nehme vorweg, dass ich mich – vielleicht abgesehen von der Ausdehnung der Ge-

spräche bis zum Morgen – den meisten Männern gegenüber genau gleich verhalten hätte, gleichgültig, ob es geliebte oder ungeliebte gewesen wären. Leider bin ich in bezug auf Geselligkeit nie verwöhnt worden, meinem grossen Bedürfnis danach zum Trotz. Schon in der Schule waren mir darum endlose Gespräche mit Freundinnen eine Lust. Mit der Zeit wurden diese Gespräche immer mehr mit jungen Männern abgehalten und bis in alle Nacht hinein.

Ich glaube, Sie können sich kaum vorstellen, wie bekannt mir Ihre Darstellung meines vermeintlichen Übermenschentums vorgekommen ist. Jedes Wort war mir restlos verständlich. Und zwar darum, weil ich genau so, wörtlich das Gleiche, über Sie gedacht hatte. Das, was ich da gelesen hatte, war meine mir vertraute Auffassung von Ihnen. Genau so: Jenseits von Gut und Böse, erhaben über die Bewegungen der Seele, götzenähnlich (wie ein Ölgötz), von der ästhetischen Sündlosigkeit eines Kätzleins (wenn Sie lieber wollen, eines Leoparden), sind Sie mir erschienen. Das war das, was ich unter »seelenlos« oder vielleicht genauer »amoralisch« verstand. Sie erschienen mir erhaben über seelische und körperliche Schmerzen und begrifflich unfähig zur Sünde. Kurz, eben »göttergleich« und damit verwerflich und bestrickend. (Verwerflich nicht im erotischen Sinne, sondern im ganzen:) Ich suchte mir Rechenschaft über meine Auffassung zu geben, indem ich verschiedene Prüfsteine anwandte. Ich versuchte mir vorzustellen, dass Sie vor Kummer weinten. Es gelang nicht. Mir Ihr Verhalten bei körperlichen Schmerzen zu vergegenwärtigen war unmöglich. Dann probierte ich, Sie mir beim Begehen einer unmoralischen Handlung vorzustellen, um Ihre grundsätzliche Fähigkeit zur Sünde festzustellen. Das Scheusslichste vom Scheusslichen scheint mir so auf den ersten Blick die Undenkbarkeit. Malt man sich im Geiste aus, wie irgendein Mensch seinem Wohltäter einen Faustschlag ins Gesicht versetzt, so kommt er einem hässlich vor; eben weil die Sünde, resp. seine Fähigkeit zur Schuld, hässlich ist. Ich dachte mir Sie bei dieser Handlung und fand, es sähe aus wie im Theater oder wie auf einem Bilde, einfach ästhetisch, die Frage von Recht und Unrecht gar nicht berührend. Eine verwerfliche Handlung von Ihnen erschien mir nicht als menschliche Wirklichkeit, sondern wie die Wirksamkeit einer Naturgewalt. Sie selbst herzlos, seelenlos, ein lebendiges Bild; das Wort »Übermensch« kam mir nicht in den Sinn, aber »Phänomen«, ähnlich den Gestalten, welche der Maler Heinrich Füssli darstellte. Was sagen Sie zu dieser meiner Vorstellung, welche mit der, welche Sie in bezug auf mich hatten, übereinstimmt? Mir kommt es vor wie zwei Personen, welche sich im Dunkeln sehen, und jede meint, die andere sei ein Gespenst.

Ich für mich frage mich nur, wie man zu dieser Anschauung von mir gelangt. Wenn Sie mich so traurig und hilflos gesehen hätten, wie ich schliesslich doch öfters bin, so wäre die Chimäre vom Übermenschen rasch geschmolzen.

Ihre Iris Meyer

5
BRIEFDUELLE

Im Sommer 1943 begann der erklärte Antimilitarist Peter von Roten sein Soldatendasein heimlich zu lieben. Der Grund war seine Versetzung von der Gebirgshaubitze in den Bürodienst. Von morgens bis abends sass Peter – seit 1939 hatte er 109 Tage Aktivdienst geleistet – in seinem improvisierten Militärbüro in einem alten Schulhaus im Binntal, erledigte mit einem Gehilfen die Büroarbeit der an die hundert Mann starken Gebirgsbatterie 7 und hatte viel freie Zeit. *Gerne würde ich länger im Dienst bleiben*, schrieb er an Iris Meyer, *um ich sein zu können. Hier im Dienst hat alles andere Proportionen, und ich fühle mich wieder die Hauptsache, während ich in Raron nur Glied einer Kette bin, die über das Zahnrad Politik – Reben – Keller – Käse – Kühe – Kälber – Mist läuft.*

Peter verbrachte seine freie Zeit mit Lesen und Schreiben. Von seinen Brieffreundinnen erhielt er Pralinen und Konfitürekuchen, wofür er sich regelmässig zu bedanken vergass. Der Grund war nicht mangelnde Höflichkeit, sondern das grosse Pensum, das er sich aufbürdete. Neben der Arbeit an einem Theaterstück, der Tolstoi-Lektüre und dem intensiven Briefwechsel mit Iris Meyer wollte er auch seine anderen Briefgespräche nicht vernachlässigen. Ein Vorhaben, das sich allerdings schnell als utopisch erwies, zumal er alle zwei bis drei Tage einen längeren Brief von Iris erhielt, den es ihn jedesmal unverzüglich zu beantworten drängte. Die Lebendigkeit ihres Wesens, die Freiheit ihres Denkens und die Klarheit ihrer Sprache waren höchst aussergewöhnlich. Es war ihm ein Rätsel, wie sich diese Frau für seine Briefe interessieren konnte.

Ich freue mich jedesmal, so Iris nach fünf Monaten intensiver Korrespondenz, *wenn ich feststellen kann, dass Sie irgend etwas denken, von dem ich mir vorstelle, dass es nur mir allein auf der Welt so vorkam. Es ist die gleiche Freude, die man beim Lesen von Büchern hat, die einem aus der Seele sprechen. Aber so ist es doch noch viel schöner. Es ist eines der wenigen Dinge, die einen fühlen lassen, dass man doch nicht ein vollkommener Fremdling auf dieser Welt ist, sondern dass man mit manchen Leuten eng verbunden ist. Man erlebt dadurch eine Bestätigung des eigenen Lebens, welches dieses sicherer und intensiver macht.*

Peter von Rotens neu entfachte Faszination für Iris Meyer vermochte die alten Angstbilder nicht aus der Welt zu schaffen. Als sie in ihren ersten Briefen vermehrt von ihrer Suche nach dem *saftigen Leben* sprach und er darauf mit der Frage reagierte, *Ist es möglich, dass ich Laster nenne, was Sie »saftiges Leben« benamsen,* war Iris verletzt: *Ihr zweideutiges Zitat meines Ausdruckes »saftiges Leben« hat mir einen gelinden Stich gegeben, den man immer spürt, wenn man absichtlich missverstanden wird, was ich aus Ihrem abschätzenden »benamsen« ableite. »Saftiges Leben« ist das lebendige Leben im Gegensatz zum toten Leben. Ich verwende die paradoxe Formulierung, weil ich dabei hoffe, sie rufe auch in Ihnen eine ganz bestimmte Vorstellung wach. Sollte dies nicht der Fall sein, so führe ich näher aus: Wo das tatsächliche Leben nicht eine Verwirklichung, eine Formwerdung des Geistes, eines bestimmt gearteten Lebenswillens ist, wird vegetiert und nicht gelebt. Dann fehlt der Geist, das Leben ist entgeistert. Das »saftige« Leben steht in Verbindung mit seiner Quelle, dem Geist. Es ist das Wachstum einer Pflanze nach dem ihr innewohnenden Prinzip. Es ist Entfaltung, Verwirklichung, Erfüllung der Bestimmung. Ich gebe hier einen Satz aus Thomas Wolfe »Es führt kein Weg zurück« (ausgezeichnet, lesen Sie es auch!) wieder, der sich auf die Beschreibung eines ruchlosen Advokaten bezieht und vielleicht veranschaulichen hilft, was ich meine. Es heisst da: »War auch der Richter sein Leben lang auf der Suche nach seinem Leben in der Dunkelheit herumge-*

tappt? Hat er Ausschau nach etwas Besserem gehalten, nicht aus irgendeinem bösen verbrecherischen Trieb – obwohl er gewiss auch von einem solchen besessen war –, sondern weil auch ein Gutes in ihm lebte, das nicht sterben konnte? Irgend etwas in diesem Menschen musste sich alle Zeit gegen diese Dumpfheit des engen Lebens in der stumpfen Provinzstadt aufgelehnt haben, gegen ihre Vorurteile, ihre kleinliche Vorsicht, ihren albernen Dünkel und ihre Unfruchtbarkeit, vor allem aber gegen den völligen Mangel an Freude. Nächtlicherweile hatte er etwas Schöneres gesucht, eine Stätte der Kameradschaft und Wärme, nach Abenteuern und dunklen Geheimnissen, und wären sie auch noch so kurz, nach unbekannten und doch überall gegenwärtigen Lockungen, nach der Erregung von Jagd, Verfolgung und endlichem Blute, nach der Erfüllung nur eines einzigen der vielen Wünsche, die in ihm brannten. War es nicht denkbar, dass in dem Dasein dieses Erblindeten, dessen Leben wie eine offene Wunde von Schamlosigkeit und Zynismus schwärte, vor langer Zeit Menschlichkeit und Wärme und eine Kraft war, die nach Bestätigung suchte, nach einem Aufschwung, und die kühle Geringschätzung, die diese Stadt ihm entgegenbrachte, zu lebensvoller Begeisterung entfachen wollte? Eine kraftvolle Menschlichkeit, die nach Freude begehrte und nach einer Schönheit, die nirgends vorhanden war als in ihm, in seiner Sehnsucht, und die nun langsam verkümmerte?«

Dieses Zitat ist selbstverständlich nicht als Erklärung des »saftigen« Lebens gemeint, aber vielleicht haben Sie nun durch dasselbe doch »seines Geistes einen Hauch verspürt«.

Ist es Zufall, oder wollte Iris mit diesem Romanzitat bewusst auf Peters Lebenssituation anspielen? Auf jeden Fall fühlte sich dieser angesprochen und hielt entgegen, dass seine Situation eine ganz andere sei. Seine Herkunft verpflichte ihn, an der Spitze der Gesellschaft eine bestimmte Rolle zu spielen, und es habe keine Bedeutung, ob diese Rolle seinem inneren Wesen entspreche oder nicht. Iris war irritiert und stellte sich gegen diese Aufspaltung des Lebens in verschiedene Rollen. *Ich habe nur ein Leben, nicht ein inneres und ein äusseres. Wenn Sie Ihr Umfeld zwingt, eine Rolle zu spielen, wäre doch der natürlichste Schritt, sich aus solchen sozialen Beziehungen zu lösen.*

Peter ging nicht weiter auf die Bemerkung von Iris ein. Statt dessen bemühte er sich, nun seinerseits die Themen ihrer Korrespondenz zu bestimmen. Dabei griff er auf seine bewährte Strategie zurück, tischte Iris als erstes seine schweiz- und armeekritische Haltung auf, ging dann zum Schreiben über und kam schliesslich zur Gretchenfrage nach der Religion. *Was ich an der Schweiz nicht leiden kann,* wetterte er am 25. Mai 1943, *ist diese verdammte Heuchelei, als wäre die Schweiz das schönste Beispiel des Contrat social, von lauter frei und fromm sich vereinigenden Bürgern mit einem unendlichen Mass an Toleranz. Wenn Sie objektiv sein wollen, so müssen Sie doch zugeben, dass in der Schweizer Geschichte ebenso viele Annexionen und Eroberungen vorkommen als irgendwo anders. Bei vielen Radikalen geht die Naivität so weit, dass sie überzeugt sind, die Schweiz habe es ihretwegen herrlich weit gebracht. Wenn ich Journalist wäre, würde ich als Motto auf die Zeitung schreiben: »Qui tacet, consentire videtur«*. Ich finde, das sei des wahren Journalisten Motto, habe aber so ganz instinktiv das Gefühl, Ihnen sage dieses Motto gar nichts. Und ich muss mir selber gestehen, dass es ziemlich negativ gehalten ist und eigentlich besser in feindliche Diktaturen passt als in die Schweiz. Aber vielleicht ist es gerade die tiefste Erniedrigung, wenn die Ketten nicht mehr gespürt werden. Wenn ich z. B. daran denke, dass wir Konservative jetzt fast 100 Jahre das Jesuitenverbot und allgemein das Klosterverbot geduldet haben, so steigt mir die Schamröte ins Gesicht, obschon ich mir darüber nicht ganz klar bin, ob es nicht doch besser war, sich der Mehrheit zu beugen und wenigstens das zu retten, was zu retten ist. Aber das Klügere ist nicht immer das Bessere, und besonders dann nicht, wenn es um Grundsätze geht.*

Iris Meyer hatte Peters politische Einstellung aus ihren Berner

* D. h. »Schweigen ist Zustimmung«

Gesprächen noch bestens in Erinnerung. *Zu den Jesuiten,* antwortete sie nicht weniger resolut: *Als Pendant zur Schamröte in Ihrem Gesicht ist in meins die Zornröte gekommen. Gott sei Dank besteht das Jesuitenverbot. Nur schon wenn ich aus Ihrem Munde oder Feder den Ignatius von Loyola höre, packt mich eine namenlose Abneigung gegen die Katholiken. Es ist viel weniger die katholische Lehre (soweit ich sie kenne) als die Kirche, welche mir so auf die Nerven geht. Dieses »alles Durchdringen wollen«, diese Säure! Was Sie persönlich anbelangt, sehe ich Sie gerne katholisch.*

Iris' zweite Anmerkung betraf den Eintritt des Wallis in die Eidgenossenschaft: *In unauslöschlicher Erinnerung ist mir Ihre einstige Aussage, es wäre Ihnen lieber, das Wallis würde gar nicht zur Schweiz gehören, es habe auch gar nicht zur Schweiz gewollt. Im Oechslin aber kann man lesen, dass die Abgeordneten des Wallis mit Tränen, teils in den Augen, teils über die Backen fliessend, um die Aufnahme in die Eidgenossenschaft gebeten hätten.*

Peter protestierte vehement: *Was Sie mir von Oechslin schreiben über die »Aufnahme« des Wallis in die Schweiz nimmt mich gar nicht wunder. Wenn Sie italienische Zeitungen 1933–35 lesen, finden Sie auch, dass alle abessinischen Fürsten mit Tränen in den Augen und Hochrufen die Italiener begrüssten. Ebenso wurden die Deutschen in Prag mit Jubel empfangen, wenn man ihre Gazetten liest.*

So heftig die kurze Debatte geführt wurde, so rasch flaute sie auch wieder ab. Es kam zu keiner wirklichen Annäherung, weil beide auf ihrem Standpunkt beharrten. Iris, die Mühe hatte, Peters Sonderbundskomplex und sein Ressentiment gegen den Bundesstaat wirklich ernst zu nehmen, beschloss die kurze Debatte mit dem lakonischen Kommentar: *Die Schweiz scheint mir ein Gedanke zu sein, dem wie allen Gedanken die Geschmacksverirrungen und beschönigenden Behauptungen seiner Vertreter nichts anhaben können.*

Die Schweiz-Debatte versickerte auch deshalb so schnell, weil Peter im Spätsommer 1943 wegen verspäteten Einrückens eine militärische Strafuntersuchung am Hals hatte. Es sei ein *sonderbares Gefühl, auf der Anklagebank zu sitzen,* schrieb er nach seiner ersten Einvernahme. Die Militärjustiz erscheine ihm wie *ein grosser Mechanismus, der kein Herz habe und von anonymen Kräften angetrieben* werde, über die man keine Übersicht und Gewalt habe. *Und dann auf der andern Seite die Gewissheit, dass man mir, dem eigentlich Menschlichen in mir, ja doch nichts anhaben könne: Im Gegenteil, ich würde von zwei oder drei Monaten Gefängnis nur profitieren (d. h. der Geist in mir, wenn auch der Politiker, der Anwalt, das Vermögen, überhaupt alles Oberflächliche leiden sollte). Ich wünschte geradezu, sofort verurteilt zu werden.*

Peter gefiel sich in der Rolle des Angeklagten, der Ruhe bewahrt und sich über den Ankläger mokiert. Bei seinem Auftritt vor dem Untersuchungsrichter war er Angeklagter und Beobachter in einer Person: *Überhaupt zog ich als Lehre aus dieser Untersuchung, dass man als Richter seine Aufgabe meist viel zu leicht nimmt und dass der Angeschuldigte irgendwie verloren ist, wenn der Richter nicht geradezu gegen den Machtdünkel, der ihm seine Stellung verleiht, ankämpft. Ich musste mir Rechenschaft geben, dass ich als Richter meinen Aussagen keineswegs getraut hätte, eben aus dem Stolz heraus, die Fuge im Lügengebäude des Angeklagten zu finden. Wenn der die Wahrheit sagt, kommt der Richter gar nicht auf seine Rechnung. Wenigstens der Untersuchungsrichter. Dieser ist also geneigt, schon aus rein beruflichem Ehrgefühl die Lügen zu entlarven. Darum hält er a priori die Aussagen für Lügen.*

Iris war beunruhigt, dass Peter die militärgerichtliche Untersuchung – sie wird ihm zehn Tage scharfen Arrest einbringen – auf die leichte Schulter nahm. *Bei der Schilderung der Untersuchung,* zeigte sie sich besorgt, *und ihren Begleiterscheinungen bin ich doch erschrocken. Sie stellen es zwar sehr lustig dar, so dass man meinen könnte, die Sache sei ein Vergnügen. Sie scheinen es mutwillig mit jenen Personen, von denen sie doch bis zu einem gewissen Grade abhängen, verderben zu wollen. Ich finde das gefährlich. Ich kann mir schon vorstellen, dass es Sie reizt, gegenüber den Leuten, denen Sie sonnenklar und durch und durch weit überlegen sind, den Löwen zu spielen, der im Vertrauen auf seine Überlegenheit zur Abwechslung ins Garn geht. Ich kann mir auch vorstellen, dass, wer Ihre stabile seelische Verfassung hat, zur Unterhaltung ganz gern in bezug auf das Schicksal als hl. Sebastian figuriert, der in frommem Eifer mit seinem Fleisch jedem Pfeil entgegenrennt, der herumfliegt. Aber diese Spielerei mit dem Feuer ist mir nicht ganz geheuer. Ich habe wirklich etwas Angst um Sie.*

Peter von Rotens innerer Widerstand gegen Vaterland und Armee bestimmte auch seine schriftstellerische Arbeit. In seinen freien Stunden im Militärbüro arbeitete er an der Tragikomödie »Antigon«, die von einem Wehrdienstverweigerer aus religiösen Gründen handelt, der von einem Militärgericht zum Tod verurteilt und standrechtlich erschossen wird. Im furiosen Finale des 3. Aktes muss schliesslich auch der Oberauditor der Armee sterben, weil er nach der Verhandlung eine versehentlich mit Maschinengewehröl statt Speiseöl zubereitete Käseschnitte aus der Militärküche verzehrt hat.* Nachdem er Iris Anfang Juni 1943 das Konzept zugestellt hatte, brannte er voller Ungeduld auf eine Reaktion. *Die Angelegenheiten mit den Käseschnitten,* kommentierte Iris schliesslich, *hat mich geradezu begeistert. Wenn nur Todesurteil, Käseschnitten, MG-Öl und Leichenreden genügend dicht hintereinander kommen. Fragwürdig scheint mir, die Forderung des totalitären Staates mit der Forderung der obligatorischen Militärpflicht zu charakterisieren. Ich persönlich glaube, dass kein Staat – wie er auch immer sei – ohne Militär existieren kann, und das beste Militär sind ja meist die eigenen Bürger, ganz abgesehen davon, dass sich nicht jeder Staat römische Legionen leisten kann. Auch gibt es genügend Merkmale des totalitären Staates, so dass man dabei nicht zu einer Eigenschaft grei-*

* Peter von Rotens Idee zu seinem Stück basiert auf einem tatsächlichen Vorfall in einem Basler Regiment im Jahre 1942.

fen müsste, welche eine Eigenschaft des Staates überhaupt ist. Und zudem scheint mir die Verweigerung des Militärdienstes aus religiösen Gründen weniger kühn als moralistisch und eine billige Art, sich eine enorme Märtyrerkrone aufs Haupt zu laden.

Peter ging es diesmal aber nicht um die politische Debatte. *Ich möchte von Ihnen eines hören,* reklamierte er am 20. Juli 1943: *Ob ich schreiben darf oder nicht? Persönlich brenne ich vor Begierde, weiterzuschreiben.* Iris' Antwort kam zwei Tage später: *Sie fragen mich, ob Sie weiterschreiben sollen? Die Antwort geben Sie sich schon selbst, wenn Sie sagen, Sie brennen vor Begierde. Heute morgen ist mir gerade ein Spruch des Pythagoras vor die Augen gekommen: Dem Können entspringt das Müssen. Das haben schon Tausende gesagt, auf die man sich verlassen kann, ganz abgesehen davon, dass mit den Jahren auch der eigene Erkenntnisdrang auf diese Tatsache gestossen ist.* Wenn er das Schreiben als seine Bestimmung empfinde, müsse er sein Leben danach einrichten, brachte Iris ihre Meinung auf den Punkt. Solange er aber nur im Militärdienst schreibe, sehe sein Schreiben *nach einer Freizeitbeschäftigung aus, nach einer Zwischenarbeit, nach einem langen Strumpf, an dem Sie lismen, wenn es nichts Gescheiteres zu tun gibt.*

Das Schreiben zum Mittelpunkt des Lebens machen? Iris' Forderung konfrontierte Peter von neuem mit seiner festgefahrenen Lebenssituation, seinem ewigen Konflikt zwischen familiärer Pflicht und persönlicher Neigung. Und nicht zum ersten Mal war sein Briefgespräch mit Iris damit an eine Grenze gelangt, über die er nicht hinausging.

Das dritte grosse Thema war die Religion. *Welches ist Ihre religiöse Grundhaltung,* erkundigte sich Peter in einem seiner ersten Briefe, *und welche Folgen ziehen Sie daraus für Ihr praktisches Leben?* In ihrer Antwort setzte Iris zu einem weitläufigen Exkurs an: *Ich muss vorausschicken, dass ich vielleicht mit Katholischen etwas gehindert bin, darüber zu reden. Bei ihnen hat man nämlich den Eindruck, sie glaubten, das Seelenheil ganz allein für sich gepachtet zu haben. Diese daraus folgende Verur-*

teilung der Reformation hat etwas von einer Strassenwalze an sich, die alles plattquetscht, was in ihren Bereich kommt, Unwillkürlich kommen mir jene deutschen katholischen Dienstmädchen in den Sinn, die – zu meiner Empörung – mit sturer Beharrlichkeit meiner vierjährigen kleinen Schwester jeden Sonntag ein »Heiligenbildchen« aufdrängten, obwohl sie sich doch sagen mussten, dass die religiöse Erziehung der Kinder Sache der Eltern sei und nicht die ihre. Da ich immer wieder auf die »Strassenwalzen-Mentalität« gestossen bin bei religiösen Diskussionen mit Katholischen, so verspreche ich mir jeweilen nicht viel von solchen Gesprächen.

Weil Sie aber genau nach meiner religiösen Einstellung fragen und dies offenbar aus Interesse und Teilnahme tun, will ich Ihnen diese Erlebnisse so deutlich schildern, als es eben auf zwei Seiten möglich ist:

Etwa bis zum zwanzigsten Lebensjahr war mir das Leben eine Verheissung. Alles, was man da sieht, das schöne Wetter, die Blumen, den See, die andern Leute, das »Leben«, war eine Garantie für das Glück. Mit dieser unbändigen Freude auf das »Leben« war eine gewisse Traurigkeit verbunden, die aber bei allen jungen Leuten im Gegensatz zu der Trauer der Alten etwas Poetisches hat.

Die Religion, das Christentum, war etwas Bestehendes, aber von dem ich eigentlich nicht genau wusste, was es mit mir zu tun hätte. Warum Christus sich kreuzigen liess, warum wir Sünder sein sollten, war mir unbegreiflich. Schliesslich entsprach die Tugend eher meinem Charakter, zum sogenannten Laster hatte ich keine grosse Lust, warum also das viele Reden von Sünde? Die Beziehung zu Gott schien mir zu bestehen, aber sie war nicht lebendig. Doch hatte ich die dumpfe Gewissheit, dass der Augenblick dazu kommen werde.

Mit der Zeit wurde mir ganz allmählich klar, wie diese sogenannte Verheissung auf das Leben, die »Hoffnung der Jugend«, keine Verheissung ist, sondern das menschliche Ahnen, wie das Leben sein könnte, wenn wir nicht für immer aus dem Paradies vertrieben worden wären. Ich verstand immer besser in den vielen Gedichten der besten Dichter das grenzenlose Heimweh nach dem Paradies, welches unseren Seelen vertraut ist. Aber in den Gedichten war nicht nur das Heimweh, die Sehnsucht nach dem Paradies ausgedrückt, sondern auch das Sich-nicht-abfinden-Können mit dieser Tatsache, die wilde Empörung gegen diesen Zustand, das Gefühl, es sei ein grenzenloses Unrecht geschehen, und die damit verbundene Untröstlichkeit. Es ist der sogenannte Pessimismus, Schwermut, Resignation, welche das Wesen eines Teils der schönsten Gedichte ist. Die Menschheit, welche ihr Los beweint.

Mit dieser Ablehnung der Vertreibung aus dem Paradies geht ein intensives Gefühl der »Menschenwürde« Hand in Hand. Denn die Forderungen an das Leben sind noch absolut, und auch die Forderungen an sich selbst. Eher tot als irgend etwas Bestimmtes machen. Diese Worte sind der Halt eines Stolzes, der, seit die Menschen aus dem Paradies vertrieben sind, nur noch Göttern ansteht.

»Eher tot als irgend etwas Bestimmtes machen« habe ich mir bei sehr vielem gesagt. Das Leben entsprach den kühnen Forderungen nicht. »Gut, dann halt nicht«, dachte ich. Das Leben in der Form, in welcher ich es leben musste, schien mir unwürdig. Der Abkömmling aus dem Paradies wollte sich das nicht gefallen lassen. Etwa wie eine Königin, die, ihrer Herrschaft beraubt, sich lieber von einer Felswand herunterstürzt, als in fremdem Land das Leben zu fristen. Diese Geisteshaltung drückt wohl am ehesten das interessante Gedicht von Lenz aus (ich glaube, ich habe es Ihnen seinerzeit vorgelesen). Hier die bezeichnenden zwei Strophen aus »Eduard Allwills einziges geistliches Lied«:

Es ist wahr, ich schmeckte schon
Augenblicke voll Entzücken,
Aber Gott – in Augenblicken
Steht denn da dein ganzer Lohn?

Nein, ich schreie – Vater, Retter
Dieses Herz will ausgefüllt,
Will gesättigt sein; zerschmettere
Lieber sonst dein Ebenbild!

Wenn man dieses »zerschmettere lieber dein Ebenbild« mit jeder Faser spürt, so ist man am Rande des Abgrundes und erwägt, ob man hinunterspringen soll oder nicht.

Religiöse Worte, die einen früher gar nicht berührt haben, bekommen einen überwältigenden Sinn. So erinnere ich mich noch an eine Frage aus dem Konfirmandenunterricht. Sie hiess: »Wozu leben wir?« Die Antwort – welche natürlich niemandem in den Sinn kam – war: Um Gott zu dienen. Heute verstehe ich sie und möchte sie jeden Tag besser verstehen.

Und wie dient man Gott? Wiederum ist die Antwort des Christentums restlos klar: Indem man das Reich des Guten auf der Welt mehrt. Wer um dieses Reich kämpft, ist ein Streiter Gottes.

Die praktische Anwendung dieser Einsicht? Jede einzelne Handlung – welcher Natur sie auch sein mag – kann man gut oder schlecht machen. Man strenge sich an, sie gut zu machen.

Beim Überlesen meines Briefes bedaure ich die Unzulänglichkeit meines Ausdruckes. Mir scheint, das Thema erfordere die höchste Anstrengung zur getreuen Darstellung. Was ich geschrieben habe, sind kümmerliche Andeutungen. Ich bin damit nicht zufrieden. Auch möchte ich gerade in dieser Sache am wenigsten missverstanden werden.

Die religiösen Grundhaltungen von Iris Meyer und Peter von Roten hätten unterschiedlicher nicht sein können. Während er ein tief überzeugter Katholik und linientreuer Anhänger der katholischen Kirche war, hatte sie einen höchst individuellen Zugang zur Religion. Diese war in ihren Augen eine Angelegenheit zwischen Gott und dem einzelnen Menschen. Die Kirche als vermittelnde Instanz brauchte es dazu nicht. Im Gegensatz zu Peter scheute sich Iris auch nicht davor, Kirche und Christentum kritisch zu durchdenken, Missstände offen zu benennen und persönliche Konsequenzen zu ziehen. Ihr religiöses Bekenntnis enthalte *herzlich wenig Religion*, kritisierte Peter am 20. Mai 1943 und unterstellte ihr, mit dem Ausdruck *Strassenwalze* den Katholizismus beleidigt zu haben. *Ich nehme davon mit gewohnter Würde Kenntnis*, konstatierte er und stellte sich, obwohl Iris sich weiter darüber auseinandersetzen wollte, beleidigt in den Schmollwinkel.

Ähnlich schwierig war die Auseinandersetzung um den Sinn ihrer Korrespondenz. Iris suchte nach einem wirklichen Gesprächspartner, wünschte sich *Gespräche, bei denen einem das Herz aufgeht. Lieber als die langweiligen Wortspiele würde ich sagen, was mich beschäftigt, und lieber als vermeintlichen »Geist« triefen, möchte ich mich mitteilen können.* Das Wesen des Briefschreibens sah sie in der gegenseitigen *Anteilnahme, welche man selber hat und bekommt*, im tiefen Verstehen und Verstandenwerden. *Der Massstab der Schönheit unseres Zusammenseins ist für mich die Verwirklichung der Innigkeit, welche ich mit Ihnen im Geist habe. Ich glaube tatsächlich, es gibt nichts Wichtiges und Unwichtiges, das mir durch den Kopf geht, welches nicht auch vor Ihnen durchpassiert.*

Wesentlich sein, alles das, was einen beschäftigt, offen aussprechen können. Den Mut haben, sich preiszugeben. *Ich habe eben auch weniger Angst vor Verrat und Lieblosigkeit als früher*, erklärte Iris bereits in ihrem zweiten Brief. *Wenn ich freiwillig mit jemandem spreche, so will ich offenherzig sein, weil nur dann die Auseinandersetzung überhaupt einen Sinn haben kann.*

Für Peter, dem es unmöglich war, *eine Empfindung adäquat niederzuschreiben*, stand ein anderes Interesse im Vordergrund: *Sind nicht die ewigen Wahrheiten das schönste Feld, auf dem sich Anteilnahme ausdrücken kann? Oder meinen Sie, dass Mitleid, die Liebe oder der Schmerz nicht von einem einzelnen Fall ausgehend ins Allgemeine erhoben werden könnten? Ich finde, es gibt im Gegenteil keinen schöneren Vorhang, hinter dem man die persönlichen Gefühle erraten lassen kann, als eben die ewi-*

gen Wahrheiten. Und ich glaube, der moderne Europäer ist nicht mehr imstande, Liebesbriefe zu schreiben wie Ovid oder Catull, sondern müsste sie in philosophische Dissertationen oder in religiöse Diskussionen einkleiden.

Iris hielt nichts von dieser Abstrahierung der Gefühle. *Wie kommen Sie überhaupt auf den abstrusen Gedanken,* fragte sie am 26. Juli 1943, *man könne keine rechten Liebesbriefe mehr schreiben, d. h. nur in Form von philosophischen Dissertationen und religiösen Diskussionen? Für mich sind die philosophischen Dissertationen der Philosophie wegen, die religiösen Diskussionen der Religion wegen und die Liebesbriefe der Liebe wegen da. Was nun die Liebesbriefe anbetrifft: Hier scheint mir das Charakteristische die »Preisgabe«. Ich weiss nicht, ob Sie sich etwas denken, vorstellen können. Aber ob Sie einen richtigen Liebesbrief schon einmal erhalten haben und auch dabei die Bereitschaft hatten, ihn als Liebesbrief zu empfangen, ermisst man am besten daraus, ob einem etwas vom Geschriebenen eine solche Offenbarung der Hingabe gewesen ist, dass man vor Glück und Beklemmung die Worte mit der Hand zudeckt, weil man denkt, es sei ein Göttergeschenk, dessen man nicht würdig sei. Gewissermassen wie wenn man von dem Göttlichen Licht geblendet das Gesicht in die Erde drückt.*

Peters emotionale Zurückhaltung und sein bisweilen ironisch-zynischer Stil fanden in Iris Meyer eine unerbittliche Kritikerin. *Wie ich Ihnen jetzt schreibe, kann ich nichts schreiben, das mich freut oder traurig macht, sondern lediglich Sachen, die der Gefühlsbeteiligung vollständig entzogen sind: Also Abhandlungen und Witzlein. Mir scheint aber nur die Anteilnahme ein Sinn zu haben. Sie ist das Lebendige und für mich das einzig wirklich Anregende. Das ist es, was ich eigentlich von einem Briefwechsel mit Ihnen erwarte. Alles andere langweilt mich ein wenig.*

Peter versuchte sich zu rechtfertigen: *Sie scheinen von unserem Briefwechsel »Anteilnahme« zu verlangen, aber ich glaube, Sie verkennen wohl, dass ohne Anteilnahme kein Briefwechsel zustande käme.*

Iris genügte diese Form der Anteilnahme nicht, sie pochte auf *wahre und tiefe Anteilnahme.* Damit aber überforderte sie Peter. *Sie stellen wieder die Frage nach dem Sinn des Briefwechsels,* stellte er Ende Juli 1943 konsterniert fest. *Ich kann Ihnen da nur in aller Demut sagen, dass ich nie daran gezweifelt habe, Sie würden ihn nach einiger Zeit als Zeitvertrolung für sich entlarven. Ich glaube, Ihnen schon mehrere Male angedeutet zu haben, ich sei im Verhältnis zu Ihnen ein hoffnungsloser Böotier, und ich schreibe Ihnen gerne, weil ich eben gerne mit gescheiten Leuten verkehre. Wenn Sie mir also eines Tages schreiben würden, unser Briefwechsel interessiere Sie nicht mehr, so würde ich darüber betrübt, aber nicht erbost sein, weil ich mir sagen müsste, dass Sie nun doch gemerkt haben, dass ich Ihnen nichts bieten kann. (Das schreibe ich ohne falsche Demut, sondern in einer, glaube ich, richtigen Einschätzung unserer geistigen Fähigkeiten.)*

Drei Wochen später gab Iris auf. Nach vier Monaten intensivem Briefwechsel stand für sie fest, dass *Anteilnahme in unserem Fall ausgeschlossen scheint. Ich stelle also den geistigen Anspruch der Anteilnahme ausdrücklich nicht.*

Peter war erleichtert, dass Iris den Briefwechsel nicht vorzeitig beendet hatte. Der Gedankenaustausch mit ihr bildete längst den Mittelpunkt seines Lebens. Die Schwierigkeit war nur, dass er ihr dies so nicht sagen konnte. Allzu gross war seine Scheu, sein Herz sprechen zu lassen. Also versuchte er es auf seine Weise: *Falls Sie einmal Ferien haben,* schrieb er am 9. Juli 1943, *könnten Sie mich gelegentlich im Wallis besuchen.*

Iris reagierte alles andere als erfreut: *Wenn Sie mich ermuntern wollen, ins Wallis zu reisen, warum laden Sie mich dann nicht gerade 8 Tage zu sich ein?* Peter hielt entgegen, dass *er sie sehr gern für acht oder sogar vierzehn Tage ins Wallis einlade, aber unter der Bedingung, dass Sie »zufällig« kommen. Denn meine Familie würde es sehr unkorrekt empfinden, dass ich Mädchen nach Hause einlade. Wenn Sie hingegen in Bürchen in den Ferien sind und zu uns nach Breitmatten einen Spaziergang machen, weil sie hörten, dass es dort so herrlich sei und hier *das »berühmte« Haus stehe, wo der »volkstümliche« Walliser Nationaldichter Leo Luzian von Roten wohnte und starb – »Wie schade, dass seine Werke im Buchhandel vergriffen sind!« –, dann werden Sie schon 8 Tage dort bleiben müssen.*

Davon wollte Iris erst recht nichts wissen: *Das mit dem Einladen wundert mich gar nicht. Nach meinen bitteren Erfahrungen herrscht dieser wahrhaft heidnische Zustand, dass Töchter, bzw. Söhne, keine anderen Söhne bzw. Töchter zu sich nach Hause einladen dürfen, in ca. 80% der schweizerischen Familien. Mir scheint es mit der vollständigen Zerrüttung der Gastfreundschaft in der Schweiz überhaupt zusammenzuhängen. Diese prinzipielle Anschauung der Gastfreundschaft bzw. Gastfeindschaft bewirkt, dass ich ganz trübsinnig werde, wenn ich mir vorstelle, dass ich acht Tage in einem Pensiönli im Wallis mein Leben fristen müsste, in den Anblick der »schönen Bergwelt« stumpfsinnig versunken, und gelegentlich in Ihrer Umgebung herumschleichen dürfte.*

Iris' direkte Art war für Peter genauso irritierend wie faszinierend. Die Frau konnte ihm Giftsätze an den Kopf schleudern und gleichzeitig erklären: *Zweifeln Sie keinen Moment an meiner stetigen Freundschaft.* So etwas hatte er noch nicht erlebt. Ob er sie in Luzern besuchen sollte? Wie aber sollte er das bewerkstelligen? Ihr seinen Wunsch nach einem Wiedersehen offen darzulegen, war unmöglich. *Gestern kam mein Bruder von Luzern zurück,* schrieb er schliesslich nach Luzern, *voll Begeisterung über die »Faustspiele«. Ich ginge auch gerne hin. Wenn ich zögere, so eigentlich hauptsächlich Ihretwegen. Das wird Ihnen wohl sonderlich oder sechstklässlerisch vorkommen. Aber was sechstklässlerisch ist, wird nicht dadurch anders, dass man es nicht mehr sieht. Ich weiss nicht, wie Sie sind, kann es ja auch niemals wissen. Meinerseits weiss ich nur, dass Sie mich »beunruhigen«, um das schöne neutrale Wort zu gebrauchen.*

Iris antwortete in gewohnt direkter Art: *Zu Ihrer Faust-Reise. Das Stück ist nicht begeisternd, aber sehenswert. Rein deswegen würde ich allerdings nicht hierher reisen. Halt, doch natürlich!*

Das wollen Sie doch hören! Ich weiss nicht recht, was Sie mit dem »beunruhigt« meinen. Ich möchte hier auch nicht meine Auslegungen darstellen – denn erst die Worte machen die Tatsachen ganz. Ob Sie bei Ihrem Luzerner Aufenthalt mich besuchen oder nicht, ist mir an sich gleich, nur würde es mich 1. natürlich freuen und käme es mir 2. grotesk vor, insbesondere wenn ich daran denke, dass man seitenlang alle Wochen einer Person schreibt, die bei der Gelegenheit zu sprechen sich mysteriös verhüllt.

Diese Frau war eine ständige Überforderung! Die Folge war, dass Peter seine Entscheidung über die Luzern-Reise endlos vor sich hin schob und sie schliesslich der *grässlich hohen Reisekosten* wegen gänzlich abblasen wollte. *Von Ihrer Luzerner Reise,* platzte Iris am 3. September 1943 der Kragen, *habe ich bald genug. Sie sind ein Langweiler! Wäre es möglich, dass wieder der vermeintliche Sündenpfuhl spukt? In diesem Fall möchte ich Sie zur Einsicht der Wahrheit rütteln und schütteln. Da aber Rütteln und Schütteln selten zur besseren Einsicht verhilft, sage ich schliesslich zum zehnten Mal: Sollten Sie also – die Vorstellung ist mir zwar unsympathisch – aus Mangel einer die Verhältnisse durchdringenden und erfassenden Urteilskraft finden, meinen, denken, spüren, phantasieren, flunkern, sich einbilden, ich verführe Sie zur Sünde oder sei ein Gespinst von Sünde, so prüfen Sie sich selbst einmal misstrauisch auf Herz und Nieren. Und der Pfeil fällt auf den Schützen selbst zurück. Was Sie als meinen »sündigen« Willen sehen, ist Ihr eigener sündiger Wille, der Ihnen mit dieser Verdrehung wohlwollend ein Schnippchen schlägt. Was Sie in mir »Sündiges« sehen, ist der Reflex Ihrer eigenen Sündigkeit. Viele Männer meinen, der sündige Wille der Frauen verführe sie. Aber es sind ja die Mädchen, welche vor den Männern die Augen niederschlagen, und nicht umgekehrt. Das, weil die sündige Forderung in den Blicken dieser und nicht jener sichtbar wird.*

Und nun kommen Sie zu diesem »Faustspiel« nach Luzern!

6

LUZERN

Tagebuch Peter von Roten, 16. September 1943: *Meine Reise nach Luzern setzte ich an auf Samstag, den 11. September 1943. Der formelle Grund, den ich daheim angab, war der Besuch der »Faustspiele«. In Kandersteg verliess ich den Zug und fuhr mit dem Velo Richtung Spiez. Überall begegneten mir Pferde und wieder Pferde, die offensichtlich mobilisiert worden sind. Mit Schrecken dachte ich, dass es auch mir wieder blühen konnte. In Faulensee telefonierte ich Iris Meyer nach Luzern. Lange wartete ich auf die Verbindung, und als sie endlich kam, hatte ich gerade das Maul voll Sandwich. Kühn spuckte ich aus – in des Posthalters Garten – und sprach dann. Wie erschrak ich, als ich Iris Meyers Stimme hörte: müde schien sie und abgerackert, gehetzt und unentschlossen. Ich schlug ihr vor, mir bis auf den Brünig entgegenzukommen, und das nahm sie gerne an. Mir schien das unglaublich, als hätte eine Göttin mir ihre Hand versprochen. Nun fuhr ich weiter über Interlaken und Brienz hinauf auf die Brünig Höhe. Oben im Bahnhofsbuffet bestellte ich einen Café Complet und sah dann, dass der Zug von Luzern jeden Moment kommen musste. Und das Wunder geschah wirklich. Der Zug kam. Und ich sah plötzlich, dass das schönste Mädchen, das dem Zug entstieg, eben Iris Meyer war. Sie war viel schöner als alles, was ich mir vorgestellt hatte. Ich lief aber nicht zu ihr, sondern blieb sitzen, denn ich wollte das Glück geniessen, sie auf mich zukommen zu sehen.*

In rasendem Schuss fuhren wir die Brünigkehre hinunter und nachher gemächlich zwei Seen entlang bis nach Alpnach-Stad. Hier war schon alles voll von Soldaten, die alle Patisserien über-

füllten. Wir konnten dennoch Brot und Süssigkeiten kaufen. Von Osten her drohte ein Gewitter. Schliesslich fuhren wir weiter nach Luzern, kamen in die Pension Felsberg, wo wir logieren sollten. Iris wies mir mein Zimmer zu, und ich ging schlafen.

Am Samstag ging ich zur Messe in die Hofkirche, dabei stiess ich fast mit dem Auto der Familie von Moos zusammen. Sie hielten an, und Charlotte, Walter und Louis kamen freudig heraus, mich zu begrüssen. Ich tat ebenso erfreut und dachte im Inneren, es sei wohl gut, dass die Iris nicht mit mir sei. Und im Geiste verglich ich sie mit Charlotte. Dann schämte ich mich, diese zwei Mädchen ihrem Körper nach nebeneinandergestellt zu haben. Aber so ist man halt: den Heiland will man kreuzigen und den Barabas befreien. Von Iris weiss ich nur, dass sie schön ist und dass niemand sich so raffiniert kleiden kann wie sie. Und dass sie oft krank ist, nervös, nicht schlafen kann; und von Charlotte weiss ich, dass sie reich ist und auch nicht recht gesund, aber brav ist sie sicherlich. Wenigstens stellt sie sich so. All das dachte ich während der Messe, ging nachher aufs Kai, kaufte zwei Zeitungen, las sie und telefonierte dann der Iris, ich erwarte sie hier. Als sie bald darauf kam, trug sie einen schwarzen Jupe mit grauer Bluse und um die Taille einen schwarzen Bändel mit Schleife. Ich könnte hundert Jahre leben, so würde ich diese Schleife nicht vergessen. Es war das Tüpfchen auf dem i ihrer Eleganz, jenes kleine Etwas, das die Kleidung aus dem Bereich »gut« in jenen des »himmlisch« erhebt. Wir schwatzten lange und gingen dann hinauf in die Pension zum Essen. Von Iris hatte ich erfahren, dass auch Charlotte Schnyder von Wartensee hier essen würde, und als sie kam, grüsste ich sie mit der natürlichsten Miene der Welt, obschon es mir höchst peinlich war, vor dieser Vertreterin des exklusiven Adels ausgerechnet mit Iris Meyer aus Rapperswil gesehen zu werden. Obschon dies lächerlich ist, denn auch die Schönheit adelt. Wie dem auch sei, machte ich gute Miene.

Nachmittags fuhr Iris mit mir per Velo nach Küssnacht. Auf der Heimfahrt umgingen wir auf steilem Weg das Gut der von Moos'. Ich begründete das mit dem Reiz eines Aufstieges. Aber auf der Rückreise war nichts mehr zu machen: Wir mussten in Seeburg vorbei. Ich liess dann Iris im steilen Abhang weit vorne und bremste nach Kräften, so kamen wir in einer Distanz von wohl 300 m nacheinander vor dem Moosschen Haus vorbei. Aber der Angstschweiss kam mir trotzdem, besonders als ich in rasender Fahrt vor dem Portale durchsausend drei würdige Herren davor stehen sah, von denen einer mich anzusehen schien: eine Nemesis in Direktorsgestalt.

Ich ging dann zum Bahnhof – allein – und holte dort Schwester und Schwager ab, die auch zur Faustaufführung kamen. Um einen vierten zu haben, telefonierte ich dann mit Charlotte von Moos, ob sie kommen wolle. Ich muss zu meiner Ehre gestehen, dass ich mit bösem Gewissen telefonierte, und gar als mir Charlotte am Telefon Allusionen machte auf unser gegenseitiges Verhältnis, da schwadronierte ich etwas Lustiges darum herum, bis sie dann zusagte. Nach der recht guten Vorstellung begleitete ich Charlotte mit dem Velo nach Hause, von allem möglichen als von Liebe redend. Bei ihr zu Hause wollte ich mich rasch wieder verabschieden, aber sie hielt mich noch zurück, um den See und den Mond zu bewundern. Dann fuhr ich weg. Als ich zur Pension kam, es war kurz nach Mitternacht, war diese verschlossen und kein einziges Fenster mehr erleuchtet. Ich hatte Iris versprochen, sie noch zu begrüssen, und da ich wusste, dass sie nicht vor zwei Uhr früh schlafen konnte, entschloss ich mich, einen kleinen Stein durch ihr offenes Fenster zu werfen. Doch der Stein ging sonstwohin. Der zweite Stein fiel auf das Vordach aus Wellblech und verursachte mächtigen Krach, so dass gleich zwei Fenster zugingen.

Endlich, beim sechsten oder siebten Stein, öffnete sich das Nachbarfenster von Iris, und ein Herr, den ich bat, mir zu öffnen, rief empört, ich solle doch die Glocke läuten, der Portier komme dann schon. Das habe ich dann mit sofortigem Erfolg getan. Als ich bei Iris anklopfte, fand ich sie wütend im Bett, im dunkelblauen Morgenrock, körperlos, aber derart auf mich einredend, dass ich am liebsten gerade verschwunden wäre: Was mir denn einfalle, sie derart idiotisch zu kompromittieren? Ob ich denn nicht wisse, dass jedes Hotel eine Nachtglocke und einen Portier habe? usw. Am andern Tag, es war Montag, fuhr ich heimwärts und übernachtete in einer Jugendherberge in Brienz. Am andern Morgen nahm ich von Spiez bis Goppenstein den Zug und kam zum Mittagessen nach Hause.

ZWEITER TEIL

Bin i voll Verlangu
Zum Pfarrer gangu:
»Darf i z'Meitelti dricku, darf i's ha?«
»Nei, nei, das darfsch Du nit,
Nei, nei, das chascht Du nit
Suscht chusch in-t-Hell.«

Bin i voll Verlangu
Zum liebu Gott gangu:
»Darf i z'Meitelti dricku, darf i's ha?«
»Ei apo frili, ei apo scho,
Extra fer die Buebu hani
d'Meitje gmacht.«

Das Lied von Vittorio di Francesco,
Peter von Rotens Freund aus der Jugendzeit

7
MUTTERWELT

Maria Feigenwinter war eine gelehrige Schülerin, voller Bewunderung für die Schwestern der Visitation von Solothurn. Aus tiefster Überzeugung schienen Sœur Marie-Cécile, Sœur Marie-Emanuelle und Sœur Marie-Marthe zu wissen, dass der Leib der Sitz der Sünde war und einzig als Wohnung der unsterblichen Seele eine Bedeutung hatte. *Oh, wenn die Schwestern nur wüssten,* schrieb die siebzehnjährige Maria am 4. April 1900 in ihr Tagebuch, *wie lieb ich sie habe, alle zusammen.* Schnurstracks ging sie zur Beichte, wenn sie ihre Gedanken *hinabzogen in den Schmutz der Welt,* wenn sie von schönen Kleidern träumte oder sich am Kirchengesangsabend *von einem Hosenbein zum Tanz hinreissen liess.* Die Fallstricke des Bösen lauerten überall. *O lieber Jesus, hilf mir stark sein, wenn Du mir nicht hilfst, muss ich unterliegen; mit Deiner Gnade aber bin ich imstande, meinen Leidenschaften und Begierden den Krieg zu erklären.* Vor den Verlockungen der Welt, sagten die Schwestern, gebe es nur einen wirksamen Schutz. *Sich dem lieben Heiland ganz zu schenken.*

Welche Wonne, so Maria am 10. September 1900, *sollte mir der liebe Gott wirklich die Gnade des Klosterberufes geben!* Drei Wochen später verreiste sie in das südenglische Roselands, wo sie im Convent of the Visitation ihre schulische Ausbildung abschliessen sollte. Nach Anfangsschwierigkeiten musterte sie sich zu einer erfolgreichen Schülerin. *Ich habe mir fest vorgenommen,* schrieb sie an die Eltern in Basel, *in allem Ernst an meinem Charakter zu arbeiten.* So einfach aber war die Sache nicht. Maria Feigenwinter focht einen schweren Kampf. Wie ein roter Faden ziehen sich Zweifel an ihrer Berufung durch ihr Tagebuch.

Maria Feigenwinter, um 1900

Wenn sie sich ertappte, wie sie neidisch die Schönheit anderer betrachtete und *eine solche Freude an dummen einfältigen Soldaten empfand,* suchte sie Zuflucht in eingeübten Selbstermunterungen: *Mut, meine Seele, verzage nicht, wir sind ja auf dieser Welt, um zu kämpfen, nicht um auf den Lorbeeren auszuruhen.*

Busse und Sühne bestimmten den Alltag der jungen Frau. Ihre Tagebucheinträge belegen, wie persönliche Wünsche Schuldgefühle in ihr auslösten. *Ich will handeln, schaffen für den lieben Gott, für den Himmel. Nicht für diese Erde, auf der wir nur zu Gast sind.*

Nach abgeschlossener Schulausbildung in Roselands kehrte Maria im August 1901 nach Basel zurück und erklärte ihren Eltern, dass sie der Welt entsagen und ins Kloster gehen wolle. *Mein Koffer war gepackt,* schildert die Achtzehnjährige die Szene in ihrem Tagebuch, *ich war für Roselands angemeldet und reisefertig – da kam die Enttäuschung, es hiess zu Hause bleiben.* Höchstwahrscheinlich war es der Vater, Ernst Feigenwinter, der sich gegen Marias Absicht stellte. Die Mutter – Bertha, geb. Bla-

Ernst Feigenwinter und Bertha Blarer von Wartensee, um 1885

rer von Wartensee – mit ihrem frommen und weltabgewandten Katholizismus kommt für das Verbot nicht in Frage. Die Folge war, dass Maria in ihrem Elternhaus blieb, *tapfer in der Haushaltung half, einen Bügelkurs nahm* und nicht wusste, was sie mit ihrem Leben anfangen sollte. Als ihr Vater im Jahr darauf einen Anwaltspraktikanten in sein Büro nahm, *ging in mir,* so Maria, *eine langsame Veränderung vor, die ich unmöglich anders definieren kann, als dass ich mich für den jungen Mann zu interessieren begann, Freude hatte, wenn ich ihn sah, dabei ihm gegenüber jedoch sehr zurückhaltend blieb.* Obwohl sie von der *stattlichen Erscheinung, Offenherzigkeit und Natürlichkeit* des jungen Mannes schwärmte und davon überzeugt war, *dass er besser und anders war wie die anderen Herren,* liess sie sich nichts anmerken und begegnete dem jungen Mann *öfters sogar kalt und unhöflich.* In ihrem Tagebuch tat sie ihre heimliche Schwärmerei als *eine gewisse Gefühlsduselei* ab, an der sie *schon lange ein wenig krank* war.

Vier Jahre später, am 30. August 1906, heiratete die dreiundzwanzigjährige Maria Feigenwinter in der Abtkapelle Einsiedeln den fünfzigjährigen Walliser Juristen und Nationalrat Heinrich von Roten. Über das Zustandekommen der Ehe seiner Eltern wird Peter von Roten Jahrzehnte später folgende Legende verbreiten: Seit seinem Studium habe Heinrich von Roten eine besondere Freundschaft mit Marias Vater Ernst Feigenwinter verbunden. Diese sei auf eine schwere Probe gestellt worden, als sich die beiden Männer gleichzeitig in die aus noblem Basler Hause stammende Bertha Blarer von Wartensee verliebten. Dass es dabei weder zu dramatischen Eifersuchtsszenen noch zu einem Duell im Morgengrauen gekommen sei, soll – immer nach Peter – das Verdienst seines Vaters gewesen sein, der seinem Basler Freund den Vortritt gewährte, ihm dafür aber das Versprechen abnahm, ihm dereinst seine erstgeborene Tochter zur Frau zu geben.

Der Nachlass von Maria Feigenwinter macht klar, dass Peter diese romanhafte Episode erfunden hat. Die Realität kann Peters Phantasie aber mehr als nur Paroli bieten: Der wahre Hintergrund der Eheschliessung seiner Eltern war eine von langer Hand vorbereitete Kuppelei. Als ebenso geschickte wie hartnäckige Ehestifterinnen erwiesen sich dabei Heinrichs ältere Schwester Ida und Marias Mutter Bertha, die seit ihrer gemeinsamen Schulzeit im katholischen Mädcheninstitut der Englischen Fräulein in Lindau am Bodensee eng befreundet waren. *Ich hatte von der ganzen Sache keine Ahnung,* wird Maria Feigenwinter später schreiben.

Alles begann damit, so Maria, *dass Herr Heinrich geschäftehalber sehr oft nach Basel zu meinem Vater kam. Ich war lieb mit ihm und betrachtete ihn, als ob er mein Onkel wäre.* Marias Vater, der angesehene Basler Politiker und Jurist Ernst Feigenwinter, sass mit Heinrich von Roten nicht nur im Verwaltungsrat der Lonza, die beiden Männer waren auch politische Weggefährten und Freunde und hatten als junge papsttreue Katholiken im Kulturkampf der 1870er Jahre gegen die liberale Schweiz gekämpft.

Nun geschah es, schildert Maria den Fortgang der Ereignisse, *dass Mama eines Tages einen höchst seltsamen Traum hatte, den sie Fräulein Ida, vielleicht auch um Herrn Heinrich zu amüsieren, gleich ins Wallis schrieb. Ihr träumte nämlich, Herr Heinrich habe sich mit mir verlobt etc. – was zur Folge hatte, dass Herr Heinrich schrieb, er werfe die Sache nicht so weit, da ihm Mama gesagt hatte, ich hätte gefunden, Herr Heinrich und Vetter Oskar seien die Herren, die mir am besten gefielen.*

Heinrich von Roten bemühte sich in der Folge sehr um Maria Feigenwinter, kam bald alle sechs Wochen nach Basel, schickte *Aprikosen, Alpenrosen und goldene Manschettenknöpfchen.*

Der 1856 geborene Heinrich von Roten hatte zu diesem Zeitpunkt bereits mehrere gute Partien ausgeschlagen. Über Jahre waren seine Heiratspläne ein Dauerthema in den Salons der Walliser Noblesse gewesen. Einen möglichen Grund für seine ewige Unentschlossenheit sah Cousine Marie de Riedmatten in einer unglücklichen Liebe. In ihrem »Journal intime« erwähnt sie am 10. November 1890 eine höchstwahrscheinlich nicht standesgemässe *Demoiselle valaisanne, très comme il faut,* der Heinrich aber unmöglich seine Liebe erklären konnte. Heinrich selbst, der nach dem Tod seines Vaters im Jahre 1895 mit seinen zwei ledi-

Heinrich von Roten, um 1900

gen Schwestern Bertha und Ida das grosse Elternhaus in Raron bewohnte und nach der nicht zustande gekommenen Heirat mit einer deutschen Adeligen erklärte, er sei zum Entschluss gekommen, nicht mehr zu heiraten, betrachtete seine gescheiterten Heiratsbemühungen auch von der ironischen Seite: *Wenn Gott mich sechzig Jahre alt werden lässt, werde ich mein Leben in einem Kapuzinerkloster beenden, um dort die mir bevorstehende Zeit im Fegfeuer bereits im Diesseits abzubüssen.* Mit zunehmendem Alter aber wurde der studierte Jurist immer nachdenklicher. *Es gibt Zeiten,* schrieb er im Jahre 1902, *wo mich der Gedanke, dass in 20–25 Jahren unser Haus in Raron geschlossen und verödet sein würde, unglücklich macht.* Ein Grund zur Verzweiflung aber war das für Heinrich nicht. Als Katholik von echtem Schrot und Korn glaubte er an die göttliche Vorsehung und nahm an, dass es wohl sein Schicksal sei, ohne Nachkommen zu bleiben. *Lieber ein Abschluss in Ehren,* tröstete er sich, *als wenn mich Gott mit liberalen oder radikalen Buben strafen würde.*

Als die beiden Kupplerinnen Heinrich von ihrem Plan zu überzeugen versuchten, wollte dieser *wegen dem zu grossen Unterschied in den Jahren* erst gar nicht um Maria werben. *Schliesslich habe ich es doch getan, nachdem ich auch bei Priestern um Rat gefragt hatte.* Im Frühling 1903 machte Heinrich, mittlerweile Nationalrat, Maria Feigenwinter einen Heiratsantrag. Diese reagierte zurückhaltend, konnte sich aber nicht überwinden, ihm einen Korb zu geben. Statt dessen warnte sie ihn vor ihrem unbeständigen Charakter und ständigen Wankelmut. Als Bertha Feigenwinter ihre Tochter einige Wochen später fragte, *ob ich Herrn Heinrich lieb habe und ihn heiraten wolle,* war ihre Antwort ein unmissverständliches Nein. *Auf diese meine Antwort,* so Maria in ihrem Tagebuch, *die man als sogenannten Korb ansah, trat eine kleine Erkältung bei den beiden Familien ein. Herr Heinrich war mir gegenüber äusserst geniert und zurückhaltend, den andern gegenüber jedoch lieb und nett.*

Damit war die Angelegenheit für Maria noch längst nicht überstanden. Bertha Feigenwinter und Ida von Roten aktivierten Phase zwei ihrer Verkuppelungsstrategie: Maria wurde mit Heinrichs Schwester Ida auf eine Reise nach Konstanz, Chur und Altstätten geschickt. *Lange sträubte ich mich zu gehen. Zuerst versuchte Mama mit Liebe, mich dazu zu bewegen, dann aber befahl sie es mir, und ich hatte zu folgen.*

Trotz zahlreicher Umstimmungsversuche durch Ida von Roten und andere Bekannte blieb Maria bei ihrem Entschluss: *Ich kann und werde es niemals können.* Was folgte, war der Widerspenstigen Zähmung dritter Teil: Heinrich lud Maria und ihre Eltern ins Wallis ein, *damit sich Maria prüfen und hernach eine Entscheidung fällen könne.* Maria wusste, dass dieses Familientreffen im Wallis einer Verlobung gleichkam, wehrte sich, *so sehr ich konnte,* und suchte Zuflucht bei ihrer geistlichen Ratgeberin. *Schwester Louise Eng schrieb mir, ich solle mich lieb dem Vorhaben meiner Eltern fügen, und so entschloss ich mich, in Gottes Namen zu gehorchen.*

Zusammen mit ihren Eltern fuhr Maria im Sommer 1903 ins Wallis und wurde von Heinrich von Roten in Breitmatten, dem Sommersitz der Familie, empfangen. Was in dem kleinen Weiler oberhalb von Raron besprochen und verabredet wurde, lässt sich nicht mehr rekonstruieren. Marias Tagebucheinträge brechen nach der Überquerung des Gemmipasses und der Ankunft in Leukerbad ganz plötzlich ab.

Dieses abrupte Verstummen ist gewiss kein Zufall. Viel eher bringt es die innere Verzweiflung zum Ausdruck, für die Maria keine Worte fand. Wie mag es ihr auf Breitmatten ergangen sein? Ein glücklicher Zufall will es, dass eine erhalten gebliebene Fotografie – das Gruppenbild des Zusammentreffens der Familien von Roten und Feigenwinter – den abrupt abgerissenen Faden von Marias Tagebucherzählung wieder aufnimmt.

In einem hochgeschlossenen und strahlend weissen Kleid sitzt die zwanzigjährige Maria mit zu Boden gerichtetem Blick neben dem sich auffällig abwendenden Familiengeistlichen Rektor Raphael von Roten. Was mag der jungen Frau in diesem Augenblick durch den Kopf gegangen sein? Vielleicht jene Bibelstelle, die sie später noch oft zitieren wird: *Es kommen die Jahre, von denen es heisst, sie gefallen mir nicht.*

Weiter rechts sitzt mit elegantem Hut auf dem Kopf Marias Mutter Bertha, die ihre Tochter keine Sekunde aus den Augen lässt. Ob die überaus fromme und kränkliche Bertha Feigenwinter – sie stirbt im Jahr nach dieser Aufnahme – damit eine unkontrollierte Reaktion ihrer Tochter vermeiden will? *In bezug auf meine Grossmutter von Blarer,* erinnert sich Peter später, *habe ich von meiner Mutter allerlei vernommen, das verdächtig nach Sadismus riecht. So soll sie meiner Mutter immer vorgehalten haben, sie sei nicht schön, und diese Bemerkung habe ihr derart zugesetzt, dass sie in der Nacht eine Klammer an die Nase tat, um ihren Wuchs zu beeinflussen.*

Das Zusammentreffen der Familien von Roten und Feigenwinter in Breitmatten, Sommer 1903

Rechts neben Bertha Feigenwinter sieht man ihre Freundin und Mitintrigantin Ida von Roten, deren misstrauisch strenger Blick dem Fotografen zu signalisieren scheint, dass sie keinerlei Einmischungen von aussen in den beschlossenen Ehebund duldet. Hinter ihr steht mit leisem Schmunzeln auf den Lippen Ernst Feigenwinter, dem der Besuch bei seinem alten Freund Heinrich zu behagen scheint. Ohne Zweifel war er einverstanden mit den Plänen seiner Frau, seine etwas eigenbrötlerische und zur Schwermut neigende Tochter standesgemäss unter die Haube zu bringen. Links neben Ernst Feigenwinter steht der grossgewachsene, korpulente und über das ganze Gesicht strahlende Heinrich von Roten, der – das zeigen seine Briefe – *eine tiefe, mir oft unerklärliche Neigung* zu Maria empfand, sie aber nur heiraten wollte, wenn sie sich aus freiem Willen dazu entschliessen würde. *Ich bin nicht der Mensch*, schrieb er an Ernst Feigenwinter, *der sein Glück anderen aufzwingen will.*

Heinrichs Anspruch war für Maria eine einzige Überforderung. Sie, die sie nie etwas anderes gelernt hatte, als dem Willen von Eltern und Kirche zu gehorchen, sollte in dieser wichtigen Frage plötzlich nach freiem Willen entscheiden. Die Eltern wollten ihre Heirat, ihre geistlichen Berater ebenfalls. Damit war alles klar. Es hätte einer Revolutionärin bedurft, sich dagegen aufzulehnen. Und dazu hatte Maria Feigenwinter nun wirklich nicht das Zeug. Also nahm sie Heinrichs Heiratsantrag nach einigen Wochen Bedenkzeit zu Jahresbeginn 1904 an. Ihre inneren Widerstände allerdings konnte sie damit nicht aus der Welt schaffen. Die zwei Jahre bis zur Hochzeit waren geprägt von grosser Zerrissenheit, innerer Unruhe und seelischer Not. Immer wieder stellte sie ihr Jawort in Frage, zog sich vor Heinrich zurück, näherte sich ihm wieder an. Eine fragwürdige Rolle spielten einmal mehr ihre geistlichen Berater: Schwester Louise Eng und Abbé Joye, der bekannte Basler Jesuit und Jugenderzieher, wussten ganz genau, was gut für sie war. *Abbé Joye,* so Maria im Januar 1905 an Heinrich, *sagte mir: »Du bekommst nie einen Mann, der dich so liebt wie Herr Heinrich, bei niemandem ist für dein*

Seelenheil besser gesorgt wie bei ihm. Ihr könnt so leben wie Heilige.« *Ich will mich diesem Rate, ich möchte fast sagen Befehle, fügen.*

Heinrich war damit nicht einverstanden. Er wollte, dass sie persönlich und frei entscheide. *Es tut mir leid, in Deinem Leben diese Rolle zu spielen und Dir so viel Kummer und so viele Sorgen zu bereiten. Bete, überlege ruhig. Halte fest, dass Du die Hauptperson bist, lasse Dich nicht durch Rücksichten und durch ein gewisses Erbarmen leiten. Eine entschiedene Neigung und etwas Freudigkeit müssen vorhanden sein. Ich werde hingegen ein »Nein« eher verschmerzen, als Dich unglücklich zu wissen. Du bist jung und das ganze Leben liegt vor Dir, und nichts ist also verloren.*

Heinrichs edle Gesinnung muss Maria sehr beeindruckt haben. Vielleicht war er in ihrem Leben sogar der erste Mensch überhaupt, der ihr die Chance einräumte, *frei und offen zu sagen, was Du denkst und fühlst.* Als er begriff, in was für eine Zwangslage sie geraten war, bot er ihr seine Hilfe an: *Wenn ich durch meinen Rücktritt Dir Licht schaffen kann, so sage es mir.* Maria aber wollte nicht, dass er sich aus ihrem Leben zurückzog. Ein viel zu wichtiger Gesprächspartner war er für sie geworden. Und wenn sie auch keine Gefühle für ihn empfinden konnte, sah sie doch einen *lieben guten Bruder* in ihm.

Es kommt mir vor, so Maria, *als wäre ich von Gott und den Menschen verlassen. Nirgends jemand, der mir hilft, und bei mir selbst dieser ewige Wankelmut, dieser Mangel an jeglichem Selbstvertrauen, eine Menge Fragen und keine Lösung. Ich soll wählen zwischen »Ja« oder »Nein«. Ich mag tun, was ich will, so habe ich das Gefühl, ich handle unrecht. Auf der einen Seite Sie, den ich gewiss hochachte und von Herzen liebe, mein gegebenes Wort, der letzte Wunsch meiner seligen Mutter, der Rat meines Beichtvaters; auf der andern Seite meine eigene Unentschlossenheit leider.*

Zwei Wochen später die erneute Kehrtwendung: Nach *schwerem Kampf* kam Maria zum Schluss, auf Heinrich zu verzichten.

Heinrich von Roten (rechts) im Salon seines Hauses in Raron, um 1910

Mich überkam eine grosse Traurigkeit, schrieb dieser an Marias Vater. *Ich bete, trinke und rauche etwas mehr als gewöhnlich.* Damit aber war das letzte Wort noch immer nicht gesprochen. Abbé Joye führte das von seinem Weg abgekommene Schäflein auf den richtigen Pfad zurück. Er befahl Maria, Heinrich eine Karte zu schreiben und *vor einem endgültigen Beschlusse eine Andacht zum heiligen Josef zu machen.* Nach erfolgter Andacht drängte er sie, Heinrichs Werbung anzunehmen. Ob der Abbé von sich aus handelte oder Anweisungen erhielt, ist nicht bekannt.

Fünf Monate später – im September 1905 – zog sich Maria von neuem von Heinrich zurück. *Trotz aller Liebe habe ich die ewige Bettelei satt,* beklagte sich dieser bei Ernst Feigenwinter und war überzeugt, *dass die Liebe eines alten Mannes für ein junges Mädchen keinen Wert hat. Maria ist in eine Lage hineingekommen, wo sie den richtigen Ausweg nicht mehr zu finden weiss, und wir alten bösen Leute haben ihr eine Bürde aufgeladen, die sie zu Boden drückt.*

Ein gutes Jahr später schlossen Maria Feigenwinter und Heinrich von Roten den Bund fürs Leben. *Ich bin voller Dankbarkeit gegen die göttliche Vorsehung,* so Heinrich, *die alles gefügt und geleitet hat.* Nach ihrer Heirat zog Maria vom Basler Heuberg in das Zweihundert-Seelen-Dorf Raron. Hier lebte sie zusammen mit Heinrich und seinen zwei ledigen Schwestern in einem grossen Haus mitten im Dorf. Das Zusammenleben des Paars gestaltete sich schwierig: Maria hatte grosse Mühe, im Wallis heimisch zu werden, tat sich schwer mit ihren Schwägerinnen und ging Heinrich gegenüber, der in seinen Briefen immer wieder um ihre Nähe bettelte, auf Distanz. In regelmässigen Abständen kehrte sie in ihr Basler Elternhaus zurück, wo sie oft über Wochen blieb und nur wenig von sich hören liess. In Raron habe sie *nichts für die Seele,* schrieb sie, und es falle ihr schwer, *mich an diese »Wüste« einigermassen zu gewöhnen.* Heinrich machten die Rückzüge seiner Frau schwer zu schaffen. *Wie ein armer Schiffbrüchiger auf verlorenem Eilande,* schrieb er seiner Frau nach Basel, *jeden Morgen zur Küste geht und sehnsüchtig Ausschau hält nach der rettenden Insel, so steige ich jeden Tag nach der Ankunft zur Post, gucke mir die Augen nach Deinem Briefe aus, mais tant en vain. Als wir heute zur Vesper gingen, sagte ich mir, heute bete ich, dass die Frau bald zurückkommt.*

Am 22. Juni 1907 brachte Maria von Roten einen gesunden Buben zur Welt, den Heinrich nach seinem verstorbenen Vater Hans Anton nannte. *Mir schwebt für den Buben eine stattliche Bischofsmütze vor,* schrieb er an seine Frau. Marias Freude über die Geburt war schnell getrübt. Die schwierige Wohngemeinschaft mit ihren Schwägerinnen belastete sie sehr. Zwistigkeiten in Fragen von Kindererziehung und Religion waren an der Tagesordnung. Besonders angespannt war Marias Verhältnis zu Heinrichs ältester Schwester Bertha, die die Oberaufsicht über die Küche hatte und der jungen Familie einen Speiseplan verordnete, der regelmässiges Fasten vorsah. Die schrullige Bertha sah sich auch als Wächterin der Religion und wies jeden zurecht, der einen Gottesdienst verpasste. Als junge Frau hatte sie einige Monate in einem Kloster verbracht, kehrte aber schliesslich wieder nach Raron zurück. *Tante Ida,* so Peter in seinen Erinnerungen, *hat später immer ein bisschen über diese Klosterversuche ihrer Schwester gespottet mit dem Hinweis, so eine Regierkatze könne es in der strengen Gehorsamszucht eines Klosters nicht aushalten.*

Wenn mich Berthas Religion auch manchmal krankärgert, gestand Heinrich seiner Frau, *so hängt man doch an seinen Geschwistern, und sie haben niemanden als mich.* Sein ausgeprägter Familiensinn erlaubte es ihm nicht, mit Frau und Kind eine eigene Wohnung zu nehmen. *Wenn die Schwestern etwas wunderlich sind, so magst Du das dem Alter und dem vielen Alleinsein zuschreiben, hingegen haben sie nichts in der Welt, das ihnen mehr Freude macht als Dein Kind.*

In den Jahren zwischen 1908 und 1914 erblickten vier weitere Kinder das Licht der Welt. Hildebrand, Roman, Marie-Anne und Ernst. Heinrichs Hoffnung auf eine Verbesserung des Klimas zwischen Bertha und Maria erfüllte sich nicht. *Bete recht innig zum lieben Gott,* schrieb er seiner Frau 1909 nach Basel, *Überlasse alles der Vorsehung, die schon viel schwierigere Sachen gelöst hat. Du wirst Dich in Raron schon noch glücklich fühlen und zurechtfinden.*

Maria konnte mit der blinden Zuversicht ihres Mannes wenig anfangen. Immer wieder zog sie sich mit dem einen oder anderen Kind nach Basel zurück und überliess die andern ihren Schwägerinnen zur Aufsicht. *Man darf seinen Stimmungen,* verlor Heinrich seine Geduld, *nicht willkürlichen Lauf lassen. Warum denn das ständige, halb wahre, halb unbefriedigte Wesen, besonders da Du doch noch jung bist und mit Recht hoffen darfst, noch viele Jahre mit den Kindern zu sein? Schau Maria, ich will mich gewiss zusammennehmen, aber Du musst auch trachten, diese Opfermiene fahrenzulassen und froh und freudig in die Welt zu blicken.*

Es dauerte bis zum Herbst 1913, ehe sich Heinrich dazu entschliessen konnte, mit seiner Familie in den oberen Stock seines

Die junge Familie im Herbst 1911: stehend: Heinrich von Roten, Moritz Schröter (Pächter), sitzend: Maria von Roten mit Hildebrand (geb. 1910), Ida von Roten mit Roman (geb. 1908) und Hans Anton (geb. 1907), Bertha von Roten.

Elternhauses zu ziehen, um seine Frau von der ewigen Vormundschaft ihrer Schwägerinnen zu befreien.

Das Jahr 1914 war überschattet vom Tod des sechsjährigen Roman, der nach kurzer Krankheit an einer Hirnhautentzündung starb. *Die Welt könnte mir alles bieten,* so Heinrich am 25. März, *und ich fühle, dass es mich nicht erfreuen würde.* Trost konnte er allein im Glauben finden. *In mir der Gedanke, dass unser Endziel nicht hier liegt, dass wir zu einem höheren und unendlichen Leben in Gott bestimmt sind und unser Kind in den Vollbesitz desselben eingetreten ist. In aller Trauer, meine liebe Maria, überkommt mich ein Gefühl der Dankbarkeit gegen den lieben Gott.*

Der Tod seines Sohnes stimmte Heinrich nachdenklich. So ernsthaft wie noch nie begann er über seinen Rückzug aus der Politik nachzudenken. Er sehnte sich nach einem ruhigen Lebensabend, nach viel Zeit für Maria und die Kinder, *weil man bei dieser Fahrerei an Leib und Seele krank wird und keine Befriedigung findet. Es ist eigentümlich, aber jedes Mal, wo ich nach längerem Aufenthalt wieder ins Bundeshaus komme, überfällt mich eine eigentliche Traurigkeit und ein Ekel am öffentlichen Leben. Das Land war heute so schön, und überall sah man die Bauern an der Arbeit. Ich beneidete dieselben und wäre am liebsten mit dir und den Buben so auf einem grossen schönen Hofe. Ich erfahre immer mehr, dass mir das öffentliche Leben schnuppe ist und dass ich Freude und Interessen nur im engern Familienkreise habe.* Am 19. Mai 1914 kam Heinrich zu einem Entscheid: *In drei Jahren ziehe ich mich nach Raron zurück und gehe nicht mehr über die Rottenbrücke, es sei denn nach Breitmatten oder um Dich abzuholen.*

Der Rückzug ins Private war Peters Vater nicht mehr vergönnt. Von Sommer 1914 an litt er in unregelmässigen Abständen an einem rätselhaften Fieber, gegen das es keine Therapie zu geben schien. Seine Briefe aus dieser Zeit machen deutlich, dass er ahnte, dass ihm nicht mehr viel Zeit blieb. *Natürlich hat mein Leben nur ein Ziel und einen Zweck,* schrieb er an seine Schwestern, *die armen Buben gut zu erziehen, für mich ein seliges Ende zu erreichen, und deshalb geht kein Tag vorüber, ohne dass ich Gott um beides bitte. Die Kinder machen mir Sorgen, wenn ich mir denke, dass sie in ihrer Jugend allein stehen werden.*

Auch in seinen Briefen an Marias jüngere Schwester Elisabeth sprach Heinrich vom Sterben. *Ich bete oft zum lieben Gott, dass er die Kinder alles im richtigen Lichte sehen und erkennen lasse. Darin besteht die sittliche Kraft und Überlegenheit des christlichen Glaubens, dass sie an alles als Gradmesser die Ewigkeit setzt. Ich setze dabei eine gewisse Hoffnung auf Dich. Es liegt auf der Hand, dass ich die Kinder nicht entwickelt sehen werde, hingegen Du und Maria, Ihr müsst einmal dann tapfer sein. Darum ist es mir lieber, wenn Du nicht so bald ins Kloster gehst. Weißt, Schatz, daran ist mir noch mehr gelegen als an allen Deinen andern sozialen Werken, und ich binde Dir die Sache aufs Gewissen.*

Am 5. Juni 1916 brachte Maria von Roten einen weiteren Buben zur Welt, der auf den Namen Peter Christian getauft wurde. *Als sich die Sternstunde meiner Geburt ereignete,* witzelte Peter Jahrzehnte später in seinen Lebenserinnerungen, *war in Raron ein gewisser Herr Concina Pfarrer.* Und dieser Pfarrer war es auch, der ein halbes Jahr nach Peters Geburt die Totenmesse für seinen Vater hielt, der sechzig Jahre alt an einer Hirnhautentzündung gestorben war. *Heinrich schied mit allen heiligen Sterbesakramenten versehen friedlich von uns ins glückliche Jenseits, wie wir zuversichtlich hoffen dürfen,* schrieb der Familiengeistliche Raphael von Roten.

Für die vierunddreissigjährige Maria war Heinrichs Tod ein grosser Schock. *Ich fühle immer mehr,* teilte sie einige Tage nach Heinrichs Tod ihrem Vater mit, *wie unendlich viel ich mit dem guten Heinrich verloren habe.* Und an den Luzerner Pfarrer und Professor Josef Beck, der genauso eng mit ihrem Vater wie mit Heinrich befreundet war, schrieb sie: *Ich bin undankbar gegen den lieben Gott und schätze das Glück erst, wenn ich es verloren habe.*

Die Grosseltern in Basel, um 1917: stehend v. l. Hildebrand von Roten, Hedwig Feigenwinter-Kym, Hans Anton von Roten, sitzend: Elisabeth Feigenwinter, Ernst Feigenwinter, Ernst von Roten, Maria von Roten-Feigenwinter

Mit Hilfe ihres Vaters und ihrer beiden Schwägerinnen übernahm Maria die Verwaltung des familiären Grundbesitzes, der die wirtschaftliche Existenzgrundlage ihrer Familie darstellte. Die grösste Aufgabe sah sie darin, Vermögen und Besitzstand der Familie zu wahren und ihre fünf Kinder standesgemäss und in fester Bindung an den katholischen Glauben zu erziehen. Ohne Einschränkungen aber ging es nicht: Maria verordnete ihrem Haushalt ein rigoroses Sparprogramm, das die Familie, die in breiten Kreisen der Bevölkerung als märchenhaft reich angesehen wurde, vielerorts als geizig in Verruf brachte. *Praktisch waren wir arm,* wird sich Peter später erinnern, *theoretisch aber reich.* Es ist bezeichnend, dass Peters früheste Kindheitserinnerung das Bild der Mutter ist, die den Kindern Prozentrechnen beibringt und sie zu Sparsamkeit anhält. Als sie in den zwanziger

Jahren für hundertachtzig Franken ein Grammophon und eine Reihe von klassischen Schallplatten kaufte, erschien dies dem heranwachsenden Peter als äusserst verwegen, *weil so viel Geld für eine überflüssige Anschaffung aus dem Familiengeldsack eingesetzt wurde. Denn in unserer Familie verdiente niemand mehr, und wir lebten von dem Ertrag unseres Bodens in Raron, Sitten und den Reben und von den mageren Coupons des kleinen Kapitalvermögens, das meine Mutter geerbt hatte und das in Raron im Büro in einem Lederkoffer versteckt war. Ich glaube, wir hatten nur Obligationen. An Aktien waren wohl nur jene vier des Elektrizitätswerkes von Brig-Naters vorhanden, und wir Kinder wussten genau, dass die Wertpapiere, die hier lagen, nicht versteuert waren, dass man sie also versteckt halten musste, nicht nur wegen den Dieben, sondern auch wegen dem Fiskus.*

Drei Jahre nach dem Tod ihres Mannes zog Maria von Roten mit ihren Kindern nach Sitten. Sie wolle den Kindern, begründete sie ihren Entscheid, die Möglichkeit eröffnen, die französische Sprache zu erlernen. Der wahre Grund des Umzugs aber waren die andauernden Differenzen mit ihren Schwägerinnen, von denen sie sich nicht länger bevormunden lassen wollte. Von 1919 bis 1926 verbrachte Maria mit ihren fünf Kindern und zwei Hausangestellten das Winter-Schulhalbjahr in Sitten, die Sommer- und Herbstmonate in Raron und Breitmatten. Aber auch in der Kantonshauptstadt kam sie vorerst nicht zur Ruhe. Ein junger Vetter brachte ihr *mehr als gewöhnliches Interesse* entgegen, *so dass auch bald meine Gedanken sich viel zuviel mit ihm beschäftigten.* Obwohl ihr der junge Mann gefiel, stand fest, dass sie verzichten musste. Als Witwe von Heinrich von Roten konnte sie unmöglich eine neue Beziehung eingehen. Also nahm sie sich vor, jeder Gelegenheit, den jungen Mann zu treffen, aus dem Weg zu gehen. Gleichzeitig konnte sie es kaum erwarten, ihn zu erblicken, und ertappte sich dabei, wie sie darüber nachdachte, ob es nicht schön wäre, einem Mann zu gefallen, sich besonders anzuziehen, Theater, Konzerte und Gesellschaften zu besuchen. In ihrer Not suchte Maria einmal mehr den Rat ihres geistlichen Vertrauten Josef Beck: *Ich darf Ihnen versichern,* schrieb sie ihm im Dezember 1920, *dass ich nie die Absicht hatte noch haben werde, mich wieder zu verheiraten, dass ich aus diesem Grunde mit meiner ganzen Energie dagegen arbeite und den lieben Gott zu hundert Malen bat, er möge mein Herz unempfindlich machen gegen alle äusseren Einflüsse. Hochwürdiger Herr, Sie müssen mir helfen und raten. Mein einziges Verlangen ist, meine und meiner Kinder Seelen zu heiligen.*

In Sitten verkehrte Maria von Roten fast ausschliesslich in den Kreisen der »grandes familles«, jener schmalen Führungsschicht aus alten Adels- und Patrizierfamilien, die seit Generationen das Sagen hatten und auch die geistliche Obrigkeit des Kantons stellten. Grossen Wert legten diese Familienverbände – die von Stockalper, de Preux, de Courten, von Werra, de Riedmatten, Zen Ruffinen, de Torrenté usw. – auf die Erhaltung ihrer privilegierten Stellung und ihrer ausgedehnten Besitztümer. In ihrem Selbstverständnis und Gesellschaftsbild blieben diese Herrscherfamilien, die Politik als eine ausgeprägte Familienangelegenheit betrachteten, bis ins 20. Jahrhundert eng mit der traditionellen Agrargesellschaft verbunden und verherrlichten die »gute alte Zeit«.

Aufklärung, Französischer Revolution und Moderne stand man im Hause von Roten ebenso ablehnend gegenüber wie der Trennung von Kirche und Staat. Obwohl man sich sehr ausgesprochen an der Vergangenheit orientierte, erwiesen sich die von Rotens als ein intelligenter und überlebensfähiger Clan des Walliser Landpatriziats. Durch die Okkupation hoher kantonaler oder eidgenössischer Staatsämter sowie geschickte Wirtschafts- und Finanzpolitik konnte die Familie sowohl ihre gesellschaftspolitische Bedeutung als auch ihren Lebensstandard vom Ancien Régime unbeschadet in die Moderne überführen.*

* Ein Gegenbeispiel dazu findet sich in der Verwandtschaft der Familie von Roten: Der Leuker Baron Leo von Werra (1864–1945) verlor nach einem umstrittenen Konkurs im Jahre 1910 seinen gesamten Besitz,

Seit der Gründung des schweizerischen Bundesstaates delegierte Peter von Rotens Familie in jeder Generation einen National- oder Ständerat nach Bern und unterhielt gute Beziehungen zu führenden katholisch-konservativen Familien der Schweiz, u. a. zu den von Redings aus Schwyz, den Feigenwinters aus Basel und der Familie Segesser aus Luzern. Eine wichtige Rolle für die Bildung dieser konservativen Elite bildete der 1841 gegründete »Schweizerische Studentenverein«, in dem sowohl Peters Vater als auch sein Grossvater Ernst Feigenwinter Mitglieder waren und wichtige Kontakte zu bedeutenden Politikern wie Josef Beck, Caspar Decurtins und Georges Python aufgebaut hatten.

Die Kontakte der Familie beschränkten sich aber nicht ausschliesslich auf das katholische Milieu. *Mein Vater und meine beiden Grossväter,* so Peter 1948 im »Berner Tagblatt«, *waren eidgenössische Ratsherren, und was sie vom fernen Aarestrand erzählten, beschäftigte die kindliche Phantasie ihres Nachwuchses. Sie wurden in den besten Kreisen eingeladen, verkehrten mit den erzprotestantischen Bernern, ohne an ihrer stockkatholischen Seele Schaden zu nehmen. Oft wurden sogar die Töchter und die Gattinnen mit nach der Hauptstadt genommen, damit auch sie von dem rauschenden Zauber der Patrizierhäuser eine Nase voll einatmen konnten. Und von dieser Fülle an Festen, Einladungen, Nachtessen, Tees und Bällen wurde die kostbar überlieferte Erinnerung wie Familienschmuck an die staunende Jugend weitergegeben, die von jener fernen, reichen Welt hörte, wie die Kinder eines sibirischen Gouverneurs von den Herrlichkeiten des Petersburger Hoflebens gehört haben mögen.*

Die Mythologisierung der familiären Vergangenheit war ein wichtiger Bestandteil von Peters Erziehungsprogramm: Von Kindesbeinen an wurde der Bub auf das Weltbild seiner Ahnen – da gab es Fürstbischöfe, Landeshauptmänner, Landvögte, Domher-

wurde »armengenössig« und gab aus materieller Not seine beiden jüngsten Kinder zur Adoption frei. Siehe dazu: Wilfried Meichtry: Du und ich – ewig eins. Die Geschichte der Geschwister von Werra, Zürich 2006.

ren, Staatsräte, National- und Ständeräte – eingeschworen. Ernste Gesichter, die in schweren und goldverzierten Rahmen in der grossen holzgetäferten Stube des Elternhauses hingen. Die Heroen aus der jüngeren Familiengeschichte waren Urgrossvater und Landschreiber Hildebrand von Roten, der sich 1799 den napoleonischen Truppen entgegenstellte und schliesslich doch nicht verhindern konnte, dass die Franzosen das alte Familiensilber plünderten, Grossvater Hans Anton von Roten, der nach 1848 einer der ersten Walliser Nationalräte im jungen Bundesstaat war, und Grossonkel Leo Luzian von Roten, der sich als Walliser Staatsrat und Dichter der romantischen Walliser Hymne »Nennt mir das Land so wunderschön« weit über das Wallis hinaus einen Namen gemacht hatte.

Von seinem ersten Atemzug an gab es für Peter von Roten nur eine Denkungsart: Katholizismus und konservative Politik. Als Student am Kollegium Brig wird er diesen ungeschriebenen Familienkodex immer mehr in Frage stellen. Er wird glauben, dass sich die Mutter, Tante Ida und Rektor Raphael gegen ihn verschworen haben, um ihm einzutrichtern, was für sein Leben wirklich wichtig sei. Erst später wird ihm bewusst werden, dass sich hinter der Familie noch eine höhere Instanz befand, der sie alle verpflichtet waren. Es war die ewige Ordnung der Dinge, die immense Kraft einer Tradition, die die privilegierte Stellung der Familie seit Jahrhunderten konsolidierte und alle Mitglieder an sich band.

8
DER GROSSVATER IN BASEL

Drei Jahre nach dem Tod Heinrich von Rotens brach neues Ungemach über Maria von Roten und ihre Kinder herein. Am 15. September 1919 erlitt Ernst Feigenwinter in Bern auf offener Strasse einen Schlaganfall und starb. Wie sein politischer Weggefährte, Freund und Schwiegersohn Heinrich von Roten starb Feigenwinter als eidgenössischer Parlamentarier im Amt. *Der plötzliche Tod meines lieben Vaters,* so Maria von Roten an Josef Beck, *hat mir mein Gemüt und meine Seele so erschüttert, dass es meiner ganzen Willenskraft bedarf, um mich nicht der Traurigkeit hinzugeben.*

Genauso wie an seinen Vater wird Peter von Roten auch an seinen Grossvater keine Erinnerungen haben. Für sein Leben allerdings sollte der Grossvater sehr viel wichtiger werden als sein Vater, von dem die Mutter nur selten erzählte. Nicht nur weil er im Jahre 1950 sein Haus in Basel erwarb, sondern weil Peter seinem Grossvater auffällig wesensverwandt ist und sich dessen Biographie in vielem als Vorausdeutung auf sein Leben lesen lässt. So scheint der Geist des Widerspruchs Grossvater und Enkel eigen gewesen zu sein. Vom Studenten Feigenwinter ist überliefert, dass er sich als einziger der Klasse auf Disputationen mit seinem Griechischlehrer Friedrich Nietzsche einliess. Als dieser die Philosophie der antiken Sophisten und Materialistenin den Himmel lobte, trat der junge Feigenwinter pathetisch für das katholische Weltbild ein, was Nietzsche wiederum zur Bemerkung provoziert haben soll, er stehe noch auf einem sehr zurückgebliebenen Standpunkt. Wie sein Grossvater war Peter ein vielseitig begabter und breit interessierter Mensch, der trotz überzeugter katholisch-konservativer Grundhaltung eine von Neugier und Weltoffenheit geprägte Lebenseinstellung hatte. Als gewiefter Politiker, engagierter Jurist und Journalist setzte sich Ernst Feigenwinter für die grösstenteils aus den unteren Sozialschichten stammenden Basler Katholiken ein, wurde um die Jahrhundertwende zum Führer der schweizerischen Diasporakatholiken und war zusammen mit Josef Beck und Caspar Decurtins einer der Gründer des schweizerischen Verbandes katholischer Männer- und Arbeitervereine (1888). Ähnlich wie sein Enkel zwei Generationen später engagierte sich Ernst Feigenwinter auch juristisch für die Aussenseiter der Gesellschaft, setzte sich 1917 bereits für die Einführung der Rentenversicherung AHV ein und sah seinen Beruf als *Kampf ums Recht vor den Schranken des Gerichts.* Grossvater wie Enkel waren begeisterte Leser, verfassten Theaterstücke und liebten Gelegenheitsgedichte. *Drum send' ich Dir o treues Herz,* schrieb Ernst Feigenwinter 1889 an Heinrich von Roten, *von meinem Basler Podium, für Deiner Hühneraugen Schmerz, als Linderung Collodium.*

Nationales Aufsehen erregte Ernst Feigenwinter, als er im Jahre 1893 die Verteidigung der bekannten Zürcher Ärztin und Frauenrechtlerin Caroline Farner übernahm. Diese war zusammen mit ihrer Freundin Anna Pfrunder nach einem aufsehenerregenden Prozess, in dem es um die angebliche Veruntreuung von Mündelgeldern ging, aus Mangel an Beweisen freigesprochen worden und strengte nun einen Geschworenenprozess an, der sie vollumfänglich rehabilitieren sollte. Laut zeitgenössischen Presseberichten hatte der katholische Basler einen charismatischen Auftritt vor den Zürcher Protestanten, brillierte mit Witz und rhetorischem Talent, zitierte aus der Bibel genauso wie aus literarischen Werken und überzeugte nicht nur das Gericht, sondern auch die Journalisten von der Unschuld der Zürcher Ärztin. *Im übrigen plädiert Dr. Feigenwinter*, so die »Neue Zürcher Zeitung« am 4. September 1893, *hauptsächlich gegen das Publikum hin, das ihm seine Witze mit Beifall lohnt. Der Verteidiger haut auf den Tisch, aus dem Publikum ertönen Bravorufe.* Caroline

Farner und Anna Pfrunder wurden *in allen Punkten frei* gesprochen. *Die mit den Angeklagten befreundeten Damen Kym, Salis und Bindschädler dringen zu den Angeklagten und schütteln ihnen die Hände.*

Der Caroline-Farner-Prozess, der indirekt zu einem Prozess gegen die Frauenbewegung wurde, brachte Ernst Feigenwinter nicht nur grosse Bekanntheit, sondern auch in näheren Kontakt mit zwei Pionierinnen der schweizerischen Frauenbewegung: Meta von Salis und Hedwig Kym. Die Bündner Aristokratin und Dichterin Meta von Salis – 1887 hatte sie als erste Schweizerin in Geschichte promoviert – kämpfte seit Jahren für die Besserstellung der Frau und wies in ihren Artikeln über den Farner-Prozess offen auf die weibliche Diskriminierung in der schweizerischen Männerjustiz hin. Nachdem ihr diese Kritik im Jahre 1894 eine Woche Haft und 5000 Franken Busse eingebracht hatten, vor der sie auch die Anwaltskünste Ernst Feigenwinters nicht zu retten vermochten, schrieb sie aus Enttäuschung über die verrottete Schweizer Demokratie ihr Bündner Schloss in Marschlins zum Verkauf aus, unternahm Reisen durch Europa und Nordafrika sowie Vortragsreisen durch die Schweiz, auf denen sie nicht nur das Frauenstimmrecht, sondern auch die rechtliche Gleichstellung der Frau forderte. Nach dem Verkauf ihres Schlosses im Jahre 1904 verliess die Brieffreundin von Nietzsche die Schweiz und zog sich nach Capri zurück, wo sie sich eine Villa hatte bauen lassen.

Die zweite Frau, die Ernst Feigenwinter beim Caroline-Farner-Prozess näher kennenlernte, war Hedwig Kym. Wie Meta von Salis war sie mit Caroline Farner durch die Frauenzeitschrift »Die Philanthropin« verbunden. Hedwig Kym – Ernst Feigenwinter wird sie 1910 heiraten – war die Tochter des Zürcher Philosophieprofessors Andreas Ludwig Kym, studierte Philosophie und Literatur, publizierte mehrere Gedichtbände und hatte wie Meta von Salis, mit der sie seit dem Studium eng befreundet war und zusammenlebte, einen geradezu modernen Anspruch auf Bildung und Beruf. Die Ehe als Versorgungseinrichtung lehnte sie ab und forderte statt dessen – wie Meta von Salis schreibt – die *Zutrittsberechtigung der Frauen zu allen Quellen der Aufklärung und Kenntnis*. Das schöngeistige Leben von Meta von Salis und Hedwig Kym drehte sich sehr ausgeprägt um Literatur, Philosophie, Reisen und die Kunst. Die Frauenemanzipation stand als Thema vorerst nicht im Vordergrund, wurde den beiden durch die Angriffe derer, *die aus dem Zustand der weiblichen Unmündigkeit Vorteile ziehen,* aber immer mehr aufgedrängt.

Was Ernst Feigenwinter an den beiden Frauen faszinierte, lässt sich nicht mehr sagen. Gut möglich, dass es ihre vielseitigen Persönlichkeiten und ihre – wie Meta von Salis von sich schreibt – *fanatische Liebe zur Unabhängigkeit* waren, die den weltoffenen

Meta von Salis und Hedwig Kym in der Villa »Helios« auf Capri, um 1905

Feigenwinter interessierten. Vorstellbar ist auch, dass die gegensätzlichen Charaktere seiner beiden Ehefrauen – hier die fanatisch katholische Bertha Blarer von Wartensee, der er einst versprechen musste, *sein jugendlich brausendes Blut zu beherrschen,* dort die moderne Femme de Lettres Hedwig Kym – die beiden Pole seiner Persönlichkeit sichtbar machen. Ebenso interessant wären die Motive von Hedwig Kym. Wie kam sie dazu – nach einem Vierteljahrhundert beständigem Zusammenleben mit Meta von Salis –, den Heiratsantrag eines verwitweten Basler Rechtsanwaltes anzunehmen und auf seinen ausdrücklichen Wunsch hin zum Katholizismus zu konvertieren? Ob Feigenwinters Engagement im Caroline-Farner-Prozess eine Rolle gespielt hat? Seine Offenheit und breite Bildung, sein Flair für die Literatur? Finanzielle Gründe kommen nicht in Frage, Hedwig Kym stammte aus gutem Hause, und der gemeinsame Ehevertrag sah Gütertrennung vor. Einzig belegt ist, dass Meta von Salis vom Heiratsentschluss ihrer Lebensfreundin völlig überrascht wurde und das Ende ihrer engen Beziehung befürchtete. Völlig zu Unrecht, wie sich zeigen sollte. Ernst Feigenwinter hatte nichts gegen die besondere Freundschaft der beiden Frauen einzuwenden und bot Meta von Salis eine Wohnung in seinem Haus am Basler Heuberg an.

Neun Jahre lang lebten Ernst Feigenwinter, Hedwig Kym und Meta von Salis gemeinsam in der Basler Altstadt. Über ihr Zusammenleben im Haus »Zum obern Aarau« am Heuberg 12 ist nur wenig bekannt. Hedwig Kym, die sowohl ihren Ehemann als auch ihre Lebensgefährtin überlebte, hat sämtliche Lebensspuren aus dieser Zeit getilgt. Was mögen ihre Gründe gewesen sein? Die überschwengliche Germanophilie und der virulente Antisemitismus der Meta von Salis, der sich aus ihren Zeitungsartikeln aus der Zeit des 1. Weltkrieges – u. a. in dem von Ernst Feigenwinter mitbegründeten Basler Volksblatt – rekonstruieren lässt und von der Frauenbewegung des 20. Jahrhunderts gern ausgeblendet wurde? Oder betraf es ihre sechsundvierzig Jahre dauernde Freundschaft zu Meta von Salis, an der bis heute – wohl zu Unrecht – die Fama einer geheimen lesbischen Liebe haftet? Meta von Salis' dezidierte Ablehnung der Homosexualität, *eines der entsetzlichsten Entartungsgebilde der Hyperkultur, ein Giftgeschwür beschäftigungs- und interesseloser, überreizter Genussmenschen,* spricht auf jeden Fall klar dagegen. *Die keusche Blume der Freundschaft,* definierte sie ihr Ideal von Freundschaft, *entspringt dem Boden einer arbeitsfrohen, pflichttreuen Lebensführung.* Der wahrscheinlichste Grund für Hedwig Kyms Vernichtung der drei wertvollen Nachlässe liegt wohl darin, dass sie ihre Beziehungen zu Meta von Salis und Ernst Feigenwinter als ihre Privatangelegenheit erachtete, die es vor der Öffentlichkeit zu schützen galt.

Sichtlich überfordert mit der Menage à trois am Basler Heuberg waren auch die beiden vom Geist des katholischen Konservatismus durchdrungenen Biographen Ernst Feigenwinters, der Innerschweizer Anton Auf der Maur und der katholisch-konservative Solothurner Nationalrat und Verleger Otto Walter. In ihren Lebensbildern des *grossen Katholikenführers* Ernst Feigenwinter haben beide sowohl Hedwig Kym als auch Meta von Salis konsequent ausgeklammert. Statt dessen waren sie bemüht, das Leben Feigenwinters hagiographisch zu überhöhen. Das Befremden der Biographen ist um so verständlicher, wenn man weiss, dass der emanzipatorische Impetus von Frauen wie Meta von Salis oder Hedwig Kym – zusammen mit Caroline Farner und Anna Pfrunder gehörten sie zu den ersten Studentinnen der Schweiz – von einer durch und durch patriarchalischen Gesellschaft bis weit ins 20. Jahrhundert abgelehnt wurde. Wenn sich diese Frauen auch noch öffentlich und selbstbewusst für das freie Wahlrecht und das Recht der Frau auf Bildung einsetzten, mussten sie mit erbittertem Widerstand der Männerwelt rechnen. Einer Männerwelt, der jedes Mittel recht war und die auch nicht davor zurückscheute, enge Frauenfreundschaften gesellschaftlich ruchbar zu machen, den Feminismus als Verschwörung des internationalen Lesbentums zu brandmarken.

Ein weiterer Grund für Hedwig Kyms Zerstörung der Nachlässe könnte darin liegen, dass sie verhindern wollte, dass diese nach ihrem Tod in die Hände von Ernst Feigenwinters Töchter kamen, deren Unbehagen an ihrer Person ihr nicht entgangen sein dürfte. Sowohl Maria als auch Elisabeth hatten sich offen gegen die Wiederverheiratung ihres Vaters gestellt, nicht zuletzt der fehlenden religiösen Berührungspunkte wegen. Nach seinem Tod hatten die Schwestern nur noch spärliche Höflichkeitskontakte zu Hedwig Kym. Als diese kurz vor ihrem Tod ihre Konversion zum Katholizismus rückgängig machte und wieder Protestantin wurde, sahen sich Maria und Elisabeth in ihren Vorbehalten gegen die zweite Frau ihres Vaters bestätigt.

Gestorben ist Hedwig Kym 1949 im zürcherischen Neerach, wo sie die letzten Jahre bei ihrer Pflegerin Anna Schneider verbrachte. Von ihren persönlichen Sachen existiert heute nur noch ein exquisites Fotoalbum über ihre gemeinsame Zeit mit Meta von Salis auf Capri. »Hedwig Kym hat dieses Album«, so erzählte mir der Neffe der Pflegerin im Jahre 2004, »bis zu ihrem Tod ständig unter ihrem Arm getragen«.

Für den heranwachsenden Peter und seine Geschwister war Hedwig Kym die Grossmama in Basel, die man gelegentlich besuchte und bei der man sich möglichst ruhig zu verhalten hatte, weil sie nicht bei ihrer Lektüre gestört werden wollte. Peters älterer Bruder Hans Anton wird sich noch 1991 daran erinnern, wie die deutschfreundliche Grossmama nach der letzten verzweifelten Offensive des deutschen Reichs im Mai 1918 *mit der Lupe in der Hand den Atlas konsultierte, um den neuen Frontverlauf zu studieren.* Wer bei den Kindern höchst unbeliebt war, war Meta von Salis, die im Haus am Heuberg erst allein den dritten Stock bewohnte, ihre Sommer auf Capri verbrachte und nach dem Tod von Ernst Feigenwinter wieder in einer Wohnung mit Hedwig Kym zusammenlebte. Während Peter und seine Geschwister ihre Grossmama respektvoll achteten, hatten sie – so Peter in seinen Erinnerungen – für die *alte böse Jungfer Fräulein von Salis nur Hohn und Spott* übrig. *Wir Kinder hatten einen einfältigen Hass auf sie, weil wir sie irgendwie als Eindringling im Haus betrachteten, weil sie protestantisch war und – das war der Gipfel – weil sie angeblich eine Perücke hatte. Das letztere war eher unwahrscheinlich, denn sie hatte kurz geschorenes Haar, eine Art Herrenfrisur oder Pagenschnitt. Aber unter uns Kindern galt es als ausgemacht, dass sie eine Perücke hatte und dass ihr diese einmal durch das Abtrittsloch hinuntergefallen sei. Dass es in Basel überhaupt damals kein Abtrittsloch in der Art unseres Rarner Abtritts mehr gab, sondern dass am Heuberg schon längst die Wasserspülung Einzug gehalten hatte, störte offenbar unsere Legende nicht, wir sahen vielmehr in dieser Abfall-Geschichte einen Fingerzeig der Vorsehung, geradezu des Lieben Gottes, der die Sünderin strafte.*

Als Meta von Salis 1929 in Basel starb, war man in der Familie von Roten noch ohne jede Ahnung davon, dass der dreizehnjährige Peter dereinst eine Frau heiraten würde, die nicht nur eine entfernte Blutsverwandtschaft, sondern auch eine grosse Verbissenheit im Kampf um die Stellung der Frau mit der Bündner Aristokratin, Schriftstellerin und Frauenrechtlerin verbinden sollte.

9
KINDHEIT

Bei der Restaurierung der Burgkirche von Raron stiess man 1923 auf ein Fresko des Jüngsten Gerichtes, das aus dem frühen 16. Jahrhundert stammte und mit seinen acht Metern Höhe und zwölf Metern Breite die monumentalste Wandmalerei der Schweiz darstellt. Mehr als die aussergewöhnliche Dimension des Freskos beeindruckte den siebenjährigen Peter die dramatische Darstellung des Jüngsten Tages: Nach dem Ertönen der himmlischen Trompeten steigen die Toten aus ihren Gräbern und werden vom übermächtigen Erzengel Michael gerichtet. Die Guten weist er auf seine rechte Seite, wo der Erzengel Gabriel sie zu den Himmelsstufen und zum heiligen Petrus führt, der den Seligen die Himmelstür aufschliesst. Die Verdammten aber zwingt Michael mit seinem mächtigen Schwert auf die linke Seite, wo vor dem weit aufgerissenen Höllenschlund ein wirres Durcheinander herrscht. Dämonen und Quälgeister treiben die Bösen in das Feuer der Hölle, wo sie hässliche Untiere und die Folterinstrumente teuflischer Peiniger erwarten. Keinen Zweifel offen lässt das »Jüngste Gericht« von Raron über die fatalste aller irdischen Sünden, die Sünde gegen die Keuschheit: Mit lodernden Feuerfackeln bewaffnete dämonische Mischwesen versengen einzelnen Verdammten bereits auf ihrem Weg in die Hölle ihr sündhaftes Geschlecht. *Innen ist die Kirche bemalt mit einem Bild vom Letzten Gericht,* so Peter Anfang 1944 an eine Freundin, *Teufel, Engel, dann Tote, die aus Gräbern entsteigen, alles ist gruselig wahr, und fast wird man brav davon.*

Der Kampf gegen die Sünde war in Peters Elternhaus in erster und allererster Linie ein Kampf gegen die Unkeuschheit. *Wahr-*

scheinlich wirkte bei unserer Mutter noch die Erziehung der verstorbenen Grossmama Bertha von Blarer nach, die die Prüderie bis zum Exzess getrieben haben soll. In seinen Erinnerungen kommt Peter auf zahlreiche Episoden *unserer familiären Hyperprüderie* zu sprechen: *In Grosspapas Haus in Basel gibt es einen kleinen Garten, der durch ein Gitter von der Strasse abgeschirmt ist und leicht überhöht ist. Meine älteren Brüder Hilde-*

Peter von Roten, um 1923

brand und Hans Anton erzählten in Raron stolz, wie sie von dem Garten aus Steine und Dreck auf Frauen geworfen hätten, die zu stark ausgeschnittene Röcke hatten. Dass die zu stark ausgeschnittenen Röcke ein Werk des Teufels seien, ist bei uns nie bezweifelt worden. Das Verhalten von Hans Anton und Hildebrand ist uns Kindern nie als Unverschämtheit erklärt worden, sondern vielmehr als wackerer Kampf gegen das Böse in Gestalt von Schultern und Brustansätzen.

Neben dieser rigoros moralischen Seite vermittelte der Katholizismus dem heranwachsenden Peter aber auch ein tiefes Gefühl der Geborgenheit – irgendein Heiliger half einem immer aus der Patsche – und der klaren Orientierung. Dazu gehörten die tröstliche Gewissheit der immer möglichen Zuflucht zu Gott, zur Jungfrau Maria und den Heiligen sowie die Gewissheit, dass am Ende aller Zeiten die himmlische Gerechtigkeit stand. *Ich wurde erzogen in der Ehrfurcht vor der Kirche und Ihrer Majestät, vor dem Heiligen Vater, dem Gnädigen Herrn Bischof und dem Hochwürdigen Herrn Pfarrer. Ich wurde in des Katechismus strenge Formen getrimmt und lernte, dass Einheit der Preis der Wahrheit ist, dass ausser der Kirche kein Heil ist und dass Abraham auch seinen eingeborenen Sohn geopfert hätte, um den Willen des Allerhöchsten zu erfüllen.*

Täglicher Messbesuch mit Kommunionempfang und wöchentliche Ohrenbeichten bei Rektor Raphael waren für den heranwachsenden Peter genauso selbstverständlich wie das tägliche Aufstehen und Schlafengehen. Das Kirchenjahr bestimmte den Lauf der Zeit. Pfarrer Mathieu war Kaiser und Papst von Raron. Von der Kanzel herab kritisierte er den Ungeist der Moderne und lobte seine Pfarrkinder für ihre gottgefällige Fruchtbarkeit. Die alte gotische Kirche auf dem Burghügel, in der der Ministrant Peter an Sonn- und Feiertagen mit Frühmesse, Hochamt, Vesper und Andacht bis zu fünf Stunden verbrachte, war ein farbenfroher Ort des rituellen Schauspiels.

Diese Kindheit, so Peter Jahrzehnte später, *die noch vom völligen Vertrauen auf die göttliche Schöpfung erfüllt war!* Unter dem Himmel der katholischen Gesamtwahrheit war das Band zwischen Glauben und Wissen noch nicht durchschnitten, lebte der heranwachsende Bub in einem ganzheitlichen und kosmisch-magischen Sinn für die Welt, in der alle Fragen gelöst und schwarz auf weiss im »Canisi« – dem Katechismus – nachzulesen waren. *Lehrsatz 1: Wozu sind wir auf Erden? Um Gott zu erkennen, ihn zu lieben, ihm zu dienen und einst ewig bei ihm zu leben.* Der Bub glaubte an das, was er betete. Und es hatte keinerlei Bedeutung, wenn ihm Antworten unverständlich blieben. Der Glaube selbst war letztendlich ein grosser Mythos, ein ewiges Geheimnis. Und dieses Geheimnis war heilig, das Fragen danach Sünde. Die von Tante Ida – jeden Morgen um sechs Uhr ging sie in die Kirche – erzählten Bozengeschichten und Sagen über den Gratzug* waren für Peter sehr viel realer und greifbarer als die Ideen von Aufklärung und Moderne. *Jesuskindlein,* betete der Bub jeden Abend vor dem Schlafengehen, *komm zu mir und mach ein frommes Kind aus mir.*

Sein Leben lang wird Peter von Roten eine besondere Affinität mit dem Glauben seiner Kindheit verbinden. Nirgends wird er sich inniger mit dem Geheimnis des Glaubens verbunden fühlen als im vorkonziliaren lateinischen Messritus, den der Priester noch zum Altar gewendet und mit dem Rücken zu den Gläubigen zelebrierte. Die lateinischen Vokabeln besassen für Peter einen magischen Zauber, in dem das religiöse Geheimnis seinen adäquaten Ausdruck fand. *Die Volkssprache,* schrieb er kurz nach dem Zweiten Vatikanischen Konzil 1965, an dem die alte lateinische Messe abgeschafft und verboten wurde, *eignet sich für die Darstellung der Geheimnisse viel schlechter als die lateinische, weil sie nur den Anschein der Verständlichkeit gibt, ohne das Wesen des Religiösen, eben das Geheimnis, besser zum Ausdruck zu bringen.* Der mit der Volkssprache verbundene Anspruch der besseren Verständlichkeit war für Peter der falsche

* Bozengeschichten = Geistergeschichten; Gratzug = nächtlicher Zug der Verstorbenen. Vgl. »Walliser Sagen« von Josef Guntern, Olten 1963.

Ansatz: *Das Verhältnis des Geschöpfs zum Schöpfer lässt sich in keine logisch fassbaren Begriffe pressen. Der Mensch kann über Gott nichts Wesentliches aussagen, er kann sich nur demütig jener Symbole bedienen, die man ihn als Kind lehrte, um am Abend und am Morgen sich in den Schutz Gottes zu empfehlen.* Die alte lateinische Messe war *das höchste religiöse Geheimnis überhaupt und das sakralste Ereignis, nicht nur im kirchlichen Leben, sondern in der ganzen Skala der weltlichen und kirchlichen Abläufe.* Ihre Abschaffung bedeutete für Peter nichts weniger als der *Verlust eines Heimatgefühls. Denn die Glocken und das Kyrie,* schrieb er 1976, *das Tantum ergo und der alte Herrgottstag sind für mich die katholische Kirche. Und wenn man uns heute in den sonntäglichen »Messen« das dürre Brot evangelischer Trockenheit serviert, dann hoffe ich immer noch, dass zu meiner Beerdigung noch einer überlebt, der ein schmetterndes »Requiem« anstimmen kann.*

Bis zu seinem Tod wird Peter die Entzauberung der kirchlichen Liturgie beklagen – *diese Verarmung der Riten, diese Ausdörrung der Schönheit* – und die Idee von der Demokratisierung der Kirche in Frage stellen. *Ach lieber Gott,* heisst es 1975 in einer Kolumne, *im »Requiem« und im »Libera« begriffen wir den Tod, so gut man den Tod begreifen kann, und wir fanden uns damit ab. Gib uns wieder mehr Wunder und weniger Synodalen, Heilige statt Kirchensteuern.*

Mit unzähligen Kolumnen, Artikeln und Leserbriefen kämpfte Peter für den alten Messritus, wurde zum Kritiker der Amtskirche und geriet in Verruf, ein rechtskatholischer Traditionalist zu sein. *Es ist üblich geworden,* schrieb er 1983, *die Traditionalisten polemisch in die Nähe von Le Pen, Pinochet und Franco zu rücken. Meiner Ansicht nach ist das rein journalistisches Geflunker von Leuten, die nicht realisieren, wie sehr die alte Messe mit all ihrem liturgischen, folkloristischen, choreographischen Drum und Dran einen wertvollen kulturellen Reichtum bildet. Wenn schon jedes Jugendstil-Eckhaus unter Denkmalschutz gestellt wird und Hirtenbräuche vom Nationalfonds untersucht werden,* *ist es schwer einzusehen, warum etwas kulturell so Bedeutsames wie der lateinische katholische Messritus nicht auch ausserhalb jeden religiösen Fanatismus erhaltenswert wäre.**

Dass der gleiche Katholizismus, der den Gläubigen Geborgenheit und Orientierung vermittelte, eine ausgesprochen intolerante Religion war, blieb dem heranwachsenden Peter lange verborgen. So war der Anti-Protestantismus im Oberwallis genauso selbstverständlich und etabliert wie der Antisemitismus, der traditionell antijudaistisch war und nicht – wie nach 1933 in Deutschland – auf einer Rassenideologie aufbaute. Konfessionelle Mischehen wurden von der Kanzel herab martialisch verurteilt, Geschiedenen die Kommunion verweigert und verstorbenen Protestanten nicht nur das Glockengeläut, sondern auch die geweihte Friedhofserde vorenthalten. Der gleiche Reflex spielte in der Politik: Als Karl Dellberg in den zwanziger Jahren im Wallis eine sozialistische Partei aufbaute und die Rückständigkeit des Wallis anprangerte, wurde er von den Konservativen offen angefeindet und als »roter Teufel« gebrandmarkt. Nicht mehr zu überbieten waren Entrüstung und Entsetzen in den katholisch-konservativen Kreisen des Oberwallis und insbesondere in der Familie von Roten, als Marino Bodenmann, der Neffe von Pfarrer Josef Bodenmann – er hatte einst die Rektorstelle im Hause von Roten besetzt – nach Moskau auswanderte, dort vom Katholizismus zum Kommunismus konvertierte und nach seiner Rückkehr in die Schweiz 1921 zum Gründungsmitglied der schweizerischen kommunistischen Partei wurde. Der spätere Mitbegründer und

* Peter von Roten war auch ein vehementer Gegner der Durchführung profaner Anlässe in sakralen Räumen. *Ich mag mich erinnern,* schrieb er 1984 im »Walliser Boten«, *mit welcher Empörung ich es erlebte, als der Präsident der Lonza die renovierte Kirche von Raron in Besitz nahm, um darin eine Aktionärsversammlungsrede mit weltanschaulichem Drum und Dran den geladenen Gästen vorzutragen. Wer gewohnt war, in einer Kirche leise zu sprechen, Weihwasser zu reichen und mit einer Kniebeugung den gegenwärtigen Gott zu ehren, der konnte nur erschaudern beim Gedanken, dass dieser heilige Raum nun zu einem Objekt industriellen Grosstuns geworden war.*

langjährige Nationalrat der »Partei der Arbeit«, der nach 1930 zu einem der führenden Politiker und Journalisten der schweizerischen Kommunisten wurde, war in den Augen von Mutter, Tanten und Rektor Raphael der tragische Fall eines vom Weg abgekommenen und verirrten Schafes, das den Kindern als verlorene Seele vor Augen gehalten wurde. Ein anderes Beispiel, mit dem Maria von Roten ihren Kindern den Pfad der Tugend weisen wollte, stammte aus ihrer Basler Vergangenheit und betraf den protestantischen Industriellen Fritz Hoffmann-La Roche: *Ich erinnere mich*, schreibt Peter, *dass Mama uns die Geschichte des sehr vermögenden Herrn Hoffmann, des Gründers der Hoffmann-La Roche-Werke, erzählt hat, der auf einem Spaziergang mit einer Frau, die augenscheinlich nicht die seine war, eines sehr plötzlichen Todes starb. Mama hat uns diese Geschichte oft erzählt, um uns an ihr gleichsam die Strafe des Himmels für schuldhafte und uneheliche Beziehungen vor Augen zu führen.*[*]

Peter von Rotens Kindheit und Jugend ist geprägt von sorgenden und behütenden Frauen. Neben der Mutter und den beiden Tanten gehörten zu diesem Univers feminin auch die launische Köchin und »Jungfrau« Selina Theler sowie das Dienstmädchen Mathilde Leiggener. Letztere war in jungen Jahren in ein Kloster eingetreten, aufgrund ihrer religiösen Wahnideen – u. a. hatte sie eine Statuette des nackten Jesuskindleins immer wieder in Windeln gewickelt – bald wieder entlassen worden. Seither erklärte sie, sie putze, um für die Herren von Raron Busse zu tun.

* Im Jahre 1985 will Peter von Roten durch einen Zufall erfahren haben, wer die Frau war, die Fritz Hoffmann an seinem Todestag begleitete. An seinen Bruder Hans Anton schreibt er am 18. November 1985: *Du erinnerst Dich an die Geschichte von Herrn Hoffmann und der fremden Frau, die uns Mama oft erzählt hat. Rein zufällig habe ich gestern erfahren, dass die Frau, zu der Herr Hoffmann eine Beziehung hatte, niemand anders war als Madame Gonzague de Reynold, geborene von Reding, Tochter von Herrn Ständerat Franz von Reding, der seinerzeit mit unserem Papa im Ständerat sass. Ich weiss, man sollte diese bösen Gerüchte nie glauben, aber leider sind sie immer viel interessanter als die anderen Dinge.*

Familienspaziergang um 1925, v. r. Peter, Marie-Anne und Hildebrand von Roten, Maria von Roten, Ida von Roten, Ernst von Roten, Pfarrer Rey

Das grosse Haus, die Verwaltung von Besitz und Landwirtschaftsbetrieb, der grosse Viehbestand und die zahlreichen Rebberge bescherten der Familie ein grosses Arbeitspensum, in das alle Familienmitglieder eingespannt waren. Blieb die Arbeit aus irgendwelchen Gründen liegen, wurde es ungemütlich: *Bei uns ist Mission,* so Maria von Roten in einem Brief, *täglich vier Predigten. Wenn alle mitmachen, bleibt nur mehr Zeit zum Essen. – Die Stimmung ist beim besten Willen aller gespannt wie ein Geigenbogen. – Alle sehen die viele Arbeit, die zurückbleibt, und die Unmöglichkeit, zwischenhinein etwas zu schaffen. Wenn dann Tante Ida dazu noch den ganzen Tag von den verlorenen Rosenkränzen spricht, so ist es, als sässen alle auf einem Pulverfass – und dann kommt's Teufeli mit der Lunte u. es explodiert. Gestern und heute ist dazu Beichttag, und da ist der Höhepunkt der Spannung erreicht.*

Grossen Einfluss auf die Familie hatte Marias jüngere Schwester Elisabeth, die als Mitglied eines katholischen Laienordens ganz selbstverständlich die Rolle der geistlichen Ratgeberin für Maria und ihre Kinder übernahm. Ihr Schicksal ist auf dramatische Weise mit ihrem jüngeren Bruder Ernst verbunden. Elisabeth war vier Jahre alt, als sie den zweijährigen Ernst auf eine Steintreppe fallen liess, was für den Buben eine schwere körperliche Behinderung und lebenslange epileptische Anfälle zur Folge hatte. Nach dem frühen Tod ihres Bruders beschloss Elisabeth, ihren Schwur, ihr Leben Gott zu weihen, in die Tat umzusetzen. Im Jahre 1915 trat sie gegen den Widerstand ihres Vaters in den Dienst des katholischen Basler Katharinawerks ein, *eines Rettungsheims für gefährdete und gefallene Töchter*.

Im Gegensatz zum südländisch-volkstümlichen Oberwalliser Katholizismus, in dem Relikte heidnischen Aberglaubens ebenso Platz hatten wie übersinnlich-magische Elemente, war der Basler Katholizismus sehr viel dogmatischer und moralischer. *In unserer Familie,* so Peter in seinen Erinnerungen, *waren wir grosse Rosenkranz-Beter. Das schlug sich auch im täglichen Abendgebet nieder, bei dem die armen Seelen immer besonders erwähnt wurden. Nach dem eigentlichen Rosenkranz folgte noch der »Englische Gruss« und schliesslich nach Abschluss die »Muttergottes Litanei«, die auswendig zu kennen Ehrensache war. Wenn etwas Spezielles zu erbitten war, wurden noch für jedes Anliegen ein »Vaterunser« und »Gegrüsst seist Du Maria« extra gebetet. Als 1925 die Maul- und Klauenseuche ausbrach, hat Tante Ida, die für das Landwirtschaftliche sorgte, für jedes der gefährdeten Tiere die Fürbitte gebetet: »Ein Vaterunser fürs Griffi«, »ein Vaterunser fürs Blümi«, »ein Vaterunser fürs Regina« und so fort, bis auch für die Rinder ein gutes Wort beim Himmel eingelegt war. Und in der Tat ging die Seuche an unserm Stall vorbei. Unsere Mutter mit ihrem städtischen Basler Katholizismus hatte für diese irdisch praktischen Gebete, die zwangsläufig etwas mechanisch daherkamen, immer eine leicht hochnäsige Verachtung übrig, auch wenn sie die rituelle Dominanz der ländlichen Fröm-*

migkeit mitmachte. Aber sie hielt doch eisern daran, dass als Beitrag zur Abendandacht in der Stube noch ihr »baslerisches« Gebet zur Heiligen Familie nicht vergessen wurde. Das Gebet war kurz – höchstens zwei Minuten –, aber im Gegensatz zum »Gegrüsst seist Du Maria« und zum »Vaterunser«, die uns wie geschmiert über die Lippen gingen, war das Gebet zur Heiligen Familie ein sprachliches Monstrum mit vielen Pronomina, die sicher theologisch gut gemeint waren, aber nicht mit der müden Zunge der Viel-Beter gerechnet hatte: es war voller »Du, der Du das« oder »die Du uns«, denen wir so gut es ging folgten.

Die einzige männliche Bezugsperson für den heranwachsenden Peter war Pfarrer Raphael von Roten. Als Rektor der Familie war er verantwortlich für die Seelsorge der Familie und damit sozusagen ihr persönlicher Verbindungsmann zum Himmel. Zusammen mit der frommen und viktorianisch anmutenden Mutter- und Tantenwelt, die in ihrer Frömmigkeit und Keuschheit an Ordensfrauen erinnern, vermittelte der Rektor Peters Elternhaus ausgeprägte Züge einer Klosterwelt. Wer in diesem Kreis distanzierter und strenger Erwachsener für die Emotionen der fünf Kinder zuständig war, bleibt unklar. Am ehesten wohl noch Tante Ida, *die* – so Peter später – *viel zärtlicher als unsere Mutter zu uns war. Wenn es Krach mit der Mutter gab, weil ich wieder einmal das Fleisch nicht gegessen hatte, konnte es Tante Ida nicht mit ansehen, dass ich ohne anderes Essen im Schlafzimmer in eine Ecke relegiert wurde. Sie war es dann, die die Friedensfühler ausstreckte und auf einem Teller das Dessert brachte und das Fleisch irgendwie verschwinden liess.*

Von früher Kindheit an hatte Peter von Roten etwas Unkontrolliertes und Unkonventionelles an sich. Der Bub musste in Schach gehalten werden. *Es war so vieles nur Schein,* schreibt er Jahrzehnte später. *Wir wurden erzogen, die Dinge nicht nach ihrem wahren inneren Wert, sondern nach der gesellschaftlichen Stelle, die sie einnahmen, einzuschätzen.* So war Maria von Roten sehr darauf bedacht, die Wut- und Tobsuchtsanfälle ihres Jüngsten, der als kleiner Bub regelmässig von Schreianfällen

Rektor Raphael von Roten (ganz links) und andere Geistliche zu Besuch auf Breitmatten, um 1930

heimgesucht wurde, dabei Gegenstände durch die Wohnung schleuderte und sich am Boden wälzte, vor der Öffentlichkeit zu verstecken. Peterlis Anfall im Kloster der Franziskanerinnen in Sitten liess sich allerdings nicht kaschieren. Die »Verrücktheit« des Buben wurde zum Stadtgespräch. Das kam so: Tante Ida und Bertha hatten den vierjährigen Bub zum Rosenkranzgebet in die Klosterkapelle mitgenommen, als er plötzlich aufsprang und wie ein kleines Ungeheuer schreiend auf das hölzerne Wandgitter, das den Chor der Kapelle vom Schiff trennte, losstürzte. Die entsetzten Tanten in ihren langen schwarzen Röcken nahmen sogleich die Verfolgung ihres Schützlings auf, der ausser sich am

Wandgitter rüttelte. Es muss ein seltsames Bild gewesen sein, der rasende Bub und die beiden alten Tanten, die bestürzt von ihrer Kirchbank aufsprangen und nach vorne stürmten. Im letzten Augenblick gelang es den beiden Tanten, den das Wandgitter hinaufkletternden Buben an den Beinen zu fassen und herunterzuziehen. Am folgenden Tag brachte Tante Bertha den Buben ins Kapuzinerkloster. Pater Bonaventura sollte den Buben näher untersuchen, sollte ihn segnen oder nötigenfalls exorzieren, denn, so argumentierte die Tante, es sei doch nicht möglich, dass ein unschuldiges Kind vor dem Allerheiligsten solche Anfälle bekomme. Pater Bonaventura segnete den Bub, und nachdem ihm Mutter, Tanten und Rektor Raphael ins Gewissen geredet hatten, musste er jedesmal, wenn er »verrückt« wurde, als Zeichen seiner Beherrschung einen Strohhalm in die Weihnachtskrippe legen, in die am Weihnachtsfest das Jesuskindlein gebettet werden sollte. Die Überlieferung der Familie will wissen, dass der Segen des Kapuziners seine Wirkung tat und der Bub nach Weihnachten seinen Jähzorn verloren hatte.

Peter blieb ein auffälliges Kind. Neue Sorgen bereitete der Bub der Mutter, als er in der Kirche immer wieder in Ohnmacht fiel. Dr. José de Kalbermatten, der Vertrauensarzt der Familie, konnte nichts finden und diagnostizierte schliesslich mit seiner berüchtigten Prise Antiklerikalismus, dass der Bub möglicherweise den Weihrauchgeruch nicht vertrage, und empfahl, ihn weniger zur Messe mitzunehmen. Bald darauf litt Peter unter heftigen Fieberschüben, die man mit dem neuen Wundermittel Ovomaltine zu kurieren versuchte, wurde am Blinddarm operiert und musste sich schliesslich auch noch die Mandeln entfernen lassen. Aber nicht nur seiner Krankheitsgeschichte wegen war Peter ein besonderes Kind. Unberechenbarkeit und Aufsässigkeit kennzeichnen früh schon seinen Charakter. Der Steinwurf auf den Walliser Kantonsingenieur ist nur ein Beispiel dafür: Als Peter und sein Bruder Ernst auf der Landstrasse zwischen Châteauneuf und Sitten von einem Auto überholt und mit Staub übersät wurden, warf der empörte Peter mehrere Steine auf den offenen Wagen, in dem ausgerechnet Kantonsingenieur Müller sass. Dieser setzte den entfliehenden Buben nach, kriegte den jüngeren Peter zu fassen und lieferte ihn unter Protesten bei der entsetzten Mutter ab.

Im Herbst 1926 übersiedelte Maria von Roten mit ihren Kindern und Hausangestellten nach Brig, wo sie im Stockalperschloss eine Wohnung mietete. Maria wollte in der Nähe ihrer Kinder sein, die jetzt eins nach dem andern ins Kollegium Brig eintraten. *Die zwei Ältesten,* schrieb sie im Jahr darauf an ihren Vertrauten Josef Beck, *besuchen das Kollegium. Hans Anton wird diesen Sommer die Maturität zu bestehen haben, steht somit vor seiner Standeswahl. Hildebrand besucht die zweite Rhetorik. Ich empfehle ganz besonders Hans Anton Ihrem Gebet. Er ist etwas unentschlossen und wird Mühe haben, sich für einen Beruf zu entscheiden. Ich habe eine leise Hoffnung, er werde vielleicht Priester, doch was der liebe Gott will, wenn nur aus ihm ein glaubensstarker, charakterfester Mann werde. Je älter die Kinder werden, je schmerzlicher empfinde ich den allzu frühen Verlust meines Gatten und meines lieben guten Vaters.*

10

KOLLEGIUM SPIRITUS SANCTUS

Die syphilitische Knochenmark-Generalinfektion war die schlimmste aller Krankheiten. Sie fing an mit dem Abfaulen von Lippen, Nase und Ohren, führte zu langsamer Hirnerweichung mit anschliessender totaler Verblödung und erreichte ihr Endstadium mit der schmerzhaften Vereiterung des ganzen Leibes.

Von allen Predigten der Exerzitien am Kollegium Brig war die Predigt über die Unkeuschheit die eindrücklichste. Ihr Höhepunkt war fast immer die Beschreibung eines übervollen Siechenhauses in Paris, in dem die Lasterhaften nach langem Leiden qualvoll starben. *Wenn wir dann zum Kollegium herauskamen,* so Peter Jahrzehnte später, *und den Töchtern des Instituts St. Ursula begegneten, senkten wir terrorisiert die Augen, und die Visionen der fernen Krankensäle voller sterbender Lüstlinge hielten uns auf dem Pfade der Tugend.* Trotz der studentischen Neugier verzichteten die Exerzitienmeister – meistens Jesuiten – auf die nähere Schilderung des sündhaften Verhaltens. Statt dessen sprachen sie von den *schrecklichen Sachen* immer nur in Bildern, so zum Beispiel von *den Eiterbeulen einer gewissen Gesellschaftsschicht, vom Ziel des katholischen Jungmannes, die Jugendjahre ohne Schiffbruch der Scham hinter sich zu bringen,* oder von *den Frauen, die aus dem Garten ihres Herzens, der ein Weinberg des Herrn sein könnte, eine Mödergrube machen.*

Die Zähmung des Fleisches stand im Mittelpunkt der jährlich wiederkehrenden Besinnungstage. *Immer gab es einen eigenen Vortrag über das Problem der Keuschheit und der Unkeuschheit, die ich nur schwer mit einem Mädchen, sondern vielmehr mit Masturbation und dem Blättern in unanständigen Büchern oder*

Zeitungen in Verbindung brachte. Das höchste Ideal des katholischen Jungmannes, wurde auch Pfarrer Robert Zimmermann, Peters Klassenlehrer, nicht müde zu betonen, war Enthaltsamkeit und Jungfräulichkeit. Jede Form von vorehelicher Sexualität geisselte er als schwere Sünde und hielt es für erwiesen, dass Onanie zu Schwachsinn führte. Im halben Oberwallis bekannt war Pfarrer Zimmermanns grosse Aversion gegen den Philosophen Voltaire, der ein erbitterter Gegner der katholischen Kirche und der Jesuiten gewesen war. Wie ein Hund sei der grosse Philosoph krepiert, warnte er die Studenten, aus seinem Nachttopf habe er am Schluss getrunken und seine eigene Ungläubigkeit dabei verflucht.

Peter mochte seinen Klassenlehrer nicht besonders. Dies hatte weniger mit seinen imponierenden Predigten zu tun, bei denen er auf der Kanzel derart gestikulierte, dass man meinen konnte, *er hätte in jeder Hand einen Gartenschlauch, aus dem er Wasser herausschüttle,* sondern vielmehr mit seiner leidigen Gewohnheit, den Studenten – selbstverständlich erst nachdem er seine aus erlesenem Tuch genähte Soutane hochgehoben hatte – mit

Von links: Peter, Ernst, Hans Anton und Hildebrand von Roten, um 1925

der Breite seines Schuhs Fusstritte zu verteilen. Peters Abneigung gegen seinen Klassenlehrer hatte auch politische Gründe: Wie die Mehrheit der Professoren am Kollegium war Zimmermann *ein Oberparteibock der christlich-sozialen Gelben,* wetterte gegen die *Ehrsucht der katholisch-konservativen Aristokraten,* deren *kettenklirrige Unterdrückung des Walliser Volkes,* und erachtete es als *politischen Sieg, wenn er meinem Bruder Ernst und mir den Meister zeigen konnte.*

Die christlich-sozialen »Gelben« waren der erklärte politische Feind des Hauses von Roten. Nach dem Ersten Weltkrieg war es in der allmächtigen katholisch-konservativen Partei zur Spaltung gekommen: Der linke Flügel der Partei, der sich für die Besserstellung der Bergbauern und Arbeiter einsetzen und sich dem wirtschaftlichen Fortschritt öffnen wollte, sagte sich los von der Mutterpartei. Durch diese Spaltung geriet die politische Welt im Oberwallis nachhaltig ins Wanken. Zwischen ehemals eng Verbündeten taten sich tiefe Gräben auf. Der »Walliser Bote«, das Leitblatt der konservativen »Schwarzen«, lieferte sich wilde Wortschlachten mit dem »Volksfreund«, der Zeitung der aufstrebenden »Gelben«. Diese eroberten in den frühen zwanziger Jahren in Gemeinden und im Kantonsparlament Sitz um Sitz und hatten mit Maurice Troillet in der Kantonsregierung und Viktor Petrig im Nationalrat schnell gewichtige Männer in ihren Reihen. Dass auch der regierende Bischof Bieler ein »Gelber« war und im Kollegium Brig fast ausschliesslich »gelbe« Geistliche lehrten, war der Familie von Roten, die eng mit dem Führer der Oberwalliser Konservativen, Nationalrat Josef Escher, paktierte, ein beissender Dorn im Auge. Die Abneigung gegen die Christlich-Sozialen ging so weit, dass Maria von Roten von den Professoren des Kollegiums immer nur die Katholisch-Konservativen – Albin Vogel aus Unterbäch und Leo Kuonen aus Termen – zum Tee einlud. Während man zu Professor Vogel, dem ehemaligen Erzieher und Geistlichen der Familie auf Breitmatten, gute Beziehungen unterhielt, war Professor Kuonen – aus der Sicht des jungen Peter – *das Mensch gewordene Trockenbrot* und aufgrund seiner blassen und langweiligen Person *eine schwere Hypothek* für die konservative Partei.

Als die Brüder Peter und Ernst im Herbst 1927 ins Kollegium »Spiritus Sanctus« in Brig eintraten, wurde die Schule, die sich bis weit ins 20. Jahrhundert sehr ausgeprägt der klassischen Bildung verpflichtet fühlte, von strenggläubigen und autoritären Geistlichen geführt, die grossen Wert auf Disziplin und sittliches Betragen legten, im Religionsunterricht das Alpha und Omega der Schule sahen und grosses Misstrauen gegen die moderne Naturwissenschaft und Technik hegten. Die geistlichen Herren bewerteten ihre Studenten nicht nur in »Religionslehre«, »religiös-sittlichem Betragen« und »sonstigem Betragen«, sondern fühlten sich auch befugt, die »Religiosität« der jungen Männer zu bewerten. Als Peter im 1. Jahr am Kollegium in »Religiosität« keine Sechs erhielt, war der Schock gross. Hätte es sich um Latein oder Griechisch gehandelt, so hätte er möglicherweise mit Verständnis rechnen können, in der Religion aber gab es kein Pardon. Hier musste es die Höchstnote sein. Denn während die Noten für Mathematik und Sprache Intelligenz und Begabung prämierten, die je nach Fach schwanken konnten, beurteilte die »Religiosität« eine Tugend, deren Fehlen unverzeihlich war.

Maria von Roten konnte sich trotz politischer Vorbehalte voll und ganz mit der Erziehungsphilosophie des Kollegiums identifizieren: *Meine lieben Kinder,* schrieb sie 1932 während eines Spitalaufenthaltes nach Raron, *im Geiste sehe ich Euch hinter Euren Büchern oder am Aufsatz schustern. Seid lieb, fleissig und gewissenhaft und gehorsam gegen Tante Ida. Vergesst nicht, dass Lehrer und Professoren Stellvertreter Gottes sind, denen Ihr Gehorsam und Ehrfurcht schuldig seid. Wenn Ihr aus der Schule kommt, so geht einen Augenblick in die Klosterkriche und betet dort drei Vaterunser für mich zur hl. Theresia. Aber ich wünsche, dass Ihr es täglich machet.*

Peter von Rotens grosse Passion gehörte der Dichtung und Literatur. Lesen war seine Lebensschule und sein Bildungsinstrument. Literatur sensibilisierte ihn für differenziertes Betrachten

Von links: Peter, Pfarrer Rey, Hans Anton und Ernst von Roten, um 1930

und Empfinden, nährte seinen Geist und bot ihm faszinierende Einblicke in die Innenwelt von Menschen. Der Gymnasiast war sechzehn Jahre alt, als er seinen heimlichen Berufswunsch »Dichter« auf einen Zettel schrieb, diesen in eine Blechdose steckte und im Erdboden vergrub. Wie ein Süchtiger verschlang er Buch um Buch, den ganzen klassischen Kanon, von Homer, Horaz, Vergil über Dante und Shakespeare bis zu Goethe. Wie kein Zweiter konnte er aus literarischen Werken zitieren, identifizierte er sich mit Romanfiguren und Theaterhelden, versuchte er, sein inneres Leben nach literarischen Vorbildern auszurichten. In der Familie bescheinigte man ihm früh eine besondere Phantasie und nahm mit Schmunzeln zur Kenntnis, dass in seinem Kopf die Grenzen zwischen Realität und Phantasie, Leben, Lesen und Erfindung äusserst durchlässig waren. Das Leben war ein Roman und er, *Baron de Pépéline,* wie Peter sich in einem Brief selbst bezeichnete, sein Held.

Als in seinem zweiten Jahr am Kollegium Shakespeares »Julius Caesar« aufgeführt wurde und *ich nur die elende Rolle von Caesars Frau Calpurnia erhielt, einzig und allein, weil ich meinen Stimmbruch noch nicht gehabt hatte,* war die Enttäuschung gross. Obwohl es mit bischöflicher Erlaubnis möglich gewesen wäre, Frauenrollen durch Mädchen vom benachbarten Mädcheninstitut St. Ursula zu besetzen, musste Regisseur Albert Schnyder auf Befehl des Rektors darauf verzichten, weil diese Praxis zu Liebeleien führen konnte. Trotz der ausbleibenden Bühnenerfolge – neben Calpurnia reichte es Peter in den ganzen acht Jahren am Kollegium nur mehr zu einer Nebenrolle im »Wilhelm Tell« – blieb das Theater Peters grosse Faszination. *Die Erinnerung an das Theater am Kollegium ist in mir noch lebhaft mit dem Schweissgeruch und dem süsslichen Vaselin der Schminke verbunden und gleichzeitig mit einem verbotenen Gefühl der Freiheit und Zügellosigkeit.*

Im Verlauf der acht Schuljahre am Kollegium Spiritus Sanctus entwickelte sich Peter zu einem selbstbewussten und neugierigen jungen Mann, der sehr gute Zeugnisse nach Hause brachte, gern Streiche verübte und ein grosses Geschick darin entwickelte, Professoren vom Stoffplan abzubringen und in endlose Diskussionen zu verwickeln. Auf dem erhalten gebliebenen Zeugnisblatt seines letzten Schuljahres steht hinter jedem Fach die Note 6. Die Leichtigkeit, mit der er die Schule absolvierte, beeindruckte Professoren wie Mitschüler. Kaum jemand aber wusste, dass sich der lese- und bildungshungrige Musterschüler zunehmend für jene Welt interessierte, die jenseits der von Elternhaus, Kirche und Kollegium aufgestellten Grenzzäune lag. Sowohl die Mutter als auch die geistlichen Herren hätten Sanktionen ergriffen, wenn ihnen bekannt gewesen wäre, dass er sich Bücher aus dem kirchlichen Giftschrank zu Gemüte führte. Verborgen vor Familie und Professoren las er Baudelaires Gedichtband »Les Fleurs du mal«, dessen Lektüre – so Professor Zimmermann – schädlich und gefährlich war, weil die Gedichte pornographisch waren und ihre Lektüre die Exkommunikation nach sich ziehen konnte. Aber nicht nur gegen seine Lehrer, auch gegen Rektor Raphael begann sich der junge Peter aufzulehnen. *Ich will in Zukunft dem Rektor,* lautete einer seiner Exerzitienvorsätze aus dem Jahr 1933,

Der Gymnasiast Peter von Roten, um 1933

nicht mehr Alter, sondern immer Hochwürdiger Herr Rektor sagen. Ein zweiter Vorsatz des Siebzehnjährigen dokumentiert, wie er ein Verbot mit Wortwitz unterläuft: *Bis zum nächsten Mal will ich keine alkoholigen Getränke trinken.*

Am Kollegium machte Peter auch nähere Bekanntschaft mit jener Geisteshaltung, die ihn für sein Leben prägen sollte. Der unter den Studenten übliche ironische Gesprächsstil wurde von ihm nicht nur kopiert und verinnerlicht, sondern schnell zu einer derartigen Meisterschaft getrieben, dass die Professoren über seinen geistreichen Witz und seine ungewöhnliche Gelassenheit nur staunen konnten. Früh entwickelte der Student eine innere Distanz zu sich und der Welt, die es ihm ermöglichte, seltsam heiter und leichtfüssig durchs Leben zu gehen. Die Pose des unnahbaren Ironikers war aber auch eine Tarnung: Nirgends konnte der intellektuell Frühreife seine emotionale Unsicherheit und sexuelle Verklemmtheit besser verstecken als unter dem Mantel geistreicher Ironie. Dass zwischen Sein und Schein tiefe Abgründe klafften, wusste Peter seit dem Eintritt ins Kollegium, wo selbst die honorablen Herren Professoren Masken trugen. Es war ein offenes Geheimnis, dass Deutsch-Professor Alfred Grand, der Dichter unter den geistlichen Herren, und der talentierte Kunstmaler Louis Werlen insgeheim dem Wein- und Schnapskonsum frönten. Nur allzugern wurde unter den Studenten ihr angeblicher Trinkspruch »*Werlen, Du bist unter den Malern, was ein Batzen unter Talern*« – »*Grand, Du bist unter den Dichtern, was ein Arsch unter Gesichtern*« nachgeahmt. Noch viel offensichtlicher waren die heftigen und immer wieder eskalierenden Differenzen zwischen den gelben und schwarzen Professoren, die im Streitfall zwischen dem gelben Rektor Pfammatter und dem schwarzen Chemielehrer Marty bis vor das Walliser Kantonsgericht gezogen wurden.

Peter verachtete die Grobschlächtigkeit und das autoritäre Gehabe vieler Professoren, *die in ihren Soutanen etwas unsagbar Muffiges hatten und einen verklemmt-eunuchischen Habitus an den Tag legten,* empfand Abscheu vor ihrem ungepflegten und zum Teil unsauberen Äussern, konnte nicht verstehen, dass sie viel zu kurze Soutanen trugen, unter denen grässlich verfranste Hosenbeine sichtbar wurden. Eine löbliche Ausnahme bildete Professor Albert Julen, den man unter den Gymnasiasten – weil er sich parfümierte – *als Legierung von Hellenismus, Knoblauch und Kölnischem Wasser* bezeichnete. Die Wahrheit war, dass er Griechisch dozierte, Knoblauch ass, um der Arterienverkalkung entgegenzuwirken, und sich wiederum parfümierte, um den Knoblauchgeruch loszuwerden. Der Zermatter Geistliche verkörperte für Peter eine gewisse Eleganz, denn er war einer der ersten, der unter einer bis zu den Schuhen herabreichenden Soutane Kniehosen trug, so dass *seine schönen Beine in schwarzen Strümpfen sichtbar wurden, wenn der Rock sich hob.* Peters Lieblingslehrer war der junge Pfarrer Albert Moos, den alle nur

Père Moos nannten, weil er den Studenten sehr unkompliziert begegnete, ein offenes Ohr für ihre Anliegen hatte, auf freundschaftliches Einvernehmen setzte und – bezüglich Studentenerziehung – von einem Sieg der »Conduite« über die »Discipline« träumte. Unablässig beklagte sich der Französischlehrer bei den Studenten über die Armut der deutschen Sprache, die für zwei so fern voneinander liegende Begriffe nur das eine farblose Wort »Betragen« hatte. Peter war begeistert von der Idee des sittlichen Betragens und überzeugt davon, dass nur sie die wirkliche Freiheit bringen konnte. Seine grosse Sympathie für Père Moos blieb am Kollegium nicht unbeobachtet. Als ihn die älteren Studenten despektierlich als *Käsbub* des Professors bezeichneten, verstand er erst nicht, was dieser Begriff zu bedeuten hatte. Dann lernte er, dass die Begriffe »Käsen« und »Käsbub« zum Alltagsvokabular der Studenten gehörten und eine unerlaubte Beziehung charakterisierten. *Wahrscheinlich gab es das in irgendeiner Form in allen Institutionen und namentlich Internaten,* mutmasst Peter in seinen Erinnerungen, *wo man unter Gleichgeschlechtlichen ist. Das »Käsen« war eine Form der homoerotischen festen Beziehung, eine intensive Freundschaft mit eindeutig sexuellem Charakter zwischen einem älteren und jüngeren Studenten oder auch – seltener und nicht so offiziell – zwischen einem Professor und einem Studenten. Allerdings wurde das Wort »Homosexualität« in diesem Zusammenhang nicht gebraucht, sondern die Sache wurde durch die harmlose, aus der Milchwirtschaft entnommene Bezeichnung des »Käsens« entdämonisiert. Gleichzeitig wurde allerdings auch das Bestehen einer Liebesbeziehung zwischen zwei Studenten ihres Heroismus entkleidet, denn das »Käsen« hat in der Vorstellungswelt unserer Gesellschaft etwas Knechtisches, Mühsames, Steriles an sich, wie denn auch der Käse selber durchaus nicht die edle Reinheit von Brot und Wein hat. Nicht umsonst sagt man von einer wertlosen Plauderei, sie sei ein »Käs«. Es wäre interessant, dem einmal tiefenpsychologisch nachzugehen, wieso in einem Volk, das seit Jahrhunderten den Käs als eine seiner nationalen Embleme und Produkte ehrt, weitgehend mit ihm identifiziert wird, wieso solch ein Volk diesen Begriff braucht, um etwas Minderwertiges zu bezeichnen.*

Um das zu verstehen, muss man sich vor Augen halten, dass die sexfeindliche Einstellung der katholischen Kirche sich durchaus auf das andere Geschlecht beschränkte, während die homoerotischen Beziehungen bei weitem nicht so verurteilt wurden. Man muss vielleicht auch daran erinnern, dass in unseren Beichtspiegeln die Sünden wider das sechste Gebot scharf unterschieden wurden in solche, die man mit dem eigenen Geschlecht, und solche die man mit dem »andern« Geschlecht begangen hat, wobei es uns ganz klar schien, dass die wahrhaft schlimmen eben erst dann anfingen, wenn das »andere« Geschlecht im Spiel war. Das schien uns so klar wie dass die Sünden mit Worten schlimmer waren als jene im Geist. Dass allerdings das »Käsen« eine soziologisch so interessante erotische Abirrung sei, war uns damals nicht klar, denn wir betrachteten es als etwas Harmloses. Zu beachten ist vielmehr, dass grundsätzlich jede engere Beziehung zwischen einem Professor und einem Schüler als »Käserei« missbilligt wurde, auch wenn dabei sicher nicht der Schatten eines erotischen Hintergrundes bestand. Deshalb fürchtete man, sich als »Käsbub« zu exponieren, wenn man mit einem Professor zu freundlich war. So hatte zum Beispiel der alte Professor Werlen einen Studenten zur Hand, der für ihn regelmässig in der Stadt eine Fiaske Chianti holen musste. Wenn ich mich recht erinnere, war dies Kaspar Kiechler, der spätere Pfarrer von Obergesteln, der beim Baden in einem Bergsee ertrunken ist. Der alte Werlen war ein Verehrer von Bachus, und es ist nicht anzunehmen, dass er an der schönen Gestalt des jungen Kiechler sündhaft Gefallen fand. Die »Käs«-Solidarität zwischen zwei Studenten auf erotischer Basis war aber auch zwischen Gleichaltrigen möglich, und man schämte sich derselben durchaus nicht. Zwischen mir und meinem Schulkameraden Carlo Bellwald, dem grossen Sänger und späteren Zahnarzt, bestand auch eine solche humoristisch chargierte Freundschaft. Wir waren bereit, vor der Welt das Beispiel grosser Liebe zueinander zu geben und zu diesem Zweck im Schulhof einander von fern in die Arme zu stürzen, gewissermassen als Groteske und Verulkung einer Umarmung. Aber daneben tauschten wir Zettel aus mit dem Text: »Ich gebe Dir Marcelle de Kalbermatten und Du gibst mir Blanka Pfefferle.« Interessant scheint mir diese Episode noch unter dem sprachlich-gesellschaftlichen Gesichtspunkt. Gewissermassen als Gastgeschenke wurden unter uns Frauen »ausgetauscht«, wobei in keinem Moment die Frage aufgetaucht ist, ob die so Verschenkten wohl mit der Geste auch einverstanden waren. Wohl kannte ich Marcelle de Kalbermatten von ferne, aber es wäre mir äusserst schwer gefallen, auch nur ein Rendezvous in die Wege zu leiten. Das Verb »geben« entspricht ganz gut einer dumpfen Sexualität, die sich eher auf gesellschaftliche Nachahmung stützt als auf eigenes Empfinden oder Erleben. Dem Wort »geben« aus unserem Briefvertrag entspricht in diesem Zusammenhang das Wort »haben«. Man sagte von einem, er »habe« ein Mädchen, wenn er mit diesem eine rein platonische, meist imaginäre und einseitige Schwärmerei betrieb, und der Gedanke an etwas anderes, etwa gar an Geschlechtsverkehr, wie er durch das Zeitwort »haben« suggeriert werden könnte, war nicht im Traum gedacht. Wenn man ein Mädchen »hatte«, so bedeutete das einen Akt der reinen Anbetung, man hatte seinen Gott unter den vielen Töchtern des Mädchenpensionates ausgewählt und verehrte ihn. Dass dieses Mädchen von der Tatsache auch nur eine Ahnung hatte oder gar geküsst oder mehr wurde, lag nicht drin. Die Beziehung zum andern Geschlecht war absolut blutleer und abstrakt. Durch die von den geistlichen Herren vorexerzierte und als vorbildlich gelehrte Zölibatsverehrung geriet die Geschlechtlichkeit zwangsläufig in ein schiefes Licht und – was schlimmer ist – auf eine vereinfachte Formel. Das »haben« eines Mädchens wurde durch dieses einfache Zeitwort zu einer einfachen Sache degradiert, genau wie dann später die Problematik der geschlechtlichen Emanzipation durch das Zeitwort »lassen« versimpelt wurde, indem die Mädchen in solche, die »lassen« und die »nicht lassen«, eingeteilt wurden.

Wie sehr uns die hohe Schule der Liebe fehlte, schreibt Peter im Rückblick auf seine Jugendzeit. Eine Stimmung offenkundigster Anti-Sexualität prägte sein Heranwachsen, und auch als junger Mann wird er nur vage Vorstellungen haben von der Liebe zwischen Mann und Frau. Es musste immer alles platonisch sein in diesem Katholizismus! Überall witterten die hohe Geistlichkeit, die Professoren wie auch Mutter, Tanten und Rektor Raphael die Versuchung des Fleisches. Das Wort »unkeusch« erlebte im Hause von Roten eine geradezu inflationäre Verbreitung. *Allerdings gab es innerhalb unserer Familie insofern eine kollektive Korrektur, als das Wort »unkeusch«, namentlich in seiner französischen Version »impudique«, allmählich zu einem ironischen Mädchen für alles degradiert wurde, wenn man irgend etwas bei einem der Geschwister missbilligte. Die Sitte, sich gegenseitig »impudique« zu schimpfen, auch wenn es um Essen oder Holztragen ging, zeigt wohl am besten, dass neben der Furcht vor den venerischen Seuchen auch die Einsicht vorhanden war, dass es so schlimm wohl nicht sein konnte, wie man es uns beibringen wollte.*

In Peters Elternhaus war es, wie es immer schon war und noch immer ist: Allgegenwärtige Verbotstafeln und Warnungen beeindrucken zwar, stacheln aber auch die Neugier an. Peter war fünfzehn oder sechzehn Jahre alt, *da ich in Raron auf dem grossen Bücherschrank einen auf Karton aufgeklebten farbigen Druck fand, der den persischen Dichter Hafis darstellte, der inmitten einer frohen Schar seine Lieder vortrug. Dabei war eine der Zuhörerinnen von hinten und nackt gezeigt, und das hatte wohl dazu geführt, dass dieses unanständige Bild auf den staubigen Kasten relegiert worden war. Gelegentlich konnte ich der Versuchung nicht widerstehen, stieg auf einen Stuhl und holte mir den Karton herunter. Die ganze Schlechtigkeit der Welt schien mir nun darin erkennbar zu sein, dass ein solches »unkeusches« Bild offenbar nicht nur von einem bösen Maler gemalt, sondern dann auch noch von der bösen Industrie gedruckt wurde und zu Tausenden von Exemplaren vervielfältigt worden war. Damit ward einmal mehr das Feindbild der Bosheit in der Welt bei mir etabliert. Das Bild vom Hafis bedeutete damals für mich so furchtbare Gewissenbisse und Sexualnot. Ich habe dieses Hafisbild später auf dem staubigen Schrank wiedergefunden, und es schien mir nun schäbig und nicht einmal mehr unanständig. Der Rükken der Tänzerin war wohl nackt, aber kaum bis unter die Hüfte. Eine Darstellung, die mich in der Jugend, in der Kindheit als Versprechen der Lust und der Sünde zutiefst bewegt und aufgewühlt hatte, war nur ein elender Farbdruck, den man vielleicht nur mehr seines Kartons wegen aufbewahrte, während ich schwere innere Kämpfe durchmachte, um mir einen verbotenen Blick darauf zu gönnen.*

Wie Peter besuchten auch seine drei älteren Brüder das Kollegium in Brig. Der introvertierte Hans Anton war in allem ein Musterschüler. Er hatte eine künstlerische Begabung, zeichnete sehr gut und besass eine grosse Geschicklichkeit im Anfertigen von allerlei Papier- und Kartonfiguren. Als Fünfzehnjähriger baute er sich ein kleines Theater, auf dem die Geschwister unter seiner Regie mit selbstgebastelten Papierfiguren, die an Drähten hingen, die grossen griechischen Tragödien zur Aufführung brachten. So kam es, dass Peter bereits mit sechs Jahren wusste, wer Agamemnon und Klytämnestra waren, aber bis zu seinem zwanzigsten Altersjahr keine Ahnung hatte, wie lange die Schwangerschaft einer Kuh dauerte oder was für Rebkrankheiten es gab.

Nach der Matura trat Hans Anton ins bischöfliche Priesterseminar in Sitten ein und studierte Theologie. Als er drei Jahre später – im Jahre 1930 – an die Jesuitenuniversität Gregoriana nach Rom übersiedelte, wo er in den vatikanischen Archiven für seine Dissertation recherchierte, schickte Peter seinem ältesten Bruder, den er »Sir John« nannte, regelmässig phantasievoll verspielte Briefzeichnungen, erzählte ihm vom alltäglichen Leben in Raron und seinen Erlebnissen im Kollegium. Die beiden Brüder verband mehr als nur familiäre Bande: Ihre gemeinsame Passion für Literatur, Familiengeschichte und Religion wird sie ein Leben lang verbinden. Hunderte von Briefen und Ansichtskarten erzählen von ihrem vertraulichen Gespräch, das trotz schwerer Belastungsproben nie abriss. Die Rollenverteilung zwischen den Brüdern war früh klar: Für den heranwachsenden Peter war der sieben Jahre ältere Hans Anton immer mehr Ersatzvater als Bruder. Kommt dazu, dass er durch seinen Entscheid, sein Leben Gott zu weihen, zur höchsten moralischen Instanz der Familie emporstieg.

Zwischen Hans Anton und Peters zweitältestem Bruder Hildebrand bestand ein Gegensatz wie zwischen Feuer und Wasser. Hildebrand war ein leidenschaftlicher Jäger, der seine Faszination für die Technik an den alten Gewehren befriedigte, die seit Generationen im Besitz der Familie waren und die er regelmässig vor den Augen des kleinen Peter zerlegte und einfettete. Grosse Augen machte Peter, wenn Hildebrand auf dem Sommersitz Breitmatten seine mechanisch-chemisch-physikalischen Experimente durchführte und insgeheim Blei goss, um Patronen für die Jagd anzufertigen. Sein Mentor dabei war Rektor Raphael, dessen Hände zu zittern anfingen, wenn er bei der heiligen Wandlung in der Familienkapelle von Breitmatten den Jagdhund um die Kapelle herumjagen hörte.

Nach der Matura am Kollegium Brig studierte Hildebrand in Basel Medizin und wurde Dauerpensionär bei Grossmama Hedwig Feigenwinter-Kym, die nach dem Tod ihrer Lebensfreundin Meta von Salis eine junge Baltin bei sich aufgenommen hatte. Aus Basel brachte der im Gegensatz zu Hans Anton sehr viel mondänere Hildebrand Tanzmusik und Schlager nach Raron, die das Familienrepertoire, das bisher nur aus klassischen und kirchenmusikalischen Schallplatten bestanden hatte, entscheidend erweiterte. Hildebrand war aber nicht nur geographisch, sondern auch was politische Ideen betraf, der in die Welt ausgesandte Kurier seiner Geschwister: So intonierte er mit seinen Geschwistern – *obwohl wir*, so Peter in seinen Erinnerungen, *alle keine einzige Melodie richtig singen konnten und an der Primiz von Hans Anton alle zitterten, weil dieser das »Gloria in excelis*

Hildebrand von Roten, um 1930

Deo« anstimmen musste – nicht nur die sozialistische Internationale, sondern brachte auch als erster einen Wimpel mit der Hakenkreuzfahne nach Raron. Womöglich stand Hildebrand dabei unter dem Einfluss von Grossmama Hedwig Feigenwinter-Kym, die nach 1933 über den deutschen Wiederaufstieg – wie Peter schreibt – *passablement dans la Stimmung* war. *Grossmama war durch ihre grosse Verehrung für Nietzsche dem Mythos der starken Männer nicht ganz abgeneigt.* Obwohl die Sympathien in Raron *dem Grundsatz nach beim katholischen Zentrum waren, so fanden wir doch beim Nazitum etwas Aufmüpfiges und in vielen Dingen »Gerechtes«.* Peter band die Hakenkreuzfahne nicht zuletzt deshalb an sein Fahrrad, weil er darin eine Möglichkeit sah, gegen seinen Geschichtsprofessor Pfarrer Albert Julen zu rebellieren, der in seinen Stunden unentwegt mit dem Satz *Das Hakenkreuz hat seine Haken* vor dem Nazismus warnte und sowohl die Habsburgermonarchie als auch die deutsche Zentrumspartei in den Himmel lobte. Keinen unwesentlichen Einfluss auf die deutschfreundliche Haltung der Brüder hatte einmal mehr Rektor Raphael, der den Buben *eine Jugend lang das hohe Lied der Deutschen gesungen hatte. Wir stimmten mit ihm vollständig darin überein, dass Versailles ein schändlicher Diktatvertrag war und dass die Deutschen das gleiche Recht auf eine Armee hatten wie die Franzosen, die ja 1798 das Wallis überfallen hatten.* Rektor Raphael wird den Deutschen auch im Zweiten Weltkrieg die Stange halten und nach dem japanischen Angriff auf Pearl Harbour den deutschen Endsieg in unmittelbare Nähe rücken sehen.

Peters Schwester Marie-Anne besuchte die Grundschule bei den Dames blanches von Sitten und erlangte ihre Maturität bei den Ordensschwestern in Ingenbohl. Als erste Frau in der langen Ahnenreihe ihrer Familie immatrikulierte sie sich anschliessend an der Universität Fribourg, studierte Germanistik und Kunstgeschichte und promovierte mit einer Arbeit über die oberrheinische Marienlyrik bei den Frühhumanisten. Als sie 1941 heiraten wollte, stiess sie bei ihren vier Brüdern auf Widerstand. Seit zwei Generationen, führten diese an, seien die Frauen der Familie ledig geblieben und hätten sich ausschliesslich um das Wohl von Eltern und Brüdern gekümmert. Entsprechend kühl soll der Antrittsbesuch des Bräutigams verlaufen sein: Als dieser den Brüdern seine Aufwartung machte, sassen die vier missmutig im Salon, den Kopf demonstrativ hinter einer Zeitung verborgen, die sie selbst dann nicht zur Seite legten, als ihnen der Bräutigam die Hand reichen wollte.

Von früher Kindheit an stand Peters ältere Schwester unter besonderem Schutz von Mutter und Tanten. Als Erwachsene wird sie zu einer wichtigen Vertrauensperson ihrer Mutter werden. Ein umfangreicher Briefwechsel zeugt davon. Ähnlich wie Hans Anton und Peter wird sie den Katholizismus ihrer Kindheit und das damit verbundene Weltbild ihr Leben lang unbeirrt gegen alle Strömungen der Moderne verteidigen. Bezüglich Frauenstimmrecht und Schwangerschaftsabbruch werden Peter und Marie-Anne nach dem Zweiten Weltkrieg unterschiedliche Positionen vertreten: Während Peter nach 1945 entschlossen für das Frauenstimmrecht kämpfte und den Schwangerschaftsabbruch zur persönlichen Gewissensangelegenheit erklärte, lehnte Marie-Anne das Frauenstimmrecht ab und sah es – wie sie in einem

23. April 1941: Die Hochzeit der Schwester. Stehend von links: Peter von Roten, Christiane de Kalbermatten, Hildebrand von Roten, Hans Anton von Roten, Josef von Sury, Ernst von Roten, sitzend: Ida von Roten, Marie-Anne von Sury-von Roten, Maria von Roten-Feigenwinter

Leserbrief schreibt – als *erste Pflicht eines Rechtsstaates an, das Leben des ungeborenen Kindes zu schützen.* Obwohl sie über ihre konservative Grundeinstellung nie einen Zweifel aufkommen liess, war die langjährige Präsidentin der Oberwalliser Jungfrauenkongregation den Errungenschaften der Moderne durchaus nicht abgewandt. Als die Mutter in den späten dreissiger Jahren einen BMW Model 1935 für ihre Kinder kaufte, erlangte Marie-Anne als eine der ersten Frauen im Oberwallis den Fahrausweis und unternahm mit ihren Brüdern ausgedehnte Autofahrten. Daneben war sie eine begeisterte Skiläuferin und Bergsteigerin, begann früh mit einer Filmkamera zu experimentieren und liebte das Reisen. Ihre Heirat konnten Peter und seine Brüder schliesslich nicht verhindern: Am 23. April 1941 vermählte Rektor Raphael in der Burgkirche von Raron Marie-Anne von Roten mit dem Solothurner Aristokraten Joseph von Sury de Bussy. *Pflichtbewusstsein und sanfter Druck der Verwandten haben geholfen,* werden die Kinder der beiden im Nekrolog ihrer im Jahr 2006 verstorbenen Mutter schreiben, *dass sich die Zuneigung dieser zwei so ungleichen Persönlichkeiten zu einer fünfzig Jahre dauernden harmonischen Ehe entwickelte.*

Der um zwei Jahre ältere Bruder Ernst war Peters grosser Gefährte in Kindheit und Jugendzeit. Die beiden Brüder waren oft zusammen, teilten sich ein Zimmer und traten im Jahre 1927 zusammen in die erste Lateinklasse des Kollegiums ein. Mit Ernst und zwei andern Mitschülern gründete Peter früh schon einen Geheimbund, dessen Mitglieder sich regelmässig trafen. Man las sich vor, unternahm kleine Radtouren oder erlebte faszinierende Kinovorstellungen bei Viktor de Kalbermatten, der mit seinem kleinen Pathé-Kino-Apparat Kurzfilme von Charles Chaplin projizierte. Wie sein Bruder Hildebrand war Ernst stark an Technik und Mechanik interessiert, ging nach der Matura nach Zürich an die ETH, wurde Ingenieur und hatte bald eine führende Stellung bei der Lonza inne. Im Gegensatz zu Peter war Ernst ein ausgesprochener Praktiker, ein Macher, der mit der unkonventionellen Art und der Intellektualität seines jüngeren Bruders zusehends Mühe hatte. Nach Abschluss des Studiums kehrte er ins Wallis zurück, heiratete standesgemäss, wurde Walliser Staatsrat und bewohnte mit seiner Familie und der Mutter, die 1967 im Alter von vierundachtzig Jahren starb, das väterliche Haus in Raron.

Der grosse Abwesende in Peter von Rotens Kindheit ist der Vater. Die Leerstelle seines Lebens. *Das Fehlen meines Vaters ist mir nie als Manko bewusst geworden, im Schutz von drei älteren Brüdern und einer älteren Schwester, von Mutter und Tanten, die alle Haare auf den Zähnen und Geld im Sack hatten, war ich mir nie als Waise im fürsorglichen Sinne vorgekommen.* Dass dem heranwachsenden Peter der Vater physisch nicht gefehlt hat, ist angesichts des stark bevölkerten Elternhauses gut nachvollziehbar. Mit drei älteren Brüdern gab es für den Benjamin der Familie genügend Anlaufstellen zum Kräftemessen und Vergleichen. Es gibt auch keinerlei Anzeichen dafür, dass Peter seinen Vater – wie das Vaterlose manchmal tun – mystifiziert oder besonders verehrt hat. Schwieriger wird es, wenn man sich fragt, wie sich das Fehlen des Vaters auf Peters Identitätsbildung ausgewirkt hat. Für seinen Geschichtslehrer Albert Julen war der Fall klar: Peters *innere Führungslosigkeit* hatte ihre Ursache im fehlenden Vater. Wenn ich mir vor Augen halte, dass das Männliche in Peters Mutter- und Tantenwelt vom strengen Rektor Raphael verkörpert wurde, der – in den Tagen von Peters Kindheit bereits über sechzig Jahre alt – bestens in die Ahnenreihe der greisen Männer passte, die in der Familie verehrt wurden, könnte in Julens Diagnose ein Funken Wahrheit stecken.

11

DAS GEHEIMNIS VON RARON

Der 2. Januar 1927 war ein frostig kalter Wintersonntag. *Wir fuhren frühmorgens nach Raron, durch die grosse Pappelallee,* wird sich Katharina Kippenberg, die mit ihrem Mann von Frankfurt ins Wallis gereist war, später an diesen Tag erinnern, *es hatte über Nacht geschneit, ein weisses Leichentuch lag über dem Tal, die Bäume standen wie ernste Wächter am Wege.* Für Raron war dieser 2. Januar kein Tag wie jeder andere. Eine ungewöhnliche Beerdigung stand an, die viel zu reden gab und fremde Leute ins Dorf brachte. Aus Zürich kamen Eduard Korrodi, der Vertreter des Schweizerischen Schriftstellervereins und der Schweizerischen Schillerstiftung, der Industrielle und Mäzen Werner Reinhart sowie seine Cousine Nanny Wunderly-Volkart. Aus Genf reiste die französische Malerin Baladine Klossowska an, aus Italien die Geigenvirtuosin Alma Moodie und aus Siders die vornehme Jeanne de Sépibus-de Preux. *Oh, dieser Wintermorgen,* schrieb die aus Paris angereiste Malerin Lou Albert-Lasard, *die Beklemmung des Herzens auf dem langen Weg von Siders nach Raron im Schnee! Ringsum die seltsamen Formen der Berge, die aus Nebelschwaden aufsteigend, vom Boden gelöst, wie eine Spiegelung im Himmel schienen. Endlich, hoch auf dem Felsen, erscheint die Kapelle wie ein Ausrufungszeichen am Himmel.*

Über den Toten wussten die Bewohner Rarons nicht viel mehr, als der »Walliser Bote« geschrieben hatte: *In allen grösseren Zeitungen der Schweiz las man letzter Tage die Nachricht vom Hinscheiden des international berühmten Dichters Rainer M. Rilke, des »Novalis unserer Zeit«.* Rainer Maria Rilkes Beerdigung beschäftigte auch den elfjährigen Peter und seine Geschwister. *Wir schlugen im Lehrbuch der deutschen Literatur nach,* so Peter, *und siehe da, wir fanden ihn mit grossen Titeln angeführt: »Rainer Maria Rilke, Schöpfer eines neuen lyrischen Expressionismus.« Seite um Seite war ihm gewidmet, wo doch den andern Dichtern, die wir kannten, Federer und Uhland, kaum drei Zeilen genügten und unser Onkel Leo Luzian nicht einmal im Personenregister erschien! Da erfassten wir zum ersten Mal, dass Rilke eine Berühmtheit war, von der unsere Schule wenig wusste.*

Einheimische und Gäste versammelten sich an jenem kalten Sonntag morgen in der unweit vom Dorfplatz gelegenen St. Josefskapelle, wo Pfarrer Gustav Mathieu die Ankunft des Leichenwagens erwartete. Der Dorfpfarrer – weiss die mündliche Überlieferung – weigerte sich, den fremden Dichter in der geweihten Erde des Dorffriedhofs zu bestatten. Schliesslich stand der kleine fremde Herr mit den auffälligen Gamaschen an den Schuhen, der immer wieder ins Dorf gekommen war und sich auf den Burghügel begab, wo er stundenlang verweilen konnte, bei den Dorfbewohnern im Rufe, ein komischer Kauz und Eigenbrötler zu sein. Vor allem aber war nicht klar, ob Rilke praktizierender Katholik gewesen war oder nicht. Hätte Pfarrer Mathieu gewusst, dass der Dichter bereits 1901 aus der Kirche ausgetreten war und in seinem Testament ausdrücklich festgelegt hatte, dass ihm in seinem Sterben, *der Bewegung meiner Seele auf das Offene zu, jeder priesterliche Beistand, jeder geistliche Zwischenhändler kränkend und zuwider* sei, hätte er wohl kaum in jenen Vertrag eingewilligt, den die Kirchenverwaltung von Raron am 28. Dezember 1926 mit Rilkes Mäzen und Freund Werner Reinhardt abschloss. Darin wurde festgelegt, dass Rilke ausserhalb des Dorffriedhofs seine letzte Ruhestätte finden sollte, *an der Südwand der Pfarrkirche,* wo ihm die Kirchenverwaltung *ein Quadrat von drei Metern Länge und drei Metern Breite zur Verfügung stellte.* Für zweitausend Franken verpflichtete sich die Gemeinde Raron, *die Gebeine des Verstorbenen für immer auf diesem Platz zu belassen.*

Als der Sarg schliesslich in Raron eintraf, formierte sich ein

Raron mit der Burgkirche (Mitte) und Peter von Rotens Elternhaus (ganz links). Um 1925.

kleiner Trauerzug, der sich in Richtung der alten Burgkirche, die hoch über dem Dorf auf einem Hügel thronte, in Bewegung setzte. An seiner Spitze schlurfte wie bei jeder Beerdigung der alte knorrige Viktor Beauge, der den Weihwasserkessel und das einfache Holzkreuz mit den Initialen R.M.R. trug. Ihm folgte in gewohnt majestätischem Schritt und golden und schwarz gemustertem Messgewand Pfarrer Mathieu, flankiert von zwei Ministranten. In kurzem Abstand die vier Träger mit dem Sarg, der so leicht gewesen sein soll, dass einer der Träger noch Jahrzehnte später darüber mutmasste, ob wirklich jemand im Sarg gewesen sei. Unmittelbar dahinter folgten ein paar wenige, in dicke Mäntel gehüllte Dorfkinder – unter ihnen der elfjährige Peter von Roten –, die wie bei jeder Beerdigung die Trauerkränze auf die Burg zu tragen hatten. Den Abschluss des Trauerzuges bildeten die kleine Gruppe der Fremden und – in geringer Entfernung – eine stattliche Zahl von Dorfbewohnern, darunter Peters Mutter, Tante Ida und einige Verwandte, die – wie es üblich war – jedem Verstorbenen im Dorf das letzte Geleit gaben. *Keine Seele von Raron,* beschrieb der Literaturkritiker Eduard Korrodi später die Atmosphäre, *kannte den Dichter, und doch, wie viel Ehrfurcht umgab den Toten.*

Der Weg des Trauerzugs führte vorbei am Café Schröter, wo Rilke gelegentlich eingekehrt war und mit Anna Schröter, der Besitzerin, ein paar Worte gewechselt hatte, passierte darauf das imposante vierstöckige Von-Roten-Haus – Peters Elternhaus –, das am Fuss des steilen Pfades zur Burg hinauf lag und durch seine ausladende Loggia beeindruckte. Herrschaftliche Walliser Steinhäuser säumten den Weg des Trauerzugs, der auf dem stellenweise vereisten Fussweg schräg den Hang empor nur langsam vorwärtskam.

Nach einem stillen lateinischen Requiem in der Burgkirche wurde der Sarg auf die dem Tal zugewandte Seite des Burghügels gebracht, wo die Totengräber etwas ausserhalb des Dorffriedhofs mit grosser Mühe die vereiste Erde aufgebrochen hatten. *Von der kurzen religiösen Zeremonie,* so Lou Albert-Lasard, *behielt mein Herz nur die fast überirdische Klage, die sich der Violine einer aus Italien gekommenen Freundin entrang. Man hielt Reden. Ich habe nichts gehört, ich habe sogar niemanden gesehen ausser Katharina Kippenberg, die reglos neben mir stand, Statue des Schmerzes.*

Ohne Schonung, so Eduard Korrodi, *kollerten und hämmerten die steinigen Erdknollen auf den versenkten Sarg. Aber wen die Härte dieses Augenblicks erschütterte, den mochte dafür der Anblick der ländlichen Kinder trösten, die während der Grablegung des Fremdlings mit rührender Ausdauer die schweren Kränze in frostblauen Händen so hoch hielten, dass sie die Erde nicht berührten.*

Peter von Roten wird sich sein Leben lang an seine klammen und vor Kälte steif gewordenen Finger erinnern, die ihm das Begräbnis von Rainer Maria Rilke bescherte. *Jener kalte Januartag,* schrieb er fünfundzwanzig Jahre später, *ist eine meiner lebhafte-*

sten Kindheitserinnerungen, weil wir selten so viele Fremde in unserer Kirche und an unseren Rarner Begräbnissen sahen. Zwar wussten wir damals nichts anderes, als dass ein Dichter in Raron begraben werden sollte: Ein Dichter, dessen Namen wir noch nie vernommen hatten und von dem wir nicht einmal wussten, ob er Gedichte oder Romane geschrieben hatte.

Weil auch die geistlichen Herren am Kollegium Brig Rainer Maria Rilke nicht in ihrem Literaturkanon führten, blieb der Prager Dichter für den jungen Peter weiterhin ein Fremder. Dies änderte sich schlagartig, als ihm zu Beginn der dreissiger Jahre das Gerücht zu Ohren kam, Rilke sei der uneheliche Sohn seines Verwandten Eduard von Roten und habe sich deshalb sein Grab in Raron gewünscht. Im Gegensatz zu Mutter und Tante Ida, die empört waren und heftig dementierten, fand Peter die Vorstellung faszinierend, dass der berühmte Dichter ein Sohn seines Verwandten war. Weil er es genauer wissen wollte, begann er insgeheim nachzuforschen. Dabei fand er heraus, dass der 1852 geborene Eduard von Roten weit in der Welt herumgekommen war und in seiner zweiten Lebenshälfte eine Arztpraxis in Raron eröffnet hatte. Was Peters Neugier anstachelte, war die Tatsache, dass die meisten seiner Verwandten nicht über den 1931 an Altersbrand verstorbenen Eduard von Roten, der ihn als Kind das ein und andere Mal behandelt hatte, reden wollten. Alles, was er in Erfahrung bringen konnte, waren vage Andeutungen über seinen unsteten Lebenswandel, Geschichten über uneheliche Kinder in Argentinien und eben sein Verhältnis zu Rilkes Mutter. Für Peter war das nicht genug. Erst im Hinweis des alten Werner Salzgeber, Rilkes Mutter habe nach dem Tod ihres Sohnes längere Zeit im Wallis gelebt und sei öfters mit Rektor Raphael – dem jüngeren Bruder von Eduard von Roten – zusammengetroffen, sah Peter eine erste vielversprechende Spur. Eine briefliche Nachfrage bei Rektor Raphael trug Peter eine forsche Zurechtweisung ein: Der strenge Pfarrer bestritt, dass die Familie von Roten etwas mit dem *phantastischen Globetrotter Rainer Maria Rilke* zu tun habe. *Hatte Gelegenheit,* erklärte er sich kurz, 2–3 *Mal mit der Mutter Rilkes, einer würdigen Matrone, zu sprechen.*

Mehr wollte Rektor Raphael nicht sagen, und ausser ihm schien niemand etwas zu wissen. Als auch der Versuch, aus verschiedenen Büchern und Nachschlagewerken mehr über Rilke, seine Beziehung zum Wallis und seine Mutter herauszufinden, scheiterte, wandte sich Peter dem Werk des Dichters zu. Zwar stiess er auch hier nicht auf Antworten, geriet dafür aber in den Bann von Rilkes Lyrik, war fasziniert und eingenommen von seinen »Briefen an einen jungen Dichter«, in denen Rilke einem zwischen äusseren Zwängen und inneren Wünschen schwankenden jungen Mann seine Ansichten über die Grundfragen des Daseins, über Gott, die Liebe, den Tod und das Künstlertum erörterte. Rilkes Werk wird Peter von Roten durch sein ganzes Leben begleiten. *Ich habe in Rilkes »Malte« gelesen,* schreibt er 1944 an eine Freundin, *und bin dermassen gesättigt mit Wehmut, dass ich imstande wäre, auf der Strasse der ersten besten um den Hals zu fallen.*

Die Recherche nach möglichen Verbindungen zwischen der Familie von Roten und Rainer Maria Rilke ist ein veritabler Krimi. Obwohl ich von Anfang an überzeugt war, dass an der abenteuerlichen Geschichte nichts dran war, machten mich gewisse Aussagen und Dokumente doch stutzig. So zum Beispiel die Begegnung mit jener Grossnichte Eduard von Rotens, die keinerlei Zweifel an Rilkes Walliser Wurzeln hatte und anführte, dass die Familie von Roten in Eduards Fehltritt immer eine Schande gesehen habe, die es vor der Aussenwelt zu verbergen galt. Rektor Raphael habe deshalb den gesamten Nachlass seines Bruders vernichtet und seine Lebensspuren selbst im Familienbuch getilgt. Offensichtlich sei die Verwandtschaft der beiden, wenn man ihre Porträts vergleiche. *Der Rilke ist dem Onkel Eduard doch aus dem Gesicht geschnitten!*

Ernsthaft beschäftigt mit dem Gerücht hat sich in den 1970er Jahren auch der deutsche Studienrat Ernst Graupner. *Was nur hat Rilke,* fragt er sich in seiner unveröffentlichten Rilke-Biographie, *anlässlich seines ersten Wallis-Besuch im Oktober 1920 veranlasst, derart zielstrebig das kleine, völlig unscheinbare und ganz unbekannte Gebirgsdorf Raron aufzusuchen?* Obwohl Graupner um Rilkes Faszination für den Burghügel von Raron und die Landschaft des Wallis wusste, schloss er andere Motive nicht aus. *Vielleicht hat Rilke von in Prag lebenden Verwandten von der Verbindung seiner Mutter mit einem von Roten aus Raron gehört?* Überzeugt davon ist ein pensionierter Walliser Arzt. Von einem Vertrauten der Familie von Roten wisse er, erzählt er mir, dass der heimatlose Rilke nach seiner Einreise in die Schweiz ursprünglich in Raron habe Wohnsitz nehmen wollen, von dem mächtigen Von-Roten-Clan aber daran gehindert worden sei. Seinen testamentarischen Willen, im Heimatort seines Vaters beerdigt zu sein, habe die Familie dem ungeliebten Spross dann zugestanden.

Fakt ist: Neun Monate nach seinem ersten Besuch kehrte Rilke Ende Juni 1921 mit dem Vorsatz, eine Wohnstätte zu finden, ins

Eduard von Roten und Rainer Maria Rilke

Wallis zurück und fand dabei den Wohnturm in Muzot oberhalb von Siders, in dem er die fünf letzten Jahre seines Lebens verbrachte. Von hier aus ist er immer wieder allein oder mit Freunden – verbürgt sind Besuche mit Balthus' Mutter Baladine Klossowska, Jean und Frida Strohl, René Morax und Alice Bailly – nach Raron gefahren. In seinen nachgelassenen Aufzeichnungen beurteilt Graupner, der in den 1970er Jahren mehrfach in Raron recherchierte, das alte Gerücht zwar skeptisch, kann ihm eine gewisse Wahrscheinlichkeit aber nicht absprechen: *Allein, bekannt ist, dass Rilkes Mutter sich mit den einfachen und bedrängten Verhältnissen ihrer Ehe nicht abfinden konnte, denn ihr Traum war, der grossen Gesellschaft anzugehören. Um das verwirklichen zu können, begann sie schon in ihrem zweiten Ehejahr (1874/75) in Prag wie auch durch häufige Reisen nach Wien, diesen Anschluss zu finden, was ihr auch offenbar mehr oder minder gelang. Somit könnte es durchaus möglich sein, dass Rilkes Mutter in den Jahren 1874/75 in Prag oder Wien einen Studenten der Familie von Roten aus Raron kennenlernte, mit demselben eine nebeneheliche intime Verbindung einging und das daraus hervorgegangene Kind, ihren Sohn Rainer, ihrem Ehemann Josef unterschob.*

Könnte es sich beim besagten Studenten um Peters Verwandten Eduard von Roten handeln? Gibt es irgendwelche Belege dafür, dass sich der 1875 dreiundzwanzigjährige Eduard von Roten jemals in Wien oder Prag aufgehalten hat? Die einzig erhaltenen Spuren seines Lebens sind eine Fotografie, drei unergiebige Jugendbriefe und sein Nachruf. Aus diesem geht hervor, dass er in Bern und Würzburg studiert und einige Zeit in Amerika gelebt hat. Mehr liess sich nicht in Erfahrung bringen.

Ich hatte das Gerede um Rilkes Walliser Herkunft schon fast vergessen, als ich eine Serie von Glasplatten aus dem Von-Roten-Familienarchiv näher unter die Lupe nahm und dabei auf ein Bild stiess, das mich auffällig an Rilkes Grab erinnerte.

Die Lage des frischen Grabes vor der breiten Mauerwand und die wilden Grasbüschel im Vordergrund passten zum Burghügel von Raron. Ich musste der Sache auf den Grund gehen und konsultierte den Rilke-Nachlass im Literaturarchiv Bern. Der Vergleich mit späteren Fotografien des Grabes schaffte Klarheit: Die Salpeterflecken an der Mauer, die Struktur jener Linie, wo der Mörtel abgeblättert ist und das Mauerwerk sichtbar wird, liessen keinen Zweifel offen. Bei der Fotografie aus dem Familienarchiv von Roten handelte es sich um eine bislang unbekannte Aufnahme von Rilkes Grab.

Wer hat diese vermutlich erste Fotografie von Rilkes Grab gemacht und weshalb, fragte ich mich. Auch hier gibt es keine eindeutige Antwort. Naheliegend ist die Vermutung, dass es dem unbekannten Fotografen – in Frage kommen Peters ältere Geschwister, die zu dieser Zeit bereits fotografierten – darum ging, das Grab des unbekannten Dichters dokumentarisch festzuhalten. Natürlich liesse sich auch eine viel kühnere These aufstellen. Könnte Rilkes vermeintlicher Vater Eduard von Roten der Urheber dieser Fotografie sein? Haben sich die beiden – Eduard von Roten starb 1931 – möglicherweise sogar getroffen?

Mir war klar, dass auf diesem Weg meine Phantasie mit mir durchzugehen drohte. Weil ich aber trotzdem nicht aufgeben

Das vermutlich erste Bild von Rainer Maria Rilkes Grab, Januar 1927

wollte und neugierig war, ob ich etwas über den Ursprung des zäh sich haltenden Gerüchts in Erfahrung bringen konnte, beschloss ich, meine Blickrichtung zu ändern und in Rilkes unpubliziertem Nachlass nach Hinweisen auf die Familie von Roten zu suchen. Wieder geriet ich ins Staunen. Das Deutsche Literaturarchiv Marbach wies mich auf einen Brief hin, in dem sich Rilke lobend über das dichterische Werk von Peters Grossonkel Leo Luzian von Roten ausspricht. Im Schweizerischen Literaturarchiv Bern stiess ich auf eine Mappe mit unveröffentlichten Notizen aus der Walliser Zeit, aus denen hervorgeht, dass Rilke im Staatsarchiv Sitten das Historisch-Biographische Lexikon der Schweiz konsultierte und sich Notizen über die führenden Walliser Familien machte.

Diese beiden Entdeckungen sind aber nur auf den ersten Blick spektakulär: Wer sich mit Rilkes Biographie auseinandersetzt, dem wird klar, dass der Dichter – Ernst Graupner würde dies auf seinen lebenslangen *Adelskomplex* zurückführen – ein grosses Interesse für noble Familien hatte. Ähnlich verhält es sich mit seinem Interesse an Leo Luzian von Roten: An all seinen verschiedenen Aufenthaltsorten hat sich Rilke für die Literatur seiner unmittelbaren Lebensumgebung interessiert.

Über die Gründe seiner Wahl von Raron als Ort seiner letzten Ruhestätte hat sich Rilke nur vage geäussert. *Geschieht es,* legte er in seinem Testament fest, *dass ich auf Muzot oder überhaupt in der Schweiz sterbe, zöge ich es vor, auf dem hoch gelegenen Kirchhof neben der alten Kirche zu Raron zur Erde gebracht zu werden. Seine Einfriedung gehört zu den ersten Plätzen, von denen aus ich Wind und Licht dieser Landschaft empfangen habe.*

Was Rilke damit wohl meinte? Eine deutsche Literaturwissenschaftlerin, die das Gerücht ebenfalls kannte, gab sich 1983 gegenüber Peter von Roten überzeugt davon, dass dieser Passus aus Rilkes Testament eine interessante Geburtsmetapher darstelle. Führende Rilke-Forscher gehen die Sache differenzierter an. *Man wird annehmen dürfen,* so Curdin Ebneter, der Kurator der Fondation Rilke in Siders, *dass die topographisch herausragende Lage des Rarner Burghügels eine Rolle gespielt hat, also seine Eignung als Ort landschaftlicher Inszenierung, ausserdem die geschichtliche und architektonische Dimension des aristokratisch geprägten Raron im Vergleich zum damals bettelarmen und zerfallenen Winzerdorf Miège bei Siders, zu dem Muzot gehörte.*

Und wie ist es mit Rilkes Eingeständnis an Nanny Wunderly-Volkart, dass seine hymnischen Gedichte auf das Wallis, die »Quatrains valaisan«, der beste Beweis dafür seien, *dass ich dieses Land in meinem Blute trage? Rilkes Aussage,* differenziert Curdin Ebneter, *ist auf keinen Fall wörtlich aufzufassen. Die Blut-Metapher kommt bei Rilke in vielen Zusammenhängen vor, nicht erst im Wallis, und hat mit einer bestimmten Gegend oder Verwandtschaften physischer Art nichts zu tun. Was er im Blute trägt, ist das Wallis als Tal der Rhone, die ihn mit Frankreich, der Provence und Spanien, vor allem mit seinen dichterisch fruchtbarsten Jahren, den in Paris verbrachten, verbindet.**

Die abenteuerliche Fama um Rilkes Herkunft hat Peter von Roten immer wieder von neuem fasziniert. *Jetzt erst weiss ich,* machte er am 2. Januar 1952 zum 25. Todestag von Rilke eine rätselhafte Andeutung im »Walliser Boten«, *warum Rilke in Raron begraben sein wollte und welche Sehnsucht ihn an den Fuss jener Mauer trieb, vor der nur mageres Gras gedeiht.* Was er damit genau meinte, führte er allerdings nicht näher aus. Auch als

* Der Walliser Schriftsteller Maurice Zermatten schreibt in seinem Buch »Der Ruf der Stille. Rilkes Walliser Jahre« (Zürich, 1954): *Wir dürfen nicht verschweigen, dass wir schlecht unterrichtet sind über die Gründe, die Rilke bestimmten, Raron zur endgültigen Ruhestätte zu erwählen. Marcel Pobé erinnert in seiner Arbeit über den Dichter daran, dass Rilke eines Nachts, lange bevor er das Walliser Kirchlein kannte, vom Jüngsten Gericht träumte. Gott rief ihn aus der Tiefe des Himmels, und er selbst erhob sich aus dem Grab und stand dem himmlischen Antlitz gegenüber. Der Ort der Auferstehung hatte sich tief in sein Gedächtnis eingegraben, und als er Raron sah, erkannte er die Kirche wieder, die er ja noch nie von Augen gesehen hatte.*

Peter von Roten am Grab von R. M. Rilke, um 1944

er 1975 erster Präsident der Schweizerischen Rilke-Gesellschaft wurde, hat er das alte Gerücht nicht wirklich zur Diskussion gestellt. Trotz seiner Faszination war Peter Realist genug, um zu erkennen, dass er sich ohne schlüssige Beweise lächerlich zu machen drohte.

Seit Peter von Rotens Tod im Jahre 1991 sind viele neue Quellen zu Rilkes Leben ediert worden. In der nur schwer überblickbaren Fülle dieses biographischen Materials, zu dem immer noch jährlich neues stösst, finde ich nicht die geringste Spur eines Hinweises, der das Gerücht aus dem Reich der phantastischen Legenden auf den Boden der Realität geholt und die Rilke-Forschung damit aus dem Häuschen gebracht hätte. Was sich aus neu erschlossenen Quellen hingegen eruieren lässt, ist der höchstwahrscheinliche Entstehungszusammenhang des alten Gerüchts: Im Zentrum steht dabei Rilkes Mutter Sophie, die ein halbes Jahr nach Rilkes Tod – das zeigen ihre 1994 erstmals veröffentlichten Briefe an Nanny Wunderly-Volkart – das Grab ihres Sohnes besuchte und sowohl in Raron als auch in Siders Messen für ihren Sohn zelebrieren liess. Die grosse Anhänglichkeit an ihren Sohn, der sich völlig von ihr distanziert hatte, liess die hilflos frömmelnde und nervenkranke Mutter rastlos und verloren zwischen Siders und Raron hin und her pilgern. *Mein Schmerz,* schrieb sie am 25. August 1928 aus Prag an Nanny Wunderly-Volkart – *meine Sehnsucht nach René unstillbar, – ich habe ihm oft so viel zu sagen, – zu fragen. Am ruhigsten fühlte ich mich auf Raron: René – ich bin bei dir!*

Der tote Sohn wurde für die Mutter *zur einzig hellen Perspektive in meiner Verlassenheit, in meinem tieftraurigen Leben.* Als sie 1929 mit dem Gedanken spielte, die sterblichen Überreste ihres Sohnes nach Prag zu überführen, klärte sie Nanny Wunderly-Volkart darüber auf, dass es der testamentarische Wille ihres Sohnes gewesen sei, in Raron beerdigt zu sein. *Es war gewiss, an einem sonnigen Tag,* kommentierte Sophie Rilke, *in poetischer Stimmung, so ein flüchtig Wunsch, da oben möchte ich ruhen.*

Ende November 1929 verlegte Rilkes Mutter ihren Wohnsitz

Peter von Roten auf der Feier zu R. M. Rilkes dreissigstem Todestag in Raron, fotografiert von Jean Rudolf von Salis.

nach Siders, um ihren Lebensabend in der Nähe ihres *tiefgeliebten René* zu verbringen. In ihren Briefen aus dieser Zeit sucht man vergeblich nach Spuren. Raron und das Wallis sind ihr vollständig fremd, Hinweise oder Andeutungen auf ein ihr bekanntes Mitglied der Familie von Roten – der vermeintliche Rilke-Vater Eduard von Roten lebte zu diesem Zeitpunkt schwer krank in einem Altersheim bei Leuk – fehlen gänzlich. Abgesehen von Pfarrer Gustav Mathieu und seinem namentlich nicht genannten Stellvertreter, *ein lieber alter Herr,* scheint Sophie Rilke in Raron keinerlei Kontakte gehabt zu haben. Im besagten Pfarrer-Stellvertreter aber dürfte des Rätsels Lösung liegen: Hinter ihm verbirgt sich höchstwahrscheinlich Eduards jüngerer Bruder Raphael, der Rektor der Familie von Roten, der Peter gegenüber eingestanden hatte, *zwei bis drei Mal mit der Mutter von Rainer M. Rilke* zusammengetroffen zu sein.

So also könnte die Mär um Rilkes Verwandtschaft mit der Familie von Roten entstanden sein: Nach der Beerdigung hat man sich gefragt, warum sich Rilke sein Grab ausgerechnet in Raron gewünscht und wer es ihm ermöglicht hatte. Der Verdacht fiel schnell auf die im Dorf seit Generationen bestimmende Familie von Roten, vor der sich – wie böse Zungen sagten – selbst die Kühe verneigen mussten. Was jetzt noch fehlte, war ein Beweis. Der war schnell gefunden: Als Rektor Raphael von Roten dabei beobachtet wurde, wie er im Dorf oder an Rilkes Grab mehrmals mit der Mutter des Dichters zusammentraf, begann man kühne Zusammenhänge zu vermuten. Was lag schliesslich näher, als den fremden Dichter mit dem geheimnisvollen Grabspruch* mit dem schwer fassbaren Eduard von Roten zu verbinden, über den hartnäckige Gerüchte von unehelichen Kindern kursierten?

Im Laufe der acht Jahrzehnte seit Rilkes Tod hat sich das Gerücht mehrfach verändert. Drei unterschiedliche Versionen sind heute im Umlauf. Eine erste Mutation erlebte es, als man in

* »Rose, oh reiner Widerspruch. / Lust, / Niemandes Schlaf zu sein / unter soviel / Lidern.«

Raron und im Oberwallis den dichterischen Rang Rilkes erkannte. Plötzlich war nicht mehr der anrüchige Eduard von Roten sein Vater, sondern der angesehene und dichtende Walliser Staatsrat Leo Luzian von Roten (1823–1898), der in München studiert hatte und sich – wie gern beteuert wird, obwohl Belege fehlen – mehrere Male in Prag aufgehalten haben soll. Als pathetischer Lyriker und patriotischer Dramendichter war der unverheiratete Leo Luzian als Rilke-Vater die Idealbesetzung. Kommt dazu, dass er an einer unglücklichen Liebe litt, die dafür sorgte, dass – so Pfarrer Albert Schnyder 1933 in einem biographischen Abriss – *keine zweite Liebe mehr Echo und Antwort* fand in seiner Brust. Da der dichterische Ruhm Leo Luzian von Rotens im 20. Jahrhundert schnell verblasste und auch er ohne Nachkommen blieb, wurde bald darauf sein ebenfalls weitum bekannter Neffe Heinrich von Roten, Peters Vater, zum Rilke-Vater gekürt. Reagierten Maria von Roten und Rektor Raphael noch mit grosser Empörung auf die brodelnde Gerüchteküche, hat die heutige Generation ein sehr viel entspannteres Verhältnis dazu. Ein Mitglied der Familie erklärt mir verschmitzt, *dass wir den Rilke nur allzu gerne in die Familie aufnehmen würden.*

Bis zu seinem Tod im Spätsommer 1991 hat sich Peter von Roten immer wieder von neuem mit dem alten Gerücht beschäftigt. *Si non e vero,* war sein letzter lakonischer Kommentar, *e ben trovato!*

DRITTER TEIL

Ach Töttli, wie bin ich fremd hier, aber wo bin ich nicht fremd? Wie merkwürdig, dass ich fast jeden neuen Tag den Trost und die Liebe, auf die meine Seele hofft, erwarte, obwohl sie nie zu kommen scheint; wie merkwürdig, dass sie nie kommt, wenn ich sie so sehnlichst rufe.

Iris Meyer an Fritz »Tött« Banderet, 1941

12

DER SCHAUDER DER SCHÖNHEIT

Nun möchten Sie mit Peter von Roten eine wirkliche Beziehung, schrieb Anna Huggler-Guggenbühl am 3. April 1943 an Iris Meyer. *Dann würde ich an Ihrer Stelle nicht zur Hälfte ironisierend antworten, sondern gar nicht ironisieren. Es wäre so viel einfacher. Und dann kann der Walliser eben auch leichter aufrichtig schreiben. Und er muss Sie ja nun kennenlernen, er hat zum Teil ein falsches Bild von Ihnen als »reine Ästhetin« etc. Dass er einen ironischen Ton hat, kann man schon begreifen – wahrscheinlich schreibt er so aus Unsicherheit. Und äusserlich geht es ihm offenbar nicht so gut – was ja auch nicht zur Sicherheit beiträgt.*

Im Sommer 1943 bat Iris ihre um eine Generation ältere Freundin erneut um Rat. Sie schickte ihr einige von Peters Briefen und beklagte sich, dass ihr Briefwechsel in eine Sackgasse geraten und nicht wie von ihr erhofft von echter *Gefühlsbeteiligung,* sondern allein von *Abhandlungen und Witzlein* bestimmt sei. *Der Walliser ist intelligent,* kommentierte Anna Huggler, *und ich glaube nicht, dass er herzlos ist. Denken Sie – er ist mir sympathisch. Wenn ich dem Walliser schreiben müsste, würde ich die Briefe auf einen einfachen, harmlosen Ton bringen – weniger weltanschaulich. Sie lernen ihn gradsogut kennen, wenn er ihnen erzählt, was er so macht und auch denkt. Und Sie könnten auch so schreiben. Dann wäre möglich, dass eine echte Freundschaft daraus würde trotz manchen Verschiedenheiten. Er ist katholisch und ein Walliser. Sie nicht. Das kann man nicht wegblasen und diskutieren.*

Anna Huggler-Guggenbühl stammte aus einem aufklärerischliberalen und gebildeten Elternhaus und war eine wichtige Vertrauensperson der jungen Iris Meyer. Während des Ersten Weltkriegs studierte sie erst Germanistik, dann Medizin und verschrieb sich schliesslich – nach einem Besuch bei dem damals sehr umstrittenen Sigmund Freud in Wien – der Psychoanalyse. Ein Jahr später begegnete sie in Paris dem Kunststudenten Arnold Huggler, den sie bald darauf heiratete. Näher kennengelernt hat Iris die 1894 geborene Freundin zu Beginn der dreissiger Jahre auf der Redaktion der Monatszeitschrift »Schweizer Spiegel« in Zürich. Anna Huggler-Guggenbühl war die Schwester des »Schweizer Spiegel-Verlag«-Gründers und Verlegers Adolf Guggenbühl, der seinerseits mit der Schwester von Iris' Mutter verheiratet war.

Bereits als Gymnasiastin konnte sich Iris voll und ganz mit dem Gedankengut ihrer späteren Freundin identifizieren. Ganz besonders interessant fand sie jene Artikel, die sich mit der gesellschaftlichen Situation der Frau auseinandersetzten. Die Ehe als einzige weibliche Existenzmöglichkeit lehnte Anna Huggler genauso ab wie die Mär, dass es nur einen Richtigen für die Frau gibt. Statt dessen forderte sie ihre jungen Leserinnen auf, ihr Leben *einigermassen nach ihren Neigungen* zu gestalten, bei der Partnerwahl *aktiv* vorzugehen und selbstbewusst zu flirten. *Der Flirt ist mehr als nur ein gesellschaftlich sanktioniertes Liebesspiel,* führte sie in der Oktobernummer 1930 aus, *er ist zugleich eine harmlose Annäherungsmöglichkeit. Er gibt beiden Geschlechtern unverbindlich Gelegenheit, sich in erotischer Hinsicht zur Geltung zu bringen, sich kennenzulernen.* Ein rotes Tuch war Anna Huggler – wie später auch Iris – die Bezeichnung *Fräulein,* für deren Abschaffung sie plädierte. *Die Öffentlichkeit geht das Privatleben einer Frau nicht mehr an als das eines Mannes. Sonst könnte ja die Frau noch einen besondern Kopfschmuck mit Federn tragen, die der Zahl der Kinder entsprächen, um ein weiteres Publikum auf einfache Weise über ihre Situation zu orientieren.*

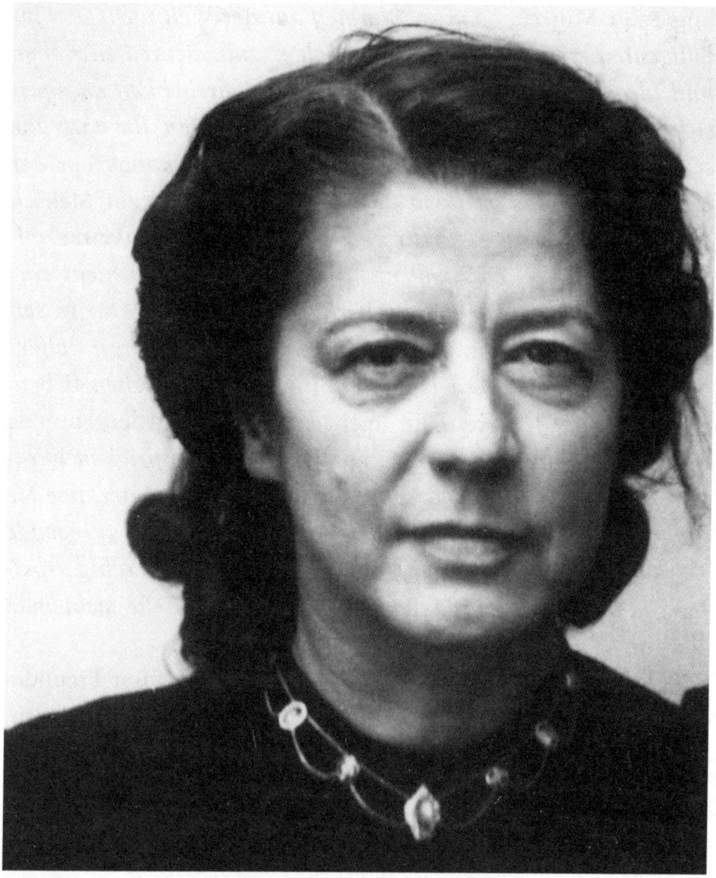

Anna Huggler-Guggenbühl

Zwischen Iris Meyer und Anna Huggler entstand schnell ein offener Austausch und eine besondere Freundschaft. Die beiden Frauen diskutierten über Literatur, Kunst, die gesellschaftliche Stellung der Frau und das Verhältnis der Geschlechter. Iris war fasziniert vom lebendigen Geist ihrer Gesprächspartnerin, fasste Vertrauen und fragte die ältere Freundin in vielen Dingen um Rat. *Mit der Zeit werden Sie sicherlich auch eine gute Stelle finden*, sprach Anna Huggler der bei der Luzerner Familienzeitschrift »Heim und Leben« unzufriedenen Iris im Frühling 1943 Mut zu, *denn es wimmelt auf der Welt nicht von intelligenten Menschen, die dazu Talent zum Schreiben haben und Ideen. Es kommt jetzt nur auf die Beharrlichkeit an – fast sicher ist der Anfang in diesen freien Berufen für fast alle schwierig. – Dass Sie verzagt sind und Angst haben vor der Einsamkeit – das ist doch das Zeichen, dass Sie ein Mensch sind. Es müsste ein Steinklotz sein – ein Erz-Held, wer nie solche Zeiten hätte. Das will nicht heissen, dass man nicht eine kühne Seele hat. Wer nie die Verlassenheit der Kreatur in seiner eigenen Seele gespürt hat, kann nie einem andern helfen, kann nie einen andern begreifen, nie einen Menschen lieben.* Iris vertraute der Freundin auch ihre immer wiederkehrende Schwermut und Verzweiflung an. *Wenn Ihre Traurigkeit wirklich Lebensüberdruss wäre,* antwortete Anna Huggler, *wie Sie manchmal glauben, würden Ihre Artikel nicht diese anregende Wirkung haben. Die Hauptsache ist, dass Sie zielstrebig arbeiten, dann ergibt sich das von selbst. In jeder Zeile sieht man Ihr Talent und Ihre Persönlichkeit.*

Peter von Roten hatte keine Ahnung, dass Iris ihrer Freundin Einsicht in seine Briefe gewährte. Hätte er einen ähnlich vertrauten Freund gehabt, vielleicht hätte er ihn ebenso ins Bild gesetzt. So aber blieb ihm einzig sein Tagebuch. *Ich bin ganz erstaunt,* notierte er am 14. September 1943, dem Tag seiner Rückkehr aus Luzern, *wie sehr Iris Meyer der Catinka gleicht. Beim Wiedersehen auf dem Brünig war ich davon ganz verblüfft.* Die Begegnung erfüllte ihn, hatte eine Intensität des Zusammenseins mit einem andern Menschen geschaffen, die er bislang nicht gekannt hatte. Als er zwei Tage später wieder in den Aktivdienst einrückte, stand er immer noch im Banne ihrer Begegnung. *In der Begeisterung für das Schreiben um jeden Preis, bin ich heute nach Ernen gelaufen und habe dort für zwei Franken neunzig Hefte gekauft. Dieser Furor literaricus kommt mir meistens die ersten Tage im Dienst, sobald ich Zeit und Musse dazu finde. Heute ist es etwas anderes: die Begegnung mit Iris Meyer hilft mir, stösst und treibt mich dazu.*

Vier Tage nach seiner Rückkehr aus Luzern schrieb er an Iris: *Ich muss sagen, dass Sie mir nun rätselhafter als je vorkommen, und ich frage mich, ob wir überhaupt am Samstag und Sonntag ein Wort miteinander sprachen, das nicht geheuchelt war. Nicht im Sinn, dass wir nicht Vorhandenes vorgetäuscht hätten, sondern im Gegenteil Gedachtes nicht ausgesprochen hätten. Ich z. B. hätte bei Ihrem Erscheinen am Bahnhof am liebsten gesagt: »Wie schön, wie unsagbar schön sind Sie!« Aber wenn man nicht gewöhnt ist, im Spass solches zu sagen, kann man es nachher im Ernst auch nicht aussprechen. Vielleicht habe ich nur durch ein blödes Gesicht meine Bewunderung ausgedrückt. Aber es lag auf mir, es lastete sogar auf mir, dies auszusprechen, und am Sonntag, als ich die schwarze Schleife an Ihrem Kleide gewahrte – Ihretwegen könnte man Troja 20 Jahre lang belagern –, da wollte ich es wieder sagen, aber wiederum ohne Erfolg, oder genauer, es blieb beim Wollen. Nun, ich hoffe, Sie haben es mit Ihrem Scharfblick doch aus meinen Augen herausgelesen.*

Iris, die nach dem Luzerner Wochenende in Peter nicht mehr die *unverletzbare Götterstatue* sah, war überglücklich. *Vertrauen Sie nie auf meinen Scharfblick,* antwortete sie, *ich ahnte nicht, dass Sie jenes sagen wollten. Es ist in diesem Zusammenhang nun nicht gerade geistreich von mir, zu bemerken, dass ich von Ihnen gedacht habe, Sie seien wunderbar, und dass ich das Velo nur hinter den Bahnhof stellte und abschloss, um einen Augenblick mich sammeln zu können, dermassen war ich überwältigt.*

Peter war ausser sich vor Freude und liess seinen Gedanken für einmal freien Lauf. *Ich hätte fast Lust zu sagen, Ihre Briefe seien mir Luft zum Leben – wenn Sie in die Briefe nicht allzu viel Föhn der Ironie mischen.* Kaum aber war der Brief abgeschickt, bedauerte er es auch schon wieder, diesen Satz geschrieben zu haben. *Ich wollte doch Sentimentalitäten unbedingt vermeiden,* notierte er in sein Tagebuch, *sie sind einer Iris Meyer unwürdig.* Einzig ihren Geist wollte er bewundern. *Sonst sinkt unser Verhältnis allmählich in die Gefühlsduselei herab.*

Zwei Wochen nach dem Treffen in Luzern kündigte Iris ihren

Besuch im Wallis an. Sie erhoffe sich davon einen völligen Neubeginn ihrer Beziehung, hielt sie fest, und wolle einen Schlussstrich unter all die leidigen Missverständnisse ziehen. Weil Raron der Familie wegen nicht in Frage kam, schlug Peter Fiesch als Treffpunkt vor, wo er mit seiner Artillerie-Einheit stationiert war. *Soll ich Ihnen verhehlen, dass ich Ihre Ankunft fast ebenso fürchte wie ersehne? Aus dem einfachen Grund, weil wir uns jetzt geschrieben haben, dass wir uns schön finden. Wie könnte ich z. B., ohne komisch zu wirken, überhaupt auf Ihre Aussagen eintreten, »dass Sie mich wunderbar fanden«. Aber Ihre Aussage ist nun einmal da und meine Wahrnehmung auch. Und das erschwert, finde ich, unser Zusammensein.*

Iris ihrerseits hatte keine Bedenken: *Das Gefühl, welches ich in bezug auf unser Zusammentreffen habe, äussert sich in der Form, dass mir die ganze Zeit, während der ich Sie nicht sehe, provisorisch vorkommt. Wie wenn nur die mit Ihnen zählen würde. Das ist die stärkste Empfindung, stärker als die Spannung und auch eine gewisse Ängstlichkeit.*

Am frühen Abend des 25. September 1943 erwartete Peter seine Besucherin am Bahnhof von Fiesch. Vergeblich hatte er darauf gehofft, Iris käme erst nach hereingebrochener Dunkelheit an, was es ihm erleichtert hätte, unbemerkt mit ihr durch das Dorf zu spazieren. So aber musste er auf der Hut sein, denn unter allen Umständen musste verhindert werden, dass man in Raron, wohin er gemeldet hatte, dass er vor einem Dienstwochenende stehe, Wind von seinem Frauenbesuch bekam. Wie auf dem Brünig war Peter überwältigt, als Iris der Furka-Oberalp-Bahn entstieg. *Sie war schön wie immer, hatte einen kleinen Tuchkoffer mit Reisverschluss bei sich, den ich zum Hotel Glacier trug.*

Iris Meyer war froh um den kurzen und stummen Gang zum Hotel, *er half mir* – wird sie Peter später gestehen – *über die Ergriffenheit des ersten Augenblicks hinweg.* Obwohl sie Peter versichert hatte, dass sie keine Angst vor Sentimentalitäten habe, wollte sie nicht, dass er ihre neu erwachte Zuneigung bemerkte.

Nach dem Abendessen und einem Spaziergang durch das nächtliche Dorf gingen die beiden in Peters Dachzimmer, *wo wir schwatzend und rauchend zusammensassen.* Peter erzählte von seinem ruhigen Leben als Büroordonnanz und von der Möglichkeit, in absehbarer Zeit die Redaktion des »Walliser Boten« zu übernehmen, Iris von ihrer unbefriedigenden Arbeit bei »Heim und Leben« und den zahlreichen jüdischen Emigranten in ihrer Luzerner Pension. Als es kurz vor Mitternacht *des öftern zu Stillschweigen kam,* wollte Peter seine Gesprächspartnerin küssen. *Es kam zu einer Balgereiszene,* so Peter in seinem Tagebuch, *die dreissig Sekunden dauerte und an deren Ende ich Iris reumütig um Verzeihung bat, während sie, apathisch, sagte, es hätte einen Sinn, wenn ich sie gern hätte, aber mein Vorgehen sei tölpelhaft.*

Peter war irritiert und beleidigt. Wie konnte sie eine Situation wie diese so derart kühl analysieren? Und war es nicht der Gipfel der Unverfrorenheit, dass sie kurz darauf, als sie auf ihre Schlaflosigkeit zu sprechen kam, sagte, dass sie gewohnt sei, splitternackt ins Bett zu gehen. Ungeheuerlich war es, dass ein Mädchen das einem Manne zu sagen wagte! Als er sie kurz darauf in ihr Hotel begleitete, bot er ihr, weil der Weg streckenweise verschlammt war, seinen Arm an. *Gebt mir den Arm*, sagte er trokken und in einem Ton, als ob er sagen wollte, sie solle sich ja nichts darauf einbilden, er tue es nur aus Höflichkeit und seiner guten Erziehung wegen. Dass er ausgerechnet in diesem Augenblick von einer jungen Fiescherin erkannt wurde, die dafür sorgte, dass sein nächtlicher Spaziergang mit Iris Meyer einige Wochen später in Raron die Gemüter erhitzte, entging ihm. Peter beschäftigte etwas ganz anderes. *Völlig frei und begierdelos muss ich Iris Meyer gegenüber werden, kühl wie Eis.*

Am Tag darauf unternahmen Peter von Roten und Iris Meyer einen Spaziergang nach Ernen, wo ihnen der Ortskaplan die Kirche und die prächtigen alten Messgewänder zeigte. Es folgten angeregte Gespräche über die Anforderungen des Journalismus und über Alexis Carrels Buch »L'homme, cet inconnu«, das Peter faszinierend, Iris jedoch ungeheuer langweilig fand. Der ganze Tag stand im Zeichen eines distanziert höflichen und engagiert sachlichen Tonfalls. Eine geistige Tafelrunde zu zweit. Mehr sollte nicht sein, sagte sich Peter, nie mehr. *Edgar Allen Poe hat ein Gedicht geschrieben, von einem Raben, der immer »never more«, nimmermehr, schrie. Der kam mir in den Sinn.* Als Iris am Abend abreiste, war Peter zufrieden mit sich und der Welt. Es war ihm leichtgefallen, seinen Vorsatz der blossen Kameradschaftsbeziehung einzuhalten.

Schade, schrieb ihm Iris nach ihrer Rückkehr nach Luzern, *dass das Wort »originell« so entwertet ist, sonst würde ich es gerne für Sie brauchen. Ihre reichliche, unkarge und kühne Intelligenz ist eine Freude. Bei jedem Wort, das Sie sagen, kommt wesentliches Leben zum Vorschein. Bei manchen Leuten habe ich immer den Eindruck, sie seien »Zufall« ohne irgendeine sinnvolle Beziehung zu irgend etwas. Diese tun zu den Dingen nichts hinzu und nehmen nichts weg. Bei Ihnen ist es ganz deutlich anders. Vieles bekommt einen Sinn durch Sie. Und wenn Sie nicht leben würden, hätte die Schöpfung ein Manko. Das Schönste in meiner Erinnerung ist der Heimweg in der Samstagnacht, als ich mich bei Ihnen einhängen durfte.*

Peter war erleichtert, dass Iris die Tage in Fiesch *liebenswürdig, lustig und interessant* fand und ihn nicht auf seinen nächtlichen Annäherungsversuch behaftete. Zwei Briefe später kam sie dann doch noch auf seinen *Überfall* zu sprechen. *Warum nur haben Sie Angst vor Zärtlichkeiten? Finden Sie es eine Sünde? Wie ist das nur menschenmöglich? Aber offenbar ist diese Empfindung nur ein Produkt Ihrer Erziehung. Wesentlich scheint mir nur das eine: Bei den meisten Frauen steht das körperliche Wollen in einem unzerstörbaren Einklang mit dem seelischen Willen. Das heisst, eine körperliche Beziehung zu einem Mann ist für sie nur schön, wenn sie diesen liebt, wenn diese körperliche Beziehung der sinnliche Ausdruck des lebendigen Gefühls ist. Ohne seelische Beteiligung ist sie ein Greuel, der ihnen physisch und moralisch gleich widerstrebt. Es gelüstet sie nicht, was sie nicht billigen können. Es ist die Einigkeit von Seele, Körper und Ge-*

wissen, welche man unter »Reinheit« versteht. Und die so schön ist, weil sie etwas Vollendetes an sich hat.

Im gleichen Brief entschuldigte sich Iris auch für *eine gewisse Frivolität,* die sie sich im Gespräch mit Männern angeeignet habe und von der sie jetzt plötzlich nicht mehr wisse, ob sie richtig sei. *Dieses Geplauder – der Begriff vom splitternackten Schlafen ist ein Beispiel – hat mit mir nicht das mindeste zu tun, sondern ist einfach eine Gewohnheit, die ich mir erwarb, um mich gegen Anzüglichkeiten von Männern immun zu machen.* Als sie ihm von ihrem grossen Bedürfnis erzählte, alles, was ihr durch den Kopf gehe, ihm so mitzuteilen, dass er gleichermassen wie sie davon erfasst sei, und weiter gestand, dass sie zum ersten Mal überhaupt Vertrauen zu ihm empfinde, war Peter äusserst beunruhigt. *Unsere Beziehungen,* hielt er in seinem Tagebuch fest, *sind auf dem besten Weg, sentimentale zu werden. Offenbar fehlt es uns an der nötigen Phantasie, um etwas anderes zu sagen, aber ich fürchte, von diesem bis zum fatalen »Ich liebe dich« usw. sei jetzt nur noch ein kleiner Schritt.* Und den wollte Peter nicht gehen. Also musste etwas unternommen, musste die Beziehung zu Iris Meyer ein für allemal geklärt werden. *Für mich sind Sie eben noch immer jene Circe,* schrieb er in seinem nächsten Brief, *als die ich Sie einmal in der Nacht erkannt zu haben glaubte. Und ich weiss wohl, dass Sie es nicht sind, oder genauer, ich will es wissen und glauben. Aber erst einmal habe ich Sie anders gefühlt: Eben in der Nacht, als Sie mir Ihren Arm gaben. Aber das war jemand anders als Sie an meinem Arm: jenes vage Mädchen, von dem man träumt, man rette es vor den Dolchen der Räuber und Zähnen der Wölfe, und zu dem man aufschaut mit gefalteten Händen, zu dem man nur sagen konnte: Du bist wie eine Blume, so schön, so hold, so rein. Und wenn mir dann vor Augen kam, wer tatsächlich an meinem Arme ging, da erwachte ich zu einer bittern Erkenntnis, dass hier nur eine kopflos verpfuschte Sache mehr möglich sei. Ist nun etwas zwischen uns geändert? Ich hoffe, nein. Sie wissen nicht, wie sehr ich fürchte, dass Sie wieder zynisch werden. Wie Sie zynisch wurden, als wir vom Militär und Vaterland redeten. Dann kommen Sie mir vor wie jene Iris, die ich lange Jahre mit mir herumtrug: eben herzlos und bösartig.*

Rapperswil, 8. 10. 1943

Lieber Peter,

Was soll ich dazu sagen? Dass mir beim Lesen die Tränen über die Backen herunterliefen und immer noch nicht aufgehört haben? Obwohl ich mir sage, dass es nicht so ist, dünkt mich, Sie verschlössen sich bei Ihrem Urteil über mich mit Wissen und Willen der Wahrheit. Herzlos und bösartig und circehaft komme ich Ihnen vor – wie ist eine derartige Verblendung nur möglich? Was kann ich zu meiner Rechtfertigung noch tun? Ich schreibe und schreibe und rede und rede. Es ändert nichts. Und sollte es wirklich nötig sein, die Zartheit und Wahrhaftigkeit der Seele zu beweisen? Auch wenn es nötig ist, so ist das nicht möglich, denn Ihre Wirklichkeit steht einer Beweisführung entgegen. – Ich habe wirklich immer die Hoffnung gehabt, Sie würden mein eigentliches Wesen erkennen. Ich glaube es auch jetzt, weil es nicht erfasslich ist, dass man sich einer so intensiven Wahrheit verschliessen könnte. – Es sei denn, man wolle sie nicht sehen. Warum wollen Sie denn mit Teufelsgewalt eine Circe aus mir machen?

Ich habe immer – für jedes Gebiet – die Überzeugung gehabt, dass die Wahrheit durchdringt, durchdringen muss. Wie die Sonne durch die Nebel. Die Wahrheit siegt – ist für mich ein Gefühl von fast magischer Kraft. Noch viel mehr als »Amor vincit« könnte man sagen »veritas vincit«. Ob dem wirklich so ist, weiss ich nicht. Aber ich glaube es. Dies ist eine der wichtigsten Teile meines »Glaubens an das Leben«. Darum lasse ich nicht ab, zu hoffen, dass Sie doch einmal endlich auch mein wahres Wesen erkennen.

Was mir Ihren Irrtum so sonderbar macht, ist, dass ich immer mehr sehe, wie Ihr falsches Bild von mir genauso beschaffen ist wie mein falsches von Ihnen. Irgendwie kommen mir nun diese beiden gegenseitig irrigen Vorstellungen wie eine Korrelation vor. Herzlos, bösartig, verführerisch und dabei eiskalt – genauer hätte ich mein Bild von Ihnen nicht beschreiben können. Diese Korrelation ist mir etwas vom Sonderbarsten. Und ich habe die Idee, dass, je mehr wir das falsche Bild liquidierten, auch das falsche Bild des andern sich verflüchtige.

Wenn Sie doch nur die Wahrheit richtig lieben würden. Sie ist auch tausendmal interessanter als die Hirngespinste. Machen Sie sich doch darauf gefasst, ganz unbekanntes, ungeahntes Land kennenzulernen, Zusammenhänge, welche Sie sich nicht vorstellen könnten. Verbohren Sie sich doch nicht in vermeintlich abgeschlossenes Anfangen. Sammeln Sie doch die Kraft, der Wahrheit zur Ehre, zu suchen anstatt wie ein gefangenes Tier im Zoologischen immer die gleichen Wege auf dem Kunststeinmassiv zu trotten. Sie aufzumuntern, die Wahrheit zu fassen, ist das einzige, was ich zu meiner Rechtfertigung – in die ich so ungerechterweise gedrängt bin – tun kann. Sonst denke und sage ich nur: Oh, Gott!

Als Peter mit keinem Wort auf Iris' Brief einging, ihr statt dessen von typisch soldatischen Gesprächen über Mädchen berichtete und sie schliesslich um Rat fragte, ob er in Raron in einem noch nicht ausgebauten Saal eine Bibliothek einrichten sollte, platzte Iris der Kragen. Einen *kümmerlichen, dürftigen, windigen, armseligen, ausgedörrten, jämmerlichen, elendiglichen, mageren, klippendürren Brief* habe er ihr geschrieben, warf sie ihm vor. *Ob Sie Ihren Saal in Raron mit Sandsäcken oder Büchern auffüllen, ist mir so lang wie breit, dergleichen, was die Gemüter der Soldaten unter der Decke beschäftigt.* Aus Freude habe sie ihm geschrieben, in der Hoffnung, dass er *vielleicht einen Teil davon versteht und gewissermassen mit Liebe liest.* Jetzt aber stelle sie fest, dass all ihre *kostbaren Eröffnungen* an ihm *abfliessen wie an einer eingefetteten Ente.*

Peter war erleichtert. *Ouf! Endlich sind wir soweit,* notierte er in sein Tagebuch, *Gottlob ist der Zauber zu Ende.* Um sich zu beweisen, wie gleichgültig ihm Iris Meyer war, legte er ihre Fotografie ins Schuld-Betreibungs- und Konkursgesetzbuch, wo er auch die Fotografien von Catinka Blauboer und Ada Torrini aufbewahrte. Wie sollte er Iris antworten? *Anders als zynisch zu schreiben,* hielt er in seinem Tagebuch fest, *werde ich kaum imstande sein.* Also entschloss er sich, auf Zeit zu spielen.

Peters Schweigen erfüllte Iris mit Sorge. *Aus dem vielen, das ich Ihnen schreibe,* versuchte sie ihm am 24. Oktober 1943 ihre Empörung zu erklären, *ersehen Sie Stücke aus meinem Leben. Sie sehen es gewissermassen an der Quelle. Sie sehen die Triebfedern, die Strömungen, aus welchen die einzelnen Handlungen hervorgehen, während die meisten Leute von einem nur die Faits accomplis kennen, die sie sich natürlich nicht zusammenreimen können. Und in dieser Stellung also können Sie nicht einmal Interesse an diesem meinem Leben finden, an einem Leben, das nicht von Zufall zu Zufall plumpst, sondern in dem etwas versucht, unternommen wird, wo sich Prinzipien gestalten, Ziele entstehen, gearbeitet, gestürzt, gesprungen, gesunken, geirrt, geklammert und geschwebt wird. Aber wenn Sie für mich kein Interesse empfinden, so verletzt mich das und macht mich auch verschlossen. Ich verliere dann die Freude, mich mitzuteilen. Ihre Totschweigerei drängt mich zu zynischen Redensarten. Denn es gibt keinen besseren Balsam für sinnlos vergossenes Herzblut. Wenn ich doch nur in diesem Augenblick irgendein Zeichen Ihrer Sympathie vernehmen könnte: Eine Brieftaube, die mit Vergissmeinnicht zum Fenster hereinkäme, oder ein Telefonanruf »Wie geht es Ihnen?« Oder Sie könnten mir freundlich im Traum erscheinen. Ich bin unwillig und gekränkt und möchte durch Freundlichkeit entwaffnet werden.*

Als Peter auch auf diesen Brief nicht antwortete, befürchtete Iris das Schlimmste. *Ich bin desorientiert. Auf der Strasse fliegen mir die Mücken in die Augen, ich vergesse, Geld mitzunehmen, wenn ich etwas kaufen will, und auf den Expressbrief vergass ich die Nummer Ihrer Batterie zu schreiben. Merkwürdigerweise versah ich das Kuvert mit meiner Adresse. So kam dann beim Mittagessen ein Telefon von der Post, wohin der Brief eigentlich solle. Dabei kam es mir vor, als ob hinter den Postangestellten Sie selber ständen und sagen würden: »Was wollen Sie mit diesem Brief, ich will ihn nicht.«*

Zwischen dem 26. und 30. Oktober 1943 schrieb Iris sechs lange Briefe nach Raron. Sie hatte ein schlechtes Gewissen und panische Angst, Peter könne sich von ihr abwenden. *Denken Sie nie, gar nie, dass irgend etwas, das bösartig ist und Ihnen weh tut, aus meinem Wesen käme, sondern glauben Sie, dass es mir selber fremd ist, gewissermassen eine fremde Waffe, welche man gegen mich gebraucht hatte und mit der ich nun linkisch auch zu kämpfen probiere.* Alle möglichen Gemütslagen von Peter versuchte sie sich vorzustellen. Wenn er ihr nicht verzeihen könne, solle er sich seine Christenpflicht vor Augen halten: *Denken Sie, dass ich nicht weiss, was ich tue, und haben Sie darob Mitleid mit mir. Wenn Sie nicht nach der christlichen Lehre handeln wollen, so lassen Sie sich von den Heiden belehren. Erinnern Sie sich an Sokrates und Xanthippe. Hier ist doch ein für allemal gezeigt, dass es einem weisen Manne ansteht, heftige und rasende Vorwürfe von Frauen mit liebevoller Nachsicht und unerschütterlicher Zuneigung standhaft zu ertragen.*

Nach drei Tagen ohne Brief – *bei unserem Briefwechsel sind Tage Jahre* – war Iris der Verzweiflung nahe. *Ich bin müde, müde, müde, müde. Ich möchte mit einem Brief von Ihnen in der Hand einschlafen, als mit einem Amulett gegen alle bösen Geister. Schreiben Sie, Schreiben Sie mir.*

Als am darauffolgenden Tag immer noch kein Brief eintraf, war Iris kurz davor, aufzugeben: *Um Sie zu bitten, mich nicht so zu quälen, kann ich nur noch sagen: Stellen Sie sich noch jetzt in diesem Augenblick vor, wie ich allein in einem von Suppenluft erfüllten Restaurant sitze. Von den Fenstern hier zieht es. Die Füsse sind ganz kalt, weil ich vergass, daheim ein Fussbad zu nehmen. Ich sitze also in diesem Restaurant, von Fremden umgeben, mir ganz fremd, tagelang, wochenlang. In 15 Minuten muss ich ins Büro mit den bröckelnden Wänden, muss mich mit Leuten herumschlagen, deren Interessen den meinen entgegengesetzt sind. Stellen Sie sich vor, wie ich arbeite, esse, Ihnen schreibe, arbeite, esse, Ihnen schreibe, schlafe.*

Iris' Briefe liessen Peter nicht unbeeindruckt. Warum nur konnten sie nicht zusammenkommen? Hatte Iris womöglich recht, wenn sie ihm vorwarf, dass er herzlos sei? Was wäre, wenn er sich wirklich auf sie einlassen würde? *Würde es mir gelingen,* fragte er sich, *Iris Meyer auch rein gefühlsmässig wahr zu empfinden?* Am 29. Oktober schrieb er einen versöhnlichen Brief nach Luzern und wies Iris auf das Missverhältnis zwischen ihnen hin. Habe er früher noch geglaubt, ihr Wertunterschied sei nur intellektuell, so sei er jetzt überzeugt, dass auch moralisch Welten zwischen ihnen lägen. *Wahrlich, ich könnte vor Scham vergehen und sagen »Oh, ich bin nicht würdig, dass Sie auch nur ein Wort mit mir reden«. Und neben dieser Erkenntnis scheint mir alles bisher Geschriebene eine ungeheuer konventionelle Lüge; nichts, was ich Ihnen schrieb, ist wahr, ausser das: Gehen Sie weg von mir, denn ich bin Ihrer Nähe so unwürdig wie die Sünde der Tugend! Ich will nochmals betonen, was in mir jetzt am stärksten ist: das Gefühl, dass ich Sie missbrauche, dass nur eine masslose Ahnungslosigkeit Sie dazu treibt, mit mir noch zu verkehren und zu korrespondieren, dass Sie in Gefahr sind, von mir brieflich und sentimental überfallen zu werden. Verzeihen Sie mir meine Dreistigkeit: sie entspringt nur einer klaren Erkenntnis Ihres Wertes und meines (Un-)Wertes. Das alles kommt mir in den Sinn, wenn ich mich jenes Fiescher Wochenendes erinnere und die Rollen ansehe, die Sie und die ich dabei gespielt haben. Und dieselbe Verteilung in Luzern und überall. Wie können Sie sich so degradieren? Indem Sie mit mir überhaupt noch verkehren. Es ist wahr, ich bin in der Sache Partei und Richter. Aber um so objektiver muss mein Urteil lauten, wenn es gegen mich spricht. Es besteht einfach ein Missverhältnis zwischen Ihrem und meinem Wert. Ich komme darauf immer wieder zurück. Ich gebe mir sehr wohl Rechenschaft, dass es komisch wirkt, in diesem Zusammenhang so grosse Worte im Mund zu führen. Aber ich finde einfach im täglichen Sprachgebrauch keine Worte, die meiner Empfindung genügen, und mich dünkt, der biblische Stil sei eben der Ehrfurcht angepasst, die mich vor Ihnen packt, wenn ich an mich denke. Denn trotz allem angestrengten Nachdenken finde ich in der weltlichen Literatur keine ähnlichen Gedanken ausgedrückt. Woraus ich folgere, dass der Schauder vor Ihrer Schönheit und Güte religiöser Natur ist. Ich sage hier nicht etwas, von dem ich annehme, dass es Ihnen gefallen wird, sondern nur das, was ich fühle. Ich weiss, dass Sie sich jedes Mal zur Wehr setzten, wenn ich Sie deifizieren wollte. Aber was kann ich tun, wenn ich Sie einfach so empfinde? Meine Haltung Ihnen gegenüber sollte die sein, dass ich vor Ihnen flach auf dem Boden liege. Aber noch in der Lage würde ich versuchen, Ihre Beine besser zu sehen. Wenn Sie hässlich oder auch nur normal hübsch wären, verstünde ich meinen Fall besser, und ich würde mir sagen, es sei ein Konflikt in mir zwischen dem Geist und dem Körper. Aber Sie sind schön!*

Peter von Rotens Schauder vor Iris Meyers Schönheit und Güte hat wie der religiöse Schauder seiner Kindheit seine zwei Seiten: das quälende Gefühl von Minderwertigkeit auf der einen, Verehrung und Ehrfurcht auf der anderen Seite. *Der erotische Urschauder,* so der Philosoph Walter Schubart in seiner Studie »Religion und Eros«, *ist wie der religiöse – ein Mischgefühl. Es versetzt wie die Berührung mit dem Göttlichen in jenen Zustand der Verzauberung, der bedrückt und zugleich beschwingt.*

Ohne Iris' Antwort abzuwarten, schickte Peter zwei Tage später einen nächsten Brief auf die Reise, in dem er seine Gefühlslage rational zu erfassen suchte.

Fiesch, 31. Oktober 1943

Liebe Iris,

kennen Sie Dostojewskis »Eine sanfte Frau«? Darin ist ein Mann geschildert, der an der Leiche seiner Frau auf und ab spaziert und monologisiert. Und das meiste, das er sagt, ist »Klarheit! Ich will objektiv sein! Ich will nachdenken, ich will mir die Angelegenheit noch einmal von vorne an vorstellen! Also so ging es zu.« Ich komme mir so vor. (Nur dass keine Leiche da ist!)

Seit Tagen gehe ich herum und sage mir selbst, dass ich klarsehen muss, und dann frage ich: »Was ist passiert?« Aber die Antwort hierauf gibt keine Lösung. Dann: »Bin ich verliebt?« Und ich sage mir zehnmal nacheinander: »Also gehen wir logisch vor!« Wobei der Obersatz lauten müsste: »Welches sind die Zeichen der Verliebtheit?« A.B.C.D. Der Untersatz: »Finden sich A.B.C. bei mir ein?«

Leider komme ich nie dazu, den Syllogismus zu Ende zu denken. Und dann entdecke ich plötzlich, dass eben diese Unfähigkeit, zu Ende zu denken, ein untrügliches Zeichen der Verliebtheit ist. Dann sage ich mir, dass ich ein Spekulant sei, statt die grüne Weide ringsherum abzugrasen, und ich sage mir, es wäre gescheiter, statt zu philosophieren einfach meinen Brief zu beginnen mit »Meine Geliebte« oder »Meine schöne Geliebte«. Das würde die Lage weit rascher klären: Es wäre eine Art Experiment, um zu sehen, wie Sie reagieren. Denn ich selbst würde mir nie zugeben, dass ich verliebt sei, sondern würde das, was wie Verliebtheit aussieht, als Reagenz darstellen. Denn für Raffinierte, wie wir es sind, ist die Verliebtheit etwas Überholtes und Veraltetes. Das sage ich nicht etwa ironisch, sondern ich halte dafür, dass dem auch so sei. Ich stelle mir jetzt vor, dass Sie hier auf dem Bette sässen und mir zuschauten, und frage mich, »was würde ich tun«. Die Antwort lautet (von meinem Verstand): »Ich würde zuerst schlucken müssen, und dann würden wir reden, reden und ich würde die tiefsten Gründe meiner selbst aufbieten, um auf der Höhe Ihres Geistes und Witzes zu bleiben.« Das sehe ich als das Tatsächliche an.

Anders ist, was ich wünschte: Vor Ihnen so zu knien, dass Ihre Knie in meinen beiden Augenhöhlen lägen und meine Arme an Ihren Oberschenkeln. Kaum habe ich das zu Ende gedacht, durchfährt mich wie eine lange lange Stricknadel Ihr Hohn: Was ich denn damit überhaupt meine? Und wie man aus schönen Träumen erwacht, hört, dass an die Türe geklopft wird und es Zeit ist zum Aufstehen, so falle ich dann auf den harten Parkettboden der Wirklichkeit auf und schlage mir dabei noch den Kopf an. Dass der Brief ziemlich inkohärent ist, kann ich mir vorstellen. Aber er hat ja auch nur den Zweck, mich selbst – auch etwas Inkohärentes – vorzustellen, und so werden Sie zugeben müssen, dass er dem Objekt recht adäquat ist, nämlich

Ihrem Peter

Luzern, 4. 11. 1943

Lieber Peter,

nun hat also diese Sucht, »klar zu sehen«, auch Sie befallen, nachdem ich mich endlich davon ein wenig befreien konnte. Ich weiss nicht recht, was ich mir unter der Verliebtheit, welche für »Raffinierte wie wir« überholt und veraltet ist, vorstellen soll. Was mich betrifft, kann ich Raffiniertheit leider nicht beanspruchen. Sie wissen, ich finde es dumm, unglücklich und schädlich, lebendige Gefühle einer lebendigen Beziehung zu sezieren. Ganz abgesehen davon, dass die Überlegungen doch zu keinem Ziel führen. Darum möchte ich zu Ihren Gedanken über das ABC der Verliebtheit das auch hier zutreffende »Grau ist alle Theorie und grün des Lebens Baum« bemerken. Warum sagen Sie auch immer, Sie müssten soviel aufbieten, um auf der Höhe meines Geistes zu sein. Das ist so verkehrt wie der Kopf, der sich auf dem harten Parkett meines – nicht existierenden – Hohns anschlagen soll. Peter! Peter!

Die Vorstellung, dass ich Sie eigentlich erst zwei Mal kurz gesehen habe, überrascht mich immer wieder. So gefühlsmässig habe ich die Idee, etwa 14 Tage – 1 Monat intensiv mit Ihnen zu-

sammengewesen zu sein. Und nun ist es, wie wenn der Tag nicht recht abgeschlossen wäre, wenn ich nicht noch einige Worte an Sie schreiben würde. Dermassen sehne ich mich nach Ihnen. Für mich hat das Schreiben an Sie die Andeutung einer Herbeizauberung Ihrer Gegenwart. Beim Schreiben fühle ich mich Ihnen am nächsten. Nein, eigentlich kommt es mir vor, dann seien Sie mir am nächsten.

Ich denke an Ihren Brief, worin Sie sich als bösen Menschen bezeichnen, der mich missbrauche. Wie unvergleichlich schön, besser und fruchtbarer wäre es, Sie würden, anstatt sich »meiner unwürdig« anzuklagen, sich entschliessen, meiner würdig zu sein, wenn Sie mich dermassen über sich stellen. Letzteres scheint mir zwar durch meine Person nicht gerechtfertigt, ganz und gar nicht. Anderseits empfinde ich diesen Ihren starken Willen, mich so begabt mit Tugenden zu sehen, die Verpflichtung, sogar fast die Lust, diese zu erstreben. Ich denke, dass ich besser würde, wenn Sie mich so gut sehen.

Schreiben Sie mir bald!

Ihr Iris

13
HUNGER

Iris Meyer bewunderte die Tapferkeit. Weil sie nicht nach dem Nutzen und Vorteil einer Handlung fragte und sich über alle Konventionen hinwegsetzte. *Die Tapferkeit,* so die Gymnasiastin in ihrem Notizbuch, *folgt einzig dem Willen, das Unmögliche zu schaffen. Dieser herrliche Ehrgeiz, de r herrlich ist, weil er sein Ziel nicht erreichen kann und doch stark da ist.* Von ihrer Zukunft erhoffte sich Iris nichts weniger, als selbst tapfer sein zu können. Früh schon hatte sie dieses Bewusstsein in sich, nicht für die Alltäglichkeit, sondern für etwas Grosses geschaffen zu sein. Die klassische Mädchenrolle bot ihrer Vitalität viel zuwenig Raum. Die Heranwachsende träumte von Freiheit und Abenteuern, las die Romane von Karl May, Defoes »Robinson Crusoe« und Coopers »Lederstrumpf«. Zusammen mit ihren Freundinnen Isa Rabinovitch und Vreni Brockmann gründete sie den bubenlosen Indianerstamm Al Capone, mass sich beim Schlitteln mit den schnellsten Buben und drängte ihren Vater, ihr beizubringen, sein kleines Motorboot über den Zürichsee zu steuern. Als erstes Mädchen der Schule lud sie nicht nur Mädchen, sondern ebenso viele Buben an ihre Geburtstagsfeier ein. *Kein Fest mit Frauenüberschuss* wird lebenslang ihre Devise bleiben.

Das Leben war eine Verheissung. Es musste intensiv und leidenschaftlich gelebt werden. Die Keuchhustenzeit, in der sie ihr Elternhaus einen ganzen Monat lang nicht verlassen durfte, wird Iris später als das schönste Erlebnis ihrer Kindheit bezeichnen. Vier Wochen lang hatte sie Zeit zum Lesen, Basteln und Erkunden des grossen Estrichs. Das Leben war interessant, eine Entdeckung folgte auf die andere, ein Tag übertraf den andern.

Wie kommt es, fragte sich die Vierundzwanzigjährige in einer Kolumne im »Schweizer Spiegel«, *dass einfallsreiche und beschäftigungsfreudige Kinder in wenigen Jahren zu gelangweilten Erwachsenen entarten?* Der Grund lag auf der Hand: Im Elternhaus und in der Schule wurden *die kleinen und grossen Begabungen und Talente der Kinder sträflich vernachlässigt. Unser Dasein würde viel reicher werden, wenn wir den Mut hätten, unserer Bestimmung zu folgen.*

Genau das wollte Iris Meyer tun: Dem ihr *innewohnenden Prinzip* folgen, sich selbst entwerfen. Das eigene Leben wie ein Leuchtfeuer zur Geltung bringen. Ein authentisches und intensives Leben führen, ein Leben, das dem eigenen Wesen entspricht. Die junge Iris verhielt sich so, als hätte sie noch nie davon gehört, dass Frauen nur selten das tun konnten, was sie wollten. *Das Schönste auf der Welt,* schrieb sie am 1. Januar 1945 an Peter von Roten, *ist, sich selber zu sein, d. h. in der eigenen Haut zu stecken. Ich wiederhole mir den Satz tagsüber häufig. Auf ihm basiert auch die Möglichkeit, mit unangetasteter Würde durch das Leben zu kommen.*

Michel de Montaigne und Jean-Paul Sartre könnten Iris' Denken Pate gestanden haben. Im Gegensatz zu Montaigne, den sie kannte und der in seinen »Essais« zur individuellen Lebensgestaltung rät, war Sartre in den dreissiger Jahren noch völlig unbekannt. Was er 1946 in »Ist der Existentialismus ein Humanismus« schreibt, bringt Iris' Anspruch auf den Punkt: *Der Mensch ist nichts anderes als sein Entwurf. Er existiert nur in dem Masse, in dem er sich verwirklicht. Er ist also nichts anderes als die Gesamtheit seiner Handlungen, nichts anderes als sein Leben.*

Der Mensch muss erkennen, wer er ist, wo sein Platz in der Welt ist, und allein diesem Ziel gemäss leben. Nach nichts strebte Iris Meyer mehr als nach jener Selbstverwirklichung, von der Schiller einst sagte, dass sie *in jeder fein gestimmten Seele existiert.* Alles Denken und Handeln musste in ihren Dienst gestellt werden. *Ich agiere nicht an sich,* schrieb sie im Juli 1944 an Peter, *nicht des Agierens wegen, wie es viele Leute tun, sondern immer zu ganz bestimmten Zwecken.* Wirkliches Menschsein hiess *Streben nach der Formwerdung des Geistes.* Liebe und Vernunft sollten die Wärmeleiter des Lebens sein. *Die Vernunft ist gut und nützlich, unentbehrlich und gesund! Ich schätze sie wie Technik und zweckmässige Organisation. Sie bringt vieles in Ordnung, ermöglicht vieles, ist aber himmelweit davon entfernt, die Ultima ratio zu sein. Die Ultima ratio ist die Liebe im weitesten Sinn.*

Iris Meyer war eine kühne Idealistin in eigenen Dingen. Eine junge Frau mit grossspurigen Gedanken und einer mitreissenden Utopie. Ein Mensch, der die Welt in überhöhten Begriffen sah, sie vorsätzlich und radikal ins Individuelle wendete und früh schon wusste, dass es im Leben sehr entscheidend darum ging, sich nicht durch äussere Umstände von seinem Ziel abbringen zu lassen. Lieber wollte sie nach dem Unerreichbaren streben, als sich behaglich im Möglichen einnisten, lieber scheitern als sich im Maskenspiel der Anpassung selbst verleugnen.

In ihrem Nachlass stosse ich auf eine kleine braune Mappe mit zweiunddreissig abgetippten Gedichten aus den verschiedensten Epochen der Literaturgeschichte. Das lyrische Evangelium der Iris Meyer! Die süchtige Leserin muss früh in die Welt ihrer Ideale ausgewandert sein. Zu ihren Lieblingsdichtern, die sie durch ihr ganzes Leben begleiteten, zählten Horaz, Johann Christian Günther, Eichendorff, Hölderlin, Lenz, Gottfried Keller und Conrad Ferdinand Meyer.

Johann Christian Günther
Seele, wirf den Kummer hin

Seele! Wirf den Kummer hin,
Deiner Hoheit nachzudenken,
Und lass dir den freien Sinn
Durch des Leibes Last nicht kränken:
Diese Bürd', so man trägt,
Wird in kurzem abgelegt.

Die Gefangenschaft vergeht,
Stahl und Fessel müssen brechen;
Unsers Lebens Alphabet
Ist ja noch wohl auszusprechen;
Macht doch auch die ganze Zeit
Keinen Punkt der Ewigkeit.

Von ihrer beruflichen Zukunft hatte Iris Meyer klare Vorstellungen. Nach dem Studium wollte sie eine führende berufliche und gesellschaftliche Stellung einnehmen, wollte sie sich einen Namen machen. Ihre natürliche Begabung und höhere Bildung legitimierten sie dazu. Auf geistigem Gebiet hatte die Gymnasiastin zwei grosse Passionen: *Die Interessen für Literatur und Kunstgeschichte sind die allerlebendigsten. An den Augenblick, in dem das Interesse für die Kunstgeschichte, d. h. alle bildnerischen, plastischen und architektonischen Gestaltungsformen »erweckte« – das ist hier wahrlich das richtige Wort –, kann ich mich ganz genau erinnern. In einer der ersten Geschichtsstunden im Gymnasium betrachtete man in einem Garten ein Schöpflein, und der Lehrer wies auf dessen Barockmerkmale. Mir war dabei, als ob ich, immer blind, nun plötzlich sehen könnte. Es ging mir wahrhaftig eine neue Welt auf, und lange Zeit habe ich dann fast jede Minute benutzt, um kunsthistorisch interessanten Sachen nachzugehen. In Zusammenhang mit diesem Interesse begann auch die Freude an der Ästhetik bewusst und dann auch gepflegt zu werden.*

Bereits die Gymnasiastin wusste, wo die grossen Gefahren lauerten: *Die hauptsächlichsten Degenerationseigenschaften,* schreibt die Achtzehnjährige, *sind: Pessimismus und Genusssucht. Aber auch diese Eigenschaften können sich positiv auswirken, und wenn sie in diese Auswirkungen gezwungen werden, brauchen sie nicht unbedingt Degeneration zur Folge zu haben. Pessimismus wirkt sich positiv als kritisch-skeptische Einstellung aus, negativ als Hoffnungslosigkeit. Genusssucht wirkt sich positiv als ästhetische und bescheidene Einstellung aus, negativ als*

Iris Meyer, 1932

Bequemlichkeit, Vergnügungssucht (bei raffinierter Genusssucht oft nicht vorhanden) und Faulheit.

Arbeit und Genuss sollten sich im Leben eines Menschen die Waage halten. Beiden musste entsprechend Platz eingeräumt werden. Von ihrer Arbeit erwartete Iris Erfüllung und wirtschaftliche Unabhängigkeit, von ihrer freien Zeit Beschaulichkeit und Genuss. *Ich möchte so arbeiten, dass ich diese Zeit überhaupt keinen andern Gedanken habe, alles andere soll gleichgültig sein, aber dieser Zustand soll eine kurze Zeit dauern, sagen wir vier Stunden täglich, und dann möchte ich nichts, nichts mehr zu tun haben. Da meine tägliche Arbeit in konzentriertester Form zielstrebig ist, kann ich fast nicht anders, als mir unter Ferientagen vollständige Losgelöstheit von jeder Zielstrebigkeit geistig und körperlich ein Schaukeln in Würde vorzustellen. Ich lasse mich soweit wie nur möglich von der Beschaulichkeit tragen. Die schönsten Stunden habe ich erlebt mit stundenlang unter einem Baum im Gras Liegen oder mit ziellosem Streifen durch Wälder oder dem See entlang.* Harte Arbeit war für Menschen, die sonst nichts zu tun hatten. *Bis zum letzten Atemzug*, schrieb die Einundzwanzigjährige, *werde ich mich gegen dieses Lebenssystem Schlafen-Essen-Arbeiten-Essen-Arbeiten usw. wehren und gegen die Wahnidee, Arbeit sei Moral.* Der Mensch soll nur so viel arbeiten, wie es braucht, um seine Existenz zu bestreiten. *Acht Stunden arbeiten heisst lebendig begraben sein.*

Wie schrecklich waren die Lebensaussichten der meisten Frauen. Keine Sekunde freie Zeit blieb übrig, wenn sie verheiratet waren, Kinder hatten, einen Beruf ausübten und einen Haushalt besorgten. *Ich möchte das Private möglichst wenig der Arbeit opfern. Ich möchte auch nicht in der Freizeit schäffelen, so dass man vor seinem Gewissen nicht drauskommt, ob das als Arbeit oder als Vergnügen oder Müssiggang zu buchen sei, sondern ich möchte herumsürmeln, umherschlendern und allerlei sehen. Im Zusammenhang mit diesem Müssiggang packt mich immer eine gigantische Verantwortungslosigkeit, welche mir gut tut, weil ich sonst meist durch zuviel Verantwortungsbewusstsein gehindert bin.*

Iris Meyer wollte ein Leben, das Räume offenliess, ihr Zeit schenkte und die Freiheit, sich zu amüsieren. *Ich liebe die Erde, und ich liebe das Leben. Wie schön alles ist. Wenn ich den Duft von vielen Blüten atme, wenn ich die schönen Blumen sehe, die lieblichen Landschaften, dann freue ich mich und denke, ich bin ein Mensch und gehöre zu den höchsten Geschöpfen, die auf dieser Welt sind.* Das Leben war so bunt, erregend und reich, es gab so viel Interessantes zu tun und zu entdecken. »Trinkt oh Augen, was die Wimper hält, von dem goldenen Überfluss der Welt«, heisst eines ihrer Lieblingszitate von Gottfried Keller.

Als Iris mit knapp zwanzig Jahren ihr Elternhaus in Rapperswil verliess und sich an der Universität Bern immatrikulierte, war sie sich über die grossen Ziele ihres Lebens im klaren. Selbstverwirklichung in Liebe und Beruf bestimmten das gelungene Leben. In der Begegnung und Auseinandersetzung mit andern Menschen war *Freundschaft* ihre *stärkste Hoffnung*, der ideale Partner musste *Liebe, Freundschaft und Leidenschaft in einem schönen Charakter* vereinen. *Ich möchte alt werden. Möglichst viele Höhen und Tiefen kennenlernen und mit einer guten Erkenntnis vom Leben und den Menschen uralt sterben.*

An ihrem einundzwanzigsten Geburtstag hatte sie ihr persönliches Glaubensbekenntnis verinnerlicht. *Was vergangen ist, ist vergangen,* schrieb sie einem Freund, *ich hab keinen Wunsch danach. Was kommt, weiss ich nicht, aber ich weiss, dass es zum grossen Teil, abgesehen von den »Schicksalsschlägen«, von mir selber abhängt, daher geht mir das Erwartungsvolle ganz ab. Es ist aber gar nicht Gleichgültigkeit, mich dünkt eigentlich alles, was kommen soll, interessant.* In ihrem Vertrauen in die eigene Schicksalsmächtigkeit ging sie bis zum Äussersten: *Ich brauche keine Altersversicherung, man kann ja immer selber Schluss machen und braucht nicht so verdattert zu sein bezüglich der alten Tage.*

Die geistigen Fähigkeiten der jungen Frau entzündeten sich an der Erforschung der Wirklichkeit, die sie erkennen und verstehen wollte. Als Sekundarschülerin bereits hatte sie eine geradezu zehrende Sehnsucht danach, fremde Länder zu besuchen, setzte sie sich das ambitiöse Ziel, *jeden Quadratmeter der Welt im Laufe meines Lebens näher zu betrachten.* Wie gross ihr analytischer Scharfsinn und ihre Resistenz gegen jede Form von Mitläufertum war, wie differenziert ihr Denken und wie gründlich ihre Methode, dokumentiert ihre Reaktion auf eine Hitler-Rede im Herbst 1938. *Nachdem ich die unausstehliche und grenzenlos anmassende Rede Hitlers am Parteitage hörte,* schrieb sie am 14. September 1938 ihrem Freund Fritz Banderet, *beschäftigte ich mich den ganzen Abend noch mit Lektüre in »Mein Kampf«. Ich fragte mich genau, was von unserer Kultur, unserem Staat durch die Nationalsozialisten und insbesondere durch ihr eventuelles Eindringen bedroht wird, d. h. für was setzen wir unser Leben ein, oder vielmehr, für was setzen wir unser Leben mit Leidenschaft und absoluter Opferbereitschaft ein. Wenn man nur einen Blick in dieses Buch wirft, so ist es eindeutig, unser Ideal widerspricht fast jedem Wort: Wir wollen ein menschen-*

Dasein, wir wollen keine Ameise in einem Ameisen-
n.
r ganz klar geworden: Abgesehen von allen anderen
nen wir nachstreben, von welchen wir uns nicht abbringen lassen, wollen wir unsere Freiheit erhalten, nicht nur die politische, die uns erst die persönliche gewährt, sondern vor allem dieses relativ freie Dasein. Jeder kann, abgesehen von den eingegangenen Verpflichtungen und denen der Allgemeinheit gegenüber, doch in weitem Masse tun, was er will, eben wie ein eigener König. Aber nicht nur im äusseren Leben, auch im innern sind wir frei, nur auf unsere eigenen Gefühle beschränkt und durch keine Vorschriften, wir können meinen, was wir wollen, und es auch sagen, ohne flüstern zu müssen, ohne uns ängstlich umzuschauen.

Mir scheint, wir denken zu wenig. Was für ein kostbares Gut diese Freiheit ist, sie ist uns zu selbstverständlich. Aber stell Dir vor, wir hätten sie nicht mehr: Stell es Dir ganz lapidar vor, indem Du Dir vorstellst, einen Tag unter dem nationalsozialistischen Regime und einen in der Schweiz zu erleben.

Was mich betrifft, ich könnte schon den gewohnten Gang zur Universität nicht mehr tun, und zwar aus zwei Gründen.

1. Ich gehöre nicht unter den Prozentsatz der Mädchen, die die Universität am besten abschliessen.

2. Das Jus-Studium ist entweder den Mädchen nicht zugänglich oder dann fast unmöglich gemacht.

Und frage ich nach diesen Gründen, so kann ich nur in Hitlers »Mein Kampf« nachschlagen, wo zu lesen ist: Das Ideal sei die Entwicklung zur höchsten männlichen Kraftpersönlichkeit, den Frauen käme es daher zu, nur indirekt darauf hinzuwirken, d. h. zu sorgen, dass sie auch solche gebären, die für dieses Ideal fähig seien. Daher soll ihre Ausbildung vor allem in körperlicher Hinsicht betrieben werden, erst in zweiter sollen die seelischen Fähigkeiten entwickelt werden und in letzter Linie die geistigen, d. h. eigentlich braucht die Menschheit die Frauen nicht, weil aber ohne sie niemand auf die Welt kommen kann, sind sie halt *ein notwendiges Übel. Das ist nur eine stark eingeschränkte und ganz subjektive Betrachtung, aber auch bei ihr wird wieder klar, es handelt sich um die Freiheit. Und diese unsere Freiheit existiert nicht nur in Liedern und Sagen, sondern wir geniessen sie tagtäglich, und wir wollen sie behalten, und ohne sie ist uns unser Leben nichts mehr wert.*

Aber wie sehr hoffe ich, dass sie nicht ernsthaft bedroht werde, ich will es mit jeder Faser hoffen, aber zugleich möchte ich gefasst, ruhig, entschlossen und bereit sein für den Fall, dass wir angegriffen werden.

Ähnlich gründlich hat Iris Meyer auch immer wieder ihre eigene Lebenssituation analysiert. War sie unzufrieden, überdachte sie ihre Lage, fragte Anna Huggler um Rat und zog die Konsequenzen. Nach dem Verlust ihrer Redaktorenstelle beim »Schweizer Spiegel« führte sie im Frühling 1943 ein einsames Leben in Luzern, wo sie eine Anstellung bei der Familienzeitschrift »Heim und Leben« angenommen hatte. Die Arbeit war unbefriedigend, es kam zu Spannungen im Büro. In der Stadt kannte sie kaum Leute und hatte Mühe, Kontakte zu knüpfen. Verbürgt sind zwei Zusammentreffen mit der Innerschweizer Künstlerin Annemarie von Matt, mit der sie – wie aus zwei Briefen Annemarie von Matts hervorgeht – *Gespräche und Debatten* führte und sich schliesslich zerstritt. Um was es dabei ging, wird aus den Briefen nicht klar, wohl aber, dass hier *offenbar zwei Naturen* aufeinandergetroffen sind, *die sich* – so zitiert Annemarie ihren Mann Hans von Matt – *gegenseitig zum Widersprechen reizen.**

Schade, denke ich mir, dass sich die beiden Frauen nicht gefunden haben! Annemarie von Matt und Iris Meyer waren eigen-

* Das Zusammentreffen zwischen Annemarie von Matt (1905–1967) und Iris Meyer dokumentieren einzig die zwei erwähnten Briefe Annemarie von Matts, die sich heute in der Kantonsbibliothek Nidwalden befinden. Im Nachlass von Iris von Roten finden sich darüber keinerlei Spuren.

willige Aufbruchfiguren, die in die Moderne drängten. Beide waren sie intelligent und breit interessiert, pflegten einen modernen Lebensstil und stellten hohe Ansprüche an sich und das Leben. Dazu kommt ein ausgeprägter emanzipatorischer Zug. Wie Iris bestand auch die zwölf Jahre ältere Annemarie von Matt vor ihrer Heirat auf einem persönlichen Ehevertrag, in dem sie ihrem Mann, mit dem sie eine offene Beziehung lebte, wofür sich Iris Jahre später ebenfalls interessieren sollte, die Zusicherung abrang, sie von jeglicher Hausarbeit und vom Kochen zu dispensieren.

Neben den fehlenden Gesprächspartnern litt Iris unter chronischem Geldmangel. Von ihrem Einkommen von fünfhundert Franken musste sie dreihundert Franken allein fürs Wohnen aufwenden. *Wo ist der Geist, welcher sich über den Staub erhebt? Wo mögen die mir im Geist verwandten Menschen stecken?* In der Einsamkeit ihres Luzerner Pensionszimmers erinnerte sie sich an das – wie sie es in einem Brief an Fritz Banderet nannte – *gespenstische Zusammentreffen mit dem Walliser an der Universität,* an seine besondere Ausstrahlung, die vielen interessanten Gespräche und seinen kritischen Geist. Ob es möglich war, den abgerissenen Gesprächsfaden wiederaufzunehmen? Um das herauszufinden, schickte sie Peter von Roten am 24. März 1943 die erwähnte Ansichtskarte aus Luzern.

Anregende Gespräche gehörten zum Leben wie die Luft zum Atmen. Erst ein interessantes Gespräch setzte einem guten Essen die Krone auf. Bereits in der Schule waren endlose Gespräche mit Freundinnen ihre grösste Lust gewesen. Im Studium wurden diese Gespräche fast ausschliesslich mit jungen Männern geführt. Meist bis tief in die Nacht. *Diese Gespräche,* so Iris später an Peter, *welche in Bausch und Bogen geführt wurden, tiefsinnig bis ins Aschgraue, hatten für mich etwas ungemein Anregendes. Das Hauptvergnügen aber war, dass einem während dem Sprechen immer mehr in den Sinn kam, man machte förmlich Entdeckungen von Gelände, in dem sich der Geist bewegen konnte. Natürlich habe ich auch einzelne junge Männer gern gehabt.*

Dass ich bei diesen Debatten noch »den bösen Schein« gegen mich hatte – nach Vermieterbegriffen – »sie geht gleichzeitig mit fünf« –, machte mir solche Zusammenkünfte nur noch lieber.

Vom akademischen Leben an der Universität war Iris enttäuscht. *Ich glaubte mit der Immatrikulation an der Universität gewissermassen in einen eigenen Staat »die akademische Gemeinschaft« getreten zu sein und freute mich über das Bürgerrecht. Ich lebte sozusagen davon. Nun braucht man ja nur eine Stunde in einem Kolleg gesessen zu sein, um genau zu wissen, dass diese Gesellschaft alles andere als Wirklichkeit ist.* Das Jurastudium wurde schnell zum monotonen Pflichtprogramm. Wirklich leidenschaftlich interessierte sie sich nur für Kunstgeschichte, Literatur und ihre nächtlichen Gespräche.

Nach dem Studium suchte Iris nach neuen Gesprächspartnern. Blieb sie erfolglos, konnte sie ungeduldig und grob werden. Ihr Leben lang wird sie nichts mehr hassen, als in einer Runde zu sitzen, in der sich die Menschen nichts zu sagen haben. Für den Austausch von Belanglosigkeiten hatte sie schlicht keine Zeit, erschien ihr das Leben zu kurz. *Merken Sie eigentlich auch,* erkundigte sie sich in einem ihrer ersten Briefe bei Peter, *dass man alles, was zu erledigen ist, rasch machen soll, weil das Leben kurz ist.* Dieses krasse Missverhältnis zwischen der zur Verfügung stehenden und der benötigten Zeit! Das Leben war ein rastloser Kampf gegen das erbarmungslose Ticken der Uhr. Woher sollte man nach einem langen Arbeitstag in der Redaktion einer biederen Familienzeitschrift die Zeit für seine wahren Interessen nehmen? *Diese kontinuierlichen acht Stunden Arbeit nehmen den grössten Teil von Lebenskraft und Saft. Das Mühsame liegt nicht in den acht Stunden, sondern in ihrer unabänderlichen Stetigkeit, Tag um Tag, Woche um Woche, Monat um Monat, Jahr um Jahr.* »Le temps mange la vie«, hatte Baudelaire diese Erfahrung einst lakonisch resümiert. Das Bewusstsein des begrenzten Lebens liess Iris geradezu buchhalterisch mit ihrer Zeit umgehen. Wenn sie etwas wirklich interessierte, wurde sie zur grosszügigen Verschwenderin von Zeit, langweilte sie sich aber, knauserte sie mit ihrer Aufmerksamkeit, betrieb sie förmlich Rappenspalterei mit ihrer Zeit.

Im Sommer 1943 war die Zeit zum Handeln gekommen. *Ich begreife schon,* so Anna Huggler, *dass es für Sie schwer ist, all die blöden Zumutungen zu ertragen, die Ihre Umgebung Ihnen stellt, und die Einsamkeit, die relative – und dass Sie Ihr Talent nicht rechtzeitig entfalten können.* Iris wollte Luzern, wo es auch überhaupt keine interessanten jungen Männer zu geben schien, so schnell wie möglich verlassen. *Ich weiss nicht, soll man bis aufs Blut darum kämpfen, kulturell und ethisch Wertvolles für ein Hungerlöhnchen leisten zu dürfen, oder soll man frohen Zynismus anstreben, welcher einem gestattet, blind für die Wertlosigkeit und Unmoral der eigenen Tätigkeit, zufrieden im Leben herumzuplantschen? Wie es Tausende tun, welche dann noch als Vorbilder verherrlicht werden.* Ob sie nach Zürich zurückkehren sollte, das sie ein halbes Jahr zuvor fluchtartig verlassen hatte? Oder sich als Juristin beim Bund bewerben sollte, *bei der Kriegswirtschaft,* wo es mit Sicherheit *interessante Männer* gab?

Als Beruf liegt Ihnen, gab Anna Huggler zu bedenken, *der Journalismus sicher mehr als die Kriegswirtschaft. Aber wenn man die Tätigkeit als vorübergehenden Zustand betrachtet, der in jedem Fall durch Heirat beendet wird – werden muss –, so ist es gescheiter, man geht nach Bern.*

14
DIE ELTERN

Iris Meyers Beziehung zu ihren Eltern ist ein Buch mit sieben Siegeln. In ihren Lebenszeugnissen treten Bertha Huber und Walter Meyer kaum einmal in Erscheinung. Zwar stosse ich in ihrem Nachlass auf eine Fülle von Aussagen und Erinnerungen an ihre Kindheit, selten bis nie aber stehen diese in einem direkten Bezug zu ihren Eltern. Diese elterliche Absenz ist derart augenfällig, dass man auf den ersten Blick meinen könnte, Walter Meyer und Bertha Huber seien für die Entwicklung ihrer ältesten Tochter ohne jede Bedeutung.

Iris Meyer erblickte das Licht der Welt am 2. April 1917. Die ersten sechs Jahre ihres Lebens verbrachte sie zusammen mit ihren zwei jüngeren Geschwistern, ihrem Bruder Manfred und ihrer Schwester Sylvia, in Basel und Burgdorf. Als sie sechs Jahre alt war, zog die Familie nach Stockholm, wo sich der Vater, der seine führende Stellung in der Elektroisolationsfirma seines Schwagers Emil Haefely aufgegeben hatte, als selbständiger Holzimporteur versuchen wollte. Die zwei Jahre in Schweden wird Iris später eng mit ihrer Begeisterung für den offenen und lebendigen Geist der schwedischen Primarschule und ersten bedrükkenden Erlebnissen von Schwermut und Einsamkeit verbinden. *Das böse Schwermutstier hat mich das erste Mal – ich erinnere mich noch genau – bei einer Kindereinladung in Schweden befallen. Es war das Gefühl, niemand hätte mich gern und ich sei ganz ausserhalb der Gemeinschaft.*

Schweden brachte Walter Meyer, der nach einer Berufslehre bei der Post am Technikum Burgdorf Chemie und Elektrotechnik studiert und 1918 nur knapp die grosse Grippeepidemie

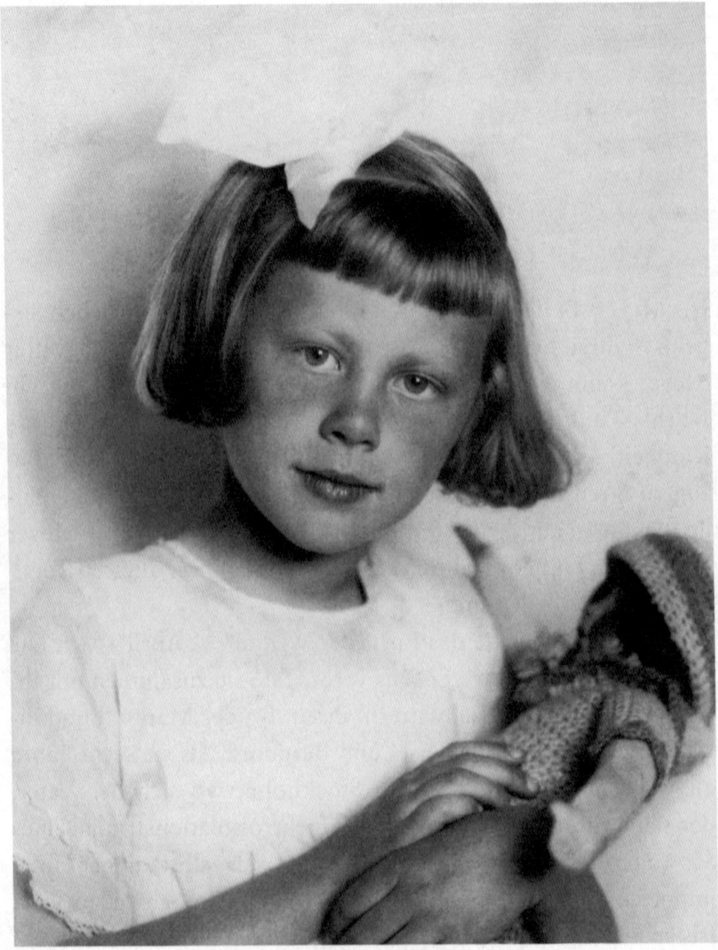

Iris Meyer, fünf Jahre alt, 1922

überlebt hatte, nicht den erwünschten beruflichen Erfolg. 1925 kehrte er mit seiner Familie nach Basel zurück, wo er von neuem eine Anstellung in der Firma »Haefely« fand. Zwei Jahre später scheiterte auch sein zweiter Versuch, eine eigene Firma – diesmal für Isolationstechnik – zu gründen. 1928 schliesslich hatte er mehr Glück: Er wurde in die Leitung der kriselnden Rapperswiler Firma »H. Weidmann AG« berufen und brachte die auf

Isolationsstoffe spezialisierte Firma wieder auf Kurs. Ein Jahr später wurde er zum Direktor der Firma, der er bis zu seiner Pensionierung im Jahre 1955 vorstehen sollte. *Da sich meine Gattin wie auch ich danach sehnten,* schreibt er über diese Zeit, *an einem angenehmen Orte endgültig zu siedeln,* liess sich die Familie 1928 in Rapperswil eine stattliche Villa mit Blick auf den Zürichsee bauen. *In dieser letzten ausgedehnten Phase durchliefen unsere drei Kinder die Schulen und genossen Ausbildung bis und mit dem akademischen Abschluss, dann Auszug aus dem Elternhause und Gründung des eigenen Herdes.*

Walter Meyer war ein klassischer Repräsentant des bürgerlich-liberalen und protestantischen Bürgertums: tüchtig, selbstgerecht, patriotisch und eingenommen von seinen Idealen. *Meine Eltern entstammten dem Bauernstande, beidseits mit weit zurückreichender Generationenfolge auf überkommenem Grund und Boden, mit aus Tradition fest gefügter Charakterbildung und sicherem Halt in allen Lebenslagen, dank tiefster Religiösität, die ihnen eigen war.* Ursprünglich war diese Religion der Katholizismus. Ein persönlicher Konflikt seines Vaters mit einem Geistlichen führte zur Konversion und war auch der Grund dafür, dass Walter Meyer seine heranwachsenden Kinder vor dem Katholizismus warnte. *Nicht vor der katholischen Lehre als solcher,* so Iris an Peter, *aber vor den Exzessen ihrer unwürdigen Diener.* Was er genau damit meinte, ist nicht überliefert.

Seine Kinder wollte Walter Meyer im Geist seiner Vorfahren erziehen. Er wollte sie *zur Pflege ehrenhafter Bürgerlichkeit* anhalten, ihnen *Heimatliebe und Traditionsbewusstsein* mitgeben. Bildung, berufliche Stellung, Gemeinsinn und Kunst standen im Zentrum seines privaten Strebens. Nachdem sich die anvisierte politische Karriere bei der FDP nicht realisieren liess – *Vierzig Jahre offener und ehrlicher Teilnahme am politischen Geschehen,* schreibt er 1949, *haben mir, trotz grossen Sympathien, denen ich mich zeitweise erfreute, völlige Negierung seitens der Parteimaschine eingetragen* –, wandte er sich vermehrt schöngeistigen Dingen zu, vertiefte sich in die Literatur, begann zu malen, modellierte, besuchte Museen und Kunstausstellungen. *Die Kunst ist voller Lebensernst und ausgesprochen männlich,* schrieb er 1933 in seiner selbstverlegten Broschüre »Worin besteht unsere nationale Eigenart«, *wo sie Grösse und Höhe erreicht. So bei Gotthelf und Keller. C. F. Meyer stösst sich bezeichnenderweise, wo er grosses Format will, an den engen Grenzen der geistigen Heimat. Spitteler kann das Heroische nur in einer sinnbildlichen Welt darstellen, Nietzsche seine Forderungen nach Erhabenem erst in mythologischer Umgebung. Hodler, unser ureigenstes Schweizerkind, vermag sich nie vom herben Alltagsernst freizumachen, und gerade darin ist er ein bedeutender und eigenwilliger Künstler.*

Früh verspürte Walter Meyer den Drang zum Schreiben. In seinem Nachlass finden sich sowohl Gedichte, Lieder, Dramen, Romanmanuskripte als auch eine Autobiographie. Ein begnadeter Schriftsteller allerdings war er nicht. *Das in mir schlummernde Talent des schriftlichen Ausdrucks,* war er überzeugt, kam nur deshalb nicht zur vollen Entfaltung, weil ihm *die höhere Bildung fehlte.* Seine Werke sind geprägt von übersteigertem Pathos und romantischem Schwulst, von schwer erträglicher Selbstgerechtigkeit und sprachlich-stilistischer Unbeholfenheit. *Was mir an meiner zukünftigen Braut,* schreibt er in seiner Autobiographie »Gelebtes Leben«, *zuerst Eindruck gemacht hat, das war ihre Würde, dann die Schönheit der Erscheinung, die in meiner Meinung im edlen Ebenmass von keiner Fürstin überboten wurde.*

Neben seinen literarischen Versuchen fühlte sich Walter Meyer in den dreissiger Jahren auch zur öffentlichen politischen Stellungnahme berufen. Im stillen Kämmerlein verfasste er Traktate zu europäischen und schweizerischen Fragen, die er auf eigene Kosten druckte und in alle Welt verschickte. Höhepunkt seiner publizistischen Arbeit war seine Broschüre »Europa, wo fehlt's«, in der er 1937 die Spannungen zwischen den europäischen Ländern analysierte, vor einem neuen Krieg warnte und *am Gleichnis eines Familienstreites den Widersinn eines Streites aller gegen*

Manfred, Iris und Sylvia Meyer, um 1926

alle vor Augen führte. Obwohl er von der selbstfinanzierten Auflage von 2000 Exemplaren nur knapp 200 absetzen konnte, bewertete er die Broschüre als grossen Erfolg. *Der Chefredaktor der Basler Nachrichten Nationalrat Dr. Oeri (Enkel des Philosophen Jakob Burkhardt) sagte mir, »ich habe es gelesen, und Ihre Absicht ist lobenswert«. Herr Professor Dr. Max Huber, Präsident des Roten Kreuzes, tat mir brieflich grosse Ehre an. Herr Bundespräsident Motta beehrte mich mit längerem handgeschriebenem Briefe, dankte und hoffte für mich auf Erfolg.*

An der Schweiz bemängelte Walter Meyer, dass ihr *bei aller Tüchtigkeit der Zug ins Grosse* fehle. *Wenn immer ein Mann herausragte, so wühlte die misstrauische Menge so lange, bis derselbe zu Fall gebracht war.* In Orgetorix, dem Herzog der Helvetier, Hans Waldmann, Ulrich Zwingli, Jürg Jenatsch und General Ulrich Wille glaubte er die tragischen Helden der Schweiz zu erkennen. Völlig anders beurteilte der überzeugte Demokrat Adolf Hitler und Benito Mussolini: *Unsere Vorfahren,* schrieb er 1933 mit beeindruckender Weitsicht, *haben sich den Ehrentitel erworben, in Europa denjenigen Staat geschaffen zu haben, wo Rassen- und Sprachverschiedenheit politisch als unwesentlich betrachtet werden, und eine Volksgemeinschaft gebildet zu haben, wo es keine Nationalisierungsbestrebungen gibt, die mit Hurra und Pomp ihre Mitbürger in ihrem Ureigensten vergewaltigen. Aber auch uns Eidgenossen von heute ist eine Pflicht gestellt. In einer Zeit, wo in der ganzen Welt unbeherrschte Selbstsucht an erster Stelle steht und die ganze Menschheit vergiftet, gilt es, ein freimütiges Für-alle-Denken aufzubringen. Sind wir hochgesinnt genug, ohne die Peitsche eines Diktators das Richtige zu vermögen? Wenn wir vor den Augen der Welt diese Tat vollbringen, dann haben wir einen Anspruch darauf, als die ersten wahren Europäer zu gelten.*

Sein Leben lang war Walter Meyer ein umtriebiger Mensch. Nach seiner Pensionierung im Jahre 1955 studierte er an der ETH Mineralogie, züchtete Rosen und wollte nur noch für seine Künstlerseele leben. *Meine Neigung,* schrieb er 1964 im Rückblick, *galt dem Schönen, das heisst der bildenden Kunst, wofür ich eine gewisse Anlage aufwies. Leider ist mir ausgerechnet in diesem Fach keinerlei Anregung, geschweige Förderung zuteil geworden.* Eine der wenigen direkten Aussagen von Iris über ihren Vater deutet darauf hin, dass er in einem Künstlerdasein seinen grossen Lebenstraum gesehen hat. *Was in aller Welt Papa immer jammert,* schrieb sie 1949 an Peter, *über den verhinderten Künstler in ihm. Das mag ich bei Papa genausowenig wie sein kameradschaftliches Getue, sobald er Anhänger sucht, und die patriarchalische Donner-Allüre, sobald man anderer Meinung als er ist.* Ahnenforschung und die Geschichte der alten Eidgenossenschaft waren weitere Steckenpferde von Alt-Direktor Meyer, wie er sich nach seiner Pensionierung gern titulieren liess. Er verfasste eine ausführliche Familienchronik und stellte zur Geschichte der Urschweiz Thesen auf, *die in Fachkreisen* – wie es in seinem Nachruf heisst – *auf die bekannte eiskalte Ablehnung der in ihren Kreisen gestörten Mandarine stiess.*

Unveröffentlicht blieb auch Walter Meyers umfangreiche Autobiographie. *Nicht alle Möglichkeiten meines Lebens,* räsoniert er an deren Ende, *haben sich erfüllt. Ich bin kein Industriegewaltiger und auch kein reicher Mann geworden. Allzuoft stand ich vor einem Schwachen hin und habe durch meinen Einsatz Unrecht verhüten können. Ich darf sagen, wissentlich und vorsätzlich nie einem Menschen Leid und Unrecht getan zu haben. Manchem durfte ich beistehen, und meine Arbeitskraft vermag in bescheidenem Ausmasse das Fortkommen einer Anzahl Mitmenschen günstiger gestalten. Ich habe mir bei all dem Auf und Nieder, wie es Tage und Jahre bringen, mein Inneres bewahrt und es nie für Vergängliches hingegeben.*

Zu Walter Meyers Aufstieg vom Postbeamten zum Fabrikdirektor und Villenbesitzer passt seine Heirat mit der aus vornehmem Bündner Geschlecht stammenden Bertha Huber, deren Mutter eine geborene von Salis aus Maienfeld war, die wiederum eine Verwandte jener Meta von Salis war, die eine enge Lebensfreundschaft mit Hedwig Kym, der zweiten Frau von Peters Grossvater Ernst Feigenwinter, verband.

Die alte Bertha Huber wird ihre Kindheit und Jugendzeit in Zürich als *goldene Zeit* bezeichnen. Die Tochter eines wohlhabenden Weinhändlers wuchs in grossbürgerlichen Verhältnissen auf, besuchte das Gymnasium, nahm Gesangsstunden und arbeitete nach der Matura als Hauslehrerin in einem vornehmen Haus in England. Wieder in Zürich, besuchte sie Vorlesungen über Literatur, Kurse für Damenschneiderei, Kochen und Krankenpflege, nahm rege am gesellschaftlichen Leben teil und war eine oft gesehene Besucherin in Tonhalle und Stadttheater. *Dass eine Tochter wohlhabender Eltern einen Beruf erlernte,* wird sie später ihrer Tochter Iris erklären, *war damals noch nicht üblich.*

Nach der Heirat mit Walter Meyer im Jahre 1915 und der Geburt der drei Kinder lebte die Familie über Jahre ausschliesslich von Berthas Erbe. *Du warst wirklich ein Prachtsbébé,* erinnerte sich Bertha Meyer im Januar 1974 an Iris' Geburt, *aber wie konnte sich denn auch eine so anhaltende Schlaflosigkeit bei Dir einstellen? Als junges Mädchen liessen wir Dich betreff dieses Übels untersuchen. Professor Ulrich sagte dann: »Wohl ist sie ganz gesund, aber eben ein Nachtmensch, wie es oft Schriftsteller, Maler und Musiker sind.«* Ihr Leben lang wird Iris unter starker Schlaflosigkeit leiden. Als Erwachsene wird sie auf Schlafmittel angewiesen sein und kaum je vor ein Uhr nachts einschlafen können.

Bertha Meyer war eine introvertierte und schwer zugängliche Frau. Menschen, die sie gekannt haben, beschreiben sie als unnahbare, schwankende, ja entrückte Gestalt, die ein äusserst bescheidenes Mitteilungsbedürfnis hatte und kaum je zu fassen war. Eine menschenscheue Frau, die in ihrer eigenen Welt lebte und das Blaublütige ihrer Herkunft glorifizierte. *Mama isst sozusagen nichts,* so Iris 1946 an Peter, *und behauptet dann, sie sei von Natur keiner einzigen Anstrengung gewachsen und ungeheuer schwach, ja es sei schon viel, dass sie nicht eine besondere Person für ihre Pflege haben müsse.* Peter seinerseits bezeichnete

Walter Meyer und Bertha Meyer, um 1916

die Atmosphäre in Iris' Elternhaus als *gespenstisch, drückend, ungemütlich und vergebens. Sobald man dort ist,* schreibt er 1949 an Iris, *will man weg. Ich bin nicht imstande, länger als einen Tag in Rapperswil zu bleiben. Diese tödliche Abgestorbenheit Deiner Mutter, die alles macht, als ob es sonst nichts gäbe*

Stockholm 1925: Walter Meyer mit Iris, Manfred und Sylvia (v. l.)

auf der Welt, trieb ihn in die Flucht. Immer hörte sie nur zu, griff nie wirklich in eine Konversation ein und tat, als ob sie alles nichts anginge. *Ich muss daran denken*, so Peter, *wie sie am Sonntagnachmittag mit dem Kännlein mit dem langen Hals allen Blumen Wasser nachgegossen hat. Sie hat dabei immer den einen Finger in den Blumentopf gesteckt, um zu sehen, bis wohin das Wasser komme, und hat dann gleichzeitig nachgegossen. Ich weiss nicht, aber diese Arbeit schien mir die Arbeit einer Toten zu sein. Obschon dieses Nachgiessen von Wasser an und für sich eine sympathische Arbeit wäre und man dabei schöne erhebende Gedanken haben könnte. Ich denke, dass materiell viele Frauen in der Art Abgestorbenheit wie Deine Mutter leben, aber Deine Mutter hat eine gewisse unheimliche Befriedigung darin.*

Die heranwachsende Iris fühlte sich von ihren Eltern zu wenig geliebt. Was ihr fehlte, war die persönliche Beziehung, das tiefere Interesse an ihrer Person, die Sensibilität für ihre Interessen. Die Unnahbarkeit und Lethargie der Mutter verunmöglichten dies aber genauso wie die Selbstherrlichkeit und Umtriebigkeit des Vaters, der ohnehin – so war Iris überzeugt – immer nur Augen für seinen Sohn hatte. *Hin und wieder,* so Iris viele Jahre später, *habe ich in meiner Kindheit und Jugendzeit in »Grosse Schweizer« gelesen. Da stand von Benjamin Constant, er hätte ständig und das ganze Leben durch das rasende Bedürfnis gehabt, geliebt zu werden (wie übrigens Mme de Staël auch), wie Durst, was ihn in grässliche Kalamitäten gebracht habe. Das habe ich noch viel mehr. Ständiger, immer ungestillter Durst nach Geliebtwerden.*

Mit vierzehn Jahren geriet Iris in einen schweren Konflikt mit ihrem Elternhaus. Der Grund war ihr Schulschatz Max, mit dem sie heimlich korrespondierte. Als das Verhältnis der beiden entdeckt wurde, verlangten beide Elternpaare die Trennung. *Daheim hat es Krach gegeben,* schrieb Max Anfang August 1931 an Iris. *Es tönte, ich schaffe nichts, ich beschäftige mich nur mit Mädchen und erhalte zarte Damenpost!!* Das elterliche Verbot konnte die Verliebten aber nicht vor weiteren Treffen abhalten. Ihrer Freundin Isa Rabinovitch berichtete Iris über ein geheimes Treffen im Elternhaus von Max: *Wir assen Guetzli, tranken Mineralwasser, und Max spielte die selbstkomponierte Sonate.*

Iris Meyer, um 1933

*Dann lagen wir auf dem Sofa und umarmten einander. Max küsste mich natürlich auch. Dann machte er auch Andeutungen wie »Wie wird es in zehn Jahren sein?«.** Als offensichtlich wurde, dass Iris ihren Eltern nicht gehorchte, wurde sie für ein Jahr in ein Internat nach Neuchâtel geschickt.

Rapperswil, 15. Oktober 1931

Liebe Iris,

es ist morgens 8 Uhr, und ich liege noch im Bett. Ich muss Dir viel, vielmal danken für Deinen lieben Brief samt Inhalt. Foto und Locke fielen sofort heraus. Mit einem stummen Freudengeheul stürzte ich mich auf sie und verstaute sie rasch in der Brieftasche. (Zuvor jedoch hatten meine Lippen einen deutlich sichtbaren Abdruck darauf hinterlassen.) Am Abend nahm ich dann beides, Foto und Locke, hervor. Und während ich in andächtiger Betrachtung Dein liebes Gesicht und Deine jugendliche Gestalt umfasste, so wurde es mir wieder so eigentümlich zumute, so eigentümlich wie beim Abschied. Was ist das Geflirr und Gefanzel, die Lockungen der Welt, wenn man eine Iris hat! Dich muss überhaupt jedermann gern haben, Du Liebe.

Nun Iris, Du bist jetzt in Neuenburg. Ich entbiete Dir Glück und Segen, alles Gute und Schöne samt der Versicherung: Deines Freundes Herz schlägt für Dich! Ich bin gespannt auf Deinen nächsten Brief. Aber weißt, Mutter will ihn wahrscheinlich auch lesen!

Max

* Sieben Monate nach dem Tod von Iris von Roten schickte Isa Hesse-Rabinovitch am 16. April 1991 eine Serie von Iris' Jugendbriefen an ihre Tochter Hortensia von Roten.

Jahrzehnte später wird Iris ihrer Tochter Hortensia erzählen, die gewaltsame Trennung von Max habe sie so sehr verletzt, dass sie ihre Eltern danach nicht mehr habe lieben können. Das bald darauf folgende abrupte Ende der Beziehung zu Max *liess mich* – so Iris später – *vier Jahre meines Lebens in massloser Traurigkeit zubringen:*

Engelberg, Februar 1933

Meine Liebe!

Werde Dir nun kurz meinen festen Entschluss mitteilen. Ich werde Theologie studieren. Nun aber bist Du sicher auch der Ansicht, dass ein Theologe, der es mit seinem Berufe ernst nimmt, keine Freundschaft mit einem Mädchen haben kann, wenn auch die Freundschaft auch noch so edel aufgefasst sein mag. Das siehst Du wohl ein. Eine Aussprache in den Ferien hat also keinen Zweck, da nur unnütze Worte gemacht würden, die für beide Teile unangenehm wären und Du mich in meinem Entschluss nicht wankend machen könntest.

Dann muss ich noch einen Punkt richtigstellen. Du scheinst zu glauben, ich leide wegen Dir. Das ist nicht wahr. Ich will ganz offen sein, es wird Dich wahrscheinlich betrüben, aber es muss gesagt sein: Ich liebe Dich nicht. Wenn es Dir weh tut, so verzeihe. Es musste gesagt sein, damit Klarheit ist in der Sache. Gehen wir in Frieden auseinander. Dass Du noch weitere Briefe schreibst, hat keinen Zweck. Ich empfehle Dich der Gnade Gottes.

M.

Drei Jahre nach dem Tod ihres Vaters glaubte Iris auf eine der Ursachen für die kühle Atmosphäre in ihrem Elternhaus gestossen zu sein. Als sie im Februar 1974 in einem nachgelassenen, stark autobiographischen Roman ihres Vaters las, dass der Ich-Erzähler – er trägt die Züge Walter Meyers – eine geheime Be-

Walter Meyer, 1927

ziehung zu einer Lehrerin unterhielt, stellte sie ihre alte Mutter zur Rede. *Papa war ein gütiger Vater und sehr liebevoller Ehepartner,* antwortete die siebenundachtzigjährige Bertha, *trotz seiner Romanze zwischenhinein. Ich musste durch Papas Seitensprung so gar nicht leiden, obwohl ich von ihm so eine zeitweilige Nebenfreundschaft nicht erwartet hätte.* In ihrer nicht erhaltenen Antwort muss sich Iris über die fehlende Aufmerksamkeit in ihrem Elternhaus beklagt haben. *Ich kann gar nicht begreifen,* hielt die Mutter entgegen, *dass Du, ein so sehr gebildetes und hochintelligentes Wesen, so bösartig mit Deinen Eltern sein kannst, dass Du uns so wenig achtest. Du warst eine ganz besonders selbständige Natur und hattest zum grössten Bedauern gar kein Bedürfnis, Papa um irgendeinen Rat zu fragen oder ihm bei Erklärungen oder besonderen, oft sehr interessanten Meinungsäusserungen zuzuhören. Papa hätte einen ausgezeichneten Professor gegeben. Er wusste auch so unendlich viel, und es war ihm höchster Genuss, sein Wissen auch andern Menschen mitzuteilen, sie zu beraten und wenn nötig ihnen zu helfen.*

Ein lebenslanger Konflikt zwischen Iris und ihren Eltern betraf die ungleiche finanzielle Unterstützung der drei Kinder. Während man für Manfreds Studium, seine Offizierskarriere, Verlobungs- und Hochzeitsfeier keine Kosten scheute, hielten Walter und Bertha Meyer ihre beiden Töchter früh schon zum Sparen an. *Bei meinem Studienanfang äusserte Papa,* so Iris 1963 an ihre Mutter, *dass alles, was die Eltern uns zu Lebzeiten geben können, eine sogenannte gute Ausbildung beziehungsweise das Geld für das Studium sei. Etwas anderes käme nicht in Frage. Wir sollten nach abgeschlossenem Studium imstande sein, selbst für unseren Unterhalt zu sorgen.* Iris revoltierte nicht gegen die elterlichen Zuwendungen an den Bruder, sondern vielmehr gegen ihr knauseriges Verhalten den beiden Schwestern gegenüber, *das in keinem Verhältnis zu den Mitteln, den gesellschaftlichen Prätentionen und der moralischen Verpflichtung des Elternhauses stand.*

Was war der Grund für die Zurückstellung der beiden Schwestern? Iris konnte sich zwei Ursachen vorstellen: *Ohne Euch beleidigen zu wollen, kann ich mir nicht verhehlen, dass entweder echter Geiz die Ursache gewesen ist oder aber die Tatsache, dass es mit dem kometenhaften Wirtschaftswunder der Familie Meyer und der Gediegenheit der Familie Huber-von Salis nicht so grossartig bestellt gewesen ist, wie man uns immer wieder glauben machen wollte.*

Ein dritter Grund könnte die grosse Weltwirtschaftskrise Ende der zwanziger Jahre gewesen sein. *Alles, was bis zu diesem Zeitpunkt erstklassig gewesen war,* beschrieb Iris später diese Zeit, *war plötzlich nur mehr drittklassig.* Die Familie Meyer-Huber wäre nicht die erste, die sich gezwungen sah, ihrem Haushalt einen rigiden Sparkurs zu verordnen. Dass dieser einseitig auf die Töchter ausgerichtet war, empfand Iris als persönliche Demütigung.

Ein abschliessendes Bild über Iris Meyers Kindheit und Jugend lässt sich aus dem Quellenmaterial nicht gewinnen. Klar aber wird, dass hinter der bürgerlichen Fassade der Villa »Sunneweid« in Rapperswil tiefe Risse klafften. Ob die Ursache für Iris' lebenslangen und unstillbaren Hunger nach Liebe in der fehlenden Emotionalität ihres Elternhauses zu suchen ist, ist schwer zu verifizieren. Andere Ursachen könnten in Frage kommen. So scheint mir vorstellbar, dass ihr grosser Lebens- und Liebeshunger, ihr nervöses Angespanntsein, ihre Schlaflosigkeit und ihr bisweilen auftauchender Lebensekel auch eine Folge ihres idealistischen Strebens, ihres absoluten Perfektionsanspruchs und ihrer Kompromisslosigkeit sein könnten. Wer dermassen viel von seinem Leben erwartet, balanciert ununterbrochen über einem Abgrund.

15
DIE JUNGE FRAU

In den Jahren am Gymnasium der Töchterschule Zürich wurde nicht nur Anna Huggler-Guggenbühl, sondern auch deren Bruder Adolf Guggenbühl zu einer wichtigen Vertrauensperson der jungen Iris Meyer. Zu Onkel Adolf, in dessen Zürcher Haus sie in ihren Gymnasialjahren oft übernachtete, entwickelte sich schnell eine besondere Beziehung. Iris schätzte das intellektuelle Ambiente des Hauses Guggenbühl, liebte die anregenden Gespräche mit ihrem Onkel und war fasziniert von den Besuchern, die sie bisweilen dort antraf.*

Adolf Guggenbühl, der im Jahre 1925 zusammen mit seiner Frau Helen und deren Bruder Fortunat Huber – beides Geschwister von Iris' Mutter – die Zeitschrift »Schweizer Spiegel« gegründet hatte, fasste schnell eine grosse Zuneigung zu seiner Nichte, deren intellektuelle Fähigkeiten und geistige Reife ihn sehr beeindruckten. Er war verblüfft vom ungewöhnlichen Bildungsdrang und der Bestimmtheit, mit der Iris ihren ureigensten Interessen folgte. Eine Passion, die beide verband und gelegentlich auf gemeinsame Exkursionen führte, war die Kunstgeschichte. Ihr widmete Iris fast ihre gesamte Freizeit. Sie verschlang Buch um Buch, führte genaue Lektürelisten und besuchte alle bedeutenden Kunstdenkmäler der näheren und weiteren Umgebung. Dabei begnügte sie sich nicht mit dem blossen Betrachten von Kirchen und Klöstern, sondern fertigte architektonische Skizzen und Zeichnungen an, verglich Grundrisse und führte Buch über die Aus-

* Die Guggenbühl-Familie faszinierte auch den Zürcher Schriftsteller Kurt Guggenheim (1898–1983): Sie diente ihm als Vorlage für die Familie Abt in seinem vierbändigen Roman »Alles in allem« (1952–1955).

stattung verschiedener Kirchen. Auch ihre Schulferien stellte sie in den Dienst ihrer grossen Leidenschaft. In Amsterdam, den Haag, Paris, München und im Rheinland besuchte sie Ausstellungen, Museen und bedeutende Bauten.

Wie seine Nichte war auch Adolf Guggenbühl ein intensiver und von hohen Idealen beseelter Mensch. *Wir wollen unsere redaktionelle Tätigkeit,* schrieb er über die Ausrichtung des »Schweizer Spiegels«, *als Dienst am Geist betrachtet sehen, genau wie die Arbeit eines Pfarrers, eines Lehrers, eines Künstlers.* Obwohl die Anfänge sehr schwierig waren, die Zeitschrift kaum Abonnenten hatte und er seine fünfköpfige Familie nur knapp über Wasser halten konnte, hielt er unbeirrt an seiner Idee fest. Als sich die Zeitschrift nach Mitte der dreissiger Jahre zu etablieren begann, wurde Adolf Guggenbühl, der gern über die »Fixbesoldeten« lästerte, zu einer wichtigen und einflussreichen Persönlichkeit in der Stadt Zürich.

Nach und nach wurde der Onkel zum Förderer seiner Nichte. Er stellte Iris Bücher zur Verfügung, interessierte sich für ihre Pläne, hatte Zeit für endlose Gespräche. *Du bist für mich immer noch,* wird er ihr Jahre später schreiben, *was Du immer warst: eine Art Tochter oder Freundin, mit der ich mich verbunden fühle.* Zwischen den beiden entstand trotz gelegentlich heftiger Auseinandersetzungen – Adolf Guggenbühl hasste es, wenn Frauen Hosen trugen, was Iris nicht hinderte, dies regelmässig zu tun – ein intensiver Austausch, der beide Seiten faszinierte.

In den frühen dreissiger Jahren bot Adolf Guggenbühl seiner Nichte eine lose Mitarbeit im »Schweizer Spiegel« an. Iris nahm das Angebot mit grosser Begeisterung an und schrieb – um ihre Jugend zu verbergen – unter dem Pseudonym »Marie Töndury« sowohl Artikel für die Rubrik »Frau und Haushalt« als auch freie Kolumnen. Schreiben war eine ungeheuer anregende und erfüllende Tätigkeit. *Nirgends sonst,* so Iris in dieser Zeit, *habe ich diesen beglückenden Eifer wie beim Artikelschreiben, dass einem die Backen rot werden und man das herrliche Gefühl hat: Da ist wieder einmal etwas in Form gegossen worden.*

Die Artikel der Marie Töndury beeindrucken durch ihren weiten Horizont und ihre überzeugende Argumentation. Sprachlich bestechen sie durch hohe Anschaulichkeit und Eleganz, Gedankenstrenge und Überzeugungskraft. Wie ein roter Faden ziehen sich Bekenntnis und Wille zu Individualität und persönlicher Entfaltung durch ihre Artikel. Marie Töndury alias Iris Meyer dachte nach über den Begriff der Arbeit, nahm Stellung zu Fragen der Kindererziehung, gab Empfehlungen für das stilvolle Einrichten einer Wohnung ab, wies auf besonders vitaminreiche Kochrezepte hin und machte sich *Gedanken zur Kleiderfrage. Sich gut anziehen heisst eine schöpferische Leistung vollbringen. In der Mode soll eine Frau ihre Persönlichkeit herauskehren und sich entscheiden, was sie sein will.*

Schöne Kleider waren früh eine besondere Leidenschaft von Iris Meyer. Stundenlang konnte sie durch Kleidergeschäfte gehen und nichts als Kleider und Kleider ansehen. *Es ist merkwürdig,* schreibt sie später an Peter, *ich glaube, ich könnte der Kleiderleidenschaft frönen wie andere dem Spiel oder dem Alkohol.* Iris' Bedürfnis nach Schönheit beschränkte sich nicht allein auf ihre Kleidung, sondern manifestierte sich in den Verrichtungen ihres täglichen Lebens. *Ist es nicht frivol,* so die Zweiundzwanzigjährige zwei Monate nach dem Ausbruch des Zweiten Weltkrieges im »Schweizer Spiegel«, *sich in sorgenvollen Zeiten mit Kleidern abzugeben, oder doch zum mindesten sinnlos? Darauf ist zu antworten: Es hat nicht nur einen Sinn, sich in schweren Zeiten gut anzuziehen, sondern es ist sogar eine Pflicht. Warum? Die Schönheit steht im Gegensatz zum Chaotischen, sie ist eine Darstellung der Ordnung, der Harmonie, sie ist auch ein Sinnbild des Guten. Und gerade in Zeiten, wo Wirbel der Verwilderung zur Geltung kommen könnten, ist es doppelt nötig, dass wir, wo es nur möglich ist, Schönes in Erscheinung treten lassen, um damit die Existenz der gegensätzlichen Kräfte zu beweisen.*

Eine wichtige Rolle spielte Adolf Guggenbühl auch bei der Wahl von Iris' Studienrichtung. Wie die Eltern riet auch er ihr ab, Kunstgeschichte und Literatur zu studieren. Statt dessen empfahl er, etwas Praktisches zu wählen. *Zu was,* so Iris später an Peter, *führte meine Begeisterung und Interesse für die Literatur und die Kunstgeschichte? Zu Ah- und Oh-Rufen. Zu was ist es da, wenn man in diesen Gebieten nicht selbst künstlerisch arbeitet? Zum Lesen, zum Anstaunen? Aber das ist doch kein Beruf! Und damit hat auch ein rechter Verstand noch keine Arbeit. Und so stand ich vor der Situation: Interesse für Medizin ist etwas Nützlich-Vernünftiges – es macht kranke Leute gesund; Technik ist etwas Nützliches – man kann herumfahren und über Gräben laufen; die Landwirtschaft ist nützlich – man pflanzt die Kartoffeln für den Kartoffelstock; aber Urteilskraft auf ästhetischem Gebiet ist offenbar für die Katze. Blutenden Herzens sagte ich mir also: Ästhetische Urteilskraft und alle Liebe und alle Kraft, welche darin liegt, ist etwas für den Sonntag und einsame Abende. Gehört eigentlich zum Genuss. Ihre Betätigung ist Genuss und nicht Arbeit. Wer das verwechselt, lebt nicht »reell«. Es sagte mir niemand, was ich heute sicher weiss: Dass einerseits die Schönheit in allen menschlichen Gestaltungen eindeutig lebenswichtig ist, dass sie mindestens, wo nicht mehr, ebenso sehr wie ein Dach über dem Kopf oder eine Kartoffel im Magen hilft, das Leben durchzuführen. Und dass anderseits die Frage »zu welchem Zwecke« auch bei den wesentlich nützlicheren Arbeiten unbeantwortet bleibt, letzten Endes. Sie führt auch da bald ad absurdum. Qualvoll war mir an den ästhetischen Urteilen auch, dass sie immer wie Behauptungen aussahen. Zu allem andern stand man damit noch irgendwie hochstaplerisch da. In diesem Zusammenhang erschien mir die Jurisprudenz lehrreich und reizvoll. Ihr Wesen sah ich in der logischen Begründung von einem gefühlsmässig richtig erkannten Urteil. Als »Lehre der Begründung« war sie für mich gerade das Richtige. Zugleich aber ist die Jurisprudenz alles andere als »schöngeistig«, sondern ist ein Werkzeug des »reellen« Lebens und juristische Arbeit damit Brot und nicht Kuchen. Und so studierte ich, wenn nicht mit Begeisterung, so doch mit dem Bewusstsein kluger Einsicht Jurisprudenz, nachdem ich mich von meinen andern Interessen vermeint-*

lich für immer gänzlich getrennt hatte. Ähnlich wie wenn man zu einer Geliebten sagt, »komme mir nie mehr unter die Augen«.

Jura war ein schwieriger Kompromiss. Dennoch zog Iris ihr Studium bis zum Doktortitel durch.* Die grosse Ernüchterung stellte sich erst beim Praktikum am Zürcher Bezirksgericht ein, als klar wurde, dass sie die praktische Gerichtsarbeit – das Anfertigen von Protokollen und die Ausarbeitung von Urteilsbegründungen – nicht wirklich interessierte und auch geistig auf keine Art zu erfüllen vermochte. *Es war,* so Iris am 6. Oktober 1943 an Peter, *wie wenn die Erkenntnis des Wirklichen gerade noch zugewartet hätte, bis ich das Examen gemacht hatte, welches ich mir so fest vorgenommen gehabt hatte. Schon am andern Tage wurde gewissermassen verbotenerweise die alte Sehnsucht wieder lebendig, in dem anderen, so sehr geliebten, beruflichen Gebiet zu leben, dort, wo ich vielleicht doch eher hingehörte. So klar war mir diese Stimme damals noch nicht. Im Gegenteil. Das andere kann mich gelüsten, soviel es will, eindeutig und unerschütterlich bleibt, dass ein juristischer Beruf seriös (im Sinne von »reell«) ist, ein literarisch oder kunstgeschichtlich gefärbter hingegen »unseriös«, für Leute, die sich nicht getrauen, dem Leben richtig in die Augen zu schauen. Entsprechend hatte ich auch eine warme Verachtung für die Leute, welche sich dem Phil. I zugewandt hatten.*

Meiner Neigung für diese Berufe hatte ich für das »Seriöse«, Praktisch-Sinnvolle des juristischen Berufes geopfert. Ich suchte mich also, daran zu halten. Und da gewahrte ich dann langsam, dass in Prozessen um Schadenersatz für ein schlechtes Gebiss, in Prozessen schlecht funktionierender Abläufe gekündigter Mietverträge, Prozesse, welche aus der kindischen Streitsucht und ewiger Nörgelei fliessen, aus den Machenschaften fragwürdiger Subjekte auch nichts »Sinnvolles« lag. Dass alle diese Interes-

* Iris Meyers Dissertation: »Die Pflicht des Ehegatten zum wirtschaftlichen Beistand«, Bern 1941. Eine Besprechung der Dissertation findet sich in der Januarnummer der Berner Juristenzeitung des Jahres 1942.

Iris mit Fritz »Tött« Banderet, um 1939

sensdifferenzen nicht vollere Wirklichkeit waren als die Lust, ein Buch zu lesen oder irgendeinen bestimmt gearbeiteten Kasten schöner als einen anderen zu finden. Mit dieser Einsicht war aber dem Entscheid für juristische Berufsarbeit der Boden entzogen.

Die Folge dieser Einsicht war eine tiefe Depression. Iris Meyer kam zum Schluss, dass sie alles falsch gemacht hatte. Sie geriet in einen Strudel der Verzagtheit und haderte mit ihrem Schicksal. *Wie soll ich es Dir deutlich machen,* schrieb sie am 11. Mai 1941 an ihren Studienfreund Fritz »Tött« Banderet, *dass mir das Leben unerträglich geworden ist. Ich habe nur ein Gefühl: sinnlos – sinnlos – sinnlos. Immer wieder durchgehe ich mein Leben, und immer mehr scheint mir, dass ich zu aller Marter auserlesen bin und dazu prädestiniert, mich umzubringen. Es ist nur eine Frage der Zeit. Wenn ich mich nur an einige glückliche Tage erinnern und mir sagen könnte, es lohnt sich zu leben, weil solche Tage wiederkommen werden. Ich kenne keinen Tag, den ich wieder zurückrufen möchte, keinen einzigen. Ich glaube, ich werde mir eine Pistole kaufen und mich durch den Kopf schiessen.*

An der Universität hatte es noch diesen kleinen Kreis von Freunden und Wohlgesinnten gegeben. Jetzt aber gab es ausser den nächsten Verwandten und Fritz Banderet, mit dem sie nach einer gescheiterten Liebesbeziehung eine enge Freundschaft verband, niemanden mehr. *Ich weiss gar nicht, was das ist, aber es kommt mir vor, die anderen Leute seien ein Schlag für sich und ich allein anders. Es kommt mir vor, als hätten alle die, mit denen ich in Berührung komme, eine Art stille Vereinbarung unter sich gegen mich. Es ist mir, als hätte ich in ihren Augen irgendein Merkmal, das jedem sofort in die Augen springt, und nur ich wisse nicht, was es sei. Wo ich bin, ist Feindesland. Ein Getriebe von irrsinnigen Ameisen. Ich habe mich überall so angestrengt, und es ist alles so sinnlos. Ich bin angeekelt vom Treiben dieser Welt, ausgehöhlt von der Zermürbung und Verfaulung von allem, was mir schön, grossartig und liebenswert erschien, angeekelt von der Dummheit, Bosheit und Kälte überall.*

Iris Meyer wähnte sich abgeschnitten von der Welt, dem Leben und der Liebe. »*Verlangend Herz sei Du Dir selbst genug*«, *heisst es in einem Gedicht von Leuthold. Wenn ich es doch nur könnte. Was aber hätten dann die Sonne, die warme und kalte Luft, das Singen der Vögel, die Farbe und der Duft der Blumen noch für einen Sinn?*

Es musste doch irgendwo einen lebendigen Menschen geben! *Du denkst wohl*, so Iris an Banderet, *es fehle mir an Tapferkeit. Nein, ich wäre bereit, mich in alles Leben zu stürzen, wenn ich nicht so gänzlich von jedem Leben verlassen wäre. Ich bin unter Leuten, und es kommt mir vor, ich sei der einzige lebendige Mensch unter ihnen. Ich suchte nach nichts anderem als nach einem Zeichen von seelischer Schönheit bei ihnen, und ich sehe nichts, gar nichts. Sie sprechen, und ich höre nirgends einen Ton von Liebe, gar keinen. Oder dann verstehe ich ihre Sprache nicht und sie nicht die meine. Es kommt mir vor, ich sei der einzige fühlende Mensch unter lauter Holzpuppen. Wie bin ich fremd hier, aber wo bin ich nicht fremd? Wie merkwürdig, dass ich fast jeden neuen Tag den Trost und die Liebe, auf die meine Seele hofft, erwarte, obwohl sie nie zu kommen scheint; wie merkwürdig, dass sie nie kommt, wenn ich sie so sehnlichst rufe. Als gespenstische Wahrheit taucht immer wieder das Bild der Madame Bovary in mir auf.*

Eine erfüllende Arbeit, Freundschaft und Liebe. Das waren die grossen Ziele gewesen. Jetzt sass sie da, in den schlecht geheizten Räumen des Zürcher Bezirksgerichtes, lebendig begraben und ohne jede Hoffnung auf eine bessere Zukunft. *Das alles ist verschwendetes Leben, verschwendete Kraft. Es ist alles für mein Verderben bereitet. Alles in meinem Leben scheint mir sinnvoll einem Selbstmord zuzusteuern.*

Ihren ganzen Lebensfilm betrachtete Iris Meyer im Frühling 1941 durch die schwarze Brille. Nicht streng genug konnte sie dabei gegen sich denken. Die Vierundzwanzigjährige hatte Weinkrämpfe und verglich ihr Leben mit einem *Aschenhaufen*. Ihre Briefe an Fritz Banderet machen den fragilen Kern einer im Innersten verzweifelten Frau sichtbar, deren Lebenshunger dramatisch schnell in rasende Todesbereitschaft umgeschlagen war.

Ich kann es noch fast nicht glauben, schrieb sie am 25. April 1941, *dass es mein Schicksal sein soll, mich umzubringen. Aber ich glaube, es ist mir tatsächlich nichts anderes mehr bestimmt. Mein ganzes bisheriges Leben kommt mir vor wie ein ungeheurer Kampf gegen den Selbstmord. Ich habe, um mich am Leben zu erhalten, mir Träume angenommen, in deren Verwirklichung ich meinen Lebenszweck sah. Ich habe an jedem einzelnen Traum festgehalten, bis er sich nicht mehr halten liess, und jetzt habe ich keine mehr. Heute abend ist mir eingefallen, dass alles, was uns Menschen beschieden ist, höchstens Glück im Unglück ist. Mir scheint überhaupt nichts auf der Welt selbstverständli-cher als Kinder, die weinen, und junge Leute, die vor Weltschmerz fast vergehen.*

Fritz Banderet versuchte Iris zu helfen, so gut er konnte. Er schrieb ihr lange Briefe, tröstete sie, versuchte sie aufzumuntern und besuchte sie, wenn der Aktivdienst es ihm erlaubte. Vielleicht haben seine Briefe ihr im schwierigen Frühling 1941 sogar das Leben gerettet. Auf jeden Fall hatte er grossen Einfluss darauf, dass Iris sich Ende Mai vornahm, *wieder das Staatsexamen als Ziel zu wählen und blindlings darauf loszusteuern,* auch wenn es ihre Seele nicht berührte.

Aber es gab noch einen anderen Grund, der sie vom Sterben abhielt: *Was mich am meisten am Selbstmord stört,* vertraute sie Banderet an, *ist, dass ich kein Erbe hinterlasse, kein geistiges.* Zwei Jahre später wird Iris diesen Gedanken in einem Brief an Peter wieder aufnehmen: *Wenn man entschlossen vor dem Nichts steht, dass heisst, wenn man in nichts einen Wert sieht, wenn einem die eigene Geburt als freches Spiel einer göttlichen Laune vorkommt, das eigene Leben nur geboren, damit Gott einen auslachen kann, wenn man sich als gänzlicher Fremdling auf dieser Welt erscheint, die andern Leute als irrsinnige Ameisen und entschlossen ist, dem Leben, bis ins Innerste beleidigt, abzusagen, so erfährt man eine merkwürdige Eingebung: Man denkt an die Erbschaft. Man fragt sich, »was hinterlasse ich auf dieser Welt«. »Noch nichts«, sagt man sich, »aber ich muss doch etwas hinterlassen; der Tod hat keinen Sinn, wenn man nichts hinterlässt.« Und aus diesem Hauch eines Gedankens erwächst die Überzeugung, dass man da ist, um etwas zu »tun«. Wenn dieses Gefühl mächtig geworden ist, öffnet es einem die Augen.*

16
KONFLIKTE

Nach dem Abschluss ihres Praktikums und bestandenem Staatsexamen beschloss Iris, die Jurisprudenz an den Nagel zu hängen und sich dem Journalismus zu widmen. Ohne zu zögern, griff sie zu, als ihr Adolf Guggenbühl im Schweizer Spiegel-Verlag eine Stelle als Journalistin und Redakteurin anbot. So schrieb sie – immer noch unter Pseudonym – für fast jede Nummer des »Schweizer Spiegels« einen Artikel, war in die redaktionelle Arbeit der Zeitschrift involviert und betreute Buchprojekte des Verlags. *Mir wurde klar, dass die Journalistik für mich das einzig richtige war und dass ich seit jeher nichts anderes gewollt hatte. Also wurde das Berufsziel auf Zeitschrift-Redaktorin präzisiert.*

Zum erfüllenden Beruf kam die Liebe. Ende 1941 lernte Iris den Zürcher Juristen August Rebsamen kennen, der in der Bundesverwaltung in Bern arbeitete und als Hauptmann der Artillerie Aktivdienst leistete. Zwischen den beiden entwickelte sich eine Liebesbeziehung, die aus gegenseitigen Wochenendbesuchen in Bern und Zürich und einem Briefwechsel bestand.* Iris war erst ausser sich vor Freude, geriet dann aber schnell in den Sog eines gigantischen Misstrauens, war plötzlich von einer geradezu hektischen Empfindsamkeit in bezug auf alles, was sich auch nur im Ansatz als Entzug von Sympathie deuten liess. Es fiel ihr schwer zu glauben, dass es Rebsamen wirklich ernst mit ihr meinte. Mit Argusaugen analysierte sie jede seiner Gesten, legte sie jedes seiner Worte auf die Goldwaage und ertrug nicht die geringste Abwendung seines Blickes. *Fast möchte ich Dir einen*

* Erhalten sind nur die Briefe von August Rebsamen.

Vorwurf machen, scherzte Rebsamen, *dass Du meinen Brief vierzehn Mal gelesen hast.* Das Lachen sollte dem jungen Mann aber schnell vergehen, denn alles, was sich nur irgendwie als Unfreundlichkeit auslegen liess, empfand Iris als Liebesentzug und Verrat. Die Folge waren heftige Vorwürfe, verbale Attacken, die für Rebsamen nicht ohne psychische Schrammen abgingen. Iris fühlte sich zu wenig geliebt, verlangte immer neue und tiefere Liebesbeweise, die kaum zu erbringen waren.

Ist es so schwer, Dich glücklich zu machen? fragte Rebsamen, den die heftigen Auseinandersetzungen zunehmend irritierten. *Ich kann Dir auch sagen, warum ich unter dem Streiten so leide: Weil Menschen, die Vertrauen zueinander haben, nicht streiten müssen. Allermindestens nicht auf die grausame Art, wie wir es getan haben. Möchtest Du einmal mit mir zusammensein? Ich möchte ganz fest. Du Liebe! Ich habe Dich gern. Ich bin ganz erfüllt von Dir.* Für Iris waren Rebsamens Liebeserklärungen nicht glaubwürdig genug. Er sei nicht bereit, warf sie ihm vor, sie ganz zu lieben. *Wie sollte ich nicht dazu bereit sein,* verwunderte sich dieser. *So viel in dieser Beziehung tönt für mich nach Verteidigung, und ich will mich nicht verteidigen müssen. Ich bin Deiner sicher, das ist wahr. Lösch doch das Licht nicht aus, es brennt stark, sehr stark, aber ewig dreinblasen darfst Du nicht.*

August Rebsamen sah in Iris Meyer eine in allerlei Zwängen verstrickte junge Frau. *Ich flehe auf den Knien darum,* schrieb er ihr im Januar 1942, *dass Deine Seele einmal wollen darf. Du hast am letzten Samstag gemeint, es sei alles nicht recht an Dir. Was mich erschüttert hat, ist eben, dass Du so wenig Selbstvertrauen hast und auch so wenig Vertrauen in mich.* Die Ursache für ihr fehlendes Selbstvertrauen sah er in ihrem Elternhaus, von dem sie ihm ausführlich erzählt haben muss. *Es tut mir so leid, dass Du das grosse Glück, das uns Menschen von den Eltern werden kann, nicht kennen durftest.*

Auf schwierige Wochen folgten im Februar 1942 vorübergehend lichte Momente, die Rebsamen wieder zuversichtlich stimmten. *Weißt Du, wie lieb Du sein kannst? So lieb, dass ich manchmal nicht fassen kann, wieso Du Sachen sagen kannst, die so bös tönen für mich.* Als Iris Ende Februar 1942 neue Vorwürfe erhob, war die Beziehung am Ende. *Was ich einzig noch möchte,* verabschiedete sich Rebsamen am 3. März 1942, *ist Dir etwas helfen, weil ich weiss, wie schwer Du es hast. Ich möchte wissen, warum es Dir so schwerfällt, Deine Mitmenschen zu lieben?*

Iris war über Rebsamens Rückzug genauso traurig wie empört. *Die Beziehung zu Rebsamen endete nicht so,* wird sie Jahre später schreiben, *dass ich ihm Gutes wünschte.*

Ein halbes Jahr nach der Trennung von August Rebsamen brach Iris mit Adolf Guggenbühl und verliess den »Schweizer Spiegel-Verlag« im Streit. Der Grund war eine heftige Auseinandersetzung, die dazu führte, dass sie ihr Leben lang kein Wort mehr mit ihrem Onkel sprach und ihm auch nie mehr die Hand reichte. Die genauen Umstände des Streites liegen im dunkeln. *Du hast einmal gesagt,* so Adolf Guggenbühl zehn Jahre später an Iris, *es wäre für Dich die grösste Befriedigung, mir einen möglichst grossen Schmerz zuzufügen. Dieser Wunsch ging sicher in Erfüllung. Deine Abkehr von mir gehört zu den ganz grossen Enttäuschungen meines Lebens.*

Wie war es dazu gekommen? Alles, was sich darüber noch herausfinden lässt, steht in Andeutungen, die Adolf Guggenbühl in sieben Briefen macht, die er Iris nach ihrer Trennung schrieb. In seinen ersten Briefen bezeichnet er ihre *Zerrüttung als eine Art Missverständnis,* spricht er von *meiner tiefen unzerstörbaren Zuneigung, meinem echten Hingerissensein zu einer verwandten Seele.* Ein Jahr später, 1946, sieht er ein, *dass ich Dich sehr oft tyrannisierte, dass damit zu meiner Zuneigung zu Dir ein Gefühl hinzukam, dass man nicht mehr als freundschaftlich bezeichnen konnte. Falsch war die Masslosigkeit der Beziehung, die zu grosse Intensität der Beziehung, die ich wollte.*

Spielt Adolf Guggenbühl damit auf seinen Besitzanspruch an Iris an? War der Onkel, von dem sich Iris bereits 1938 vorübergehend getrennt hatte, womöglich nicht bereit, das intensive Va-

Adolf Guggenbühl-Huber im Mai 1944

ter-Tochter-Verhältnis aufzulösen und neu zu definieren? Hat er statt dessen versucht, die zentrale Stellung im Leben seiner Nichte – *es gibt niemanden, mit dem ich besser reden kann als mit Dir, der mich mehr anregt als Du*, schreibt er ihr 1952 – mit allen Mitteln zu bewahren? Meint er mit diesem anderen *Gefühl, das zu meiner Zuneigung hinzukam*, seine Verlustangst, mit der er Iris zu *tyrannisieren* begann? In einer *ungesunden Symbiose und einem schwierigen Ablösungsprozess* vermutet Sohn Adolf Guggenbühl-Craig die Ursache des Konfliktes zwischen seinem Vater und Iris Meyer. In der Tat deutet vieles darauf hin, dass sich hinter ihrem Spannungsverhältnis ein klassischer Ablösungskonflikt verbirgt. *Eine solche Masslosigkeit der Beziehung muss sich ja immer rächen,* scheint Guggenbühl diese Vermutung in einem seiner Briefe an Iris gleich selbst zu bestätigen, *besonders dann, wenn ein Partner so viel jünger ist und sich deshalb nicht wehren kann. Und es ist wahr, daran dachte ich auch zu wenig. Du kamst mir, nicht physisch, aber geistig, immer wie gleich alt vor.*

Vorstellbar ist auch, dass es zwischen Onkel und Nichte zu beruflichen Auseinandersetzungen kam. Unklar ist beispielsweise, weshalb Iris 1942 immer noch unter ihrem Pseudonym »Marie Töndury« schrieb, obwohl ihr das zu Beginn der vierziger Jahre nicht mehr behagte. Gut möglich, dass der patriarchalische Onkel, der die Zügel des »Schweizer Spiegels« straff in seinen Händen hielt, die berufliche Emanzipation seiner Nichte, die davon träumte, *später einmal eine eigene Zeitschrift zu redigieren,* nicht vertragen hat.

In seinem letzten Brief an seine Nichte zieht Adolf Guggenbühl wenige Tage vor seinem Tod eine Bilanz ihrer Beziehung: *Ich weiss,* schreibt er im Januar 1971, *dass kaum die kleinste Hoffnung besteht, dass dieser Brief eine Wirkung hat, aber ich schreibe trotzdem. Dieses Jahr werde ich 75, ich bin also wirklich ein alter kranker Mann. Wenn ich auf mein Leben zurückblicke, in dem Du eine sehr wichtige Rolle spieltest, so sehe ich heute ein, dass ich Dich seinerzeit sehr geschädigt habe. Wie es dazu kam, ist zu kompliziert, um in wenigen Zeilen dargestellt zu werden. Ich glaube aber, ich habe Dich trotzdem mehr gefördert als Dir Schaden zugefügt.*

Der Brief des Onkels versetzte Iris in Rage. *Nein!* schrieb sie mit spitzem Bleistift in den Brief hinein. *Der Schaden war irreparabel und lebenslänglich.* Diese Worte sind Iris' einziger erhalten gebliebener Kommentar zu ihrem Bruch mit Adolf Guggenbühl. Sie belegen, dass sie den Einfluss ihres Onkels auf ihr Leben auch dreissig Jahre nach ihrem Bruch immer noch negativ bewertet hat.

Nach ihrem Ausscheiden aus dem »Schweizer Spiegel-Verlag« wollte Iris unbedingt als Journalistin und Redaktorin weiterarbeiten. Ihre zahlreichen Bewerbungen blieben mit einer Ausnahme ohne Erfolg. Die Luzerner Firma C. J. Bucher AG, ein kleines Verlagshaus mit grosser Druckerei, bot ihr im Frühjahr 1943 eine Stelle als Direktionssekretärin und redaktionelle Mitarbeiterin bei der Familienzeitschrift »Heim und Leben« an. Iris blieb keine andere Wahl, als die Stelle anzunehmen. Im Gegensatz zum »Schweizer Spiegel« konnte sie sich mit »Heim und Leben« aber in keinem Augenblick identifizieren. *»Heim und Mumien«*, schrieb sie in einem ihrer ersten Briefe an Peter, *wäre besser als »Heim und Leben«. Ich sage mir: Möglichst viel Technisches von den andern lernen, daneben die Möglichkeit benutzen, meine eigenen Auffassungen für mich selbst zu vertiefen und zu bereichern, um sie, soweit ich es mir leisten kann, schon bei dieser Arbeit zu realisieren, jedenfalls aber, um mir ein berufliches geistiges Kapital zu schaffen, welches dann später Zinsen tragen soll.*

Als Peter darauf mit der Bemerkung reagierte, dass die Arbeit, die man leiste, keine besondere Bedeutung habe, war Iris entsetzt. *Kann man zu einem Menschen etwas Verletzenderes sagen? Da erstarre ich wirklich. Können Sie sich denn gar nicht vorstellen, dass ich seit ca. 12 Jahren darum kämpfe, dass ich die Arbeit habe, welche mir gemäss ist? Können Sie sich denn nicht vorstellen, dass jeder Fussbreit Boden in diese Richtung mit Anstrengung, Mühe, Tränen, Schweiss und Blut erkämpft ist? Und die sogenannte »Befriedigung«, welche die Arbeit gibt, ist die Freude, sich entfalten zu können. Wenn man schon auf dieser Welt arbeiten muss, weil keine gebratenen Tauben herumfliegen, so doch etwas, das einem zusagt, für das man sozusagen geboren ist. Haben Sie denn noch nicht gemerkt, dass das »Werk« das*

Beste der menschlichen Aktivität ist, abgesehen von der Liebe (aus vielen Gründen: zum Beispiel, weil es grosse Selbstbeherrschung ist, weil man sich opfert, nicht mehr an sich, sondern an die Sache denkt etc.)? Und können Sie sich denn gar nicht vorstellen, dass mir das Schreiben eines guten Artikels wichtiger ist als ob ich an den Füsse friere, wichtiger als zu schlafen und zu essen (ich esse und schlafe aber gerne und viel), dass ich mich wegen einem wichtigen Ausdruck hintersinne, weil ich es mir und meinen Fähigkeiten einfach schuldig bin? Können Sie sich nicht vorstellen, dass mein Traum eine ausgezeichnete Zeitschrift ist, und bevor ich daran bin, alle andere Arbeit immerhin nützliche Schritte sind, die mich diesem Ziel näherbringen und darum nie für mich unwesentlich sind? Verstehen Sie denn gar nicht, dass die Arbeit ein Stück von mir selber ist? Und das ist Ihnen gleich? Was stellen Sie sich denn unter der Adressatin Ihrer Briefe vor? Ein unbekanntes Wesen, das Ihnen schreibt. Dann wäre Ihnen mit einem Briefkasten in einer Familienzeitschrift auch gedient. Vielleicht genügt Ihnen der Hinweis auf »Frau Hannelore antwortet« in »Meyer's Frauen- und Modeblatt«.

Iris Meyer war nicht bereit, von ihren Zielen abzurücken und sich von einer Gesellschaft, die einer nach Unabhängigkeit strebenden Frau nur Hindernisse in den Weg legte, ersticken zu lassen. *Es ist so viel schwieriger für ein weibliches Wesen,* beklagte sie sich bei Fritz Banderet, *irgendwie am Leben teilzunehmen, als für einen Mann. Andächtig vor lauter patriotischer Andacht stand ich einst vor dem Bundeshaus, wo in mir etwas wie Stolz auf die Zugehörigkeit und Aufnahme in die Geschichte und Gestaltung unseres Landes aufkam. O Gott, ein Stolz, und das grüne Vertrauen eines Parzivals. Die Zugehörigkeit und Aufnahme war einzig in meinem Kopf und sonst nirgends. Und der Respekt vor der Regierung wurzelte in dem Axiom, dass nur die bedeutendsten Köpfe mit edlem Ernst die schicksalsvollsten Geschäfte des Landes in die Hand nähmen. Jetzt kommt mir das alles vor wie ein Indianertanz eines fremden Volkes und ich irgendwo an einem Marterpfahl unter diesen Wilden. – Irgendwie schwebte mir mit 20 noch dumpf-stolz-glücklich vor, in die Fussstapfen der Vorfahren zu treten, um meinen Solidaritätsbeitrag an die gemeinsame Würde zu zahlen. In Wirklichkeit sind die Frauen überall überflüssig oder verachtet oder eine unangenehme Konkurrenz. Aber warum empfinde ich allein das? Andere Frauen geben sich stumpf und stumm und zum Teil noch zufrieden mit dem Los ab, das ihnen die Männer zuweisen. Sie sind Schatten, weil sie die Männer als Schatten haben wollen. Aber ich will keine Schattenexistenz sein. Lieber tot. Ein einziger rascher scheusslicher Schmerz ist doch noch besser als ein Gekett von Demütigungen, als ein langes Zutodemartern des Herzens. Hin und wieder bin ich, ganz aufgeweicht vom Elend, über diesen Entrechtungszustand so rasend, dass ich jemanden totschlagen möchte.*

Die Erfahrung weiblicher Diskriminierung verletzte Iris Meyer zeit ihres Lebens in ihrem Gerechtigkeitsgefühl und löste schwer kontrollierbare Gefühle von Wut und Aggression in ihr aus. Die starke emotionale Reaktion war aber nur die eine Seite ihrer Persönlichkeit. Eine andere war ihr Bedürfnis, die gesellschaftliche Lage der Frauen einer profunden intellektuellen Analyse zu unterziehen. Das 1958 erschienene Buch »Frauen im Laufgitter« ist ein eindrücklicher Beleg dafür.

Leidenschaftliches Gefühl und kühle Analyse. Zwischen diesen beiden Polen liegt die Spannweite von Iris Meyers Persönlichkeit. Im Kampf um ihre Selbstverwirklichung war sie eine Extremistin, ging sie über Jahre an die Grenzen ihrer Belastbarkeit. Dass sich ihre Ideale nicht mit der Realität deckten, hat sie immer wieder von neuem verletzt und verstört. Die Erfahrung des Scheiterns liess die unerschrockene Idealistin schnell zu einem desillusionierten und bedürftigen Menschen werden. Die Nachtseiten im Leben der Iris Meyer waren Depressionen, Erschöpfungszustände und möglicherweise psychosomatische Störungen.

In den Augen ihrer Zeitgenossen hatte Iris' Persönlichkeit etwas unheimlich Angestrengtes, etwas Übertriebenes und Verbissenes an sich. Ihre grosse Ichbezogenheit und das ihr fehlende Sozialgefühl irritierten die Menschen in ihrem unmittelbaren Umfeld genauso wie ihre mangelnde Selbstbeherrschung und gebieterische Gebärde. Zeitzeugen berichten, dass sie die junge Iris Meyer als durch und durch faszinierend und gleichzeitig als unausstehlich erlebt haben. Mit ihrer Intelligenz, Extravaganz und Schönheit war sie ebenso gewinnend, wie sie es mit ihrer Strenge, Launenhaftigkeit und Reizbarkeit – in ihren Briefen gibt es eine grosse Anzahl nicht druckfähiger Äusserungen – geschafft hat, Leute zu verletzen und in die Flucht zu schlagen.

Wenn ich mein Temperament betrachte, schrieb sie 1945 an Peter, *so finde ich es leidenschaftlich. Nicht im romantischen Sinne, sondern im buchstäblichen. Da ist Initiative, Energie und Kraft, aber gleichzeitig eine Erregbarkeit, eine Bereitschaft, augenblicklich vollständig aus dem Gleichgewicht zu kommen, die mir ungemein schadet. Weniger, weil sie äusserlich sichtbar würde, als darum, weil sie mich lähmt, gewissermassen viele meiner Fähigkeiten augenblicklich suspendiert. »Herzklopfen«, »kochende Wut«, »zehrende Angst«, ja sogar Verzweiflung, alles Requisiten aus den Romanen, sind mir zum Schaden eine alltägliche Selbstverständlichkeit. Während diese Erregbarkeit, wenn sie im sympathischen Sinne geschieht, meine Denkfertigkeit steigert, so schadet sie mir in ungeheurem Masse, wenn sie durch etwas Unsympathisches ausgelöst wird. Ich besitze also die Leidenschaftlichkeit auch ganz massiv im Sinne des Leidens.*

Höchste Ansprüche stellte Iris auch an die Liebe. Sie wollte eine Beziehung, die ihrem Bedürfnis nach emotionaler Bindung genauso Rechnung trug wie ihrem Drang nach Selbstverwirklichung. Ein Anspruch, den viele Frauen ihrer Generation stellten und nur wenige realisieren konnten. In einer Beziehung suchte sie nichts Geringeres als *die grosse Liebe und die Identität mit der eigenen Person,* wie Hannah Arendt ihre Beziehung zu ihrem späteren Ehemann Heinrich Blücher 1937 euphorisch beschrieb. Der jungen Iris Meyer war dieses Glück nicht vergönnt. Immer erwartete sie mehr, als sie bekommen konnte. Nach der Trennung von August Rebsamen wurde ihr klar, wie das grosse Bedürfnis nach Zuneigung ihr Verhalten bestimmte. *Diese grässlichen Gewitter,* schrieb sie an Banderet, *die mich überfallen, wenn ich mit jungen Männern zusammen bin. Mein Bedürfnis nach Freundlichkeit steigert sich masslos, ebenso meine Empfindlichkeit. Jeder Zug von Gleichgültigkeit oder was ich irgendwie als Unfreundlichkeit auslegen könnte kränkt mich wahnsinnig. Ich werde etwas verbittert und immer empfindlicher. Die Gleichgültigkeiten und Unfreundlichkeiten häufen sich naturgemäss. Ich werde immer gekränkter und immer liebesbedürftiger. Und nun kommt vielleicht plötzlich etwas Liebes, das mich sehr rührt, und jetzt verwerfe ich es höhnisch und beleidige ihn für das Liebe doppelt, mir selbst zur Qual, und meine Qual freut mich. Nun packt mich die Lust, vor Leuten, die ich gut mag, verabscheuungswürdig zu erscheinen, immer mit der Hoffnung, sie sähen hinter der Maske die Wahrheit, aber sie sehen sie nicht, zuletzt greife ich noch einmal ganz bösartig aus, und dann überfällt mich grenzenlose Trauer, als ob die Welt zusammenbräche. Und das alles spielt sich in mir ab, und niemand weiss es, und alle sind unfreundlich mit mir.*

Was der jungen Iris Meyer fehlte, waren die Ruhe und Gelassenheit eines Peter von Roten. Wie gut hätte ihr eine Prise seiner ironischen Distanz zu sich und der Welt getan! Statt dessen aber wollte sie der feindlichen Welt um jeden Preis die Stirn bieten. Eine erfolgreiche Frau musste selbstbewusst, stolz und kühl sein. Sie musste denken und handeln wie ein Mann. Iris Meyer war nicht die erste Frau, die sich diese Haltung aneignete und scharf zwischen privater und öffentlicher Rolle unterschied. *Während einem sonst überall das Gebot der Selbstbehauptung einschränkt,* erklärte sie Peter Ende 1943, *so lieb und gut zu sein, wie man eigentlich möchte, ist man in einer Liebesbeziehung viel weniger behindert, den andern Liebes zu erweisen, weil man sich nicht so heftig verteidigen muss. Denn der andere ist ja auch darauf eingestellt, einem möglichst viel Liebes zu erweisen. Gilt sonst für den Verkehr mit der Aussenwelt meist: »Sei immer gut, doch nie zu gütig, die Wölfe werden sonst leicht übermütig«, so hat man es in einer Liebesbeziehung nicht mit Wölfen zu tun und kann endlich der gute Mensch sein, der man ja eigentlich ist. Man muss nicht mehr die Maske eines Bösen anhaben, damit die andern, Bösen, Angst vor einem haben und von ihr in Schach gehalten werden. Ich denke mir die Gründung einer eigenen Familie immer als die Gründung eines kleinen Reiches der Liebe, wo die Beteiligten sich Liebes erweisen, einander überbieten wollen. – Während ich es schwer finde, gegenüber der Umwelt Liebe zu üben, weil hier der Kampf der Selbstbehauptung ausgetragen wird, so dünkt mich die Liebesbeziehung zu einem Mann und die Beziehung zu eigenen Kindern ein goldener Boden, um seine Liebesfähigkeit zu betätigen.*

VIERTER TEIL

Was Feminismus bedeutet, hat natürlich – so kompliziert der Begriff ist – doch wieder in einer Nussschale Platz, es ist nichts anderes als die wohlbekannte Förderung der Gleichberechtigung der Frau gegenüber dem Mann.

Iris Meyer an Peter von Roten, 21. Juni 1944

17
DIE FEMINISTIN

Nach zahlreichen erfolglosen Bewerbungen hatte Iris Meyer im Herbst 1943 ganz plötzlich Glück. Das »Schweizer Frauenblatt« in Zürich offerierte ihr auf Anfang 1944 eine Anstellung in der Redaktion. *Es ist das Organ der organisierten Frauen,* teilte sie Peter mit *und bezweckt Verflechtung der Fraueninteressen und Frauenaufgaben.**

Iris konnte sich keine bessere Aufgabe vorstellen und freute sich auf ihre Rückkehr nach Zürich. Besonders entgegen kam ihr die Aussicht, nach einer halbjährigen Einarbeitungszeit die Redaktion des Frauenblattes selbständig zu übernehmen. *Merkwürdigerweise,* berichtete sie Peter von ihrem Vorstellungsgespräch, *hat man am meisten an meiner frauenrechtlerischen Einstellung gezweifelt und hatte Bedenken wegen meiner »Jugend«.*

Zum ersten Mal in ihrer sieben Monate alten Korrespondenz kam Iris am 1. November 1943 auf ihr grosses Interesse an der Frauenfrage zu sprechen. *Was das Frauenrechtlerische anbetrifft, so kann ich mir nicht vorstellen, wie man es noch glühender sein könnte, jedenfalls habe ich noch niemanden gesehen, der frauenrechtlerischer als ich gewesen wäre. Es ist im Augenblick allerdings nicht Mode, im Gegenteil: Es gehört allgemein, vor allem auch unter den jungen Mädchen, zum guten Ton, darüber zu lachen. Ich finde das kurzsichtig. Ich stehe also gewissermassen allein da. Anderseits kommen mir die Angehörigen der verschie-*

* Offizielles Organ des Bundes Schweizerischer Frauenvereine BSF (1919–1979).

denen Organisationen, die offiziellen Schweizerischen Frauenrechtlerinnen anders als ich vor. Irgendwie scheint mir, diese vertreten die Geltung des weiblichen Prinzips nur partiell, während es doch auf das Ganze ankommt. Dies nur kurz. Ich könnte darüber länger als 1000 und 1 Nacht reden.

Peter war über alle Massen erstaunt. Iris Meyer eine Frauenrechtlerin? Wie ein Stachel, nein, wie eine Harpune sass ihm der Schock im Nacken. Das erste Bild, das vor seinem inneren Auge auftauchte, war die alte Meta von Salis, in der er und seine Brüder immer eine böse alte Jungfer gesehen hatten. Er wusste nicht, was er antworten sollte. *Beim Beten des Rosenkranzes,* schrieb er in sein Tagebuch, *kam mir der genaue Begriff unseres Verhältnisses in den Sinn: Iris Meyer langweilt mich. Obschon ich ihr alle Weisheit und Tugend zuerkenne. Aber sie hat etwas weiss Gott wie Frauenrechtlerisches, was den Tod des Fraulichen bedeutet.*

Schliesslich fasste Peter seinen Schock auch Iris gegenüber in Worte: *Ich muss sagen, dass die Nachricht, dass Sie Frauenrechtlerin seien, mich mehr beeindruckte, als wenn Sie sich als Morphinistin oder Mädchenhändlerin entpuppt hätten. Ich frage mich, ob es wohl möglich sei, dass so etwas Grauenhaftes vorkomme, und mir scheint, alle Tugenden in Ihnen seien dadurch in Laster verkehrt. Die Sache scheint mir unfassbar, ich muss Ihnen – das erfordert die Ehrlichkeit von mir – gestehen, dass ich Sie in meinem tiefsten Innern nun viel weniger ernst nehme. Ich stelle Sie mir vor in einer Versammlung alter Jungfern auf dem Rednerpult. O wie wüst, wie wüst.*

Iris reagierte mit einem achtzehnseitigen Brief. *Ihr Brief mit seinen Erörterungen ist mir in der Seele zuwider. Denn es ist mir zuwider, mich gegen einen Mann verteidigen zu müssen, den ich vielleicht gern habe. Was ich Ihnen nicht verzeihe, ist, dass irgendein Schlagwort mich in Ihrem Herzen ausstechen sollte. Durch das Wort »frauenrechtlerisch« sollten Sie nicht mich anders sehen, sondern durch mich, d. h. meine Existenz, sollten Sie den Begriff »frauenrechtlerisch« – ich möchte noch nicht sagen revidieren, sondern schliesslich auch nur, weil ich damit zusammenhänge – günstiger präsumieren. So müsste es sein! Nein, ich kann es wirklich nicht glauben, dass Sie mich nun weniger ernst nehmen. Es wäre zu dumm. Und anderseits habe ich es so nötig, dass Sie mich ernst nehmen, es gehört fast zu meiner Lebensatmosphäre. Da sehen Sie, was Sie in der Hand haben. Nur ein Wort von Ihnen, und die Augen füllen sich mit Tränen, und alles erscheint mir langweilig, und nur ein anderes Wort und ich habe Freude und finde alles interessant, denke, dass mir nichts, auch gar nichts passieren kann.*

Er solle sich besser durch Argumente von ihrer Ansicht überzeugen lassen, bemerkte Iris weiter, als weiter Hohn und Spott über sie auszugiessen.

Wenn ich die Erklärung dafür suche, wieso »frauenrechtlerisch« sozusagen als Schande gilt und von den jungen Mädchen, d. h. genauer meiner Generation, geflissentlich gemieden wird, so muss ich nur mich selber fragen, was mich gehindert hat, mit den Frauenvereinsangehörigen in Verbindung zu treten, ja sogar, was mir dieselben wie Angehörige einer andern Welt erscheinen lässt. Ich weiss genau, was es ist: Irgendwie verbindet man damit die Idee eines freudlosen Daseins, eines Daseins ohne Leidenschaft, ohne Schönheit. Ich empfinde auch den Ausdruck »Frauenrechtlerin« als gänzlich überholt – aber nur weil er für meine Auffassung viel zuwenig umfassend ist –, denn es handelt sich bei der ganzen Frage nun auch um die politischen Rechte der Frauen, vor allem aber um das ihnen gemässe ganze Leben, die Entfaltung ihres Wesens.

Iris Meyer war alles andere als eine traditionelle Frauenrechtlerin. Mit dem weitverbreiteten Bild der männerfeindlichen, unattraktiven und humorlosen Frauenrechtlerin wollte sie allein schon aus ästhetischen Gründen nichts zu tun haben. Zumal sie ein ausgesprochenes Bedürfnis nach schönen Kleidern und Schmuck hatte und Anerkennung bei den Männern suchte. Aber trotz ihrer Vorbehalte empfand sie Achtung und Respekt vor der Leistung der schweizerischen Frauenrechtlerinnen. *Wenn es un-*

ter ihnen viele Frauen hat, deren Lebensauffassung und Art mir nicht gefällt, die sogar einem Teil meines Wesens entgegengesetzt sind, so sage ich mir das: Ohne sie könnte ich nie so leben, wie ich es tue, und zwar: materiell, geistig und seelisch. Und wenn man sie hässlich, einfältig, selbstzerstörerisch findet, wer weiss, was alles Furchtbares und Unrechtes dahinterliegt, das nicht sie gemacht haben, mit dem sie sich aber auseinandersetzen mussten. Tatsache ist, dass die Verhältnisse die Frauen oft gezwungen haben, ein verkümmertes und unentfaltetes Dasein zu führen. Dagegen ist auf verschiedene Art und mit verschiedenen Mitteln versucht worden, eine Änderung herbeizuführen. Diese Versuche waren besonders gegen Ende des 19. Jahrhunderts rigoros. Sie haben aber auch zu etwas geführt. Ich sage hie und da: Das Frauenstimmrecht mache die Frauen schön. Man sollte es einmal probieren!

Beim »Schweizer Frauenblatt« wollte Iris ihr Augenmerk in erster Linie auf die gesellschaftliche Situation der Frauen richten. Missstände mussten deutlich gemacht und Verbesserungen angestrebt werden.

1. Ideelles Ziel:

Wenn man weiblichen Geschlechts ist, so ist die Bestimmung, das weibliche Wesen denkbar intensiv und vielseitig zu verwirklichen. Die inneren und äusseren Verhältnisse sind entsprechend zu gestalten.

2. Praktische Ziele:

a) Den Frauen bewusst machen, welches die wahren Verhältnisse sind und wie ihre Lage ist.

b) Die äusseren Möglichkeiten zur seelischen, geistigen und wirtschaftlichen Existenz der Frauen vergrössern. Der Kampf um den Beruf und das Stimmrecht sind nur einzelne Punkte darin.

Obwohl Iris in ihrem langen Brief mehrfach betonte, dass sie gar nicht erst versuchen wolle, einen Spötter für ihre Anliegen zu interessieren, setzte sie ihre ganze Überzeugungskraft dafür ein, Peter *auf eine andere Ebene zu bringen, welche Ihnen erlaubt, mich ernst, wie gewohnt, zu nehmen. Stellen Sie sich vor, wie interessant es für Sie wäre, eine Ahnung der Problematik des weiblichen Lebens zu bekommen. Das wäre eine Bereicherung, fast wie ein zweites Leben, und Sie würden damit erst die ganze Bedeutung und Wirkung des männlichen Lebens begreifen.*

Peters Antwort liess nicht auf sich warten. *Wenn also etwas in mir erschüttert wurde durch Ihre Mitteilung, Frauenrechtlerin zu sein, so ist es sicher nicht »der Bau meiner Neigung zu Ihnen« (o nein, o nein, nein, nein, nein!), sondern nur der elfenbeinere Turm, auf den ich Sie gestellt habe, erhaben über alle menschlichen Schwächen. Ich möchte fast sagen, dass Sie mir durch das Frauenrechtlerische nähergerückt sind, indem Sie sich dadurch auch eine Schwäche geben: einen Spleen zu haben, wie ich meine Antimilitaristenideen.* Er habe ihre Argumente geprüft, fuhr Peter fort, und sei zum Schluss gekommen, *der Frage der Frauenrechte jene Bedeutung abzusprechen, die Sie ihr geben. Ich weigere mich anzuerkennen, dass irgendwelche frauenrechtlerischen Vereinigungen in der Sache etwas erreicht haben, was nicht als organische Entwicklung der Dinge von selbst gekommen wäre. Und weiter behaupte ich, dass jene organisierten Frauen meistens nicht im Namen der Frauen reden, sondern nur einer aktiven organisierten Minderheit.*

Für Peter war klar, dass berufstätige Frauen ihre Familienpflichten vernachlässigten. *Ich für mich halte vielmehr dafür, dass in einer gegebenen Gesellschaft unter gegebenen Verhältnissen (Industrie, Bildung usw.) die Stellung der Frau in den verschiedenen Klassen einfach eine bestimmte ist. Mit andern Worten: Die Stellung der Frau hängt davon ab, ob fliessendes Wasser im Haus sei oder nicht, ob ein Dienstmädchen da sei oder nicht, ob das Brot gekauft oder selbst gebacken werden muss, viel mehr als davon, ob sie stimmen oder doktorieren kann. Das ist meiner Ansicht nach die Frauenfrage: ob der Mann genug verdient oder ob die Frau auch in die Fabrik gehen muss. Und nicht: ob sie wählen und gewählt werden kann.*

In dem Zusammenhang finde ich, dass schon die Fragestellung eine falsche sei: als ob es die Frauen als eine Kategorie Menschen gäbe, mit eigenen Zielen und eigenem Schicksal. Man kann ja der Kommodität wegen ein Thema so einteilen, aber ob die Einteilung ein Resultat ergibt, möchte ich bezweifeln, eben weil »die Frauen« kein homogener Begriff ist. Andernfalls könnte man auch von der »Männerfrage« reden, was doch absurd wäre. Sie müssen sich doch Rechenschaft geben, dass nur ein verschwindend kleiner Teil der Frauen jene Resultate, von denen Sie reden, geniesst (ich wage da nicht in % zu reden).

Peters abschliessende Bemerkungen, dass sie ihm durch ihr *frauenrechtlerisches Steckenpferd näher, menschlicher und lieber geworden* sei, er sie darin aber *einfach nicht ganz ernst* nehmen könne, brachten Iris aus der Fassung. *Es ist mir zu dumm,* protestierte sie. *Viel zu dumm, solchen Unfug mit mir treiben zu lassen. Wenn Sie eben sagen, Sie können nur lächelnd mit mir über diese Angelegenheiten reden, so ist das eine unseriöse Behandlung des Themas, an welcher mir nicht das mindeste liegt. Bei der man nicht gewinnen, sondern sich nur etwas vergeben kann.*

Ihrer Empörung zum Trotz wollte sie Peter eine letzte Chance geben: *Stellen Sie sich vor, Sie wären mich. Die Frauensache läge Ihnen gleichermassen am Herzen. Und zwar nicht nur platonisch, sondern sie sei für Sie auch eine Existenzfrage. Jeden Tag müssten Sie sich über die Zurücksetzung gegenüber einigen unfähigen Kerlen ärgern, und zwar in beruflich-sachlicher Hinsicht, Kompetenzen-Hinsicht und vor allem noch wirtschaftlicher Hinsicht. Sie hätten sich aber entschlossen, sich trotz dieser Hindernisse durchzusetzen, so zu leben, wie Sie sich selber verwirklichen möchten, und nicht so, wie man bald drohend, bald schmeichlerisch Sie zwingen möchte zu leben. Sie ständen also noch in diesem Kampf. Sie erklären nun einer Person, die Sie gern haben, ganz vernünftig, dass Sie sich mit den Leuten, welche das gleiche Ziel verfolgen, solidarisch fühlen und entsprechend handeln werden. Sie halten diese Person auch für würdig, einen kurzen Abriss Ihrer Auffassung zu erhalten. Und jetzt verfällt diese Person in allerlei Haha und Hihi und schreibt, dass sie für die Sache auch im übrigen nur Hihi und Hoho habe. Vergegenwärtigen Sie sich das genau. Sind Sie soweit? Wirklich?*

Wenn Sie meine ernste Meinung, antwortete Peter, *zur Frauenfrage als Hihi und Haha aufgefasst haben, so tut es mir recht leid, aber ich finde, es wäre eher an mir, beleidigt zu sein, als an Ihnen. Es ist mein Stolz, in keiner Sache eine voreingenommene Meinung zu haben. Ich möchte nur, dass Sie die Loyalität anerkennen, mit der ich die Diskussion aufnahm, sobald ich inne wurde, dass es für Sie eine ernste Angelegenheit sei. Und wenn Sie weiterhin behaupten, ich habe Ihnen nur Hihi und Hoho gesagt, so zeigen Sie damit nur, dass Sie entweder schlechten Willen haben und in Ihrer Dogmatik jede andere Meinung lieber ignorieren wollen oder dann, dass Sie immer noch nicht über jene erste Reaktion meinerseits hinweggekommen sind. Ich finde doch, dass ich ehrlicherweise Ihnen nicht eine Blankovollmacht geben konnte für alle Ihre Überzeugungen in der Frauenfrage. Oder hätten Sie es intelligent gefunden, wenn ich gesagt hätte: »Ich pflichte Ihnen in allem bei, ohne auch nur zu wissen in was«?*

Ich finde es einzig richtig, dass ich vom Turm des Spottes austrat und in der gleichmässigen Ebene des Miteinander-Redens mit Ihnen die Frage erörterte. Und dass ich materiell andere Auffassungen habe als Sie, mögen Sie bedauern, aber es gibt Ihnen kein Recht, darin nur »virtuose Verdrehungsmanöver« zu sehen. Der Dualismus zwischen Mann und Frau existiert selbstverständlich, und er bringt notwendigerweise Kampf mit sich, und gewissermassen sind alle Männer gegen alle Frauen genau wie alle Frauen gegen alle Männer.

Iris konnte nur schwer verkraften, dass der Mann, dessen Fotografie sie stundenlang betrachten konnte, ihr feministisches Engagement nicht unterstützte. *O Sie Stein, Eiszapfen und dürftiger Diskussiönler! Die Leere und Oberflächlichkeit und Nörgelei in Ihren Briefen verkürzt mir das Leben. Wenn Sie wüssten, wie sehr ich gute und liebevolle Worte von Ihnen nötig habe, bitter nötig, Sie würden Sie mir geben. Sie windiger Zauberer, der sich nicht einmal seiner ganzen Zauberkraft bewusst ist und so wenig tut, um meine Seele mit Freude zu erfüllen, wo es schon genügen würde, ein paar liebe Worte aufzuschreiben.*

Peter hielt auch in seinem nächsten Brief an seinen Ansichten fest. Als er kurz darauf ein von Iris gewünschtes Treffen in Zürich einer politischen Veranstaltung und der hohen Bahnkosten wegen kurzfristig absagte, war der Bogen überspannt. *Ihre Briefe,* so Iris, *finde ich Geschwätz, leeres und arrogantes. Für grossmütige Verzeihung dieser Ausdrücke danke ich Ihnen zum voraus bestens. Um mich zu sehen, sind Sie zu lieblos und vor allem zu geizig. Am besten warten Sie ab, bis Sie bei der nächsten Landesausstellung in 50 Jahren als echter Wallisergreis in einer »Walliserstube« in einem Glaskasten Holzlöffel schnitzen dürfen oder Käse essen. Die Reise nach Zürich ist dann in der Entlöhnung für die Niederlassung im Glaskasten inbegriffen. Sie ermüden mich. Sollte es wirklich möglich sein? Ein böser, nörglerischer, gemeiner, kindischer Geist treibt sich in Ihrem schönen und ganz andere Vorstellungen erweckenden Gesicht herum.*

Peter wollte diesen emotionalen Ausbruch nicht auf sich sitzenlassen. Wenn er auch anfänglich über den Begriff Frauenrechtlerin gespottet habe – *auf das sehr wirksame Kampfmittel des Spottes möchte ich in Diskussionen nicht verzichten* –, habe er sich in seinen folgenden Briefen sehr ernsthaft bemüht, mit Argumenten über die Sache zu streiten. *Wenn Sie auf meine Ideen gar nicht eingehen, finde ich es einen mageren Trost, mich als weiss Gott wie schön zu bezeichnen. Sie sollten doch Psychologin genug sein, um zu wissen, dass ein Mann normalerweise eitel ist, und zwar in erster Linie auf seine Intelligenz und erst in vierter oder fünfter Linie auf seine Schönheit. Es ärgert mich, wenn mir Ihre Briefe den Eindruck geben, ich sei ein Narr, aber ein schöner.*

In ihrem nächsten Brief zeigte sich Iris wieder moderater, beklagte sich über ihre andauernde Müdigkeit, das grosse Arbeitspensum und ihre angeschlagene Gesundheit.

Es ist ja schön und recht, antwortete Peter, *dass Sie sich für ein Ideal abarbeiten. Wenn Sie sich aber ruinieren einem Ideal zulieb, so verbrennen Sie das Haus, um die Fenster zu entfrieren. Alles andere dürfen Sie tun, aber nicht sich selbst weh machen und schaden.*

Peters gutgemeinter Ratschlag geriet Iris in den falschen Hals: *Ihre Ratschläge gehen mir auf die Nerven. Den Ton in Ihren Briefen finde ich ein egoistisches säuglingshaftes Reklamiergequäk eines Lümmels, der schauen möchte, wie lange er mir ins Gesicht schlagen kann, bis ich anfange zu weinen. Die Idee, ich lasse mich ausnützen oder ich opfere mich für ein Ideal, finde ich die blässliche Vorstellung einer Person, welche mich gar nicht kennt. Ich arbeite, weil die gebratenen Tauben nicht vom Himmel fallen und ich trotzdem eine gewisse Unabhängigkeit haben will.*

Peter reagierte mit erstaunlicher Gelassenheit auf Iris' verbale Tirade. Ohne Zweifel war er irritiert, aber es entsprach in keiner Weise seinem Charakter, nun seinerseits die Tonlage zu ändern. Vielmehr versuchte er herauszufinden, warum Iris so heftig reagierte. Als er sich danach erkundigte, wollte Iris wissen, ob er eigentlich loyal sei. Die einzige Loyalität zwischen ihnen, antwortete Peter, sei der Streit. *Für mich bedeutet Loyalität,* hielt Iris entgegen, *Solidarität, Treue im weitesten Sinne, keinen Verrat, keine Verleumdungen.*

Absolute Loyalität war für Iris Meyer eine notwendige Bedingung jeder Freundschaft und Liebe. Nur auf diesem Weg konnten Menschen zu wirklicher innerer Übereinstimmung finden. *Würden Sie unter allen Umständen, gegen jedermann, in jeder wichtigen Sache an sich auf meiner Seite stehen?* Peter verstand schnell: Iris war wütend und verletzt, weil er diese Loyalität ihrer frauenrechtlerischen Überzeugung nicht entgegengebracht hatte.

Heute nachmittag, schrieb Peter am 12. November 1943, *ging mir plötzlich eine Erleuchtung darüber auf, was Loyalität sei. Und zwar erfolgte diese Erkenntnis gar nicht verstandesmässig, sondern rein intuitiv: Ich spürte einfach, worin Loyalität besteht:*

nämlich darin, dass man zu jemandem steht, auch wenn es lächerlich wirkt. Es wäre loyal, wenn ich im Grossen Rat bei einem gewissen Abgeordneten – den ich sehr schätze, obschon er nicht unserer Partei angehört – einen frauenrechtlerischen Antrag bekanntgäbe und ihm sagen würde, Sie seien eben ein überragend intelligentes Mädchen, dem zu folgen man sich nicht zu schämen brauche.

Iris freute sich, dass Peter auf den *eigentlichen Loyalitätsbegriff* gestossen war. *Weil ich dermassen mit Ihnen zusammensein möchte,* schrieb sie an Silvester 1943, *nimmt mir die kleinste Ungleichmässigkeit zwischen uns die Gestalt eines Ungeheuers an. Und nun denke ich wieder an unsere Differenzen betreffend feministischer Bestrebungen. Wenn Sie die Probleme nicht ganz erfassen und Ihnen mein Standpunkt für mich nicht das richtige scheint (aber vielleicht hat Ihnen dazu bis jetzt nur die Phantasie gefehlt), so ist unser Zusammensein wie eingeschränkt. Denn die restlose Innigkeit kann nur bestehen, wenn ich Sie in rein gar nichts mir oder meinen Zielen feindlich empfinde.*

Iris Meyers Briefe vom Winter 1943 sind geprägt von ihrem Bemühen, Peter von Roten für ihre feministischen Anliegen zu sensibilisieren. *Als ein junger Mann,* schrieb sie ihm Mitte Dezember 1943, *von dem alle eine bürgerliche Funktion erwarten, glaube ich, dass Sie sich gar nicht vorstellen können, wie es ist, ununterbrochen, ausnahmslos, Jahr für Jahr immer nur zu hören, hoffentlich studiere man nie, wie grässlich, dass man dies und das zu studieren beabsichtige, wie scheusslich, dass man Jurisprudenz schliesslich studiere, wie man davon hässlich werde, keinen Mann bekomme, keine Stelle fände – warum nicht noch, man solle überhaupt nicht leben. Und nachher, wenn alles recht gemacht wurde, heisst es, die Arbeit finden, welche man will, und zugleich das Auskommen, welches man will. Die Demütigung des ständigen Sichaufdrängens habe ich schon längst wie den Keuchhusten passiert. Es gibt noch andere Demütigungen: die vielen Beleidigungen, welche als tägliches Brot mit vorbildlichem Lächeln eingesteckt werden müssen. Die Zurücksetzung gegen-*

Iris Meyer, um 1947

über Männern, die weniger können. Und wenn man endlich allmählich eine Arbeit hat, die einem liegt, die auch Freude bringt und die Möglichkeit, ein wenig anständig zu leben, so hört man dies Gekrächz und Getue, die Frauen versperrten den Ehe- und Wehrmännern den Platz. Vielleicht bekommen Sie so nur eine ganz kleine Ahnung, dass ich schnödes oder kaltes Reden über meine Berufsarbeit von Ihnen einfach nicht vertrage, denn es sind für mich Dolchstösse in den Rücken.

Für Iris war es eine Selbstverständlichkeit, dass eine Frau, wenn sie sich beruflich verwirklichen wollte, die gleichen Möglichkeiten wie ein Mann haben sollte. *Ein blöder Kerl, der an seiner Arbeit hockt wie ein Pflaster, soll 700–1000 Franken verdienen im Monat, und ich, welche die gleiche Arbeit nicht nur gleich gut, sondern noch besser kann, sollte mich so ganz selbstverständlich mit 350 Franken im Mansärdlein begnügen, keine Freude haben, meinen Körper nicht recht baden und nicht recht schön kleiden dürfen, kurz: Ich dürfte kein grosszügiges Leben haben. Nie, nie, nie! Nie!*

Dass ich gut schreiben kann, sollte mir nicht ermöglichen, angemessen zu leben, recht und gut, eher zu reichlich als zu »spärelig«? Ohne Flickerei und Strümpfestopferei, aber mit Ideen zu neuen Kleidern, ohne Krimskram mit Rabattmärkli einkleben. Wo doch jede betrügerische Haut- oder Schuhcreme ihre Hersteller bis zu Palästen oder doch Einfamilienhäusern ernährt. Für mich gilt: In meinen Haaren nur die beste Dauerwelle, meiner Haut nur seidene Hemden, meinen Füssen nur Qualitätsschuhe. Aber die wirtschaftliche Seite der unterdrückten wertvollen und bedeutenden Frauenarbeit ist ja für mich nur eine Seite des Problems.

Ebenso problematisch war die rechtliche Stellung der Frau. So war es im höchsten Masse ungerecht, dass eine Frau mit der Heirat ihren Bürgerort verlor und an denjenigen ihres Mannes gekettet wurde. Grundrechte wie Niederlassungsfreiheit und freie Berufsausübung wurden hier mit Füssen getreten. Besonders schmerzhaft empfand Iris die Diskriminierung der Frau beim Eintreffen des jährlichen Steuerzettels. *Ich finde mich einfach masslos und frech beschummelt, wenn ich 12% meines Einkommens für öffentliche Zwecke zahlen soll, ohne das mindeste direkt oder indirekt zur Verwendung der Beiträge zu sagen zu haben. In einer Demokratie! Es ist ja grotesk!*

Die rechtliche und politische Gleichstellung der Geschlechter war eine längst überfällige Selbstverständlichkeit, eine peinliche Unterlassung der Männerdemokratie, gegen die es kein wirklich stichhaltiges Argument gab. *Dieser Rückstand in der*

Entwicklung! Am liebsten würde ich in absehbarer Zeit ins Ausland gehen, und zwar an einen Ort, wo die Frauen endlich einmal die normalen Entfaltungsmöglichkeiten haben, weil es mich anwidert, in Verhältnissen zu leben, wo die Frauen so schäbig gestellt sind wie in der Schweiz. Endlich möchte ich einmal die Luft der selbstverständlichen Gleichberechtigung einatmen. Und ich muss sagen, so ungeheuer gut es ist, dass der Schweiz der Krieg erspart worden ist, so glaube ich, ich hätte ihn doch begrüsst, wenn er zu einer wirklichen Gleichberechtigung der Frau geführt hätte. Immerhin hoffe ich nun, das Frauenstimmrecht komme nun doch noch, eben als Wirkung der Erlebnisse anderer Länder.

Mit ihrer Anstellung beim »Schweizerischen Frauenblatt« rückte der Geschlechterkampf ins Zentrum von Iris Meyers beruflichem Leben. Die neue Arbeit bot ihr die Möglichkeit, ihre Passion fürs Schreiben mit ihren feministischen Anliegen zu verbinden. Endlich konnte sie das stärkste Mittel ihres Geistes für das Gute in der Welt einsetzen. *Darum ist es auch so wichtig,* erläuterte sie Peter, *seinen eigentlichen Beruf zu finden, weil man nur im Dienste des Guten das Grösstmögliche leisten kann.*

Die neue Arbeitsstelle versetzte Iris in grosse Euphorie. *So kommt mir vor,* schwärmte sie am 2. Dezember 1943 in ihrem letzten Brief aus Luzern, *die Tage ab letzten Sonntag seien gewissermassen das Überqueren eines wilden Flusses gewesen, wo ich von Strudeln erfasst, auf Wellen gehoben, an Klippen geschmissen, auf den Grund gezogen worden war und mich nun endlich, das geschluckte Wasser ausspuckend und die Haare aus dem Gesicht streichend, am jenseitigen Ufer auf die sichere Erde lege. Im Augenblick habe ich im Gegensatz zur sonstigen Gespanntheit die Seelenruhe eines Treibhausgewächses.*

Alles musste perfekt organisiert werden. Neben dem Umzug nach Zürich und der Einarbeitung in die neue Stelle mussten in der freien Zeit noch die alten Jahrgänge des »Frauenblattes« studiert, die neuen Winterkleider entworfen, die Lektüre vorangetrieben und die Korrespondenz erledigt werden. Zwei Wochen später war Iris am Rand der Erschöpfung. *Ich habe Ruhe nötig, unsäglich*, schrieb sie nach Raron. *Meine andauernd unterdrückte Müdigkeit macht sich geltend, sagt, ich müsse schlafen, mich in die Decken wickeln und nichts mehr denken. Mein Existenzwille aber sagt mir: Um 2 Uhr wird gearbeitet, und zwar möglichst viel und gut.*

18

KULTURKAMPF

Mitte November 1943 kam es in Raron zu grosser Aufregung. Maria von Roten hatte ein neues Dienstmädchen eingestellt, das aus Fiesch stammte und gleich an seinem ersten Arbeitstag der Köchin Selina erzählte, sie habe Peter in Fiesch mit einem Fräulein am Arm gesehen. Selina, die seit vierzig Jahren im Hause von Roten diente, informierte unverzüglich ihre Herrschaft. *Darüber entspann sich heute mittag eine grosse Diskussion am Tisch,* so Peter an Iris, *bei der es fast zu Tränen kam. Ob ich denn nicht merke, sagte die Mutter, dass ich in ein schiefes Licht komme, wenn sogar die Dienstboten davon reden? Ob ich nicht gross genug sei zu wissen, was zu tun und was zu lassen sei? Ich habe geantwortet, es werde wohl eine Verwechslung gewesen sein, habe aber dabei so selig und schuldbewusst gelächelt, dass alle merken mussten, es sei doch wahr, und so hielt ich meine Loyalität für gerettet. Ich erzähle Ihnen das, damit Sie sehen, welches die Tagesereignisse in einer ländlichen Haushaltung sind und wie man sich über weniges freuen oder aufregen kann. Zweitens, um Ihnen eine Art Dokumentation zu geben über meine Familie. Ich stelle mir vor, dass es Familien gibt, in denen eine solche Frage gar nicht gestellt würde. Einerseits würde ich es natürlich schätzen, und so, wie ich Sie kenne, denke ich es auch von Ihnen. Aber auf der andern Seite finde ich hierin etwas Nettes und um mich Bekümmertes, das einen nur freuen kann.*

Iris' forsche Reaktion kam für Peter unerwartet. Es sei ihr gegenüber höchst illoyal, warf sie ihm vor, wenn er sie vor seiner Familie verleugne. *Dieses Blut-und-Boden-Getue, dieses Idyllisieren des indiskreten Geschwätzes der Dienstboten und des peinlich einfältigen Geredes über meinen Besuch in Fiesch während Ihrem Mittagessen! Diese unechte Freude an dem Kalb und den Kühen! Dieser Käse-Essen-Kult! Den ganzen Tag in schöner Landschaft herumspazieren, um dann eine Stunde lang ein Verträglein aufzusetzen, regaliert mit Käse und Schinken, dann wieder heimgehen, dort wieder Käse etc. essen, Ihre Fässlein ansehen, den Estrich und Keller inspizieren und um acht Uhr im warmen Bettlein liegen mit dem Bewusstsein, ein Leben, so urgesund und »undegeneriert«, wie man es den Höhlenbewohnern in die Schuhe schiebt, zu führen.*

In seiner Antwort verwahrte sich Peter gegen jede Verhöhnung des Landlebens. Iris wiederum legte Wert auf die Feststellung, dass es ihr nicht darum gehe, sich über seine ländlichen Verhältnisse lächerlich zu machen. Vielmehr habe sie festgestellt, dass er sich mit dem Landleben fast genauso identifiziere wie sie sich mit ihrer Berufsarbeit, und mit ihrer Karikierung des Landlebens habe sie – sozusagen als Ausgleich – zeigen wollen, wie sehr sie seine abschätzigen Aussagen über ihre Berufsarbeit getroffen hätten.

Die Beziehung zwischen Iris Meyer und Peter von Roten gehört zu den ungewöhnlichsten Liebesgeschichten, die man sich vorstellen kann. An ihrem Beginn steht ein scheinbar unentwirrbares Geflecht von wechselseitigen Projektionen und gegenseitigen Verdächtigungen. Missverständnisse, Richtigstellungen, Zurechtweisungen, Rechthabereien, kurze Versöhnungen und neue Dissonanzen folgen einander in dramatischem Hin und Her. Es gibt Momente in diesem Briefwechsel, die höchst beklemmend und qualvoll zu lesen sind. Mehr als einmal hatte ich Mitleid mit meinen beiden »Helden«, sei es mit Peter, wenn ihn Iris, von heftigem Furor gepackt, zurechtzuweisen und zu beschimpfen begann, sei es mit Iris, wenn mir bewusst wurde, wie sehr sie verletzt war und sich quälte. Von Anfang an gibt es in dieser Korrespondenz aber auch eindrückliche Passagen, die vom Zauber und der Faszination erzählen, die Peter und Iris füreinander verkörperten. Dabei waren die äusseren Voraussetzungen dieser Beziehung denkbar ungünstig: Oder ist eine Liebesgeschichte das erste, woran man denkt, wenn ein spätfeudaler katholisch-konservativer Aristokrat mit sozial vermittelter Identität auf eine weltoffen-kritische und individualistische Journalistin trifft? Viel eher würde man wohl darauf wetten, dass der auf Kontrolle und Haltung bedachte Peter vor der feministischen und konfrontativen Iris das Weite sucht. Dass dem nicht so war, hat mit dem Blitz zu tun, der beide traf, als sie sich begegneten, in Bern wie später in Luzern und Fiesch. Beide waren nicht nur zutiefst beeindruckt vom äusseren Erscheinungsbild des andern, sondern auch überzeugt davon, im Gegenüber einen Geistesverwandten erkannt zu haben. *Sie sind der einzige Mann,* so Iris an Peter, *den ich noch in keiner einzigen Situation geschmacklos gefunden hätte. Das heisst etwas. Eine Art Fehlerfreiheit. Und die vielen Gegensätze, die Sie in Ihrem Charakter wunderbarerweise umspannen. Listig und witzig und schlau und gleichzeitig von einer kindlichen Einfalt. Eine immense Spannweite des Geistes, Funken sprühend von Intuition. Kaltblütig und vollständig unsuggestibel und gleichzeitig von einer seismographenhaften Empfindsamkeit des Intellektes. Ruhig wie ein Felsblock im Meeresgrund.*

Von April bis Dezember 1943 schrieben sich Peter von Roten und Iris Meyer alle zwei bis drei Tage einen längeren Brief. Dabei entstand ein überaus lebendiger Dialog, der schnell ins Zentrum ihres Lebens rückte. Die gemeinsam erschaffene Briefwelt, so kompliziert sie war, hatte eine Intensität, die ein Leben ohne den anderen nur mehr schwer erträglich machte. *Ohne Ihre Briefe,* schrieb Iris, *lebe ich nicht mehr meine Tage, sondern ich sitze sie ab. Ihre Briefe sind die Sonne, der helle Tag, bisweilen auch ein nachmittägliches Gewitter, das aber nur die Luft säubert.* Das offene Briefgespräch hatte für sie von allem Anfang an eine existentielle Dimension. *Ohne vertrauliches Reden,* schrieb sie am 11. April 1943, *bin ich wie tot.* Bis zu ihrer Heirat im Sommer 1946 wird Iris Meyer Peter von Roten 524 Briefe schreiben. Nicht selten mehrere Briefe an einem Tag.

Peter ging es ähnlich. Die Briefe an Iris wurden zur wichtigsten Tätigkeit seines Tages. Nirgends lebte er authentischer als im Austausch mit dieser Frau. Über allen Dissonanzen, in denen Iris fast immer das letzte Wort behielt, standen die gemeinsamen Interessen und der offene Dialog. Mit niemandem sonst konnte sich Peter ähnlich kenntnisreich über alle möglichen Dinge unterhalten. Ganz intuitiv muss er begriffen haben, dass sein Weg zu sich über diese Frau führte. *Andauernd und zu jeder Tageszeit schreibe ich Ihnen,* so Peter am 2. November 1943, *sei es, dass Sie morgens faul im Bett liegen, sei es, dass Sie nachts sich schön machen vor unzähligen Spiegeln, sei es, dass Sie durch Luzern aufs Büro laufend die Leute zum Anhalten bringen, immer bin ich entweder am Schreiben oder am Markeankleben oder am Briefeinwerfen oder schon wieder am Schreiben. Wenn ich die tägliche Post sehe und kein Brief von Ihnen obenauf schwimmt, sage ich mir: Was habe ich da nur geträumt von Briefen, Zürich usw.? Ach ja, ich hatte geträumt von einem Gegenstand des Glücks, der immer währen sollte, und nun bin ich erwacht. Täglich ist für mich die Hoffnung, dass Sie mir schreiben werden, etwas so Neues, einmalig Schönes, traumhaft und unglaublich Liebes, dass ich nur im Rausch oder im Schlaf so etwas für wahr halten kann. Und wenn dann kein Brief kommt, wie heute, gestern und vorgestern, dann traure ich Ihnen nach wie einem Traum, von dem man eben erwacht ist. Mir geht der sämtliche Geist aus, wenn ich von Ihnen keinen täglichen Brief erhalte. Ich verdumme buchstäblich, und dabei habe ich nicht einmal den Trost der ordentlichen Verdummung, dass man dabei glücklicher und zufriedener wird. Nein! Mir bleibt wie ein Stachel im Fleisch der Wunsch nach Ihren Briefen. Wie gewisse südamerikanische Indianer eine Sprache sprechen, die einst einem Kulturvolk gehört hat und noch sämtliche Ausdrücke für abstrakte Begriffe und philosophische Werte kennt, die jetzt aus dem Sprachgebrauch völlig verschwunden sind, so bleibt in meiner Dumpfheit einzig das dumpfe Sehnen nach Ihnen übrig. Wie ein gefallener Engel der verlorenen Herrlichkeit gedenkt, so ge-*

Peter von Roten, um 1947

denke ich Ihrer. Es will mir nicht aus dem Sinn, dass meine glückliche Zeit nun um ist: jene, da Sie mir schrieben. Und die Zukunft mit Ihnen ist mir noch derart unsicher, rätselhaft und verschwommen, dass Sie für mich überhaupt keine Wirklichkeit darstellt, sondern höchstens ein weites Land, von dem mich das Meer trennt.

Schreiben – davon hatte Peter immer geträumt – wurde zum Mittelpunkt seines Lebens. Allerdings verfasste er nicht, wie er sich das einst vorgestellt hatte, Theaterstücke, Romane und Gedichte, sondern schrieb an einem imposanten Briefwerk, dessen Hauptdarsteller er selber war. *Wenn unser Briefwechsel nach unserem Tod veröffentlicht wird,* scherzte er an Weihnachten 1943, *wird man Ihre Briefe immer lesen, mein Geschreibe jedoch ungeduldig überspringen.*

In Momenten grösster Zerstrittenheit war Peter unsicher. Aus seinem Tagebuch wird ersichtlich, wie er sich zwischen 1943 und 1944 mehrmals vornahm, die Beziehung zu beenden. In die Realität umgesetzt hat er seinen Vorsatz aber nicht. Erstens, weil er nicht so recht wusste, wie er die Beziehung überhaupt beenden sollte, und zweitens, weil es die schrecklichste aller Vorstellungen war, ohne Iris weiterzuleben. *Wenn ich Iris nicht kennen würde,* notierte er am 28. Oktober 1944, *wäre ich der glücklichste Mensch der Welt! Aber ich bin wie einer, der aus dem Reich der Feen einen Duft eingeatmet hat und den nun die menschlichen Frauen nicht mehr schön dünken. Irgendwie ist es wie ein Stachel ins Fleisch. Man ist intoxiqué, wie Pfarrer Jean von seinen Vikaren sagte, der auch mit einem Mädchen durchbrannte.* Bis zum 25. Juli 1946 – dem Tag ihrer Heirat – trug Peter 438 Briefe auf die Post. Sein längster Brief – er datiert vom 9. Mai 1946 – umfasst 64 Seiten.

Der Briefwechsel zwischen Peter von Roten und Iris Meyer ist nicht nur ein Dialog von zwei grundverschiedenen Charakteren, sondern sehr ausgeprägt auch von zwei Kulturen. Ihre Konflikte sind Ausdruck ihrer kulturellen Herkunft. Während Iris im traditionell protestantischen Sinne leistungsorientiert war und in ihrer beruflichen Stellung einen Grundpfeiler ihrer Identität sah, stand Peter seinem beruflichen Werdegang mit ziemlicher Gleichgültigkeit gegenüber. Identität und Selbstbewusstsein waren in seinem Elternhaus nicht eine Frage von Selbstverwirklichung und persönlichem Erfolg, sondern ausschliesslich an die noble Herkunft und die gesellschaftlich führende Stellung der Familie gebunden. Wie die Politik sah Peter auch die juristische Laufbahn als familiäre Verpflichtung an, die mit seinen ureigensten Bedürfnissen wenig zu tun hatte. Beruflicher Ehrgeiz war ihm deshalb weitgehend fremd.

Für Iris war es absolut unverständlich, dass ein Mann mit Peters Fähigkeiten nicht wirklich daran interessiert war, mehr aus sich zu machen. *Ihr Verstand sagt Ihnen wohl 1000 Mal, wie Sie Ihre Interessen wahren könnten. Aber gefühlsmässig ist es Ihnen zu wenig wichtig, Sie haben nicht den Trieb dazu. Was das heisst, sieht man erst, wenn man sich vorstellt, dass es der Haupttrieb der meisten Leute ist.* Gleichzeitig war sie aber auch beeindruckt von Peters Gewichtung seiner Interessen: *Ich muss immer wieder an Ihre Bemerkung denken, es sei doch nicht weniger wichtig, einander einen Brief mit sorgfältiger Schrift zu schreiben, als einen Artikel für irgend so ein Blättli. Ich frage mich jetzt, warum mir dieser Satz einen solchen Eindruck gemacht hat. Ja, warum? Es werden verschiedene Gründe zugleich sein.*

Da ist einmal so etwas wie eine Stimme aus dem Paradies drin, die noch nichts davon weiss, wie das Beste, das man hat, für den Moloch des Existenzkampfes reserviert ist und das Privatleben vorliebnehmen muss mit dem, was noch übrigbleibt, wenn dieser Moloch gesättigt ist. Da liegt auch eine so wunderbare äusserliche Hervorhebung unserer Beziehung als das höchste Gut, welches wir besitzen, darin. Und dann geht davon der Hauch aus, dass unsere Beziehung gewissermassen Ewigkeitswert hat, dass jede unserer Äusserungen unter ihrem Gesichtspunkt in eherne Tafeln verzeichnet werden sollte.

Es gehört zur Ironie der Beziehungskonstellation Peter–Iris, dass Iris genau nach jener gesellschaftlichen Stellung strebte, die für Peter durch die Geburt in eine führende Walliser Familie selbstverständlich war, und Peter sich nach nichts mehr sehnte als nach dem freien und selbstbestimmten Leben der Iris Meyer.

Peters bedächtige und nicht immer ganz zuverlässige Art konnte die speditive und verantwortungsbewusste Iris zur Weissglut treiben. Die Alltagshektik der Stadt kam nur schlecht zurecht mit der selbstgefälligen Langsamkeit des Lebens auf dem Land. *Nicht »Morgen ist auch noch ein Tag«*, kritisierte sie Peters Gemächlichkeit, *sondern »Heute ist der letzte Tag« ist die richtige Auffassung, d. h. was man heute unterlässt, kann nie mehr nachgeholt werden.* Während Iris ihre täglichen Briefe an Peter immer erst schreiben konnte, wenn sie ihr tägliches Pensum absolviert hatte, d. h. spät in der Nacht, fand er es ganz *natürlich, am Morgen zuallererst Ihren Brief zu lesen (8–9) und ihn dann zu beantworten (9–10).*

Darüber war Iris sehr erstaunt: *Im Büro Briefe an Sie schreiben! Meinen Sie denn, ich könnte mit den Füssen schreiben? Aber ich merke, Sie können sich gar nicht vorstellen, dass man arbeitet. Jetzt begreife ich, weshalb sie so lange haben, bis Sie etwas verwirklichen.*

In seiner Antwort unterstrich Peter einerseits den Graben zwischen Stadt und Land, andererseits ihre unterschiedlichen Charaktere: *Dieses zweierlei Denken ist die Folge unserer Lebensweise: hier eher beschaulich und dort bei Euch in Zürich der Kampf ums Dasein. Bei mir ist es wohl auch persönlich so bedingt, dadurch, dass mich die Natur zeitlebens in Watte gebettet hat: zwar nicht in die Watte der Umgebung, sondern in eine Watte der eigenen Oberfläche, mit andern Worten an Beschränktheit und Selbstzufriedenheit mit allem und jedem. Bei Ihnen ist es wohl das Gegenteil.*

Peter von Roten hatte einen spekulativen Zugang zur Welt und war geprägt vom theozentrischen Weltbild des Katholizismus, das im menschlichen Schicksal eine Fügung Gottes sieht und weniger danach fragt, was der Mensch irdisch darstellt oder erreicht. Iris konnte mit der existentiellen Daseinsgewissheit der Katholiken nichts anfangen. Ihr Gott hiess »Logos« und hatte mit Peters altem Mythos-Gott nichts gemein. Wie konnte man die Verantwortung für sein Leben auf einen Gott abwälzen? *Der Katholizismus passt mir nicht,* stellte sie klar. *Seine Rechnungen gehen zwar immer schön auf, dafür ist aber falsch gerechnet. Von*

Gnade, Heil und Gericht verspreche ich mir gar nichts. Ich begreife schon, dass man in diesem fragwürdigen Leben nach Trost und Hoffnung und Sicherheit Ausschau hält. Und dass man dies auch, wenn man beide oder ein Auge des Geistes und der Vernunft zudrückt, in einer fertig verpackten Religion finden kann. Ich möchte ja niemandem in dieser leidvollen, fragwürdigen Welt seine geistigen Stützen nehmen, und wenn sie Ihnen dienen, ist mir das auch ganz recht, aber ich kann mich weiss Gott nicht selber auf solche Stützen verlassen, welche bei mir so wenig Vertrauen erwecken. Insbesondere da mir scheint, mit gutem Willen und richtiger Erkenntnis könne man in dieser Welt in den menschlichen Beziehungen und der Ausbildung der eigenen Persönlichkeit sehr viel Erbauliches finden. Allerdings kommt es da – das ist eben das Fragwürdige – noch sehr auf Zufälle an. In der Gaskammer des Konzentrationslagers und mit Unterleibskrebs im Bett hört jede Hoffnung auf die Erfüllung der rasenden Wünsche nach Glück, Liebe und Gerechtigkeit auf. Aber auch für die hartgesottensten Katholiken. In der Gaskammer nutzen keine Heiligen.

Im gleichen Masse, wie Iris Peters Genügsamkeit und Selbstzufriedenheit kritisierte, bewunderte er ihre hohen Ideale. *Sie haben eine Art zu reden und schreiben,* schrieb er ihr am 30. Oktober 1943, *die in mir immer die Sehnsucht nach einer grossen Reinheit weckt.* Nachdem er über vier Jahre eine lasterhafte Circe in Iris gesehen hatte, verkehrte sich sein Eindruck nach zwei Begegnungen und einem halben Jahr intensiver Korrespondenz in sein Gegenteil. *O liebes Iris,* schrieb Peter mit der ihm eigenen Vorliebe für das komische Paradoxon, *ich bin nicht würdig, dass Sie mir schreiben und überhaupt an mich denken, aber tun Sie es, damit ich leben kann.*

Je intensiver sich Peter mit Iris beschäftigte, desto klarer wurden ihm einerseits die tieferen Gründe seiner Faszination, andererseits aber auch das Dilemma seiner Situation: *Gestern, als ich Ihren Brief erhielt,* schrieb er Anfang November 1943, *ist mir aufgegangen, was ich als meine Illoyalität Ihnen gegenüber emp-*

finde. Das kam so: Ich war mit meinem Bruder gerade dabei, den Wein zu keltern, als Ihr Brief kam. Und da erschien mir der ungeheure Abstand zwischen den zwei Welten plötzlich handgreiflich vor Augen: Da waren die Weinpresse, die Fässer, der Keller, das Haus, das Vieh, und das alles schien mir die grosse Realität, die ich nie verlassen konnte, an die ich gekettet war und an der ich mit allen Fasern hing. Und Ihr Brief kam mir darin wie aus einer andern Welt vor: einer Welt der Zeitungen, Presse und Rundfunk. Meine Illoyalität schien mir nun darin zu bestehen, dass ich, obwohl zur Partei der Fässer und der Äcker gehörend, dennoch zur andern Partei Fäden spanne und Verbindung unterhalte. Dabei ist das Tragische, dass ich vom Herzen eigentlich nicht zur Partei der Fässer neige, sondern zur Zeitung. Aber ich bin nun einmal dort engagiert und damit Schluss.

So einfach aber konnte Peter seine Neugier und Faszination für die Welt der Iris Meyer nicht an die Kandare nehmen. Im Gegenteil. Iris' Briefe machten ihm immer mehr bewusst, wie sehr er im Korsett der eigenen Herkunft steckte. *Die Umgebung hier, die Leute, der Ort, alles alles hat sich gegen mich verschworen und möchte mich überreden, dass dieses und jenes wichtig und wirklich sei. Und vom vielem lasse ich mich verführen, statt immer nur von Ihnen.* Nach und nach realisierte Peter, wie sehr ihn der Briefwechsel mit Iris von seinem Elternhaus entfremdete. Was war das doch für ein eindimensionales und selbstgefälliges Leben, das er in Raron lebte! Warum nur konnte Iris Meyer in keiner Weise der Frau entsprechen, die in sein Milieu passte? Waren seine Mutter, Tanten, Grossmütter und Urgrossmütter, die Rezepte für Braten und Weihnachtsbrötchen in Hefte schrieben, verrückt? *Wenn ich über Ihre Briefe kaltblütig nachdenke, kommt mir die Ungeheuerlichkeit Ihrer Aussagen traumhaft zu Bewusstsein. Traumhaft in dem Sinn, dass nur im Traum hie und da solche Umkehrungen der Werte vorkommen oder darum höchstens in religiösen Vorstellungen.* In seinen Gedankenspielen machte Peter die Probe aufs Exempel: *Ich ging davon aus, dass ich mir vorstellte, wie Sie wohl eine Metzg organisieren würden. Mit anderen Worten: Ich dachte Sie mir als Hausfrau auf dem Lande: hier in Raron. Es kam mir vor, Sie hätten nie etwas anderes getan. Ich dachte auch, Sie würden mit Virtuosität den Speck mit dem Fett vermischen und schöne rosa Blutwürste hervorzaubern. So weit geht meine Zärtlichkeit. Aber Sie haben dazu wohl keine Lust: ich meine nicht zu den Bratwürsten, sondern zu der Zärtlichkeit.*

Iris hatte wenig Sinn für Peters spielerische Phantasie: *Die Hausfrau mit den Bratwürsten hat mir einen Stich ins Herz gegeben. Warum stellen Sie sich mich nicht in Raron mit einer Druckerei, 5 Redaktoren und Hunderten von Verlagswerken pro Jahr vor? Ihre Vorstellung ist schon eine Zärtlichkeit, denn sie tut mir weh. Ich sehe darin nur eine Missachtung und eine Übergehung meiner Berufsarbeit.*

Nach über acht Monaten intensiver Korrespondenz hatten Iris Meyer und Peter von Roten ihre gegenseitigen Missverständnisse und Wahnbilder so weit abgebaut, dass sie sich neu begegnen konnten. Ein offener Austausch verdrängte Zynismus und Ironie. *Nun kann ich Ihnen mitteilen,* so Peter am 19. November 1943, *dass ich beim Lesen Ihrer Briefe das Blut in mir pulsen fühle, und zwar einzig und allein wegen Ihrer Briefe und weil sie mir ein so namenloses Glück und so innige Wollust schenken, dass ich mich nachher fragen muss, ob Ihre Briefe vielleicht Opium oder Kokain oder Haschisch oder noch etwas Schlimmeres seien. Aber das kann nicht sein, denn das Glück wenigstens hält an und kann von mir jederzeit wieder hervorgezaubert werden, wenn ich nur an Sie denke und daran, dass Ihnen an mir etwas gelegen ist. Ohne die Personen zu vergleichen, finde ich beim Hl. Augustinus etwas Ähnliches, wenn er sich fragt: »Was muss ich denn für ein wichtiges Geschöpf sein, wenn dem allmächtigen Gott an meiner Liebe etwas gelegen ist?«*

Und kurz darauf: *Heute verband ich die Idee vom Heimweh mit Ihnen. Aber nur für einen Moment. Dann fragte ich mich, warum, denn mir schien, dass sich mit Ihnen keine »heimliche« Stimmung verbindet. Ich kann mir nicht vorstellen, dass Sie in einem Lehnstuhl sitzen und sticken oder meinetwegen Radio hören: diese zwei symbolischen Tätigkeiten der Häuslichkeit. Es ist ja das, was Ihren Reiz ausmacht, dass Sie mit einem Wort oder mit einem Blick oder mit einem Gestus den Sturm in den Geistern und in den Herzen wecken können. Sie sähen den Sturm. Heute zum erstenmal sehnte ich mich nach Ihrer Ruhe. Ich stelle mir aber nichts darunter vor. Ich sehe lebhaft, wie ich mit Ihnen fliehen würde, aber nicht, wie ich in der Höhle ausruhe.*

Es ist vielleicht so, dass ich Ruhe genug in mir habe und dass von Ihrem Leben so viel überschüssig ist, dass nur davon auf uns abfällt. Jedes verschenkt von seinem Überflüssigen. Und so möchte ich Ihnen gerne etwas Stille, Ruhe, Musse, Schlaf geben, um Sie in Musse ansehen zu können. Wie Amor, der nur im Schlaf zu Psyche kann.

Mit dem wachsenden Vertrauen wuchs auch Peters Sympathie für Iris' direkte und offene Form der Auseinandersetzung. *Sind wir damit nicht im Begriffe, eine neue Spezies zu begründen?* Iris' Antwort kam postwendend: *Streitigkeiten sind das Dornengestrüpp, durch welches man sich bahnen muss. Mir scheinen sie so nötig, dass unsere Beziehung auch einige Sicherheit und Behaglichkeit gewänne. Durch die Intensität meiner Beziehung zu Ihnen bekommt eben jedes kleine Hindernis dieser Beziehung, oder was mir nach einem solchen aussieht, eine einschneidende Wirkung. Alles Divergierende zwischen uns empfinde ich als feindlich, es quält mich und muss ausgeräumt werden. Ich kann Ihnen nur Wärme und Geborgenheit geben, wenn ich selber auch dieses Gefühl bei Ihnen habe. Und wenn dieses Gefühl dann besteht, so kann dieser Beziehung überhaupt nichts passieren.*

Peter war begeistert. *Es wäre etwas unsagbar Schönes, wenn man so aufeinander vertrauen und hoffen könnte. Jede Klärung eines Missverständnisses müsste dann mit Hurra begrüsst und mit Banketten gefeiert werden. Wenn ich mir eine Frau wünschen könnte, wünschte ich sie so wie Sie, nur Frühaufsteherin und katholisch.*

Zürich, den 8. November 1943

Mein lieber Peter,

ich denke immer an Sie. Wirklich immer. Genauer gesagt: Ich habe mehr das ständige Bewusstsein Ihrer Gegenwart. Sie sind gewissermassen in mir und nehmen dadurch an jedem meiner Gedanken und Empfindungen teil. Ich kann diesen Zustand nicht anders beschreiben als mit den Worten: Die Freude über Sie ist in meinem Blut. Der Gedanke an Sie ist mir eine Art Trost, etwas in der Richtung: Wenn diese Beziehung besteht, so kann überhaupt nichts passieren. Anderseits ist es eine meiner erfreulichsten Vorstellungen, dass ich Ihnen alles, alles, was ich erlebe, genau und scharf und bis in die hauchzarteste Nuance erzähle. Mir scheint fast, ich möchte nur erleben, um Ihnen zu erzählen. Wie wenn nur das in meinem Leben wirklich wäre, was Sie erfassen.

Aber wenn ich den ganzen Tag Zeit hätte, Ihnen zu schreiben, so wäre es immer noch zuwenig. Wenn wir doch nur einmal, was wir meinen, einander nur empfinden lassen könnten, ohne dass sich das Leben unserer Seele durch Begriff und Vorstellung, Wort, Sprache, Grammatik, Orthographie, Tinte, Papier, Post, SBB, Gebirge und Täler zueinander einen Weg bahnen muss. Ich messe sogar die Zeit nach Ihren Briefen. Es wird alles fad, sinnlos und provisorisch, solange Sie mir nicht schreiben. Wenn ich Sie wiedersehe, so soll der Tag bleiben und keine Nacht kommen oder die Nacht bleiben und kein Tag mehr kommen. Dann muss die Zeit stillstehen. In Gedanken bin ich ständig gleichmässig mit Ihnen beschäftigt. Eine namenlose, ungeduldige Sehnsucht wechselt mit einigem Gleichmut. Ich glaube, es stellt sich ein, wenn sich die Sehnsucht gewissermassen überschlagen hat.

Oft kommt es vor, dass ich über den Mittag in einem Sessel sitze, die Füsse an den Ofen halte, eine Zigarette rauche und die Zeitung lese. Und alles – man kann es nicht anders sagen – »im Gegenwert« Ihres Bildes. Ich finde es immer gleich bezaubernd. Aber die obige Übung geht doch zu weit. Um mich davon abzubringen, ziehe ich zwischen Ihrem und dem bekannten Bild von

Daumier einen ironischen Vergleich. Sie kennen das Bild: Ein kümmerlicher, verfallener Greis liegt im Bett eines armseligen Zimmerleins. Auf dem Kopf eine alte Zipfelmütze, das Deckbett bis aufs Kinn gezogen, schielt er mit verdrehten Äuglein auf das kleine Porträt einer üppigen Dame, welches oberhalb dem Bett an der Wand hängt. – Jenes Stück Karton ist noch das einzige Glück, das einzige, was von dem Ersehnten der Welt geblieben ist oder vielleicht auch nur in dieser Andeutung erschienen ist. Mit diesem Vergleich suche ich mich also vor einer allzu starken Berauschung an Ihrem Bild abzuhalten.

Jetzt ist schon wieder 12 Uhr vorbei. Ich muss schliessen, sonst bin ich morgen tagsüber eine Mumie. Nichts, gar nichts habe ich Ihnen gesagt.

Doch noch etwas möchte ich mitteilen, was ich Ihnen schon lange mitteilen wollte. Oft denke ich, wie Sie stark seien, mit unsäglicher Genugtuung. Die Vorstellung, wie Sie einem Kerl, den ich frech empfinde, einen Puff geben könnten, dass er mit einem Purzelbäumchen davonfliegt, begeistert mich geradezu. Der Gedanke an Ihre Stärke ist mir ein inniges Vergnügen. Dieses Vergnügen ist eine Art Freude am Besitz. Es ist mir dabei, als stände diese Kraft in meinem Dienst, als ob ich sie selbst besässe. Aber darüber hinaus freut sie mich unsäglich mehr, als es je möglich wäre, wenn ich selbst sie körperlich besitzen würde.

Ich denke, dass nur ein Bruchteil dieser Kraft, feindlich gegen mich gewandt, mich vernichten könnte. Dass sie aber statt dessen sich in meinen Dienst stellt. Dies scheint mir fast, als ob die Sonne auf meinen Wink ihre Bahn umgekehrt durchlaufen würde.

Eine Stärke zu haben ist schön, aber über eine Stärke zu gebieten, welche man nicht hat, ist tausendmal schöner, ist zauberhaft.

Nun habe ich lange geschrieben, und das ist doch nur ein einziger Punkt in der Unendlichkeit von Punkten, welche ich zu erwähnen habe.

Ihr Iris

Raron, am 17. 11. 43

Liebe Iris,

*wenn wieder ein Brief kommt wie der heutige, den ich in körperlicher Rührung lese und den ich nur darum nicht küsse, weil ich denke, Sie würden das unangebracht finden, so fühle ich mich recht schlecht und gemein Ihnen gegenüber. Sogar illoyal. Denn der Begriff scheint mir eigens für mein Verhalten Ihnen gegenüber erdacht zu sein. Ich sollte stündlich einen Brief von Ihnen erhalten, um auf der Höhe zu bleiben. Nehmen Sie das zu Herzen. Ich will gerne glauben, dass meine Briefe Sie auch erfreuen. Aber die Ihren sind für mich etwas Notwendiges, wenn ich nicht wieder auf die vorige Tiefe gleiten will. Ich habe das Gefühl, dass je länger Ihre Briefe ausbleiben, desto leichter ich mich an ihr Ausbleiben gewöhne. Merken Sie sich das gut. Es ist nämlich etwas Entsetzliches und erinnert mich an das Psalmwort »Desiderium peccatorum peribit«, was die Gottlosen begehren, ist verloren.**

Ich bitte Sie kniefällig, das wohl zu bedenken, wenn Sie einmal in Versuchung kommen sollten, mich durch Briefseltenheit zu strafen: Sie würden mich einem rettungslosen Versinken preisgeben. Und das wäre das Fürchterlichste, was mir begegnen könnte: die Sehnsucht nach einem bessern Sein, das Sie mir inkarnieren, zu verlieren. Es ist fast ein Anfang von Verdammnis, woran am schlimmsten eben der Verzicht auf das Bessersein ist.

Ich glaube, es ist eine wundersame Fügung, dass auch Sie sich an meinen Briefen freuen. So kommt es, dass Sie, um Briefe von mir zu erhalten, mir schreiben, und durch die Briefe von Ihnen werde ich am Leben erhalten. So geht es hie und da in Mysterienspielen, wo der Gaukler oder sonst ein Zigeuner und Räuber gerettet wird, weil er der Madonna einst ein Lied gesungen oder ihr Bild mit Blumen geschmückt hat.

Ich frage mich, ob Sie sich bis jetzt der Bedeutung bewusst gewesen sind, die Ihr Schweigen für mich hätte. Es ist eine schwere

* Vulgata, Psalm 111,10. Im Originalpsalm heisst es statt »peccatorum« (Sünder) »impiorum« (Gottlose, Unfromme).

Pflicht für Sie, mir immer und immer wieder zu schreiben. Wenn Sie es nicht tun, verfehlen Sie sich gegen das Gebot der Nächstenliebe und sagen wie das Pendant der Fabel »Ce n'est rien, c'est une femme qui se noie!« (übrigens ein Motto, das Sie auf Ihre zukünftige Karriere schreiben könnten!) oder wie Kain »Bin ich denn der Hüter meines Bruders?!«.

Es mag sein, dass ich Ihnen nun ein Egoist scheine, weil ich unser Verhältnis als nur auf mich bezogen ansehe. Aber ich bin wie derjenige, der sich im Sommer in den Schatten setzt und im Winter in die Sonne und nicht danach fragt, ob diese Einstellung zur Sonne egoistisch sei oder nicht.

Gestern war ich in Siders zur Nachhochzeit einer Cousine. Ich ertappte mich auch dabei, die Leute an Ihnen zu messen, und fand sie oberflächlich und dumm. Wenigstens die meisten; oder besser gesagt: überhaupt einem andern Menschenschlag angehörend. Sie sind mir eine Art Universalmass geworden.

Une fois, une seule, aimable et douce femme
A mon bras votre bras poli
S'appuya. (Sur le fond ténébreux de mon âme
Ce souvenir n'est point pali);

Das ist die Strophe von Baudelaire, die ich Ihnen immer schreiben wollte.

Wenn ich jetzt an Sie denke, so würde meinen Gefühlen am besten entsprechen, wenn ich in einen Papeterieladen ginge und einen Füllfederhalter kaufen zu wollen vorgäbe. Ich könnte dann auf schönem Papier mit überflüssig viel Platz die Schrift üben, und ich wollte nur immer M M Mein und Meine üben und G G G Ge Gel Geliebte, aber zuletzt würde ich doch dem Ladenfräulein sagen, die Federn seien mir zu hart oder zu dünn, und das Blatt Papier in den Korb werfen und dann strahlend hinausgehen. Aber das ist nur eine Hälfte: die andere ist eben die Angst vor Ihnen. Wussten Sie, wie Diana den Endymion gestraft hat? Ich glaube, sie hat ihn in eine Kuh oder in ein Wildschwein ver-

wandelt und ihn dann erschossen. Haben Sie bitte immer mit mir Mitleid, auch wenn Sie mich einmal nicht mehr interessant finden werden.

Ganz hilflos, Ihr Peter

Raron, am 14. Dezember 1943

Liebe Iris,

es scheint mir bei klarem Kopf undenkbar, dass ich einem Mädchen zugetan sei wie Ihnen und es nicht zur Frau begehre. Ich nenne das nicht mehr Freundschaft, sondern »Liebe«, was uns verbindet. Ich kann mir keine Stabilität in unserer Beziehung vorstellen: Entweder gelingt es mir, Sie zu vergessen, zu neutralisieren in irgendeinem Felde meines Gehirns, oder dann fassen Sie eben mein ganzes Wesen an. Dann bin ich Ihnen verschrieben und möchte nur mehr vor Ihnen, neben Ihnen, um Sie herum, bei Dir sein. Ich merke, dass das Du eigentlich erst von jetzt an einen Sinn hat. Die zweite Person! Die eigentlich nur durch das Ich existiert: ein Ich, das eben ausserhalb meiner 83 kg Fleisch ist, aber auch ein Ich. Wenigstens könnte ich es vor keinem Menschen wagen, zu sagen, ich »liebe« jemanden anders als Sie, ohne vor mir selber zu erröten. Und der blosse Gedanke daran, dass Sie hier Hausfrau sein könnten, macht mich lachen, weil ich Sie mir wohl mit dem Zepter und dem Diadem, aber nimmer mit dem Staubsauger vorstellen kann. Es gibt hier für mich gleichsam zwei Stockwerke: das obere, in dem ich lebe, wenn ich Ihre Briefe lese, und das untere, indem ich herunterfallend den Kopf anschlage, sobald Ihre Briefe fertig sind. Wenn Sie ein imaginäres Wesen wären, ginge das vortrefflich. Aber zu denken, dass jenes Papier, das hier neben mir liegt, Ihre Finger berühren könnte, hat etwas derart Berauschendes, dass daneben die Wirklichkeit ins Unscheinbare und Unwahrscheinliche versinkt.

Ihr Peter

Zürich, den 17. Dezember 1943

Lieber Peter,

Ihre Briefe kommen hier immer am Morgen. Und zwar gerade in dem Augenblick, wo ich das Haus verlasse. Ich nehme sie immer ungeöffnet in die Tasche der Jacke, wo bereits der ist, welcher an Sie abgeht. Ich nehme das Tram bis zum Bahnhof, werfe den meinen ein und nehme Ihren zur Arbeit mit. Ich will nicht beschreiben, was für ein liebevolles Spiel es für mich ist, ihn bei mir zu wissen, ihn ob der Arbeit ganz zu vergessen, mich plötzlich an ihn wieder zu erinnern, und bei allem die Gewissheit, dass mir das Lesen endlich nach dem Mittagessen bevorsteht. Beim Öffnen des Briefes bin ich immer von einer Nervosität und Beklemmung befallen. Ein wenig habe ich immer Angst, es könnte etwas darin stehen, was mir das Herz zusammenkrampfen könnte. Immer lese ich aufatmend zum voraus »Ihr Peter« und habe dann endlich die Kraft, mit dem Lesen anzufangen. Ich lese ihn ganz langsam, jeden Satz oder Abschnitt 2–3 Mal wiederholend, bevor ich weiterlese, dazwischen schaue ich Ihre Fotografie an. Es ist fast nicht zu sagen. Gleichzeitig ärgere ich mich über den Kult. Aber es ist alles wahr daran. Es ist auch schön. Es ist, wie wenn ein Gefangener aus einem Fensterchen sieht und diesen einzigen Blick ins Freie raffiniert auskostet. Ihre Briefe sind mir unentbehrlich, obwohl dieses Gefühl gefährlich ist. Ich kann nicht anders als sagen: Wie schön und lieb, richtig lieb, und liebenswert und rührend Sie sind.

Raron, am 26. Dezember 1943

Liebe Iris,

meine Weihnachten waren im Grunde genommen voll Kummer und Bitterkeit. Ich fühlte zum ersten Mal, wie Sie eigentlich meine Familie waren und ich mich nur bei Ihnen geborgen fühlen würde. Irgendwie kam mir hier alles fremd vor, falsch und unecht, Ihretwegen. Ich finde, dass alles, was ich auf der Welt

Positives habe, Sie sind. Ihr Wahnbild ist bei mir bereits ganz untergegangen, und ich sehe nun klaren Auges Ihre Herrlichkeit und Liebe.

Ihr Peter

19
JOURNALISMUS

Im Herbst 1943 wurde Peter von Roten angefragt, ob er im Nebenerwerb die Redaktion des »Walliser Boten« übernehmen wolle. Die Angelegenheit hatte eine gewisse Dringlichkeit, weil der letzte Redaktor, der wie Peter Jurist war, mit Delirium tremens in eine Anstalt eingeliefert werden musste. *Das ist ein Walliser Advokatenschicksal,* so Peter an Iris, *wenn man dazu noch Redaktor ist.*

Peter musste nicht lange überlegen. Die Arbeit bei der Zeitung erschien ihm viel verlockender und interessanter als sein Anwalts- und Politikerdasein. Kam dazu, dass auch Iris bei einer Zeitung arbeitete und sie sich über ihre Arbeit austauschen konnten.

Kurz nach seiner Zusage bewarb sich Peter, der ohne jede Erfahrung im Zeitungmachen war, für ein dreiwöchiges Praktikum bei den katholischen »Neuen Zürcher Nachrichten«. *Gestern sagte ich dem Verwaltungsrat der »Zürcher Nachrichten« zu,* freute er sich am 9. Dezember, *aber mir schien während des Briefes, er müsste erröten, weil doch jeder ihm anmerkte, dass ich nicht der Zeitung wegen nach Zürich gehe! Aber ich habe dann das Briefpapier bei Tageslicht angesehen, und man sah ihm nichts an.*

Peter konnte es kaum erwarten, Iris nach drei langen Monaten wiederzusehen. *Wenn ich nach Zürich kommen werde, müssen Sie mir jeden Abend die Freude eines neuen Kleides machen. Wir wollen diese Tage geniessen, ja geniessen, und wie mir die Schleife vom Luzerner Mittagskleid ein Zeichen Ihrer Zuneigung war, so sollen Sie mir jeden Abend neu beweisen, dass ich Sie *nicht ermüde, dass ich jeden Abend etwas Neues verdiene. Und für die Kleider selbst wird es das einzig richtige sein, dass sie nur einmal getragen werden, damit sie sich am Abend im Schrank nicht die Ärmel und Nähte aufreissen vor Eifersucht, dass eines Sie zwei Tage lang bekleiden durfte. Genau wie alle Philosophen, Weisen und Unweisen ewig versuchen, das Wesen des Guten und Schönen zu finden und zu definieren, so wollen Ihre Kleider versuchen, das Wesen Ihrer unsagbar herrlichen Schönheit zu konkretisieren, aber keinem wird es je gelingen, weil in jedem Kleid doch noch etwas anhaftet, das nicht Sie sind.*

Auch Iris erwartete das Wiedersehen mit grosser Ungeduld. Sie fand es faszinierend, dass sie nun beide in führender Stellung bei einer Zeitung waren, und freute sich auf ihren Erfahrungsaustausch: *Wir müssen am gleichen Orte wohnen, miteinander essen und fest abmachen, dass nach 6 Uhr auf keinen Fall mehr gearbeitet wird. Und vielleicht machen wir uns ausser dem Samstagnachmittag und dem Sonntag noch einen freien Nachmittag.*

Peters Antwort kam postwendend: *Unsere Briefe sind nur mehr ein Vorspiel dessen, was wir uns an den langen Abenden sagen werden, wenn wir zusammensitzen werden, in weichen Lehnstühlen und die Füsse gegeneinandergerichtet: Sie und ich. Mir scheint, im Moment dieses Mit- und Beieinanderseins müsse die Weltgeschichte einen neuen Abschnitt anfangen wie mit der Französischen Revolution.*

Bedenken äusserte Peter erst kurz vor seiner Abreise. *Glauben Sie wirklich,* fragte er am 4. Januar 1944, *dass unsere Zuneigung stark genug sein wird, um die Zwiespälte unserer Köpfe zu ertragen? Ich hoffe, dass ja, wenn nur der gute Wille da ist, beim andern nie Bosheit zu vermuten, wo nur andere Auffassung ist. Aber ein grosses Stück Arbeit wird uns zu tun verbleiben, und zwar kein leichtes. Ich denke nur an die Fragen des Feminismus, des Landlebens, der Politik, Religion usw., bei denen allen es kaum möglich ist, mit Stillschweigen über sie hinwegzugehen, wenn man nicht riskieren will, auf Sand zu bauen.*

Iris gab sich überzeugt, dass das dreiwöchige Zusammensein alle ihre Divergenzen ausräumen werde. *Viel wichtiger als alles ist, dass Sie zu mir kommen. Dass Sie überhaupt leben. Sie, den es nie gegeben hat und den es später nie mehr geben wird. Sie, der mir zeigt, dass ganz von selbst teilweise ähnliche Empfindungen und Gedanken, wie ich sie habe, in einem andern Menschen entstanden sind. Sie, zu dem es mich hinzieht, ohne dass ich weiss warum. So merkwürdig es Ihnen scheinen mag, so kommt mir jetzt – eben weil ich Sie gern habe – vor, Sie seien der einzige Mann auf der Welt. Tatsächlich! Das ist nicht nur ein Gedanke oder ein Gefühl, sondern eine viel konkretere Wirklichkeit. Ich könnte nur Sie umarmen und nur Sie streicheln. Gewissermassen die ganze Pracht des Geschlechts sammelt sich auf diesen einen. Ich halte es nicht für möglich, dass Sie je vergehen. Ich habe nie soviel Verstand und Kraft zusammen mit soviel Anmut und Heiterkeit gesehen. Peter! Peter! Peter!*

Nach diesem Brief hatte Peter nur mehr Angst vor sich selbst, vor seiner *körperlichen Begierde* und dieser *Vernichtungswonne*, die tief in seinem Innern hockte. *Die Ahnung, dass ich nicht ungestraft Ihre Zuneigung haben darf, ist heute stärker denn je in mir. Ich kann Ihnen darüber schreiben, was ich will und mir selber einzureden glaube, dieses fatale Gefühl lebt im Unterbewusstsein weiter und sagt mir immer, dass Sie mich einmal verlassen, stürzen, zertreten werden. Es ist jene Schlange in mir, die im Vollbesitz des Glückes »Nein« sagt.*

Die hohen Erwartungen, die Iris und Peter an ihr Zusammensein knüpften, erfüllten sich nicht. In den drei Wochen Zürich kamen sich die beiden nicht wirklich näher, konnten sie ihre Differenzen auch nicht nur ansatzweise ausräumen. Der grösste Knackpunkt war einmal mehr die Religion. Für Peter kam eine Ehe nur in Frage, wenn Iris bereit war, zum katholischen Glauben zu konvertieren. Alles andere sei für ihn persönlich, familiär und politisch völlig ausgeschlossen. Mischehen, argumentierte er, seien nach katholischer Lehre verboten. Iris war empört. Erpressung sei das, warf sie ihm vor und fragte sich, wie ein intelligenter Mensch in religiösen Fragen derart stumpfsinnig argumentieren konnte. Peter indes beharrte auf seiner Position und machte unmissverständlich klar, dass die Frage der Konversion in seinen Augen geradezu existentiell mit ihrer Beziehung verknüpft sei. Schliesslich sah Iris keinen andern Ausweg, als ernsthaft über eine Konversion nachzudenken. Sie erbat sich eine Aussetzung des Themas und Bedenkzeit bis zum 1. August 1944. Peter war einverstanden, obwohl er skeptisch war. *Unsere Beziehungen werden immer komplizierter,* schrieb er in sein Tagebuch. *Ich bin voll schlechter Ahnungen. In den Briefen beteuert man sich immer heissere Liebe, bis es zuletzt ganz gemütlich wird: nämlich in dem Moment, wo beide, der pathetischen Beteuerungen überdrüssig, anfangen, von ernsten Dingen zu reden.* Die erbitterte Auseinandersetzung um die Konversion vergiftete die Stimmung derart, dass die beiden weitere Debatten scheuten und die gemeinsame Zeit vor allem für Kino- und Theaterbesuche nutzten. *Geredet haben wir nie recht,* stellte Iris nach Peters Abreise resigniert fest. *Ich bin diese Tage so sehr verdriesslicher Laune, ja Verdruss, das ist das richtige Wort. Gereizt, verdriesslich, verdriesslich. Eine sonderbare Unruhe treibt mich herum. Ich hasse zu leben und möchte doch nicht sterben. Das alles nicht auf der Ebene der Trauer, sondern des Verdrusses. Oder hat sich die Sehnsucht nach Dir am Ende in diesem Verdruss sublimiert. Früher war ich oft sehr traurig, grässlich traurig, aber so gut wie nie verdrossen. Mein Gesicht könnte Essig verallegorisieren. Ich glaube, ich möchte aus der Haut fahren. Ich habe eine unbändige Lust zu wüten, alles kurz und klein zu schlagen. Ich weiss nicht, was ich möchte, ich möchte nur, alles wäre anders. Ich bin beseelt von einer Art inneren Vandalismus.*

Die grosse Ernüchterung über ihr Zusammentreffen liess den Tonfall des Briefwechsels schnell wieder zynisch werden. *Zwischen uns kann nur noch eins gesagt werden,* so Peter, *ja oder nein. Ich konnte diese letzten Tage, wenn ich an unsere Heirat dachte, keinen andern Ausdruck finden als »Witz«. Und zwar darum, weil mir alle objektiven Voraussetzungen für Aussenste-*

hende derart auf ein Misslingen des Experimentes hindeuten, dass ich z. B. meinen Freunden die Nachricht nur ironisch erzählen dürfte. Mir scheint eine Patagonierin würde – in abstracto – besser nach Raron passen als Du. Stell Dir vor, dass ich mich geschämt hätte, jemandem hier zu sagen, Du seist mit Alfred Ernst nach Lugano verreist, ich wäre dabei ganz rot geworden im Bewusstsein, dass jeder mich für einen Narren hielt, für einen hintergangenen Ehemann des Lustspiels.

Iris war konsterniert. *Wie gemein Du bist. Meinst Du, man könne wegen einem Mann katholisch werden, der gleichzeitig sagt, diese Heirat komme ihm als Witz vor und er müsse selbst darüber lachen?* Als sie in ihrem nächsten Brief über die Möglichkeit einer Ehe mit Arbeitsort Zürich und Wohnort Raron nachdachte, was Peter strikt ablehnte, schüttete auch Iris wieder Spott und Häme aus: *Du tust meine Lebensart herunter, anstatt mich geistig zu unterstützen, wie Du es könntest. Meinst Du nicht, es sei mir nicht 1000 x lieber, so viel zu arbeiten, mit Hetze und viel Ärger, aber im Prinzip mir entsprechend, als im Schatten meiner selbst Bohnen zu sterilisieren in Raron und alle drei Jahre zu fragen, ob die Familie für mich die Ausgabe von 3.50 für den Coiffeur verantworten könne. Viel 1000 x lieber, als in einem Haus Hausfrau zu sein, wo sogar der Staub hinter der Kommode heilig ist, weil ihn die Urgrossmutter auch nie wegputzte.*

Nur einen Tag später entschuldigte sich Iris für ihren Brief, diesen *Exzess der Wut: Meine beruflichen Bestrebungen hängen eng mit meiner Liebe zu Dir zusammen,* erklärte sie sich. *Viel enger, als Du Dir vorstellen kannst. Die Liebe zum Beruf bedingt gerade auch die andere Liebe und umgekehrt. Was Du gegen sie sagst, sagst Du zum Schaden meiner Liebe und Hingabe an Dich.*

Iris liess keinen Zweifel daran, dass ihr individuelle Entfaltung und persönliche Verwirklichung wichtiger waren als das Glück. *Ich würde Dir das nicht sagen, wenn ich es nicht bereits erfahren hätte. Lieber ein Jahr Verzweiflung vor Liebeskummer, als einen Mann heiraten, dem, wie gesagt, die Gleichberechtigung, dieser Verzicht auf die »Vorherrschaft des Geschlechtlichen«, nicht in Fleisch und Blut übergegangen ist.*

In ihrem Entschuldigungsbrief wies sie Peter einmal mehr auf ihre *qualvolle Superempfindlichkeit* hin: *Man kann sie mit derjenigen von Othello vergleichen. Sie ist buchstäblich eine Leidenschaft und dabei noch viel mehr als »eine Leidenschaft, die mit Eifer sucht, was Leiden schafft«. Im Interesse unserer Beziehung solltest Du diese Empfindlichkeit trotz ihrer hektischen Art ganz ernst nehmen, d. h. sie berücksichtigen. Liebeszeichen sichtbarer und unsichtbarer, geplanter und spontaner, eigener origineller und konventioneller, geistiger, körperlicher, seelischer Art sind das Allerbeste, was Du für unsere Beziehung machen kannst. Deine Liebeszeichen sind das rechte Gegengift. Sie sind eine kühle Hand auf eine fiebrige Stirn.*

Peter von Roten an Iris Meyer, 20. Mai 1944
Weisst Du, dass ich von Deinen Briefen lebe, esse und trinke. Mir schwindelt geradezu, wenn ich an die Möglichkeiten denke, die wir haben könnten, die wir haben. Zusammen sind wir voll Sinn und Daseinsberechtigung, während wir getrennt nur lose Uhrzeiger sind, die nichts angeben, völlig sinnlos sind. Du bist der Stundenzeiger und ich der Minutenzeiger, und unsere Liebe ist das Zifferblatt. Ich ging soweit, mir vorzustellen, dass, wenn die Schweiz sich eine Königsfamilie wählen wollte, niemand günstiger wäre als wir.

Iris Meyer an Peter von Roten, 21. Mai 1944
Bis anhin habe ich immer über die Redensart »sich ergänzen« bei Verschiedenenartigen gelacht. Sie schien mir die euphemistische Bezeichnung für Aufeinanderprallen von Gegensätzen zu sein. Wo man sich am liebsten totschlagen möchte, wenn einem dadurch keine Unannehmlichkeiten erwachsen würden. Wenn ich nun an uns denke, bekommt für mich neuerdings dieses »sich ergänzen Andersartiger« zum erstenmal seinen eigentlichen Sinn. Ich kann mir nun zum erstenmal – das scheinbar Paradoxe – vor-

stellen: eine Vereinigung von Gegensätzen, ohne dass die Gegensätzlichkeit aufgehoben wird, die Verquickung zweier Eigenarten, die doch Eigenarten bleiben.

Peter von Roten an Iris Meyer, 8. Juni 1944
Nichts hätte mir bedeutender scheinen können, als dass ich Dir wichtig bin. Das ist das Liebste, Beste und Schönste, das Du mir sagen und geben konntest. Ich hatte den ganzen 5. Juni hindurch nachgedacht, wie wir zueinander stünden und was mich an Dir noch so erschreckte. Zuletzt hatte ich mich auf die Formel geeinigt, dass es mich demütige, Dir so gar nicht zu »imponieren«.

Ich sage mir dann, dass ich für Dich nur ein Experiment bin, an dem Du allerlei Thesen beweisen willst, zu denen ich mich leider nur zu gut eigne (z. B. Frauenherrschaft etc.).

Ich denke, seitdem ich im Dienst bin, ununterbrochen an unser Verhältnis. Was die verschiedenen Themen unserer Diskussionen und Reibereien angeht, so war ich eine Zeitlang der Meinung, man könne sie einfach ignorieren. Das ist z. B. auch die Meinung unserer Leute daheim in Sachen z. B. des Antimilitarismus, wo sie immer sagen, es sei ganz ausgeschlossen, dass ich in der Politik eine Rolle spiele, wenn ich Antimilitarist sei, und ich soll das einfach für mich behalten.

Iris Meyer an Peter von Roten, 14. Juni 1944
Wie kannst Du, lieber Peter, Dir nur vorstellen, Du würdest mir nicht »imponieren«. Dass Du mir imponierst, ist ja gerade das Salz meiner Liebe zu Dir. Wenn Du wüsstest, wie masslos Du mir imponierst, wie stolz ich bin, dass ich fast Angst habe, Du könntest merken, was für ein unermesslicher unverdienter Schatz Du für mich bist. – Ich kann fast sagen, Du blendest mich. So prächtig erscheinst Du mir, Du Kühner, Gescheiter, Schöner! Siehst Du denn nicht, dass ich meine Bewunderung für Dich ein wenig verdecke, weil es mir fast unwürdig scheint, so viel Bewunderung zu hegen. Obwohl ich mich nicht unterschätze, komme

ich mir neben Dir wie ein armes Stäubchen vor. So überwältigend wirkst Du auf mich. Ein armes Stäubchen und sein Abgott. Wenn Du wüsstest, wie grosse Glücksmöglichkeiten Du für mich in Dich schliesst. Für mich ist Dein Gesicht das Gesicht. Hände sind Deine Hände, Füsse Deine Füsse. Worte Deine Worte. Für mich bist Du auch der Mann. Alle andern Männer sind nur Dir schlecht nachgemacht. Deiner werde ich nie überdrüssig, nicht in einem halbem, nicht in einem ganzen Jahr, nicht in 10, nicht in 20, nicht in 30. Das sage ich so selbstverständlich, wie sicher ist: Der Himmel ist blau. Der Schnee ist weiss.

Peter von Roten an Iris Meyer, 16. Juni 1944
Nach jedem Brief von Dir schäme ich mich meiner Herzlosigkeit. Ich schreibe Dir Abhandlungen statt Briefe, und ich möchte doch so gern Dir lieb schreiben können wie Du mir. Aber Du weisst ja ganz gut, wie es mit mir steht! Ich bin wie in einem Panzer von Vernunftschlüsseln eingemacht, in dem ich mich nicht bewegen kann. Aber es ist wie ein gläserner Panzer, den Du nicht siehst oder sehen kannst. Und dann meinst Du, ich habe kein Herz, während es so ist, dass ich die Liebe nun als Tatsache ansehe, während die Überwindung des Panzers das Wichtige ist, das uns nottut.

Iris Meyer an Peter von Roten, 21. Juni 1944
Wir können zusammen ein Anwaltsbüro im Wallis haben, verassoziiert, mit 50% Gewinnbeteiligung. Ein blühendes Geschäft, und wir wären immer zusammen. Am Anfang wird wahrscheinlich die Umgebung etwas erstaunt sein. Ich stelle mir vor, dass die Anwältinnen im Wallis eher rar sind. Nachdem sie sich aber vom Erstaunen erholt haben, wird man uns sehr bewundern, Du wirst als glücklicher und kluger Mann gepriesen, und die Achtung vor Dir und Dein Ansehen verdoppeln sich. Mit den Kindern stelle ich es mir so vor: Sobald wie möglich ein Kind, nach 1–2 Jahren schon das zweite. Denn erstens hätte ich gerne sofort ein zweites Kind von Dir, zweitens haben sie so Gesellschaft an-

einander, und die Erziehung und Mühen mit Säuglingen geht im Gleichen und ist konzentriert.

Wenn sie noch nicht gestorben sind, so leben sie noch heute…

Nach unserem Tode – wie jene guten Eheleute im Märchen, die sich so gern hatten, wünschen wir uns, am gleichen Tage zu sterben, um uns gegenseitig die Trauer über den Hinschied des andern zu ersparen – werden unsere Bilder als vorbildliches Ehepaar in alle Schulzimmer gehängt. Und bald wird unser Grab in Raron dasjenige Rilkes ausstechen, und streitsüchtige Liebespaare oder solche, die sonstige Divergenzen haben, werden mit Vorteil unser Grab besuchen. Im Jahre 2000 wird die schönste Wallisersage heissen Philemon und Baucis, als sie sich noch stritten, Peter und Iris.

Peter von Roten an Iris Meyer, 26. Juni 1944
Wenn wir nur nicht Gehirntumore kriegen und daran sterben oder serbeln.

Was mich bei der Lektüre des Briefwechsels zwischen Iris und Peter anfänglich befremdet hat, ist die fast völlige Absenz des Krieges. Kaum einmal ist von Politik die Rede und so gut wie nie von irgendeiner Tagesaktualität. Umzingelt von Hitlers Deutschland und Mussolinis Italien flaniert Iris Meyer gut gelaunt durch die Zürcher Bahnhofstrasse und schaut sich zwölf Tage nach der alliierten Invasion in der Normandie die Auslagen der Schaufenster an. *Das ist eine Art Spaziergang durch den geöffneten Sesam,* schreibt sie am 18. Juni 1944. *Gerade heute ist mir in den Sinn gekommen, wie die Zürcher rein durch das endlose ständige Schaufensterbetrachten ihren Geschmack für das Ästhetische und Elegante ungemein kultivieren und schleifen können.* Wie konnte man die dramatischen Geschehnisse und das Massensterben in den umliegenden Ländern nur dermassen ausblenden? Die Antwort ist einfach: Die gegenseitige Faszination war für beide so beeindruckend und überwältigend, dass sie sich in ihrem Briefwechsel ausschliesslich auf ihre persönliche Lebenswelt konzentrierten. In den 374 Briefen, die Iris zwischen 1943 und 1945 an Peter schrieb, gibt es eine einzige Stelle, in der sie sich mit der Realität des Krieges beschäftigt. *An den Krieg denke ich viel mehr als früher,* schrieb sie Ende Juni 1944. *Dumpf kommen mir die ersten Kriegsjahre in der Erinnerung beinahe als Friedensjahre vor. Etwas, das man am Anfang des Krieges nicht in Betracht gezogen hatte, gefühlsmässig, ist der Zustand des Elends. Bei Kriegsausbruch hatte man als höchstpersönliche Drohung einen blutigen Tod vor sich, aber an die Verelendung, an das bis zum Gerippe Abmagern vor Hunger, an das krank oder invalid in Lumpen Herumlaufen dachte man eigentlich weniger. Die Verelendung und das Unglück als Selbstverständlichkeit, als das Normale zu sehen, überstieg einfach die Vorstellungskraft. Diese Verelendung ringsum, in alle Weiten, nach jeder Richtung. Man könnte Tag und Nacht wandern und hätte lange Zeit dieses Elend nicht ausgewandert. Und wir auf diesem Pulverfass, das jeden Augenblick explodieren kann. Diese Nervosität und diese Idee, vielleicht jemanden töten zu müssen, um einen Teller voll Herdäpfel zu bekommen – was möglich wäre! Diese Sintflut des Elendes rings um uns herum. Und sonst noch? Dieser irrsinnige Wirrwarr in der Mörderei. Irgendwie spüre ich jetzt das alles viel genauer als vor der Invasion. Es macht mich reizbar und weckt die Neigung zu Gewalttätigkeit. Und wie ich Dir schon schrieb, es vergällt restlos die harmlosen Freuden des Lebens, dieses sich an der blühenden Wiese, am See Sichfreuen. Irgendwie würde es mir ganz plausibel erscheinen, wenn alle Leute die Worte »Verrecke, du Hund« auf den Lippen hätten anstatt »Guten Tag«. Mein Lebenswille stellt sich blind gegen die Kriegsmöglichkeit für die Schweiz. Und neben diesem Zittern lasse ich mich von einer Lebensleidenschaft beraten, welche mir sagt, die Schweiz werde nur schon unseretwegen nicht in den Krieg gezogen. Das Schicksal könne eben nicht unsern Untergang jetzt vorsehen, weil es unsere Einigung vorgesehen habe. Deine Existenz ist mir die Gewähr, dass der Krieg uns nicht zerstört.*

In seinen Leitartikeln im »Walliser Boten« hat sich Peter ausgiebig mit dem Krieg beschäftigt und sich auch Gedanken über die Zukunft der Schweiz gemacht, die – so schreibt er am 10. Juli 1945, acht Wochen nach der deutschen Kapitulation – dank einer *im grossen und ganzen klugen Politik mit einem blauen Auge davongekommen ist: Wir Schweizer haben eine andere Pflicht, als jetzt auch mit den Wölfen zu heulen und nach der Vernichtung des deutschen Volkes zu schreien. Solange der Krieg unentschieden war, hat die schweizerische Neutralität ihren realistischen Sinn gehabt. Jetzt, da der Krieg in Europa zu Ende ist, hat sie wieder ihren idealen Sinn: ein unparteiisches Forum zu sein. Nicht, dass wir rasch zu den Siegern uns gesellen, ist nötig, sondern dass wir die Grundsätze von Recht und Menschlichkeit und internationalem Anstand wahren. Aber statt diese Pflicht der Schweiz zur Vermittlerrolle und ihre geographische Zwangsbeziehung zum deutschen Volk zu überlegen, geht jetzt durch alle schweizerischen Länder ein Hassgeschrei, als wollten wir uns für die Kriegs- und Hassstimmung, um die wir in den letzten sechs Jahren zu kurz gekommen sind, schadlos halten.*

Vom Mai 1944 an stellten sich Peter und Iris gegenseitig den »Walliser Boten« und das »Schweizer Frauenblatt« zu. Jeder las die Artikel das andern, kommentierte kritisch und regte an. Das Gespräch über ihre Arbeit liess die beiden ihre Differenzen vorübergehend vergessen. Als alleinverantwortliche Redaktorin hatte Iris in dem einmal wöchentlich erscheinenden »Schweizer Frauenblatt« die ideale Plattform für ihre Themen gefunden. So forderte sie bereits in ihren ersten Leitartikeln die Gleichberechtigung der Geschlechter, unterstrich die Wichtigkeit des Frauenstimm- und -wahlrechtes, schrieb gegen die Ledigensteuer an, ermutigte junge Frauen zum Studium und nahm Stellung zur Mutterschaftsversicherung.

»Schweizer Frauenblatt«, 12. Mai 1944
Wenn die Mutterschaftsversicherung in Kraft tritt,
ist der echte Muttertag

Wir sehen täglich, wie jede Geburt vielen Frauen unweigerlich eine Menge Kummer und Sorgen bringt. Und auch dort, wo nicht gefragt werden muss, wer bezahlt den Arzt, die Hebamme, das Spital, wer ersetzt den Verdienstausfall, sehen wir, wie Frauen sich nicht die nötige Schonung und Pflege angedeihen lassen können. Welche schweren gesundheitlichen Folgen diese »so nebenbei« mit Kummer und Sorge vollbrachten Geburten mit sich bringen, können wohl nur die Ärzte ganz ermessen. Aber wir Frauen sehen auch noch eine andere Seite dieser Lage, welche den Männern immer und immer wieder zu entgehen scheint. Wir sehen einerseits so viele lustige, übermütige und lebensfrohe Mädchen und anderseits so viele farblose, abgestumpfte, ergebene Frauen. Diese denken nicht mehr an sich. Aber nicht im guten Sinn. Sie haben sich aufgegeben. Gehörten auch sie einst zu den fröhlichen Mädchen? Und müssen aus den frohen, schönen Mädchen in Erfüllung eines Teils ihres weiblichen Schicksals notwendigerweise freudlose Schatten werden? Ist dies das viel besungene »Mutterglück«?

Wir lehnen ein solches frauenunwürdiges Schicksal ab. Das Dasein als Mutter darf nicht einem Aufzehren der Persönlichkeit ähneln, aus dem schönen Geschlecht ein Schattengeschlecht machen.

Die Freude der Mütter an den Kindern ist teuer genug erkauft. Sie haben einen Anspruch, diese Freude voll auszukosten und die Mutterschaft auch wirklich als das, was sie ist, ein irdisches Glück zu erleben und nicht als Stoss in Kümmernis, wenn nicht ins Elend.

Bezüglich feministischer Anliegen wiesen das progressive »Schweizer Frauenblatt« und der katholisch-konservative »Walliser Bote« ab Frühjahr 1944 eine überraschende Nähe auf. *Was Du mir vom Feminismus schreibst,* so Peter, *ist mir alles ganz klar, und ich bin restlos mit Dir einverstanden, gebe Dir also punkto theoretischen Feminismus volle Blankovollmacht, immer natürlich innert der Grenzen dessen, was mein Verstand noch kapieren kann. Vor einiger Zeit musste ich einen Kaufakt schreiben, bei dem eine Frau die Zustimmung ihres Mannes haben musste. Ich habe mich darob geärgert, aber weisst Du, rein spontan, ohne irgendwie an Dich spezieller als immer zu denken: Das scheint mir ein gutes Zeichen zu sein.* Iris war beeindruckt, als Peter seinem Bekenntnis Taten folgen liess. So hinterlegte er im Walliser Parlament eine Motion zur Gleichsetzung der weiblichen Staatsangestellten und forderte im »Walliser Boten« das Frauenstimmrecht und die Mutterschaftsversicherung. Auch über seine Stellung zur Armee liess er keine Zweifel offen: Er verlangte die Abschaffung der allgemeinen Wehrpflicht und des Militärstrafrechts, *des letzten Adelsgerichts der Schweiz, das im Laufe dieses Krieges über unzählige unserer Mitbürger harmloser Art schweres Leid und Unrecht gebracht hat.*

Was sich Peter, der seit dem 1. Mai 1944 als alleinverantwortlicher Redaktor des »Walliser Boten« zeichnete, erlaubte, war ungeheuerlich: Gegen die staatlich verordnete Schweigepflicht – »Wer nicht schweigt, schadet dem Vaterland« – setzte er das Recht des einzelnen zur freien und kritischen Meinungsäusserung. Seine Kolumne vom 23. Mai 1944 ist politisches Bekenntnis und persönliches Credo in einem:

»Walliser Bote«, 23. Mai 1944
Zur Ehrenrettung des Schimpfens

Als im unheilvollen Jahr 1933 in Deutschland Hitler an die Macht kam, da waren plötzlich Schimpfen und Meckern verpönt. Auch bei uns fanden viele Leute plötzlich, wie schön es sei, »diszipliniert« zu sein und »auf dem Maul zu hocken«.

Wir sehen heute bei den Nachbarländern die Erfolge der Disziplin: die Soldaten, die gelernt haben, im Schritt zu laufen, laufen noch immer im Schritt. Sie sind im Schritt gegangen nach Al Alamein und bis nach Stalingrad. Wahrscheinlich sind sie noch in Marschkolonne erfroren und ordonnanzmässig verdurstet. Nur eines haben sie nicht gefragt: »Warum?« Denn in Schulen zuerst, dann in Volksversammlungen und Zeitungen, zuletzt in Kasernenhöfen hatten sie dieses Wörtchen »warum« verlernt. Es wurden Mustersoldaten.

Auch bei uns gab es einst Leute, die das bewunderten. Heute hoffent-

lich nicht mehr. Denn jetzt weiss man, dass es sehr leicht ist,
zu gehen, aber sehr schwer, den rechten Schritt zu finden.

Was nützt es, wenn alle im Schritt gehen – sogar im Tak
wenn sie in der falschen Richtung laufen?

Wir Schweizer sind nicht dafür gemacht, um im Schritt zu ge
gehen lieber jeder so und dorthin, wo es uns gutgeht. Das ist auch unser Glück.

Denn es gehört zu unseren einfachsten Bürgerpflichten, jedes Geschehen im Staate selbst zu erkennen und zu beurteilen. Jeder soll zu jeder Organisationswahl im Kanton Schaffhausen, zu jeder Wildbachverbauung in Graubünden, zu jedem Manöver im Jura seine Meinung haben.

Nichts im Lande geht uns nichts an.

Das ist der Sinn der Demokratie, dass jeder zu allem steht und schimpfen darf über das, was ihm missfällt. Auch wenn ich einem Schimpfer nicht recht gebe, so würde ich mir doch für sein Recht, schimpfen zu können, den Kopf abschlagen lassen.

Man hat das Schimpfen jahrelang heruntergemacht und, was schlimmer ist, ins Lächerliche gezogen. Der Mann, der im Schritt geht, wurde bewundert und der Schimpfer verlacht. Es ist Zeit, die rechte Wertung wiederherzustellen: Bewundern wir den, der seine unbeliebte Meinung zu sagen wagt, und lachen wir über jenen, der seinen rechten Fuss erst heben darf, wenn ihn auch der Nachbar lüpft.

Natürlich hagelte es Proteste von allen Seiten, insbesondere von Nationalrat Josef Escher, der grauen Eminenz der Oberwalliser Konservativen: *Ich würde dem Escherli wie ein Engelchen antworten,* riet Iris. *Vorläufig etwas weniger und nachher wieder munterer antimilitaristisch schreiben, eventuell auch in anderen Zeitungen. Du liebes antimilitärisches Schätzlein.*

In Raron beobachtete man Peters Beziehung zu Iris Meyer mit immer grösser werdendem Misstrauen. Mutter, Geschwister und Tante Elisabeth waren sich einig, dass das Fräulein Meyer keine geeignete Frau für Peter war. *Dieser kleine Peter,* spottete der ältere Bruder Hans Anton in einem Brief an die Schwester, *redet ernsthaft davon, sein Schicksal mit demjenigen dieser Iris Meierin zu verbinden.* Anfang Juni 1944 fuhr Iris für einen kurzen Besuch nach Raron. Dabei lernte sie Peters Mutter, seinen Bruder *überzeugt worden von Deinen Ideen, sondern geradezu fanatisiert im Sinne eines gefühlsmässigen Erfassens dieser Frage. Zorn steigt in mir hoch, wenn ich daran denke, dass es so bösartige Leute geben kann, welche das Frauenstimmrecht nicht wollen.* Dieses Bekenntnis stellt den Schlusspunkt der Auseinandersetzung um die Gleichberechtigung von Mann und Frau dar. Innerhalb von sieben Monaten wandelte sich Peter von Roten vom erbitterten Gegner zum glühender Verfechter der Frauenemanzipation. Mit stichhaltigen Argumenten hatte Iris ihn überzeugt.

Das Bewusstsein, einen zentralen Konflikt ausgetragen und aus der Welt geschafft zu haben, stimmte Iris euphorisch. *Die Frage der Gleichberechtigung dünkt mich nicht nur, kein Konflikt mehr zwischen uns zu sein, sondern oft sage ich mir, dass Du im Gegensatz zu einer beträchtlichen Zahl von Männern schon rein gefühlsmässig, sozusagen von Natur aus, auf dem Boden dieser Gleichberechtigung stehst. Und dann sage ich mir, dass es vielleicht auch nicht zuletzt diese Tatsache ist, welche es mir erlaubt, mich mit solcher Begeisterung in die Liebe zu Dir hineinzusteigern, und mir die Hingabe an Dich so unsäglich schön erscheinen lässt.*

Peter freute sich über das Kompliment, räumte aber ein, dass der Schritt zum Katholizismus weit schwieriger sei als der Schritt zum Feminismus. *Du solltest Deinen Feminismus eher meinem Antimilitarismus gleichstellen, nicht dem Katholizismus. Sie haben mehr Ähnlichkeit miteinander und sind sich im Grunde genommen sehr nahe: In beiden protestiert die Menschlichkeit gegen eine ungeheure Macht der Gewohnheit, der Sitte und der Denkfaulheit. Beide haben auch etwas Individualistisches an sich. Die Religion ist halt doch auf einer ganz andern Ebene.* Iris empfand Peters Bemerkung als *vermeintliche Drängerei. Wenn Du mich in irgendwelcher Form drängst,* protestierte sie Anfang Juli 1944, *so ist das so schädlich für unsere Beziehung. Und wenn Du drängst, so ist das genau so, wie wenn Du eine Blumenknospe mit den Fingern aufmachst, um rascher die Blume zu haben, und nachher nur ein zerstörtes Blümchen hast.*

Als Peter trotzdem weiter von der Konversion redete, ermahnte ihn Iris zu Bedachtsamkeit und Geduld: *Mach mir nicht das Leben schwer mit Zwängerei. Stell Dir vor, dass alles, was in unserer Beziehung auf Dein Zwängen gebaut ist, auf Sand gebaut ist. Von der Zwängerei sollte Dich nicht nur die Liebe und der gute Charakter abhalten, sondern auch die Schlauheit. Zwängerei rächt sich. Von einem Verdurstenden kann man mit Wasser alles erpressen. Aber wenn er getrunken hat, rächt er sich für die Selbstvergessenheit, zu der ihn seine Situation und die Erpressung hingerissen hat.*

Peter provozierte weiter und warf Iris schliesslich vor, die Wichtigkeit des Katholischwerdens zu verkennen. Als er schliesslich von neuem ihre Beziehung in Frage stellte, erklärte Iris am 8. Juli 1944 – drei Wochen vor dem vereinbarten Zeitpunkt – und *gewissermassen um unsere Liebe zu retten: Ich habe mich schon lange entschlossen, katholisch zu werden. Ich wollte es Dir aber erst sagen, wenn ich es nicht mehr nur als Conditio sine qua non für die Liebe empfinden würde, sondern gewissermassen von mir aus, entsprechend einer geänderten Einstellung. Wie nun in Gottes Namen meine Psyche ist, so ist der Vorgang so: Ich habe mich entschlossen, katholisch zu werden. Freier Entschluss ist dieses Samenkorn in der Erde. Und jetzt warte ich, bis es eine Pflanze gibt. Das wird es schon geben, weil es ein richtiges Samenkorn ist. Aber Du schadest unserer Beziehung, wenn Du dieses kleine Pflänzchen in der Erde immer wieder hervorzerrst, um zu schauen, wie weit es jetzt mit seiner Entstehung ist, ob es wirklich die rechte Pflanze wird etc.*

Im gleichen Brief legte Iris ausführlich dar, *in welcher Weise der Massstab der Gleichberechtigung auf die konkreten Kompetenzen in der Ehe Anwendung* haben sollte. Das geltende Eherecht, das die Ehe als eine auf Lebenszeit eingegangene Gemeinschaft unter männlicher Autorität festlege und eine klare geschlechterspezifische Arbeitsteilung vorsah, zwinge sie zu diesem Schritt.

»Schweizer Frauenblatt«, 12. Mai 1944
Wenn die Mutterschaftsversicherung in Kraft tritt,
ist der echte Muttertag

Wir sehen täglich, wie jede Geburt vielen Frauen unweigerlich eine Menge Kummer und Sorgen bringt. Und auch dort, wo nicht gefragt werden muss, wer bezahlt den Arzt, die Hebamme, das Spital, wer ersetzt den Verdienstausfall, sehen wir, wie Frauen sich nicht die nötige Schonung und Pflege angedeihen lassen können. Welche schweren gesundheitlichen Folgen diese »so nebenbei« mit Kummer und Sorge vollbrachten Geburten mit sich bringen, können wohl nur die Ärzte ganz ermessen. Aber wir Frauen sehen auch noch eine andere Seite dieser Lage, welche den Männern immer und immer wieder zu entgehen scheint. Wir sehen einerseits so viele lustige, übermütige und lebensfrohe Mädchen und anderseits so viele farblose, abgestumpfte, ergebene Frauen. Diese denken nicht mehr an sich. Aber nicht im guten Sinn. Sie haben sich aufgegeben. Gehörten auch sie einst zu den fröhlichen Mädchen? Und müssen aus den frohen, schönen Mädchen in Erfüllung eines Teils ihres weiblichen Schicksals notwendigerweise freudlose Schatten werden? Ist dies das viel besungene »Mutterglück«?

Wir lehnen ein solches frauenunwürdiges Schicksal ab. Das Dasein als Mutter darf nicht einem Aufzehren der Persönlichkeit ähneln, aus dem schönen Geschlecht ein Schattengeschlecht machen.

Die Freude der Mütter an den Kindern ist teuer genug erkauft. Sie haben einen Anspruch, diese Freude voll auszukosten und die Mutterschaft auch wirklich als das, was sie ist, ein irdisches Glück zu erleben und nicht als Stoss in Kümmernis, wenn nicht ins Elend.

Bezüglich feministischer Anliegen wiesen das progressive »Schweizer Frauenblatt« und der katholisch-konservative »Walliser Bote« ab Frühjahr 1944 eine überraschende Nähe auf. *Was Du mir vom Feminismus schreibst,* so Peter, *ist mir alles ganz klar, und ich bin restlos mit Dir einverstanden, gebe Dir also punkto theoretischen Feminismus volle Blankovollmacht, immer natürlich innert der Grenzen dessen, was mein Verstand noch kapieren kann. Vor einiger Zeit musste ich einen Kaufakt schreiben, bei dem eine Frau die Zustimmung ihres Mannes haben musste. Ich habe mich darob geärgert, aber weisst Du, rein spontan, ohne irgendwie an Dich spezieller als immer zu denken: Das scheint mir ein gutes Zeichen zu sein.* Iris war beeindruckt, als Peter seinem Bekenntnis Taten folgen liess. So hinterlegte er im Walliser Parlament eine Motion zur Gleichsetzung der weiblichen Staatsangestellten und forderte im »Walliser Boten« das Frauenstimmrecht und die Mutterschaftsversicherung. Auch über seine Stellung zur Armee liess er keine Zweifel offen: Er verlangte die Abschaffung der allgemeinen Wehrpflicht und des Militärstrafrechts, *des letzten Adelsgerichts der Schweiz, das im Laufe dieses Krieges über unzählige unserer Mitbürger harmloser Art schweres Leid und Unrecht gebracht hat.*

Was sich Peter, der seit dem 1. Mai 1944 als alleinverantwortlicher Redaktor des »Walliser Boten« zeichnete, erlaubte, war ungeheuerlich: Gegen die staatlich verordnete Schweigepflicht – »Wer nicht schweigt, schadet dem Vaterland« – setzte er das Recht des einzelnen zur freien und kritischen Meinungsäusserung. Seine Kolumne vom 23. Mai 1944 ist politisches Bekenntnis und persönliches Credo in einem:

»Walliser Bote«, 23. Mai 1944
Zur Ehrenrettung des Schimpfens

Als im unheilvollen Jahr 1933 in Deutschland Hitler an die Macht kam, da waren plötzlich Schimpfen und Meckern verpönt. Auch bei uns fanden viele Leute plötzlich, wie schön es sei, »diszipliniert« zu sein und »auf dem Maul zu hocken«.

Wir sehen heute bei den Nachbarländern die Erfolge der Disziplin: die Soldaten, die gelernt haben, im Schritt zu laufen, laufen noch immer im Schritt. Sie sind im Schritt gegangen nach Al Alamein und bis nach Stalingrad. Wahrscheinlich sind sie noch in Marschkolonne erfroren und ordonnanzmässig verdurstet. Nur eines haben sie nicht gefragt: »Warum?« Denn in Schulen zuerst, dann in Volksversammlungen und Zeitungen, zuletzt in Kasernenhöfen hatten sie dieses Wörtchen »warum« verlernt. Es wurden Mustersoldaten.

Auch bei uns gab es einst Leute, die das bewunderten. Heute hoffentlich nicht mehr. Denn jetzt weiss man, dass es sehr leicht ist, im Schritt zu gehen, aber sehr schwer, den rechten Schritt zu finden.

Was nützt es, wenn alle im Schritt gehen – sogar im Taktschritt –, wenn sie in der falschen Richtung laufen?

Wir Schweizer sind nicht dafür gemacht, um im Schritt zu gehen. Wir gehen lieber jeder so und dorthin, wo es uns gutgeht. Das ist auch unser Glück.

Denn es gehört zu unseren einfachsten Bürgerpflichten, jedes Geschehen im Staate selbst zu erkennen und zu beurteilen. Jeder soll zu jeder Organisationswahl im Kanton Schaffhausen, zu jeder Wildbachverbauung in Graubünden, zu jedem Manöver im Jura seine Meinung haben.

Nichts im Lande geht uns nichts an.

Das ist der Sinn der Demokratie, dass jeder zu allem steht und schimpfen darf über das, was ihm missfällt. Auch wenn ich einem Schimpfer nicht recht gebe, so würde ich mir doch für sein Recht, schimpfen zu können, den Kopf abschlagen lassen.

Man hat das Schimpfen jahrelang heruntergemacht und, was schlimmer ist, ins Lächerliche gezogen. Der Mann, der im Schritt geht, wurde bewundert und der Schimpfer verlacht. Es ist Zeit, die rechte Wertung wiederherzustellen: Bewundern wir den, der seine unbeliebte Meinung zu sagen wagt, und lachen wir über jenen, der seinen rechten Fuss erst heben darf, wenn ihn auch der Nachbar lüpft.

Natürlich hagelte es Proteste von allen Seiten, insbesondere von Nationalrat Josef Escher, der grauen Eminenz der Oberwalliser Konservativen: *Ich würde dem Escherli wie ein Engelchen antworten,* riet Iris. *Vorläufig etwas weniger und nachher wieder munterer antimilitaristisch schreiben, eventuell auch in anderen Zeitungen. Du liebes antimilitärisches Schätzlein.*

In Raron beobachtete man Peters Beziehung zu Iris Meyer mit immer grösser werdendem Misstrauen. Mutter, Geschwister und Tante Elisabeth waren sich einig, dass das Fräulein Meyer keine geeignete Frau für Peter war. *Dieser kleine Peter,* spottete der ältere Bruder Hans Anton in einem Brief an die Schwester, *redet ernsthaft davon, sein Schicksal mit demjenigen dieser Iris Meierin zu verbinden.* Anfang Juni 1944 fuhr Iris für einen kurzen Besuch nach Raron. Dabei lernte sie Peters Mutter, seinen Bruder

Ernst sowie seine neunzigjährige Tante Ida kennen und war überrascht von dem freundlichen Empfang, den man ihr bereitete. Dass Maria von Roten ihren Besuch zum Anlass nahm, Peter ins Gewissen zu reden, blieb Iris verborgen. *Ich beschwöre Dich,* schrieb Maria von Roten an ihren Sohn, *brich jetzt Deine Verbindung mit Zürich ab. Gehorche dem Rat Deiner Mutter. Sie meint es sicher gut mit Dir und hat mehr Lebenserfahrung als Du.* Für Peter war die Situation schwierig. Die mütterliche Ablehnung von Iris machte ihm zu schaffen. Er konnte sie nicht auf die leichte Schulter nehmen. Eine Heirat gegen den Willen der Mutter war genauso unmöglich wie die Ehe mit einer Protestantin. *Es ist zu wenig Vernunft in unserer Beziehung,* notierte er in sein Tagebuch. *Ich muss warten, bis unser Verhältnis geklärt ist, bevor ich etwas unternehme.*

Iris spürte Peters Unsicherheit und Zweifel. *Wenn Du mich wirklich, wirklich, wirklich heiraten willst und ich Dich auch, so kommt eine Ehe zustande, und zwar eine rechte und erfreuliche trotz aller Schwierigkeiten, d. h. sie werden überwunden. Die Angst müssen wir also wegschaffen. Da müssen wir viel reden. Ich mag Dir nicht so gerne schreiben. Wir sollten reden. Mit Listen. Als Arbeit. Ins reine kommen.*

Peter antwortete zurückhaltend und vage, betonte die entscheidende Bedeutung der Konversion. Iris ihrerseits wollte sich nicht drängen lassen und bestand auf ihrer sechsmonatigen Bedenkzeit. Gleichzeitig stellte sie klar, was sie im Falle einer Ehe von Peter erwartete: *Mir ist das Verständnis für das Feministische und Dein Verständnis dafür genauso wichtig und wesentlich wie Dir das Katholische. Ich brauche Deine vollständige Bejahung des Feministischen, um mich Dir in tiefstem Sinne zu geben. Mache Dich mit der Tatsache vertraut, dass für mich eine Ehe mit Dir nur möglich ist, wenn Du das Feministische in mir innerlich vollständig bejahst. Nicht nur pro forma, sowenig wie Du etwas davon hältst, wenn ich pro forma katholisch werde.*

Damit war für Peter der Zeitpunkt gekommen, sein feministisches Glaubensbekenntnis abzulegen. *Liebe Iris, ich bin nicht nur überzeugt worden von Deinen Ideen, sondern geradezu fanatisiert im Sinne eines gefühlsmässigen Erfassens dieser Frage. Zorn steigt in mir hoch, wenn ich daran denke, dass es so bösartige Leute geben kann, welche das Frauenstimmrecht nicht wollen.* Dieses Bekenntnis stellt den Schlusspunkt der Auseinandersetzung um die Gleichberechtigung von Mann und Frau dar. Innerhalb von sieben Monaten wandelte sich Peter von Roten vom erbitterten Gegner zum glühender Verfechter der Frauenemanzipation. Mit stichhaltigen Argumenten hatte Iris ihn überzeugt.

Das Bewusstsein, einen zentralen Konflikt ausgetragen und aus der Welt geschafft zu haben, stimmte Iris euphorisch. *Die Frage der Gleichberechtigung dünkt mich nicht nur, kein Konflikt mehr zwischen uns zu sein, sondern oft sage ich mir, dass Du im Gegensatz zu einer beträchtlichen Zahl von Männern schon rein gefühlsmässig, sozusagen von Natur aus, auf dem Boden dieser Gleichberechtigung stehst. Und dann sage ich mir, dass es vielleicht auch nicht zuletzt diese Tatsache ist, welche es mir erlaubt, mich mit solcher Begeisterung in die Liebe zu Dir hineinzusteigern, und mir die Hingabe an Dich so unsäglich schön erscheinen lässt.*

Peter freute sich über das Kompliment, räumte aber ein, dass der Schritt zum Katholizismus weit schwieriger sei als der Schritt zum Feminismus. *Du solltest Deinen Feminismus eher meinem Antimilitarismus gleichstellen, nicht dem Katholizismus. Sie haben mehr Ähnlichkeit miteinander und sind sich im Grunde genommen sehr nahe: In beiden protestiert die Menschlichkeit gegen eine ungeheure Macht der Gewohnheit, der Sitte und der Denkfaulheit. Beide haben auch etwas Individualistisches an sich. Die Religion ist halt doch auf einer ganz andern Ebene.* Iris empfand Peters Bemerkung als *vermeintliche Drängerei. Wenn Du mich in irgendwelcher Form drängst,* protestierte sie Anfang Juli 1944, *so ist das so schädlich für unsere Beziehung. Und wenn Du drängst, so ist das genau so, wie wenn Du eine Blumenknospe mit den Fingern aufmachst, um rascher die Blume zu haben, und nachher nur ein zerstörtes Blümchen hast.*

Als Peter trotzdem weiter von der Konversion redete, ermahnte ihn Iris zu Bedachtsamkeit und Geduld: *Mach mir nicht das Leben schwer mit Zwängerei. Stell Dir vor, dass alles, was in unserer Beziehung auf Dein Zwängen gebaut ist, auf Sand gebaut ist. Von der Zwängerei sollte Dich nicht nur die Liebe und der gute Charakter abhalten, sondern auch die Schlauheit. Zwängerei rächt sich. Von einem Verdurstenden kann man mit Wasser alles erpressen. Aber wenn er getrunken hat, rächt er sich für die Selbstvergessenheit, zu der ihn seine Situation und die Erpressung hingerissen hat.*

Peter provozierte weiter und warf Iris schliesslich vor, die Wichtigkeit des Katholischwerdens zu verkennen. Als er schliesslich von neuem ihre Beziehung in Frage stellte, erklärte Iris am 8. Juli 1944 – drei Wochen vor dem vereinbarten Zeitpunkt – und *gewissermassen um unsere Liebe zu retten: Ich habe mich schon lange entschlossen, katholisch zu werden. Ich wollte es Dir aber erst sagen, wenn ich es nicht mehr nur als Conditio sine qua non für die Liebe empfinden würde, sondern gewissermassen von mir aus, entsprechend einer geänderten Einstellung. Wie nun in Gottes Namen meine Psyche ist, so ist der Vorgang so: Ich habe mich entschlossen, katholisch zu werden. Freier Entschluss ist dieses Samenkorn in der Erde. Und jetzt warte ich, bis es eine Pflanze gibt. Das wird es schon geben, weil es ein richtiges Samenkorn ist. Aber Du schadest unserer Beziehung, wenn Du dieses kleine Pflänzchen in der Erde immer wieder hervorzerrst, um zu schauen, wie weit es jetzt mit seiner Entstehung ist, ob es wirklich die rechte Pflanze wird etc.*

Im gleichen Brief legte Iris ausführlich dar, *in welcher Weise der Massstab der Gleichberechtigung auf die konkreten Kompetenzen in der Ehe Anwendung* haben sollte. Das geltende Eherecht, das die Ehe als eine auf Lebenszeit eingegangene Gemeinschaft unter männlicher Autorität festlege und eine klare geschlechterspezifische Arbeitsteilung vorsah, zwinge sie zu diesem Schritt.

Schweizerisches Zivilgesetzbuch vom 10. Dezember 1907

Familienrecht – Das Eherecht

Art. 160
1. Der Ehemann ist das Haupt der Gemeinschaft.
2. Er bestimmt die eheliche Wohnung und hat für den Unterhalt von Weib und Kind in gebührender Weise Sorge zu tragen.

Art. 161
1. Die Ehefrau erhält den Familiennamen und das Bürgerrecht des Ehemannes.
2. Sie steht dem Manne mit Rat und Tat zur Seite und hat ihn in seiner Sorge für die Gemeinschaft nach Kräften zu unterstützen. Sie führt den Haushalt.

Art. 164
Missbraucht die Ehefrau die ihr vom Gesetz im Haushalt eingeräumte Vertretungsbefugnis oder erweist sie sich als unfähig zu deren Ausübung, so kann ihr der Ehemann die Vertretung ganz oder zum Teil entziehen.

Art. 167
Mit ausdrücklicher oder stillschweigender Bewilligung des Ehemannes ist die Ehefrau unter jedem Güterstande befugt, einen Beruf oder ein Gewerbe auszuüben.

Familienrecht – Die Verwandtschaft

Art. 274
1. Während der Ehe üben die Eltern die elterliche Gewalt gemeinsam aus.
2. Sind die Eltern nicht einig, so entscheidet der Wille des Vaters.

Iris war empört, dass die Frauen nicht gegen das geltende Familienrecht – es wird erst 1984/86 revidiert werden – aufbegehrten. Um allen Missverständnissen zuvorzukommen, legte sie Peter eine Art privatrechtlichen Vertrag über ihre Rechte in der Ehe vor. Im Mittelpunkt standen fünf Punkte:

a) Berufsausübung:
Hierher gehört: dass ich in dieser Entscheidung vollständig frei bin, und wenn ich mich für eine Berufstätigkeit entscheide, durch keine andere Beschäftigung und auch nicht durch Haushaltsarbeiten daran verhindert würde.

b) Güterrecht:
Wenn ich nur Güter hätte! Aber sogar bei dem wenigen scheint mir die Gütertrennung das Menschenwürdigste. Alles andere hat das Geschmäcklein einer eheähnlichen Vormundschaft.

c) Einkommensverteilung:
In meiner Phantasie leide ich unter dem Schreckgespenst der Gattin, welche bei ihrem Mann einen Sommerhut erbetteln muss. Nur das nicht! Mir scheint das Richtige, man stelle alle Ausgabenposten auf, worunter figuriert »privates« Geld für den Mann und »privates« Geld für die Frau, welche Summen gleich gross sind. Die Einkünfte werden regelmässig auf diese Posten verteilt.

d) Erziehung der Kinder:
Blödsinnig genug ist nach ZGB der Stichentscheid dem Mann zugeteilt. Mir scheint, man solle so lange reden über jede Frage, welche die Erziehung der Kinder stellt, bis man sich einig ist. Wird man es nicht, so glaube ich ganz für mich, dass der Stichentscheid der Mutter das richtige wäre. Der Billigkeit und Gleichberechtigung wegen sage ich aber, bei Buben hat der Mann den Stichentscheid, bei Mädchen die Frau.

e) Haushalt:
Mit diesen Arbeiten möchte ich abgesehen von der obersten Leitung nichts zu tun haben, also weder kochen, flicken, putzen etc. Mit andern Worten: Man muss eine Magd haben, ständig oder für ein paar Stunden am Tag.

Noch bevor Peter dazu Stellung nehmen konnte, kam es zum Eklat: Bei einem Treffen in Genf, wo Peter an einer Tagung des internationalen Studentenhilfswerks teilnahm und Iris weitere Punkte klären wollte, flogen die Fetzen. Als Peter unentwegt von der Wichtigkeit der Konversion redete, verlor Iris die Fassung. *Beim Essen,* so Peter in seinem Tagebuch, *haben wir dann von der Zeitung geredet, und Iris sagte mir rundweg, der »Walliser Bote« sei ein ganz grässliches Käsblatt, schmalzig und peinlich geschmacklos und meine Artikel darin unter aller Kanone, »muffig katholisch« und »bübisch-querulantisch«.*

Nach heftigem Streit reiste Iris vorzeitig ab. Sechs Monate lang wollte man sich weder schreiben noch sich sehen.

Tagebuch Peter von Roten, 1. August 1944: *Ich bin allein in Raron mit Selina und Mathilde Leiggener. Soeben hatte ich einen Nostalgieanfall, als ich einen Artikel über Florenz schreiben wollte. Ich stand auf und rief laut »Catinka, Catinka«, und alles schien mir sinnlos im Vergleich zu ihr und unserem damaligen Glück.*

FÜNFTER TEIL

So bewundere ich Dich als einen Diamanten, als ein armes Kind, das noch nie solchen Glanz, solche Härte, solches Licht gesehen hat. Und das im Gegensatz zu den Schweizern mit der Burgunderbeute weiss, welchen Schatz das Glück ihm da in die Hände gespielt hat. Das nicht daran denkt, ihn für 3 Kreuzer oder irgend etwas auf der Welt zu verkaufen, sondern ihn immer behalten möchte.

Iris Meyer an Peter von Roten, 5. Januar 1944

Meine Tante Ida erzählte immer von einem Italiener, der nicht auf den Esel steigen konnte und deshalb zum Hl. Antonius betete. Dann habe er einen Anlauf genommen und sei so gut hinaufgekommen, dass er jenseits wieder hinunterfiel und ausrief: Troppo di grazia, Santo Antonio! So geht es mir mit Dir: Als Du mir im vorletzten Sommer sagtest, ich solle beten, damit ich Dich mehr gern habe. Nun bin ich auch soweit, dass ich Dich viel zu gern habe, um vernünftig zu sein. Troppo di grazia, Santo Antonio!!

Peter von Roten an Iris Meyer, 16. Dezember 1945

20

VERLIEBTE FEINDE

Es war einfach alles viel zu kompliziert. Die ewigen Auseinandersetzungen, der Streit um die Konversion, die so unterschiedliche Herkunft. Aus der zeitweiligen musste eine definitive Trennung werden. So schnell wie möglich. *Ich kann doch nicht eine Iris Meyer heiraten,* schrieb Peter in sein Tagebuch, *das ist doch kein Name.* Die Frau musste so schnell wie möglich Geschichte werden. Maria von Roten war erleichtert, als sie feststellte, dass Peter keine Briefe mehr aus Zürich erhielt und auch nicht mehr von Iris Meyer redete. *Er kommt mir etwas ruhiger vor und abgeklärter,* schrieb sie am 22. Oktober 1944 an ihre Tochter. *Ob die Sache abgetan ist?* Die Zuversicht der Mutter war nicht unbegründet. Sehr bald nach seiner Trennung von Iris erhielt Peter Brief um Brief von M., die aus einem vornehmen katholischen Haus stammte und damit eine Heiratskandidatin war. Peter liess sich – wie er in seinem Tagebuch festhielt – die *rührenden Briefe* gefallen und *beantwortete sie ebenso zärtlich.* M.s Besuch in Raron wurde zum Fiasko. Peter war flüchtig, unsicher, nicht in der Lage, mit M. zu reden. *Und eine arge Klette ist sie, eine ganz klettige Klette. Sie erinnert mich irgendwie an jenes Frl. H. in Bern, das voller Pickel im Gesicht war, mich aber auch immer wie ein treuer Hund anschaute, als ob ich ein böser Meister wäre.* Peter schämte sich, M. lange Liebesbriefe geschrieben und sie *wie ein Ersatzrad am Wagen* behandelt zu haben. Als die junge Frau nach drei Tagen unter Tränen abreiste, war die Mutter verstimmt und Peter erleichtert. *Ich werde in Res amorosa immer gemeiner und gewissenloser. Mir ist schrecklich zumute. Morden ist nichts gegen mein Gemeinsein.*

Peter konnte es drehen und wenden, wie er wollte. Iris Meyer ging ihm nicht aus dem Kopf. Alles, was irgendwie schön war, erinnerte ihn an sie. *Ich sehe irgendwie alles durch Iris. Sie ist wie ein Schlüssel zu einem chiffrierten Text. Wenn ich sie verlieren würde, wäre mein restliches Leben nur mehr ein wirres Durcheinander von Buchstaben.* Er musste sich entscheiden. Für eine sichere und bequeme Existenz mit einer Frau wie M. oder aber für ein aufregendes und unabsehbares Leben mit Iris. Nach nur drei von sechs vereinbarten Monaten brach er am 1. November 1944 sein Silentium. *Wie ich Dir damals beim Abschied sagte, habe ich mit allen Mitteln versucht, Dich zu vergessen. Das gelang mir so gut, wie es einem gelingt, sich selber zu vergessen, d.h. ich konnte Dich völlig vergessen in gewissen Momenten, aber zu gewissen andern Zeiten warst Du wieder so vor mir und in mir wie eben ich selbst. Wie Cathy in »Wuthering Heights« sagt »Ich bin Heathcliff«, so konnte ich von Dir sagen.*

Iris reagierte zurückhaltend, gab vor, zu müde zu sein, um in *Deiner Wüste weiter nach Wasser zu graben, aus einem Eisklotz ein Feuer zu machen und den Lazarus zum Leben zu erwecken.* In ihrem zweiten Brief allerdings gestand sie Peter, dass er ihr *zum Lebenselement* geworden sei, *zur Atmosphäre und zur Luft. Ich kann schon leben ohne Dich, aber grässlich schlecht. Nur kriechen anstatt laufen und springen.* Wie Peter wünschte sie sich auch eine Fortsetzung ihrer Beziehung. *Wir haben alle Hindernisse bis zum Exzess betont, anstatt uns in erster Linie in das Wesen, die Wahrheit und Schönheit unserer Beziehung zu vertiefen.* Sie habe intensiv über ihr Leben und ihre Vorstellung von Liebe nachgedacht. Dabei sei ihr klargeworden, dass ihr Wesen von Idealen bestimmt sei und sie hohe Ansprüche an sich und ihre Mitmenschen stelle. *Man schwimmt herum, sehnt sich nach einer Arche und ergreift in seiner Not einen Balken oder ein Fässchen als Arche. Ich für mich habe mich in meiner Not bereits von einigen Balken und Fässchen blenden lassen und gemeint, die Arche zu haben. So dass mir jetzt, wo ich keine Balken mehr für Archen anschaue, auch ein Floss – das scheint mir unsere Beziehung – wertvoll und schön aussieht. Die Arche ist zwar immer noch in meinem Kopf, und ein Floss ist keine Arche.*

Aber erstens gilt offenbar – was meine Seele so lange nicht glauben konnte und immer noch nicht ganz glaubt – auch in bezug auf die Liebe das Prinzip, dass nichts auf der Welt vollkommen ist. Ich habe das um so weniger annehmen können, als ich nicht nur einem himmlischen Ideal nachhing, sondern auch Anzeichen von dessen Verwirklichung verspürt habe. Wie eine Wetterleuchte, ein Blitz, der in ewiger Nacht Lebenden anzeigt, dass es Tag und Licht geben kann, dass es auch beständig Tag sein könnte.

Aber je länger ich lebe, sehe ich, dass viele Leute im Grab ruhen, ohne je die Anzeichen zu kennen, welche ich erlebt habe. Dass vielleicht das, was ich als allgemeine Norm ansah, eine seltene, ausserordentliche Huld Gottes ist. Aber noch mehr zu denken gibt, dass ich nirgends, bei keinem Ehepaar je die Arche gesehen hätte. Sosehr ich die Ehepaare im Prinzip beneide, weil ich immer zu glauben geneigt bin, sie lebten in der Arche, sie würden an voller Tafel das kosten, von dem ich einige Bröseli bekam und mich nun nach dem Nektar und Ambrosia verzehre, so sehr konnte ich in jedem einzelnen Fall feststellen, dass von Himmelslabsal keine Spur ist, dass sie in keiner Arche wohnen, sondern im besten Fall auf einem Floss, in der Regel sich aber nur gemeinsam an Balken und Fässchen klammern.

»So hätte ich es auch können«, sage ich mir dann. Aber ich habe es nicht getan, weil ich immer auf die Arche hoffte.

Heute schwimme ich also immer noch müde herum. Den Glauben an die Arche habe ich verloren. Aber ich finde, nicht in einem traurigen Sinn, ich nehme es nicht mehr tragisch, sondern eher mit einem Stich in »alt und weise«, als Anpassung an das irdische Leben – ja ich kann sogar mit einer gewissen Heiterkeit davon reden, während es mir vor 10 Jahren das Herz zusammengekrampft hätte. Der Glaube an die Arche ist verloren, ich betrachte jedoch die dadurch entstandene Situation mit einiger Munterkeit.

Wir waren in einem Zustand der verliebten Feindschaft, brachte Peter seine Gedanken auf den Punkt und schlug vor, sich nun konstruktiv mit den Kernfragen ihrer Beziehung zu beschäftigen. *Ich denke mir, dass es doch 400 Jahre Glaubensspaltung sind, die uns trennen und die man nicht innert 24 Stunden beseitigen kann.*

Systematisch musste nun vorgegangen werden: *Die Traktandenliste*, so Iris, *scheint mir einfach: a) Konversion, b) berufliche Möglichkeiten für mich, c) praktische Durchführung, d) Haushaltung, e) Einkommen.*

Am 12. Dezember 1944 trafen sich Iris und Peter in Zürich zu einer ersten Aussprache. Iris bestätigte ihren Willen zur Konversion, Peter erklärte sich bereit, Iris im Falle einer Heirat ein eigenständiges berufliches Leben zuzugestehen und sie von jeglicher Haushaltsarbeit zu dispensieren. Unerwartet für Iris kam Peters Vorschlag einer gemeinsamen Zukunft in Basel, in dem zum Verkauf stehenden Haus seines Grossvaters Ernst Feigenwinter, das Hedwig Feigenwinter-Kym ihrer angeschlagenen Gesundheit wegen aufgeben musste. Iris war begeistert von Peters Plan. Basel, würde ihnen weit mehr Möglichkeiten bieten als das Wallis. Eine gemeinsame Anwaltskanzlei könnte man aufbauen oder gar eine Wochenzeitung gründen, die von Basel aus ins benachbarte Ausland expandieren könnte.

Unsere Liebe hat sich vertieft, freute sich Iris. *Das Vertrauen scheint mir gewachsen, ich sehe Dir zu wie einer Pflanze, die endlich Knospen ansetzt.*

Peter antwortete nicht weniger euphorisch: *Unsere Beziehung hat eine gewisse Endgültigkeit. Die Treue zum andern ist fast gleichbedeutend mit der Treue zu sich selbst.* Und über den gemeinsamen Spaziergang schrieb er: *Es kommt mir vor, als sei die Sonne nur warm, damit wir spazierengehen können. Alles ist noszentrisch in der Natur. Aber auch alles.*

Für Maria von Roten war Peters neuerliche Kontaktaufnahme zu Iris ein schwerer Schock. Von Raron aus setzte sie eine rege Geheimdiplomatie in Gang, *um Peter aus dem Banne dieser M.*

Iris Meyer und Peter von Roten, 1947

herauszuziehen. Wenn Peter zu Euch kommt, schrieb sie an ihre Tochter, *so rede in meinem Sinne. Sei aber lieb mit ihm. Ich bin nun fest überzeugt, dass er irgendwo durch jemanden enttäuscht worden ist.*

Grosse Hoffnungen setzte Maria von Roten in ihre Schwester Elisabeth. *Es kommt im wesentlichen darauf an,* wandte sich diese an Peter, *ob das Frl. Meyer Liebe hat zum Katholischen und auch katholisch denken lernen kann. Dann wird sie auch demütig und nimmt gern etwas von Mama an. Was ich aber bis jetzt gehört habe, schien mir nur zu beweisen, dass sie wohl Dich und Deinetwegen auch das Katholische will. Aber nur so weit, dass sie Dich bekommt, und nicht weiter.*

Hans Antons Versuch, auf den jüngeren Bruder einzureden, blieb ergebnislos: *Freitag abend ein langes Gespräch mit Peter,* berichtete er der Schwester, *der sich nichts sagen lässt. Die Idee einer romantischen Liebesbeziehung wirkt überaus verführend auf ihn.*

Blieb noch der einflussreiche Oberwalliser Pfarrer und Seelsorger Eduard Zenklusen, der Peter ebenfalls ins Gewissen reden wollte. *In einem vertraulichen Brief habe ich Ihnen schon einmal geschrieben, welch inniges Interesse ich an Ihrer Zukunft habe. Ich bin fest überzeugt, dass die göttliche Vorsehung Sie für unser liebes katholisches Oberwallis begabt und begnadet hat. Als ich vernommen habe, dass Sie mit einer protestantischen Zürcherin eine Bekanntschaft angefangen, bereitete mir das eine der bittersten Stunden meines Lebens.*

Ich überlegte damals lange, ob ich Ihnen nicht schreiben solle. Weil sich keine nähere Veranlassung bot und ich die Bekanntschaft eines katholischen Jungmannes immer als etwas ganz Zartes und die persönliche Freiheit tief Berührendes ansah, hielt ich mich bewusst von aller intimen Einsicht in die Bekanntschaft zurück. Gebetet habe ich für Sie wegen dieser Angelegenheit immer.

Ich habe mich nun gefragt, wie es nur möglich geworden sei, dass Sie mit Ihrer katholischen Erziehung, Ihrer Männlichkeit und Intelligenz in eine seelisch so gefährliche, bittere und so verwickelte Situation hineingekommen seien. Meiner Ansicht nach liegt der Grund nicht zuletzt darin, dass Sie den spielerisch oppositionellen Zug in Ihrem sonst so wertvollen Charakter nicht genug beherrscht und geordnet haben. Sie haben das Verhältnis erst wohl nicht ernst genommen und auch nicht daran gedacht, dass es jemals ernst werden könnte. Es war Ihnen mehr eine Gelegenheit, wie viele andere gegen Althergebrachtes zu opponieren, halb im Ernst, halb aus Freude am Opponieren. Sie haben daher nicht geahnt, auf welch gefährlichen Boden Sie sich hier begeben. So eine Frau spielt dann Trümpfe aus, so schnell und so raffiniert, dass der katholische Jungmann wie überrumpelt ist. Und je gebildeter er ist, um so schneller und schwächer und blinder fällt er herein.

Pfarrer Zenklusens Brief ist nicht nur ein Beleg für den damals im katholischen Klerus weit verbreiteten Antiprotestantismus, sondern er dokumentiert auch, wie katholische Geistliche die Intimsphäre ihrer Gläubigen indoktrinierten. Am Schluss seines langen Briefes nahm Pfarrer Zenklusen den Knüppel aus dem Sack und machte Peter klar, dass die Ehe mit Iris Meyer gegen den Willen Gottes verstiess und sein Seelenheil gefährdete. *Kehren Sie um! Koste es, was es wolle! Handeln Sie katholisch und männlich! In einer so Zeit und Ewigkeit entscheidenden Tat darf man sich nicht von Nebensachen beeinflussen lassen, die für den Augenblick brillant und geistreich wirken, sondern zuerst und vor allem vom beiliegenden Gotteswillen.*

Für Elisabeth Feigenwinter war es dazu bereits zu spät. *Ich fürchte trotz allem,* schrieb sie nach Raron, *dass Peter dieses Fräulein heiraten will. Er glaubt, niemand so lieben zu können wie sie. Alles, was man ihm vorhält, sieht er in rosigem Lichte. Alle schlechten Eigenschaften sind in seinen Augen Tugenden.*

Worin lag denn eigentlich das Skandalon an Iris Meyer? Mit Sicherheit war die Ursache nicht allein die Religion. Mit Iris Meyer und Maria von Roten trafen zwei Weltbilder aufeinander, die unterschiedlicher nicht sein konnten. Hier die streng katholische und familiär geprägte sechzigjährige Maria, deren religiöses Weltverständnis dem aufgeklärt-modernen Denken und der Frauenemanzipation mit Unverständnis und Ablehnung gegenüberstand. Dort die weltoffen-kritische siebenundzwanzigjährige Iris, die auf Selbstbestimmung setzte, sich als Akteurin ihrer Handlungen sah und so überhaupt nicht dem Bild einer frommen katholischen Tochter entsprach, die man sich in Raron für Peter wünschte. *Ich habe die Tochter während einer Woche beobachten können,* so Maria von Roten am 10. November 1944 nach einem Kurzbesuch von Iris in Raron. *Sie hat keine höhern*

Interessen, und ich kann nicht begreifen, dass Peter sich einbilden kann, sie interessiere sich für unsere Religion und werde katholisch. Mit ihren modernen Ideen war Iris eine Gefahr für Peter, entfremdete ihn von der Religion, machte ihn zum Deserteur seiner Herkunft. *Man merkt Fräulein Meyers Einfluss, der Peter gegen uns aufreizt. Sie ist auf dem besten Weg, einen prinzipienlosen Menschen aus ihm zu machen.* Die Ursache für Peters Verblendung sah die Mutter in seinem *Esprit romantique. Welch armer Träumer und Idealist der arme Mensch ist. Wenn ihm nur beizeiten die Augen aufgehen und der Schleier von seinen Augen fällt. Mit dem Verstand muss Peter einsehen, dass es nicht geht.* Maria von Rotens Credo war klar: Der Verstand war der Sitz des Menschen und nicht das Herz. So hatte sie es gelernt und an ihre Kinder weitergegeben. *Immer und immer wieder muss ich mich fragen, was schuld war, dass unser armer Peter seine katholische Überzeugung so leicht von sich warf, all seinen Versprechen so wenig treu blieb.*

Ob sich Maria von Roten bei dieser Gelegenheit daran erinnerte, wie sie einst heimlich für den Anwaltspraktikanten ihres Vaters oder nach Heinrichs Tod für den Vetter in Sitten geschwärmt hatte? Wie sie sich nach schönen Kleidern, gesellschaftlicher Stellung und Bewunderung gesehnt, sich diese Wünsche aber nie zugestanden hatte? Wie schade! Was für eine Kasernierung von Vitalität und Lebensenergie! Für junge Menschen des 21. Jahrhunderts ist es kaum mehr nachvollziehbar, wie streng die katholische Kirche das Leben ihrer Gläubigen einst reglementiert hat.

Peters Beziehung zu Iris hat Maria von Roten über Jahre schwer belastet. *Wie ein Alpdruck lastet alles auf mir. Mein grosses Herzeleid ist Peter, er ist mein erster Gedanke am Morgen, mein letzter am Abend. Wie nötig hätte Peter die gütige, aber zielsichere Führung eines Vaters. Mit seinem grossen Idealismus wird er überall den Kopf anschlagen und vielleicht einrennen.*

Peter konnte die Mahnungen seiner Nächsten nicht einfach in den Wind schlagen. Vielmehr hatte er Verständnis für die Vorbehalte von Mutter, Tante und Geschwistern und musste ihnen in vielen Punkten sogar recht geben. Seine Schwierigkeit lag anderswo: Es wollte ihm einfach nicht gelingen, ihnen plausibel zu machen, dass seine Faszination für Iris Meyer seine Bedenken bei weitem überwog. Irgendwie verstanden sie ihn nicht, wenn er davon redete, dass Iris Meyer für ihn die Aussicht auf ein lebendiges Leben verkörperte, ihm einen intensiven Gedankenaustausch garantierte und sein Leben damit auf einmalige Art zu bereichern wusste. Für Peter war eines klar: Ein Zurück gab es jetzt nicht mehr. Er wollte mit Iris zusammensein. *Ich weiss noch genau,* wird er sich 1948 zurückerinnern, *es war in Raron in meinem Zimmer neben der Tür und beim Schein des kleinen roten Tischlämpchens, als ich zu mir sagte, nur mit Dir zu sein sei schön und es sei der Mühe wert, den Versuch der Liebe zu wagen.*

Iris sah in einer Ehe mit Peter eine logische Konsequenz, deren Erfolg oder Scheitern allein von ihnen abhing. *Ich glaube,* wagte sie am 21. März 1945 einen Blick in die Zukunft, *wir gehören eher zu den Glücklichen in einer schwierigen Ehe als zu den im Grunde etwas Unbeteiligten in einer »glücklichen«. Zur »glücklichen« Ehe fehlt uns der Einklang zu den Einrichtungen, welche an der Tagesordnung sind. Ich jedenfalls habe ihn mit meiner Forderung der Gleichberechtigung der Geschlechter nicht. Ausserdem bin ich ja bei allen schönen und rechten Eigenschaften wirklich nicht das, was man eine bequeme Frau, d. h. für einen Mann bequeme Frau, nennen könnte. Und Du bist gewissermassen in innerer Opposition gegen Militär und Vaterland, beides Einrichtungen, die in Geltung sind. Naturen, welche wie wir teils in ideellem Widerspruche zur Umgebung stehen, sind nicht prädestiniert für die »glückliche«, d. h. reibungslose Ehe. Und es ist weiter eine Binsenwahrheit, dass ganz intensive Liebe wie die unsere etwas Unirdisches hat, weshalb denn auch die Literaturgestalten Cathy und Headcliff und Tristan und Isolde keine Verwirklichung ihrer Liebe in bürgerlich vertrauten Formen fanden. Das heisst aber wieder nicht, dass wir uns nicht hei-*

raten sollten. In dieser Welt ist ja nichts vollkommen und darum auch keine Ehe. Aber ich finde eine unvollkommene Ehe mit unserem Bild der Liebe, unserem »Imago« 10 000 mal schöner als eine andere unvollkommene Ehe ohne unser Imago. Wenn wir auch nicht unserer ganzen Liebesphantasie Gestalt geben können, so werden wir doch immerhin einen Hauch davon in der Wirklichkeit verspüren, während andere von diesem Hauch oft keine Ahnung haben. Wir dagegen würden immer darunter leiden, unser Liebesbild nicht ganz verwirklicht zu haben, wir würden unzufriedener als andere sein und dennoch – wie mir scheint – den besseren Teil erwischt haben. Im übrigen scheint mir, ob eine Ehe zwischen uns erfreulich würde oder nicht, hänge ganz weitgehend davon ab, was wir zu diesem Zwecke tun. Eine gute Ehe ist bei unserer doch wieder guten Vorraussetzung, dieser festen Liebe, kein Geschenk des Schicksals, sondern unser eigenes Werk. Wir hätten sein Gelingen weitgehend in den Händen. Für mich ist die Vorstellung einer Ehe mit Dir kein Traum, kein schönes Phantasiegebilde, sondern einfach die Logik der Zukunft, die Nacht auf den Tag, oder der Tag auf die Nacht, der Frühling auf den Winter.

Peter war klar, dass eine Ehe mit Iris schwierig werden würde, dass sie genausogut scheitern wie gelingen konnte. In dieser Unabsehbarkeit aber lag auch etwas abenteuerlich Kühnes, womöglich sogar ein spielerischer Reiz, der ihm ein Leben in den Bahnen des Konventionellen als farb- und reizlos erscheinen liess. Iris Meyer war eine ständige Herausforderung, eine Ehe mit ihr eine faszinierende Reise mit unbekanntem Ziel.

Für Maria von Roten war Peters Haltung unverständlich und in höchstem Masse besorgniserregend. *Peter sagte mir,* schrieb sie am 27. Dezember 1944, *er wisse, dass er unglücklich werde. Und trotz allem will er nicht Schluss machen.*

21

GEMEINSAM UND GEGENEINANDER

Die Versöhnung mit Iris beflügelte Peter auch beruflich. Am 12. Dezember 1944 startete er im »Walliser Boten« eine Umfrage zum Frauenstimm- und -wahlrecht, die im Oberwallis viel Staub aufwirbelte und Peter deftige Kritik von seiner Partei eintrug. Iris verfolgte Peters Umfrage, zu der nur Frauen zugelassen waren, mit grosser Spannung. Als er zwei Wochen später das Resultat bekanntgab – 40,7% für und 59,3% gegen das Frauenstimmrecht –, war Iris hoch erfreut und griff das Thema im »Schweizer Frauenblatt« auf. *Das Resultat ist eine freudige Überraschung,* schrieb sie am 5. Januar 1945 in einem Kommentar. *Wenn die ohne jede Propaganda in einer unserer konservativsten Gegenden durchgeführte Stichprobe erweist, dass fast die Hälfte der Frauen die politische Gleichberechtigung begrüsst, wie viel mehr Anhängerinnen muss das Frauenstimmrecht bereits in fortschrittlichen Gegenden haben.* Was Iris allerdings nicht wusste und erst später erfahren sollte: Um sie zu beeindrucken, hatte Peter den Anteil der Ja-Stimmen eigenhändig in die Höhe geschraubt.

Vom Frühling des Jahres 1944 an machte sich Peter von Rotens Handschrift im zweimal wöchentlich erscheinenden »Walliser Boten« immer deutlicher bemerkbar. Neben seinen eigenwilligen Leitartikeln auf der rechten Spalte der Frontseite führte er auch eine unregelmässig erscheinende »Bücherseite« ein, auf der er verschiedenste Neuerscheinungen besprach. Peter rezensierte sowohl literarische als auch psychologische, naturwissenschaftliche und religiöse Werke und gab Lektüreempfehlungen für die Jugend ab. Ein ähnlich kritisches und vielseitiges Feuilleton hat der »Walliser Bote« vorher und nachher nie wieder besessen. Eine besondere Vorliebe entwickelte Peter für provokative Umfragen und Debatten. Im November 1945 sorgte der im »Walliser Boten« öffentlich ausgeschriebene Wettbewerb »Wie wünsche ich mir meinen Lehrer« für rote Köpfe in den Oberwalliser Lehrerzimmern. *Jetzt hat eine Lehrerversammlung,* so Peter am 3. Dezember an Iris, *dagegen protestiert, dass man die Lehrer so lächerlich mache!!!*

Neuland betrat Peter 1944 auch mit der Einführung einer Frauenseite, für die Iris sowohl anonym als auch unter ihrem Namen einzelne Beiträge lieferte. Vom ersten Erscheinen an wurde die »Seite der Frau« zum Forum des Geschlechterkampfes. Ohne sich offen zu duellieren, konkurrierten hier zwei Weltanschauungen, die nur wenig voneinander hielten.

»Fidelis« am 15. September 1944 auf der
»Seite der Frau«
Das häusliche Walten der Frau

Der Vater, der sich im eigenen Heim wohl fühlt, bleibt gerne bei Mutter und Kindern. Er sucht das Vergnügen nicht ausser dem Hause, wie das leider heutzutage so vielfach der Fall ist, und trägt in sich den Frieden und die Zufriedenheit. Oft beklagen Mütter in nächtelangem Kummer den Verlust der Häuslichkeit. Es war erst anders gewesen. Da war der Vater daheim geblieben, war zufrieden und verträglich und freute sich im Verkehr von Mutter und Kindern. Und nun geht er täglich aus dem Hause, macht Reisen, besucht Wirtschaften, Klubs und Gesellschaften, ist daheim launenhaft, gilt bei den Schwiegereltern als entartet und erpresst seiner Frau bittere Tränen. Und diese denkt oft gar nicht daran, dass oft kleine Ursachen grosse Wirkungen haben, dass lediglich sie selbst an der Veränderung ihres Mannes die Schuld trägt. Der Mann wusste vielleicht anfangs selbst nicht, was ihn aus dem Hause trieb, er fühlte es nur als Unbehagen, es gefiel ihm nicht daheim, ohne einen eigentlichen Grund dafür zu wissen. Die meisten Männer lieben vor allem eine gewisse Behaglichkeit. Kommt der Mann, der Vater, müde und abgearbeitet aus dem täglichen Berufsarbeiten heim, dann muss im Hause alles darauf eingestellt sein, dem Gatten und Vater das Daheim recht behaglich zu gestalten. Das sei oberstes Gesetz.*

Im Herbst 1945 evaluierte Peter die Chancen einer Motion für das Frauenstimmrecht im Walliser Grossen Rat. Seit der sozialdemokratische Nationalrat Hans Oprecht im Jahr 1944 den Bundesrat in einem Postulat aufgefordert hatte, die Einführung des Frauenstimmrechtes zu prüfen, und das bald darauf gegründete »Aktionskomitee für das Frauenstimmrecht« für Oprechts Postulat eine breite Propagandatätigkeit in Gang setzte, kamen vergleichbare Motionen in verschiedenen Schweizer Kantonen zustande. Obwohl Peter klar war, dass das Frauenstimmrecht im Walliser Parlament keine Chancen hatte, wollte er es trotzdem versuchen, erhoffte er sich eine erste Sensibilisierung der Politiker. Schliesslich war die Schweiz, nachdem auch Italien unmittelbar nach dem Krieg das Frauenstimm- und -wahlrecht eingeführt hatte, zusammen mit Liechtenstein zum letzten Hort der reinen Männerdemokratie in Europa geworden. *Die Grossräte sind entsetzlich knorzig,* schrieb er Anfang November 1945, *und ihre Argumente sind seltsamerweise immer dieselben. Ich wundere mich richtig über diese Eintönigkeit. Das einzige Argument, das etwas neu scheint, ist jenes von der eigenartigen Schweizer Demokratie, die eben nicht sei wie die andern, sondern eben anders (viel mehr Abstimmungen etc.). Im übrigen hört man alle einander die gleichen Stumpfsinnigkeiten nachsagen. Das einzig Logische wäre vom Männerstandpunkt noch, das Männertum von Gottes Gnaden zu proklamieren. Damit schneidet man allen Diskussionen den Hals ab, und ich begreife nun die Royalisten in Frankreich, die einen unhaltbaren Zustand einfach mit übernatürlichen Gründen stützten.*

Iris war begeistert von Peters Vorhaben und unterstützte ihn

* »Fidelis« war das Pseudonym von Pfarrer und Dekan Alois Andenmatten (1875–1963) aus Grächen, der sich immer wieder im »Walliser Boten« zu Wort meldete.

mit allerlei Materialien. *Ich bin von der Sache so beseelt, dass ich heute zum erstenmal in meinem Leben bedaure, nicht Rentnerin zu sein, um ehrenamtlich den ganzen Tag für die Propagierung des Frauenstimmrechts zu arbeiten.* Peter antwortete nicht weniger euphorisch: *Du Liebes, es freut mich ungeheuer, für etwas Prinzipielles eintreten zu können und nicht immer für die Stall- und Wasserleitungssubsidien.* Am 13. November 1945 deponierte er seine nur von vier Grossräten unterschriebene Motion im Walliser Grossen Rat. *Der Staatsrat ist eingeladen, dem Grossen Rate einen Gesetzesentwurf zu unterbreiten, der den Frauen die politischen Rechte zubilligt.* Peters Motion sowie anstehende kantonale Abstimmungen in Zürich und Basel führten dazu, dass das Thema Frauenstimm- und -wahlrecht im Frühjahr 1946 ein zentrales Thema in der Korrespondenz zwischen Iris und Peter wurde. Iris hielt Vorträge, schrieb Artikel und sorgte dafür, dass Peters Motion in zahlreichen Schweizer Zeitungen zum Thema wurde.

Mit Peters Vorstoss engagierte sich zum ersten Mal überhaupt ein Katholisch-Konservativer für die politische Gleichstellung der Frau. Bis zu diesem Zeitpunkt war das Frauenstimm- und -wahlrecht ein ausschliesslich von SP, LdU, PdA und Liberalen besetztes Feld gewesen. In der katholisch-konservativen Partei indes hatte man wenig Freude an Peters Motion und seinen frauenrechtlerischen Anliegen, die er in regelmässigen Abständen in seinen Leitartikeln im »Walliser Boten« thematisierte. »Im Oberwallis munkelte man damals«, erinnert sich ein Zeitzeuge, »dass der Peter viel zu sehr unter den Einfluss seiner Zürcher Bekanntschaft geraten sei.«

Die Hoffnung, dass die Idee der politischen Gleichberechtigung durch erfolgreiche kantonale Abstimmungen zum eidgenössischen Thema werden könnte, erwies sich als Illusion. Zwischen 1946 und 1948 verwarfen Männerabstimmungen das Frauenstimm- und -wahlrecht in den Kantonen Basel-Land, Genf, Tessin, Zürich, Neuenburg und Solothurn. *Es will einem Demokraten,* so Peters Kommentar zur Basler Abstimmung, *fast nicht in den Kopf, dass die irrationalen Kräfte in einem Volk eine derartige Trägheit an den Tag legen können.* Auch Iris war enttäuscht, trotzdem aber weit davon entfernt aufzugeben. *Ich sage mir nur, dass ich jedenfalls nicht sterbe, bevor das Frauenstimmrecht eingeführt ist. Immerhin wäre es noch schöner gewesen, erst geboren zu werden, wenn das Frauenstimmrecht schon dagewesen wäre. Ich stelle mir die ganze Lebensatmosphäre eines kleinen Mädchens freier und würdiger und interessanter vor bei politischer Gleichberechtigung der Geschlechter.*

Mit Blick auf die Zukunft vertraute Iris auf die Mühlen der schweizerischen Demokratie: *Aber es wird schlussendlich gewiss echt schweizerisch zugehen. Erst Verwerfungen, in 6 Monaten neue Initiative und dann eben doch Annahme in einem Kanton. Dann neue Petitionen, Motionen, Initiativen in anderen Kantonen. An einigen Orten Annahme, an andern Verwerfung usw.*

Das Thema Gleichberechtigung wird Peter von Roten, den *professionellen Frauenrechtler,* wie er sich selbst bezeichnete, nicht mehr loslassen. Mit Phantasie und Originalität, polemischer Schärfe und theatralischem Talent wird er bis zur Einführung des Frauenstimmrechts im Jahre 1971 noch für manch einen Überraschungscoup sorgen. Ein frühes Beispiel dafür ist seine im Oberwallis durchgeführte Umfrage »Was mir an meinem Mann nicht gefällt«, zu der er am 7. Juni 1946 im »Walliser Boten« alle Oberwalliserinnen aufrief. Mit dieser Umfrage, die Peter *eine Flut von Antworten* bescherte, brach er – vermutlich erstmals in der Geschichte des Oberwallis – nicht nur in eine tabuisierte Intimsphäre ein, sondern machte durch die Publikation zahlreicher Einsendungen das eheliche Zusammenleben zum öffentlichen Diskussionsgegenstand. *Doch dürfen wir die Antworten,* so Peter über die anonym publizierten Schreiben, *welche allzu scharf mit dem intimen Leben der Gatten ins Gericht gehen, hier nicht bringen. Wir würden sonst ein allzu düsteres Bild unseres Ehelebens entwerfen.*

Was dem Vorspiel folgte…

Der Hauptfehler meines Mannes ist ein allgemeiner Fehler unseres Mannenvolkes: zu wenig Rücksicht! Wir Frauen sollen alles zu tragen vermögen: die Besorgung des Haushalts, des Viehstandes, des Geflügels, der landwirtschaftlichen Arbeiten. Und wenn wir abends müde heimziehen, so sitzt sicher »er« auf dem Maultier, und ich kann mit der Tschifera* nachfolgen. – Überhaupt scheint mir, dass das Vorspiel der Bekanntschaftszeit längst vergessen ist und jetzt ein mehr oder weniger schweres Hauptstück folgt. Ja, wenn unsere Männer nur ein wenig von der Überfülle aus der sog. Vorspielzeit noch aufwiesen und wenn sie uns mit der gleichen Zuvorkommenheit behandeln würden, wie sie heute andern Vertreterinnen aus dem schwachen Geschlecht gegenübertreten, ja dann wäre es schön auf dieser Erde.

Eine Frau aus der Ebene

Die Oberwalliser Frauen klagten dem *Redakterli,* wie Peter in einem Leserbrief genannt wurde, offen ihr Leid. Ihr Mann sei *immer dreckig und schmutzig an den Füssen, dass es stinkt und einem graut,* kritisierte eine Frau die fehlende Körperhygiene ihres Mannes. *Die männliche Rechthaberei ist das schlimmste,* beschwerte sich eine andere, die darunter litt, dass *er allein entscheidet aus eigener Macht.* Eine Dritte beklagte die Wehleidigkeit der Männer: *Wenn er nur ein wenig im Durchzug ist, muss er nachher heisse Umschläge haben, und dabei hat er sowenig Gliedersucht als ich. Es ist so eine Marotte von ihm, weil er einziges Kind war, und da hat ihm seine Mutter immer Flanellunterwäsche angezogen, die habe ich ihm abgewöhnt.* Alkoholismus, Geiz sowie die sture männliche Weigerung, im Haushalt mitzuhelfen, waren weitere Kritikpunkte. Eine *erst Verlobte* schrieb: *Ich finde alles an meinem Verlobten gut, als dass er immer so zudringlich ist, sobald wir allein sind, und mir immer an die Brust greifen will, wo er doch nichts verloren hat. Die Männer meinen überhaupt, dass wir das gerne haben, was sie*

* Walliserdeutsch für »Tragkorb«

gerne tun. Wenn sie wüssten, wie sie uns mit einem lieben Satz oder einem lieben Blick mehr Freude machen als mit dem Getätsch, so würden sie jeden Tag hundertmal sagen, dass sie uns gerne haben.

Peter von Rotens Leitartikel und Umfragen haben den verstaubten »Walliser Boten« neu belebt. In der bald 170jährigen Geschichte der Zeitung stellen sie einen besonderen Höhepunkt dar. Als Leitartikler auf der Frontseite und später als Kolumnist im Blattinnern hat er zwischen 1944 und 1991 in ungefähr 4500 Artikeln das Zeitgeschehen kommentiert und über alle möglichen Themen aus den Bereichen Gesellschaft, Politik, Kultur und Religion nachgedacht. Seine Ansichten stiessen im Oberwallis auf grosses Interesse und gaben regelmässig zu Diskussionen Anlass.

Ich erinnere mich, wie ich in den frühen achtziger Jahren als Gymnasiast am Kollegium Brig die Kolumnen Peter von Rotens zu lesen begann. Weil er Mitglied der konservativen Partei war, hatte er bei mir alles andere als Vorschusslorbeeren. Die »Schwarzen« waren für mich der Inbegriff von Vetternwirtschaft und Machtmissbrauch. Peter von Roten jedoch war anders. Er war kein klassischer Vertreter des konservativen Walliser Apparatschik. Seine kritische Haltung, die Unkonventionalität und Originalität seines Denkens zogen mich schnell in ihren Bann, brachten mein Weltbild ins Wanken. Als er sich Ende der achtziger Jahre im Rahmen der Armeeabschaffungsinitiative im »Walliser Boten« gegen den Widerstand seiner Partei für die Abschaffung der Armee aussprach, zog ich meinen Hut. Und als er kurz darauf seinen Standpunkt auch im Schweizer Fernsehen verteidigte und dabei mit ernster Miene und Schalk in den Augen erklärte, dass er es befürworten würde, *die militärischen Grade der Schweizer Armee für erblich zu erklären,* verzieh ich ihm sogar seine Parteizugehörigkeit. Der alte Mann mit dem weissen langen Haar und dem Blick eines Schamanen hatte meine vorbehaltlose Bewunderung.

Ein wichtiger Grund für seinen Erfolg waren die Aufrichtigkeit und innere Freiheit, mit der er Stellung bezog. Immer ging es ihm darum, seine persönliche Meinung zu einer Frage, einem Sachverhalt oder einem Ereignis kundzutun. Dabei hat er weder auf Modeströmungen der Zeit noch auf seine Partei Rücksicht genommen. Kein Anliegen hat er in den fast fünfzig Jahren seiner Mitarbeit am »Walliser Boten« entschiedener vertreten als die individuelle Freiheit und die persönliche Meinungsfreiheit des Menschen. Geradezu selbstverständlich gehörte dazu auch die Akzeptanz Andersdenkender. Peter von Roten war ein überzeugter Verfechter des offenen Gesprächs und des demokratischen Meinungspluralismus.

Wenn ich seine Kolumnen heute wieder lese, fällt mir auf, dass sie eine ausgeprägt spielerische Seite haben. Peter hatte ein Flair für polemische Zuspitzungen, geistreiche Gedankenspiele und paradoxe Formulierungen. Unerwartete Tabubrüche, freimütig provokativer Spott und eine Prise Kabarett lassen einen bisweilen im Zweifel darüber, ob ihm seine Anliegen wirklich ernst waren oder ob er nur seine Leser auf die Schippe nahm.

Offenkundig ist Peter von Rotens Sympathie für die Benachteiligten und Verlierer der Geschichte. Nicht zu reden von seinem steten Misstrauen in die Mächtigen der Welt. So hiess er am 30. Juni 1944 das Kommunistenverbot in der Schweiz als Massnahme in Kriegszeiten zwar gut, betonte aber gleichzeitig, dass es *völlig unsinnig ist, dass in einer Demokratie die Mehrheit beschliesst, welche Parteien noch an der Demokratie teilhaben und welche ausgeschlossen sind.* Die Zurücknahme des Verbotes nach dem Krieg hielt er deshalb für selbstverständlich. Drei Monate später verfasste Peter aller antideutschen Stimmung zum Trotz das glühende Bekenntnis *Unser Deutschtum,* in dem er eine Lanze für die Bedeutung der deutschen Kultur brach. *Wir wollen nicht,* schrieb er am 22. September 1944, *dass mit dem Namen des Deutschtums sich der Begriff des technischen Mordens verbinde. Und darum bekennen wir unser Deutschtum am Vorabend von Deutschlands Niederlage, um zu zeigen, dass diese Niederlage nicht das Deutschtum trifft, sondern eine monströse*

Form der Staatsführung, die leider in Deutschland zum Durchbruch kam.

Iris war beeindruckt von Peters neuem »Walliser Boten«. *Deine Artikel werden immer besser,* freute sie sich. *Und die Schreibart scheint mir eine sehr glückliche Verquickung von volkstümlich (für die Leser des WB) und gleichzeitig gehoben, mit Niveau. Die Artikel haben auch Kraft und Saft, sie haben etwas Anziehendes und langweilen nie, gar nie. Das will etwas heissen.* Peter freute sich über Iris' aufbauende Kritik. Ihr Urteil war über alle Zweifel erhaben. So sehr er sich über das Lob freute, so sehr machte es ihm aber auch bewusst, dass diese Frau zu einer Art universellem Wertmassstab für ihn geworden war. Und davor hatte er Angst. *Seit zwei Jahren ist mein Leben,* schrieb er am 14. Februar 1945, *nichts anderes mehr als ein Abziehbildchen von Dir. Ich denke alles nach Deinem Vorbild und rede wie Du, prüfe den Wahrheitsgehalt einer Sache danach, ob ich sie Dir glaubhaft machen kann. Und das kann ich leider fast nie, weil ich Dich noch nie von der kleinsten Sache überzeugt habe. Manchmal scheint mir, alle müssten meine Schande sehen und ich würde rot, weil ich Dir alles nachsage.*

Iris stellte Peters *Schreckgespenst der Hörigkeit* in einen anderen Zusammenhang: *Ich glaube, bei dieser ganzen geistigen Entwicklung oder teils Verwandlung, welche Du so ausschliesslich meinem Einfluss zuschreibst, geht es im Grunde um etwas gänzlich anderes als um das Annehmen meiner Ideen. Nämlich um Deine Emanzipation im tiefsten Sinne. Um eine grundlegende Entwicklung Deines geistigen Wesens, die ganz von selbst in dieser Zeit Deines Daseins eingesetzt hätte. Ohne es selber besonders zu wollen, rege ich diese Entwicklung in Dir stark an. Aber nicht im Sinne eines von mir gewollten zielbewussten Einflusses als vielmehr im Sinne eines Werkzeuges, das Du Dir selber ausgelesen hast, damit sich die von Dir unbewusst ersehnte Entwicklung in Dir vollzieht. Bei diesem Deinem Wachstumsprozess bin ich nur einfach eine Art von Dir gewähltes, offensichtlich brauchbares Werkzeug. Ohne dass es uns bewusst ist, gewährt mein Wesen Deinem Wesen Entwicklungsmöglichkeiten. Die Entwicklungen sind immer schmerzlich und kompliziert, und obschon man sie herbeisehnt, sträubt man sich innerlich gleichzeitig dagegen. So denke ich, dass Du nun offenbar diese vermeintliche Hörigkeit durchmachen musst, bis sie wie Eierschalen von Dir abfällt und Du frei und mit neuen Fähigkeiten und Kräften dastehst. Die Metamorphose, in der Du steckst, entpuppt einzig und allein Dein Lebensprinzip, ist Dein Wille und Werk, Dein Schicksal, und ich bin lediglich die Atmosphäre, welche die Metamorphose, zu welcher es Dich drängt, begünstigt.*

Peter war beeindruckt von Iris' Sicht der Dinge und musste ihr recht geben. *Was Du von meiner Emanzipation sagst, ist zweifellos richtig. Die Ehe mit Dir ist eine Art Flucht aus dem Milieu.* Von einem *Pantoffelhelden,* so Iris weiter, könne keine Rede sein, *obwohl Du ein Held für mich bist. Und – das übersiehst Du auch immer und immer wieder – ein Held, den ich masslos bewundere.* Peter war diese Bewunderung völlig unverständlich. Er konnte nicht nachvollziehen, was es an ihm zu bewundern gab. *Es ist Deine »Methode«,* erläuterte Iris, *um die ich Dich so beneide, Deine – so erscheint sie mir – geradezu götterhafte Heiterkeit. »Lebe wie die Alten, heiter und weise.« Das scheinst Du mir zu tun, und ich möchte so gerne auch einen Hauch davon verspüren, um etwas leichter leben zu können. Vielleicht erscheinen wir einander gerade darum so begehrenswert, weil jedes das besitzt, was der andere nicht hat, und beide hoffen, durch die Liebe ein wenig des andern Wesens teilhaftig zu werden. Was Du an mir als Gescheitheit bewunderst, ist vielleicht eher eine gewisse Lebensintensität, die dazu führt, mit Blut einige Erkenntnisse sehr teuer zu bezahlen. Erkenntnisse, welche viele meist nur durch die Überlieferung platonisch kennen, sind bei dieser Lebensart lebendig, originell vorhanden. Aber ihr Erwerb war so mühselig, so schwer, so vielseitig und interessant wie die Entwicklung eines Embryos zum Menschen. Wenn ich unsere Lebensweise und -reise vergleiche, so finde ich, ich steige in alle Abgründe hinunter, auf alle Berge hinauf, während Du über die*

Abgründe hinüberspringst und die Berge durch Passierung von Tunneln hinter Dich legst. So kommt es dann, dass Du staunst, was ich alles erzähle, sage und weiss. Du bewunderst es, weil Dich dünkt, das sei mir alles in den Schoss gefallen. Dabei ist, wenn ich etwas weiss, alles mit Tränen erkauft. Das meine ich nicht empathisch, sondern wirklich, ja fast wörtlich. Ich aber sehe mit massloser Bewunderung, wie Du über die Abgründe tanzest, und möchte mich gerne auch darauf verstehen. Ich will von Dir Deine Reaktionen annehmen, weil ich sehe, wie würdig und gut sich bei solchen Reaktionen leben lässt. Die meinen sind oft unwürdig und selbstzerfleischend. Wenn ich sie von Dir nicht lerne, bringe ich mich noch selber ins Grab. Von Dir will und kann ich lernen, mich nicht in die Luft sprengen zu lassen, mich nicht verletzen und töten zu lassen. So werde ich Dir mein Leben zu verdanken haben. Ich bewundere Deinen Leichtsinn im besten Sinn des Wortes, Deine Serenität. »Integer vitae«, kann man von Dir sagen. Und zwar wörtlich. »Integer vitae« heisst genau das, was es heisst. »Unberührt vom Leben«. Das Leben kann ihm nichts antun, ihn nicht schädigen. Du bist aus Edelmetall, aus Gold, das keine Säuren verändern können. Dir kann nichts etwas anhaben. – Darum musste ich bei Dir immer an die Götter des Altertums denken. »Die Himmlischen«, wie Hölderlin sagt. Wenn ich an die innere Zukunft unserer Beziehung denke, so scheint mir immer, es ginge darum, dass wir uns offenbar zu einer Einheit verbinden möchten, um zusammen alle seelischen und vielleicht geistigen Möglichkeiten des menschlichen Seins zu umspannen. Das Ziel ist faszinierend. Der Antrieb kommt von einer Art innerer Notwendigkeit, zwei Teile, die erst zusammen das Ganze sind.

Iris Meyer hat Peter von Rotens Gelassenheit und Unberührbarkeit nicht vorbehaltlos bewundert. Sie war ihnen gegenüber ähnlich ambivalent eingestellt wie seinem fehlenden Ehrgeiz für die berufliche Karriere. *Jetzt muss ich Dich vor mir sehen,* schrieb sie ihm am 19. März 1945, *so wie ich Dich in Visp in Deinem Büro betrachten musste. Ich sah Dich in Deiner ganzen*

Schönheit, wie wenn Du soeben aus dem Märchen erstanden wärest, vor den dummen Agenturberichten sitzen und blaue Striche in den Text hineinmachen. Da fragte ich mich: Ist er nur dazu so gescheit und so schön, so überwältigend, um solche Striche für ein Blättli zu machen? Kann mit dem ganzen Aufwand der Natur an Geist und Schönheit das gemeint sein? Ein verzauberter Prinz, der als Schweinehirt figurieren muss. Aber das gleiche denke ich oft auch in bezug auf mich und andere Leute. Die Vorstellung ist ganz auflösend. In bezug auf Dich ist mir dieser Gedankengang unverbindlich mit jenem Bild, Du an dem schwarzen Schreibtisch sitzend, blaue Striche auf einem wüsten Papier ziehend, verbunden.

Die neu gewonnene Leichtigkeit ihrer Beziehung verflog, als Peter von neuem ihre Religionsverschiedenheit zum Thema machte. *Mir scheint,* bemerkte er, *es sei auf dem besten Wege, dazu zu kommen, dass nicht Du katholisch, sondern ich Atheist werde.* Iris war konsterniert. Soviel war klar: Wollte sie Peter heiraten, musste sie katholisch werden. Eine schwierige Vorstellung für jemanden, der mit Leidenschaft der religiösen Freiheit das Wort redete und ein vehementer Kritiker des alleinseligmachenden Anspruchs der katholischen Kirche war. *Der Katholizismus,* brachte sie ihre Dilemmasituation auf den Punkt, *wird noch besser auszuhalten sein als die unerfüllte Sehnsucht nach Dir, welche so überwältigend ist, dass ich ohne ihre Erfüllung erbarmungslos verdorren muss, serbeln und zuletzt sterben. Lieber katholisch werden als serbelnd langsam zugrunde gehen.*

Als Peter versuchte, die Bedeutung des Glaubenswechsels herunterzuspielen, und Iris vorschlug, zu konvertieren, weil es im Wallis so Brauch war – *eine Ehe mit einer Protestantin wäre im ganzen Oberwallis ein Skandal* –, geriet sie in Rage. *Deine Conditio sine qua non ist glatte Erpressung.* Sein Vorschlag sei der beste Beweis dafür, dass es ihm in der ganzen Religionsfrage weniger um den Glauben an sich als vielmehr um *Rechthaberei und Opportunität* gehe. Peter wollte diese Anwürfe nicht auf sich sitzen lassen. *In einem Deiner letzten Briefe,* entgegnete er am 2. Mai 1945, *ist mir der Ausdruck des »tierischen Ernstes« aufgefallen, von dem Du redest in bezug auf meine Religion. Ich habe immer das Gefühl, dieser Ernst sei Dir immer noch keine Realität, sondern sei in Deinen Augen eine Schrulle, über die man sich mit gutem Willen und ein wenig Geduld schon werde hinwegsetzen können. Ich kann Dir hier nur sagen, dass Du da ganz auf dem Holzweg bist, was mich auch darum betrübt, weil es zeigt, wie wenig ich – so wie ich bin – Dich eigentlich interessiere. Das Wort vom tierischen Ernst ist zutreffender, als Du vielleicht meinst. Tatsächlich bin ich in der Sache des Katholizismus ganz fanatisch. Viel fanatischer, als Du für das Frauenstimmrecht bist. Ich habe zwar im übrigen einen guten – ja im Vergleich zu Deinem viel zu guten – und nachgiebigen Charakter. Aber in dieser Angelegenheit bin ich einfach fanatisch, weil es mir die einzig richtige Art scheint, Religion zu haben. Hoffentlich erschrickt Dich das Wort nicht. Ich meine damit auch keine Hexen- und Ketzerverbrennungen, sondern eine innere Totalität. So scheint mir immer, Du kennest einen Teil von mir ganz und gar nicht. Ich möchte nur Dir einmal klarmachen, wie entsetzlich es für mich ist zu merken, dass alle Gedanken, alle Ideen, die von mir kommen, Dich ärgern und abstossen, während ich alle, die von Dir kommen, anbete und küsse wie Reliquien. Ich habe nichts gegen eine Knechtschaft, wenn sie gegenseitig ist. Aber Dir die hintersten Gedanken ablesen, einrahmen und auswendig lernen und daneben sehen, dass Du Dich weigerst, auch nur eine Frage zu prüfen, die für mich wesentlich ist, das ertrage ich einfach nicht.*

Peter irrte sich gewaltig, wenn er glaubte, Iris verstehe vom Katholizismus ungefähr soviel wie er von der Geburtshilfe. Seit Monaten setzte sie sich intensiv mit dem Wesen des Katholizismus auseinander. Das Resultat war ernüchternd: Eine Konversion zum katholischen Glauben stand für Iris in Opposition zu ihren Prinzipien. *Ich habe irgendwie Angst, mit dem Katholischwerden mich selber zu verlieren,* schrieb sie am 28. Januar 1945, *eine Angst, die Ähnlichkeit hat mit dem sagenhaften »Verkauf der Seele«. Ich habe Angst, meine moralische Struktur, die Ordnung in meinem Leben könnte vernichtet werden, ich könnte meine Ehre und Menschenwürde verlieren. Ich habe Angst vor einer Art Selbstmord.* Peters Beharren auf der Konversion war eine unmenschliche Quälerei. Wie konnte sich ein Mensch, der sich selbst für einen kritischen Intellektuellen hielt und stolz auf seine Objektivität war, derart unkritisch Autorität und Dogmen der katholischen Kirche unterwerfen? *Ich verstehe,* hatte er geschrieben, *dass Du dieses Autoritätsgetue nicht liebst, aber es gehört zum katholischen Glauben und Leben, und ich für mich finde, dass es auch vom persönlichen Standpunkt aus etwas ungeheuer Beruhigendes ist, zu wissen, dass man Auskunft an berufenen Stellen haben kann.* Diese buchstabengläubige Frömmigkeit konnte Iris aus der Fassung bringen. Tiefstes Mittelalter war das! Das Licht der Aufklärung musste dagegen in Stellung gebracht werden. *Ich wäre voll glühendem Interesse für den Katholizismus,* stellte sie am 17. März 1945 klar, *wenn Du mich nicht zwingen würdest, katholisch zu werden. Hätten wir vereinbart, dass ich reformiert bleiben würde, so wäre ich schon in viele Messen mit Dir gegangen. Ich würde auch gerne mit Dir über Religion reden, wenn ich nicht für den Preis meiner Liebe gepresst würde, katholisch zu werden. Das scheint Dir vielleicht paradox, aber es ist eigentlich ganz klar. Vielleicht geht Dir in diesem Zusammenhang etwas über das Wesen der Freiheit des Geistes auf.*

Peter war nicht von seiner Haltung abzubringen. Iris geriet ausser sich vor Verzweiflung, Wut und Zorn. Abendelang irrte sie durch Zürich, stieg wahllos von einer Tramlinie auf die nächste um, fuhr von einer Endstation zur andern. Gab es denn wirklich keinen Weg, Peter von dieser unseligen Konversionsforderung abzubringen?

Dass aus meiner positiven Zugehörigkeit zur katholischen Kirche, stellte er in seinem nächsten Brief klar, *heraus eine Ehe mit einer Nicht-Katholikin verboten ist, ist eine Tatsache. Du solltest doch überlegen, dass tatsächlich die Religion für mich etwas Wichtiges und Entscheidendes ist, etwas Wesentliches, in dem man nicht zweierlei Meinung sein kann. Ich sagte Dir immer, dass ich mit Dir calvinisch reden wollte, wenn ich überzeugt wäre, dass es der wahre Weg sei.*

Schliesslich sah Iris nur noch einen Weg. Sie musste versuchen, der ganzen Angelegenheit weniger Bedeutung beizumessen. *Vielleicht nehme ich das ganze Problem ungemein tragischer, als Du es Dir auch nur vorstellen kannst, aus dem einfachen Grund, weil ich irgendwie alle Zusagen in einer Totalität meine, die Dir überhaupt dem Wesen nach so unbekannt ist wie China. Eben weil ich, wie Du es richtig feststellst, immer die Sachen im Kern, im Wesentlichen fassen und leben möchte. Diese Totalität ist dem katholischen Wesen, glaube ich, fremd. Der Katholizismus geht nie von einer gewissen – was soll ich sagen – »Lebensart« ab. Er meint alles »in einem gewissen Sinn« und nicht total, er lässt die Leute noch leben. Ich glaube, ich habe Deine Forderung oder die Hoffnung, ich werde katholisch, in einer Totalität aufgefasst, die Du nicht nur nicht gemeint hast, sondern die Dir überhaupt, d. h. Deiner Natur nach, unbekannt ist. Es handelt sich, wie ich glaube, hier eben um einen vollständig masslosen Lebensernst, den nur der Protestantismus kennt, d. h. dasjenige Glaubensbekenntnis, das keine Absolution kennt, das Glaubensbekenntnis, wo die konkreten Gebote nichts, rein nichts sind im Vergleich zum Gewissen. Und dieses Gewissen wird notwendigerweise durch das menschliche Leben ungemein belastet. Die Protestanten nehmen die Dogmen viel weniger wichtig, aber vom Gewissen lassen sie sich zu Boden drücken. Ob die Düsterkeit des Calvinismus damit zusammenhängt? So absolut nehmen es die Katholiken nie. Ihnen wird nicht erst nach dem Tode dank der Gnade Christi verziehen, sondern schon im Leben, wobei sie weniger ernst, heiterer durch das Leben gehen als die Reformierten. Für den Katholiken ist irgendwie die Form, das Feste wirklich, für die Protestanten der Geist. Eigentlich gehört beides zusammen. Das meinten die Protestanten doch mit dem Wort »reformiert«. Es ist der Katholizismus, eben reformiert, d. h. be-*

freit von den Formen, welche zu einer Zeit den Geist zu ersticken drohten. Es ist die Berufung auf den Geist, als man sich zu pedantisch an die Formen hielt. Dabei wurde man leider zu formlos, wie die ungemeine Verwässerung des Protestantismus in der Schweiz zeigt. Siehst Du, die Reformierten sind so ernst, dass sogar ich irgendwie die Idee habe, nur wenn ich das Zeug zu einer Heiligen hätte, sei ich richtig in Deinem Sinne katholisch, und alles andere zähle nicht. Vielleicht begreifst Du auch, weshalb ich Dich nun so oft der Unmenschlichkeit hinsichtlich der Konversion anklagte. Aber am Ende meinst Du es gar nicht so. Sondern vielleicht:

a) Ich werde katholisch, um Dich zu heiraten. Womit das Prestige gewahrt bleibt.

b) Du erhoffst, dass ich mit Dir den religiösen Einklang suche, dass er sich finden lässt. Du hast mich auch gern, wenn ich keine Heilige werde, sondern katholisch.

Eigentlich kann ich es mir gerade als schön vorstellen, mit Dir über religiöse Fragen zu reden, mich mit Dir religiös zu einigen. Nur habe ich ein wenig Angst, Du könntest von mir unter Androhung von Liebesentzug verlangen, dass ich irgendeinen merkwürdigen Spruch 150 Mal im Tage sagen müsste oder behaupten müsste, ein Christusbild hätte gelächelt oder irgend etwas.

Peter konnte nichts anfangen mit dieser Betrachtung der Dinge. Eine Proforma-Konversion komme für ihn nicht in Frage, stellte er klar. Darauf konnte Iris nur mit Sarkasmus reagieren. *Es ist ja möglich, dass Du eine Frau findest, die äusserlich gesehen in jeder Beziehung Dich ganz nett arrondiert, den ganzen Tag Konfitüre isst, minütlich die Redensart braucht »Was wollte ich doch sagen« und bei den Gesprächen mit Dir ausschliesslich an das Zöpflimuster von Kniesocken denkt, welche sie lismen möchte. Es mag ja sein, dass es für gewisse Mädchen kein grösseres Glück gibt, als Eure Hemden zu waschen, Eure Schuhe zu putzen, Eure Herdäpfel zu schälen, Eure Sau zu mästen, Eure Kohlköpfe zu ziehen. Ich aber sage mir, dass ich mich nicht für solche Aufgaben nun jahrelang angestrengt habe und dass meine Ziele und Ansprüche an das Leben so sind, dass mir Euer Salat und Eure unheizbaren Öfen nicht als das Glück auf Erden erscheinen.*

Peter verzichtete auf eine Antwort. Drei lange Tage blieb es still, dann meldete sich Iris von neuem zu Wort: *Was mir so lange so lieb war, unser Briefwechsel, fängt an, mir unsinnig vorzukommen, wenn er anstelle der Taten steht.* Auch Peter sah im unverzüglichen Handeln das einzige Rezept: *Statt dass wir wie die Pärchen von »Sie und Er« ins Möbelgeschäft gehen und Stühle kaufen, hadern wir auf Tod und Leben.*

Am 31. März 1945 fuhr Peter nach Zürich. *Am Mittag ist Peter verreist,* meldete Maria von Roten ihrer Tochter nach Solothurn, *ohne mir das Ziel seiner Reise anzugeben. Von Goppenstein aus erhielt ich einen Brief, worin er mir schreibt, er gehe nach Zürich, um in seiner Angelegenheit mit Frl. Meyer eine Entscheidung zu treffen. Ich kann Dir nicht sagen, mit welchen Gefühlen ich diesen Brief las. – Nun haben wir zu beten und den Himmel zu bestürmen, dass der Herrgott ihm doch die Augen öffne.* Das Treffen in Zürich schaffte Klarheit: Iris' Vorschlag, nach der Heirat im Sommer 1945 zu konvertieren, lehnte Peter ab. Voraussetzung für sein Jawort, führte er an, sei der erfolgte Übertritt zum Katholizismus. Damit wiederum war Iris nicht einverstanden. Sie forderte eine Gegenleistung für ihre Konversion. Nach langem Diskutieren kam man schliesslich überein, dass Iris nach der offiziellen Verlobung, die auf den 1. Juni 1945 festgesetzt wurde, mit dem Konversionsunterricht beginnen und die Heirat nach abgeschlossener Konversion erfolgen sollte. Peter hatte seine Rechnung ohne die Mutter gemacht. Als er sie nach seiner Rückkehr über seine Pläne unterrichtete, sprach Maria von Roten Klartext. *Meine Mutter,* so Peter kurz darauf an Iris, *sagt ganz kategorisch, solange Du nicht konvertiert habest, werde sie zu gar nichts bereit sein.*

In Raron gab es in der Folge nur mehr ein Thema: Peters Entschluss, Iris Meyer zu heiraten. *Daheim,* so Peter, *gibt es jeden Abend einen homerischen Streit, der allerdings bald nicht mehr schön ist. Die Auffassung der Meinen ist ungefähr die, dass die Ehe zwischen uns einfach objektiv verfehlt sei und darum sowohl in meinem wie in Deinem Interesse verhindert werden sollte, wofür wir in zwei, drei Jahren selber froh wären. Mein Bruder sagt, ich lasse mich durch Dich zu einer Lebensform bestimmen, welche bei uns einmal nicht Brauch sei, und darum werde die Beziehung auch von der Familie bekämpft. Dass man z.B. einer Frau wegen den Beruf oder Wohnort ändern könne, findet mein Bruder ganz lächerlich und unwürdig. Ich kann mich nun einigen ihrer Argumente, z.B. Dein Widerwillen gegen die Landwirtschaft, Haushaltung, Religion, nicht verschliessen, aber mir scheinen sie so unbedeutend wie ein Regen auf dem Weg zum Zivilstand.*

Die ersten Wochen nach seinem Verlobungsentscheid waren für Peter äusserst schwierig. Das Pendel seiner Gemütsverfassung schlug unkontrolliert nach beiden Seiten aus: Der Gedanke an ein lebendiges Zusammensein mit Iris faszinierte ihn, der Widerstand der Familie und die Aussicht auf eine schwierige Beziehung weckten Zweifel, liessen ihn unsicher werden. Kein Wunder deshalb, dass sein Verlobungsentscheid nach einem Treffen mit Tante Elisabeth von neuem zu wanken begann. *Peter ist verschlossen wie nie,* schrieb Maria von Roten an ihre Tochter. *Es tut mir in der Seele weh, wenn ich sehe, wie Peter unter diesem Zwiespalt leidet. Er sieht aus, wie wenn er die Auszehrung hätte.* Schliesslich sah Peter nur noch einen Weg: Ohne Iris und die Familie darüber zu orientieren, konsultierte er insgeheim einen ihm bekannten Jesuiten: Als dieser zum Schluss kam, einer Verlobung vor der Konversion stehe nichts im Wege, waren die Würfel gefallen. *Ich sage Dir ganz offiziell,* so Peter am 20. April 1945 an Iris, *dass ich mich vor Deiner Konversion mit Dir verloben werde.*

Keine drei Wochen später wurde Peter von Roten vom Walliser Staatsrat zum Präfekten des Bezirks Westlich-Raron ernannt. Obwohl ihm von allen Seiten zur Ernennung gratuliert wurde, konnte er sich nicht über dieses fast ausschliesslich repräsentative Amt, das bereits sein Verwandter Eduard von Roten – der vermeintliche Rilke-Vater – bekleidet hatte, freuen. Ein weiteres Amt, das er nicht wirklich angestrebt und in das ihn sein Name gehievt hatte. *Ich sehe jetzt mit dieser Präfektwahl, wie sehr ich eigentlich hier angebunden bin und wie es objektiv schwierig wäre, hier wegzugehen. Dabei sage ich mir immer wieder, es sei zu dumm, gegen seinen Willen Politik zu treiben und seine ganze Zeit damit abzugeben. Mich ärgert es um so mehr, als ich mir dabei sage, das hätte man ja auf 100 Jahre zum voraus von mir prophezeien können, dass es so gehen würde, und die einzige nicht programmässige Entwicklung in mir sei die Heirat mit Dir und der Antimilitarismus. Evtl. noch das Frauenstimmrecht.*

22
ZUSPITZUNGEN

Peter von Rotens Hoffnung, daß Iris Meyer durch eine Konversion zum Katholizismus Aufnahme in seine Familie fände, war eine Utopie. Maria von Rotens Briefnachlass macht klar, dass sie die Heirat ihres jüngsten Sohnes mit Iris Meyer verhindern wollte. Dafür wollte sie bis zum Äussersten gehen, zog sie als Ultima ratio sogar in Betracht, ihrem achtundzwanzigjährigen Sohn die Ehe zu verbieten. Diese Massnahme ging Marias Schwester Elisabeth zu weit. *Ich wäre sehr froh,* schrieb sie an Peters Schwester Marie-Anne, *wenn Du mit Mama zu mir kommen könntest. Denn Peter macht mir wirklich sehr Sorgen, und ich habe – trotzdem ich ganz gleicher Meinung bin wie sie – doch den Eindruck, dass es ihr nicht erlaubt sei, Peter die Heirat zu verbieten. Peter hat das Gefühl, dass man ihn nicht versteht und dass ganz andere Gründe hinter der Ablehnung sind. Wir müssen alles tun, um wenigstens einen vollständigen Bruch mit der Familie zu verhüten. Mama meint, ich müsse Peter einfach schreiben, er müsse abhängen. – Ich kann das nicht. Ich habe dazu kein Recht.*

Neue Aufregung kam auf, als Peters Geschwister von einem Bekannten aus Rapperswil erfuhren, dass Iris' Vater im Ruf stand, ein *Katholikenfresser* zu sein. *Den Kopf,* so Peter an Iris, *den meine Familie dazu machte, kannst Du Dir denken.* Peter nahm das neueste Argument der Familie gelassen zur Kenntnis. Von seinem Vorhaben abbringen konnte es ihn nicht. Sein Entscheid stand fest. Er wollte sich mit Iris Meyer verloben und ihrer Konversion eine Chance geben. *Ich habe das bestimmte Gefühl,* schrieb er am 27. Januar 1945, *dass ich Deinetwegen mit allen brechen würde, wenn es nötig würde. Ich sehe immer, dass in meiner Familie die Ehetheorie die ist, man müsse eine Frau heiraten, die einem treu bleibt, auch wenn man sich nicht mehr gern hat. Aber eine solche Rechnung widerstrebt mir irgendwie. Ich finde, man könne viel weniger für die Treue aus Tugend als für die Treue aus Liebe »garantieren«, wenn überhaupt der Begriff der Garantie in diesen Fragen einen Sinn haben soll. Mir scheint, in unserer Beziehung habe nur eine Garantie einen Sinn, die, dass ich Dich glücklich machen kann. Aber wenn ich daheim so etwas sage, lacht man mich aus und sagt, was Du auch zu sagen pflegst, ich sei in der Liebe noch ein Achtklässler.*

Iris sah in Peters Widerstand gegen die Familie einen tiefen Loyalitätsbeweis. Endlich, endlich begann er unabhängig von der Familie zu entscheiden. *Nun ist endlich jeder Zweifel behoben, dass wir zusammenkommen. Diese Sehnsucht, mit Dir zusammenzusein und ein Kind zu bekommen, ist jetzt so unermesslich und überwältigend, dass ich die ganze Berufstätigkeit über den Haufen werfen würde, um sie zu stillen, denn ich fürchte, an allem und jedem die Freude zu verlieren, wenn ich sie nicht erfüllen kann.* Die Freude über die Entwicklung der Dinge versetzte Iris in Euphorie. *Ich spüre die seelischen Möglichkeiten nahe, welche mir die Sehnsucht in fast überirdischem Glanze erscheinen liess. Ihre erahnte Verwirklichung scheint mir aber die Bilder der Sehnsucht noch himmelhoch zu übertreffen. Die Ideale könnten durch die Wirklichkeit übertroffen werden. Ist das menschenmöglich? Ich glaube schon. Nur braucht es viel Kunst dazu. Ja, das ist das Wort: Kunst. D. h. das Streben, einer wunderbaren inneren Mission lebendigen Ausdruck zu geben. Die Vision darf nie in uns erlöschen und der Fleiss, unsere Beziehung nach ihr zu formen, nie erlahmen.*

Kaum einmal hat Iris zuversichtlicher in die Zukunft geblickt als in diesem Augenblick. Die junge Frau hatte die grösste aller Ambitionen: Sie wollte auf der Höhe ihrer Ideale leben. *Ich muss immer denken, wie es zwei Arten zu leben für einen Menschen gibt: wie ein Gott oder ärger als das geplagteste Haustier. In der*

Jugend sieht man die Möglichkeit, wie ein Gott zu leben, ganz deutlich, aber die Haustierexistenz wird immer notwendiger, weil ringsum auch alles im Stile der geplagten Haustiere lebt. Die Liebe, selbst in ihren Seelen, gehört zum Götterleben.

Iris Meyers Lebensziel war Intensität in allen Dingen. *Ich betrachte die Schwangerschaft von einem Mann, den man liebt, als eine Art epochemachendes Erlebnis. Ein Erlebnis, das für einen selbst eine wichtige Renaissance ist, das einem alle Gaben und Fähigkeiten verdoppelt und verdreifacht und zugleich eine bisher unbekannte Ruhe gibt. Die Schwangerschaft ist etwas fundamental anderes als »das Kinderhaben« und hat gar nichts mit »Kinderliebe« zu tun, sondern vielmehr mit der Liebe zu einem Mann. Es ist einfach der ständige Genuss dieser Verbindung in konzentriertester Form, auf denkbar intensivste Art. Alles ist ein Genuss dieser Verbindung, sogar die Beschwerden, welche die Schwangerschaft bringt. Ich glaube bald, die Geburten sind so schmerzhaft, weil es die Lösung dieser langen intensiven sinnlichen Gemeinsamkeit mit dem Gatten ist. Darum tut es so weh. Aber ich finde, ich sei um so glücklicher durch die Schwangerschaft, je ungestörter und unabgelenkter ich mich ihr widmen kann. Dann könnte ich Kraft für das ganze Leben daraus schöpfen. Denn so widersprüchlich es klingen mag: Trotz der Schwäche und der Beschwerden, welche die Schwangerschaft mit sich bringt, würde sie mich psychisch ganz stark und vor allem sehr sicher machen, würde meine Lebensfreude erhöhen, würde mich zufrieden machen. Du kannst Dir nicht vorstellen, wie ich mit jeder Faser mich danach sehne, ein Kind von Dir zu erwarten.*

In diesen Sätzen ist angelegt, was Iris 1957 in ihrem Buch »Frauen im Laufgitter« über die weibliche Schwangerschaft schreiben wird. *Leidenschaftliche Liebe und sexuelle Erfüllung sind notwendige Voraussetzungen für die tiefe Sinnfälligkeit* einer Schwangerschaft. Im umgekehrten Fall – d. h. *bei Gleichgültigkeit oder gar Abneigung* der Frau gegenüber dem Mann – drohte die Schwangerschaft für die Frau zu einem Ereignis von *dämonischer Monströsität* zu werden.

Anfang Mai 1945 traf Iris mit dem bekannten Jesuitenpater und Studentenseelsorger Richard Gutzwiller zusammen, der im katholischen Milieu für Konversionsfragen als grosse Kapazität galt. Am 8. Mai 1945, dem Tag der bedingungslosen deutschen Kapitulation – *Sechs Jahre Krieg sind lang gewesen, und man ist 10 Jahre älter* –, erklärte sie sich bereit, sechs Monate lang bei einem noch zu bestimmenden Geistlichen eine Stunde pro Woche Konversionsunterricht zu nehmen und danach das katholische Glaubensbekenntnis abzulegen. Aus Peters Sicht stand einer Verlobung damit nichts mehr im Wege. Einfach und schlicht, ohne offizielle Verlobungsfeier mit beiden Familien, verlobten sich Peter und Iris am 1. Juni 1945. Peter machte seinen Antrittsbesuch bei Iris' Eltern, es wurden Ringe getauscht, das war alles.

Mit der Verlobung begann für Iris die konkrete Planung des gemeinsamen Lebens. Beim »Frauenblatt« hatte sie gekündigt, weil sich ihr Verhältnis zur Vorsitzenden Else Züblin-Spiller und den andern Mitgliedern des Vorstandes zunehmend verschlechtert hatte. Stein des Anstosses waren ideologische Differenzen um den Kurs des »Frauenblattes«: Der Vorstand hielt Iris vor, in ihren Leitartikeln zu radikal zu sein, Iris konterte mit dem Vorwurf, dass man im Vorstand feministisches Engagement mit Sozialarbeit und Wohltätigkeit verwechsle. Das Fass zum Überlaufen brachte schliesslich der Vorstandsentscheid, Iris eine Redaktionskommission vor die Nase zu setzen, die ihre Artikel nach Belieben zensurieren konnte. *Das Frauenblatt*, beklagte sie sich am 25. Juni 1945, *ist mir nun vollständig gleichgültig geworden, nachdem ich so lange schwierige Streite und Anstrengungen im Interesse seiner Qualität auf mich genommen hatte. Schliesslich kann ich auch langweilig und banal schreiben, wenn es unbedingt sein muss.*

Iris' neues Ziel war das zürcherische Anwaltsexamen. Es würde ihr nicht nur ermöglichen, mit Peter zusammen ein Anwaltsbüro zu führen, sondern auch helfen, auf dem juristischen Weg für die Besserstellung der Frau zu kämpfen: *Das Anwalts-*

examen ist wichtig für mich, denn nun heisst es, immer mehr bereit sein, a) um zu bewirken, dass das Frauenstimmrecht eingeführt wird, b) disponibel zu sein, wenn es kommt, c) die Möglichkeit ergreifen, um es praktisch zu realisieren. Der Gedanke an eine gemeinsame Zukunft verlieh Flügel. *Bis jetzt war unsere Liebe von der spannungsreichen Art,* stellte Iris am 13. Juli 1945 fest, *die eigentlich erobernde Liebesart; zwei Feinde, die sich lieben. Da gibt es Kräche, wo uns Hören und Sehen vergeht. Aber sobald man wieder hören und sehen kann, sieht und hört man, dass die Grundmauern unserer Liebe immer noch stehen, obwohl uns schien, nach solchen Explosionen und Zermürbungen könnte alles nur noch Brei sein.*

Mit grossem Eifer machte sich Iris an die praktischen Vorbereitungen des zukünftigen Zusammenlebens. In allem, was sie unternahm, spiegelt sich ihr Wille zu Ästhetik und Perfektion. Das Zusammenleben mit Peter sollte von allem Anfang an zu einem Fest werden. *Weisst Du, dass ich mich täglich ca. 4 Stunden mit der Aussteuersuche beschäftige. Ich glaube, dass wir trotz den kleinen Mitteln und der kläglichen Auswahl eine sehr schöne zusammenbringen. Aber ich muss mich da förmlich in spezielle Gebiete einarbeiten, d. h. den Markt genau kennen. Wissen, was sofort, was später, was neu, was antik, was »gebraucht« gekauft werden kann. Und beim Auswählen, immer, immer das Ganze vor Augen! Ohne den Tisch, die Teller, die Tischdecke, ja das ganze Esszimmer sich vorzustellen, kann man nicht einmal die passendsten Gläser kaufen. Jetzt könnten wir stundenlang über Tassen und Betten und Schubkästlein reden. Die schönen Sachen der Aussteuer sind mir einfach eine grosse Freude. Ich sehe in der Schönheit einfach die Schönheit und die Freude unserer Beziehung ad oculos demonstriert.* Nichts wollte sie dem Zufall überlassen, alles musste bis ins kleinste Detail geplant werden. *Zum Grundetat für eine rationelle Haushaltsführung scheint mir nötig: 1 Abwaschmaschine (die einen lebenslänglich von widerlichem Abwaschen befreit und der ganzen Küchentüchliwirtschaft), 1 Elna, mit welcher die Sachen geflickt werden, 1 Staubsauger, 1 Eisschrank, 1 Turmix, 3 Flexilpfannen, welche schneller kochen, evtl. 1 kleiner Kocher für die Wäsche, elektrischer Herd, das alles bei »Haushaltstreu«. Leintücher und Handtücher in der Waschanstalt gewaschen.*

Bezüglich Wohnsitz kamen Iris und Peter überein, zuerst vier Jahre im Wallis zu leben, dort eine Familie zu gründen und dann nach Basel oder Zürich zu ziehen. Iris ging davon aus, sich im Wallis in erster Linie um die Kinder zu kümmern, nach dem Umzug in die Stadt aber wieder voll berufstätig zu werden. Von grösster Wichtigkeit war ihr der Anspruch, auch im Wallis ein eigenes Leben zu haben. *Man betrachtet als Eheklippe immer die Abstumpfung durch den Alltag.* Und dieser Abstumpfung wollte sie vorbeugen. *Unsere Zusammenkünfte sollen bis ans Grab etwas Festliches erhalten. Wenn andere einander schon lange bis zum Überdruss verleidet und auf die Nerven gegangen sind, wären wir einander immer noch Freude und Trost, Überraschung und das Interessante. Unsere Beziehung wird unser Lebenswerk werden, unsere Liebe das Zentrum unseres Lebens, das Licht, welches uns hilft, die Formen und Farben auf dieser Welt in ihrer ganzen Deutlichkeit zu erkennen. Unsere Liebe, ein Lebenswerk. Ich habe gar keine Angst. Entscheidend ist, dass wir uns unsere Liebe erhalten und noch vergrössern. Alles andere muss sich dann geben. Jedem von uns wird sie eine intensive Entfaltung seiner selbst, eine grössere Verwirklichung unserer Wesen bringen.*

Sorgen bereitete Iris ihr finanzielles Auskommen im Wallis. In ihren Briefen stellte sie einen Budgetplan nach dem anderen auf und rechnete Peter vor, dass sie Minimum 12000 Franken pro Jahr brauchten, um in bescheidenem Wohlstand leben zu können. Das Ergebnis war ernüchternd: Mit Peters magerem Verdienst liess sich keine Familie unterhalten. Eine Vorstellung, die Iris schnell in Panik versetzte. *Ich hasse und fürchte die Armut wie die Pest. Und zwar tue ich dies keineswegs gefühlsmässig seit jeher, sondern eigentlich erst ab 26 Jahren, d. h. nachdem ich so richtig erkannt habe, was sie wirklich bedeutet. Deine Einstel-*

lung in der Sache begreife ich sehr gut, sie war auch die meine – gewissermassen edle Anspruchslosigkeit, die einem gestattet, frei von menschenunwürdiger Geschäftigkeit zu bleiben – aber ich finde sie unreif und ganz unrealistisch.

Genauso wichtig wie ihr finanzielles Auskommen waren Iris zwei weitere Punkte. 1. Keine Haushaltsarbeit: *Ich hasse sie wie Gift, finde sie entwürdigend und ein Ärgernis. Ich käme mir dabei wohl noch Dir verbunden vor, aber wie eine Gefangene, die ihren Kerkermeister liebt, der sie bei Wasser und Brot in eine schauerliche Zelle sperrt. Irgendwie wäre mir damit meine Würde genommen, ich käme mir missachtet vor. Mein Geist, meine Schönheit, mein Leben, meine Bestimmung, all das, was das Leben lebenswert macht, müsste begraben werden.* 2. Die Berufstätigkeit: *Sie ist mir doppelt wichtig. Einmal an sich, dann aber auch wegen dem Einkommen. Beides Ehrenpunkte, an denen ich mit allen Fasern hänge wie viele an ihrer Religion, dem Vaterland.*

Peter reagierte verstimmt auf diese Zahlenspiele und Forderungen. Die rigorose Verbindlichkeit, mit der Iris alle Themen bis ins kleinste Detail geregelt haben wollte, passte ihm nicht. *In einem Moment, wo Millionen nichts zu essen und kein Dach über dem Kopf haben, ist es Deine dringendste Sorge, sieben- statt sechstausend im Jahr zu verdienen.* Iris reagierte erstaunt: *Siehst Du nicht den Zusammenhang zwischen einem geringen Einkommen Deinerseits und einem Hundeleben meinerseits? Begreifst Du jetzt, warum mich Dein Mangel an Willen, anständig zu verdienen, so empört?*

Als Peter Iris vorwarf, sie übersehe in ihrem feministischen Eifer den Massstab für die Verhältnisse der Zeit, wurde sie wütend. *Immer mehr wird mir bewusst, wie Du eigentlich kein Gewissen hast, und damit auch kein Verantwortungs- und Pflichtgefühl. Aus dieser Gewissenlosigkeit erkläre ich mir, wie gesagt, dieses autoritätsgläubige in den Schoss der Kirche Flüchten. In Deiner natürlichen Gewissenlosigkeit ist Dir das in der Kirche manifesteste Gewissen das Gewissen überhaupt. Weil Du nie zur*

Selbstverantwortung erweckt worden bist, weil zwischen Dir und Gott überhaupt keine lebendige, diskrete Beziehung besteht, meinst Du beispielsweise auch, die Leute, welche nicht so kirchengläubig sind wie ich, seien von willkürlicher Moral, täten, was sie wollten. Du hast keine Ahnung, nach welchem strengen Massstab des eigenen Gewissens sie leben, Du hast keine Ahnung von ihren moralischen Hemmungen, wo Du nichts, aber auch gar nichts spürst. Du meinst nun, wenn ich katholisch würde, bekäme ich auch ein Gewissen. In der Tat würde ich damit aber ein lebendiges Gewissen gegen ein totes umtauschen. Anstelle des Herzens einen Stein bekommen.

Peter antwortete gereizt: *Deine Konfirmandenideen des Katholizismus tun mir leid. Nicht der Sache wegen, sondern meinetwegen und Deinetwegen und unsretwegen. Deine Gleichstellung zwischen Verantwortungslosigkeit = Katholizismus erinnert mich fatal an die katholischen Pfarrer, die die ganze Reformation mit der Unsittlichkeit Luthers und Zwinglis erklären. Ich kann in Gottes Namen nicht anders als froh sein, dass Du nicht katholisch bist.*

Es kam, wie es kommen musste: Ein neuer heftiger Streit flammte auf, der darin gipfelte, dass Iris die katholische Kirche beschimpfte: *Ich empfinde subjektiv die katholische Kirche als Gewissensterror und objektiv als die Fähigkeit des einzelnen zur Demokratie untergrabend.* Unter diesen Voraussetzungen sei es ihr unmöglich, zu konvertieren.

Nachdem Du mich nun neun Monate lang im Glauben an Deine Konversion gelassen hast, konterte Peter, *erklärst Du plötzlich das Gegenteil. Wenn es nicht masslos traurig wäre, hätte ich Lust, von einem Staatsstreich zu reden.*

Einmal mehr wusste Peter nicht, was er tun sollte. Schliesslich gehorchte er einem anerzogenen Reflex: Er fuhr nach Basel und besuchte seine Tante Elisabeth, die inzwischen zur Leiterin des karitativen Katharinenwerks aufgestiegen war. *Ich habe Dich für einen kühnen und originellen Geist gehalten,* kommentierte Iris, *und nun wackelst Du in allen entscheidenden Fragen wie ein*

Gvätterlischüler zur »Tante«, um Dir sagen zu lassen, was Du darfst und was nicht. Mein Gott! Wer weiss, wenn wir verheiratet wären, würdest Du mich noch bald bei dieser Tante »angeben«, »verrätschen«. Entweder ist die Ehe die kompromisslose engste Treuegemeinschaft, in die nichts, aber auch gar nichts, kein Pfarrer usw. dringen darf, oder dann finde ich sie nicht wert, geschlossen zu werden. Dann lieber zehn uneheliche Kinder. Mach Dich doch endlich mündig!

Mitte Juni 1945 begann Iris allen Drohungen zum Trotz mit dem Konversionsunterricht. Sie war positiv überrascht, als der von Pater Gutzwiller vorgeschlagene Basler Jesuitenpater Paul Reiners – er war Studentenseelsorger in Zürich und Bern – ihr ein offenes Gespräch über den Katholizismus vorschlug. Ein Angebot, das der Pater allerdings schnell bereuen und zurücknehmen sollte: Nach nur drei Unterrichtsstunden stellte er sein Konzept auf den Kopf, ersetzte die Diskussionen durch Vorlesungen aus dem Katechismus und pochte bei offenen Fragen auf die Autorität der Kirche und ihrer Dogmen. *Anstatt mich über den Katholizismus zu informieren,* beklagte sich Iris, *will er in mir nun eine gewisse Sentimentalität religiöser Art beleben. Er bekommt dabei ganz glitzerige Äuglein und rote Bäcklein und glaubt derart mehr zu erreichen.*

Trotz zunehmender Auseinandersetzungen mit Pater Reiners besuchte Iris diszipliniert ihren Konversionsunterricht. *Ich werde konvertieren,* teilte sie Peter nach fünf Monaten Unterricht mit, *aber ich werde es Dir nie vergessen, dass Du mich dazu gezwungen hast.* Maria von Roten verfolgte Iris' Konversionsbemühungen mit grosser Neugier. Als ihr Peter Mitte Juni berichtete, dass sie regelmässig Stunden bei Dr. Reiners nehme, konnte die Mutter nicht länger zuschauen. Ein letztes Mal noch wollte sie ins Geschehen eingreifen. *Später bereuen wir alles,* rechtfertigte sie sich bei ihrer Tochter, *was wir nicht getan haben.* Am 1. Juli 1945 fuhr sie in geheimer Mission nach Zürich, wo sie mit Pater Gutzwiller, den sie von Basel her kannte, zusammentraf und ihm von einer Konversion von Iris abriet. Weder Peter noch Iris erfuhren je von diesem Besuch. *Sage nie etwas,* bat Maria ihre Tochter, *dass ich in Zürich war. Ich setze meine Hoffnung auf Gutzwiller nächst dem lieben Gott.*

In langen Briefen setzte Iris Peter über ihren Unterricht bei Dr. Reiners ins Bild. Wie es typisch für sie war, nahm sie dabei kein Blatt vor den Mund. Peter wiederum widersprach seiner Verlobten immer dann, wenn sie die offizielle Lehre der Kirche in Frage stellte oder gar ablehnte. Ihre Kritik am *patriarchalischen Odium* des katholischen »Vaterunser« wies er genauso entschieden zurück wie die Ablehnung des Zölibats oder die Kritik am katholischen Ideal der Jungfräulichkeit. *Die Institution und Bejahung des Zölibates und der höhere Wert des gewollten jungfräulichen Standes gegenüber dem Ehestand gehören zu den wesentlichen Begriffen des Katholizismus. Entscheidend dafür sind für mich die Texte der Evangelien (Matt. 19/12 und 1. Kor. 7, 25–38) und die dauernde Überlieferung der Kirche.*

Iris argumentierte aus anderer Perspektive: *Den Verzicht auf irdische Liebe gegenüber der himmlischen finde ich einen bösen Unfug und gerade das Gegenteil von dem, für was ich je eingetreten bin und immer eintreten werde. Ich finde, dass es gerade die irdische Liebe ist, die irdische Liebe zwischen einem Mann und einer Frau, die uns fähig macht, die Mitmenschen als Nächste zu lieben, wie Gott es will. Die geschlechtliche Liebe ist gewissermassen eine leichte Leibesaufgabe, welche uns instand stellt, Übung für die Nächstenliebe zu bekommen. Auch rein materiell führt sie dazu. Man kommt aus der Geschlechtsliebe von selber in die Mutter- und Vaterliebe. Hat einer einmal die Liebe, die irdische und himmlische zugleich, zu einem anderen Menschen voll von sich aus erfasst, kommt zu ihr noch die Elternliebe, so ist der Boden für eine wirkliche und warme Nächstenliebe (die einigen Propheten beschämend fehlt) gut bereitet. Und Du selber hast mir das mal – wenn auch in anderer Form – so unsäglich lieb und schön gesagt. Du hast gesagt, dass Du auch die anderen Leute durch Deine Liebe zu mir nun lieber hättest, als hättest Du Überfluss an Liebe durch unsere Liebe. Ich finde die Liebe von Ehegatten, und zwar die harmonische, die einzige, welche Körper und Seele zugleich erfasst, ein von Gott geschenkter Wegweiser, uns den Weg zur Nächstenliebe finden zu lassen. Ich glaube, man kommt nicht um ihn herum. Und der »Nächstenliebe« von Leuten, die nie in ihrer ganzen Wucht die irdische Liebe gespürt haben, traue ich nicht. Nach meiner Erfahrung sind das leere Schellen. Dann finde ich, es sei ein böser Abweg, zu meinen, man könne durch Verzicht auf die irdische Liebe die glücklich göttliche eintauschen. Dann finde ich überdies, dass das Ideal der Jungfräulichkeit gerade der Frauenliebe ins Gesicht schlägt, gerade der echten Weiblichkeit. Auf die absurde Idee der Verwerflichkeit der irdischen Liebe können nur Männer kommen, deren Natur es fernsteht, körperliche und geistige Liebe im gleichen Gefühl zu verbinden. Dieses Vereinenkönnen, das nach Männermeinung scheinbar widerspruchsvoll ist, ist ja gerade das spezifisch Weibliche.*

Peter ging nicht näher auf die Ausführungen von Iris ein. Er war nicht bereit, mit ihr über Inhalte der offiziellen katholischen Lehre zu debattieren. *Ich möchte vor allem nicht,* schrieb er am 15. September 1945, *dass Du in diesen Angelegenheiten von mir eine Rechthaberei erblicken würdest. Aber ich möchte auch nicht, dass Du das Gefühl hättest, Du könntest Dir Deinen eigenen Katholizismus zusammenschustern. Du weißt, wie mein Standpunkt ist und dass wir uns ausdrücklich unter der Bedingung verlobt haben, dass Du katholisch werdest, wofür Du ja die Garantie übernommen hast.*

Iris, die nach dem Verlassen des »Schweizer Frauenblattes« ein viermonatiges Anwaltspraktikum in Zürich absolvierte, empfand Peters Beharren auf der kirchlichen Dogmatik als Sturheit. *Ich finde es eine Schinderei, wie Du auf Einzelheiten herumreitest und offenbar verlangst, dass ich für jedes Detail der katholischen Lehre mit Blut unterschreibe. Wenn ich dies tun würde, würde ich ja katholischer, als je ein Mensch katholisch gewesen ist. Deine Intensität, eine bestimmte Art des Katholischseins bei mir zu erzwingen, wenn dabei auch mein Geist und meine Seele zu Tode gewalzt würden, ist mir ein Alpdruck und verfinstert mir den Blick in unsere Zukunft.* Die ablehnende Haltung der katholischen Kirche in den Fragen von Geburtenregelung und Verhütung spitzte den Konflikt weiter zu. Als Peter auch hier die Diskussion verweigerte und Iris darauf hinwies, dass er auch in dieser Frage ihre innere Zustimmung erwarte, war der Bogen überspannt: *Eines ist sicher,* stellte Iris klar, *ich lasse mir vielleicht einen Arm und ein Bein abschneiden und durch ein Klötzlein ersetzen, wenn es für unsere Ehe nötig ist. Aber ich lasse mir nicht einen hölzernen Idiotenkopf aufsetzen und ein Holzkreuz einsetzen anstelle meines eigenen Kopfes und richtigen Herzens. Wenn das Katholischwerden doch nur in einem Verständnis für die katholische Auffassung bestehen würde! Aber dieser Verbindlichkeitsanspruch der Kirche! Was soll ich da machen? Man kann das ja sogenannt »nicht ernst nehmen« (und ich mache jede Wette, dass sehr, sehr viele Katholiken es genau in diesem Sinne »nicht so ernst nehmen«). Aber Du willst ja etwas ganz anderes, dass ich diesen Verbindlichkeitsanspruch der Kirche ganz ernst nehme. Eigentlich ernster als Du. Sozusagen mit protestantischem Ernst die absolute Gültigkeit der katholischen Kirche anerkenne. Kein Katholik könnte mit gutem Gewissen jeden einzelnen Punkt der katholischen Lehre beschwören. Du aber willst es von mir verlangen. Dieses Ansinnen drückt mich ganz nieder. Es lagert sich wie eine schwere, nasse Schneedecke über unsere Liebe. Sie tötet alle Blümlein und Gräslein. Sie nimmt mir die Freude an uns. Sie drückt auf mein geistiges Leben, sie erstickt die Lust. Dieser Stand der Dinge macht das Katholischwerden so schwierig. Viel, viel schwieriger, als ich je gedacht hätte. Denn immer noch sehe ich, dass es viel weniger um eine »Änderung der Auffassung« geht, als vielmehr um ein Zurückschrauben meiner Entwicklung (nicht nur der höchstpersönlichen, sondern auch der kollektiven Entwicklung, auf welcher mein Wesen aufbaut). Das Schwierige in der Konversion ist nicht mein Wille oder Nicht-Wille, sondern die entwicklungsgeschichtliche Logik, dass es »keinen Weg zurück« gibt.*

Im Verlauf des Sommers 1945 muss Peter nach und nach realisiert haben, dass sein Konversionsanspruch utopisch war. Iris konnte genausowenig katholisch werden wie er protestantisch. Was aber sollte er tun? Der Zufall wollte es, dass er genau zu diesem Zeitpunkt den Dichter Maurice Chappaz näher kennenlernte und in ihm einen wertvollen Freund und Ratgeber fand. Chappaz entstammte einer einflussreichen und politisch mächtigen Unterwalliser Familie, in der man kein Verständnis dafür hatte, dass er sein Jurastudium abbrach und Dichter werden wollte. Zum Bruch mit der Familie kam es, als bekannt wurde, dass er ein Verhältnis zur geschiedenen protestantischen Dichterin Corinna Bille unterhielt. In der Folge verliess Chappaz sein Elternhaus in Martigny und ging ins Oberwalliser Exil. Im Weiler Gesch bei Raron bezog er eine kleine Wohnung und lebte in bescheidensten Verhältnissen. *Ich wollte schreiben,* erzählt mir der neunzigjährige Chappaz sechzig Jahre später, *und ganz für mich sein.* Im Gegensatz zum Unterwallis sei im Oberwallis damals noch die ganze Poesie des alten Wallis lebendig gewesen, seien die Menschen noch mit der Erde verbunden gewesen, hätten ihrer Körperkraft vertraut und auf ihre Freunde gesetzt. *Das Wallis mit seinen weissen Bergen,* so Maurice Chappaz 1965 in »Die Walliser. Dichtung und Wahrheit«, *ein Meteorstein, in die Gegenwart gefallen! Jeder modernen Idee verschlossen, in der Unmöglichkeit, sich zu stellen, aufgeführt zu werden vor der Geschichte, ist es schweigsam, kropfig, geistesschwach, elend in seiner Süsse! Vielleicht war das einmal seine Spiritualität gewesen, und ich liebte es so. Warum? Weil seine Unwissenheit mir passte, seine Weltverachtung, sein Hohn auf die Realität. Das entsprach einem Loch in mir, durch das ich, wenn ich schon nicht wirklich lebte, wenigstens träumen konnte.*

Der vagabundierende Dichter weckte schnell die Neugier des gleichaltrigen Peter von Roten. Die beiden Männer lernten sich kennen, besuchten sich gegenseitig und hatten sich viel zu sagen. *Wir verstanden uns deshalb sehr gut,* so der alte Chappaz, *weil wir beide die alten Traditionen schätzten, gleichzeitig aber auch*

Peter von Roten und Maurice Chappaz

weltoffen waren. Beide liebten sie die Literatur, fühlten sich mit dem alten Wallis verbunden, standen Moderne und Industrialisierung skeptisch gegenüber. Gemeinsam werden sie bis in die sechziger Jahre gegen eine zu grosse Militärpräsenz im Wallis kämpfen, sich entschlossen gegen die Erweiterung des Militärflugplatzes Sitten und den Bau eines Panzer-Waffenplatzes im Pfynwald stellen. Besonders neugierig war Peter auf Chappaz' Verhältnis zu seiner Familie. *Mein Freund Chappaz sagt,* schrieb er am 22. November 1945 an Iris, *jede Gruppe trachte danach, sich zu erhalten. Solange man in der Familie sei, gehe die Tendenz der Familie dahin, einem am Austritt aus der Familie zu hindern. Sei man aber einmal ausserhalb der Familie, so tue die Familie alles, um den Kontakt zu erhalten. Er sagte von sich selbst, er habe sich mit seinem Vater wieder gut vertragen, sobald er aus dem Haus gejagt worden sei und das als eine bestehende Tatsache anerkannt habe. Das hat mir für unseren Fall auch Zuversicht gegeben. Wenn wir nur miteinander gut auskommen, so dass die Beziehung ein selbständiges Dasein fristen kann, werden alle sich die Finger ablecken, mit uns verkehren zu können. Das hatte ich allerdings auch schon längst instinktiv gefühlt, aber die theoretische Erklärung von der Gruppe, die sich zu erhalten wünscht, finde ich sehr gut.*

Als Iris Ende November 1945 für zwei Tage nach Raron kam, verhielt sich die Familie ihr gegenüber sehr zurückhaltend. *Bezüglich Deiner Familie wird mir die Sache allmählich zu dumm,* empörte sie sich nach ihrer Abreise. *Dieses Getue im Hühnerkopf, als ob der Fuchs käme. Ich habe mir das Leben in Raron als schönen und würdigen Rahmen vorgestellt, gewissermassen als Boden, auf welchem die ganze Poesie unserer Beziehung hätte wachsen und blühen können. Ich hätte hier irgendwie sichtbar das Idyll gehabt, welches ich ja mit einem grossen Teil meines Ehrgeizes, meines Entfaltungswillens, meiner Abenteuerlust und Freiheit bezahlt hätte. Wenn Deine Familie aber mir förmlich die Luft, welche ich in Raron einatme, neidet, wenn sie mir mit missgünstigen Gedanken folgt, so ist dieses Rarondasein ja wie in einer Folterkammer, wo man mich plagt und mir erst noch mein Liebstes nimmt, das, was ich so teuer zahle, eben die Innigkeit unserer Beziehung.*

Peter bat Iris um Nachsicht und Geduld: *Gegenüber meiner Familie darfst Du nicht zu streng sein. Es ist mehr Dummheit als Bosheit. Oder besser Angst vor der Neuheit und vor der Bewegung.*

Neben der Konversion und dem Widerstand der Familie ist der Briefwechsel Peter–Iris im Jahr 1945 von einem dritten grossen Thema bestimmt: der Sexualität. Wie es ihrem Ideal der absoluten Aufrichtigkeit entsprach, breitete Iris auch hier ihre Gedanken offen aus. *Nein wirklich,* schrieb sie Anfang April 1945, *ich glaube, ich werde krank, wenn ich Dich nicht bald heirate. Dieses ständige Verzehrtwerden nach sinnlichen Freuden. Man hört und liest immer von Jünglingen, welchen die Keuschheit angeblich grässlich schaden soll. Nach meiner eigenen bitteren Qual zu schliessen, ist sie in erster Linie die Hölle für Jungfrauen. Wenn Du wüsstest, was sie für mich ist. Ich habe Angst, dass diese verfluchte Keuschheit mir geistig und körperlich das Mark, die Gesundheit frisst. Und sie scheint mir auch der Grund für die grässlichen Krämpfe und diese verzehrende Schlaflosigkeit zu sein. Man kann zwar im Lexikon nachlesen, dass die Menstruation auch psychisch unangenehme Wirkungen habe. Vielleicht verhält es sich so. Aber das scheint mir der Fall zu sein wegen dieser Enthaltsamkeit. Es ist eine Empörung der Seele und des Körpers gegen das Nichteintreten der Schwangerschaft.*

Iris legte grossen Wert auf die Feststellung, dass ihre Enthaltsamkeit einzig und allein ihrem Liebesideal verpflichtet und nicht die Folge einer gesellschaftlichen Moral sei. Für ihre Ehe wünsche sie sich *eine geistig und seelisch anspruchsvolle Sexualität,* die ihr ganzes Wesen erfasse. *Es ist für mich jetzt in jeder Beziehung, d. h. in physiologischer wie in geistiger, unerlässlich, mich in alle Tiefen des vegetativen weiblichen Daseins zu stürzen. Wie ein »Erhitzter« in den kalten See taucht, bis er schlottert und blaue Lippen hat und froh ist, wieder an der Sonne zu liegen. Wie gesagt, so möchte ich das vegetative weibliche Dasein bis in alle Tiefen auskosten und nachher neugeboren, von dem Übermass an Leidenschaft befreit, schön und bis in jede Faser meines Geistes und Körpers erfrischt, wieder auftauchen, neu geboren werden.* Von der Erfahrung gelebter Sexualität erhoffte sich Iris wichtige Erkenntnisse für ihr Leben. *Entweder hat nun dieses grosse Opfer der Enthaltsamkeit einen Sinn gehabt und ich kann mir sagen, dass es die Voraussetzung war, um durch die körperliche Vereinigung mit einem Mann zu einem so wunderbaren Erlebnis zu kommen, das Körper und Geist und Seele gleich inten-*

siv und in vollkommener Harmonie wirken lässt, oder aber diese Opfer haben mich zu der schwer bezahlten, aber darum um so unerschütterlicheren Einsicht gebracht, dass der »Geschlechtsverkehr« – das Wort hat mir nie gefallen, ich finde es so von einer abstossenden geistlosen Sachlichkeit – für die Gesundheit jeder 18jährigen Frau unerlässlich sei und darum jederzeit mit jedem Manne zu empfehlen sei, zu welchem die Frau eine gewisse sinnliche Affinität verspüre. So oder so – ich habe ununterbrochen vor Augen, dass nun bald die Frucht dieses Ausharrens dasein wird: entweder als eine Art Glück auf dieser Erde oder als eine ganz gründliche Erfahrung über das Wesen der weiblichen Sinnlichkeit und deren Illusion. Merkwürdigerweise wären mir beide Erlebnisse gleich recht. Denn entweder habe ich mir ein Glück errungen und ich habe nach den Strapazen des Suchens den Goldklumpen gefunden, oder aber jene Einsicht einer Realität, über die mich ein Idealismus getäuscht hätte, würde 9/10 meiner bisher auf dieses Ziel gerichteten Kräfte für neue Ziele frei machen.

Iris war klar, dass Peter ein schwieriges Verhältnis zur Sexualität hatte. Er musste nicht nur seine diesbezüglichen Hemmungen abbauen, sondern auch lernen, offen über Sexualität zu reden. *Dies hat doch den Vorteil, dass Du dabei erfährst, wo sexuelle Missverständnisse möglich, d.h. zu vermeiden sind und wie gross der Rahmen für die sexuellen Möglichkeiten ist und wie mannigfaltig diese sind. Könntest Du doch nur Exerzitien dafür machen.* In langen Briefen erörterte sie ihm ihre Auffassung von Liebe und Sexualität. *Alles an der Liebe ist Phantasie, Imagination. Sie gibt dem Körperlichen den Geist. Darum ist es nicht nur dumm, sondern auch böse von Dir, wenn Du böse bist, wenn ich sage, Du seiest »schön«. Wenn Du wüsstest, dass ja gerade die Imagination, die Phantasie, an welche sie appelliert, die direkte Quelle auch der physiologischen Erregung ist. Ist die richtige psychische Situation da, ist sie von ganz subtiler Beschaffenheit, alle Herrlichkeit der Erde und des Himmels ist gegeben, d.h. die Sexualität verhilft dann dazu. Nichts ist dann verrückt, sondern irgendwie alles am rechten Platz, und man weiss, was man zu tun hat, d. h. die Harmonie ist da mit sich und der Welt und nicht nur in grober, sondern in aufs Höchste gesteigerter Form. Irgendwie hat der Geist Inkarnation gefunden. Diese andere Auffassung der Liebe und Sexualität, und zwar nicht einfach durch Willen, sondern durch Natur und Kultur – wie eine Begabung, die gepflegt wird –, scheint mir ein spezifisch weiblicher Kulturbeitrag von einer ungeheuren Bedeutung.*

Die männliche Kenntnis der weiblichen Physiologie war eine wichtige Vorbedingung für die sexuelle Erfüllung der Frau. *Ein Mann muss am Anfang einer sexuellen Vereinigung nicht an sich selbst, sondern nur an die Frau denken. D. h. sie ganz langsam, allmählich vorbereiten. Eine ganze Stufenleiter von Zärtlichkeiten einhalten und um Himmels willen nicht mit der Türe ins Haus fallen. Das wäre jemanden eine kalte Dusche geben, bevor er nur warme Füsse hat. Nur wenn diese Stufenleiter eingehalten wird, werden die Frauen von der für die Vereinigung so wesentlichen, vollen Hingabebereitschaft erfüllt. Erst wenn diese da ist, ist der Augenblick gekommen, wo die körperliche Vereinigung wesentlich ist. Die sogenannte »Aktivität« der Männer ist also alles andere als ein schnelles, die Frauen überraschendes Vorgehen, als vielmehr die liebevolle Beachtung der weiblichen Hingabebereitschaft mit zuerst vielen kleinen und allmählich allmählich immer grösseren Zärtlichkeiten. Das zu rasche und oft von allem Anfang an zu spezifisch sexuelle Vorgehen der Männer ist so unsinnig, wie das Dach vor den Mauern bauen zu wollen.* Wie anders war doch die männliche Sexualität. *Der Mann kann komplett linkisch in irgendein Bordell plumpsen, eine Fünffrankennote zücken, ein wenig die Augen verdrücken und nicht mehr recht wissen, was machen, und nachher im Handumdrehen pudelmunter und gut aufgelegt sein. Im schlimmsten Fall ist einer mit einem etwas schlechten Gewissen belastet – oder auch nicht –, mit der aber dank der erlangten Spannungslosigkeit gut auszukommen ist. Wenn dies bei einem grossen Teil von Männern der Fall ist, so ist es dies jedenfalls bei den Frauen mehr oder weniger nicht – und je mehr Liebeskultur da ist, um so weniger. Diese tierische Munterkeit fehlt nicht nur, sondern es ist eigentlich eine ganz andere Welt da. Eine total andere. Das körperliche Wollen steht bei den meisten Frauen in einem unzerstörbaren Einklang mit dem seelischen Willen. Das heisst, eine körperliche Beziehung zu einem Mann ist für sie nur schön, wenn sie diesen liebt, wenn diese körperliche Beziehung der sinnliche Ausdruck des lebendigen Gefühls ist. Die Sexualität ist dermassen mit der Psyche verbunden, dass überhaupt nur bei einer bestimmt beschaffenen psychischen Situation ein Sexualakt Lust bereitet und sonst das Abscheulichste vom Abscheulichsten wäre, so abscheulich, dass man denken würde, eigentlich müsste das Blut vor Abscheu im Herzen drinbleiben und sich verweigern, den Kreislauf anzutreiben.*

In »Frauen im Laufgitter« wird Iris die *erdrückende Gefühlsinvolvierung der Frauen beim Sexualakt* auf das ständig drohende Risiko einer Schwangerschaft zurückführen. *Obwohl die gegenseitigen Liebeserklärungen bei Frauen und Männern aufs Wort gleich lauten,* schreibt sie in ihrem Buch, *und ihr sinnlicher Genuss des Geschlechtsakts alles in allem erstaunlich ähnlich zu sein scheint, so haben die beiden zum mindesten nach der Vereinigung Probleme sehr verschiedener Grössenordnung im Kopf: Sie fragt sich, ob sie ein Kind bekommen werde, er höchstens, wo sein Tramabonnement geblieben sei.* Nur wenn beim Geschlechtsverkehr, argumentierte sie, für die Frauen weniger auf dem Spiel stehen würde, könnten sie *an die seelische Beziehung zu den geliebten Männern geringere Ansprüche stellen.* Die Konsequenz war klar: Die Sexualität musste von der Schwangerschaft entkoppelt werden. Nur eine sichere Empfängnisverhütung – die Antibabypille kommt erst 1962 – konnte die erdrükkende Gefühlsinvolvierung der Frauen auflösen und Körper und Seele wieder besser in Gleichklang bringen. Bei den Männern diagnostizierte Iris genau das Gegenteil: Der sinnliche Trieb stand weit über der seelischen Einstellung. *Da der Geschlechtsakt bei den Männern naturgemäss keine Konsequenzen hat, so hindert er nicht, die einzelne Geschlechtsvereinigung als unverbindliche bis bedeutungslose Handlung zu sehen. Es ist den Männern nicht um einen Menschen zu tun, sondern um eine Sache. Um einen Lustapparat, den man nach Gebrauch beiseite stellen kann. In diesem Fall sind die Männer buchstäblich auf »Geschlechtsverkehr« aus. Mit dem »Geschlecht« wollen sie »verkehren«, nicht sich mit einem Menschen vereinigen.*

Für Peter war die Sexualität zwischen Mann und Frau ein grosses Brachland des Wissens und der Erfahrung. Iris' Aufklärungsbriefe irritierten und überforderten ihn. *Diese Leidenschaft bei Dir ist mir etwas unheimlich. Und Deine ungeheure Enthaltsamkeitswut beängstigt mich. Ich weiss gar nicht, was ich mir dabei vorzustellen habe, und begreife auch nicht, wieso Du derart darunter leidest.* Mehr konnte er dazu nicht sagen.

23

DIE KLANDESTINE HEIRAT

Im Spätherbst 1945 stockte der Konversionsunterricht immer mehr. Pater Reiners nahm sich Zeit und immer mehr Zeit. Anfang Dezember schliesslich teilte er Iris mit, dass er die Konversion nicht durchführen könne, weil ihr die Bereitschaft dazu fehle. Unverzüglich brach Iris den Unterricht ab. Obwohl ihr die Beweise fehlten, war sie überzeugt davon, dass Peters Mutter und Tante bei Gutzwiller und Reiners gegen sie intrigiert hatten. *Das Verhalten Deiner Familie*, verschaffte sie ihrem Ärger Luft, *ist dem Wesen des Christentums so peinlich entgegengesetzt. Von der Nächstenliebe, von »Feindesliebe«, von Brüderlichkeit, kurz von dem ständigen Aufruf Christi zur Liebe der andern so gar kein Hauch. Im Namen des Christentums schiessen sie so lästerlich am wirklich christlichen Ziel vorbei. Mir gefällt diese Idee, den Katholizismus geradezu gepachtet zu haben, nicht. Ich bin mir ganz klar, dass es sich bei Deiner Tante einerseits um eine – buchstäblich – verschrobene alte Jungfer handelt, bei Deiner Mutter aber um eine Frau, die 30 Jahre ihres Lebens eine eigentlich sehr einsame Witwe war. Dass sich in beiden Fällen – mild gesagt – eine etwas eigentümliche Frömmlerei entwickelt hat, eine Bigotterie, ist nicht so verwunderlich. Verwunderlich und böse scheint mir aber, diese Bigotterie nun zur Norm zu erheben, zu meinen, der Katholizismus sei das, was sie in ihrer Frömmlerei darunter verstehen.*

Peter musste Iris recht geben. Er konnte und wollte seine Familie nicht länger vor ihr in Schutz nehmen. *Ich fange an zu glauben, das Misstrauen, das man daheim gegen unsere Beziehung hat, sei nichts anders als die Angst vor der wahren Liebe bei Leu-*

ten, die eigentlich nur die konventionelle kennen oder wenigstens anerkennen. Dabei kommt mir vor, wir seien lebendig, während die Mitglieder meiner Familie doch mehr oder weniger tot sind. Alles mit Mass natürlich (wenn man mit Mass tot sein kann!). Wir haben also, scheint mir, ein viel innigeres Verhältnis zueinander, aber ich merke, dass es im Verhältnis zum Ton der Familie zu innig ist, d. h. man ist es bei uns einfach nicht gewohnt. Dann habe ich gemerkt, dass in meiner Familie vor Dir so eine Atmosphäre der Angst einhergeht. Ich glaube, es ist etwas Angst vor dem Neuen. Ich kann es mir sonst nicht erklären. Es muss das sein. Es ist die Angst vor dem Frauenstimmrecht und vor der eigenen Verantwortung. Das Räsonnement ist immer das folgende: Bis jetzt ist es so gut gegangen, mit unsern Anschauungen und Ideen.

Iris war froh, dass Peter seine Familie zunehmend kritisch betrachtete. Was ihre Konversion betraf, war sie nicht geneigt, so kurz vor dem Ziel aufzugeben. Im Pfarrer von Schmerikon fand sie schnell einen Ersatz für Pater Reiners. Er bot ihr an, die Konversion bis zum Mai 1946 abzuschliessen. *Stell Dir vor, er meinte, das beste wäre, wir würden ohne Konversion, mit Dispens heiraten.* Peter zögerte erst, hielt dann aber fest, dass er nach wie vor die Konversion bevorzuge, zumal der Pfarrer von Schmerikon diese nun zu einem schnellen Ende führen könne. Peters Zuversicht war ein frommer Wunsch. Brieflich liess der Pfarrer von Schmerikon Iris plötzlich wissen, dass er es nicht mit seinem Gewissen vereinbaren könne, die Konversion vorzunehmen. Pater Reiners habe ihm mitgeteilt, dass ihr das innere Verhältnis zum Katholizismus vollständig fehle. Iris konnte es kaum glauben. *Besonders unerhört finde ich, dass laut Dr. Gutzwiller »einfache Leute« sehr rasch konvertieren können (man nimmt dort alles weniger als genau), während »intelligente« wochenlang stundenweise Unterricht nehmen müssen, und nachdem sie sich damit vernünftig auseinandergesetzt haben und auf ihrem Wunsche, der katholischen Kirche beizutreten, beharren, abgewiesen werden. Mit andern Worten: Dumme Leute, die auf jede vorgehaltene Frage gedankenlos, aber intensiv mit dem Kopf nicken, macht man mir nichts dir nichts katholisch, obwohl sie in ihrer Stumpfheit wohl ebenso heftig genickt hätten, wenn man ihnen gesagt hätte, die katholische Kirche sei der beste Staubsauger. Bei intelligenten ehrlichen Leuten, die versuchen, die Glaubenssätze kritisch zu betrachten und zu wägen und selber die Bedeutung und den Wert der katholischen Kirche zu erkennen (neben ihren Mängeln), verlangt man eine dümmliche Verzükkung, eine chauvinistische Schwärmerei. Wenn aber die Augenverdreherei ausbleibt und die Spur eines eigenen Gedankens in bezug auf die Kirche und die Religion zurückbleibt, so haben die Hirten »kein gutes Gewissen«, um das Schäflein in die Herde aufzunehmen.*

Um was ging es denn eigentlich bei dieser ganzen Konversion? Am allerwenigsten um die Religion, war Iris überzeugt. Die Konversionsforderung von Peters Mutter war von allem Anfang an nur eine Strategie zur Verhinderung ihrer Ehe gewesen. *Diese unglaubliche Groteskheit im Verhalten Deiner Familie. Diese unfassliche Vernunftlosigkeit. Ich finde, dass unter Deinen Verwandten die Liebe ein etwas kärgliches Dasein fristet. Ihr Fehlen hat natürlich jeweilen ganz verschiedene Ursachen. Aber bei Euch ist alles, was Liebe heisst, irgendwie religiös versteinert, dem täglichen Gebrauch entzogen, wird es in einem Kassaschrank ehrfürchtig, aber gründlich möglichst weit weg versorgt. Es soll mir einmal ein Mensch sagen, um was es bei der ganzen Feindseligkeit eigentlich geht? Um den Katholizismus? Nein, der eigentliche Grund liegt ganz woanders: Rund gesagt: Ich passe ihnen nicht in den Kram: Und zwar nicht einmal auf Grund besonderer Eigenschaften, sondern einfach, weil in ihrem beschränkten (im sachlichen, nicht im wertenden Sinn) Weltbild einfach kein Platz für die Frau eines Sohnes bzw. Bruders ist, welche einige eigene Gedanken und Ziele hat. Ich bin ihnen »unbequem«. Sie haben Angst, die ihnen vertrauten Laufgänge auf dieser Erde könnten irgendwie durch mich erschüttert oder verschüttet werden. Das Leben und der Wille, den ich verkörpere, beunruhigt sie. Wenn sie irgend etwas in meiner Lebendigkeit nicht in ihre spärlichen Klischees quetschen können, so sagen sie dem »nicht katholisch«, wohl wissend, dass sie Dich damit erschrecken. Es ist zu dumm, um wahr zu sein.*

Mitte April 1946 unternahm Iris einen allerletzten Versuch. Sie vereinbarte ein Treffen mit dem Pfarrer von Schmerikon, wollte versuchen, ihn umzustimmen. Ohne Erfolg. *Ich werde nicht konvertieren,* zog sie am 1. Mai 1946 ihre Konsequenzen. *Ich habe Dich immer noch sehr gern und würde nichts lieber, als Dich heiraten! Ich kann mich nicht einer bürokratisch-militärischen Gesellschaft von Kopfverdrehern – wie es die Katholiken sind – verschreiben. Ich kann nicht katholisch werden. Dabei ist es mir weniger um den Protestantismus im engsten Sinn des Wortes als vielmehr um die persönliche Glaubens- und Gewissensfreiheit zu tun. Diese ist mir viel wichtiger, als ich je geglaubt hätte. Sie gehört einfach zu den Grundlagen meines Weltbildes. Ohne sie wäre ich nicht mehr ich selber. Alle Dinge hätten dann für uns ihren Glanz und damit ihren Wert verloren. Denn welchen Sinn könnte alles um mich noch haben, wenn ich in meinen Augen selber den Weg der Erkenntnis, des Sinnes meines Lebens verloren hätte, wenn ich die geistige Freiheit, die Basis meines geistigen Lebens und damit meine Originalität verloren hätte? Auf die persönliche Glaubens- und Gewissensfreiheit zu verzichten würde für mich bedeuten, nachdem ich 30 Jahre auf meinen Füssen herumgelaufen herumgerannt bin, nun die weiteren 30 Jahre mit lahmen Füssen in einem Wägelchen herumbugsiert zu werden.*

Zwei Tage lang blieb Iris ohne Antwort. Sie rechnete mit dem Schlimmsten. *Es wäre furchtbar für mich, Dich nicht zu heiraten, denn Du bist für mich der grösste Teil der Welt geworden. Aber wenn die Konversion der Preis für Deine Liebe sein muss, so wird für mich diese Liebe sinnlos. Ich möchte Dir also dringend vorschlagen, die Frage ganz intensiv durchzudenken im Sinne einer Heirat ohne Konversion. Mir scheint diese Variante wirklich aller Überlegung wert, weil sie mir die einzige real gute und nicht nur illusionäre gute Lösung scheint. Ausserdem, weil ja die katholische Kirche Heiraten mit Reformierten zulässt, d. h. die Dispens erteilt. Gerade habe ich den Katechismus in diesem Punkt nochmals genau nachgesehen. Die Kirche verbietet die gemischte Ehe. Die Kirche kann aber vom Verbot dispensieren. Mit Dispens ist also die Eingehung der Ehe nicht mehr verboten und daher keine Sünde mehr und folglich kein Grund mehr da für Gewissensbisse. In religiöser Hinsicht würdest Du also nur etwas tun, was Tausende bereits mit dem Segen der Kirche getan haben. Ich habe bald eine ganze Sammlung von Fällen beisammen, wo Neffen von Äbten und Bischöfen Protestantinnen heirateten (die dann reformiert blieben). Wo Lieblingszöglinge von Klöstern, die ihnen das ganze Studium bezahlten, Reformierte heirateten usw. Und auch an Töchtern und Söhnen aus sehr respektablen und einflussreichen katholische Familien, die Reformierte heirateten, fehlt es nicht.*

Peters erste Reaktion war Ohnmacht. *Wenn ich Dich nur nicht so gerne hätte,* schrieb er am 4. Mai, *dann wäre Dein Entschluss, nicht zu konvertieren, eine wunderbare Lösung. Man könnte dann auf ein hehres Motiv hin auseinandergehen und sogar noch gute Freunde bleiben.* Sachlich gesehen war der Verzicht auf die Konversion ein Vertragsbruch. *Es ist wie die Römer und Karthager nach der Schlacht von Zama. Zuerst mussten die Karthager die Elefanten ausliefern, dann die Pferde, dann die Schwerter, dann die Bogen und Pfeile, dann die Soldaten, dann die Männer, und zuallerletzt wurde die Stadt trotzdem noch verbrannt und zerstört. Du erpresst mir alles, weil ich Dich lieber habe als Du mich. Ich bin der Gefangene, der sich selbst den Strick um den Hals bindet, eines von jenen Kälblein, die ihren Metzger selber wählen.*

Iris reagierte überaus gereizt auf Peters historischen Vergleich, verwahrte sich gegen seine Behauptung, er liebe sie mehr als sie ihn, und listete all ihre Bemühungen auf, die sie unternommen hatte, um ihn heiraten zu können. *Deine Illoyalität und die verlangte Konversion zusammen sind zuviel Last, unerträglich.*

Loyal wirst Du nie. Folglich bleibt nur die Möglichkeit, die unerträgliche Last auf Kosten der Konversion zu erleichtern. Ohne Konversion leben wir zwar in verschiedenen Sphären, aber in Kontakt, auf der Suche zueinander. Mit der erzwungenen Konversion leben wir zwar rein formal in der gleichen Atmosphäre, innerlich werden wir aber auseinanderstieben. Tatsächlich, ich glaube, dass mir bei einer erzwungenen Konversion allmählich jeder Funke von Liebe zu Dir vergehen würde. Und das wäre für die Ehe wirklich, wirklich das Gefährlichste. Illoyalität und Konversionserzwingung sind wirklich das Ende der Liebe.

Peter antwortete mit einem vierundsechzig Seiten langen Brief, in dem er die ganze Auseinandersetzung aus seiner Sicht Revue passieren liess und sein Dilemma auf den Punkt brachte: *Weil ich illoyal bin, willst Du nicht konvertieren. Und weil Du nicht konvertierst, kann ich nicht ganz loyal sein.* Bezüglich Iris' Illoyalitätsvorwurf stellte er klar: *Was Du als Illoyalität bezeichnest, ist nichts anderes als Dein Totalitätsanspruch an meine Person. Du willst einfach von mir nichts annehmen, aus Herrschsucht des Geistes heraus.*

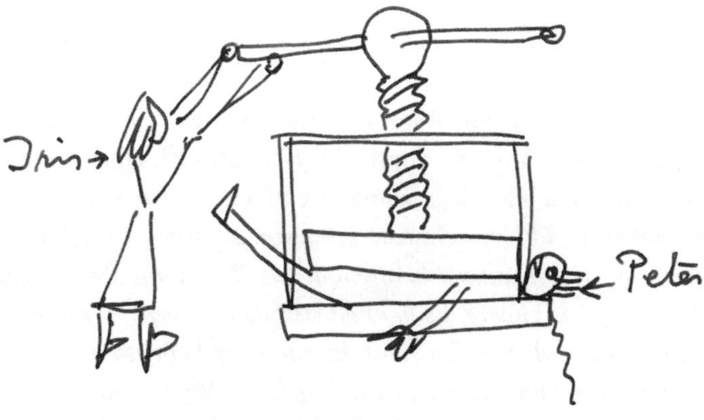

Peter von Rotens Briefzeichnung vom 21. Mai 1946

Iris, die der ganzen Konversionsdebatte wegen gar nicht dazu kam, sich über ihre erfolgreich bestandene Anwaltsprüfung zu freuen, antwortete postwendend: *Eine Nicht-Konversion ärgert Dich ganz besonders unter dem Gesichtspunkt des »nichts annehmen«. Dazu ist nun doch zu sagen, dass Du mich ganz gut beeinflussen könntest, bzw. auch geistige Herrschaft über mich bekämest, wenn Du nun wirklich schauen wolltest, wo ich beeinflussbar wäre, bzw. wo ich die Antworten mir nicht selber gebe, sondern mich um Antwort nach aussen wende. Solches sind die einzigen fruchtbaren Anknüpfungspunkte. Ein Beeinflussungsversuch auf einem andern Gebiet ist so hoffnungslos wie jemanden hypnotisieren wollen, schwarze Haare anstatt blonde zu bekommen.*

In der Folge schrieben sich Iris Meyer und Peter von Roten mehrere längere Briefe am Tag, in denen jeder auf seiner Position beharrte, dem andern aber gleichzeitig auch seine Liebe erklärte: *Mit jeder Faser,* so Iris am 19. Juni, *liebe ich jede Faser von Dir.* Und Peter einen Tag später: *Ich schwanke beständig zwischen grossen Anwandlungen von zärtlicher Liebe zu Dir und vor wilder Revolte gegen Dich. Bald bist Du mir Schatz, Gold, Edelstein, bald wieder Tyrann mit Peitsche und Knute, gegen den nur Dolch und Gift nützt. Ich verstehe oft nicht, wie ich in ganz kurzen Zwischenräumen so ganz und gar von einem und dann wieder ebenso fest vom andern überzeugt sein kann. Ich bin tatsächlich oft innert einer Viertelstunde Dein Todfeind und Dein Anbeter.*

Wieder war es ein Zusammentreffen, das den beiden die nötige Distanz in ihrem Konflikt verschaffte. Zu einem endgültigen Entscheid allerdings kamen sie nicht. *Es hiesse jedem Gerechtigkeitsgefühl ins Gesicht schlagen,* so Iris, *wenn Du mir vorwerfen willst, dass ich offenbar als Werkzeug Deiner Entwicklung funktioniere. Es handelt sich da viel weniger um »meinen Einfluss« als um den Kontakt mit einer Lebensanschauung, welche Du zufällig in mir deutlich siehst. – Weiter wirst Du diesem »Einfluss« gewiss bald entwachsen sein. So geht es immer mit »Einfluss«, und Du wirst wieder ganz Dich selber sein, aber auf einer anderen Entwicklungsstufe.*

Peter wusste, dass jetzt alles von ihm abhing. Vorbei war die Zeit des ewigen Abwägens. Ein endgültiger Entscheid war gefragt. *Nach Deinem Entscheid, nicht zu konvertieren, habe ich auch darüber nachgedacht, ob wir uns nicht besser trennen und jeder auf seiner Seite eine neue Liebe suchen sollte. Ich kam dann zur Erkenntnis, dass ich das wohl machen würde, wenn ich das Gefühl hätte, ich könnte je jemanden wieder so fest lieben wie Dich. Aber daran glaube ich nun nicht. Vielleicht ist es natürlich Illusion, aber ich habe das noch bei keiner Liebe geglaubt. Ich habe früher wohl die Mädchen verglichen, aber nie die Liebe. Es ist etwas ungemein Paradoxes, dass ich mich einfach von Dir nicht trennen kann, weil Du die geistige Luft bist, in der ich atme. Und auf der andern Seite sind es gerade dieselben geistigen Grundlagen, welche sich einer Verbindung mit Dir in den Weg stellen. Tatsächlich ist das ein Gegensatz, den ich mir nicht erklären kann. Nie ist mein Entschluss, Dich um jeden Preis zu heiraten, stärker, als wenn ich eine Zeitlang wieder im Kreis der Familie gewesen bin und merke, welche Luft dort weht. In diesen Momenten packt mich wahre Panik beim Gedanken, ich könnte in dieser Atmosphäre alt werden. Aber auf der andern Seite spüre ich dann wieder nur allzugut, wie die Ehe mit Dir mich aus dieser Gesellschaft, mit der ich anderseits doch wieder ungeheuer verhaftet bin, ausschliessen würde eben wegen der Verschiedenheit der geistigen Grundlagen.*

Zwei Tage später, am 23. Juni 1946, traf Peter von Roten seine Entscheidung. *Heute habe ich lange über die Natur unserer Beziehung nachgedacht. Als Resultat fand ich, dass es einfach das ist, was man als »gern haben« bezeichnet und italienisch am besten mit »voler bene« ausgedrückt ist. Das Gute von jemandem wollen. Ti voglio tanto bene cara. Ich werde Dich auch unkonvertiert heiraten.*

Mit diesem Eingeständnis beendete Peter von Roten am 23. Juni 1946 den zermürbenden Konflikt um Iris' Konversion zum Katholizismus, der die Beziehung der beiden über ein Jahr auf das schwerste belastet hatte. In seinem Elternhaus kommunizierte Peter seinen Entscheid vorerst nicht. Es gab Wichtigeres zu tun: Weil er unbedingt kirchlich heiraten wollte und auf die kirchliche Verkündigung der Ehe drängte, musste er beim Bischof von Sitten um einen kirchlichen Dispens nachsuchen. Iris war einverstanden und erklärte sich bereit, nach katholischem Ritus zu heiraten und das Versprechen abzulegen, ihre Kinder katholisch zu erziehen. Auf Peters Anfrage erklärte der bischöfliche Kanzler, ein Dispens sei unter den gegebenen Umständen reine Formsache. Zehn Tage später aber teilte der gleiche Kanzler, der sich in der Zwischenzeit in Raron erkundigt hatte, Peter mit, Bischof Bieler könne den Ehedispens vorderhand nicht erteilen, *weil die Stellung der Braut nicht nur zum Katholizismus, sondern zum Christentum überhaupt zu ernsten Befürchtungen für die katholische Erziehung der Kinder Anlass gebe.**

Diese Beinstellerei, empörte sich Iris am 19. Juli. *Über die Bosheit Deiner Familie und ihrer Helfershelfer will ich kein Wort verlieren. Für Dich ist die Sache deshalb so traurig und widerlich, weil Du mehr und mehr erkennen musst, wie Leute, an denen Du hängst, im Namen Gottes, aber Gott zum Spott, Böses gegen unsere Gemeinschaft erwirken, uns das Leben bitter machen, und die Freude an unserer Gemeinschaft nehmen wollen. Wenn ich die Sache vom protestantischen Boden aus betrachte, kommt mir dieses ganze Treiben wie ein böser Spuk vor, den ich mit der Bewegung des kleinen Fingers wegfegen könnte. Denn alle diese Schwierigkeiten hängen einfach am Faden Deiner rein auf Glauben beruhenden Angst vor den Folgen vor dem, was die Kirche als Todsünde betrachtet, und von meinem guten Willen, dieser Deiner Auffassung Rechnung zu tragen. All diese Schwierigkeiten und Gemeinheiten von feindlichen Leuten gehen aus der Tatsache unserer vollständig freiwilligen Bindung an Nor-*

* Im bischöflichen Archiv in Sitten befindet sich dazu ein Dossier, das ich nicht einsehen konnte.

Juni 1946: *Ich hatte eine kleine Rolle, aber einen grossen Helm.* In den Passionsspielen von Raron spielt Peter von Roten den Pontius Pilatus.

men der katholischen Kirche aus. Protestantisch gesehen, kommt mir das paradox vor: Du und ich lassen uns schlagen, weil wir vollständig freiwillig Vertretern der Kirche das Recht geben, uns zu schlagen. Wir könnten bloss aus eigenem Willen den Rücken heben, und es wäre kirchlichen Vertretern vollständig unmöglich, uns zu quälen und unsere Freude zu vergiften.

Der Versuch der Familie, Peters Ehe um jeden Preis zu verhindern, hatte letztlich den gegenteiligen Effekt: Je mehr Hindernisse Peter in den Weg gelegt wurden, um so entschlossener wurde er. Nach dem verweigerten Dispens des Bischofs blieb nur mehr eine Möglichkeit offen: eine kirchliche Heirat ausserhalb der Diözese Sitten. Ein Priester war schnell gefunden: Peters Freund Maurice de Riedmatten erklärte sich bereit, die Ehe auch ohne Einwilligung des Bistums Sitten zu schliessen. Insgeheim wurde alles vorbereitet, und zwei Wochen nach dem abschlägigen Entscheid des Bischofs stellte Peter seine Mutter vor vollendete Tatsachen. *Ich hoffe,* schrieb er am 26. Juli 1946 aus dem freiburgischen Bulle nach Raron, *dass Ihr trotz allem froh seid, Neuigkeiten von mir zu erfahren. Ich habe mich gestern verheiratet, zivilisch in Marly-le Grand und religiös in Bourguillon.* Ganze fünf Personen waren bei der Trauung zugegen: der Pfarrer, das Brautpaar, Peters Freund Melchior Kuntschen und Iris' Schwester Sylvia, die beiden Trauzeugen. Unmittelbar nach der Heirat verreisten Peter und Iris für vier Wochen nach Frankreich und Spanien.

Für Iris war die Heirat das Tor in einen neuen Lebensabschnitt, auf den sie neugierig war und von dem sie sich viele neue Erfahrungen erhoffte. *Es gibt drei Arten zu leben,* hatte sie am 24. März 1945 an Peter geschrieben: *Auf Selbstmord, auf das Wunderbare oder auf das Interessante eingestellt. Auf Selbstmord ist eingestellt, wer sich aus Unentschiedenheit, Schwäche, Hoffnung, Feigheit nicht umbringen will. Nicht umgebracht, vegetiert etc. Auf der Grundlage des Wunderbaren lebt, wer mystisch lebt und das Hauptgewicht auf das Sein legt. Auf der Grundlage des Interessanten, der Erkenntnis, der relativen Werte lebt der, welcher das Tun in den Vordergrund stellt. Das alles ganz hypothetisch! Natürlich bleibt selten ein Leben ganz eindeutig in einer dieser Richtungen. Fast immer aber hat eine das Übergewicht. Für mich bedeutet nun eine Heirat mit Dir die Entscheidung für das Wunderbare und das Interessante als Lebensatmosphäre. Entweder wird mich das Wunderbare ganz einhül-*

len und das Wesentliche meines Lebens ausmachen, oder aber ich werde total ernüchtert werden, damit auf den Boden der relativen Realität kommen und einen neuen Wertemassstab für alles bekommen.

Peter war erstaunt, festzustellen, wie es ihn im täglichen Zusammensein mit Iris so überhaupt nicht störte, dass sie nicht konvertiert war. Nach einigen Wochen konnte er es kaum noch verstehen, wie er derart stur auf der Konversion hatte beharren können. Ihre ganze Verlobungszeit – *diese Zeit ohne Liebe* – hatte er damit aufs schwerste belastet. *Seltsam,* so Peter später an Iris, *wie ich einmal Dich nicht gern hatte. O ich Narr, ich Esel, wie dumm und trottelhaft ich war, Dir Liebkosungen zu verweigern.*

Sorgen bereitete Peter die Reaktion seiner Familie. Noch während der Hochzeitsreise erfuhr er von seinem Bruder, dass sich seine Mutter grosse Sorgen machte und schwer enttäuscht von ihm war. *Meine liebe Mutter,* schrieb er am 10. September 1946 aus Spanien, *jeden Tag danke ich dem lieben Gott, dass er mir diese Frau gegeben hat. Ich werde vielleicht kein sehr leichtes und bequemes Leben haben, aber ich bin tief überzeugt, mich richtig entschieden zu haben, und ich hoffe, dass auch die Familie mit der Zeit davon überzeugt sein wird.*

Nach ihrer Rückkehr in die Schweiz begann Peter mit der Suche nach einer gemeinsamen Wohnung im Wallis. Sehr bald schon fand er etwas Passendes in Visp. *Ich bin hier in Raron ganz allein,* schrieb er am 10. Oktober 1946 nach Rapperswil, wo Iris ihren Umzug ins Wallis vorbereitete, *und komme mir vor wie ein Pfarrer, wenn ich so allein am Tisch sein muss und mit den Gläsern Dialog halte. Wenn Dich nur Dein Vater zum Haus hinausjagen würde! Mir geht es wie dem Ehemann der Fabel, der den Räuber belohnte, der die Ehefrau so erschreckte, dass sie zu ihm ins Bett floh! Ja, wenn nur in Rapperswil die Panther ausbrechen wollten und der ganze Zirkus Knie.*

Peter von Rotens Briefzeichnung vom 14. Oktober 1946

Lieber Panther, breche aus,
jage Iris aus dem Haus,
treibe sie mit bösem Zahn
nach Zürich über Uerikon.
Lass sie auch dorten nicht stehen,
sondern mach sie weitergehen
über Olten bis nach Bern,
dort ist Peter nicht mehr fern.

Lieber Bär im Bärengraben,
1000 Rüebli sollst Du haben,
wenn Du kannst mit deinem Schrecken
Iris in den Lötschberg stecken.
Dass sie fährt nach Petrikon,
wo ihr Schatz sie küssen kann.

Anfang November 1946 erfüllte sich Peters Wunsch. Iris kam ins Wallis, arbeitete in seinem Büro in Visp und wohnte mit ihm zusammen in seinem Elternhaus in Raron. Peters Familie begegnete ihr mit Höflichkeit und Distanz. Und auch Iris wollte sich keine Blösse geben. Also ging man sich gegenseitig aus dem Weg. *Frau Dr. Iris ist hier,* schrieb Maria von Roten an ihre Tochter. *Sie kommt erst zum Mittagessen herunter, verreist um 1 Uhr mit Peter nach Visp und kommt erst um 7 Uhr abends heim. Von uns anderen nimmt sie nicht gross Notiz (Gottlob!).* Maria von Roten beobachtete ihre Schwiegertochter mit Sperberaugen, war entsetzt zu sehen, wie sie sich, als sie mit einer Halsentzündung im Bett lag, von Peter bedienen liess. *Peter war die ganze Nacht auf, um Mme zu bedienen. Sie sagte, sie habe Halsweh, redet aber ohne Unterlass. Peter bedient sie besser als der beste Kellner. Der arme Bub dauert mich in der Seele.* Mitte Dezember musste Iris mitten in der Nacht notfallmässig hospitalisiert werden. Für die Familie war Peter in den darauffolgenden Tagen nicht ansprechbar. Schliesslich liess er verlauten, dass Iris eine Fehlgeburt erlitten habe.

24
DIE OFFENE BEZIEHUNG

Anfang Januar 1947 bezogen Peter und Iris von Roten eine Wohnung in Visp. Kurz darauf machte Peter im »Walliser Boten« bekannt, dass *Frau Dr. jur. Iris von Roten, Rechtsanwalt,* seinem Büro beigetreten sei. Als gleichberechtigte Partner führten die beiden von diesem Zeitpunkt an ein Advokatur- und Notariatsbüro, das seinen Hauptsitz in Visp hatte und über Zweigstellen in Raron und Leuk verfügte. Im gleichen Frühjahr 1947 stand Peter vor dem Höhepunkt seiner politischen Laufbahn. In der Maisession des Grossen Rates wurde er zum Präsidenten des Grossen Rates gewählt, zum Walliser Landeshauptmann, der offiziell den altehrwürdigen Titel »Schaubare Grossmächtigkeit« und inoffiziell den Titel »höchster Walliser« trug. Einige Wochen später wurde er von den Oberwalliser Konservativen als möglicher Kandidat für die Nationalratswahlen vom Herbst 1947 ins Gespräch gebracht.

Für Iris war der Einstieg im Wallis erwartet schwierig. Zu beruflichen Mandaten kam die erste praktizierende Anwältin des Kantons Wallis nur über Peters Vermittlung und wurde von vielen Klienten als seine Sekretärin angesehen. Schwer zu schaffen machte Iris die Erfahrung, dass es im ganzen Oberwallis niemanden gab, der sich für Frauenanliegen zu interessieren schien oder je vom »Schweizerischen Frauenblatt« gehört hatte. Auf die Oberwalliser machte »Frau Doktor Peter von Roten« einen befremdlichen Eindruck. Die Walliserinnen, erzählt mir eine Zeitzeugin aus Brig, waren dem Peter wohl nicht gut genug. Da musste eine extravagante Zürcherin her! Unter der Knute seiner Frau sei er gewesen, erinnert sich eine ältere Frau aus Visp, und von ihr zur Hausarbeit gezwungen worden. Tragisch sei es gewesen, weiss ein Bekannter der Familie von Roten, dass Peter die frauenrechtlerischen Anliegen seiner Frau in die Politik getragen und sich damit sein eigenes Grab geschaufelt habe. Eine alteingesessene Rarnerin erinnert sich an das grosse Erstaunen der Leute, als Iris beim feierlichen Empfang von Grossratspräsident Peter von Roten offene Schuhe getragen habe.

Dieser offizielle Empfang im Mai 1947, bei dem die Gemeinde Raron ihren Sohn mit Musik, Raclette und Fendant ehrte, endete für Iris mit einem Eklat. Nachdem sie den konservativen Staatsrat Karl Anthamatten in eine engagierte Diskussion über das Frauenstimmrecht verwickelt hatte und dieser das immer hitziger werdende Gespräch mit der Bemerkung »Die Kuh soll im Stall bleiben und sich melken lassen« abwürgte, verliess Iris die Gesellschaft. Erlebnisse wie dieses seien es gewesen, wird sie später sagen, die in ihr den Entschluss heranreifen liessen, ein Buch über die Situation der Frau zu schreiben.

Obwohl sich Iris gesellschaftlich und beruflich in Visp – wie sie schreibt – *kolossal eingeengt* fühlte, erlebte sie ihre ersten Monate im Wallis persönlich als eine glückliche Zeit. Die Beziehung mit Peter war intensiv und lebendig wie noch nie, der Ballast der Verlobungszeit abgeworfen, alles begann wie neu. Auch im Leben des Peter von Roten läutete die Heirat eine neue Epoche ein. Endlich konnte er ganz mit Iris zusammensein, gab es keine Hindernisse mehr, die ihn belasteten. Verflogen war die Angst vor dem schleichenden Verlust seiner Persönlichkeit, die Angst vor der drohenden geistigen Hörigkeit. Es gab keinen Anlass mehr dazu. *Ich mag nichts mehr arbeiten, nichts mehr lesen oder schreiben ohne Dich. Ich habe die schönste und klügste Frau der Schweiz, vielleicht auch Europas oder gar der Welt. Ja, ich wüsste keine, die Dir das Wasser reicht. O liebes Iris, Miss World.*

Eine neue und faszinierende Welt tat sich Peter auf. Zum ersten Mal in seinem Leben konnte er seine Sexualität ohne Gewissensbisse leben, lernte er, ohne falsche Scham über Sexualität zu

Der Grossratspräsident: Peter und Iris von Roten, Raron, Mai 1947

reden. *Mir schwindelt vor Wollust beim Gedanken einer Nacht neben Dir,* schrieb er an seine Frau, als sie für einige Tage in Zürich weilte. *Nichts ist so schön wie unsere Liebesnächte. Alles auf der Welt kann untergehen, wenn Du sagst »Ja«. Immer nur Dich halten möchte ich in einer 600 Jahre dauernden Umarmung. Kein Königreich ist das wert.* Sehr bald nach seiner Heirat begann sich Peter mit der katholischen Sexualmoral auseinanderzusetzen. Und es kam, wie es kommen musste: Er setzte dicke Fragezeichen hinter die kirchlichen Vorschriften und die Erziehung seines Elternhauses. Höchst fragwürdig erschien ihm die allgegenwärtige Schuld- und Schamzucht seiner Kindheit. Wie unendlich angestrengt hatte er ein halbes Leben lang Haltung bewahrt.

Auch Iris setzte sich in ihrer ersten Walliser Zeit mit den Themen Erotik und Sexualität auseinander, vertiefte sich in die Literatur und erläuterte Peter ihre Überzeugungen. Obwohl es aus der Zeit in Visp kaum Briefe gibt, lässt sich aus späteren Briefen nachvollziehen, womit sie sich beschäftigt hat. So war sie überzeugt davon, dass Erotik und Sexualität aus dem Korsett jeglicher Moral befreit und als Urenergie des menschlichen Lebens begriffen werden mussten. Eine erfüllte Sexualität war ein unabdingbares Element für die persönliche Weiterentwicklung des Menschen. Nur durch sie konnte ein Mensch zur vollen geistigen, körperlichen und seelischen Entfaltung gelangen. Aus diesem Grund sah Iris die Sexualität als etwas höchst Persönliches an, die keine Kirche und kein Staat zu reglementieren hatte. Wie im Berufsleben zählte auch in der Sexualität einzig und allein die Selbstbestimmung des Menschen. Was sie damit meinte, versetzte Peter in Erstaunen. Iris forderte für sich das Recht ein, in bezug auf ihre Gefühle und ihre erotischen Leidenschaften so eigenständig und authentisch wie nur möglich zu leben, d. h. ihrer sexuellen Selbstverwirklichung auch ausserhalb der Ehe nachzugehen. Es sei für sie klar, gab sie Peter zu verstehen, dass sie mit jedem Mann, den sie ähnlich leidenschaftlich wie ihn lieben könne, nach sexueller Erfüllung streben werde.

Mit ihrer Forderung stellte Iris die gängigen Verhältnisse und Konventionen auf den Kopf, brach sie eine Lanze für das Kapitalverbrechen des Seitensprungs. Sie, die sie Peter vor ihrer Heirat treu geblieben war, forderte jetzt das Recht auf freie Liebe ein, gab Peter zu verstehen, dass sie – wie sie später schreibt – *die erotischen Möglichkeiten ihres Lebens voll ausschöpfen* wollte. In »Frauen im Laufgitter« wird sie Jahre später schreiben: *Das Ziel der »freien Liebe« ist die Freiheit der Frau, ihre Liebesbeziehungen zu verwirklichen, ungeachtet konventioneller und rechtlicher Bindungen, ungeachtet auch wirtschaftlicher Opportunität.*

So revolutionär der Entscheid für eine offene Beziehung erscheint, so konsequent ist er, wenn man sich den Stellenwert vergegenwärtigt, den Iris der persönlichen Freiheit und Emanzipation einräumte. Sie wurde wütend, wenn sie daran dachte, wie das Schweizerische Zivilgesetzbuch die Frauen wie Untergebene, Schutzbedürftige oder erwachsene Kinder in die häusliche Welt verbannte und der männlichen Autorität unterstellte. Für sie war das undenkbar: Auch nach geschlossener Ehe wollte sie ihren Weg in Freiheit und Unabhängigkeit gehen. Erst dadurch erhielt das Leben seinen Glanz. Weil der rechtliche Rahmen dafür nicht gegeben war, sah sich Iris gezwungen, die Form ihrer Beziehung mit Peter detailliert auszuhandeln. Ihre Ansprüche hätten höher nicht sein können: Sie wollte eine Ehe, die auf Gleichberechtigung, Freiheit und Unabhängigkeit basierte, die ihr einen emotionalen Hafen bot und ihr gleichzeitig alle Freiheiten offenliess.

Die offene Beziehung war im Fall von Iris und Peter von Roten keine gemeinsame Abmachung und auch kein Pakt wie zwischen Jean-Paul Sartre und Simone de Beauvoir, sondern einzig und allein der Entscheid von Iris. Sie war entschlossen, ihr Ideal von einem gleichberechtigten Zusammensein ohne Eifersucht und Besitzanspruch in die Realität umzusetzen. Damit hat sie Peter gleichsam vor vollendete Tatsachen gestellt. Dass er für sich das gleiche Recht in Anspruch nehmen konnte, war für sie selbstverständlich. Wie mag Peter reagiert haben? Aus späteren Briefen wird klar, dass ihn Iris' Forderung irritierte und Verlustängste in ihm weckte. Dagegen opponiert hat er aber nicht. Vermutlich war ihm sofort klar, dass er gar keine andere Wahl hatte, als den Willen seiner Frau zu akzeptieren.

Nicht mehr zu klären ist die Frage, ob Iris seit jeher an eine offene Beziehung dachte oder sich erst nach ihrer Heirat dazu entschloss. Klar aber ist, dass Peter vor der Heirat nie und nimmer in eine offene Beziehung – für Katholiken eine schwere Sünde – eingewilligt hätte. Jetzt aber war alles anders. Die Beziehung zu Iris stand über allen religiösen Normen und Verboten. *Im Vergleich zu Gesprächen mit Dir,* so Peter am 27. August 1947, *sind alle andern nur Abwaschwasser. O lieber Schatz, ich streue alle lieben Sämchen, die Du in mich gestreut hast, aus. Alles, was Du denkst, sage ich nach. Wie ein Blitz zünden Deine Gedanken in mir andere Gedanken. Ich schäme mich nachgerade wegen der Unoriginalität meiner Worte. Du liebes Vorbildchen! Ohne Dich werde ich ganz rettungslos. Peter ohne Norden, ohne Süden, Osten und Westen. Und dann wird Peter bevormundet, kommt ins Burghölzli, weil er behauptet, Iris sei ein Kompass.*

Das kleine Oberwalliser Städtchen Visp wurde für Iris und Peter zum Ort, an dem die Liebe nach jahrelangen Konflikten ins Zentrum ihrer Beziehung rückte. Aus dem vermeintlich gefühl- und herzlosen Peter wurde ein zärtlich-verspielter und talentierter Kosenamenerfinder: *O liebes weisses Schwänchen …, edles Basaltchen…, Marmorschätzlein…, kostbares Diamantchen…, Saphirlein…, Du frisches liebes Blümchen…, zartes gutes Kräutlein gegen die Langeweile …, Leuchtürmlein …, Lichtlein des Peter…, schönstes Zückerchen…, bestes Aprikoslein…, liebstes Samthütchen…, stolzes Röslein…, glänzendster Stern…, wärmste Sonne …, mildestes Mondlein …, liebstes Massstäbchen …, bestes Metermass von Peter…* – sind nur ein paar einzelne Muster aus Peters grosser Kollektion des Jahres 1947.

Ein zentraler Diskurs im Leben von Iris und Peter von Roten blieb der Feminismus. Bereits kurz nach ihrer Heirat hatte Peter im Walliser Grossen Rat erfolglos gleichen Lohn für Lehrerinnen

Iris und Peter von Roten, Visp 1947

und Lehrer gefordert. *Gestern war in Visp die grosse Aktionärsfeier der Lonza für ihre 50 Jahre,* berichtete er am 10. Oktober 1947. *Es gab ein Essen mit vielen Gästen und Gängen. Lauter Generaldirektoren und Verwaltungsratspräsidenten. Nicht eine einzige Frau darunter. Ich war ganz empört. Es ist sonderbar, wie eine reine Männergesellschaft immer öde wirkt. Man muss wirklich blind sein, wenn man nicht merkt, dass die Frau in der Schweiz und auch sonst einfach eine Sklavin ist, mehr oder minder gut gehalten, aber eben immer gehalten. Mir scheint das jetzt so evident, dass ich nicht begreife, wie andere Leute das nicht merken. Aber so wird es zur Zeit der Römer mit den Sklaven gewesen sein. Bare Selbstverständlichkeit, evtl. noch als göttliches*

Gebot verkleidet! O wie gut, dass Du mir das alles sagtest. Ich habe mit Dir mehr gelernt als in acht Jahren am Kollegium.

In die erste Walliser Zeit fällt auch Iris' Entscheid, sich systematisch mit der feministischen Literatur auseinanderzusetzen. Peter versprach seiner Frau, ihr beim Aufbau einer feministischen Bibliothek behilflich zu sein, und regte an, dabei auch gleich alle antifeministischen Bücher zu sammeln, *um den Blödmannen den Blödsinn später um die Ohren zu schlagen. Liebes Iris, wie ich diese Antifeministen hasse und verachte, die mit ihren dicken Bäuchen, hohlen Köpfen auf allen Fauteuils sitzen und von allen Kanzeln herunter ihren Mist verkaufen.* Peter war Feuer und Flamme für die Sache der Frau. *Gerade in der Schweiz,* schrieb er am 5. Oktober, *wäre der Kampf um den Feminismus etwas Lockendes, weil wir so hinter dem Mond sind, ohne es zu merken. Wir sollten unbedingt ein Buch darüber schreiben. Ich glaube, es würde uns ungeheuer nützen, denn noch sind wir die ersten in der Schweiz, die dieses Gedankengut so kühn verteidigen. Der Feminismus liegt doch in der Luft. Liebes Iris, ich fühle mich ganz mit Dir verbündet.*

Bei seinem Einsatz für die Gleichberechtigung der Frau erlebte Peter, der im Herbst 1947 dem Schweizerischen Verband für das Frauenstimmrecht beitrat, Erstaunliches: Er, der er es sich zur Gewohnheit gemacht hatte, die Welt vom Hochsitz des distanzierten Betrachters aus ironisch oder gar zynisch zu verspotten, war plötzlich Feuer und Flamme, wollte für die Gleichberechtigung der Frauen kämpfen. Im Gegensatz zur katholisch-konservativen Propaganda, mit der *ich mich gar nicht solidarisch fühle,* versetzte ihn antifeministische Propaganda in Wut und Zorn. *Ich bin nicht detachiert davon, sondern nehme sie mir sehr zu Herzen.*

In ihrer Zeit in Visp machte Iris ihren Mann mit einem Klassiker der feministischen Literatur vertraut: »The Subjection of women« – »Die Hörigkeit der Frau« von John Stuart Mill und Harriet Taylor Mill. Das 1869 in England publizierte Buch sammelt Essays und Briefe des Ehepaars Mill, das die ge schaftliche Unterdrückung der Frau sozialwissenschaftlich analysierte, gegen die eklatanten Missstände in bezug auf Bildungschancen, Wahl- und Scheidungsrecht protestierte und sowohl die politische als auch die rechtliche Gleichheit der Geschlechter forderte. *Ich würde das Buch am liebsten in der Schweiz verbreiten,* kommentierte Peter seine Lektüre. *Man sollte jede Nummer des »Walliser Boten« mit einem Satz davon schmücken. Ich kam beim Lesen ganz ausser mich vor Wut. Zu denken, dass so viele Trottel Direktoren sind und eine Frau, nur weil sie Frau ist, das nicht kann. Es ist zum Haareausreissen. Ich fragte mich zuletzt, ob nicht doch die Sowjetunion, wo tatsächlich Gleichheit herrschen soll, noch besser ist, wenigstens für die Frauen, als diese langsame Aussiederei bei Ofen und Wäsche, die man hier bei uns der Frau reserviert. Am meisten ärgert mich, dass ich selbst die Argumente von Stuart Mill erst nach langer Überlegung fand, wo sie doch schon 1869 gedruckt und erdacht waren. Wir sind eben zu sehr in Verdienstarbeit beschäftigt, als dass wir produktiv arbeiten könnten.**

Als Konsequenz seiner Mill-Lektüre – John Stuart Mill hatte 1867 als erster Abgeordneter im britischen Parlament das aktive und passive Wahlrecht für die Frau gefordert – nahm sich Peter vor, den Feminismus noch viel stärker in die Politik zu tragen. *Ich sage mir in den letzten Zeiten immer wieder, das einzig Vernünftige wäre, diesen Herbst Nationalrat zu werden und dementsprechend zu intrigieren und zu arbeiten.* Peter wäre sich selbst nicht treu geblieben, wenn er seine Pläne nicht sogleich wieder in Frage gestellt hätte. *Aber ich sehe einfach nicht ein, welchen Nutzen der Nationalrat haben kann, ausser dass man*

* Auf Anregung von Iris las Peter auch Wilhelm Röpkes »Civitas humana. Grundfragen der Gesellschafts- und Wirtschaftsreform«, Zürich 1944. Röpke vertrat darin den Standpunkt, dass die Wahrung der Menschenrechte für Politik und Gesellschaft von höchster Bedeutung ist, und trat dafür ein, dass sich das in der Marktwirtschaft wichtige und elementare »Individualprinzip« mit sozialen und humanitären Werten die Waage hält.

dann noch vier Jahre länger an dieses Land gebunden ist. Gescheiter ist jetzt: englisch lernen, dann steht uns die ganze Welt offen.

Nichts erschien Peter unattraktiver als eine Zukunft im Wallis. *Ich muss einfach weg von hier an irgendeine andere Stelle mit Verantwortung und Wirkung, statt volle Misthöfe zu verurkunden und die Holzdiebe zu verteidigen. Und dann Raron mit dieser tödlichen Atmosphäre, die alle Gedanken erstickt. Mir sind alle hier zugebrachten Stunden eine Pein und Qual. Im Wallis versauern wir und werden zu Cornichons. Wir müssen in andere Luft kommen, wenn es uns nicht geistig an den Kragen gehen soll.* Nur einen Atemzug später trauerte er den Vorteilen eines Lebens im Wallis auch schon wieder nach. *Wenn ich es etwas scheue, das Wallis zu verlassen, so darum, weil mir scheint, hier könne man billig zu einem grossen und leichten Leben kommen, das man anderorts mit viel Geld und Arbeit und Glück erringen muss. Aber das sind nur Ausreden, die ich mir selber gebe, weil ich mich nicht gerne zum endgültigen Schritt entscheide.*

So war es immer. Der arme Peter konnte sich nie entscheiden. Seine Zukunftspläne führten alle in die gleiche Sackgasse. *Ich bin und bleibe ein Zauderer. Wenn ich heute stürbe, so würde ich nicht wissen, warum ich eigentlich gelebt habe. Sicher nicht, um den M. Z. zu verteidigen, der in Susten eine Schlägerei angezettelt hatte. Wenn es nur bald einen gewaltsamen Entscheid gäbe. Dann wäre ich zufrieden und froh.*

Im Gegensatz zu Peter sah Iris ihren Weg klar vor Augen. *Du musst nicht erschrecken,* schrieb sie im Frühling 1947, *ich habe Dich immer gern und immer mehr und immer fester. – Das ist es nicht. Es ist das Wallis, welches mir aufs Gemüt schlägt.* Die Hoffnung auf eine eigene berufliche Existenz war illusorisch, und eine neue Schwangerschaft kam so kurz nach einer Fehlgeburt nicht in Frage. *Eine Trennung von Dir,* erklärte sie Peter, *macht mir weniger aus als dieses Dahinsiechen in dieser Luft abgestandener Vorurteile. Aber selbst diese Luft würde noch weniger machen als diese kolossale Einengung im Wallis. Das ist kein*

Leben, es ist buchstäblich mein Ruin! Ich glaube auch, dass eine Trennung unserer Beziehung nichts schadet, während der Wallisaufenthalt, für welchen Du zwar nicht persönlich, aber doch mir gegenüber haftbar bist, mich rasend macht, und eben auch Dir gegenüber.

Anfang Juli 1947 verreiste Iris für vier Monate nach England. In London und York wollte sie einen Sprachaufenthalt absolvieren und sich eingehend mit der feministischen Literatur beschäftigen. Vor ihrer Abreise gab sie Peter zu verstehen, dass sie sich in England keiner ehelichen Treue verpflichtet fühlte und auch er nicht daran gebunden war. Peter belastete die Vorstellung, dass seine Frau Beziehungen zu andern Männern eingehen könnte, anfänglich sehr. Hinter den gewitzten Anspielungen seiner ersten Briefe verbergen sich Verlustängste: *Wie sehen die schönen Engländer aus?*, wollte er Mitte August wissen. *Ich liebe Dich mehr als sie alle zusammen.* Und kurz darauf: *Ob Du mit schlanken Soldaten oder schönen Neuseeländern im Garten spazierst? Sei vorsichtig, die G.I. sind alle in Indien gewesen und geschlechtskrank: Syphilis pestilenzialis perniciosus letalis indicus!*

In den Wochen nach Iris' Abreise beschäftigte sich Peter intensiv mit der offenen Beziehung. Er wusste nicht, was er davon halten sollte. Er hatte einfach nur Angst, Iris wieder zu verlieren. Wie sollte er mit der neuen Situation zurechtkommen? Es gab nur einen Weg. Es musste ihm gelingen, seine Angst zu überwinden. *O Du liebes Iris,* schrieb er schliesslich nach York, *wenn Du nur einen schönen Schatz findest in England. Es ist sonderbar, wie ich gar keine, aber auch gar keine Gefühle der Eifersucht spüre. Zuerst glaubte ich, es sei ein zynischer Gedanke. Aber jetzt fühle ich mich mit Dir so eins, dass mir jede Liebschaft, die Du haben könntest, wie eine Bereicherung von mir selber vorkommt. Ich hätte das früher für unmöglich gehalten. Aber jetzt merke ich es als unmittelbare Realität. Und dabei liebe ich Dich stärker und fester als je! Ist das nicht sonderbar und etwas, was man in den Büchern nie liest? Dass die Liebe von einer gewissen Intensität an durch gar keine Eifersucht getrübt wird. Vielleicht ist doch die Liebe in der Eifersucht nur ein Atavismus aus der Zeit der Raubehe. Natürlich gibt es auch den Spruch, dass »eifersüchtige Männer die Frauen plagen, nicht eifersüchtige Männer sie zur Verzweiflung bringen«. Aber ich glaube, dass ist ein ganz blöder Spruch, und wir entsprechen ihm in gar nichts.*

In der Folge kam Peter öfters auf sein neues Beziehungsideal zu sprechen. In sein Zentrum stellte er die einmalige Intensität seiner Liebe zu Iris, die das Mass aller Dinge sein sollte und durch fremde *Liebschaften* nicht zu erschüttern war. *Liebes Schätzchen,* schrieb er am 22. August 1947, *ich biete Dir das, was die wenigsten Männer bieten: völlige Freiheit, zu tun und zu lassen, was Du willst. L'amour est l'enfant de la liberté. Ja, auch hier. Wenn Du nur einen schönen Engländer findest, der Dir gefällt. Ich wünsche ihn Dir von ganzem Herzen.* Wie Peter zu seiner neuen Haltung kam, lässt sich nicht rekonstruieren. Ohne Zweifel war er beeinflusst von Iris, möglicherweise hatte er auch bestimmte Vorbilder aus der Literatur vor Augen, Friedrich Schlegels Roman »Lucinde« vielleicht, in der der Maler Julius bei der Malerin Lucinde die absolute Liebe findet, die die bürgerliche Moral verschmäht. Ende August 1947 begann er sich die Frage zu stellen, ob auch er sich einen Seitensprung vorstellen konnte. *Ein Hindernis für mich ist die mindere Qualität des Konkubinchens. Wohl oder übel müsste man es verachten, weil es eben doch nicht die wahre Liebe ist, sondern nur ein Zwischenersatz. Und dieser Gedanke würde wohl die Intimität der Beziehung trüben. Denn nur auf der Basis der Gleichberechtigung liesse sich eine erotische Beziehung schön gestalten. An und für sich hätte ich schon Lust nach kleinen Untreuen – mein Federhalter sträubt sich bei so wüsten Reden –, aber es fehlen einem einfach die Gelegenheiten dazu. Eine reine Tätscherei hat keine Grösse und kein Pathos, und um Pathos zu finden, müsste man schon ganz ernste Absichten haben, die ich eben nur zu Dir habe. Bliebe nur noch als letzte Lösung die forsch-burschikose Verführung von Serviertöchtern usw., aber das liegt mir nicht. Treu wider Willen ist Peter im stillen.*

Trotz der fehlenden Gelegenheiten hatte Peter plötzlich nur mehr ein Thema. *Oh, ich mag von gar nichts anderem schreiben als von Erotik,* bemerkte er am 28. August. *Das Thema füllt mich ganz aus. Ich möchte auch viele Liebesabenteuer in Deiner Abwesenheit haben.* Und ein paar Tage später: *Es ist 5.45 Uhr am Morgen, ich bin schon am Esszimmertisch, nur mit dem Ehering bekleidet, und schreibe Dir. Gestern beim Platzregen haben sich zwei Velofahrer unter unseren Hauseingang geflüchtet. Zuerst sah ich nur das Mädchen, und sogleich tauchte in mir eine Vision auf, die – wie mir scheint – von frühester Jugend in mir war: beim Regen ein Mädchen im Haus aufzunehmen. Das ist ein archetypischer Traum, den ich seit 25 Jahren wohl habe. Schon der Gedanke der Asylwährung hat mich ganz erregt. Aber dann kam ihr Begleiter, und der Zauber war aus. Die Gelegenheit einer erotischen Beziehung fehlt hier leider ganz. Man hat keine Gelegenheit hier als Grossrat und Verheirateter. In einer Stadt wäre es schon anders.*

Die Auseinandersetzung mit offener Beziehung und freier Liebe hinterliess ihre Spuren auch in Peters beruflichem Alltag. Als er Ende 1947 vor dem Walliser Kantonsgericht als Verteidiger eines des Konkubinats angeklagten Paares *auf die Schönheit der Liebe zwischen J. und B. plädierte, die, obschon nicht verheiratet, sich doch treu blieben,* brachte dies nicht nur den Staatsanwalt in Rage. *Mein Plädoyer brachte Loretan so in die Sätze,* berichtete er nach York, *dass er sagte, ich mache mich im Gericht wie im »Walliser Boten« zum Verfechter der freien Liebe.*

Im Gegensatz zu Peter hatten für Iris ganz andere Themen Priorität. Sie suchte in London die Spuren der Suffragetten, entdeckte die Women's Service Library in Oxford – eine Fundgrube für Feministinnen – und beobachtete die englischen Frauenorganisationen. *Um dem Feminismus näherzukommen,* wird Iris Jahrzehnte später in einem Lebenslauf schreiben, *ging ich nach England und fand in Oxford eine Bibliothek, die so viel spannende feministische Literatur enthielt, dass sie alles andere zur Seite schob. Endlich sah ich die Vielzahl feministischer Probleme deutlich gefasst, in weiten Beziehungen und grossem Rahmen. Je mehr ich mich in das Thema hineinsteigerte, um so klarer wurde mir, dass die komplexesten feministischen Probleme jetzt neu aufgegriffen werden mussten, und von wem, wenn nicht von mir?* Das zweite grosse Thema, das sie beschäftigte, war ihre berufliche Zukunft: *Ich denke jeden Tag über die Walliserexistenz nach. Und tausendmal mehr als irgendwelche »Erotik« interessiert mich nun mein berufliches Fortkommen. Die ganze elende Lage als weibliches Wesen im Beruf ist mir erst im Wallis klargeworden. Es ist grässlich, wie dieses Leben im Wallis oder besser die allgemeine Aussichtslosigkeit für Frauen mein Berufsethos, meinen Stolz und mein Durchsetzungsvermögen heruntergebracht haben. Im Wallis ersticke ich. Es ist mein Tod. Brrr! Brrr! Ich will aber leben!*

Iris' Briefe aus England kreisen unentwegt um ihre berufliche Stellung und Weiterentwicklung. Über ihre Eindrücke von Land und Leuten erfährt man wenig bis nichts. Und auch ihre *erotischen Studien* – wie Peter dies nannte – hat sie in England nicht weiterverfolgt. *Ich möchte einen adäquaten Platz im Gemeinschaftsleben einnehmen und eine recht bezahlte Arbeit haben,* umriss sie ihre Ziele am 3. Oktober. *Ohne Geld ist man nicht sich selber. Man verliert seinen Charakter, seine Würde, alles. Wer sein Vermögen verdummt, verdummt seine Freiheit. Der einzige Grund, Kompromisse zu machen, ist für mich, um zu Geld, d.h. Freiheit und Würde zu kommen. Was das heisst, merkt man erst, wenn man erlebt, wieviel Freiheit und Würde – die man als persönliche Eigenschaften betrachtet hatte – von einem abfallen, wenn man kein Geld hat oder weniger. Ich spüre, wenn ich eine recht bezahlte Tätigkeit hätte, wäre ich die lebenslustigste Person. Anstatt dessen dieser Dämmerzustand ohnmächtigen Zorns. Ja, ich werde ein Buch über diese Entrechtung schreiben. Aber nur schon wenn ich daran denke, kommt mir gleichzeitig in den Sinn, dass ich damit meinem und Deinem Fortkommen schaden könnte, unsere Existenz untergrabe. Ich habe Angst, dass die Sache fast zu revolutionär ist, um gemacht*

Peter von Roten und der Fotograf Hans Baumgartner, 1947

zu werden. Zwei Wochen später setzte sie Peter über ihre weiteren Pläne ins Bild: *So wie ich die Sache jetzt vor mir sehe, werde ich ins Wallis zurückkommen und danach trachten, möglichst bald ein Kind zu bekommen. Gleichzeitig werde ich eventuell ein Buch schreiben und gut fotografieren lernen.*

Reportagen schreiben und mit eigenen Fotos illustrieren! Das war ein alter Traum von Iris, den sie mit Hilfe des Fotografen Hans Baumgartner, den sie über ihre Schwester kennengelernt hatte, verwirklichen wollte. In einem achtseitigen Brief gab ihr Baumgartner eine Unmenge von praktischen Ratschlägen, beriet sie bei der Wahl der Kamera und hielt sie an, ihre Bilder selbst zu entwickeln.

Trotz der spannenden beruflichen Perspektiven war Iris Realistin genug, um zu erkennen, dass Mutterschaft und Beruf nur sehr schwer unter einen Hut zu bringen waren: *Es ist grässlich, dass jede Schwangerschaft mit Verzicht auf die Entfaltung des eigenen Menschen, mit Lismen und Geschirrwaschen, Teppichklopfen, Abtrittputzen, Müeslimachen und Verzicht auf jede individuelle soziale Geltung erkauft werden muss. Mir wird dabei ganz schlecht. Die zauberhaften tollen Schwangerschaften müssen bei der gegenwärtigen Lage der Frauen mit einem Hausfrauen-Hundeleben bezahlt werden. Pfui Teufel! Nichts Ekligeres als Schwangerschaften und Geburten in einem Sklavendasein und nichts Schöneres in einem souveränen Dasein.*

Iris wollte beides: Mutterschaft und berufliches Weiterkommen. Sie erwog verschiedene Möglichkeiten, dachte daran, ihr Kind fremd betreuen zu lassen, in der Zwischenzeit nach Amerika zu gehen und *mich dort mit Fotoreportagen in den Journalismus einzuführen.* Allein der Gedanke daran verlieh ihr Flügel, liess sie wieder an eine berufliche Zukunft glauben. *Ich finde es nicht so wichtig,* schrieb sie Peter aus York, *dass wir tagtäglich beieinander sind, als dass wir verheiratet sind und 1–2 Kinder bekommen. Ob wir dabei 1–3 Jahre mehr oder weniger »zusammenleben«, finde ich ganz gleichgültig. Und wenn dieses Zusammenleben gewissermassen mit meinem geistigen Tod oder doch einer grässlichen Stagnation verbunden ist, hat es gar keinen Sinn. Wenn ich an die Möglichkeit denke, in Amerika eine neue Existenz aufzubauen, kommt mir vor, ich hüpfe und springe. Wenn ich ans Wallis denke, ist mir, ich werde mit Bleiklötzen ins Grab gezogen.*

Wie mit Iris vereinbart, verlegte Peter den gemeinsamen Wohnsitz im September 1947 ins mittelalterliche und – wie Peter Iris berichtete – *ungeheuer romantische Leuk*, wo die beiden auf dem feudalen Landsitz der alten Patrizierfamilie Zen Ruffinen eine Wohnung mit Büro mieteten. Die Wohnung in Visp wurde aufgelöst, das Büro jedoch weitergeführt. Neben dem Anwaltsbüro und der Arbeit beim »Walliser Boten« arbeitete Peter – in den Nationalratswahlen war er knapp gescheitert – seit Anfang 1947 auch für den Kanton Wallis. Der Staatsrat hatte ihm für drei Jahre die Aufgabe übertragen, eine Sammlung der neu erlassenen Gesetze anzulegen, was seine finanzielle Situation schlagartig verbesserte. Kurz nach seinem Umzug nach Leuk nahm Peter die englische Austauschstudentin April Briant bei sich auf, die nach ihrer Rückkehr nach York – wie abgemacht – Iris beherbergen sollte. Maria von Roten beobachtete Peters Lebenssituation mit Kopfschütteln. *Wie kann der arme Mensch glücklich sein in einer solchen Zigeunerhaushaltung,* schrieb sie an ihre Tochter. *Schliesslich war er doch an Ordnung gewöhnt. Gestern sass er hier am Tisch, den Kopf in beide Hände gestützt und die Tränen in den Augen, und meinte, »Was habe ich für ein Hundeleben.« Und in der Tat: Niemand zum Haushalten, niemand im Büro, eine kostspielige Frau in England, die ihm Pensionäre aufbürdet, denen er Kost und Logis geben muss: – »Aber wie man sich bettet, so liegt man.« Immerhin konnte ich gestern fast nicht einschlafen, ich hatte immer sein betrübt sorgenvolles Gesicht vor Augen. – Et tout pour une femme.*

Zwei Wochen nach dem Abschied der englischen Studentin – am 10. Oktober 1947 – spielte Peter in einem Brief an Iris auf *ein erotisches Abenteuer* an, in das er sich *geworfen habe.* Iris wollte es genauer wissen. *Was schreibst Du mir von »erotischen*

Abwegen«? Willst Du mir mit Erotik angst machen, während ich treu über Land und Meer fahre? Aber, aber, aber! Zwei Tage später wurde Peter konkreter: *Ich werfe mich in erotische Abenteuer, schöpfe meine erotischen Möglichkeiten aus. Wie soll ich auch anders, wenn sich die Mädchen mir um den Hals werfen? Ich habe mich durch Deine Theorien auf Abwege bringen lassen. Aber nur kurze Sackgassen. Ich liebe nur Dich, gehöre nur Dir. Oh, ich habe ganze Angstträume, Du habest meinen letzten Brief schon im Scheidungsprozess hinterlegt. Aber dann muss aus dem Urteil auch hervorgehen, wie gern ich Dich habe und dass ich immer mit Dir und bei Dir sein will.*

Iris antwortete postwendend: *Was schreibst Du so dumm von erotischer Sackgasse? Oh, Du willst mich fuxen! Du gerätst am Ende auf erotische Abwege, weil Du meinst, Du seist es Dir als Strohhalm-Witwerli schuldig. Aber, aber, aber! Hoffentlich ist nicht die schamlos geizige Fräulein Briant* – bei der Iris mittlerweile wohnte – *eine solche Sackgasse.* Peter winkte ab: *Nein, nein, mit Frl. Briant habe ich keine erotischen Wege beschritten. Nein, nein, gar keine! Sondern mit viel hübscheren Mädchen. Aber darüber später.*

Iris ging nicht mehr weiter darauf ein, sondern kommentierte lakonisch: *Immer habe ich Dir von Erotik geredet. »Die Geister, die ich beschworen, werd ich nun nicht mehr los.«*

Zwei Wochen später kehrte Iris in die Schweiz zurück. *Mein Trost über die Rückkehr in das Walliser-Männerloch besteht in der Aussicht, ein feministisches Buch zu schreiben.* Peter seinerseits blickte der Rückkehr seiner Frau mit gemischten Gefühlen entgegen. *Ich habe ganz Angst vor Deiner Heimkehr, weil ich Gewissensbisse habe.*

SECHSTER TEIL

Dieses Buch ist Deine Aufgabe und Sendung. Auf dem Totenbett wirst Du es bereuen, wenn Du das Buch nicht geschrieben hast, und als arme Seele wirst Du herumirren mit klappernden Schreibmaschinen und ganz behangen mit den langen Blättern, die Du brauchst, um Dein Manuskript zu schreiben.

Peter an Iris von Roten, 1. Januar 1949

25
AMERIKA – EIN SELBSTVERSUCH

Acht Monate nach ihrer Rückkehr aus England verreiste Iris von Roten für unbestimmte Zeit in die USA. Von Leuk aus hatte sie sich für ein Semester an der Universität von Columbia im Staate Missouri eingeschrieben, plante ein weiteres Semester an der Columbia Universität von New York und wollte ihr Studentinnenvisum im Sommer 1949 in ein Immigrationsvisum umwandeln. Dass sie ambitiöse Ziele verfolgte, liegt auf der Hand: Soziologie wollte sie studieren, ihr Englisch perfektionieren, Kontakte knüpfen, Kurse in Fotografie belegen und journalistische Projekte verfolgen. Und natürlich wollte sie an ihrem Buch, das sie in Leuk begonnen hatte, weiterarbeiten. Kurz: Iris von Roten wollte sich in den USA eine neue berufliche Existenz aufbauen. *Ich bin jetzt in dem Alter,* schrieb sie Peter am 15. Oktober 1948 aus Columbia, *wo ich Erfolg haben sollte. Ich meine beruflich. Wenn nicht zwischen 30–40, dann nie. Etwas habe ich mit dem Frauenblatt schon gehabt, aber nur etwas. Jetzt beginnt wieder alles neu.*

Über die acht Monate des Zusammenlebens von Peter und Iris von Roten in Leuk ist nur wenig bekannt. Wie schon in Visp finden sich auch hier Spuren in der mündlichen Überlieferung. *Äs Wibilti und ä rabiati Person** sei die *Frau Doktor* gewesen, erinnert sich eine alte Leukerin. Wie keine andere Frau habe sie ihren Mann herumkommandiert. Im Dorf sei sie nie integriert gewesen, weiss eine andere. Im Gegenteil! Weil sie kurze Hosen getragen habe und nie zur Messe gegangen sei, habe man sie schnell

* Walliserdeutsch für »Ein Weibsstück und eine rabiate Person«

mit besonderem Misstrauen beobachtet. An etwas Geheimnisvollem an ihrer Erscheinung glaubt sich ein älterer Mann zu erinnern, der zu wissen vorgibt – und sich nicht davon abbringen lassen will –, dass sie Jüdin gewesen sei. Als sie später aus Leuk wegzog, erzählt ein weiterer Zeitzeuge, hätten einige aus Freude am liebsten die Kirchenglocken geläutet. Den Peter hingegen habe man sehr geschätzt, seine vornehme und charmante Art sei überall gut angekommen.

Genaueres über die Zeit in Leuk erfährt man aus der späteren Korrespondenz der beiden. Daraus wird klar, dass ihre Beziehung im Sommer 1948 kurz vor ihrem Ende stand. *In die USA zu kommen*, wird Iris am 13. April 1949 aus Washington schreiben, *war eine Verzweiflungstat und der Weisheit letzter Schluss.* Was war geschehen? Nach Iris' Rückkehr aus England stellte sich wider Erwarten keine zweite Schwangerschaft ein. Als grosse Belastung für die junge Ehe erwies sich Peters übervoller Terminkalender. Seine juristischen Mandate, die Redaktion des »Walliser Boten«, die Präsidentschaft des Grossen Rates und zahlreiche andere Pflichten führten dazu, dass er ständig unterwegs war und kaum Zeit für sein Privatleben hatte. Iris geriet ausser sich, wenn Peter abends übermüdet nach Hause kam und mitten in ihren Gesprächen einschlief. Die Folge war, dass ihre Ehe auch in sexueller Hinsicht – Iris hatte sich *eine geistig und seelisch anspruchsvolle Sexualität* erhofft – zunehmend zum Desaster wurde. Zu den privaten Spannungen kam der berufliche Frust. Iris konnte nicht akzeptieren, dass man sie im Wallis nicht als eigenständige Person wahrnahm und sie kaum zu eigenen Mandaten kam. Auch fand sie in Leuk nicht die geeignete Luft zum Schreiben ihres Buches vor. Iris bekam panische Angst, ihre ganze Arbeitskraft und Lebensenergie zu verlieren. Die Folge waren heftige Auseinandersetzungen mit Peter, in der sie bald schon ihre Beziehung in Frage stellte.

Immer wieder kommen mir diese Streitigkeiten in den Sinn, wird sich Peter ein halbes Jahr später zurückerinnern, *die wir miteinander hatten, und am öftesten jene Abschiede auf dem Bahn-*

hof in Leuk, wo ich einfach nicht mehr wusste, was machen, und Du nur so froh warst, von Leuk wegzugehen, um mich nicht mehr zu sehen. Du hast mir damals oft gesagt, dass ich Dir auf die Nerven gehe. Sehr oft hast Du es mir gesagt, Du hast mir sogar einen ganzen Topf voller Kutteln an den Kopf geworfen und hast mir mit den Bergschuhen den Magen durchschlagen in Deinem grossen Zorn. Peter hatte keine andere Wahl, als Iris erneut ziehenzulassen. Sie war die treibende Kraft, die visionäre Gestalterin ihres Lebens, die Takt und Rhythmus ihrer Beziehung bestimmte.

Dein Verhalten hat mich halb wahnsinnig gemacht, so Iris kurz nach ihrer Abfahrt, *und meine Sinnlichkeit für Dich abgetötet. Ich werde mich in Amerika wieder als ausschliesslich mir selber*

Iris von Roten, Leuk, 1948

angehörig betrachten und in sinnlicher Hinsicht so leben, wie es für meine Gesundheit schlechterdings unerlässlich ist.

Am 8. September 1948 bestieg Iris von Roten in Southampton ein Passagierschiff nach New York. Hinter ihr lag die erdrükkende Enge des *Walliser-Männerlochs* und vor ihr eine unbekannte Welt, von der sie glaubte, dass sie voller Möglichkeiten für sie war. *Mir ist Tag und Nacht zum Weinen,* schrieb Peter am 12. September, *und ich habe Tränen in den Augen, wenn ich an uns denke. Alles, was wir fürchteten, ist nicht eingetreten, und nur, was wir nicht erwarteten, ist eingetreten. Du hast mich nicht mehr gern.*

Nach dem Abschied von Iris an der Gare St-Lazare in Paris erlebte Peter – vielleicht zum ersten Mal in seinem Leben – wirklichen Trennungsschmerz. Es war niemand mehr da, mit dem er sich wirklich verbunden fühlte. *Ich mache jetzt alle Leiden durch, die Du von mir erlitten hast. Ich habe eine ungeheure Einsamkeit hier, und merke immer mehr, wie ich eben nur zu einem einzigen Menschen ein Verhältnis habe, nämlich zu Dir, liebes Iris, liebes, liebes. Ein Leben ohne Dich ist nicht lebenswert. Wenn ich so nachdenke, so finde ich, dass ich auf der ganzen Welt sicher der einsamste Mensch bin. Ich weiss nicht, warum ich lebe. Wir müssen wieder einmal zusammenkommen. Es kann gar nicht anders sein. Wir dürfen nicht sterben, ohne noch einmal zusammen geredet zu haben. Ohne Dich zu leben ist einfach, aber sinnlos, mit Dir zu leben kompliziert, aber einzig sinnvoll. Du bist mein einziger Lebenszweck, sonst ist alles sinnloses Gerenne nach weiss Gott welchem Zeug, nach dem man rennt, weil die andern auch rennen. Du liebes Iris, Du bist meine Luft, in der ich atmen will. Ich finde, das beste Beispiel für Dich ist der Berg. Bei Dir bin ich wie an einem Berg, bei dem man aufwärts gehen muss, aber es ist der Genuss des Steigens. Sonst ist alle Gesellschaft nur wie ein Sumpf und wie ein Waten, das zu nichts führt. Steigen ist mühsam und anstrengend, aber nur durch Steigen kommt man auf den Berg und vorwärts.*

In seinen ersten Briefen in die USA bemühte Peter die höchsten Metaphern, um Iris seine Liebe klarzumachen. *Nur Du bist ein Mensch, sonst niemand. Ich kenne sonst keinen Menschen, dem man diesen Namen geben könnte. Alles andere sind Satelliten um uns, die in irgendeiner Funktion uns umkreisen. Ich denke immer wieder daran, wie gut ich tat, an Dich und an die Liebe zu glauben, sonst wäre ich ein alter vertrockneter Mensch geworden und hätte nie gewusst, was Liebe ist. O wie gut, dass ich Dich gerne gehabt habe und immer noch liebe. Du bist der sprühende Sinn und der hohe Geistesflug allezeit. Schade ist nur, dass Deine Leidenschaft so ganz verflogen ist. Genau wie Deine Leidenschaft erkaltet ist, ist es möglich, dass plötzlich auch Deine Liebe erkaltet.*

Iris, die nach zwölf Tagen Überfahrt New York erreichte, versuchte Peter zu beruhigen: *Nein, nein, ich habe Dich gern und nur Dich und immer Dich. Mit der Liebe ist es doch anders als mit der Leidenschaft. Nur schon wenn ich an Dich denke, kommen mir die Tränen in die Augen.* Ihre Liebe zu ihm sei nach wie vor lebendig, betonte sie, ihre erotische Leidenschaft allerdings sei erloschen. Peter war konsterniert. *Der Satz des »Who has taken the magic out of our marriage? You or I?« kommt mir immer wieder in den Sinn wie ein Totenglöcklein über etwas, was für immer vergangen wäre. Wie kann man diesen Baum wieder aufrichten, wie dieses Haus wieder aufstellen, dieses Licht wieder entzünden, diese Leidenschaft wieder erwecken. Alles andere ist Nebensache.*

In der Ungleichzeitigkeit ihrer Leidenschaft glaubte Peter die Tragik ihrer Beziehung auszumachen. *Offenbar muss die Summe unserer Lieben,* mutmasste er am 8. Januar 1949, *immer konstant sein: als Du mich gern hattest, habe ich Dich zu wenig gern gehabt, und jetzt, da ich Dich gern habe, hast Du mich nicht mehr gern. Warum sind wir nie gleichzeitig ineinander verliebt gewesen? Welche Fatalität hat da mitgewirkt? Ich möchte weinen, weinen, wenn ich daran denke.* Eine zweite Ursache sah er in ihrem ständigen Getrenntsein. Obwohl sie seit zwei Jahren verheiratet waren, hatten sie nie länger als ein paar Monate zusammengelebt. *Ich glaube, die Gleichheit der Stimmung ist erst das Resultat einer langen langen Gewohnheit mit viel Mühe und Aufwand. Auf der anderen Seite glaube ich, dass die erotische Spannung zwischen uns wieder erstehen wird, weil wir uns einfach gerne haben und weil wir doch so viel Gemeinsames haben. Auf der andern Seite frage ich mich, ob es damit nicht endgültig zu Ende sei, weil wir nicht den wahren Moment der Leidenschaft gepackt haben. Aber wie und wann hätten wir das tun sollen? Als ich Dir in der Pension Felsburg in Luzern in der Nacht Steine an das Fenster warf oder als ich Dich in Fiesch überfallen wollte. Ich denke mit Schrecken an jene Tage von Zürich, wo ich immer um meine Reinheit in Angst war und wir uns derart gegenseitig quälten, ohne dass einer von beiden einen Nutzen hatte. Ich muss jetzt für alles schuld sein, was an Sexualität nicht passte. Aber schuld ist eigentlich die Erziehung, die ich hatte und die ich einfach zu spät in ihrer Einfalt erkannte.*

Zwischen dem 12. September 1948 und dem 25. Juli 1949 schrieb Peter von Roten 188 lange Briefe in die USA. Unter ihnen befinden sich einige der schönsten Liebesbriefe, die er Iris – sie schickte ihm in den gleichen zehneinhalb Monaten »nur« 79 Briefe – geschrieben hat. Auch wenn der Ton von Peters Briefen oft von Bedauern, Einsamkeit und Verlustängsten geprägt ist, schliesst kein einziger in tiefer Verzweiflung und keiner in Selbstmitleid. Immer ist da ein Funke Hoffnung, eine selbstironische Anspielung oder eine witzige Bemerkung. Im Gegensatz zu Iris war er viel zu kontrolliert, um sich gehenzulassen. *In mir streckt sich alles nach Dir,* so Peter an Weihnachten 1948. *Du bist mir dermassen alles gewesen, dass ich mir sage, die ganze übrige Welt könnte untergehen, ohne dass es mich auch nur rühren würde. Ich habe mir vorgenommen, keinen Sonntag mehr mit Politik zu verdummen. Wenn Du zurück bist, widmen wir jeden Sonntag der Liebe. Ich bin so verliebt in Dich wie noch nie. Ich bin Dein Liebhaber, das ist mein bester und genauester Titel. Ich könnte mir damit Visitenkarten drucken lassen, denn es ist meine Hauptbeschäftigung, Dich gern zu haben. Ich be-*

greife jetzt den Sinn der ewigen Anbetung, den man in vielen Klöstern hat.

Das Bewusstsein der Trennung liess Peter nicht mehr los, verfolgte ihn bis in seine kleinsten täglichen Verrichtungen, bestimmte selbst seine Wahrnehmung der Natur. *Heute, nachdem wir in Châteauneuf so gut gegessen haben,* schrieb er nach einem Ausflug mit Politikern, *sind wir noch nach Leytron gefahren und haben dort in den Reben des Staates pokuliert und gesungen »Nennt mir das Land so wunderschön«. Wir waren alle in einer wunderbaren Stimmung, es war Abend und wir schauten von der Höhe des Weinberges herunter nach der Richtung von Saillon und Martinach, wo man den leisen Wind in den Bäumen spürte. Das Land war wunderschön, aber ich habe noch nie so gefühlt, dass ich mit den Leuten, die das sangen, ebensowenig gemeinsam hatte, wie wenn sie »Deutschland Deutschland über alles« oder die »Internationale« gesungen hätten. Mir schien, alle diese Strassen und Bäume und Schatten seien nur da, damit wir darin spazieren und uns niederlegen zu lieben Zärtlichkeiten. Oh, diese schönen Schatten und die Bäume von weitem, sie warteten, und ich dachte, dass Du nicht da seist, und es schien mir, als sei das für immer verloren, da es Abend und Winter werde und dann kein Spazieren mehr möglich sei. Und ich wäre so gerne mit Dir hinauf nach Saillon gegangen und in die Schlucht hinein und auf den Turm hinauf und überall hin. Ich sehe die Bäume nur mehr unter dem Gesichtswinkel als Liebesunterschlupf für uns.*

Das Gefühl zunehmender Entfremdung bestimmte auch Peters Verhältnis zu seiner Familie. Die Höflichkeitsbesuche in Raron waren anstrengend und führten ihm Mal um Mal vor, wie sehr er seiner Welt entwachsen war. Besonders eindrücklich tat dies ein Besuch von Tante Elisabeth. *Ich bin immer wieder erstaunt zu sehen,* so Peter am 1. Januar 1949, *wie ich Tante Elisabeth eigentlich erst seit kurzer Zeit durchschaue, während ich früher immer zu ihr aufschaute wie zu einer Oberpriesterin, die es in der Frömmigkeit weit gebracht hat. Sie hat mir fest ins Gewissen geredet, ich solle ja nicht Deine Abwesenheit leichtnehmen.*

Es sei für einen Mann schwierig, diese Trennung zu überwinden und zu ertragen. Ich musste meinerseits denken: die Sexualität schaut doch zu allen Poren heraus, und wo sie kann, wittert sie etwas Schlechtes. Früher hatte ich noch eine gewisse Solidarität mit der Familie. Heute ist mein einziger Gedanke nur mehr, wie man sich aus der Familie ziehen kann, ohne allzusehr Schaden zu leiden. Ich hätte das noch vor zwei Jahren nicht für möglich gehalten, dass ich einmal so völlig aus diesem Milieu herauswachsen würde, auch geistig und sentimental.

Was Peter als Student bereits dumpf geahnt hatte, wurde durch die Beziehung zu Iris Realität: Das wirkliche Menschsein begann erst mit der Emanzipation von Milieu und Elternhaus. Erst ihre Überwindung führte einem zu Freiheit und Individualität. *Mit der Heirat mit Dir,* so Peter im Januar 1949, *habe ich den besten Schachzug meines Lebens getan und bin eigentlich erst geboren worden.* Die plötzliche Trennung stellte diesen Aufbruch nun gänzlich in Frage. *Das ist das Entscheidendste in meinem Leben, der Briefwechsel mit Dir. Alles andere ist nur akzessorisch, finde ich. Der Tag dreht sich darum, dass ich am Abend Zeit habe, Dir einen Brief zu schreiben, und Geld, um das Porto dazu zu zahlen. Alles andere nimmt einem nur mehr oder weniger Zeit weg, und man macht es nur, um die materiellen Voraussetzungen zu haben, um Dir dann ruhig schreiben zu können.*

Iris war gerührt von Peters Briefen, hielt aber an ihrer Absicht fest, sich nun um ihren beruflichen Werdegang zu kümmern. *Deine lieben Briefe,* schrieb sie am 13. Oktober 1948 aus Columbia, *kommen mir geistreich und konzentrierter vor als eine Anthologie der Weltliteratur. Ich zehre davon wie von einer Notration. Mein Trost ist allerdings, dass es einmal umgekehrt war. Meine Briefe voll Leben und mit Herzblut geschrieben und die Deinen gerade die nötigen Bissen. Jetzt würde man Deine Briefe drucken und meine fortwerfen. Der Gedanke, wie viele Jahre Du mich lieblos hast braten und schmoren lassen, hindert mich, die Trennung zu sehr zu bereuen und von der tragischen Seite zu nehmen. Mit der Gewissheit, Dich wiederzusehen und eine lange Zeit noch mit Dir zusammenzuleben, könnte ich so gut 1–5 Jahre getrennt sein.*

Die Aussicht auf eine längere Trennung demoralisierte Peter, der sich auch nicht mit erotischen Abenteuern trösten wollte. *Alle sonstigen Frauen,* schrieb er am 5. Dezember 1948, *sind für mich nur wie Schatten von Dir. Ich denke wie der Valentin vom Gretchen, »dass keine Dir das Wasser reicht«. Sobald man einer Frau zu nahe kommt, wird sie so uninteressant. Das ist das Tragische dabei. Ich habe das auch jedes Mal wieder gedacht, wenn ich mit einem Mädchen in näheren Kontakt kam. Von weitem schienen sie kolossal interessant zu sein, man denkt, diese oder jene Schleife am Kleid oder dieser oder jener Schmuck sei das Zeichen einer eigenen Idee oder der Beweis der Intelligenz, bis man merkt, dass es nur ein Modell aus irgendeinem Kalender ist. O nur Du bist gescheit. Nur mit Dir kann man über viele Dinge reden, und nur Du weißt alles und bist über alles im Bild.*

Politisch war Peter von Roten im Herbst 1948 fast ununterbrochen im Schaufenster des öffentlichen Interesses. Eine polemische Rede im Walliser Kantonsparlament gegen die Walliser Weinbarone, denen er unterstellte, jedes Jahr in immer prächtigeren Limousinen vor dem Rathaus in Sitten vorzufahren und ihre Bundessubventionen zu kassieren, löste eine heftige Tirade von Beschimpfungen in der Unterwalliser Presse aus und fand auch Beachtung in zahlreichen Deutschschweizer Zeitungen. Als einige Wochen später der katholisch-konservative Nationalrat Oskar Schnyder in den Walliser Staatsrat gewählt wurde und deshalb seinen Hut im Nationalrat nahm, war klar, dass Peter als Zweitplatzierter der Nationalratswahlen von 1947 auf den vakanten Sitz in Bern »nachrücken« würde.

Auf mir gleitet das alles ab wie Wasser auf einer Ente, kommentierte er am 30. September 1948. *Wenn die Delegierten wüssten, was ich wirklich denke, die würden sich bekreuzigen vor so einer Kandidatur, und es würde sicher keinem einfallen, mich zu unterstützen. Aber vielleicht denke ich das nur so, und die an-*

dern sind im Grund ebenso wie ich, nur zynischer. Ich sage mir immer, dass ich noch einen steifen Kragen anziehen sollte und jedenfalls mein schönstes und dunkelstes Kleid, um die Kerle einzuschüchtern. Schade ist nur, dass ich kein Auto habe, um vorzufahren. O steh mir bei in Gedanken, um mir eine ernste Physiognomie zu geben, wenn ich sage, es handle sich nicht um meine Person, sondern um die Prinzipien der Freiheit des Wortes und des Gedankens, der freien Wirtschaft und des Leistungsprinzipes in der Wirtschaft.

Wie bei jedem seiner politischen Karriereschritte sah sich Peter auch beim Entscheid für den Nationalrat mit der Schizophrenie seines Lebens konfrontiert. Seine Grundeinstellung der Politik gegenüber war und blieb *ein tiefer Enfoutismus,* Nationalrat hin oder her. Aber irgendwie liess sich dieser Fluss, in den sein berufliches Leben geraten war, nicht aufhalten, und Alternativen waren keine in Sicht. *Ich mag mich nicht mit Politik abgeben und opfere mein Leben derselben. Je mehr ich mich selbst prüfe, desto mehr sage ich mir, dass es für mich eine schreckliche Lage ist, als Exponent einer rückständigen Partei zu gelten, die man nicht mag und die einem zuwider ist. Ich verwundere mich immer wieder über diese konfessionelle Verknüpfung der Politik. Es hat etwas Kurioses und so Sonderbares, dass man sich fragt, ob es nicht ein Betrug en gros sei.*

Wie konnte sich Peter von Roten dermassen masochistisch der Politik verschreiben? Warum hat er nicht einfach auf den Sitz im Nationalrat verzichtet und sich statt dessen vermehrt dem Journalismus und dem Schreiben zugewandt? Den Hauptgrund für sein ewiges Zögern sah er in seiner Sozialisation: *Diese verrückte Scheu vor dem eigenen Interesse, zu der man mich erzogen hat. Ich muss immer denken, dass ich nichts im Leben wirklich selbst gemacht habe. Ich mache nicht die Sache, die mir wirklich liegt, wäre lieber Dichter oder Dramaturg statt hier Advokat und Politiker.*

Obwohl der Traum vom Schreiben seit früher Jugend durch seinen Kopf geisterte, hat er nie ein Gedicht oder ein Manuskript an einen Verlag gesandt, hat er sein Schreiben immer nur als Zeitvertreib betrachtet. *Ich denke immer, wie eines Tages der Tod dasein wird, und da werde ich auch sagen, mein Gott, ist das rasch gegangen und ich habe mein Drama noch nicht geschrieben, das ich schreiben wollte. Oh, ich muss meine Zeit besser ausnützen. Wie gut, dass ich wenigstens einmal auf meinen eigenen Einfall gehört habe, als ich Dich heiratete.* Zwei Briefe später war Peter wieder davon überzeugt, dass ihm der Nationalratssitz neue berufliche Chancen eröffnen konnte. *Ich müsste froh sein, aus dem Wallis herauszukommen, wo ich die dauernde Empfindung habe, ein Heuchler zu sein und mit Leuten zusammenzuarbeiten, die nicht einer Meinung sind, in den Dingen, in denen man doch einer Meinung sein sollte.* Trotz seitenlanger Selbstermunterungen konnte Peter seine Zweifel nicht wirklich ausräumen. Er war und blieb der Zerrissene, ewig Ratlose, der sich nicht festlegen und nicht erwachsen werden wollte. *Ich habe immer so Selbstmordabsichten: Gerade gestern war ich ganz in den Gedanken vertieft, vor einem vorbeifahrenden Zug, wie es doch einfach wäre, sich darunterzuwerfen und sich den Kopf abfahren zu lassen. Aber stell Dir vor, was mir angst machte, das waren die Trittbretter. Ich dachte nämlich, man könne sich daran den Kopf anschlagen, wenn man sich unter die Räder legen will.*

Iris musste lachen über Peters Selbstmordphantasien. Sie wusste nur zu genau, dass Peter nicht zu den Menschen gehörte, die gefährdet waren, Hand an sich zu legen: *Du willst mir nur angst machen,* war sie überzeugt. *Dabei wirst Du sehr lustige und gemütliche Tage haben. Wahrscheinlich hast Du Dich, liebes Nationalratskandidatlein und angebliches Selbstmordkandidatlein, gerade im Augenblick, als ich Deine Selbstmordspässe las, frohgemut mit einer Gästin in unserer schönen und monogamen Wohnung erheitert.*

26

DIE KUNST DES VERFÜHRENS

In Columbia wohnte Iris von Roten in einem Studentinnenheim und besuchte Vorlesungen in Soziologie, europäischer Wirtschaftsgeschichte, Fotografie und englischer Literatur. In ihrer Freizeit absolvierte sie einen Englisch-Sprachkurs, besuchte Vorträge und arbeitete an ihrem Buch. Nach nur drei Wochen stellte sich ein erstes Gefühl der Ernüchterung ein: Die Vorlesungen waren allesamt zu *wässrig*, der ganze Universitätsbetrieb allzusehr verschult. *Es gibt*, berichtete sie Peter am 29. September, *zahlreiche kindische Veranstaltungen von zahlreichen Studentenvereinigungen – sie bezeichnen sie als »a lot of fun«, wo man kindische Spiele macht, dann dieses ständige Geschwätz »how are you«, »so glad to meet you«, »we see us later«, während die Leute schon wieder mit jemand anderem reden. Oder dann sind es kindische Diskussionsgruppen, die Sechstklässlergespräche über Weltwirtschaft halten. Aber eines ist sicher: Man lernt dabei Leute kennen. Eines lässt sich allerdings sagen: Vor 10–12 Jahren hätte mir der Betrieb, so wie er ist, ungeheuer gefallen. Heute aber komme ich mir darin vor wie ein Zwanzigjähriger, dem man einen Nuggi gibt, den er gerne vor 19 Jahren bekommen hätte. Sie sind sagenhaft borniert. Amerika ist die Welt, und sonst gibt es nichts. Einzig Russland, vor dem sie schlottern, das aber weit weg ist. Und dann dieses Studentinnenheim: 4 x wöchentlich muss man um 10.30 zurück sein, 2 x um 11.30, 1 x um 12.30, die Minuten, welche man später kommt, werden gezählt und gebüsst!*

Um ihrer – wie sie Peter schrieb – *Curiosité d'esprit* Genüge zu tun, besuchte Iris regelmässig Studentenpartys. *Ich glaube, ich habe Dir noch gar nicht erzählt, dass ich bereits letzten Samstagabend auf eine Party eingeladen wurde durch meine Mentorin. Nämlich zu sieben Studenten, die zusammen Eigentümer eines Hauses sind (und jeder hat ein Auto). Einer, der aussah wie ein Marzipan-Borstenschweinchen, figurierte als mein Kavalier. Er studierte »business« und sah aus wie ein Geschäftsmännchen en miniature. Zwischen dem Herumsitzen und Herumtanzen auf der Party machte man auch Mondscheinfahrten unter dem Vorwand, Eis für den Whiskey zu holen. Das Marzipanschweinchen sprach von Austauschfreunden, Kinobesuch usw., und plötzlich sagte es: »I wonder the whole evening, if you could give me a kiss.« Lieber einen Kuss von einem Seehund, dachte ich und sagte: Du lieber Himmel, nein, nein, nein. Er fragte dann, warum nicht. Und ich antwortete, es wäre sinnlos.*

Iris machte Peter gegenüber kein Geheimnis daraus, dass sie hoffte, früher oder später zu *einem sinnlichen Genuss* zu kommen. Sehr bald schon ergab sich eine erste Gelegenheit: In einem Restaurant lernte sie einen Veterinär kennen, der ihr, als sie sich nach kurzem Gespräch verabschiedete, nachfuhr und anbot, sie nach Hause zu fahren. *Ich stieg ein. Vor dem Haus hat er gesagt, er wolle mich zu einem »Drink« einladen. Ich sagte, ich hätte keine Zeit. Darauf setzte er einen andern Tag fest. Dann rief er noch »and make love together.« Das stiess mich ab. Ich sagte, ich habe »not the slightest intention to make love with him«. Er sagte dann: »Are you afraid.«* Die Geschichte mit dem *Autokerl* war schnell abgehakt. *Mit solchen Kerlen, die sich einfach auf einen stürzen, ist einem auch nicht gedient. Limousine hin oder her. Ich kann nur einen sinnlichen Kontakt haben, wenn dieser Mann zum mindesten einen bedeutenden emotionellen Einsatz leistet. Ohne dies fehlt mir jede Lust. Und dieser emotionelle Einsatz ist natürlich seiner Natur nach nicht alltäglich.*

Peter wusste, dass er keine Wahl hatte. Wie im Jahr zuvor in England gestand er Iris auch in den USA absolute Freiheit zu und hoffte, dass sie ihn nicht verliess. *O wenn Du nur auf Deine Rechnung in der Liebe und Sinnlichkeit kommst, nachdem Du so lange im Wallis Hunger und Durst leiden musstest. Mögest Du in ein kleines Schlaraffenland kommen und um Dich die vollen Töpfe der Sinnlichkeit finden. Wenn Du nur mich nicht vergisst in der Mitte der vielen schönen Liebhaber, die Dich sicherlich umschwärmen werden, wenn Du nur einmal einige an den Fingern hast. Ich kann mir das im Geiste ausmalen. Ich glaube, ich bin meines Lebens nicht sicher, denn sicherlich wird einer davon mit einem grossen Messer nach Europa kommen, um mich zu erstechen. Ich habe mich gefragt, ob ich wohl noch normal sei, dass ich gar nicht eifersüchtig und ängstlich bin wegen Dir. Und da habe ich eine sonderbare Entdeckung gemacht. Dass mir tatsächlich Deine körperliche Untreue ganz gleichgültig wäre, ja, sofern Du Freude daran hast, sogar Freude machen würde. Aber die Idee, dass Du Dich an jemand andern heften könntest und mich vergessen, ist mir so schrecklich, dass ich nicht daran zu denken wage. O liebes Iris, liebes Iris, Du gehörst doch mir genauso wie ich nur Dir gehöre, weil ich nichts denken kann, das Du nicht auch denkst: Ich merke das jetzt bei dieser Politik, die mir in einem Masse gleichgültig ist, die nicht zum Sagen ist. Ein Brief von Dir, ein Gedanke von Dir, eine Foto von Dir sind mir unendlich viel wichtiger als der Nationalrat.*

Zusammen mit ihrem Buch war die *Männerjagd*, wie Iris ihr Vorhaben bezeichnete, das zentrale Gesprächsthema im Herbst 1948. Ausführlich schilderte sie Peter ihre Versuche, einen interessanten Mann kennenzulernen. Die Inhalte ihrer Vorlesungen und Kurse sind in ihren Briefen so gut wie kein Thema. *Letzthin bin ich auf einer Party gewesen*, erzählte sie Mitte Oktober, *wo es von Exoten nur so wimmelte. Einige davon haben mir gut gefallen. Dabei habe ich feststellen können, dass mich die Umgebung von soviel Schönem ganz erotisiert, wie milder Zephir umfächelt es mich; selbst wenn kein einziger in mich verliebt ist. Und erst jetzt wird mir so ganz bewusst, welche erotische Hungerkur das Wallis war. Aber eben diese Exoten. Den einen oder andern fand ich anziehend. Sobald ich mir aber Dich daneben vorstellte, wirkte jeder einzelne nicht nur schäbig und jämmerlich, sondern ich stellte zu meiner Verwunderung fest, dass Du exotischer für mich wirkst. In Deinem schönen Fastnachtskleid als orientalischer König orientalischer aussahst als waschechte Inder, Chinesen, Perser etc. etc. Das hat mich doch verblüfft, denn in meinen Augen erfasst Du alle Exotismen, und nicht nur das, auch alle Zeiten. Du siehst für mich aus wie ein echter Grieche, Römer, Byzantiner, kurz der Mann aller Länder und aller Zeiten. Aber Du schöner, gescheiter Dümmling hast diesen Mann zuerst nicht vorstellen wollen und gemeint, es sei eine Beleidigung Deines Geistes, anstatt diese total unersetzliche erotische Stimulans zu nähren.*

Ende November 1948 wurde Peter von Roten von der Mehrheit der katholisch-konservativen Walliser Kantonalpartei trotz heftiger Proteste aus dem Unterwallis als Nationalrat bestätigt. *Nun kannst Du Dir also neue Visitenkarten als Frau Nationalrat machen lassen,* schrieb er nach Columbia. Theoretisch könne er jetzt bis zu seinem Lebensende Nationalrat bleiben und wie sein Vater und Grossvater im Amt sterben. *Ich figuriere jetzt in den Zeitungen als der jüngste Nationalrat und als Spross von Parlamentariergenerationen, und es scheint, dass niemand besser geeignet ist, die alte schweizerische Tradition fortzuführen, und dabei finde ich, dass sicher niemand im Wallis so entwurzelt ist als ich.* Unmittelbar nach seiner Wahl begann Peter über die beruflichen Möglichkeiten nachzudenken, die ihm ein Nationalratssitz bringen konnte. *Ich könnte Bundesrichter oder gar Bundesrat werden, denn irgendeinmal muss das Wallis ja einmal einen Bundesrat erhalten, und wenn ich mich irgendwie bewähre und keine Dummheiten mache, wäre ich gar kein schlechter Anwärter.* Aber selbst diese Aussicht vermochte seine Bedenken nicht zu zerstreuen. *Angenommen, ich würde jetzt Bundesrat, so hätte ich sowieso nur Lust, bald pensioniert zu werden und mich dann der Lektüre zu widmen. Ich fühle mich als Politiker wider Willen. Wenn es den Posten als Gesandter beim Heiligen Stuhl gäbe, da würde ich mich sofort anmelden.*

Wie sollte er sich in Bern verhalten? Sich als folgsames Schäflein in Josef Eschers Herde einreihen oder resolut für seine Ansichten kämpfen? *Ich denke darüber, was ich schon im Militär dachte. Warum gegen diese nun einmal bestehende Hierarchie ankämpfen, statt sie sich zunutze zu machen und zu schauen, dass man selbst obenaufschwimmt. Nein, das ist kein Zynismus, aber darauf kommt man, wenn man sieht, wie die Leute eben gerne Soldaten sein wollen und ihre Hierarchie haben wollen und nichts lieber haben, als wenn ihnen der Hauptmann freundlich zunickt, und sie ihm mutig antworten »Ja, Herr Hauptmann«, wovon sie dann noch in der dritten Generation zehren. Ja, wenn die Leute das eben wollen, dann sollen sie es eben haben und auskosten. Nur sollen sie sich dann nicht beklagen, wenn sie mit zerschossenen Gliedern und als Krüppel durch das Leben gehen müssen.*

Iris riet zu Zurückhaltung und empfahl, psychologisch vorzugehen: *Ich würde mich am Anfang eher etwas konventionell-jovial geben. Spiele mindestens ein Jahr die Rolle des genialen politischen Wunderkindes. Kümmere Dich gar nicht mehr um den Verdienst für diese Zeit, sondern einzig um die Publizität als genialer Kopf (ein erfolgreicher Kopf bist Du schon eo ipso durch den jugendlichen Nationalrat). Praktisch gesprochen, meine ich, halte soviel Reden wie nur irgend möglich, schaue, dass sie besprochen werden, schaue dazu, dass Dein Bild überall erscheint, und schreibe geistvolle, nationalökonomisch-politische Reden, die Dir ja so liegen. Um informell in der Linie der Katholisch-Konservativen zu bleiben und zugleich weitere Kreise hinter Dich zu bringen, schreibe und rede deutlich antisozialistisch, ob es dann liberalistisch oder katholisch-konservativ ist, bleibt sich gleich. Kurz so, dass die Leute auf Dich aufmerksam werden und die Katholischen nichts Massives zu reklamieren haben.*

Auf ihrer *Männerjagd* hatte Iris Mitte Oktober 1948 eine erste Beute im Visier. *Ich habe im Sinn, mich an einen – wie ich glaube – juristischen Dozenten heranzupirschen, der mir gefällt und ein freundliches Lächeln hat.* Eine Woche später berichtete sie Peter in allen Einzelheiten, wie sie in die Sprechstunde des Professors gegangen war und ihm vorgeschlagen hatte, jeweils eine Stunde pro Woche mit ihm zusammen Theaterstücke von Georg Bernhard Shaw zu lesen. Nach einem kurzen Gespräch willigte der Professor ein. *Endlich jemand interessanter, liebenswürdiger, endlich eine interessante Beziehung.* Als der Professor nach der ersten Lektürestunde aber erklärte, sein überfrachteter Stundenplan erlaube ihm keine weiteren Zusammentreffen, war Iris wütend und enttäuscht. *Diese Zementnuss von Professor! Dabei hast Du mir doch gesagt, es sei leicht, Männer zu einem Abenteuer zu bewegen, und die meisten seien gerne dazu bereit. Warum aber wollte er nicht? Hundsgemeiner Moralismus offenbar. Aber dann soll der Kerl seinen Ehering anziehen. Aber wenn er ledig ist, ist für Moralismus kein Platz. Es hängt ja von ihm ab, wie weit er geht. Da der Kerl ohne Ehering ist, hätte er mir ein privates Rendezvous geben sollen.*

Peter riet Iris, nicht lockerzulassen, mutig zu sein und alle Register ihrer Verführungskunst zu ziehen. *Parfümiere Dich und tue Geld in Deinen Geldsack. Ich glaube, je reicher man tut, um so eher verführt man. Wenn Du einen schönen Mann haben willst, kann er nicht nein sagen. Streichle den Professor über den Arm, umarme ihn in einem dunklen Hausgang. Sage ihm, dass Du ihn liebst, denn das glaubt man nie, wenn man es nicht hört. Sei eine kluge Circe, eine schöne Kleopatra, eine listige Nixe, eine Künstlerin der Liebe. Nur keine falsche Scham, Du darfst Dich nicht vor den anerzogenen Gewohnheiten, die nur die Männerherrschaft konsolidieren, beugen. Ja nicht. Denke an alles, was ich Dir gesagt habe, und sammle die Schätze Deiner eigenen Erfahrung. Die Männer sind viel feiger, als man meint. Sie dürfen nichts wagen, wenn sie auch nur 1% Angst haben, die Gegenliebe könne nicht dasein. Man muss ihnen immer beweisen, dass man sie will, bevor sie etwas wagen.*

Als Iris kurz darauf in ihrer Pelzjacke in der Sprechstunde des Professors auftauchte und ihm ein paar Komplimente machte, war dieser wie ausgewechselt. Er war unerwartet freundlich, bot ihr eine Zigarette an, wollte wissen, wo sie wohnte, und sagte beim Abschied »Come again«. *Oh, Du hochgepriesener Ratgeber,* so Iris an Peter, *consul artis amandi, Deine Ratschläge haben genutzt. Vielleicht wird er mich einladen, wenn ich ihm noch das »my husband did just become the youngest congressman of Switzerland« um die Ohren schlage.* Bei ihrem nächsten Treffen gab sich der Professor wieder zugeknöpft, und als Iris einige Tage später erfuhr, dass er verheiratet war und zwei Kinder hatte, wandte sie sich von ihm ab. *Wieviel Gedanken und Gefühle und Kraft ich ohne jeden Lohn an diesen langweiligen Professor verschwendet habe.*

Nach zwei Monaten hatte Iris die Nase voll. Sie war enttäuscht über den Universitätsbetrieb, konnte es nur schwer verwinden, dass sie keinen wirklich interessanten Gesprächspartner gefunden hatte und zu keinem sinnlichen Erlebnis gekommen war. Eine grosse Enttäuschung waren auch ihre Mitstudenten, die aussahen *wie mechanische Lehrlinge, in der Nase grübelten und sich überall kratzten, als ob sie Flöhe hätten. Ach, ich hatte mir vorgestellt, es sei eine wunderbare Lösung, hier zu studieren, und so reich an Möglichkeiten, interessante Verbindungen anzuknüpfen. Aber das Interessante, was es anzuknüpfen gibt, ist, in ein Haus voller Studentinnen zu gehen, um dort mit ihnen zu reden, wenn sie in Büstenhalter und Schlafröcken auf ihren Betten sitzen und endlos schwatzen. Mit Kindern von 20 Jahren, 18, 19. Es ist sagenhaft langweilig. Du lieber Gott!* Wie eine Seifenblase drohte Iris' amerikanischer Traum nach nur zwei Monaten zu platzen. *Das sogenannte amerikanische Wesen ist genauso ziellos, gespenstisch und frech wie das auf den Fotos so bekannte, grimassenhafte Eiskastenlächeln von Roosevelt.*

Überhaupt nicht zurecht kam Iris auch mit den institutionellen Hierarchien der Universität. *Bei Unterredungen mit Professoren durchzuckt mich eine alte Schulangst. Es ist entsetzlich, was die Stellung ausmacht. Irgendwie ist die Individualität vor den andern Leuten weniger die wirkliche Individualität als die*

Position. Nicht wie auf den individuellen Renaissancebildern, sondern wie auf den mittelalterlichen, wo alle Leute dieselben Gesichter hatten, aber verschiedene Attribute, die Krone, den Bischofsstab etc. So wird man wie ein Schüler behandelt, weil man als Schüler registriert ist.

Auf all diese Ernüchterungen reagierte Iris, wie sie es immer tat, wenn sie unzufrieden war. Sie analysierte ihre Situation und zog die Konsequenzen. Der ganze Amerikaaufenthalt, teilte sie Peter Mitte November mit, habe nur noch einen Sinn: ihr Buch. Ab sofort wolle sie das Schreiben in den Mittelpunkt ihres Studentinnenlebens stellen und sich dafür einen festen Platz in der Universitätsbibliothek einrichten. *Durchschnittlich genau 5 Seiten täglich* wollte sie schreiben. *Wenn ich an der Arbeit sitze, ist mir, ich müsse ein Meer mit einem Teelöffelchen ausschöpfen. Auch lähmt mich die Vorstellung, dass ich mich damit in Opposition zu allem und jedem Festetablierten befinde.* Das Schreiben war ein schmerzhafter Prozess. Iris fühlte sich überfordert, stellte ihr Projekt immer wieder in Frage, wurde ungeduldig, dachte ans Aufhören. *Meine Unvollkommenheit geht mir auf die Nerven.*

Peter war begeistert von Iris' Plan und überzeugt davon, dass sie dabei war, ein epochemachendes Buch zu schreiben: *Du musst dieses Werk schreiben, das ist das Wichtigste und auch das Entscheidendste in Deinem Leben. Dein Buch ist etwas so Gutes, dass man sich gar nichts Ähnliches in unserem Sprachgebiet vorstellen könnte. Du musst immer daran denken. Es ist schon rein themenmässig etwas ganz Neues, ein bahnbrechendes Werk, nicht nur in der Schweiz, sondern auch in ganz Europa etwas unerhört Neues, und auch in Amerika. Es ist, als ob heute Kants Kritik der reinen Vernunft oder Einsteins Werke noch nicht geschrieben wären. Meinst Du, dass diese so überragende Menschen gewesen sind? Ich denke nicht, aber sie haben einfach den Mut zu einem selbständigen Urteil gehabt und das niedergeschrieben. Du wirst der Kopernikus und Galilei des Feminismus sein. Schreibe! Nur in Deinem Buch werden wir fortleben in alle*

Zeiten, wenn wir einmal in Staub und Asche aufgegangen sind. Ich denke immer, dass das Buch ein Denkmal von uns sein wird und dass man auch noch von mir nach meinem Tod sagen wird, das sei der Mann von der gewesen, die das Buch geschrieben hat.

Peters Aufmunterungen machten Iris Mut. *Du hast ganz recht, der springende Punkt ist, nicht zu selbstkritisch zu sein. Sobald ich mit dem Schicksal abrechne, kommt mir wieder in den Sinn, dass ich fast alles erreicht habe, was ich erreichen wollte. Einzig keine interessante gutbezahlte Stelle im Journalismus, einzig keine Kompetenzen und noch kein Kind. Aber berufliche Erfolge habe ich gehabt, Examen habe ich bestanden, und den allerbesten, gescheitesten, schönsten, allerliebsten Mann habe ich zwar nicht bekommen, aber hart erworben. Aber eben, eigentlich ist alles hart erworben.*

Bis zum Sommer 1949, so nahm sich Iris vor, sollte der erste Entwurf des Buches vorliegen. Peter sicherte ihr seine volle Unterstützung zu und überbot sich in Elogen auf ihr Werk. *Gestern habe ich lange im Kleiderkapitel gelesen,* so Peter am 1. Dezember 1948, *und es schien mir so wunderbar wie noch nie. Es ist wie eine kristallklare Darstellung, nachdem man jahrelang im dunkeln getappt ist. Wenn Du nur immer schreiben wolltest und immer nur schreiben. Wenn ich dann daran denke, dass Du Dich damit abgegeben hast, die Erbteilung des Josef Mathieu, Sohn des Kasimir, zu verurkunden, so finde ich es ebenso verschwenderisch und verfehlt, wie wenn Michelangelo Plättlileger wäre. O lasse Dich nicht entmutigen, liebes liebes Iris, Du musst schreiben, Schreiben ist Deine Luft. Schreiben ist das, was Du kannst und besser kannst als alle andern. Ich würde an Deiner Stelle nichts mehr anderes tun. Irgendwie schwebt mir immer im Zusammenhang mit Basel ein gemeinsames Advokaturbüro vor, und es wäre als praktische Lösung sicher nett. Aber wenn ich dann wieder einige Seiten vom Buch lese, dann sage ich mir, nein, nein, nein. Du hast vielleicht noch vierzig Jahre zu leben. Und es wäre verrückt, wenn Du diese Jahre anders als schreibend verbringen würdest. Nein, nein, nein. Deine Sendung ist schreiben, wie Caruso singen und Mozart musizieren musste. Ich kann Dir nicht sagen, wie alles andere mir neben Deinem Buch kurios vorkommt. Wie wenn man nach einem Konzert die Geigen stimmen hört. Schreibe das Buch, solange Du die Leidenschaft des Feminismus hast. Nachher schreibst Du dann ein anderes über Deine neue Leidenschaft.*

Seine Begeisterung sei übertrieben, hielt Iris entgegen. Er sei allzu emotional involviert und könne daher kein kritisches Urteil abgeben. Peter wiederum betonte, dass er sehr wohl in der Lage sei, das Werk von ihrer Beziehung zu abstrahieren. Offensichtlich sei, führte er an, dass ein modernes Standardwerk über die Stellung der Frau bislang fehle und einem grossen Bedürfnis der Zeit entspreche. Dass zur gleichen Zeit in Paris eine gewisse Simone de Beauvoir an der Endfassung ihres Buches »Le deuxième sexe« arbeitete, in dem sie die traditionell passive Rolle der Frau auf die patriarchalische Struktur der Gesellschaft zurückführte und die Frauen zur Selbstverwirklichung aufforderte, war weder Peter noch Iris bekannt.

Peters grosse Begeisterung für das ambitiöse Buchprojekt seiner Frau hatte noch eine andere Ursache: Es bot dem verhinderten Schriftsteller in ihm die Gelegenheit, seinen Traum vom Schreiben an seine Frau zu delegieren: *Ein Buch zu schreiben,* so Peter am 24. Januar 1949, *ist etwas, für das sich die Mühe lohnt, zu leben und dann zu sterben. Wofür hat man denn sonst gelebt? Sicher nicht, um für Roman Wyssen eine Rente von 25 statt 15% erschunden zu haben. Du hast wenigstens Dein Buch geschrieben, aber was habe ich gemacht? Meinen »Antigon« habe ich nicht einmal fertig gemacht, nur um nicht Zeit zu verlieren, und doch ist alles andere verlorene Zeit und das nicht. Aber Du hast wenigstens Dein Buch, Dein Buch, das Dein Werk ist. Das ist ein Leben, und das ist der Sinn einer Existenz, aber nicht mein dummes und wirres Herumpolitisieren und Verdienen. Wenn ich daran denke, dass ich seit Jahren arbeite und alle meine Leistungen hingäbe, nur um ein Kapitel Deines Buches geschrieben zu haben, dann wird mir ganz weich und schlecht. Ist das Leben so dumm, dass man sich mit Beschäftigtsein abfindet statt mit einer sinnvollen Arbeit wie Du? Ich habe nicht einmal einen einzigen Prozess, den ich gerne zeigen würde. Schreibe, schreibe! Richte Dein Leben so ein, dass Du ein Maximum schreiben kannst. Sage mir wie, und ich werde mich danach richten. Sicherlich, liebes gutes Iris. Du bist der Philosoph in unserem Staat und ich der Handwerker.*

27

EROS, SCHREIBEN UND POLITIK

Wie es mit dem Louis anfing? Er überraschte mich. Überraschungen von Männern haben für mich immer einen grossen Sexappeal. Seine Überraschung war, dass er, ohne dass ich mich an ihn erinnert hätte (ich traf ihn an einer Party 14 Tage vorher), auf der Strasse voll Herzlichkeit und Begeisterung ausrief »Eiris, Eiris, how are you?« und mich sofort zu 2 Tassen Kaffee einlud. Das hat mir Zutrauen gegeben. Er war auch eher hübsch, aber nicht schön. Ganz schattenhaft gleicht er ein wenig Dir, aber auch nur in einer kleinen und bescheidenen Ausführung. Ich sagte ihm, ich wolle ihn regelmässig in der Woche sehen.

Für die einunddreissigjährige Iris war klar, dass sie den jungen Mann verführen wollte. *Etwas Sinnlichkeit brauche ich wie Essen und Schlafen, wenn ich mich schon den ganzen Tag isolieren muss, um zu schreiben.* Regelmässig berichtete sie Peter von ihren Treffen mit dem vierundzwanzigjährigen *liebenswürdigen und korrekten Louis,* der aus ärmlichen Verhältnissen stammte, im Zweiten Weltkrieg *Bomben auf Italien hinuntergeschmissen hatte* und sein Studium mit einem Halbtagsjob in einer schäbigen Bar finanzierte. *Also dieser Jüngling ist derart arm, dass er nicht nur kein Geld für Ausgänge etc. hat, sondern vor allem keine Zeit, da er 6–8 Stunden in diesem Lokal den blöden Leuten die blöden Hamburger servieren muss bis um 11 Uhr in der Nacht. Dann geht er um 1 Uhr ins Bett und steht um 7 Uhr auf, um von 7.30–16.00 Uhr Student zu sein. Eine kluge Hand mehr, die Rüben schält.*

Die Bekanntschaft mit Louis, dessen Eltern aus der Bretagne in die Vereinigten Staaten emigriert waren, führte dazu, dass Iris'

Briefe an Peter spärlicher wurden. *Louis hat mir gesagt, es seien ganz wenige Leute, mit denen er länger als zwei Stunden reden könnte, ohne dass sie ihm masslos auf die Nerven gehen würden. Und ganze Abende könne er überhaupt mit niemandem reden, so gehe ihm jede Person auf die Nerven. Ich sei eine Ausnahme.*

Mitte November 1948 blieb Peter eine ganze Woche ohne Nachricht. *Dein letzter Brief,* beklagte er sich auf seine unnachahmliche Art, *liegt eine ganze Woche zurück. In der Zeit hat der liebe Gott die ganze Welt geschaffen, und Du bringst nicht einmal einen Brief an mich zustande. Wie geht es Dir? Deine erotischen Abenteuer begeistern mich auf unerklärliche Weise. Ich bin so gespannt darauf, dass ich nichts lieber höre als diese Sachen.* Iris antwortete, dass Louis' ständige Müdigkeit und Schweigsamkeit die Romantik in ihrer Beziehung belasteten. *Die Armut stört wirklich die Phantasie. Zwei Leintücher, eine alte verlöcherte Decke und eine Armeedecke sind das ganze Bett. Absitzen kann man nur auf Koffern oder auf dem Bett (wie in den Geschichten von Dostojewski). Der einzige relative Luxus sind die Kleider. Neben dem Bett hängen in tipptoppen Bügelfalten, fleckenlos vor lauter Reinigung, 10 Paar elegante Hosen, und jeden Tag wird ein frisches, absolut frisches Hemd angezogen.* Erotisch sei noch nichts passiert, denn sie habe leider nur selten Gelegenheit, mit *dem Breton,* der mit drei anderen Studenten ein kleines schäbiges Haus bewohnte, allein zu sein. *Oh, ich habe ganz Angst, von dem Jüngling zu reden, da Du sonst zu Kompensationshandlungen schreiten könntest.*

Ich gönne Dir alle erotischen Erfolge, antwortete Peter, *wenn es Dir dabei nur gutgeht. Wenn Du nur viel Liebe erfährst, damit Du an Deinem Buch weiterarbeiten kannst. Sooft ich daran denke, kommst Du mir vor wie ein liebes zartes Blümlein, das viel Sonne und Wasser haben sollte und das alles machen könnte, wenn es nur ein wenig Wasser und Sonne hätte. Aber das liebe Blümlein hat kein Wasser gekriegt und auch keine Sonne (oh, ich bin der schlechte Gärtner gewesen, ich ich). In Leuk habe ich keinerlei erotische Erfolge: Mit wem wollte man auch? Ich bin zur Tugend verurteilt und in einer gewissen Panikstimmung. Ich sage mir immer, ich bin jetzt schon 33 Jahre alt und immer noch in diesem Wallis. Wenn ich jetzt sterben würde, würde ich mein Leben verfluchen, dass ich mich so sehr um alle erotischen Freuden geprellt habe. Es ist schon genug, dass ich hier in einer erotischen Wüste lebe und Du es auch so lang musstest.*

Obwohl Iris dem Studenten offen sagte, dass sie sich wünsche, von ihm geküsst zu werden, blieb ihr Verhältnis distanziert. Sie vermutete, dass es ihr Alter und der soziale Unterschied waren, die Louis verunsicherten. *Von ihm aus wird es nie zu Zärtlichkeiten kommen. Ich stelle ihn mir gerade so zärtlich vor, das scheint mir gerade seine Eigenschaft zu sein. Aber auf der andern Seite packt mich hin und wieder Misstrauen. Ich habe in dem Buch von Kinsey, das die Leute hier ganz durcheinandergebracht hat, »The sexual behaviour of the human male«, auch gelesen, dass sich in sexueller Hinsicht Klassenunterschiede ungeheuer stark auswirken. Dass die Klassen »on the lower level« jeder Zärtlichkeit, jeder Zärtlichkeitskultur abhold seien. Weiter, dass die »Klassenzugehörigkeit« betreffend sexuelles Verhalten mit 16 Jahren grundsätzlich determiniert sei und dass die Leute ihr sexuelles Verhalten nach 16 Jahren nicht mehr änderten, auch wenn sie inzwischen in höhere Klassen gekommen seien und anderes Verhalten sogar theoretisch verträten.* Was sagst Du dazu, lieber Peter? Ich begreife einfach nicht, dass ich bei all diesen Tröpfen keinen Erfolg habe und dass immer, immer, immer ich es bin, die mehr Leidenschaft hat (auch in unserem Fall war es so).*

Sie solle es weiterversuchen, riet Peter. *Sage Dir immer wieder, dass Dir – was wahr ist – niemand widerstehen kann. Niemand. Der einzige, der Dir im Wege steht, ist Dein eigener Stolz. Lasse Dich durch Deine Klugheit leiten. Niemand kann schliesslich merken, dass Du so sinnenfreudig bist, und die Leute halten*

* Kinsey, Alfred Charles: »Das sexuelle Verhalten des Mannes« (1948, dt. 1955) und »Das sexuelle Verhalten der Frau« (1953, dt. 1954).

Dich, wie auch ich zuerst, für eine ganz kühle Person, der an Sinnenfreuden herzlich wenig gelegen ist. Lass Dir nicht von angelernten Vorurteilen Deinen eigenen Vorteil nehmen. Profitiere von jeder Strassenecke und von jedem Taxi, um Louis zu umarmen und zu verküssen. Lebe, was Du in Deinem Buch allen jungen Mädchen anrätst. Tue Geld in Deinen Beutel, hat Jago gesagt. Oder miete noch besser ein Zimmer, in dem Du empfangen kannst, wen Du willst. Er wird ganz erstaunt sein. Du bist viel zu sensibel und zu gewissenhaft gegen Dich selbst. Das wäre mir ganz unbegreiflich, und ich glaube es einfach nicht, dass Dir das nicht gelingen soll. Also nur drauflos. O tapferer Schatz, nutze auch ja die Erkenntnisse Deines langen Sexualstudiums aus.

Kurz nach diesem Brief kam es zu ersten Umarmungen und Küssen. Ganz ausser sich sei der Louis, berichtete Iris, und habe sich nach dem ersten Kuss vier Tage lang nicht mehr auf die Vorlesungen konzentrieren können. *Er sagte, alle andern Frauen seien neben mir Kinder gewesen, und er täte nicht »like me«, sondern eher »love me«.* Iris war erleichtert, glücklich und ebenso verliebt. *Immer sehe ich sein Schlitzaugengesicht, die langen, dürren, öligen, schwarzen Haare, den gebeugten Hals, das Gesicht mit dieser seltsamen Mischung von konzentriertem finsterem Brüten, gutmütigem Humor und Müdigkeit vor mir. Und nur schon diese Vorstellung wirkt sofort in meinem Blut, stärker als ein Rauschmittel. Ich spüre körperlich etwas wie ein Sichlösen der Zellen, ein Schmelzen, das durch den Körper geht, ein süsses Gift in meinem Blut, als ob ich einen Zaubertrank gehabt hätte. Der Liebeszaubertrank ist immer noch die beste Erklärung dieser Art von Liebe. Eine andere gibt es bis heute nicht.*

Peter verfolgte Iris' Beziehung zum bretonischen Studenten mit allergrösstem Interesse. Voller Ungeduld erwartete er die Briefe seiner Frau. *Ich kann Dir nicht sagen,* schrieb er am 5. Dezember 1948, *wie mich die Erlebnisse mit Louis erotisieren. Ich lese die Stellen Deines Briefes mit gespannter Lust wie einen pornographischen Roman. O ich denke, wenn Du nur wieder zu sinnlichen Freuden erwachst, dann hast Du auch mich wieder lieber. Du kannst mir sicher nichts Lieberes tun, als wenn Du viele sinnliche Genüsse erlebst. Alles, was Du bist jetzt gelitten hast, gibt Dir Anspruch darauf. Es ist bei mir nicht irgendeine heroische Entsagung, sondern der Ausdruck des erotischen Gefühls für Dich. Ich denke sicher mehr an Deinen sinnlichen Genuss als an meinen. Und zwar wiederum nicht aus einem altruistischen Gefühl heraus und aus Opfermut, sondern einfach, weil ich mich so mit Dir identifiziere, dass ich denke, alles, was Du an sinnlichen Freuden erlebst, erlebe ich mit Dir. Liebes Blümlein, lasse Dich nun von der Sonne bescheinen und vom vielen warmen Regen beregnen, bis Du wieder ganz Du selbst bist.*

Peters grosszügige Haltung Iris gegenüber war nur die eine Seite der Medaille. Wovon er in seinen Briefen im Herbst 1948 kaum oder nur am Rande sprach, waren seine Angst, Unsicherheit und Einsamkeit. Was würde sein, wenn sich Iris in Louis verlieben sollte? *Irgendwie geht mir doch die Idee durch den Kopf, es könnte Dir einmal mit Louis besser als mit mir gefallen. Was, wenn Du mit ihm erotisch und sexuell auf Deine Rechnung kommst und mit mir eben nicht. Was dann?* Das ganze Wochenende vom 4. auf den 5. Dezember 1948 stand Peter im Banne dieser Angst. Statt die am 6. Dezember beginnende Session im Nationalrat vorzubereiten, bunkerte er sich in seiner Leuker Wohnung ein und schrieb einen Brief nach dem andern. *O liebes Iris, ich bin krank, ich habe eine Irissucht, ich kann nichts anderes mehr machen, als Dir kiloweise Briefe schreiben, Briefe, die nicht aufhören können. Die Krankheit ist so schön, dass ich an ihr sterben möchte. Ich möchte Dir mein ganzes Leben lang nur mehr Briefe schreiben, ein ganzes Buch von Briefen Dir schreiben, die dann doch bis nach Amerika reichen würden. Wenn 25 Briefe den Kilometer ausmachen und es bis nach Amerika ca. 10 000 Kilometer sind, so müsste ich Dir 250 000 Seiten schreiben, bis das erste Wort in Columbia wäre. Das wäre das Wort »Liebes liebes Iris, o liebes liebes Iris«. Ich fühle mich ganz in der Laune, diese 250 000 Seiten zu schreiben, und wenn ich jeden Morgen wie heute vier Seiten schreiben würde oder so-*

gar fünf mit dieser, so braucht es nur 50000 halbe Tage, 25000 ganze Tage und 12500 Tage und Nächte, um dieses zu schreiben. Das macht nur 35 Jahre, das ist ungefähr das, was wir noch zu leben haben. O schau nur, wie schön unser Leben eingerichtet ist, es hat gerade die richtige Länge, dass ich einen einzigen langen Liebesbrief an Dich senden kann.

Es entspricht der Logik der offenen Beziehung, dass Peter seiner Frau zu ihrer Eroberung gratulierte, sie offen zu erotischen Erlebnissen ermutigte und gleichzeitig mit jedem einzelnen seiner Briefe gegen seinen Nebenbuhler anschrieb. *Stell Dir vor, vor zehn Minuten habe ich den andern Brief mit den fünf Seiten Text fertig gemacht. Dann habe ich ihn auf die Post getan, kam eilig zurück, und nun sitze ich wieder an der Schreibmaschine, um Dir zu schreiben. Ich schreibe einfach drauflos, weil das Schreiben eine Art Zusammensein-Ersatz ist.* Mit seinen langen Briefen verfolgte Peter noch ein anderes Ziel. Er musste Iris' Beziehung zu Louis in einen Rahmen stellen, der seine zentrale Stellung in ihrem Leben nicht gefährdete. Das dafür taugliche Konzept fand er bei den alten Griechen, deren Welt – so war er überzeugt – noch von lebendiger Sinnlichkeit erfüllt war. Peter interpretierte Iris' Beziehung zu Louis als religiösen Dienst an Eros, dem griechischen Gott der Liebe und des Begehrens. Nach altgriechischer Überzeugung stand dabei nicht der oder die Geliebte im Zentrum, sondern allein das sexuelle Begehren. An dieser Auffassung klammerte er sich fest. Sie degradierte Louis zum Statisten, der nur insofern eine Bedeutung hatte, als dass er der Geburtshelfer und das Objekt von Iris' sexuellem Begehren war. Im Mittelpunkt aber stand uneingeschränkt der Gott Eros, der dem Menschen für seinen Dienst Liebe und Lebenskraft verlieh. *Ich möchte, dass Du viel Freude an der Sinnlichkeit erlebst. Denke daran, dass Du mir mit nichts mehr Freude machen kannst als mit viel sinnlichem Genuss. Umarme mich in Louis. Ich bin Louis. Er ist nur eine Inkarnation von mir. Ich habe mich geteilt. O liebes Iris, wenn Du nur viel sinnliche Freude erlebst in seinen Armen und immer daran denkst, dass ich es bin. Ist es nicht so, dass es eigentlich nur ein Paar Arme gibt: eben die Arme, die einen umgeben, ob die jetzt aus jener Materie oder aus dieser bestehen, ist wirklich gleich. Es sind immer nur die Arme des Eros, die um einen sind. Und auch der Mund, der einen küsst, ist immer der gleiche, ob es nun Stoff x oder Stoff y ist, tut wirklich nichts zur Sache. Ist das nicht richtig? Es sind doch die Moleküle, Zellen und Blutgefässe nicht, die man gerne hat und küsst, sondern nur die Liebe, die darin ist, und den göttlichen Eros, der daraus spricht. Die Lippen, die Dich gerne haben, sind immer meine Lippen, und es kann Dich kein Arm umarmen, der nicht mein Arm wäre. Ja, es kann Dich keine Hand streicheln, die nicht mir gehört. Denn immer ist es der Eros, der Dich streichelt, immer bin ich es, liebes liebes Iris, nur ich bin es. Denke immer daran. O ich komme mir als Liebender nur als Diener des Eros vor, ich bin nur einer, den Dein Eros Dir vorgezaubert hat, nur ein Knechtlein Deiner Liebe und nach aussen hin Dein Schutzgeist, damit die böse Welt Dir nichts anhaben kann. O ja, Du bist der Tempel des Eros, Du bist die liebe ewige und unveränderliche Schönheit. Opfere dem Gott, der Dich so schön gemacht hat, opfere ihm demütig und habe keine Angst vor dem Geschrei der gottlosen Erosverächter. Wir sind die richtigen Gläubigen und die wahren Anbeter des Liebesgottes, und nur uns wird er erhören. Sicher wird er Dir helfen, das Buch zu schreiben, wenn Du ihm opferst. Gibt es eine schönere Frucht der Liebe als Dein Buch? Vergiss nicht, es ja zu schreiben.*

Im antiken Eroskult fand Peter von Roten einen Rahmen für sein konzentrisches Beziehungsmodell. In seinem Zentrum stand die Peter-Iris-Beziehung. *Das ist nur so erklärlich, dass es ein und derselbe Eros ist, der uns packt, dass wir nur eine Liebesseele haben.* Ausserhalb davon war Platz für andere Liebeserlebnisse, die aber zu keinem Zeitpunkt die Peter-Iris-Beziehung gefährden konnten. Möglicherweise hat sich Peter in seinem neuen Verhältnis zu Liebe und Erotik auch von der Literatur inspirieren lassen. Die erotischen Gedichte Ovids, Catulls oder Petronius' könnten ihn beeinflusst haben, Hölderlins Sehnsucht nach dem hellenistischen Griechentum und vielleicht sogar Heines Bemühen, der *dummen Leibquälerei* des Christentums – siehe »Seraphine VII« – das pantheistische Lebensgefühl der antiken Welt entgegenzusetzen. *Liebes Iris, ich bin Dein Garten und Dein Sonnenstrahl und Dein Wasser. Und Du bist das meine auch. Und wenn wir wieder zusammen sind, werden wir uns viel lieber haben als je. Ich, nur ich bin Dein Geliebter. Ich bin der Sendbote des Eros, ob er auch in einem andern Körper oder Kleid kommt. Zwischen uns gibt es nur eine grosse Leidenschaft, und die findet ihre Erfüllung in jeder Deiner Sinneslüste, in jedem Streicheln, das über Dich kommt. Jedes Streicheln über Deine Haut ist ein Streicheln meiner Hand. Ich habe tausend Hände in allen Ländern und auch in Missouri, die Dich streicheln sollen.*

Was für eine Vorstellung! Der katholisch-konservative Nationalrat Peter von Roten zimmert sich aus Versatzstücken antiker Religionsvorstellungen ein Beziehungsideal, mit dem er der bürgerlichen Ehe eine Absage erteilt und sich von der katholischen Sexualmoral emanzipiert.

Im letzten Brief seines Klausurwochenendes setzte sich Peter kritisch mit seiner Rolle auseinander. In bester katholischer Tradition nahm er dabei alle Schuld auf sich. *Mir ist, wir hätten die Zeit unserer Ehe in dummer Verkrampfung verbracht, o nicht wegen Dir, sondern nur wegen mir, der ich in tolpatschiger Art und Weise riskierte, Dich zu verlieren. Nun büsse ich die Dummheit meiner Jugend, jetzt ist es der Louis, der die Früchte von so viel aufgestapelter Süssigkeit geniesst. Nur durch Dich wird man reich an Liebe und an Weisheit. Nur durch Dich werde ich Kant verstehen. O ja, das ist es, was ich immer sagte und was ich einmal fühlte, als ich mich zu Deinem Glauben überzutreten entschloss.*

Das Schreibwochenende Anfang Dezember 1948 führte auch dazu, dass Peter immer selbstverständlicher von der offenen Beziehung zu reden begann. *Gibt es etwas Dümmeres, als von der ehelichen Pflicht zu reden? Mir ist einfach rätselhaft, wieso die*

Peter von Roten im Garten des Hauses von Leuk, 1948.

andern Leute diese bestialische Treue voneinander haben wollen. Mir scheint, wenn ich daran denke, dass zwischen der Treue und der Erotik sogar ein Widerspruch bestehe. Denn man kann doch nicht dem Partner, den man liebt, so eine Treue auferlegen. Wenn ich jetzt daran denke, dass man ganze Generationen damit erfüllt hat, packt mich eine Trauer vor soviel Unverstand.

Ich denke immer daran, wie ich Dir auf die Nerven ging, als Du noch hier warst. Und dann packt mich die blosse Angst, es könnte mit meinen Briefen auch so sein. Dann sage ich mir, dass

Du mich wieder liebst. Sonst würde ich mich scheiden lassen. Ja, das wäre der einzige vernünftige Grund. Aber auch ein wichtiger. Ich finde, es sollte im ZGB nur der einzige Scheidungsgrund sein. »Ehegatten, die sich auf die Nerven gehen, können ihre Ehe durch eine unterzeichnete beglaubigte Erklärung beim Zivilstandsamt wieder auflösen lassen.« Was ist doch unser ZGB für ein barbarisches Gesetz, das die Scheidung wegen Ehebruch zugibt und sie wegen »auf die Nerven gehen« nicht zugibt.

Durch seine Ehe mit Iris hat Peter von Rotens Bild der Mann-Frau-Beziehung eine kopernikanische Wende erlebt. In kürzester Zeit verwandelte er sich vom kirchentreuen Verächter sexueller Lust zu einem geheimen Epikureer alles Erotischen. Die Erfahrung gelebter Sexualität, der offene Diskurs mit seiner Frau sowie ihre Forderung, die Sexualität aus dem Korsett jeglicher Moral zu befreien, sorgten dafür, dass er die hyperkatholische Erziehung als ein System innerer Unfreiheit entlarvte. *Ich frage mich, ob die andern Leute ihrer Erotik auch einen so grossen Platz einräumen oder ob sie das alles verdrängen. Ich glaube, sie verdrängen es entweder, oder dann sind sie anders als wir. Ich kann auch nicht sagen, dass mir früher diese Erotik so viel zu schaffen machte, aber jetzt bejahe ich sie.* Auch nach dem Wochenende vom 4. auf den 5. Dezember konnte Peter nicht mehr aufhören mit Schreiben. Zehn weitere lange Briefe trug er bis Silvester 1948 auf die Post. *Kann man wohl die Zeit dümmer verbracht haben, als wir in unserer gegenseitigen Quälerei es taten? Ich sehe einen Trost nur darin, dass wir jetzt vernünftig genug sind, um einander alles zu gönnen, was in unserer Macht liegt.*

Die Frequenz der Briefe zwischen Columbia und Leuk war umgekehrt proportional. Je weniger Briefe Peter von Iris erhielt, um so mehr schickte er auf den Weg. *Ich schreibe Dir jetzt so, wie man Zigaretten raucht. Ich möchte Dir mein ganzes Leben lang nur mehr Briefe schreiben, ein Tagebuch unserer Beziehung, das wir einbinden lassen und dann im Alter als Greise mit dicken Brillen und einem Hörapparat einander vorlesen könnten.* Peters Briefflut stiess bei Iris auf zurückhaltende Resonanz. *Lieber Pe-*

ter, Du musst wissen, schrieb sie an Weihnachten 1948, *dass ich mir jeden Tag, aber wirklich jeden Tag sage, dass Du der beste Mann bist, den ich habe heiraten können. Die sinnliche Entwicklung ist eine Tragik. Es ist furchtbar. Aber auf der andern Seite ist diese Ehe doch ein Wunsch. Weiss Gott, ein Wunsch meiner jungen Jahre ist deutlich in Erfüllung gegangen. Oh, wenn ich die Gewissheit gehabt hätte, dass Du mein Mann würdest, hätte ich mich 9 Jahre jeden Tag freuen können.*

Im Mittelpunkt von Iris' Leben standen der schleppende Fortgang der Arbeit an ihrem Buch und die Beziehung zu Louis, der nicht verstehen konnte, warum sich Iris für ihn interessierte. Als sie ihm für die Zeit nach seinem Examen im Januar 1949 acht Tage gemeinsamen Urlaub vorschlug, lehnte er ab. *Ich habe ihm gesagt,* so Iris an Peter, *acht verpasste Tage mit mir würden ihn als Klappergreis, zahnlos und haarlos, noch ärgern.*

Aber es nützte alles nichts. Louis zog sich immer mehr von Iris zurück. *Ich frage mich doch allmählich,* fragte sich Iris, *wie viele Prozent der Leute derartig der Erotik unterworfen sind wie wir? Ursprünglich dachte ich: alle. Aber mir scheint doch allmählich, wir seien die Ausnahmen.*

Am 6. Dezember 1948 wurde Peter von Roten vor der Vereinigten Bundesversammlung und den Augen seines aus Rapperswil angereisten Schwiegervaters in Bern als jüngster Nationalrat der Schweiz vereidigt. Am gleichen Tag wurde sein politischer Mentor und Ziehvater Josef Escher zum Präsidenten des Nationalrates gewählt. Der erste Eindruck der Bundesversammlung liess Peter nichts Gutes erahnen. *Ich kann mir keine ärmlichere Gesellschaft vorstellen als diese schwitzenden Greise, unter denen ich mir wie ein Fremder vorkomme. Wenn ich mir vorstelle, dass ich hier in der katholisch-konservativen Fraktion ein Vertreter des Hergebrachten bin und wie himmelweit ausserhalb der geltenden Moral wir leben! Ich fühle immer ein wenig Schwindel, wenn ich daran denke. Das ist dasselbe Gefühl, das ich habe, wenn ich mit jemandem über die religiöse Einstellung des »Wal-*

Nationalrat Peter von Roten, Leuk 1948

liser Boten« rede und wenn ich dann plötzlich merke, dass den Leuten Dinge ganz unbegreiflich sind, die mir als selbstverständlich vorkommen. Darum kann ich z. B. daheim kein vernünftiges Gespräch mehr führen, weil da immer drauflosgeschwätzt wird vom Willen Gottes und so weiter. Wie lieb sind mir dagegen die Gespräche mit Maurice Chappaz. Mit solchen Leuten sollte man alle Tage verkehren können und nicht mit Windhunden à la Escher, die Dir in einem ernsten Gespräch plötzlich die Bibel zitieren. Wie kann man nur unter vernünftigen Leuten die Bibel als Beweis zitieren?

Die katholisch-konservative Partei war bei Peter von Rotens Eintritt in den Nationalrat fest in der Hand von Bundesrat Philipp Etter, der seit 1934 im Bundesrat sass und zusammen mit Generalsekretär Martin Rosenberg den Kurs der Partei bestimmte. Ideologisch blieb die Partei – und mit ihr das ganze bürgerliche Lager – auch nach Kriegsende weitgehend den Inhalten der Geistigen Landesverteidigung treu. In Kommunismus, Sozialismus, Materialismus und Liberalismus sah man die Ursachen für den gesellschaftlichen Zerfall, den nur die Rückkehr zu den christlichen Wurzeln aufhalten konnte. Im Innern der Schweiz setzten sich die Katholisch-Konservativen für eine »nationale Erneuerung« ein, propagierten eine starke Armee und versuchten sich sozialpolitisch als Hüterin der Familie zu profilieren. Das Schlagwort von der Familie »als Keimzelle des Staates« gehörte seit den späten dreissiger Jahren zum festen Inventar der konservativen Programmatik. Das Verhältnis der Geschlechter bestimmte die klassische Rollenteilung von Mann und Frau. Hausfrau und Mutter war die natürliche Aufgabe der Frau. Der Bericht einer Studienkommission, die 1940 unter Leitung von Bundesrat Etter Massnahmen zur Beeinflussung der öffentlichen Meinung erarbeitete, forderte u.a. eine Rückkehr der Frau zu Kirche und Haus. Es gehe darum, heisst es in dem Bericht, endlich wegzukommen vom Frauenbild des *kurtisanenhaften Girltyps*.

Mit seinen Überzeugungen stand Peter in fundamentaler Opposition zu den zentralen Punkten des katholisch-konservativen Programms. In seiner Beziehung zu Iris lebte er einen Gegenentwurf zum Ideal der christlichen Familie. *Es kann mich nichts mehr wundernehmen,* stellte er am 19. Dezember lakonisch fest: *Ich, Peter von Roten, katholisch-konservativer Nationalrat und Redaktor des katholischen »Walliser Boten« habe Freude daran, dass Du mit andern Männern ins Bett gehst, und verteidige es auch noch.*

Fünf Tage später analysierte Peter seine Situation mit weit weniger Witz: *Alles das ist zu komisch, aber alles das gibt mir auch den Eindruck des Verlorenseins und des Isoliertseins. Hie und da packt mich die Angst, wir seien Monstren der Amoralität. Hie und da sage ich mir, ob ich nicht mit derselben Wollust, mit der ich lese, wie Du mit andern Männern im Bett bist, Geld stehlen und Leute umbringen würde.*

Im Mittelpunkt von Peters erster Session stand das neue eidgenössische Steuergesetz, das kaum zu bewältigende Papierberge auf seinen Schreibtisch brachte. *Die Gesetzgebungsmaschine wird auf Hochtouren betrieben, und man weiss nicht, wer die vielen Gesetze, die man macht, auch einhalten soll.* In der Debatte hatte er Mühe mit der konservativen Position, sympathisierte insgeheim mit Gottlieb Duttweilers liberaler Partei, verzichtete aber schliesslich darauf, aus der konservativen Reihe auszuscheren. Als das Militärbudget verhandelt wurde, konnte er kaum noch stillsitzen. *Auf der einen Seite sage ich mir, dass man immer und überall zu seiner Meinung stehen sollte, auf der andern Seite denke ich daran, dass Du mir immer sagtest, man solle mit denen stimmen, die die Macht hätten.*

Besonders gespannt war Peter auf das Leben in Bern. Als Pensionär logierte er bei der Familie von Reding, bei der er schon in seiner Studentenzeit vorübergehend gewohnt hatte. In der Stadt zu sein bescherte ihm ein neues Lebensgefühl. *Man hat die Möglichkeit, wenn auch nur potentiell, mit unzähligen Menschen zusammenzukommen. Man möchte hier wieder schreiben und dichten. Und es müssen neue erotische Abenteuer her, aber wie und wo? Wenn man aber im Nationalrat ist und erst noch so wie ich in einer exponierten Stellung, dann ist man von der Angst verfolgt, es könnte einem plötzlich in der Apotheke irgend jemand entgegentreten und sagen »Herr Nationalrat«, worauf man beschämt ein Zahnbürstchen kaufen müsste statt der rubber things*. Nun ist es bald 15.30 Uhr, und ich werde in die Fraktion gehen müssen. Mich wundert, welcher Geist dort sein wird, ob er so ist wie in allen diesen katholisch-konservativen*

* Präservative

Gebilden, dass man das Gefühl hat, es habe darin einfach um Teufels willen keinen einzigen Geist.

Alle zwei Tage zog sich Peter in die Bibliothek des Bundeshauses zurück und schrieb lange Briefe in die USA: *Wie geht es nun Dir mit Louis,* erkundigte er sich am 21. Dezember, *ich kann Dir nicht sagen, wie Dein letzter Brief auf mich ungeheuer erotisierend gewirkt hat. Ich habe ihn in der vollen Nationalversammlung gelesen, d.h. am Tage, da der Bundespräsident und der Vizepräsident und die Bundesrichter gewählt worden sind. Schon die Ankündigung hat mich ganz erregt, wenn Du schriebst, »mit Louis ist es jetzt plötzlich rasch und vorwärts gegangen« oder so irgendwie. Gib mir ganz genau Rechenschaft über Deine Abenteuer. Ich bin ein Voyeur geworden. Noch eine Perversität mehr, die ich an mir entdecke.*

Iris' Erfolg bei Louis verstärkte Peters Lust nach erotischen Abenteuern. Kein Thema beschäftigte ihn mehr, kein Ziel schien ihm erstrebenswerter. *Aber ich glaube, erotische Abenteuer sind nur in der Phantasie möglich, denn in Wirklichkeit kann man natürlich nicht Frauen auf sein Zimmer bringen, wenn im Zimmer rechts der Ständerat von Uri und im Zimmer links der Nationalrat von Freiburg, beide katholisch-konservativ, schlafen. Erotisch bin ich deshalb auf Deinen wöchentlichen Brief angewiesen.*

Den Schlusspunkt der dreiwöchigen Session bildete ein Vortrag von Oberst Robert Frick von der schweizerischen Nachrichtenabteilung. Peter war sehr gespannt auf den geschlossenen Anlass, *eine Art konfidentielle Orientierung über die Gefahren, in denen wir stehen.* Im Ergebnis jedoch war der Vortrag – er fällt in die Geburtsstunde des kalten Krieges und steht an der Wiege zum eidgenössischen Fichenstaat – für Peter eine grosse Ernüchterung. *Ein Bluff, wie man ihn nicht schöner sehen kann: ein dicker Oberst, der ein Aug zukneift, um nach Spionage auszusehen, und uns eine Stunde lang über Weltgeschichte doziert, um zu beweisen, dass wir in der grössten Gefahr sind, die es jemals gab. Dass die Russen momentan in Europa stärker sind als die andern, das weiss jedermann, und dafür braucht es meiner Ansicht nach nicht eine Nachrichtensektion im Generalstab. Er meinte weiter, man müsse in den nächsten Jahren mit einem Überfall der Russen rechnen. Er hat das allerdings nicht aus irgendwelchen positiven Anzeichen oder Nachrichten gefolgert, sondern nur aus dem allgemeinen Umstand, dass die Russen jetzt ihre Kriegsmaschine bereit hätten, die Amerikaner jedoch nicht. Also habe Russland ein Interesse daran, diesen Krieg jetzt loszulassen. Interessant zu wissen, dass das in offiziellen Stellen so angenommen wird. Aber auf der andern Seite war ich erschrokken zu sehen, dass es einen schweizerischen Nachrichtendienst gibt, der faktisch nicht mehr weiss als wir alle, aber daraus Folgerungen zieht, die dann für die verlangten Kredite wirksam sind oder sein sollen. Von irgendwelchen neuen Tatsachen keine Spur und keine Rede. Aber mir ist es ja im Grunde auch gleich. Sie sollen, wenn sie wollen, ihre Armee haben, wenn sie mich nur damit in Ruhe lassen.*

Iris las Peters Interna aus dem Nationalrat mit grossem Interesse: *Alles, was Du so lieb und gescheit aus dem Nationalrat schreibst, kommt mir vor wie ein Göttersohn, der dem Treiben der Nachtzwerge zusieht.* Am Tag nach Sessionsschluss zog Peter eine ernüchternde Bilanz: *Die Tage,* schrieb er am 24. Dezember 1948, *die ich in Bern verbrachte, habe ich in fieberhafter Suche nach erotischen Abenteuern zugebracht, aber o weh. Nichts, nichts zu machen. Es müssen neue erotische Bindungen her, aber wie und wo. O liebes Iris, wie dumm bin ich gewesen, als ich nicht wusste, was es sei, Dich gerne zu haben.*

28
DAS STUDIUM DER MÄNNER

Louis konnte es nicht fassen. Ihre Beziehung komme ihm vor, gab er Iris zu verstehen, wie wenn ein grosser Künstler sich mit einem Flachmaler verbinde. Wahnsinn sei es, betonte er immer wieder, sich in seiner Situation darauf einzulassen. *Louis sagte mir,* so Iris an Peter, *er sei vollständig boulversiert worden und könne seine Schlussexamen im Januar nicht machen, wenn er mich noch mehr sehe.* Ihre Versuche, Louis zu beruhigen, blieben erfolglos. Er beharrte auf sofortiger Trennung. Iris' erste Reaktion war bodenlose Wut. *Ich kann Dir nicht sagen, wie dumm ich es von Louis finde, mich nicht zu lieben, unsagbar dumm.* Mit einem bitterbösen sechzehnseitigen Brief an den *unwürdigen Bretonling* verschaffte sie sich Luft. An Peter schrieb sie: *Oh, reisse mir diesen elenden Louis aus dem Sinn. Er ist wie ein Krebs in meinem Fleisch. Ich klebe nur so an ihm, weil ich mit ihm einige wenige Momente mit einer gewissen sinnlichen Erfüllung erlebt habe. Man hört immer dieses Getue, wie unmenschlich es für einen Mann sei, keusch zu bleiben, und dann, wenn die erste Gelegenheit da ist, packt sie Angst und Faulheit, ja Faulheit. Die Angst und Faulheit ist die Angst vor der Leidenschaft, und die Faulheit fühlt sich durch die Veränderung im Leben belästigt. Ja, so ist es. Einerseits wird laut über die Keuschheit geklagt, und auf der andern Seite kommt es diesen Knaben nicht in den Sinn, dass sie sich in irgendwelcher Form doch für den Sinnengenuss anstrengen müssen. Was diesen Louis so boulversiert, sind offenbar gerade die ans Mark gehenden Gefühle, welche diese Zuneigung, Verehrung oder Leidenschaft an sich hat. »Liebe« sagte er ein einziges Mal: I like, like, like you or rather*

I love you. Ich begreife, dass einen die Leidenschaft durcheinanderbringt, mich hat sie genügend durcheinandergebracht. Aber ich begreife nicht, dass man so Angst hat. Mein Gott, wenn ich denke, dass ich mich in seinem Alter vor Gesundheit, Wollust und Schönheit auf dem blossen Erdboden wälzte. Und wie alle diese Gesundheit und Schönheit heute bereits aufgebraucht ist, ohne irgendwelche Erfüllung. Wie die ganze Schönheit und Gesundheit des Körpers ohne Glück war. Es ist so schrecklich, zu den enterbten Frauengestalten zu gehören.

Die Trennung von Louis hatte zur Folge, dass Iris ihr ganzes Leben in Frage stellte. Mit einem Schlag war alles wie negativ gepolt. Der ganze Amerikaaufenthalt war ein einziger Irrtum, wie überhaupt alles, was sie beruflich seit der Kündigung beim »Schweizer Frauenblatt« angepackt hatte. Und erst das Buch! Einmal geschrieben, würde sich dafür mit Sicherheit kein Verleger finden. Iris hatte keine Hoffnung mehr auf irgendeinen Erfolg in ihrem Leben. Den Jahreswechsel 1948/49 verbrachte sie allein in ihrem Campus-Zimmer und schrieb einen Brief nach dem andern in die Schweiz. *Ich bin so hoffnungslos, hasse mich so in meinem Elend. Ist es nicht furchtbar, sein eigener Feind zu werden, weil man sich im eigenen Elend verachtet. Mir ist, mein Leben sei nichts als Enttäuschung. Ich bin so traurig, lieber Peter, so verblödet, so nicht mehr mich selber. So ohne Schwung, ohne Glauben an meinen Genius. Ich weiss nicht mehr, was aus mir werden soll. Es vergeht kein Tag, wo nicht der Wille, tot zu sein, wie eine Nebelwolke mein Leben verhüllt und eine Schwermut mich beschleicht, welche mir so altbekannt wie knochenauflösend ist. O Gott, wäre ich doch als Salatkopf oder als Katze auf die Welt gekommen. Ich weiss nicht mehr, was aus mir werden soll. Ich habe kein Vertrauen mehr, in mich, keinen Glauben mehr an einen Erfolg, keine Lust mehr, etwas Neues zu machen. Mir ist so schwindlig und blöd wie einem, der sein Leben auf dem Karussell verbringt. Dieses Rennen und Rennen und nie vom Fleck Kommen. Mir ist, mein Leben sei nichts als Enttäuschung.* Das grösste Ärgernis war dieses unstillbare Liebesbedürfnis, das immer wieder von neuem ihr ganzes Leben aus den Fugen brachte. *Mit dieser Anhänglichkeit bin ich wie ein Gelehrter in einer Narrenkappe. Meine Gedanken sind verhältnismässig frei und unabhängig, mein Gefühl, meine seelische Zufriedenheit das Abhängigste, das es gibt. Ich ertappe mich bei dem Gedanken, dass ich bereits erledigt bin, da ich zu den kindischen Leuten gehöre, denen das Wichtigste im Leben ist, geliebt zu werden von andern, und die daher immer abhängig, von jedem Hund abhängig sind, nie bekommen, was sie so nötig haben, und für alles andere untauglich sind, da sie dieses Verlangen so absorbiert.*

Tagelang litt Iris an heftigen Spannungszuständen und kämpfte mit Gefühlen der Selbstverachtung. *Ich kann Dir nicht sagen, wie ich aus den Fugen bin. Ich lechze nach Kontakt mit Leuten, und wenn ich dann unter ihnen bin, gehen sie mir masslos auf die Nerven. Wenn die Leute sich davonmachen, packt mich wieder das scheussliche Gefühl: Ich muss mich geradezu beherrschen, nicht zu rufen, o Gott, bleib, bleib, bleib, lass mich nicht so stehen. Bei einer Party wurde ich von der Idee befallen, niemand wolle mit mir reden (natürlich habe ich doch geredet, aber mit dem eisernen Willen von jemandem, der um seine Menschenwürde kämpft). Und mir schien auch, die Leute liessen das Gespräch so rasch wieder fallen, auch wenn es interessanter wurde. Als mir ein Jüngling einen Stuhl anbot, habe ich eine Dankbarkeit empfunden, als ob er mir das Leben gerettet hätte. O Gott, ich verachte mich so ob solcher Würdelosigkeit. Wie ich mich hasse, hasse, hasse ob solch würdeloser Besessenheit. Aber das hindert nicht, dass das Gefühl wiederkommt, wenn ich heute abend an der Lounge, wo die Leute sitzen, vorbeigehe. Ich gehe daran vorbei wie ein Hungriger vor einem Schaufenster voller Kuchen, die nicht für ihn bestimmt sind.*

Iris sah nur eine Möglichkeit, ihre Emotionen besser in den Griff zu kriegen. Sie brauchte unbedingt beruflichen Erfolg, musste sich ein eigenes berufliches Leben aufbauen. *Ich weiss aus Erfahrung, dass etwas äusserer Erfolg mich weniger abhängig machen würde. Je mehr Erfolg man hat, um so weniger braucht man die Liebe der andern.* Nur auf diese Weise konnte sie eine *Unerschütterlichkeit allen Liebesansprüchen gegenüber* aufbauen. Wer ihr dabei als Vorbild diente, ist klar: *Ich möchte Deinen Geist und Charakter haben,* schrieb sie Peter am 7. Januar 1949. *Vor allem Deine Unempfindlichkeit und Unabhängigkeit von Liebesansprüchen, welche allein eines unabhängigen Geistes würdig sind.*

Das also war Iris' Vision: Genau wie in ihrer geistigen, wollte sie auch in ihrer emotionalen Welt ein freies und unabhängiges Leben führen. Sie suchte Liebe und Leidenschaft, wollte dabei aber so unabhängig wie möglich bleiben. Als ob das möglich wäre! Aus eigener Erfahrung muss die Zweiunddreissigjährige doch längst gewusst haben, dass ihr Geist einer völlig anderen Logik gehorchte als ihr Gefühl. Ihre Erfahrung mit Louis war nichts Aussergewöhnliches. Vielmehr ein Erlebnis, das in sich jenes klassische Drama birgt, das sich in der Menschheitsgeschichte bereits millionenfach abgespielt hat und auch heute noch täglich wiederholt: Ein nach Eigenständigkeit und Unabhängigkeit strebender Mensch entdeckt in einer Liebesbeziehung die eigene Abhängigkeit. Warum nur war Iris so streng mit ihrer Emotionalität? Was brachte sie dazu, sie als *kindisch* zu bezeichnen? Die fehlende Liebe im Elternhaus? Vielleicht liegt hier die Ursache ihrer Aversion gegen jede emotionale Abhängigkeit verborgen. Ein Mensch, der geprägt ist von der Erfahrung nicht erwiderter Liebe, muss sich zwangsläufig vor Gefühlen schützen, wird auch nur im Ansatz einer emotionalen Abhängigkeit eine Schwäche sehen.

Peter verkörperte in allem das Gegenteil. *Du bist damit nie gedemütigt, sondern immer im Vollbesitz Deiner Würde. So verlierst Du auch nie die Selbstachtung und bleibst immer Dein eigener Freund. Und wenn man schon »master of life« ist, ist man eigentlich immer glücklich in gewissem Sinne. Ich kann Dir nicht sagen, wie sehr ich dies bewundere und wie ungeheuer gerne ich es Dir gleich machen würde. Wenn ich nur könnte. Aber mir ergeht es anders und ist es immer anders ergangen. Ich bin in stän-*

digem Kampf, mich zu behaupten, wie ein Schwimmer bei hohem Wellengang. Einmal kann ich den Kopf über Wasser halten. Dann bin ich auch »master of life«. Aber nicht lange, und die Wellen schlagen mich nieder, ich bin fast am Ertrinken und muss kämpfen, bis ich wieder oben bin. Mit dem Kopf unter dem Wasser ist es vorbei mit dem »master of life« und der Menschenwürde, ich verachte mich selbst, als Ausbund der Abhängigkeit, des Elends und der Schwächlichkeit, bis ich wieder den Kopf über Wasser habe und dann erst mich selber bin. Ja, so ist es. Nur als »master of life« ist man sich selbst. Und darum muss ich immer kämpfen. Ob man sich selber ist oder nicht, hängt im wesentlichen von den äusseren Umständen ab, nicht vom einzelnen, aber von der Atmosphäre, welche sie kreieren.

Peter von Roten hat seinem Leben zweifelsohne sehr viel gelassener gegenübergestanden. Das Bild vom *Herrn der Situation,* der *immer glücklich in gewissem Sinne* ist und nie seine Selbstachtung verliert, trifft aber nur sehr bedingt zu. Wenn ich mir vergegenwärtige, wie Peter sein Leben immer wieder als nutzlos ansah, ewig zweifelte und sich auch in emotionalen Dingen nur schwer entscheiden konnte, bleibt nicht viel übrig vom *master of life.* Vielleicht lässt sich die von Iris ausgemachte Diskrepanz zwischen ihrem und Peters Wesen auf einen einfachen Nenner bringen: Im Gegensatz zu Iris hat Peter von früher Kindheit an gelernt, seine Gefühle vor der Aussenwelt abzuschirmen und in allen Lebenslagen Souveränität zu bewahren. Ein entscheidender Unterschied im Wesen der beiden war ihr Umgang mit der Realität. Während sich Peter mit Ironie und Selbstironie das Leben zu erleichtern vermochte, forderte Iris mit ihrem idealistischen Ernst die Realität Mal für Mal heraus.

Peter hatte keine Ahnung, wie er seiner verzweifelten Frau in Columbia helfen sollte. Vermutlich verstand er ihre Krise nicht. Darauf deutet zumindest der durchgehend exaltierte Tonfall seiner Briefe hin. Statt sich mit der Situation seiner Frau auseinanderzusetzen, mimte er lieber den Troubadour: *O liebes liebes Iris, ich habe Deinen Brief gelesen, als ob ich mit Dir gewesen wäre, und das traurige Geschehen hat mich ganz gebrochen. Warum muss immer dieser schreckliche Unheilstern über uns sein. Hie und da packt mich dann eine grosse Wut gegen das Schicksal, das Dir so übel mitspielt, nachdem es Dich mit allen Gaben des Himmels so reich ausgestattet hat.* Iris konnte nichts anfangen mit Peters Deifizierung ihrer Person. *Deine Bewunderung ist ausserhalb aller Proportionen,* stellte sie am 2. Februar 1949 klar. *Sie beschämt mich, denn ich bin dumm, abhängig durch Liebesbedürfnis und ohne Selbstvertrauen. Nein, ich bin alles andere als vollkommen. Meine Schwäche ärgert mich jeden Tag.* Beruflich sah sie nur noch einen Weg. *Das Buch allein macht Sinn,* war sie überzeugt. *Ich sterbe nicht vorher.*

Ab sofort wollte Iris alle ihre Energie für das Kapitel »Liebe und Erotik« verwenden. Das Wesen der Liebe musste in ihm ergründet werden. *Die Liebe,* tat sie Peter ihre Überzeugung kund, *besteht aus nichts anderem als dem Glauben an die eigene Phantasie, sie ist eine kuriose Blüte der eigenen Seele. Meine ganze körperlich-sinnliche Erregung hängt davon ab, in welche Bahnen der Mann meine erotische Phantasie bewegen kann. Ich habe das bei Louis wieder gesehen. Augenblicke, wo ich mich fragte, ob ich überhaupt nur schattenhaft in diesen Mann verliebt sei, und es eher verneinte, wechselten mit Augenblicken von solcher magnetischer Kraft, dass ich glaubte, die gleiche Blutzirkulation gehe durch beide Körper. Die Liebe besteht aus der eigenen Phantasie, man wird durch das Bild, welches man von dem andern selber macht, so bewegt. Aber was macht nun bei dem einen das Bild und bei dem andern nicht?*

Peter folgte Iris' Gedanken mit grösstem Interesse: *Die Erregung durch die Vision einer geahnten Liebe ist etwas Ungeheures, und wenn man die Kraft hätte, sich diese zu suggerieren, so wäre man immer glücklich, oder wenigstens immer gespannt und in Sensationen vertieft. Aber ich denke, dass sehr viele Leute diese Vision überhaupt nie haben und daher ganz glücklich verheiratet sind mit einer Person, die ihnen die Schuhe putzt und die Ejakulation provoziert.*

Die Frage nach dem Wesen der Liebe stellte sich Iris auch in ihrem 1958 erschienenen Buch »Frauen im Laufgitter«. Ihre Ausführungen dazu sind Abstraktion und Vertiefung ihrer zehn Jahre früher in den Briefen an Peter gemachten Äusserungen. *Die Liebe,* schreibt sie im Kapitel »Wie es der Frau in der Liebe und ihrem Drum und Dran ergeht«, *soweit sie die psychologische Grundlage des Willens zu einer kurzfristigen körperlichen und seelischen Vereinigung mit einem Menschen des anderen Geschlechtes bedeutet, ist bei Frauen und Männern dieselbe. In der Vorstellung beider erwecken die geliebten Menschen ein Bild von unsäglichem Reiz. Dieses Imago spiegelt höchste Werte. Es lässt sich nicht etwa überschwenglich, sondern recht genau, als Schatz des Herzens umschreiben. Glück und Glanz der Liebe liegen in dem Gefühl, von der fremden Welt die Inkarnation des betörenden Bildes verheissen und durch Gegenliebe geschenkt bekommen zu haben. Die Liebe ist für Frauen und Männer die Zauberformel »Sesam öffne Dich«, mit der die Wüste, welche diese Welt darstellt, sich in Leben und Pracht verwandelt.*

Forschungsliteratur und das intensive Reflektieren persönlicher Erfahrungen bildeten die Grundlage von Iris' Definition von Liebe und Erotik. *Ich komme zum Schluss,* brachte sie ihre Gedanken am 9. März 1949 auf den Punkt, *dass die Liebe ein reines Kulturprodukt ist, das je nach der Kultur hoch im Kurse ist oder grob vernachlässigt wird.* Das moderne Liebesideal, erklärte sie Peter, beruhe auf den Vorstellungen der Romantik und war *von gewissen Kreisen als seelischer Luxus genossen* worden. Von der gottgegebenen Institution waren Ehe und Liebe im 19. Jahrhundert zum individuellen Liebesbündnis mutiert. Einen Beleg für ihre These fand Iris in Clive Staples Lewis' Buch »The allegory of love«, das allegorische Darstellungen der Liebe in der mittelalterlichen Literatur untersucht. *Lewis sagt in seinem Buch etwas ganz Interessantes, nämlich: Die seelisch-geistig-sexuelle Liebe sei von Minnesängern erfunden (!) worden und sei eine der wenigen ganz grossen Veränderungen in der Entwicklung der Menschheit. Man könne natürlich auch wieder von der Idee,*

*»Glück« in der Liebe zu suchen und zu finden, abkommen. Heute scheint die sogenannte »Liebe« selbstverständlich, und man kann sich nicht vorstellen, dass der Mensch auch wieder von der Idee, »Glück« in der Liebe zu suchen, abkommen könnte. Wenn man sich aber vorstelle, man müsste Vergil, Thomas von Aquin oder dem heiligen Paulus die Liebe erklären, sehe man, dass es einst ganz andere Massstäbe gegeben habe. Lewis sagt, Ovid habe sich über die Liebe nur lustig gemacht. Und die Griechen hätten (z. B. Euripides) diese echte Liebe zwar gekannt, aber von ihr wie von der Pest abgeraten, da sie die Menschen zersetze. Eine seelisch-geistige Liebeskultur sei erst im 11. Jahrhundert in der Provence aufgetaucht und entwickelt worden. Auch geheiratet habe man unter ausschliesslich ökonomisch-politischen Gesichtspunkten und Liebe dabei als Unfug und Unsinn abgetan. Die katholische Kirche habe die Frauen auch nicht gefördert, und die Mariengebete seien eher den Minneliedern nachgemacht worden als umgekehrt. Deine a-erotische Erziehung hat vielleicht mit dieser vortroubadourischen Geistesverfassung etwas zu tun. Lewis sagt weiter, im Altertum hätte die Sexualität die gleiche Bedeutung wie das Trinken gehabt. Man habe über sie Witze gemacht wie über das Trinken.**

* Zu ähnlichen Ergebnissen kam Denis de Rougement in seinem 1939 erschienenen Buch »L'amour et l'occident«, in dem er sich mit der Bedeutung der Liebe in der abendländischen Kulturgeschichte beschäftigte. Wie Lewis kommt auch de Rougement zum Schluss, dass die Liebe in der Antike in erster Linie ein sinnliches Vergnügen war. Für die alten Griechen und Römer galt als unvernünftig, wer in der Ehe auf die unberechenbare Kraft der Leidenschaft setzte. Im Mittelalter verdrängten die höfische Liebe der Minnesänger und der christliche Marienkult das antike Liebesverständnis. In den Liedern der Troubadours wird die Liebe zur unergründlich-rätselhaften Leidenschaft, die, obwohl sie meist unerfüllt blieb, das Leben des Menschen auf einmalige Art und Weise bereicherte. Besonders nachhaltig auf den Liebesbegriff des christlichen Abendlandes wirkte nach de Rougement der Mythos von Tristan und Isolde, eines durch einen Liebestrank bewirkten Ehebruchs. De Rougement sieht im Tristan-Mythos sogar eine direkte Ursache für die Krise der modernen Ehe. Über seine zahlreichen Bearbeitungen in den höfischen Romanen sowie in

So faszinierend und interessant Iris die Arbeit am Erotik-Kapitel fand, so traurig machte sie sie im Hinblick auf die Publikation ihres Buches: *Ich bin sicher, dass ich gar keinen Verleger dafür finde, ja keinen. Und einmal gedruckt, wird das Buch verboten werden unter dem Vorwand der Pornographie. Ich schreibe es nur, weil ich es so wichtig finde und es rational in meinem Kopf grob doch schon beieinander ist. Es ist so schwer, etwas zu schreiben, das einem nur Geld und Prestige und Todfeindschaft kostet.*

Anfang Januar 1949 verliess Iris von Roten die Universität von Columbia. Entgegen ihrem ursprünglichen Plan immatrikulierte sie nicht an der Columbia Universität von New York, sondern an der Universität von Chicago. Hier wollte sie die Arbeit an ihrem Buch vorantreiben und Vorlesungen in Soziologie besuchen. Die Änderung ihrer Pläne hatte zwei Ursachen: In Chicago lebte der italienische Anwalt, Diplomat und Universitätsprofessor Augusto Borselli, den Iris in den frühen dreissiger Jahren im Hause ihres Onkels Adolf Guggenbühl kennengelernt hatte und der ihr helfen wollte, in Chicago Fuss zu fassen. *Vorgestern,* so Iris am 5. Januar 1949, *bin ich nach einer 12stündigen Nachtreise in Chicago angekommen. Augusto hat mich am Bahnhof abgeholt und sofort wiedererkannt. Er hingegen – sic transit gloria mundi – ein zusammengeschmorter, gebückter Greis. Wenn ich daran denke, dass ich mich vor 17 Jahren in ihn verliebte, sehr sogar. Er schien mir herrlich wie ein römischer Gott, vom Glanz der Cäsaren umstrahlt, der Prinz aus dem Altertum, die römische Jünglingsstatue, der Rex iuvenis in Person, der römische Statthalter in Kleinasien, der Besieger Karthagos, die von Sklaven geölte Herrlichkeit. Und jetzt ein zusammengesunkener*

Wagners Oper, so der Westschweizer Intellektuelle, sei die Botschaft des Romans, dass erfüllte Liebe nur ausserhalb der Ehe zu finden sei, gleichsam ins allgemeine Bewusstsein eingedrungen. In Iris von Rotens Nachlass gibt es zwar Spuren einer Tristan-Lektüre, aber keine Hinweise darauf, dass sie Denis de Rougements Buch gekannt hat.

Zittergreis. 17 Jahre, und die Marmorstatue ist ein Härdöpfelsack geworden. Nein, nein. Der gesalbte Liebling der Götter, der Ritter sonder Furcht und Tadel im Minnedienst war von Kopf bis Fuss meine Erfindung, das herrliche Bild, das Götterbild ist einzig aus meinem Kopf hervorgegangen wie ein Kind des Zeus. Der zweite Grund für Chicago war Louis, der im Februar 1949 ebenfalls nach Chicago ziehen wollte. Kurz nach ihrer Ankunft schrieb ihm Iris *einen 18seitigen Brief, um ihn zu beschwören, mit mir in Verbindung zu treten, wenn er nach Chicago komme.* Zehn Tage später antwortete Louis, dass er sich nach seiner Ankunft bei ihr melden werde und sich auf ihr Wiedersehen freue. Es sei erstaunlich, so Iris an Peter, dass *zwei kurze Sätze ausreichen, um meine Lebensgeister zu erwecken.*

Das Leben in Chicago war bestimmt von der Arbeit am Kapitel »Liebe und Erotik«. In ihrem Bemühen, die männliche Psychologie zu erforschen und zu verstehen, wurde Peter zu ihrer ersten Auskunftsperson. Offen und frei diskutierten die beiden über Fragen der Liebestechnik und der männlichen Vorlieben, erörterten sie die Unterschiede zwischen männlicher und weiblicher Sexualität. *Wie mir scheint,* so Iris, *ist die Kunst der Sexualität bei den Männern sehr verschieden. Und die verdammte christliche Keuschheitserziehung lähmt sie psychisch derart, dass sie sie oft nie lernen.* Peter war einverstanden. *Ja, es ist schon so, dass diese verfluchte Keuschheit eine der männerherrschaftlichsten Erfindungen ist, die man sich vorstellen kann. Wenn man sich auf den Standpunkt der Frau stellen wollte, müsste man sagen, es ist unverantwortlich, einen keuschen Mann auf ein armes Wesen loszulassen und es praktisch der Vergewaltigung auszuliefern. Ja, so ist es. Wenn wir mit einer grösseren Liebeserfahrung in die Ehe getreten wären, dann wäre es mit uns sicher auch besser gewesen.*

Das Gespräch über Liebe und Sexualität führte Iris und Peter zur Aufarbeitung ihrer eigenen Beziehung. Aus der Distanz von mehr als einem halben Jahr begannen sie sich kritisch und in der allerunverblümtesten Art und Weise mit ihrer eigenen Sexualität auseinanderzusetzen. Iris sprach von enttäuschten Erwartungen, erinnerte Peter daran, dass sie sich einst vorgenommen hatte, die ganze Sexualität an den Nagel zu hängen, falls ihr die Ehe keine Erfüllung bringen würde. Peter seinerseits räumte ein, die Sexualität im Verlauf ihres gemeinsamen Alltags vollständig aus den Augen verloren zu haben. *Du darfst mich aber auch nicht für zwei Jahrtausende katholische Antisexualität haftbar machen.* Der offene Gedankenaustausch begeisterte Iris. *Ich muss gestehen,* schrieb sie Anfang Februar, *dass ich etwas Heimweh bekomme.* Einige Tage darauf sprach sie zum ersten Mal von ihrer Rückkehr in die Schweiz. Mit dem Rohentwurf des Buches im Gepäck, wolle sie Ende Juli 1949 nach Leuk zurückkehren. *Die Beziehung zu Dir ist die festeste, die ich habe. Sie ist eine Institution meines Lebens, die universalste, die ich überhaupt habe. Du hast gar nichts zu fürchten. Was mir einzig fragwürdig erscheint, ist unsere erotische Beziehung und meine Ziellosigkeit im Beruflichen, die mich seit unserer Heirat halb krank macht.*

Am 9. Februar 1949 hielt Peter von Roten seine Jungfernrede im schweizerischen Parlament. In der für ihn besonders heiklen Frage der Weinsteuer sollte er auf Geheiss seiner Fraktion eine ablehnende Haltung einnehmen. Für Peter eine äusserst delikate Angelegenheit. Nach seinen polemischen und schweizweit beachteten Äusserungen gegen die reichen Walliser Weinbarone durfte er sich jetzt unmöglich zu deren Interessenvertreter machen. Wohl aber konnte er sich für die Konsumenten einsetzen. In seiner Rede unterschied er drei Formen des Weintrinkens. Für die Arbeiter sei das Weintrinken *ein körperliches Bedürfnis,* weil *sie wegen ihrer körperlichen Arbeit darauf angewiesen sind.* Seine Schlussfolgerung, dass die Weinsteuer nichts anderes als *den Schweiss und Stoffwechsel der Arbeiter besteuert,* führte bei den Parlamentariern zu Schmunzeln und Kopfschütteln. Nachdem Peter auf eloquente Weise die sozial-integrative Funktion des Weintrinkens betonte und auf dem Höhepunkt seiner Rede *die kulturelle und sakral-rituelle Bedeutung des festlichen Weintrin-*

kens als Argument gegen die Weinsteuer anführte, ging seine Rede im schallenden Gelächter der Parlamentarier unter und bescherte ihm – so die »Neue Zürcher Zeitung« – einen *rekordmässigen Heiterkeitserfolg.* In den Tagen darauf wurde Peters Rede in zahlreichen Schweizer Zeitungen besprochen. Von einem *unglücklichen Start des Benjamin im Parlament* war die Rede, vom *bedenklichen Tiefstand* seiner Ausführungen, vom *jungen Exzentriker im Parlament, der unbedingt anders sein will als die andern, vom anthroposophischen Schöngeist,* der *zu geistreich sei für die Politik* und besser *Literat als Politiker* geworden wäre. Das »St. Galler Tagblatt« widmete dem *Fall von Roten,* der die *ausgesprochene Voreingenommenheit der Bundesversammlung gegen junge Politiker erfahren hat,* eine ganze Seite. Sehr angetan von Peters Rede war das kulinarisch-gastronomische Kollegium von Basel, das ihn zu einem Vortrag einlud. Iris verfolgte die ganze Angelegenheit mit grosser Spannung. *Dieses Getue der Zeitungen,* kommentierte sie, *hat ein wenig das Geschmäcklein der Vergreisung. Alles kocht, weil nicht mit dem gleichen fetten Bauch gravitätisch einhergeschritten wird.*

Wenig Freude an Peters Rede hatte sein politischer Ziehvater und Nationalratspräsident Josef Escher. Nachdem er Peter die Leviten gelesen hatte, nahm er ihm das Versprechen ab, der Fraktion in Zukunft alle seine Reden vorzulegen. Peter selbst war von den zahlreichen Reaktionen überrascht. Von seiner Parteinahme für die Konsumenten hatte er sich insgeheim Sympathien und Unterstützung von den Sozialisten erhofft. *Bislang gab ich Sozialisten immer den Kredit von edel denkenden Menschen, die für gute Ideen zu haben sind. Im Grunde sind sie aber wie jede andere Partei von dummen Menschen neidisch, wenn man ihre Ideen aufgreift. Erst nach der Rede ist mir klargeworden, dass sie mir a priori feindlich eingestellt waren, weil ich offenbar ein Monopolschlagwort von ihnen, nämlich den Schweiss des Arbeiters, gebrauchte. O hätte ich nur in dem Moment die Geistesgegenwart gehabt, um ihnen zu sagen: Lacht nur, aber der Schweiss des Arbeiters ist kein Monopol der Sozialistischen Par-*

tei. Geradezu begeistert von Peters Rede war die »Schweizerische Arbeitergeber-Zeitung«, die sie am 26. März 1949 unter dem Titel »Die soziologische und volkswirtschaftliche Bedeutung des Weintrinkens« in extenso abdruckte und als *soziologisch und psychologisch interessant* würdigte. *Das will ich dem Escherli bei der nächsten Gelegenheit unter die Nase reiben,* schrieb Peter am gleichen Tag nach Chicago.

Josef Escher hatte auch weiterhin keine Freude an den Aktionen seines einstigen Praktikanten. Ein Fauxpas reihte sich an den andern. Zehn Tage nach seiner Rede wandte sich Peter in einem polemischen Leitartikel im »Walliser Boten« gegen die Pläne des Militärdepartements, für 160 Millionen Schweizer Franken neue englische Düsenflugzeuge zu kaufen. *Um diese Summe aufzubringen,* so Peter im »Walliser Boten«, *muss der Bund – z. B. in Wohnungen ausgedrückt – auf den Bau und auf die Bereitstellung von 16 000 Wohnungen verzichten (die Wohnung zu durchschnittlich 10 000 Franken). Das sind ungefähr die Wohnungen des halben Oberwallis! Statt dass also 16 000 Familien neue Wohnungen haben könnten, werden diese Flugzeuge gekauft, die vielleicht etwas nützen, wahrscheinlich aber nicht. Was Churchill von den englischen Fliegern sagte, könnte man für die Schweizer ungefähr so abwandeln: »Nie in der Geschichte der Menschheit hat so wenig so viel gekostet.«**

Heftige Ablehnung erlebte auch Peters kurz darauf vorgebrachte Forderung nach der rechtlichen Besserstellung von unehelichen Kindern. *Darüber ist nun wieder ein grosses Kesseltreiben in Sitten entstanden,* schrieb er am 26. März 1949, *und zwar angefangen beim Gnädigen Bischof, der meine Demission verlangt hat und sonst mit einer Aktion des Klerus drohte. Ich bin ganz erstaunt gewesen, wie heute auch der Escher mir gesagt hat, die Lage sei schlimm und es sei für ihn peinlich.* Allen Pro-

* Winston Churchill am 20. August 1940 über die Royal Air Force, die die deutsche Luftinvasion über England verhinderte: *Nie in der Geschichte menschlicher Konflikte hatten so viele so wenigen so viel zu verdanken.*

testen zum Trotz reichte Peter 1951 ein entsprechendes Postulat im Nationalrat ein.*

Eschers Ermahnungen blieben ohne Wirkung. Peter vertrat auch als Nationalrat seine ureigensten Ansichten und griff in seinen Artikeln gerne »heisse« Eisen auf. So kritisierte er nicht nur die seiner Meinung nach bewusst geschürte Dämonisierung der Kommunisten, sondern brach immer wieder von neuem eine Lanze für die rechtliche und politische Gleichstellung der Frau: *Und wie vor zweihundert Jahren der »Wille Gottes« und die »Naturgesetze« angerufen wurden,* schreibt er am 13. Mai 1949 auf der »Frauenseite« des »Walliser Boten«, *um die Arbeiter und die Bauern in ihrer Untertänigkeit zu halten, so wird auch heute wieder von der herrschenden Schicht – den Männern – das Kochen, Flicken und Waschen als die göttliche Sendung der Frauen gepriesen, als ob der liebe Gott die Männer für die Zigarren und die Weinflaschen erschaffen hätte und die Frauen für die Putzlumpen und Fegbürsten.*

Ein weiterer Stein des Anstosses in der katholisch-konservativen Fraktion war Peters antipatriotische Einstellung. *Patriotismus,* führte er im Frühling 1949 in einem Vortrag vor dem Foreign Mission Club in Muri aus, *hat – wenn man es ganz empirisch betrachtet – der Menschheit viel mehr geschadet als viele Tyrannen zusammen: Wenn man 1939 alle Räuber, Mörder,*

* Peter von Rotens Postulat forderte die Aufhebung der »Exceptio plurium«, d.h. die Unmöglichkeit der Feststellung einer Vaterschaft im Falle einer Mutter, die zum Zeitpunkt der Empfängnis mit verschiedenen Männern Geschlechtsverkehr gehabt hat. *Wenn in Zukunft mehrere Burschen zugeben,* so Peter in seinem Postulat, *mit der unehelichen Mutter verkehrt zu haben, sollen sie nicht alle von der Alimentezahlung enthoben sein, sondern sämtliche und zwar solidarisch dazu verhalten werden. Diese Lösung, die in vielen ausländischen Gesetzgebungen verwirklicht ist, scheint zwar auf den ersten Anblick stossend, weil sich das Gesetz mit dem Gedanken »mehrerer Väter« abzufinden scheint. In Wirklichkeit ist aber die uneheliche Vaterschaft immer nur auf Vermutungen aufgebaut, und das gesetzgeberische Problem, das sich stellt, ist weniger »Wer ist der Vater?« als vielmehr: »Wer zahlt für das Kind?«*

Diebe und Schelme bewaffnet und ausgerüstet hätte und sie auf die Menschheit losgelassen hätte, so wäre der Schaden, den sie angerichtet hätten, bei weitem nicht 10% dessen gewesen, den die Staaten mit ihren Soldaten angerichtet haben.

Ende März 1949 plante Peter einen ersten persönlichen Vorstoss im Nationalrat. *Natürlich wird es mir schaden,* machte er sich in einem Brief an Iris keinerlei Illusionen, *wenn ich bei der Behandlung des neuen Beamtengesetzes die Frage der Gleichstellung der Frauen im Bundesdienst aufwerfe.* Iris war sich nicht sicher, wie sie Peter in dieser Sache raten sollte. *Vielleicht*, wog sie ab, *ist im Nationalrat doch mehr Vorsicht am Platz. Auf der anderen Seite ist meine Erfahrung, dass Du wie ein Nachtwandler bist: Du tust die riskanten Sachen. Und wenn alles meint, Du brächest den Hals, renkst Du alles wieder in eigener Art ein, in einer Art, die den andern auch wieder nicht möglich gewesen wäre. Immer habe ich das Gefühl, man dürfe Dich nicht stören oder von Deinem Weg abbringen.* Als er kurz darauf seinen Vorstoss *für die Gleichbezahlung von Männern und Frauen in der Bundesverwaltung* seiner Fraktion unterbreitete, verlor Escher die Fassung, worauf *die Sitzung* – so Peter an Iris – *in eine wüste Schimpferei gegen mich und den Feminismus ausgeartet ist.* Peter blieb keine andere Wahl, als auf seinen Vorstoss zu verzichten. *Es war so dramatisch, dass ich dachte, jetzt ist nur mehr ein Austritt aus der Partei möglich. Bundesrat Etter sagte mir, mein Grossvater und mein Vater würden sich im Grab umdrehen, wenn sie das miterlebt hätten. Ist das nicht kindisch und dumm? Mich hat es jedenfalls gar nicht aufgeregt, und ich bleibe dabei so unberührt wie je.*

Peter von Roten hatte von allem Anfang an eine Sonderstellung in der Bundeshaus-Fraktion der katholisch-konservativen Partei. Etter, Escher und Co. irrten sich, wenn sie glaubten, dass er aus jugendlichem Übermut provozierte und die Konfrontation mit seiner Partei suchte. Der Grund für sein Ausscheren lag in seinem ausgeprägten Individualismus und seinem freigeistig-widerständigen Wesen, die ihn für strategische Parteipolitik unbrauchbar machten. Auf der politischen Skala pendelte Peter beinahe beliebig zwischen links und rechts, war er Konservativer, Liberaler und Sozialdemokrat in einem. In seinem politischen Selbstverständnis sah er sich aber klar als ein Vertreter bürgerlicher Politik und war ein überzeugter Anhänger des liberalen Rechts- und Verfassungsstaates. Individualität und Selbstbestimmung waren die Prinzipien seiner liberalen Grundhaltung. Die Hauptaufgabe des Staates bestand seiner Meinung nach darin, die Rahmenbedingungen dafür zu schaffen, dass sich der einzelne Mensch zu einem mündigen Bürger entwickeln konnte. Die egalitäre Gesellschaft lehnte er entschieden ab. Unterschiede zwischen den Menschen waren eine Tatsache, die man nicht ignorieren konnte. Freiheit verband er nicht mit Gleichheit, sondern mit mehr Lebenschancen für den einzelnen Menschen. Wirtschaftlich befürwortete Peter den freien Markt, setzte er sich ein für das Privateigentum und die Beschränkung staatlicher Macht. Gesellschaftspolitisch war er ein überzeugter Anhänger des Föderalismus. Ein Konservativer war er insofern, als dass er Tradition und Überlieferung einen hohen Stellenwert einräumte. Nie opferte er das Bewährte und Vorhandene voreilig einem unbekannten Neuen. Tradition war in seinen Augen kein unerschütterliches Prinzip, sondern musste immer wieder der kritischen Revision unterzogen werden. Diese gleichzeitig konservative und fortschrittliche Haltung, in der Parteifreunde wie Gegner den grossen Widerspruch seiner Persönlichkeit sahen, erlaubte es Peter, bei bestimmten Fragen als entschlossener Verteidiger bewährter Traditionen aufzutreten (z. B. Kirche, Liturgie), bei andern sich aber an Fortschritt und Zukunft zu orientieren (z. B. Frauenstimmrecht, Pazifismus, Umweltschutz). Das permanente Lavieren zwischen dem offiziellen Standpunkt der Partei und der persönlichen Meinung war anstrengend. *Ich bin gegen mich selbst hie und da erbost,* so Peter am 30. März 1949 an Iris, *weil ich weder den geraden Weg der Kompromisslosigkeit gehe noch den Umweg der Opportunität, sondern so eine Art Mittelweg zwischendrin, der es mit niemandem verderben will. Bald bin ich 34 Jahre alt, und es ist entsetzlich, dass man in diesem Alter noch nicht weiss, was man tun will, und noch wie ein Vogel in der Luft sitzt. Ich komme mir inmitten dieser Herren Nationalräte, die alle ihre Tätigkeit haben und alle wissen, wohin sie gehören, wie ein Hochstapler vor. Ich bin daneben noch wie ein Blatt, das vom Wind hin und her getrieben wird und keinen Halt mehr hat. Wir sind irgendwie beide noch wie Leute, die ihren Weg suchen und imaginären Abenteuern nachgehen, statt realistisch Geld zu verdienen. Ich frage mich doch, wie es enden wird.*

Nicht ohne Nostalgie dachte Peter bisweilen an die geordnete Welt seiner Kindheit zurück. *Wie praktisch und kommod wäre es, sich wieder der Kirche und ihrem vorgedruckten Mythos anzuschliessen, der konservativen Partei zu folgen und mich ganz mit ihren Ideen zu identifizieren. Während einer Predigt dachte ich daran, wie ich das so leicht könnte und wie ich mich so in einer äussern Ruhe darin abfinden würde. Ich war ganz erstaunt zu merken, wie rasch man dieses Gefühl, das man jahrelang hatte und als einzig richtig ansah, wieder haben kann. In dem Moment ist mir plötzlich meine ganze Entwicklung seit unserer Heirat wie ein Traum vorgekommen, und es schien mir, als wäre ich wieder wie früher ein eifriger und gläubiger Katholik, der nur darauf wartet, von der Kanzel herunter die Weisungen zu erhalten. Es hat aber nur bis zum Ende der Predigt gedauert, dann bin ich sofort wieder in den normalen Zustand der Ratlosigkeit gefallen, in dem ich nicht weiss, wie und was ich nun tun soll.*

Mitte März 1949 kam es zu einem Wiedersehen zwischen Iris und Louis. Dieser hatte alle seine Examen bestanden und nun auch nichts mehr dagegen, Iris regelmässig zu sehen. Iris' Vorschlag, für ihre Zeit in Chicago eine gemeinsame Wohnung zu nehmen, lehnte er jedoch ab. *Erobere Dir den Louis in jeder möglichen Form,* riet Peter seiner Frau. O *liebes Schätzchen, lebe Deine Leidenschaft, »feel that you exist«. Das ist der gute Existentialismus, glaube ich, dass man sich selbst fühlt und Freude daran hat, sich zu sein. Und zudem ist es auch eine Investition auf das Buch hin. Man muss einfach eine erotische Beziehung haben, wenn man eine Landschaft oder eine Stadt geniessen will.* Peters Hoffnung erfüllte sich nicht. Nach einem kurzen Höhenflug, *der so vieles hier interessant und lebendig machte, was mich sonst kalt gelassen hätte,* kam es zum endgültigen Bruch. Die Intensität, mit der Iris die Beziehung leben wollte, trieb Louis von neuem in die Flucht. *Oh, ich habe diese dumme Verlieberei satt und werde hier meine Zeit an keinen Knaben mehr verlieren. Mir gefallen so wenig Leute, und ich habe ganz wenige gern. Und wenn ich einmal jemanden gern habe, so hänge ich an der Seltenheit einer positiven Beziehung. Ich hätte einen Erfolg so nötig.*

Peter versuchte, Iris Mut zu machen. *In Deinem Leben von Misserfolg zu reden, finde ich einfach irreführend und falsch. Du kannst doch auf viele Erfolge zurückblicken.* Iris aber liess sich nicht beschwichtigen. Sie hatte sich so viel von Amerika erhofft, alles das, wonach sie sich gesehnt hatte: Freiheit, berufliche Neuorientierung, Chancen mit anderen Männern, die absolute Freiheit zu tun und zu lassen, worauf sie Lust hatte. *Ich sage mir jeden Augenblick,* stellte sie am 16. Mai 1949 fest, *dass alle meine Anstrengungen zu nichts geführt haben. Diejenigen in Amerika, diejenigen fürs Anwaltsexamen, diejenigen in der Schule. Kurz, alle Anstrengungen, die ich für meine Zukunft unternommen habe. Jetzt ist diese Zukunft da, und was habe ich für all meine Arbeit und diese Jahre? Ich liege in einem geringen, elenden Zimmer, wo man das Licht mit einer fettigen Schnur anzündet. Ich bin wirklich zuletzt nach Amerika gekommen, um Liebeskummer zu haben. Früher habe ich in allem Elend immer den Glauben an mich selber gehabt. Aber jetzt bin ich daran, auch diesen zu verlieren.*

Die Ursachen des gescheiterten amerikanischen Traums liegen in den hohen Anforderungen, die Iris an sich stellte und in den persönlichen Konflikten, in die sie sich verstrickte. Nicht klar ist, wieso sie sich ausgerechnet für das ländlich-konservative Columbia in Missouri und nicht für eine Universität in einer Grossstadt entschied. Dazu kommt, dass das Land der unbegrenzten Möglichkeiten mit seinen ausgesprochen traditionellen Rollenbildern ein schwieriges Umfeld für die angestrebte Selbstverwirklichung war. Wie in der Schweiz blieb Emanzipation auch in den USA bis in die frühen sechziger Jahre ein Fremdwort. Erst mit Betty Friedans Buch »The Feminine Mystique« (»Der Weiblichkeitswahn«) entstand nach 1964 eine breitere amerikanische Frauenbewegung. Das Buch, das Iris kurz nach seinem Erscheinen mit grossem Interesse las, gab in den USA den entscheidenden Anstoss zur Gleichberechtigung der Geschlechter. Wie Iris von Roten war auch Betty Friedan, die für eine soziale Partnerschaft von Mann und Frau plädierte, der Überzeugung, dass die Reduktion auf Haushalt und Kinder den Frauen den Weg zur Selbstfindung versperrte.

29

PETER AUF DER PIRSCH

Im Frühling 1949 verwirklichte sich Peter von Rotens geheimer Wunsch. Ein erotisches Abenteuer reihte sich an das andere. Der katholisch-konservative Nationalrat wurde zu einem fanatischen Schürzenjäger, der sich kaum eine Gelegenheit entgehen liess. Plötzlich war alles so einfach. Spielend leicht lernte er auf einmal Frauen kennen, erneuerte Kontakte zu *alten Schätzen*, widmete sich auf Empfängen und Bällen seiner libidinösen Beschäftigung. Die amourösen Erfolge versetzten ihn in einen euphorischen Taumel. Im Vergleich dazu war das Nationalratsmandat ein trübes Wässerchen. *Was mich lockt, sind bequeme erotische Abenteuer. Das ist das richtige Wort, »bequem«, ich habe das jetzt ganz spontan gesagt und erst nachher ist mir in den Sinn gekommen, dass Jung dasselbe sagt in bezug auf die Frau in Europa. Die edlen Hidalgos, Don Juans seien ausgestorben, und es gebe nur mehr bequeme Männer, die eine gefahrlose und risikolose Liebschaft eventuell haben möchten. Wo sind die Helden, die über Mauern klettern und Schlösser erobern, um eine Frau zu verführen? Sie sind nirgends mehr als im Kino und in den Büchern. In Tat und Wirklichkeit heiraten die meisten aus Bequemlichkeit ihre Sekretärin und die Tochter ihres Chefs.*

Seit Mitte Februar 1949 hatte Peter eine Liebschaft mit S., die er seit sechs Jahren nicht mehr gesehen hatte. Er lud sie zum Essen ein, ging mit ihr ins Kino und auf längere Wanderungen. *Mich ärgert es im Grunde,* berichtete er Iris, *dass ich Dir von Bern nur erotische Geschichten erzähle, statt Dir meine neusten politischen Erfolge bekanntzugeben. Aber diese sind so dünn gesät, dass man nicht davon reden kann. Dieser Jassabend der*

Fraktion vor vier Tagen ist mir heute noch auf dem Magen, nicht so sehr wegen dem verlorenen Abend, aber wegen der trostlosen Perspektive, solche noch mehr zu erleben, wenn man tatsächlich dieses Milieu pflegt. Nummer zwei war R., die Peter Mitte April am Föderalistenkongress in Paris kennengelernt hatte. *Mein Zug ging um 15.50,* erzählte er Iris, *und kurz vorher sind wir noch ins Haus gegangen und haben uns auf dem Teppich des Salons noch liegend umarmt und verküsst bei offenen Türen. Mir ist es also geradezu tollkühn vorgekommen, wo doch jede Türe jeden Augenblick aufgehen konnte.* Peter war erstaunt, dass ihm sein freizügiges Leben kaum Gewissensbisse bereitete. *Es ist schon das, was Jung sagt, dass es für unsere Öffentlichkeit keine Sexualmoral gibt, sondern nur einen groben Sexualkodex.*

Was jetzt noch fehlte, war eine eigene Wohnung in Bern. *Aber was ist in einer Stadt wie Bern der Rahmen für eine sinnliche Freude, wenn man nicht eine eigene Wohnung hat? Ich habe mich schon am Abend geärgert, als ich unter den Linden mit R. dem Bundesrat von Steiger begegnet bin, der mir wie immer einen finsteren Blick zugeworfen hat. Am meisten hat mich dabei meine eigene Unsicherheit geärgert, dass ich dabei nicht so unbefangen war, wie ich es sein möchte.*

Besonders ausführlich schilderte Peter seiner Frau ein Abenteuer in Zürich. An einem Kongress des Zeitungsverlegerverbandes im Hotel Dolder lernte er eine junge Frau kennen, *ausgesprochen hübsch, blond, zierlich und dazu noch gescheit und interessiert,* die ihm, *obwohl ich keine Anzeichen von Liebe gegeben hatte,* nach dem Walzertanzen buchstäblich um den Hals fiel. *Hätte ich ihr aufs Zimmer folgen sollen? Das erschien mir zu riskant, denn schliesslich war das Hotel an diesem Tag von so viel wichtigen Leuten bewohnt, und man hätte im Hausgang auf Bundesrat von Steiger treffen können.*

Als sich die Hotel-Dolder-Bekanntschaft kurz darauf bei Peter meldete, kam es zu weiteren geheimen Treffen. Doch damit nicht genug: Ende Juni 1949 lernte er bei einem Empfang in Bern eine Finnin kennen. *Sie scheint mir irgendwie als Exotin interessant, und als solche habe ich sie kultiviert*, schrieb er an Iris, die ihm von einer weiteren Affäre abriet. *Trotz Deinen Ermahnungen,* so Peter kurz darauf, *habe ich mich nicht enthalten können, sie zu küssen. Sie ist sehr blond und sogar von einem Blond, das man hier in der Schweiz nicht sieht, ausser künstlich. Ich wollte mir selber immer vormachen, dass diese Kaltblütigkeit der Nordischen nur ein Märchen sei und dass es eigentlich bei allen dasselbe sei. Aber die war tatsächlich von einer erstaunlichen Unempfindsamkeit. Das einzig Erotische, das sie mir sagte, war, wie man auf finnisch »Ich liebe dich« sagt.* Die erotische Anziehung, folgerte Peter, sei die stärkste Kraft zwischen Mann und Frau. *Es ist entsetzlich, aber ich komme einfach zum Schluss, dass eine Beziehung zu einer Frau nur fast als erotische Beziehung Interesse hat.*

Mit Staunen betrachtete Peter von Roten Ende Juni 1949 seine Buchhaltung in Sachen erotische Abenteuer. Wie war es möglich, dass es ihm plötzlich derart leichtfiel, Frauen zu verführen? Was hatte er an sich, dass sich die Frauen derart für ihn interessierten? *Ich habe mich gefragt, ob ich vielleicht schön sei und deshalb solchen Erfolg bei den Frauen habe?* Was Peter für seine erotischen Feldzüge brauchte, trug er auf sich: Attraktivität, Charme, Galanterie und Bildung. Damit bezirzte er die Frauen genauso wie mit seiner Jugendlichkeit. Seine von zahlreichen Zeitzeuginnen erinnerte Anziehungskraft beruhte aber ebenso auf den Widersprüchen, die er in seiner Person vereinigte. Er war angepasstes Sozialwesen und überzeugter Individualist, legte grossen Wert auf Umgangsformen und konnte provozierend angreifen, strahlte Unnahbarkeit aus und war sehr verletzlich, wirkte erotisch und gleichzeitig unschuldig naiv. Frauen zu erobern oder sich erobern zu lassen hatte für Peter eine ausgeprägt spielerische Seite. Will man seinen Briefen Glauben schenken, suchte er in seinen Liebschaften vor allem Vergnügen und Genuss, sah er sich als Verführer aus Leidenschaft und Passion. Mit dieser Einstellung erweist er einem grossen Verführer seine Reverenz: Giacomo Casanova. *Den Freuden meiner Sinne,* so Casanova in der »Vorrede« zu seiner 1826 posthum erschienenen »Geschichte meines Lebens«, *galt mein Leben lang mein Hauptstreben; etwas Wichtigeres gab es für mich niemals.* Peter von Roten war mit Sicherheit kein bewusster Casanova-Adept. In seinen Briefen und Aufzeichnungen finden sich keinerlei Anspielungen auf den venezianischen Abenteurer und Schriftsteller. Peters »Verwandtschaft« mit Casanova hat womöglich erst Iris entdeckt, als sie 1965 in der Frauenzeitschrift »Elle« Casanovas Memoiren rezensierte. Dabei rühmte sie seine *vielseitige Kunst, mit Frauen umzugehen,* eine Kunst, für die es in der modernen Gesellschaft *mit ihrem unausweichlichem Zwang zu anhaltender strenger Arbeit sowie Sport- und Autofimmel* keinen Platz mehr gebe. Was Iris an Casanova am meisten beeindruckte, ist jene Qualität, die sie an sich selbst schmerzlich vermisste und an Peter so sehr bewunderte: *Bei Casanova verblüfft vor allem die spielerische Leichtigkeit der geselligen Kontaktmöglichkeiten nach allen Seiten. Die Menschen lebten damals unvergleichlich weniger isoliert als heute; mit mehr Interesse aneinander und unvergleichlich mehr Musse – in allen Ständen.*

Für Peter war klar, dass sich trotz seiner Liebesabenteuer nichts an seiner Beziehung zu Iris geändert hatte. *Du brauchst keine Angst zu haben, ich bin so treu wie Gold, habe nur eine kleine curiosité de la chair, die mich treibt. Die kleinen Ehebrüchlein machen mir gar kein schlechtes Gewissen, denn unsere Ehe ist aus unzerbrechlichem Stahl und Fels. Die andern Beziehungen sind daneben wie Kerzenlichtlein an der Sonne, wie einzelne Sandkörnlein neben der Sahara. Ja, so ist es, so ist es mir immer vorgekommen, schon damals, als ich mich entschloss, Dich zu heiraten, weil mir alle andern Lieben irgendwie kleinlich und elend vorkamen neben Dir. Unsere Beziehung ist die Evidenz, die Klarheit, die Notwendigkeit, die Erde. Andere Beziehungen, die ich habe, sind wie kleine Blümlein darauf, die man gern hat, aber nur so lange, als man sie nicht mit der Hauptsache vergleicht. Nun ist das nicht etwa so, weil Du meine Frau bist und so gewissermassen die legitime Liebe hast, während die andern die illegitimen sind, sondern es erschien mir immer so, dass die Beziehungen zu andern in meinen Augen viel legitimer waren als unsere Beziehung.*

Iris war beeindruckt von Peters Erfolgen. *Wenn ich alle Deine Eroberungen mit meinen Misserfolgen vergleiche, so muss ich immer an mein Erotik-Kapitel denken und an die Feststellung, wieviel schwieriger es für Frauen ist, Männer kennenzulernen.* Ich glaube, Du könntest alle weiblichen Wesen betören. Aber das sollte ich nicht sagen, sonst fliegst Du aus unserem Ehehäfli, und ich muss dann das Täubli auf dem Dach, das ein Adler ist, wieder fangen.*

Längere und kürzere Liebschaften wurden zur grossen Obsession des Peter von Roten. In der offenen Beziehung erlebte er den Rausch einer neuen Freiheit. Als Verheirateter führte er das freizügige Leben eines Junggesellen, der sich mit erotischen Abenteuern über die Monotonie seines beruflichen Alltags hinwegtröstete. Die Begeisterung über seine zahlreichen Liebesabenteuer machte Peter zu einem überzeugten Verfechter der freien Liebe. Der gelehrige Schüler hatte seine Professorin überflügelt. *Ich denke hie und da, wenn ich eine lange Reihe von Liebeserlebnissen haben könnte, so würde ich nachher für Dich ein vollendeter Liebhaber sein.* Um seine Liebeserlebnisse vor Iris zu rechtfertigen, war Peter jeder Grund recht. *Wenn ich bald mit der einen und bald mit der andern bin, komme ich mir ein bisschen schuldig vor, weil ich immer denke, wie Du Dich in dem Erotik-Kapitel über die Jünglinge äusserst, die sich darüber brüsten, Mädchen »gehabt« zu haben. Aber ich brüste mich auch nicht damit, denn es gibt nichts zu brüsten, sondern ich sage es Dir nur, weil ich alles nur mit Dir erlebe und keine Geheimnisse vor Dir haben will. Auch zur Bereicherung Deiner Kenntnisse. Ich schreibe Dir alles in der Hoffnung, Du werdest daraus für Deinen Gebrauch etwas lernen können. Ja, ich möchte Dir Stunden geben, wie Du Männer verführen kannst.*

* Siehe »Frauen im Laufgitter«: »Das Privileg des ersten Schrittes und damit der erotischen Wahl«, S. 258 ff.

Keine ganz alltägliche Konstellation: Ein Mann deklariert seine *sexuellen Seitensprünglein* vor seiner Frau als erotische Feldarbeit für ihr feministisches Buch!

Ende Juni 1949 fragte sich Peter, wie es nach Iris' Rückkehr in die Schweiz um seine Liebschaften bestellt sein würde. *Ich habe Angst, dass ich, wenn Du wieder hier bist, nicht mehr so ungeniert rechts und links flirten kann (flirten ist zwar nicht das richtige Wort, aber doch das beste).* Iris entgegnete, dass ihr die männliche Psychologie *ein vollständiges Rätsel* sei. *Ich begreife alle diese unpersönlichen Begierden überhaupt nicht. Mich erregt vor allem die Sexualität, die von seelischer Liebe durchdrungen ist.*

Genau darin sah Peter den Hauptunterschied zwischen weiblicher und männlicher Sexualität. *Es ist lächerlich, wie ich von der Sexualität angefressen bin. Ich schäme mich aber, wenn ich daran denke, wie sich bei Dir die Erotik auf jemand konzentriert und mit einem Menschen verbunden ist, während mir jede Lust macht, die mir über den Weg läuft und die nicht gerade auffallend hässlich ist. Aber nicht mehr. Dumm, dumm, dumm oder nicht? Ich habe Dir das schon oft von mir gesagt, und ich glaube, dass es auch bei andern so ist, man ist einfach bereit, mit jeder zehnten, der man begegnet, eine erotische Beziehung zu haben. Ich glaube, das ist keine Übertreibung. 10% sind so die durchschnittliche Zahl. Bei Dir ist es sicher nicht 1 Promille der Männer, denen Du begegnest. Ich komme mir Dir gegenüber wie ein Allesfresser in der Liebe vor.*

Auf keinem anderen Gebiet hat sich Peter ähnlich weit von seiner Herkunft entfernt wie in seinem Verhältnis zu Erotik und Sexualität. Liebesabenteuer wurden zur Würze seines Lebens. *Offen gestanden finde ich die erotischen Abenteuer viel interessanter und wertvoller als die politischen. Es ist dumm, ich weiss es schon, aber ich sage mir, dass ich es im Lichte der Totenkerzen sicher nicht bedauern werde. Es ist schon, wie Du sagst, dass die Sensationen das Wesen des Lebens ausmachen und nicht etwas anderes.*

Und die Frauen? Es ist nicht klar, ob Peters Freundinnen – ausnahmslos stammten sie aus gutsituierten Verhältnissen, waren verlobt oder unverheiratet – ebenso souverän wie er mit ihrem Verhältnis umgehen konnten. In seinen Briefen an Iris ist nie explizit die Rede davon. Peter schildert seine Abenteuer als Begegnungen ohne jede emotionale Komplikation. Ob das die ganze Wahrheit ist? Schwer zu sagen. Die Fakten immerhin weisen darauf hin, dass Peters frühe Liebschaften – im Gegensatz zu späteren – frei von emotionalen Verwicklungen waren.

Iris von Roten hat die Liebesabenteuer ihres Mannes nie weiter kommentiert. Sehr konkret hat sie ohnehin nie nachgefragt. Bei der Lektüre ihrer Briefe hatte ich das Gefühl, dass sie sich innerlich davon zu distanzieren versuchte. Die tieferen Gründe dafür waren Eifersucht und Verlustangst. Trotz ihres Wunsches, auch in der Sexualität völlig frei und autonom zu agieren, konnte sich Iris nie ganz frei machen davon. Eine Briefstelle verdeutlicht dies: Als sich Peter immer wieder mit seiner Hotel-Dolder-Bekanntschaft traf, begann Iris in ihr *eine seriöse Gefahr* zu sehen, *weil sie in Dich verliebt ist.* Schliesslich kam es sogar so weit, dass sie die junge Frau zu beschimpfen begann und Peter aufforderte, die Beziehung zu beenden. *Wenn Du mir schreibst,* so Peter irritiert, *Du wollest das Frl. P. zerdrücken wie einen ekelhaften Schwabenkäfer, kann ich das einfach nicht begreifen. Ich will mich gar nicht rechtfertigen für diese Beziehung. Es ist klar, dass, wenn sie Dir nicht passt, ich sie aufgeben muss. Aber was mich erschreckt, ist erst dieses Dulden und dann dieser unerwartete Hass.* Nach diesem Brief brach Peter den Kontakt zu Fräulein P. ab.

30
WASHINGTON – FLORIDA – LEUK

Von Chicago aus reiste Iris Ende März 1949 weiter nach Washington, wo sie bei verschiedenen internationalen Organisationen auf Arbeitssuche gehen wollte. Sie bewarb sich bei der UNO und Unesco, vereinbarte verschiedene Termine mit weiblichen Kongressabgeordneten, denen sie ihre Dienste *für Spezialstudien und research work in Europa* anbot. Im Vergleich zu Columbia und Chicago erlebte sie in Washington eine angeregte und interessante Zeit. Sie fand Kontakt zu Frauenorganisationen, erhielt zahlreiche Einladungen und schrieb in einem kleinen Pensionszimmer am *Mutterschaftskapitel* ihres Buches. *Die Hälfte des Buches,* teilte sie Peter am 4. April mit, *wäre damit im Entwurf hinter mich gebracht. Es geht langsam, findest Du nicht? Auf der andern Seite entsteht es doch!*

Einzig mit ihren Bemühungen, eine interessante und gutbezahlte Arbeit zu finden, klappte es nicht. *Nur die Protestschrift, welche das Buch ist, hat noch einen Sinn.* Ein für allemal musste mit dieser selbstgefälligen Männerherrschaft abgerechnet werden. *Aber dass es mit meinem Leben derart elend steht, dass nur die Protestschrift einen Sinn hat, ist doch furchtbar. Es ist wie sein Testament schreiben.*

Iris konnte keinen Augenblick loslassen von ihrem beruflichen Ehrgeiz. *Ich stelle mir gegenwärtig stündlich die Frage,* schrieb sie am 25. Mai, *was mir und uns dieser USA-Aufenthalt eingebracht hat.* Es konnte nicht sein, dass sie in ihrem Alter und mit ihrer Ausbildung ohne angemessenes Wirkungsfeld dastand. *Ich habe den Glauben an meine Zukunft vollständig verloren. O Gott, die Resignation kommt, d.h. der Tod bei lebendigem Leib.*

Ich möchte nur noch Opium rauchen. Wie ich mich vor Dir schäme, lieber Peter. Du fandest mich kühn und gescheit, und jetzt schleppe ich mich degradiert herum.

Wie gut hätte es Iris getan, ihre Würde als Mensch weniger mit ihrer beruflichen Leistung zu verknüpfen, ihr Dasein nicht dermassen durch Leistung zu legitimieren. Sich zu emanzipieren vom *Berufsmenschentum,* wie Max Weber diese in der europäischen Moderne aufkommende enge Verquickung von Beruf und Identität bezeichnete. Warum hat sie ihre Zeit in Amerika nicht besser genutzt? Ihr Privileg, sich ein Jahr lang nicht um ihren Lebensunterhalt kümmern zu müssen, dazu benutzt, ihren ureigensten Leidenschaften nachzugehen? Warum hat sie nicht eindringlicher Land und Leute studiert, fotografiert und Reportagen über ihre Erlebnisse verfasst?

Für Peter waren Iris' innere Konflikte nur schwer nachvollziehbar. Aus seiner Sicht war ihr Studienjahr in den USA ein ausserordentliches Privileg. *Du schreibst immer, Du habest keine richtige Existenz und leidest so darunter. Aber ich glaube, Du solltest Dir das aus dem Kopf schlagen. Wer um Himmels willen auf der Welt hat so eine Existenzmöglichkeit wie Du? Durch die Welt reisen und ein Buch schreiben. Ich beneide Dich darum, etwas zu schreiben, mit dem man wirklich verbunden ist, ein Werk, das dauert, das sich in der Nachwelt sehen liesse, und nicht so dummes Zeug wie der »Walliser Bote«.*

Iris fühlte sich unverstanden. Warum nur konnte Peter nicht verstehen, dass sie ohne angemessene berufliche Position ihr Leben nicht geniessen konnte? Drei Bedingungen mussten erfüllt sein, damit ein Beruf für sie in Frage kam: Die Arbeit musste sie 1. besonders interessieren, 2. ihr eine öffentliche Stellung bieten und 3. eine gute Bezahlung garantieren. War auch nur eines dieser Kriterien nicht erfüllt – freie journalistische Arbeit z. B. war schlecht bezahlt –, lehnte sie ab, fühlte sie sich ausgenützt, empfand sie die Arbeit als unter ihrer Würde.

Einmal mehr zeigt sich hier ein Grundkonflikt in Iris von Rotens Leben: die Diskrepanz zwischen ihren Idealen und der gesellschaftlichen Realität. Von ihrer Jugend an fühlte sie sich einzig ihren Idealen verpflichtet. An ihnen mass sie ihre jeweilige Lebensrealität, die sie fast immer als zweitrangig begriff und bisweilen offen verachtete. Wie unerbittlich sie in diesem Anspruch war, veranschaulicht ihre Konsequenz: Immer zog sie es vor, ihr unmittelbares Lebensumfeld auszuwechseln als ihre hochgehaltenen Ideale in Frage zu stellen. Selten hielt sie eine bestimmte Realität längere Zeit aus. Hätte sie ihre Ideale einer kritischen Realitätsprüfung unterzogen, wäre ihr vielleicht bewusst geworden, wie sehr sie in ihren Vorstellungen und Projektionen gefangen war. Vielleicht hätte sie erkannt, dass sie sich mit ihrer Kompromisslosigkeit nicht nur sozial marginalisierte, sondern sich auch um alle Möglichkeiten einer beruflichen Laufbahn brachte.

Für Iris war klar, dass sie nur in einem Umfeld arbeiten konnte, in dem die Gleichstellung zwischen Mann und Frau eine selbstverständliche Realität darstellte. Einer Arbeit nachzugehen, bei der sie schlechter bezahlt war als ihre männlichen Kollegen, war absolut unvorstellbar. Genausowenig kam eine Karriereplanung in kleinen Schritten in Frage. Ihr ganzer Stolz rebellierte gegen die Vorstellung, sich anzubiedern und in bestandenen Männergremien hochzudienen. Dabei waren gerade diese Strategien für Frauen von Iris' Generation die fast einzig aussichtsreichen. Es gibt eine Reihe von Frauen, die sich nach 1945 trotz anfänglich widriger Umstände mit beharrlichem Stehvermögen eine eigenständige berufliche Identität erarbeitet haben. Die Journalistin Laure Wyss, die evangelische Theologin Marga Bührig, die Juristin Gertrud Heinzelmann, die Frauenrechtlerin Marthe Gosteli, die Philosophin Jeanne Hersch und die Berner Anwältin und Richterin Marie Böhlen sind bekannte Beispiele dafür. Es ist kein Zufall, dass alle diese Frauen engagierte Kämpferinnen für die Sache der Frau waren oder wurden. Wer in dieser Generation nicht schon von Jugend an Feministin war, wurde es spätestens bei seinem Entscheid für eine eigenständige berufliche Identität.

Wir finden alles so verkehrt, so Iris Ende Mai 1949, *weil wir anderes wollen, als in der uns von aussen aufgedrückten Linie ist. Ich: beruflichen Erfolg, wo Frauen gar keinen haben in der Schweiz. Du, ein Denker unter Kirchturmpolitikern. Beide qualifizierte Konsumenten im ärmsten Tal der kleinen, hart arbeitenden Schweiz im abgeschriebenen, hungernden Europa. Unsere Probleme sind diejenigen der lebenwollenden Holunderbüsche, die Asphalt sprengen müssen, um weiterzuwachsen.*

Iris' bevorstehende Rückkehr führte ab Mai 1949 dazu, dass in ihrem Briefwechsel mit Peter wieder mehr die eigene Beziehung ins Zentrum rückte. *Heute war ich in der Stadt,* so Iris, *und habe alles in laufender Reportage an Dich erlebt. Im Stil unserer alten guten Briefe. Wie in der Zeit, als ich Dir aus der Pension Fortuna von 11 Uhr bis 2 Uhr nachts sorgfältige Briefe schrieb im Gegensatz zu den dummen Jammerbriefen, die ich jetzt schreibe und die nur schaden. Ja schlimmer, sie sind eine Art Missbrauch der Beziehung. Die Versuchung ist eben gross, dass man vor dem einzigen Menschen, dem man volles Vertrauen schenken kann, hemmungslos drauflosklagt.*

Noch einmal rollten Peter und Iris die Geschichte ihrer Beziehung auf. Die grössere zeitliche Distanz ermöglichte es ihnen, ihre Situation distanziert und selbstkritisch zu reflektieren. *Ich habe Dich immer als eine Art griechischen Gott bewundert,* so Iris. *Es ist ungeheuer wichtig, dass Du temperamentvoll ganz Deine eigenen Wege gehst. Lass Dich ja nicht von meiner Angst, Unruhe und Unzufriedenheit anstecken. Lebe ganz in Deinem Mute, und tue die Sachen in Deinem Gemüte. Wie lieb und lustig, heiter, sicher und unverwüstlich bist Du doch Deiner Natur nach. In gewissem Sinn ist alles richtig, was Du machst. Wir haben nur sehr verschiedene Methoden. Ich habe Dich zuviel in Einzelheiten korrigiert. Das war falsch, weil wer handelt, gewissermassen einen eigenen Stil hat.*

An allem schuld war meine verdorbene Phantasie, räumte Peter ein, *die in Dir eine grosse Sünderin sah. Das war der Anfang des ganzen Elendes. Ja, so ist es, und Du hast durch Deine distanzierte Kühlheit diesen Eindruck wachgehalten. Jeder wollte sich vor dem andern keine Blösse geben. Ich dachte, Du wollest mich verführen, und Du dachtest, Du wollest es Dir nicht anmerken lassen, dass Du mich gern habest. Aber wenn ich auch nur geahnt hätte, dass Du mich gern hättest. Ist es möglich, dass es so viele Missverständnisse aufs Mal gibt? Sag einmal, liebes Iris, ist es nicht schlimmer noch, als wenn wir verschiedene Sprachen geredet hätten? Bis zu unserer Ehe haben wir unter diesem Missverständnis leiden müssen. Iris, wie war das auch möglich, wie kann man auch so dumm gewesen sein und so blind für Deine Tugend und Anständigkeit? O ich Narr, Blindschleiche, Maulwurf, blinde Kuh, die ich war. Aber Du hättest es mir auch sagen sollen, dass Du mich gern hast. Ich habe das nie gewusst, bis nach dem Besuch im Goms. Auch in Luzern noch nicht. Wieso ist so etwas möglich? Ist es möglich, dass man die Mädchen so falsch erzieht, dass sie das nicht sagen?* Rückblickend konnte Peter sein Verhalten kaum noch begreifen. *Ich habe mich auf Grund Deiner Briefe in Dich verliebt, und die Briefe waren für mich immer das viel stärkere Band als die Sinnlichkeit. Ist das nicht sonderbar? Das Unglück unserer sinnlichen Beziehung war diese Gewissenhaftigkeit von mir und diese religiösen Zweifel, die mich in allem hemmten und mich die Türe schliessen machten. Wie ich jetzt diese Fehlerziehung hasse. Aber man ist auf der andern Seite auch wieder sich selbst und kann nicht seine eigene Vergangenheit hassen, ohne sich selbst zu hassen und einen Teil von sich zu verleugnen. Man ist, was man gewesen ist und was man sein wird.*

Iris antwortete in versöhnlichem Ton, bemühte sich darum, Peters Verhalten aus seinem biographischen Kontext zu verstehen. *Du brauchst Dir nicht das geringste vorzuwerfen, es ist alles gesühnt. In diesem Wallis geboren und zur Identifikation mit ihm erzogen zu werden, bis es zu spät war, ist weiss Gott nicht Deine Schuld. Nein, ich wüsste nichts Wesentliches, das Du während unserer Heirat nicht gut, ja sehr gut gemacht hast, es sei denn Deine damalige »Illoyalität« – die ich Dir aber auch nicht mehr nachtrage – und Deine vielleicht allzu grosse Selbstlosigkeit, das zu wenig Wahren Deiner Interessen. Oh, lieber, lieber*

Peter, wie ich mich freue, Dich wiederzusehen und mit Dir zusammenzusein. Wie ich mich auf unsere Gespräche freue. Ich halte es für möglich, dass wir wieder ganz zusammenfinden. Die Vergangenheit soll begraben werden, Du schöner Göttersohn.

Peter war hoch erfreut über Iris' Worte. Wie sie hoffte er auf einen Neuanfang, gestand aber auch ein, dass er nicht ohne Angst an ihr neues Zusammenleben denken könne, an die hohen Anforderungen, die sie von neuem an ihn stellen werde. *Was schreibst Du mir da,* war Iris erstaunt, *Du hättest Angst vor mir. Wie ist das nur möglich? Ist es eine Angst in bezug auf Dein sexuelles Verhalten? Für unsere Beziehung habe ich nicht die mindeste Angst. Ich habe nur Angst, wir hätten nicht genug Geld, sonst keine.* Diese Angst wiederum war Peter fremd. *Ich habe diese Angst früher nie gehabt, weil ich irgendwie anders erzogen wurde und noch immer einen dumpfen Glauben habe, dass es uns nie fehlen könne, solange man Kühe und Vieh und Reben habe.* Iris ging sogar so weit, Peter vor ihren Panikattacken zu warnen. *Diese Angst, keine solide berufliche Existenzgrundlage zu haben, macht mich so schreckhaft. Lass Dich um Gottes willen nicht von meiner Wahnidee, nicht genug Geld zu verdienen, anstecken.* Peter reagierte mit einem Scherz: *Die zwei besten Mittel, um zu Geld zu kommen, sind Religion und Kosmetika. Weil sie an das Minderwertigkeitsgefühl der Leute appellieren: im Diesseits und im Jenseits.*

Ende Mai 1949 reiste Iris nach Florida, wo sie sich einen Monat lang am Strand von Palm Beach erholen und die Arbeit an ihrem Buch vorantreiben wollte. *In diesem Palmengewedel habe ich jetzt wirklich Zeit,* schrieb sie nach Leuk. Von neuen Eroberungen und erotischen Abenteuern wollte sie nichts mehr wissen. *Ich bin sozusagen zu müde dazu. Wenn ich an Dich denke, scheinst Du mir weitaus der anziehendste und interessanteste Mann. Niemand ist so schön und so gescheit wie Du. Für keinen Mann habe ich solche Leidenschaft gehabt, mit keinem kann man besser reden, keiner ist lieber mit mir und versteht mich besser als Du. Ich möchte auch nur von Dir Kinder. Du bist für mich der einzige Mann, der es wert ist, und die einzige Mischung, die mich freut. Ohne Dich kommt mir alles und überall provisorisch vor.* Als Pensionärin einer Familie verbrachte sie ihre Zeit mit Schreiben, Schwimmen und Dschungeltouren. *Für teures Geld habe ich eine Dschungelführung gemacht. 24 Fr. und nur 1 Alligator!* Ende Juni 1949 war das Buch im Rohbau vollendet. *Ja, das Buch könnte gut werden. Aber es ist so mühsam. Und anstatt Erfolg werde ich nur Feindschaft erhalten.*

Peter, der mittlerweile auch das »Erotik-Kapitel« erhalten und gelesen hatte, antwortete am 9. Juli: *Viel Feind viel Ehr. Das Buch ist ein Meisterwerk. Man spürt einfach in allem den Hunger und den Durst nach Gerechtigkeit. Und das ist es, was das Buch so schön macht. Es ist ein einziger Schrei nach Gerechtigkeit, und dieses Pathos ist das einzige, das man verträgt.*

Die letzten drei Wochen ihres Amerikaaufenthaltes verbrachte Iris in New York. Sie erkundete die Stadt, besuchte Museen und lernte einen Mann kennen, der sie zum Essen einlud und auf ausgedehnten Autofahrten durch Indianerreservate führte. *Aber ich bin nicht verliebt. Am Rande des Wassers, zwischen Wellen und Feuer und vom Mond beschienen, dachte ich immer, wie Du sagtest, Du könnest nicht begreifen, wie mir nur so wenig Männer gefallen. Und ich sagte mir selber, wie mir derartige Stunden mit dem Louis als unsägliche Erfüllung vorgekommen wären, während dieser Ed mich gar nicht gelüstete. Wieso nur bei diesem Louis und nicht bei diesem Ed? Dieser Louis ist in keiner Hinsicht vorteilhafter. Im Gegenteil. Ed ist ein junger Businessman, der bereits Erfolg hatte, in allen Staaten Südamerikas Geld verdient, herumgereist ist, in Mass- und Krokodillederschuhen herumspaziert und ein eigenes Auto herumfährt, einen Geschäftsplan hat und Flugzeugfahren lernt. Der Unterschied liegt in der Phantasie, welche die beiden in mir anzufachen vermögen.* Der amerikanische Geschäftsmann war nicht der einzige, der sich für Iris interessierte. *Im International Home läuft mir ein Deutschling, der Bariton studiert, immer nach. Er hat eine Gumminase und schweigt blöd. Eine sehr nette, aber leider wahrscheinlich*

Iris von Roten, Leuk, Herbst 1949

lesbische Negerin heftet sich ebenfalls an meine Fersen. Iris machte vor Peter auch kein Geheimnis daraus, dass sie sich über ihre Rückkehr nicht nur freute. *Nachdem ich auszog, um endlich etwas Besseres zu finden, um doch Wurzeln für eine Existenz schlagen zu können, kehre ich wieder zurück, in die gleiche Situation, der ich entgehen wollte.*

Peter erwartete seine Frau mit gespannter Freude. In seinen letzten Briefen in die USA berichtete er Iris von dem bevorstehenden Hauskauf in Basel und von einem *Genfer Abenteuer mit einer Venezianerin.* Iris kommentierte: *Du solltest wirklich nicht derart unqualifiziert Kraut und Chabis schlucken. Das ist bei Dir zu einer Zwangsidee, Manie, Besessenheit geworden. Jetzt kommt wieder die Zeit ehelicher Treue. Wir haben in allernächster Zeit, d.h. bis vierzig, unsere Existenz solid aufzubauen. Unbedingt.*

Am 29. Juli 1949 bestieg sie in New York ein Schiff Richtung Europa. *Ich frage mich,* schrieb sie in ihrem letzten Brief aus den USA, *ob Du mir ganz selbstverständlich oder doch seltsam »halbvertraut« sein wirst. Lieber Peter, Iris zum letzten Mal und bald wieder zum ersten Mal.* Peter, der einen gemeinsamen vierwöchigen Urlaub in Frankreich organisiert hatte und Iris im Hafen von Cherbourg abholen wollte, wünschte sich ein freudiges Wiedersehen: *Ganz übermütig und schön, so wie ich Dich damals auf dem Quai in Luzern gesehen habe mit der schönen Masche.*

SIEBTER TEIL

Der Einsatz meines Mannes für das Frauenstimmrecht war ein Rufen in der Wüste. Dem Frauenstimmrecht haftete damals das Odium der Lächerlichkeit an. Es war, als hätte man sich damit einer Art mandolinenspielender Heilsarmee oder Vegetariersekte angeschlossen.

Iris von Roten in einem Interview, 1990

31
WIEDER VEREINT

Iris und Peter von Roten waren voller guter Vorsätze für ihr Wiedersehen im Hafen von Cherbourg. *Wir werden in der Bretagne,* so Peter, *gut essen und trinken und einander liebe und gute Worte sagen und Zärtlichkeiten spenden.* Iris ihrerseits wünschte sich viel freie Zeit, *dass wir uns ganz einander widmen können.* wie sich das Wiedersehen der beiden gestaltete, ist unbekannt, Wie so vieles für die Zeit nach 1950, über die es nur mehr spärliche Spuren ihres Zusammenlebens gibt. Iris' Rückkehr aus den USA setzt den Schlusspunkt hinter ein siebenjähriges Briefgespräch, das in seiner Intensität und Lebendigkeit einmalig ist. Fest steht, dass Peter und Iris ab September 1949 wieder in Leuk wohnten und in der gemeinsamen Anwaltskanzlei arbeiteten. Für Iris war die Rückkehr an den Ort, den sie ein Jahr zuvor fluchtartig verlassen hatte, ein schwieriger Schritt. *Amerika hat mich ganz traurig gemacht,* bilanzierte sie am 5. Januar 1950 in einem Brief. *Ich habe gesehen, wie es dort für mich zu spät ist. Ich sehe nirgends mehr für mich eine Existenz. Ich bin so mutlos.*

Aus Iris von Rotens Lebenszeugnissen aus dem Jahr 1950 spricht tiefe Resignation. Angst und Hoffnungslosigkeit sind ihre ständigen Begleiter. Die Arbeit als Anwältin brachte keinerlei Befriedigung. *Ich nage den ganzen Tag an Dossiers herum, und sage mir mit furchtbarer Beschämung, dass ich nicht imstande wäre, hier im Wallis ein Advokaturbüro allein zu haben.* Selbst die Aussicht, Ende 1950 nach Basel in das Haus von Peters Grossvater Ernst Feigenwinter zu übersiedeln, war kein wirklicher Trost. *Was mit Basel besser werden soll, sehe ich nicht. Für Frauen gibt es nichts. Diese verdammte Herrschaft der Männer. Diese Selbstverständlichkeit. Mir scheint, ich hätte so gar nichts mehr zu erwarten. O lieber Schatz, was für ein Leben! Wenn ich nur noch die Kraft habe, das Buch zu Ende zu schreiben. Wenn schon zugrunde gehen, dann unter Protest.* Aber auch das Schreiben harzte. Iris fand ihr Buch plötzlich *kraftlos und banal,* legte das Manuskript auf die Seite. *Du kannst Dir nicht vorstellen,* schrieb sie im Februar 1950, *in welcher Auflösung ich mich befinde.*

Im Frühjahr 1950 bewarb sie sich von neuem an amerikanischen Universitäten, bei der UNO, beim Roten Kreuz, bei Nestlé und verschiedenen Zeitungen. Eine gewisse Zeit lang trug sie eine Bewerbung nach der andern auf die Post. Ohne jeden Erfolg. Es muss erniedrigend für die hochqualifizierte Iris von Roten gewesen sein, Absage um Absage zu kassieren und schon fast um Arbeit betteln zu müssen. Als ihr das Modehaus »Hanro« Mitte 1950 die Stelle einer »Reklamechefin« anbot, nahm sie an. Als Leiterin der Werbeabteilung war sie verantwortlich für die textliche und graphische Gestaltung von Werbetexten, leitete einzelne Kampagnen und wurde für die Ausstattung neuer Modehäuser konsultiert. Es war ihr Sinn für Ästhetik und Ausstattung sowie ihre grosse Faszination für schöne Kleider und die Mode, die ihr eine Anstellung bei »Hanro« als reizvoll erscheinen liessen. Ihrer persönlichen Garderobe wird Iris ihr Leben lang ein besonderes Augenmerk schenken. Sommer und Winter kleidete sie sich jeweils nach der neuesten Mode und orientierte sich – das aufkommende Kleiderangebot von der Stange empfand sie bis in die sechziger Jahre als kläglich – an der Haute Couture aus Paris. Das Zusammenstellen der Garderobe war eine genauso faszinierende wie zeitraubende Beschäftigung: Jeweils im Frühling und Herbst hielt sie bei »Grieder« in Zürich Ausschau nach den neuesten Stoffen, überdachte und entwarf ihre eigenen Kleiderschnitte, die sie dann von ihrer Schneiderin anfertigen liess. Nach dreimaliger Anprobe nahm sie die neuen Kleider schliesslich in ihr Sortiment auf. Bis zu ihrem Tod wird sie ihre Kleider einzeln anfertigen lassen. Dabei stellte sie höch-

Iris von Roten, Leuk 1950

ste Ansprüche an sich und ihre Schneiderin. *Ich habe nie mehr einen so wunderschön gekleideten Menschen gesehen,* erinnert sich Elisabeth Rutishauser an ihre Cousine zurück.

Die Anstellung bei »Hanro« befreite Iris nicht nur von ihrem schwierigen Dasein in Leuk, sondern eröffnete ihr zum ersten Mal nach ihrer Kündigung beim »Schweizer Frauenblatt« im Mai 1945 wieder die Möglichkeit, ein ökonomisch unabhängiges Leben zu führen. Die neue Stelle führte weiter dazu, dass Iris und Peter ab Sommer 1950 wieder eine Wochenendbeziehung führten. Iris arbeitete von Montag bis Freitag in Liestal und kehrte für die Wochenenden ins Wallis zurück. Korrespondiert haben die beiden in dieser Zeit – man griff jetzt öfters zum Telefon – nur wenig. *Wie langweilig sind die Tage ohne Dich,* schrieb Iris am 6. September aus Liestal nach Leuk. *Bald werden wir in Basel ein schönes Haus haben,* antwortete Peter. *Dann kommt Dir die Lust wieder, am Buch zu schreiben. Vergiss das nicht, gescheites Blümlein.* Mit zunehmender Dauer machten Iris die Fünftagewoche und ihre provisorische Hotelunterkunft in Liestal zu schaffen. Die Arbeit liess ihr kaum noch Zeit für anderes, ihre Interessen lagen allesamt im argen. *Wie schön wäre ein Leben als Gemüse pflegende und lesende Privatiers. Peter und Iris malen und schreiben nur noch!*

Während Iris im Modehaus »Hanro« ihre Forderung nach beruflicher Eigenständigkeit in die Realität umsetzte, kämpfte Peter im Nationalrat für die rechtliche Besserstellung der Frau. Gegen den Willen seiner Partei hatte er am 21. Dezember 1949 im Nationalrat ein Postulat eingereicht, in dem er und 24 Mitunterzeichner den Bundesrat aufforderten, *den Räten Bericht zu geben über den Weg, auf dem die politischen Rechte auf die Schweizer Frauen ausgedehnt werden können.* Noch bevor Peters Postulat ein Jahr später im Nationalrat behandelt wurde, brachte er im Juni 1950 anlässlich der Revision des Gesetzes über die Nationalratswahlen einen Antrag vors Parlament, der verlangte, *die Wählbarkeit und das aktive Wahlrecht der Frauen bei den Nationalratswahlen gesetzlich festzulegen.* Darin schlug er vor, im Artikel 74 der Bundesverfassung einen Passus aufzunehmen, der einerseits die Beschränkung des Stimmrechts auf die Männer aufhob und andererseits das geltende Gesetz anpasste.* *Der Gesetzestext,* so Peter in seinem Antrag, *den die Kammern annehmen müssten, würde im wesentlichen sagen: »Männer und*

* Art. 74 BV, 1950: Stimmberechtigt bei Wahlen und Abstimmungen ist jeder Schweizer, der das 20. Altersjahr zurückgelegt hat und im übrigen nach der Gesetzgebung des Kantons, in welchem er seinen Wohnsitz hat, nicht vom Aktivbürgerrecht ausgeschlossen ist. Es bleibt jedoch der Gesetzgebung des Bundes vorbehalten, über die Stimmberechtigung einheitliche Vorschriften aufzustellen.

Frauen haben das gleiche Stimm- und Wahlrecht.« Und in einem zweiten Artikel sollte präzisiert sein: »Sollte über dieses Gesetz die Volksabstimmung verlangt werden, so sind bei dieser Abstimmung Männer und Frauen stimmberechtigt.«

Peter von Rotens Taktik war geprägt von seiner Überzeugung, dass das Frauenstimm- und -wahlrecht über eine Volksabstimmung nicht zu erreichen war. Zwischen 1940 und 1951 war das Frauenstimm- und -wahlrecht in zehn Schweizer Kantonen verworfen worden.* *Es ist erstaunlich, dass die Öffentlichkeit diese Abstimmungen nicht zum vornherein als Farce erkannt hat. Und doch muss man heute rückblickend sagen, dass alle diese Abstimmungen, bei denen nur die Männer etwas zu sagen hatten, schon in sich selbst den Kern der Negation der Gleichberechtigung trugen. Einem Teil des Volkes – den Männern – das Recht zu geben, über das Recht des andern Teils zu entscheiden, ist eine derartige Ungeheuerlichkeit, dass man sich nicht wundern muss, dass diese Resultate waren, wie sie wurden: ein Triumph des Egoismus einer bisher privilegierten Klasse, die nicht daran dachte, auf ihre Privilegien zu verzichten. Solange als nicht alle Schweizer Heilige sind, wird sich das Männerkollektiv voraussichtlich nicht dazu hergeben, auf ein bestehendes Privileg zu verzichten.*

Mit seinem Antrag wollte Peter das Pferd gleichsam von hinten aufzäumen: Er wollte die Frauen zuerst ins eidgenössische Parlament bringen und erst dann auf die Einführung des Stimm- und Wahlrechts auf den anderen Ebenen hinarbeiten. In seiner Begründung machte er klar, dass die Gleichberechtigung der Frau nicht über eine Verfassungsänderung mit Zustimmung des Volkes, sondern über eine Änderung der bisherigen Auslegung der Bundesverfassung erreicht werden sollte: *Juristisch kennt die Bundesverfassung nur den Begriff des Volkes und nicht den Be-*

* Das kantonale oder kommunale Frauenstimmrecht wurde abgelehnt in: 1940 Genf und Neuenburg; 1946 Basel-Stadt, Basel-Landschaft, Genf, Tessin; 1947 Zürich; 1948 Neuenburg und Solothurn; 1951 in der Waadt.

griff des Männerkollektivs. Und jedenfalls ist es an der Bundesversammlung als oberste Behörde des Landes zu bestimmen, welches das »Volk« ist, das über die Gesetzesannahme oder Verwerfung zu entscheiden hat. Nicht das Volk ist der Gesetzgeber, sondern die Bundesversammlung. Und die Bundesversammlung kann souverän bestimmen, welches das »Volk« ist, welches über die Gesetze abzustimmen hat. Gewiss, es hat etwas Überraschendes, dass die Macht des Männerkollektivs auf diese Weise gebrochen werden muss. Aber wir können das nur dann rechtfertigen, wenn wir uns bewusst sind, dass mit der Gleichsetzung aller Bürger ein hochpolitisches Postulat erfüllt wird, das ganz gewiss einen metajuristischen Charakter hat.

Iris war begeistert. *O lieber Schatz, ich habe Deinen gescheiten Antrag gerade gelesen. Dabei ist mir eine Sekunde lang der alte Schwung gekommen: Oh, das Buch sollte geschrieben werden. Alles andere ist Mumpiz. Aber es ist so schwer, das Buch zu schreiben. Es braucht auf eine Art alle Kraft und Konzentration.* Selbstbewusst, rhetorisch versiert und angriffig-polemisch brachte Peter von Roten seinen Antrag am 23. Juni 1950 vor das Parlament. Einen engagierteren Peter von Roten hat man selten gesehen. Eine akademische Diskussion, über das Frauenstimmrecht, stellte er zu Beginn seiner Rede klar, werde er im Rat nicht führen, weil die Entwicklung, welche die zivilisierte Menschheit im 20. Jahrhundert genommen habe, diese Frage längst erledigt habe. *Wir brauchen, um das zu beweisen, nur einmal die Liste jener Länder nachzusehen, in denen heute noch in den politischen Rechten von Männern und Frauen ein gesetzlicher Unterschied gemacht wird. Es sind das neben der Schweiz Afghanistan, Äthiopien, Costa Rica, Honduras, Jordanien und Jemen.* Die Frage des Frauenstimmrechts könne nicht als ein politisches Problem irgendwelcher Art behandelt werden, stellte er klar, es handle sich hier nicht *um ein Problem im Strassenbau oder der Feuerversicherung. Das Erlebnis des Feminismus ist eine Welle, die durch die Welt geht, wie der Liberalismus, die Renaissance oder der Sozialismus, und die man nur in seiner normalen poli-*

tischen Einheit, eben auf schweizerischem Boden und Massstab, verwirklichen kann. Gegenüber den *Männerstimmrechtlern* sah Peter nur einen Weg: *Man muss sie aussterben lassen, wie man die Anhänger des Ancien Régime, die Royalisten in Neuenburg oder die Sklavenhalter in den Vereinigten Staaten aussterben lassen musste.*

Peter erinnerte den Rat daran, dass seit 1918 – *zur Zeit, als noch mein Grossvater in diesem Saale war* – insgesamt drei Motionen für die Gleichberechtigung der Frau eingereicht und an den Bundesrat überwiesen wurden, der, statt wie es seine Pflicht gewesen wäre, *ein Gesetz in diesem Sinne auszuarbeiten,* die ganze Angelegenheit in die Länge zog und schubladisierte.* *Wenn man die Geschichte dieser Motionen betrachtet,* bemerkte Peter mit einem Fingerzeig Richtung Bundesrat, *hat man den Eindruck, dass wir kneifen wollen.* Seine Rede wurde von der Zuschauertribüne, die fast ausschliesslich von Frauen besetzt war, mit spontanem Applaus bedacht. Sehr zum Ärger von Nationalratspräsident Pini, der den Frauen mit der Räumung der Tribüne drohte. In seiner Antwort sprach Bundesrat von Steiger, ein erklärter Gegner des Frauenstimmrechts, Peter für seinen Idealismus alle Sympathie zu, hielt seinen Antrag aber nicht für verfassungskonform. Weiter verwies er auf Peters Postulat vom 21. Dezember 1949, das im Herbst 1950 im Nationalrat traktandiert war. Die anschliessende Abstimmung brachte Peter die erwartete Niederlage: Mit 41 gegen 88 Stimmen wurde sein Antrag vom Nationalrat abgelehnt.

Peters Postulat vom 21. Dezember 1949, das den Bundesrat aufforderte, dem Parlament einen Bericht vorzulegen, wie *die politischen Rechte auf die Schweizer Frauen ausgedehnt werden*

* – 1918 Motionen von Hermann Greulich (SP, Zürich) und Emil Göttisheim (FDP, Basel-Stadt) für die Einführung des Frauenstimmrechts.
– 1929 Petition des Schweizerischen Verbandes für das Frauenstimmrecht und der linken Parteien und Organisationen.
– 1944 Postulat von Hans Oprecht (SP), das den Bundesrat aufforderte, die Einführung des Frauenstimmrechts zu prüfen.

können, kam erst am 20. Dezember 1950 vor den Nationalrat. *Nicht in der scharf argumentierenden Tonart eines Juristen,* spöttelte das »Volksrecht« aus Zürich über Peters Rede, *sondern eher mit der Stimme eines zartbesaiteten Literaten, der sich anschickt, Rilke-Gedichte vorzutragen, setzte sich von Roten, auch an den Damenflor der Tribüne sich wendend, für das Frauenstimmrecht ohne Verfassungsrevision ein.* Nach kurzer Debatte wurde das Postulat mit 71:42 Stimmen angenommen und an den Bundesrat überwiesen. Sechs Wochen später folgte die Ernüchterung. In seinem Bericht hielt der Bundesrat fest, dass die Einführung des Frauenstimmrechtes nur über eine Verfassungsänderung möglich sei. Die in den Kantonen gescheiterten Versuche interpretierte der Bundesrat als ein Indiz dafür, dass der Zeitpunkt für eine eidgenössische Abstimmung noch nicht reif sei. Den Befürwortern des Frauenstimmrechts empfahl er eine Sensibilisierung von unten, d. h. den Gang durch die Gremien von Kirche, Fürsorge und Erziehung.

Peter konnte den Bericht des Bundesrates nicht akzeptieren. Er beschloss, in der ausserordentlichen Aprilsession 1951 eine neue Motion einzubringen. Die katholisch-konservative Fraktion und insbesondere sein väterlicher Parteikollege Josef Escher – er wurde am 11. September 1950 zum Bundesrat gewählt – opponierten vergeblich. *Peter von Roten disqualifiziert sich selbst,* spottete eine Westschweizer Zeitung. *Seine Auftritte im Bundeshaus beeindrucken durch die Eleganz seiner Garderobe und nicht durch seinen Sachverstand.* In Zusammenarbeit mit dem Schweizerischen Verband für das Frauenstimmrecht formulierte Peter eine Motion, in der er dem Rat vorschlug, den Frauen in einem ersten Schritt das Stimmrecht in eidgenössischen Gesetzesfragen und zu einem späteren Zeitpunkt das integrale Stimm- und Wahlrecht zu verleihen. In seiner Motion disqualifizierte er den Bericht des Bundesrates *als nicht stichhaltig. Können Sie mit gutem Gewissen unserer Generation der Frauen, nicht den Frauen, die in 200 Jahren leben, sondern die hic et nunc die Schweiz bewohnen, zumuten, dass man diese verneinenden Entscheidungen der*

Männer in den Kantonen noch länger hinnehme? Können Sie es nicht begreifen, dass die politisch interessierten Frauen sich an das höchste politische Gremium der Schweiz wenden und von Ihnen einen Entscheid verlangen, der nicht von der Mentalität des Eigentümers von Privilegien diktiert ist, sondern einen Entscheid, den Sie als Vertreter der ganzen Volksgemeinschaft, welche aus Männern und Frauen besteht, fällen?

Zusammen mit dem Bericht des Bundesrates stand Peters Motion am 13. Juni 1951 auf der Traktandenliste des Nationalrates. Wieder war die Publikumstribüne im Nationalrat bis auf den letzten Platz von Frauen besetzt. *Wir erblicken* – so die »Tat« am 14. Juni 1951 – *junge und alte, hübsche und hübschere Frauen aus den verschiedensten Kreisen. Selbst Operngläser werden gezückt, was uns symbolisch erscheint, denn man kann sich des Eindrucks nicht erwehren, dass mit dem zur Behandlung stehenden Gegenstand im Nationalrat ein gewisses Theater aufgezogen wird. Ist es den Herren Ratsmitgliedern ernst mit dem Frauenstimmrecht oder nicht? – das ist die Frage.* Wie zahlreiche andere Redner nahm auch Peter Stellung zum Bericht des Bundesrates und rührte die Werbetrommel für seine Motion. Das stenographische Protokoll der Debatte zeigt eines deutlich: Der Konflikt zwischen Befürwortern und Gegnern des Frauenstimmrechtes war nicht ein Streit um den Wortlaut der Bundesverfassung, sondern um deren Interpretation. Die Gegner der politischen Gleichberechtigung und mit ihnen der Bundesrat beharrten auf ihrer formal-juristischen Haltung, dass die Formulierung in Artikel 74 der damaligen Bundesverfassung – *Stimmberechtigt ist jeder Schweizer, der das 20. Altersjahr zurückgelegt hat* – nur die Männer meine und das Frauenstimmrecht deshalb nur über eine Verfassungsänderung zu erreichen sei. *Art. 4 und 74 sind ausnahmslos dahin auszulegen,* hielt Bundesrat von Steiger in seiner Antwort auf Peters Motion fest, *dass sie nur für männliche Schweizer das politische Stimm- und das aktive und passive Wahlrecht einräumen. Da es einer Verfassungsänderung bedarf, um der Frau die politischen Rechte einzuräumen, läuft die Mo-*

tion von Rotens eigentlich darauf hinaus, eine solche materiell zu umgehen. Das ist aber nicht zulässig.

Peters Motion steht in der Tradition zahlreicher Versuche, die seit dem späten 19. Jahrhundert in Gemeinde-, Kantons- und im Bundesparlament für eine andere Auslegung von Artikel 4 – *Alle Schweizer sind vor dem Gesetze gleich* – und 74 der Bundesverfassung kämpften. In seiner Rede vor dem Parlament stellte Peter die entwicklungsgeschichtliche und ethische Bedeutung der Frauenstimmrechtsfrage über die formal-juristische Praxis. *Ich glaube vielmehr, dass wir die Legitimation einer bestehenden Staatsform, eines bestehenden Staates nicht ex ante beurteilen dürfen, sondern aus dem Zustand, der nachher existiert. Glauben Sie, dass es, wenn das Stimmrecht einmal allgemein sein wird, auch einem einzigen ernsthaften Politiker noch einfallen würde, an der Legitimität dieses Zustandes zu zweifeln?*

Aus den zahlreichen Pro- und Kontra-Wortmeldungen zum Bericht des Bundesrates sticht eine heraus: Die lange Rede des Arztes und BGB-Nationalrates Eugen Bircher, der es sich nicht nehmen liess, dem Plenum die grundsätzlichen Unterschiede zwischen Mann und Frau zu erklären.* *Die Frau, dieser Knalleffekt der Natur, wie Schopenhauer nicht gerade freundlich gesagt hat, steht in ihrer anatomisch-geschichtlichen Entwicklung dem Kinde näher als dem Mann. Mann und Frau sind für denjenigen, der am Seziertisch gestanden hat, und zwar nicht nur am anatomischen, sondern auch am geistigen Seziertisch, zwei grundverschiedene Typen, zwei verschiedene Wesen. Jedes ist in seiner Form vollendet, vollkommen. Goethe kann seine Männlichkeit nicht aufgeben, sowenig wie eine Frau ihre Weiblichkeit. Durchschnittlich stehen die Verhältnisse aller Organe von Mann und Frau wie 100:90. Alle Organe sind leichter und kleiner bei der Frau als beim Mann. Der Mann lebt sein Leben in der Ebene, ruhig, streitbar, kämpfend, während der Frau durch die Physio-*

* BGB: Bauern-, Gewerbe- und Bürgerpartei, seit 1971 Schweizerische Volkspartei (SVP).

logie augenscheinlich ein ganz anderes Leben gegeben ist. Der Wellenberg und das Wellental beherrschen ihre Persönlichkeit. Periodizität meistert ihr Leben. Das ergibt ihre Stellung im Menschengeschlecht. Der Mann hat geistig die grössere Aufnahmefähigkeit, die grössere Sensibilität, die Frau jedoch – das zeigt sich gerade bei den jetzigen Anhängerinnen des Herrn von Roten – die grössere Irritabilität. Sie errötet leichter. Sie hat die grössere Neigung zum Lachen, aber auch zum Weinen. Auch in der Mimik der Frau ist ein wesentlich lebendigerer Zug als beim Mann. Sie ist auch leichter beeinflussbar und suggestibel. Das ist ein Moment, das meinetwegen bei den Abstimmungen über die Rheinkorrektion nicht stark ins Gewicht fällt; aber bei personellen Wahlen kann das stärkere Gefühlsmoment mehr ins Gewicht fallen. Ich möchte nicht Hitler zitieren. Ich möchte darauf aufmerksam machen, dass wir eine viel deutlichere persönliche Suggestibilität bei MacArthur gesehen haben, dem, wie in der »Neuen Zürcher Zeitung« stand, bei seinem Einzug in New York die Damen vor Begeisterung ihre intimsten Kleidungsstücke zugeworfen haben. Die Frau ist zweifellos auch rascher erschöpfbar. Es gibt ein Werk, das von einem seriösen Forscher geschrieben ist, Möbius, mit dem Namen »Physiologischer Schwachsinn des Weibes«. In der Tat möchte ich das nicht als Schwachsinn bezeichnen. Bei der Frau steht das Unbewusste stärker im Vordergrund. In der Unbewusstheit ist ihr psychologisch-physiologischer Zustand bereits vom Zürcher Jung als im kosmozonischen Urnebel lebend bezeichnet worden. Der Frau ist eine Aufgabe gegeben, die man nicht mit anderen Nebenaufgaben verbinden kann. Es ist die Aufgabe der Erhaltung der Rasse, des ganzen Menschengeschlechtes, die man nicht hoch genug einschätzen kann. Wir müssen uns darüber klar sein, der Mann ist der Verstandesmensch, die Frau der reine Gefühlsmensch. Die Politisierung der Frauen führt zu Verelendung und*

* Douglas MacArthur (1880–1964), amerikanischer General während des Zweiten Weltkriegs und in Korea.

zur Korruption in ihrer gottgewollten Aufgabe der Mutterschaft. Nach weiteren Reden, in denen Befürworter des Frauenstimmrechtes Birchers Rede arg kritisierten, kam es zur Abstimmung. Mit 128:11 Stimmen wurde der Bericht des Bundesrates vom Parlament angenommen, Peters Motion jedoch mit 114 gegen 8 Stimmen abgelehnt.

Die konservative Grundstimmung der Nachkriegsjahre war ein denkbar schlechtes Terrain für Peter von Rotens frauenrechtlerische Vorstösse. In ganz Westeuropa war der wirtschaftliche Aufschwung der frühen fünfziger Jahre verbunden mit dem Siegeszug traditioneller Familien- und Wertenormen. Die konservativen Kräfte setzten auf die Restauration der christlichen Familie, die der Krieg in ihren Grundfesten erschüttert hatte, und befürworteten eine rigidere Haltung in den Fragen von vorehelicher Sexualität und Abtreibung. Das Familienmodell des männlichen Alleinernährers mit nichterwerbstätiger Hausfrau wurde trotz Hochkonjunktur nicht in Frage gestellt. Bis in die späten sechziger Jahre wird diese klassische Zementierung der Geschlechterrollen in breiten Kreisen von Gesellschaft und Politik unbestritten bleiben. Obwohl in Frauenbefragungen in den Kantonen Genf (1952), Basel Stadt (1954) und in der Stadt Zürich (1955) klar zum Ausdruck gekommen war, dass Frauen ihre politischen Rechte und Pflichten wahrnehmen wollten, beharrten die Gegner des Frauenstimmrechts durch das ganze Jahrzehnt auf ihrem Standpunkt, dass die Frauen selbst ihre politische Gleichstellung nicht wünschten. Bis zur ersten eidgenössischen Volksabstimmung über das Stimm- und Wahlrecht der Frau am 1. Februar 1959 wurden im Nationalrat zwar noch mehrere Vorstösse eingereicht, die aber entweder abgelehnt oder auf die lange Bank geschoben wurden.

Peter von Roten seinerseits konnte sich auf Bundesebene nicht mehr direkt für die rechtliche Gleichstellung der Frau einsetzen: Im Herbst 1951 wurde er aus dem Nationalrat abgewählt. Obwohl er von seiner Partei zur Wiederwahl aufgestellt worden war, setzten die Konservativen auf einen anderen Kandidaten, wollte man den »Weiberknecht« und »Führer der schweizerischen Suffragetten«, wie Peter im Wahlkampf verunglimpft wurde, nicht mehr in Bern haben. *Es ist ein offenes Geheimnis im Wallis,* schrieb eine Westschweizer Zeitung, *dass Nationalrat Peter von Roten politisch von seiner Frau inspiriert ist und dass er mit ihr auch ihre Ideen geheiratet hat.* Ein Nationalrat, der sich kaum für spezifische Walliser Interessen einsetzte und dessen grösste Leistung darin bestand, auf eigensinnige Weise für die politische Gleichstellung der Frau zu kämpfen, war sowohl bei den Walliser Konservativen als auch in der Bundeshaus-Fraktion unerwünscht. Peter nahm die verpasste Wiederwahl mit Gelassenheit zur Kenntnis. Obwohl er ahnte, dass seine Wiederwahl gefährdet war, legte er noch zwei Wochen vor den Wahlen öffentlich sein politisches Credo ab: *So ich ausnahmsweise die Überzeugung hatte,* schrieb er am 12. Oktober 1951 in seiner Kolumne, *dass die Meinung der Partei falsch war, habe ich mich aber verpflichtet gefühlt, so zu stimmen, wie ich es für richtig hielt, auf die Gefahr hin, sogar gegen die eigene Partei zu stimmen. Meiner Ansicht nach sollte es nicht der Ruhm und das Ziel der konservativen Fraktion in der Bundesversammlung sein, durch Einheit und Einstimmigkeit zu glänzen, sondern durch die Gewissenhaftigkeit ihrer Mitglieder. Eine Partei ist keine Kirche mit göttlicher Leitung, sondern eine Verbindung von Leuten, die in erster Linie ihr Gewissen hören müssen.*

Und wenn einmal diese freiheitliche Luft durch die Muffigkeit einer Meinungsschnüffelei staatlicher oder parteipolitischer Art ersetzt wäre, dann möchte ich lieber tot als Nationalrat sein.

32
BASEL

Im Frühjahr 1951 bezogen Iris und Peter von Roten das Haus von Peters Grossvater Ernst Feigenwinter am Basler Heuberg. Das aus dem Anfang des 16. Jahrhunderts stammende viergeschossige Patrizierhaus im Herzen der Basler Altstadt verfügte über ein Bürogeschoss im Parterre und drei grosszügige Wohnungen. Das Paar richtete sich im ersten Stock ein und übernahm die Mietverträge der anderen Wohnungen. Wie bereits in Leuk kümmerte sich Iris um die Einrichtung und Ausstattung der gemeinsamen Wohnung. Küche, Hausarbeit und Wäsche besorgte eine Hausangestellte, die eine der Mansarden des Hauses bewohnte. Als sich in den 1960er Jahren nur noch schwer Hausangestellte finden liessen, entwickelten Iris und Peter ein neues Konzept, das sich über Jahre bewähren sollte. Sie vermieteten die zwei Mansarden im dritten Stock günstig an Studenten, die sich verpflichteten, einmal am Tag die Küche aufzuräumen und das Geschirr zu spülen. Den Unterhalt ihrer Wohnung besorgte eine Putzfrau, die Wäsche holte einmal wöchentlich ein Reinigungsservice ab.

Seinen beruflichen Einstieg in Basel fand Peter im Advokaturbüro Paravicini – Im Obersteg, wo er 1951 Teilhaber wurde. Im Wallis behielt er nur sein Büro und eine Wohnung in Visp, wo er sich jede Woche zwei Tage aufhielt, um seine juristischen Mandate und politischen Ämter – Grossrat und Präfekt des Bezirkes Westlich Raron – wahrzunehmen. Bis an sein Lebensende wird Peter von Roten praktisch jede Woche einmal ins Wallis fahren.

Der verlorene Nationalratssitz bescherte ihm endlich wieder Zeit zum Lesen und Schreiben. Über Monate beschäftigte er sich mit Marcel Prousts »A la recherche d'un temps perdu«. *Ich lese diese Bücher, wie Alkoholiker trinken,* schrieb er am 7. Oktober 1951. *Ich kann mich ihnen nicht entziehen und frage mich, wie ich weiterleben soll, wenn der fünfzehnte Band abgeschlossen sein wird.* Nach siebenjährigem Unterbruch begann er im Oktober 1952 wieder mit Einträgen in seinem Tagebuch. Gleichzeitig nahm er auch die Arbeit an verschiedenen Theaterstücken wieder auf.

Bei der Durchsicht seines Nachlasses stosse ich auf über ein Dutzend Dramen und Dramenskizzen, die zwischen 1943 und 1985 entstanden sind und sich inhaltlich mit jenen Themen beschäftigen, die sein Leben geprägt haben. Der 1943 entstandene »Antigon« ist eine tragische Komödie um das Schicksal eines Wehrdienstverweigerers, der Gewalt aus religiösen Gründen ablehnt und dafür standrechtlich erschossen wird. Die Komödie »Das Museum« (ca. 1952) erzählt von der reichen Baslerin Anne-Babette Burckhardt, die ihren Besitz der Stadt vermacht, was im Himmel gar nicht goutiert wird und genauso als Sünde angesehen wird wie ihre Abtreibung in jungen Jahren. Das Urteil ist hart: Anne-Babette Burkhardt wird als Geist in ihr Haus zurückgeschickt, wo sie so lange bleiben muss, bis das Haus wieder in Privatbesitz ist. »Der versicherte Versicherer« (um 1955) ist eine Satire auf die moderne Gesellschaft, in der ein entlassener Häftling erfolgreich Versicherungen gegen Missverständnisse, Impotenz und die falsche Wahl des Ehepartners verkauft. »Heimat – Die Fondue der Gerechten« (1966) schildert selbstgefällige Justizbeamten, die sich vor ihrer Verantwortung am Selbstmord eines zu Unrecht Verdächtigten drücken und in einem dramatischen Finale für ihre Abgestumpftheit und Lethargie bezahlen. Neben diesen grösseren Dramen verfasste Peter auch eine Reihe von schwankhaft-satirischen Szenen, in denen er den Kampf für das Frauenstimmrecht, Erfahrungen aus seiner Gerichtspraxis und viel Walliser und Basler Lokalkolorit verarbeitete. Weder die Theaterstücke noch die kleinen Szenen sind je aufgeführt worden. Peter hat sich nie aktiv um eine Beurteilung seiner Arbeiten bemüht. Keines seiner Stücke – abgesehen von »Heimat – Die Fondue der Gerechten«, mit dem er erfolglos an einem Preisausschreiben teilnahm – hat er überarbeitet und in eine endgültige Fassung gebracht.

Wie seine Briefe muss Peter auch seine Dramen mit spielerischer Leichtigkeit verfasst haben. Für Überarbeitung und Lektorat fehlten ihm der lange Atem und die nötige Disziplin. Die Qualität seiner Stücke liegt in ihrem Unterhaltungswert, ihrer ausgeprägten Situationskomik, die ihm manchmal wichtiger zu sein scheint als ihre Gesamtaussage. Was all seine Stücke verbindet, ist seine Faszination für Gerichtsszenen, seine Vorliebe für Farce und Groteske, sein Faible für die unerwartete Wendung und den überraschenden Ausgang. Einen verblüffenden Schluss nimmt auch sein Dialekt-Hörspiel »Maria Magdalena«, das 1963 von Schweizer Radio DRS produziert und ausgestrahlt wurde: Hans Josef Blatter erleidet einen Herzschlag, als er durch einen Brief erfährt, dass sein für den Priesterberuf bestimmter Sohn Gustav *»erhahnut«** ist und heiraten will. Die persönliche Schmach und die Schadenfreude seiner Parteigegner im Dorf sind für den alten Mann zuviel. Als Gustav mit seiner Braut am Sterbebett seines Vaters eintrifft, ist dieser nahe daran, seinen Sohn zu verfluchen. Dass er es schliesslich nicht tut, liegt an der aussergewöhnlichen Schönheit seiner zukünftigen Schwiegertochter, die den Sterbenden über alle Massen beeindruckt und mit seinem Sohn versöhnt.

Unvollendet geblieben sind auch Peter von Rotens Lebenserinnerungen. Von 1975 bis zu seinem Unfall im Jahre 1978 beschrieb er in extenso seine Herkunft, Kindheit und Jugend. Dabei konzentrierte er sich weniger auf seine persönlichen Erlebnisse und Erfahrungen als vielmehr auf die detaillierte Schilderung seines familiären und gesellschaftlichen Hintergrundes. Völlig intuitiv überliess er sich 322 Schreibmaschinenseiten lang

* »erhahnut«, Walliser Dialektausdruck, abgeleitet von Hahn, meint: zur Geschlechtsreife erwacht.

seinen Erinnerungen, reihte Episode an Episode und schweifte in gewitztem Plauderton endlos ab. Selbst die unscheinbarsten Figuren liess er noch einmal auftreten: Kein Bubenstreich, keine Schrulle des Dorfpfarrers, keine politische Rankiüne der Gelben und keine auch nur entfernt bekannte Grosscousine, über die Peter nicht eine interessante Geschichte zu erzählen wusste. In diesem assoziativem Erzählstil liegen Stärke und Schwäche seiner Erinnerungen: Für den Historiker sind sie ein wertvolles Sammelsurium von vielen interessanten und kuriosen Geschichten, eine Art genealogisches Lexikon und Gesellschaftsbild der Walliser Oberschicht, das eine Fülle von Fakten überliefert, die in keinem Geschichtsbuch verzeichnet sind. Schwieriger wird es für jene Leser, die mit dem weitverzweigten Verwandtschaftsnetz der Familie von Roten und den Gegebenheiten der Walliser Lokalpolitik nicht vertraut sind: In zahllosen Exkursen, einer Fülle von unbekannten Namen, Ereignissen und Anspielungen sind sie rasch und hoffnungslos verloren.

Die Auseinandersetzung und Analyse von Peter von Rotens schriftlichem Nachlass macht eines klar: Ein grosser Schriftsteller ist in ihm nicht zu entdecken. Zu skizzenhaft, unvollendet und zu fragmentarisch ist sein Werk geblieben. Mit einem erfahrenen Lektorat zur Seite hätte er sein literarisches Talent höchstwahrscheinlich weiterentwickeln können. Bleibende Bedeutung in seinem Nachlass haben denn auch weniger seine literarischen Werke als vielmehr seine Artikel und sein immenses Briefwerk, die zeitgeschichtliche Dokumente ersten Ranges sind.

In die erste Basler Zeit fällt Peters Lektüre von Simone de Beauvoirs Buch »Le deuxieme sexe«, das er abwechselnd mit Iris las und diskutierte. Iris beschäftigte sich bis tief in die Nacht mit Beauvoirs feministischem Standardwerk, Peter zwischendurch über Tag. Beim gemeinsamen Nachtessen diskutierten die beiden über das 1949 erschienene und in Frankreich heftig umstrittene Werk. Spuren dieses Austausches sind keine erhalten. Beauvoir stellte in ihrem opulenten Werk, das wie Iris' Buch detailliert jene Faktoren analysierte, die weiblicher Emanzipation entgegenstan-

Iris und Peter von Roten vor ihrem Haus in Basel, 1951

den, die These auf, dass Weiblichkeit nicht durch Natur oder Biologie bedingt ist, sondern erst durch Erziehung und Sozialisation geschaffen wird. Eingehend befasste sie sich mit Mythen und Vorstellungen, die in Literatur, Geschichte, Philosophie und Psychoanalyse Weiblichkeit konstruieren und definieren. *On ne naît pas femme on le devient,* lautet die vielzitierte Quintessenz ihrer Studie. Es ist gut möglich, dass sich Iris durch »Le deuxième sexe« ermutigt fühlte, die liegengebliebene Arbeit an ihrem Buch wiederaufzunehmen. Womöglich aber hat sie Beauvoirs beeindruckendes Buch auch mit Neid erfüllt, weil sie vieles von dem vorwegnahm, wovon auch in ihrem noch unvollendeten Manuskript die Rede war. Mit Sicherheit hat sie sich auch für die öffentlichen Reaktionen auf Beauvoirs Buch interessiert: So dürfte ihr nicht entgangen sein, dass das Buch stark angefeindet wurde und man sich in katholischen Kreisen darüber empörte, dass die Autorin offen über Sexualität, Verhütung und Abtreibung schrieb.

Simone de Beauvoir und Iris von Roten verbindet mehr als ihre Bücher. Beide Frauen lebten in einer unkonventionellen Ehe und hatten ihre Forderungen nach Gleichstellung auch in ihrem privaten Leben radikal durchgesetzt. Sehr unterschiedlich jedoch ist der Wissensstand über ihr Beziehungsleben. Während es über Sartre-Beauvoir einen schwer überblickbaren Bestand von persönlichen Briefen, Memoiren, Tagebüchern und Berichten Dritter gibt, die mehr oder weniger ihr ganzes Leben umfassen, weiss man über die Beziehung Iris–Peter von Roten nach 1950 sehr wenig. Sicher ist, dass die beiden auch in Basel an ihrem Modell der offenen Beziehung festgehalten haben. Während im Fall von Iris unklar ist, ob sie zu Beginn der fünfziger Jahre andere Beziehungen hatte, sind diese bei Peter ab 1952 in seinem Tagebuch erfasst. Die Beziehung zu Iris ist darin kein Thema mehr. Iris wird zwar oft erwähnt, fast immer aber nur im Zusammenhang mit praktischen Alltagsangelegenheiten. Einen ähnlichen Eindruck vermitteln einem Iris' Briefe von ihren späteren Reisen. Wie in Peters Tagebuch geht es auch in ihnen nicht mehr um grundsätzliche Gespräche oder Debatten, sondern meist um die praktischen Dinge des Lebens.

Mit dem Umzug nach Basel scheint sich die Beziehung zwischen Peter und Iris konsolidiert zu haben. Allein schon die Distanz zum Wallis und zu Peters Familie muss für Iris eine grosse Erleichterung gewesen sein. Genauso wie die Möglichkeit, ihr Leben frei gestalten zu können. Nach ihrer Kündigung bei »Hanro« im Juni 1951 hat Iris nie mehr eine Anstellung angenommen und sich als Freischaffende zu etablieren versucht. Ihren Lebensrhythmus hat sie dabei ganz und gar auf ihre Schlaflosigkeit ausgerichtet. Am Morgen schlief sie aus, stand gegen elf

Uhr auf, traf sich dann mit Peter, der stets früh aufstand, zu einem kleinen Mittagessen und begann dann ihren Tag. Wichtigster Treffpunkt war das gemeinsame Abendessen, wo man sich über den Alltag austauschte und über allerlei Themen diskutierte. Gegen halb neun Uhr zog sich jeder von neuem in seine Welt zurück. Peter ging früh schlafen, bei Iris stand der spätere Abend und die halbe Nacht im Zeichen der Lektüre.

Im Juli 1951 – nur ein paar Wochen nach ihrer Kündigung bei »Hanro« – wurde die vierunddreissigjährige Iris schwanger. Wie mag sie ihre ohne Komplikationen verlaufene Schwangerschaft erlebt haben? Als *Erlebnis, das für einen selbst eine wichtige Renaissance ist,* wie sie am 13. März 1945 an Peter geschrieben hatte, *das einem alle Gaben und Fähigkeiten verdoppelt und verdreifacht und zugleich eine bisher unbekannte Ruhe gibt?* Die Realität war anders, die Schwangerschaft körperlich etwas ungeheuer Beschwerliches. Als sie am 23. April 1952 eine gesunde Tochter zur Welt brachte, gab sie ihr den Namen Hortensia und erwies damit einer Vorfahrin mütterlicherseits ihre Reverenz: Hortensia Gugelberg von Moos, die wie ihre Mutter vom Familienzweig der von Salis-Maienfeld abstammte und sich im späten 17. Jahrhundert als Wissenschaftlerin, Ärztin und Kämpferin für die Frauenrechte einen Namen gemacht hatte. Obwohl sich Iris sehr an der kleinen Tochter freute, war von Anfang an klar, dass die klassische Mutterrolle für sie kein erfüllendes Lebensmodell darstellte und deshalb nicht in Frage kam. *Warum* – schreibt sie in »Frauen im Laufgitter«, *sollten die Interessen der Kinder schon grundsätzlich jenen der Frauen vorgehen? Die Kinder sind nicht wertvoller als ihre Mütter.*

Für Iris von Roten kam es nicht in Frage – auch nicht für kurze Zeit –, von allem loszulassen, um ausschliesslich und allein Mutter zu sein. Es ging ihr darum, ihre Überzeugungen konsequent in die Tat umzusetzen. Ganz bewusst verzichtete sie auf das Stillen ihres Kindes. *Es ist das moralische Recht der Mutter, frei zu entscheiden, ob überhaupt und wie lange sie das Kind stillen will.* Dass sie diese Verweigerung des Stillens, *des Symbols der geprie-*

senen Mütterlichkeit, in ihrem Umfeld zur Rabenmutter machte, kümmerte sie nicht. Schwangerschaft, Geburt und Mutterglück konnten *keinen Augenblick lang die ganze Individualität der Frau* erfassen. Die natürliche Bestimmung der Frau auf »Weiblichkeit« und »Mütterlichkeit« war ein Konstrukt des Patriarchats, auf das Generationen von Frauen hereingefallen waren. Mit der Geburt eines Kindes begann für die meisten Frauen ein Leben, in dem sie nicht mehr das tun konnten, was sie eigentlich wollten. Wie war es nur möglich, dass die Frauen in ihrem »Mutterglück« übersehen konnten, dass Kindererziehung untrennbar mit Hausarbeit und materieller Abhängigkeit verbunden war? Nichts behinderte die Gleichberechtigung der Geschlechter mehr als diese unselige Verkoppelung. In dieser Einschätzung trifft sich Iris mit Simone de Beauvoir, die in der Mutter- und Hausfrauenfalle ebenfalls das stärkste Hindernis der Frauen für Gleichberechtigung und Selbstentfaltung sah.

Wieviel mehr als die Väter, so Iris in ihrem Buch, *haben die Mütter bei der Geburt ihrer Kinder Anlass zu sagen: Eine neue Fessel! Denn sie schmiedet sie bei der herrschenden Arbeitsteilung der Geschlechter zwanzig Jahre lang ans Haus. Die Fessel besteht in der Pflicht, die Tausende von Mahlzeiten zuzubereiten, die das Kind verzehrt, allen und jeden Schmutz zu beseitigen, den es verursacht, und als Penelope am Flickkorb zu sitzen. Als Feministin sieht man in unzähligen Verhältnissen zwischen Mutter und Sohn Tragödien: Die begabte Mutter verzichtet auf die wenigen Chancen, die ihr in der Männerkultur geboten sind, um einem mittelmässigen Sohn das Leben recht appetitlich anzurichten und ihn seine Mittelmässigkeit als Format erleben zu lassen. Eine Laus mästet sich am Lebenssaft einer Rose.*

Kurze Zeit nach der Geburt ihrer Tochter verreiste Iris für mehrere Wochen nach Italien und Spanien, wo sie sich von den Strapazen von Schwangerschaft und Geburt erholen wollte, sich dem *Wiedergewinn der Integrität des Körpers, seiner Bewegungsfreiheit und Unabhängigkeit* widmen wollte. Die kleine Hortensia blieb in der Zwischenzeit im Säuglingsheim. Nach Iris'

Rückkehr übernahm ein Kindermädchen den Hauptteil der Betreuung. Bei seiner Auswahl ging Iris sehr sorgfältig vor. Professionalität und der positive Draht zu Kindern waren die entscheidenden Kriterien. Die verbleibende Betreuungsarbeit teilte sie sich mit Peter auf. Mit diesem Modell, so war Iris überzeugt, blieb ihr das Schicksal der meisten Frauen erspart, die dazu verurteilt waren, mit einer Geburt – ob sie nun am täglichen Zusammensein mit Kindern interessiert waren oder nicht – auch gleich die vollumfängliche Versorgung des Kindes zu übernehmen. Die Betreuung eines Kindes sollte für eine Mutter keine lästige Lebensaufgabe, sondern vielmehr eine willkommene Freizeitbeschäftigung sein.

Eine Mutter, die sich nur in Randstunden um das Wohl ihrer Kinder kümmert? An sich nichts Spezielles, vielmehr etwas, das in aristokratischen und wohlhabenden Bürgerfamilien seit Jahrhunderten Usus war. Im Fall von Iris aber kommt etwas dazu, das im öffentlichen Bewusstsein der frühen fünfziger Jahre nicht akzeptiert war. Peter und Iris engagierten ihr Kindermädchen nicht aus Prestigegründen und auch nicht, um der Herrin des Hauses mehr Raum für repräsentative Pflichten zu schaffen, sondern weil Iris ihre berufliche Weiterentwicklung höher und wichtiger einschätzte als die Betreuung eines Kindes. Mit anderen Worten: Nach der Geburt ihrer Tochter nahm Iris das für Männer selbstverständliche Recht auf die Rückkehr in ihr Berufsleben auch für sich in Anspruch. Darin lag ein gewisser Affront, auf den die öffentliche Meinung bis weit in die siebziger Jahre mit spitzen Bemerkungen wie »Die Frau würde besser bei den Kindern bleiben, denn sie hat es ja gar nicht nötig, arbeiten zu gehen« reagierte.

Die schwierige Vereinbarung von Mutterschaft und Beruf ist sowohl für Iris von Roten als auch für Simone de Beauvoir ein ungelöstes Dilemma der weiblichen Existenz. Unterschiedlich sind die Konsequenzen, die die beiden daraus ziehen: Während Simone de Beauvoir die Frauen unter den gegebenen gesellschaftlichen Umständen eindringlich vor den Fallstricken der Mutter-

Iris von Roten mit ihrer Tochter Hortensia, Basel 1952

schaft warnt, fordert Iris die Schaffung von frauen- und mutterfreundlichen Strukturen, plädiert sie für *Kollektivhaushaltungen mit genossenschaftlichem Charakter* und ruft nach privaten Kinderkrippen, die nicht mehr nur zur Unterstützung von materiell schwachen Familien da sind, sondern sich für Frauen öffnen, die nach der Geburt wieder ins Erwerbsleben zurückkehren möchten. In den konservativen fünfziger Jahren für viele eine empörende Idee: *Der Vorschlag,* so Iris in »Frauen im Laufgitter«, *mit Krippen, Horten und Kindergärten die Mütter zu entlasten, wirkt auf viele Menschen wie ein rotes Tuch. Sofort schreien sie: Verstaatlichung! Kommunismus! Entartete Mütter!*

Für solche Einwände hatte Iris nur ein Kopfschütteln übrig: *Und weshalb sollten Mütter, die bereit sind, ihre Kinder täglich sechs bis acht Stunden in die Obhut von Säuglingspflegerinnen, Hortnerinnen und Kindergärtnerinnen zu geben, um einer Berufsarbeit nachzugehen, »entartet« sein? Ist es doch seit Jahrtausenden gang und gäbe, dass Säuglinge und Kleinkinder im gleichen Haushalt lebenden Pflegerinnen und Erziehern anvertraut werden – einzig und allein, damit die Mutter für eine Weile ihrer ledig ist. Neu wäre höchstens die Form, den kleinen Kindern Pflege und Erziehung teils ausserhäuslich angedeihen zu lassen. Für grössere Kinder hat sie sich ja mit dem Internatswesen und dem obligatorischen Schulunterricht seit langem eingelebt. Warum sollte sich ein Schritt weiter in dieser Richtung, wenn er im Interesse der Frauen liegt, nicht auch rechtfertigen lassen?*

Wie haben Iris und Peter von Roten ihre Tochter erzogen? *Hortensias Erziehung lag ganz eindeutig in Iris' Händen,* erinnert sich Cousine Elisabeth Rutishauser. *Sie hat sich auch hier nicht um Konventionen gekümmert.* Iris' höchstes Ziel war die Erziehung ihrer Tochter zu einer selbstbewussten und eigenständigen Frau. Die beste Voraussetzung dazu war eine solide Bildung. Hortensia sollte möglichst zweisprachig aufwachsen und möglichst früh schon Englisch lernen. Iris war der festen Überzeugung, dass wichtige Grundsteine für gute gesellschaftliche und berufliche Chancen in der Kindheit gelegt wurden. Deshalb durfte man keine Zeit verlieren, musste die langen Kindheitsjahre sinnvoll nutzen, zumal man im Erwachsenenalter für vieles schlicht keine Zeit mehr hatte. Iris' Ansprüche waren wie immer sehr hoch: Einerseits wollte sie sich ihre Freiheit und Unabhängigkeit bewahren, andererseits strebte sie für ihre Tochter nur das Beste an. Zwischen eineinhalb und fünf Jahren – Iris überarbeitete in dieser Zeit ihr Buch – wurde Hortensia als Paying guest in zwei sorgfältig ausgewählten Familien untergebracht: zuerst bei einer kinderreichen Lehrerfamilie in der Ostschweiz und danach – um Französisch zu lernen – in einer Genfer Pfarrfamilie. Nach drei Jahren Primarschule in Basel kam das achtjährige Mädchen

1960 – Iris ging nun vermehrt auf längere Reisen – für zwei Jahre in eine englische Privatschule, absolvierte drei Schuljahre in Basel, ging dann erneut für eineinhalb Jahre in ein englisches Internat und absolvierte schliesslich ihre Gymnasialausbildung in Basel. Später wird Hortensia erst an der ETH Ingenieur studieren, ihre berufliche Laufbahn dann aber auf ihrem angehängten Geschichtsstudium aufbauen. *Mich hat das immer irgendwie beeindruckt,* so Elisabeth Rutishauser, *wie unkonventionell Iris ihre Tochter erzogen hat. Vielleicht deshalb, weil das Ergebnis ihrer Erziehung ihren Zielen entsprach. Die kleine Hortensia entwikkelte sich zu einer selbstbewussten und eigenständigen Frau.*

Hortensia von Roten sagt heute, dass sie nie das Gefühl gehabt hat, von ihren Eltern abgeschoben worden zu sein. Die Möglichkeit, ihren Alltag mit andern Kindern in befreundeten Familien und später im Internat zu verbringen, habe ihr im grossen und ganzen gut gefallen. *Und wenn sich meine Mutter Zeit für mich nahm, waren es immer besondere und intensive Erlebnisse.* Besonders geliebt hat Hortensia die gemeinsamen Spaziergänge in den botanischen Garten, das Pilzesammeln in stadtnahen Wäldern oder die sommerlichen Picknicks im Grünen, wo es warmen Schinken und Essiggurken zu essen gab.

Hortensia von Roten wurde eine rebellische junge Frau, flog aus dem englischen Internat und hatte lange Zeit ein schwieriges Verhältnis zu ihrer Mutter. *Was schwierig für mich war,* räumt sie ein, *waren die überragende Eloquenz und ihr scharfer Intellekt. Gegen ihre kompromisslose Gradlinigkeit sowie ihren Anspruch auf Verbindlichkeit konnte man als Heranwachsende nicht ankommen.*

Bei ihrem Vater war es anders. Peter liess seine Tochter gewähren, konnte Konflikte mit seinem Charme und seiner Nonchalance überspielen und war deshalb für die heranwachsende Tochter eine sehr viel angenehmere Bezugsperson. Die strenge Mutter und der legere Vater: Als junge Erwachsene wird Hortensia von Roten auch die Rolle ihres Vaters kritisch hinterfragen.

33
SCHELMENSTÜCK IN UNTERBÄCH

Der österreichische Schriftsteller Theodor Csokor sagte einst, dass es in jeder Ehe einen Henker und einen Gehenkten gibt. Iris und Peter von Rotens Ehe aus dieser Optik zu beurteilen fällt schwer. Nicht nur, weil es nach 1950 kaum mehr direkte Zeugnisse über das Innenleben ihrer Beziehung gibt, sondern deshalb, weil die beiden eine ungewöhnliche Ehe führten, die mit gängigen Deutungsmustern kaum zu fassen ist. Iris' Verweigerung der klassischen Rollenteilung und ihr Anspruch auf ein männlich freies Leben stehen ebenso quer zum konservativen Geist der Zeit wie Peters freizügiges Liebesleben. Trotz der dürftigen Quellenlage lässt sich eines mit Bestimmtheit sagen: Das Zugeständnis gegenseitiger Freiheit und Toleranz stand auch nach 1950 im Zentrum ihrer Ehe. Womöglich konnte sie sogar nur deshalb funktionieren. Und trotzdem scheint die tragende Basis ihres Zusammenlebens mehr gewesen zu sein als nur ein blosses Arrangement: Späte Briefe sowie Erinnerungen von Zeitzeugen deuten darauf hin, dass ihre Beziehung bis ins Alter von tiefer Verbundenheit und einem echten, wenn auch wohl nur selten völlig spannungsfreien Einverständnis getragen war.

Mit der gleichen Selbstverständlichkeit, mit der Iris ab Ende 1960 auf längere Reisen ging, pflegte Peter seine zahlreichen Liebschaften. Von den frühen fünfziger Jahren an führte er ein zeitweise opulentes Liebesleben, dem er nach aussen den Anschein von Konventionalität zu geben versuchte. Mit einigen Frauen unterhielt er Beziehungen, die über Jahre und Jahrzehnte dauerten, mit andern hatte er kurze Liebschaften, bei denen die Erotik im Vordergrund stand. Dabei war Peter ganz der verschwiegene Gentleman, ohne jeden Hang zur Angeberei. Nicht mehr eindeutig zu beantworten ist die Frage, ob sich Peter und Iris auch in ihrer zweiten Lebenshälfte über ihre Beziehungen ausgetauscht haben. Sicher ist, dass auch Iris Liebschaften hatte. Im Gegensatz zu Peter sind diese – mit einer Ausnahme – aber nicht dokumentiert. Ganz anders bei Peter: Sein unregelmässig geführtes »Journal de mes amours« ist das Tagebuch eines Ladykillers und Charmeurs, dem die Frauenherzen zufliegen. *Es scheint mir so interessant,* schreibt er in seinem nur unregelmässig geführten Journal, *über all meine Liebschaften Buch zu führen.*

In den Jahren 1950 und 1951 schrieb Peter von Roten dreissig lange Liebesbriefe an Andrée Weitzel, die nach deren Tod im Jahre 1984 an ihn zurückgeschickt wurden. Andrée Weitzel war im Jahre 1950 Dienstchefin im Stab des Fliegerbeobachtungs- und Meldedienstes der Schweizer Armee und wurde drei Jahre später Chefin des militärischen Frauenhilfsdienstes FHD, d. h. oberste Kommandantin aller weiblichen Angehörigen der Schweizer Armee. *Warum sind Sie jetzt nicht hier in diesem Zug mit mir,* so Peter am 29. November 1950 an die einzige Frau in der Generalstabsleitung der Schweizer Armee, *vis-à-vis auf der Sitzbank, wo jetzt mein Schirm liegt? Jede kleinste Erschütterung des Zuges böte uns Gelegenheit zum Lachen und wäre ein wunderbarer Vorwand, uns gegenseitig an den Händen zu halten. Unsere Nasen würden an der Scheibe kleben, und niemand würde merken, dass sich unsere Köpfe berühren. Was für eine besondere Vorstellung, dass wir diese Fahrt zusammen machen würden! Andrée, wann werden wir uns wieder treffen?* Der militante Armeegegner und die höchste Schweizer Soldatin! Die perfekte Konstellation für eine Staatsaffäre! Friedrich Dürrenmatt hätte sich daran ergötzen können. Man stelle sich vor: Die emsigen Schweizer Staatsschützer, die jeden Leitartikel und jede einzelne Kolumne Peter von Rotens nach staats- und armeefeindlichen Äusserungen zu durchforsten haben, ertrinken in der Flut seiner Artikel und verpassen den eigentlich staatsgefährdenden Coup.

In seinen Briefen an die »Generalin«, wie Andrée Weitzel im Volksmund genannt wurde, ist Peter weniger der grosse Verführer als vielmehr der verliebte Bettler, der sich um häufigere und längere Zusammentreffen bemüht. Er war fasziniert von der Ausstrahlung und dem Intellekt der feministisch engagierten Westschweizerin, die ihn am 17. November 1950 in der Westschweizer Frauenzeitschrift »La semaine de la femme« porträtiert hatte. *In meinem letzten Brief habe ich vergessen,* schrieb er ihr Ende November 1950, *Ihnen zu sagen, wie sehr ich Sie liebe. Viel mehr, als Sie denken! Wo sind Sie nur immer? Verbringen Sie den Sonntag in Lausanne? Ich weiss nichts von Ihnen! In welche Richtung soll ich bloss seufzen? Liebe Andrée, grosser Dienstchef meiner Gedanken, vergessen Sie nicht, dass ich so lange von Ihren Briefen lebe, bis wir uns wiedersehen.* Wie viele Briefe Peter an Andrée Weitzel, die er 1950 in Bern kennengelernt hatte und die er nur sehr unregelmässig traf, geschrieben und wie lange ihre Beziehung – in sein »Journal de mes amours« hat er sie nicht aufgenommen – gedauert hat, ist nicht mehr festzustellen.

Peter von Roten schildert seine Liebschaften immer als unkompliziert und ohne jede emotionale Verstrickung für die Beteiligten. Für einzelne Frauen freilich sah die Realität anders aus. Mehr als ein Beispiel belegen, dass es sich Peter mit seiner Sicht der Dinge einfach machte. So zum Beispiel zerschnitt eine fast zwanzig Jahre jüngere Verehrerin aus Wut und Aggression wertvolle Gemälde im Eingangsbereich seines Hauses am Heuberg und musste in der Folge ein richterliches Hausverbot hinnehmen. Eine andere schrieb ihm über seinen dandyhaften Lebensstil: *Ich weiss, was ich weiss, und ich begreife nicht, dass so viele verschiedene Seelen in der Brust eines Menschen Platz haben wie bei Dir. In mir sieht es sehr nach verbrannter Erde aus, und was daraus resultiert, weiss ich nicht. Ich wünsche Dir daher nichts Besonderes auf Deinem weiteren Lebensweg, in der Gewissheit, dass ganze Gruppen von jungen, jüngsten und mittelalterlichen Frauen in Gedanken bei Dir sind und von Dir gehätschelt werden.* Mit Konfliktsituationen konnte Peter schlecht oder gar nicht umgehen. Konflikten aller Art ging er lieber aus dem Weg. *Wie Du Dich mir gegenüber,* schrieb eine andere, *als der grosse Schweiger, hauptsächlich in Situationen, wo ein Wort am Platz wäre, aufführst!*

In ausgeprägtem Masse lebten Iris und Peter von Roten auch in den fünfziger Jahren ihr individuelles Leben, in dem der jeweils andere eine grosse Bedeutung hatte. So tauschte man sich bei den gemeinsamen Nachtessen regelmässig aus und war in einem dauerhaften Gespräch über Iris' Arbeit an ihrem Buch. *Nach der Geburt meiner Tochter,* so Iris Jahre später in einem Lebenslauf, *begrub ich mich für lange Jahre in der Ausarbeitung meines Buches. Mir scheint, auf dem Boden unterm Schreibtisch seien Fussspuren entstanden.* Peter nutzte verschiedene politische Anlässe und publizistische Plattformen in der deutschen und französischen Schweiz, um immer wieder von neuem auf die Notwendigkeit der politischen Gleichstellung von Frau und Mann aufmerksam zu machen. Seine Vorstösse im Nationalrat hatten ihn zu einem schweizweit bekannten Kämpfer für das Frauenstimmrecht gemacht. Im Herbst 1953 entschloss er sich zu einem politischen Vorstoss im Walliser Parlament, wo er immer noch einen Sitz innehatte: Er wandelte seine unerledigte Motion aus dem Jahr 1945 in eine Interpellation um. In seiner Argumentation stützte er sich auf das in allen Ländern Europas eingeführte Frauenstimmrecht und auf eine im Kanton Genf durchgeführte Frauenumfrage, bei der sich eine überwältigende Mehrheit für das Frauenstimmrecht ausgesprochen hatte, was die Männer nicht daran hinderte, das Begehren an der Urne abzulehnen.* *Das »Nein« der Männer,* so Peter in seiner Interpellation, *nach dem »Ja« der Frauen in einer Sache, die nur die Frauen angeht, ist ein derartiger Affront gegen die primitivsten demokratischen*

* Bei der Genfer Frauenumfrage 1953 votierten 35972 für und 6346 Frauen gegen das Frauenstimmrecht. Mit einem Stimmenverhältnis von 17967 Nein zu 13133 Ja lehnten die Männer das Frauenstimmrecht dann aber ab.

Spielregeln, dass man eine Analogie dazu am ehesten in dem Veto einer Besatzungsmacht erblicken könnte.

Wie auf Bundesebene wollte Peter nun auch im Wallis versuchen, die Frauen ohne *den formellen Engpass einer Männerabstimmung* zur Gleichberechtigung zu führen. Deshalb hielt er fest, dass weder Verfassung noch Gesetz die Frauen von den politischen Rechten ausschliessen. *Im Gegenteil: unsere Verfassung redet überall nur von »Volk« und von »Volksabstimmung«, womit rein grammatikalisch gesehen sicher das gesamte Volk und nicht nur die Männer zu verstehen sind.* Also brauchte es keine Verfassungsänderung, sondern nur eine Änderung des Gewohnheitsrechtes, um das Frauenstimmrecht durchzusetzen, folgerte

Peter von Roten mit Tochter Hortensia, um 1957

Peter, zumal das Walliser Wahlgesetz von 1938 in Artikel 8 ausdrücklich Zuchthäusler, Armengenössige usw. von der Ausübung der politischen Rechte ausschliesse, nicht aber die Frauen. Peters Interpellation wurde vom zuständigen Staatsrat zurückgewiesen. In seiner Auflistung der Gründe gegen das Frauenstimmrecht behauptete Staatsrat Lampert unter anderem, die Frau sei nicht für die Politik geschaffen und habe ihren natürlichen Platz im Haus. Und weiter: *Sie lässt sich allzu sehr von Gefühlen leiten und interessiert sich kaum für abstrakte Fragen.*

Die Zurückweisung seiner Interpellation bedeutete für Peter aber nicht das Ende seines Kampfes. Als der Walliser Bischof Nestor Adam 1956 die Einführung des kantonalen Stimm- und Wahlrechts für die Frauen als ein »Postulat der Gerechtigkeit« bezeichnete, forderte die Walliser Vereinigung für das Frauenstimmrecht die Frauen per Flugblatt auf, sich für die Abstimmung vom 3. März 1957 in die Stimmregister ihrer Gemeinde eintragen zu lassen. Die Thematik der Abstimmung – es ging um den obligatorischen Zivildienst aller Schweizer Bürger, d. h. auch der Frauen – war geradezu prädestiniert, um das Frauenstimmrecht zum Thema zu machen. In Zusammenarbeit mit der Vereinigung für das Frauenstimmrecht erkundigte sich Peter bei Bundesrichter Werner Stocker, der ein überzeugter Befürworter der Einführung des Frauenstimmrechts auf dem Interpretationsweg war, nach der juristischen Einschätzung der Situation.*

* Bundesrichter Werner Stocker am 17. Januar 1957 an Peter von Roten: *Es ist heute wohl unbestritten, dass aus dem eidgenössischen Recht ein Verbot des Frauenstimmrechts nur durch rein historische Interpretation abgeleitet werden kann. Der Wortlaut der Bundesverfassung (Art. 4,43,74) enthält kein solches Verbot, ebensowenig das eidgenössische Wahlgesetz von 1872. Unter »der Schweizer«, »die Bürger«, »jeder Schweizer« etc. kann auch die Frau verstanden werden, wie das bei andern Artikeln oder in anderm Zusammenhang allgemein anerkannt ist und als selbstverständlich gilt. Kein Gesetz sagt ausdrücklich: »der Schweizer oder die Schweizerin«, »der Bürger oder die Bürgerin« usw., sondern überall gilt, wenn nicht ausdrücklich nur der Mann oder nur die Frau angeführt ist, der männliche Ausdruck für beide Geschlechter. Ebenso ist mit »der Ausländer« auch die »Ausländerin« gemeint.*

Die Flugblattaktion hatte zur Folge, dass sich in zahlreichen Walliser Gemeinden Frauen in die Stimmrechtsregister einzutragen wünschten. Die überforderten Gemeindevertreter erkundigten sich bei der Walliser Regierung, die sämtliche Gesuche ablehnte. Nur drei Gemeinden entschieden eigenmächtig und ohne Konsultation des Kantons: Siders, Martigny-Bourg und Unterbäch.

Im Falle von Unterbäch, einem 400-Seelen-Bergdorf im Bezirk Raron, nahm Peter von Roten die Fäden persönlich in die Hand. In einem ersten Schritt überzeugte er den Gemeindepräsidenten und Dorflehrer Paul Zenhäusern – 1945 hatte dieser bereits Peters Motion für das Frauenstimmrecht unterzeichnet – von seinem Plan. Zenhäusern seinerseits sorgte dafür, dass seine Ratskollegen einstimmig in den Plan einwilligten. Von entscheidender Bedeutung war dabei wohl der wirtschaftliche Hintergrund des Dorfes. Unterbäch setzte auf die touristische Entwicklung, und der Präsident, der auch Leiter der verschuldeten Luftseilbahn Raron-Unterbäch war, muss in seiner Bauernschläue sofort erkannt haben – oder von Peter darauf hingewiesen worden sein –, dass eine Frauenabstimmung dem Ort billigste touristische Werbung bringen würde. Am 6. Februar 1957 ging es an die Ausführung des Plans: Mit einem von Peter verfassten Schreiben teilte Präsident Zenhäusern der Walliser Regierung mit, *für die Volksabstimmung vom 3. März auch den Frauen das Stimmrecht zu gewähren. (...) Der Anstand und der gute Ton* verlange es, schloss Zenhäusern die Mitteilung, dass sich die Männer gerade bei dieser Abstimmung *nicht als allmächtige Vormünder benehmen.*

Nach dem Erscheinen erster Medienberichte veranlasste der Bundesrat die Walliser Regierung zum Eingreifen. Am 18. Februar untersagte der Walliser Staatsrat der Gemeinde die Teilnahme der Frauen an der Abstimmung. Darauf war Peter vorbereitet. Er legte dem Gemeinderat von Unterbäch ein siebenseitiges Memorandum zur Unterschrift vor, das dieser unverzüglich nach Sitten schickte. *Wir möchten in aller Form festhalten,* belehrte der Gemeinderat die Walliser Regierung, *dass unsere Mitteilung an Sie nur informatorischen Charakter hatte und wir keineswegs um eine Zustimmung ersucht hatten, deren es unserer Ansicht nach nicht bedurfte und deren Verweigerung daher rechtlich irrelevant ist.*

Peters Memorandum war ein juristisch ausgeklügeltes Meisterstück. Es machte die Walliser Regierung darauf aufmerksam, dass Eintragungen in das Stimmregister im Zuständigkeitsbereich des Gemeinderates lagen und erst nach einem offiziellen Rekurs zur Angelegenheit des Staatsrates wurden. *Daraus ist zu folgern, dass mangels eines Rekurses dem Staatsrat die Zuständigkeit fehlt, einen Entscheid des Gemeinderates betreffend die Stimmlisten zu überprüfen.* Der zentrale Punkt von Peters Ausführungen betraf den ewigen Streit um die Interpretation von Artikel 4 der alten Bundesverfassung. Wie bei den Eintragungen ins Stimmregister stellte er auch bei diesem Punkt klar, dass es in der Autonomie der Gemeinde lag, *die kantonalen und eidgenössischen Vorschriften nach der grammatikalischen Interpretation – statt der historischen – auszulegen.*

Der Walliser Regierung wusste schnell, aus wessen Feder das kluge Plädoyer stammte. Mit Sicherheit nicht vom Dorflehrer Paul Zenhäusern, Gastwirt Heinrich Zenhäusern, Landwirt Oswald Furrer, Fabrikarbeiter Otto Weissen, Dorfschmied Hermann Vogel und den Seilbahnangestellten German Weissen und Rudolf Andres. Als Urheber dieser Aktion kam nur einer in Frage: der Grossrat und Regierungsstatthalter von Westlich-Raron, Peter von Roten. Der Staatsrat verschärfte in der Folge seinen Ton und sprach in seiner Antwort vom 22. Februar unter Androhung von Strafmassnahmen und einer Busse von 500 Franken ein *ausdrückliches Verbot der offiziellen Zulassung der Frauen zur eidgenössischen Abstimmung aus.* Eine Teilnahme der Frauen, so der Staatsrat, könnte einzig unter der Voraussetzung von getrennten Urnen und separatem Stimmverbal für die Frauen akzeptiert werden.

Piccola rivoluzione in Svizzera per dare il voto alle donne, titelte Ende Februar 1957 die Mailänder »Corriere della Sera«. Auch in der Schweizer Presse wurde die *Eskapade von Unterbäch,* wie die »Neue Zürcher Zeitung« am 13. Februar schrieb, mit grosser Spannung verfolgt und je nach Standpunkt unterschiedlich kommentiert. Entgegen Peters Plänen entschied sich der Gemeinderat kurz vor der Abstimmung dazu, für Männer und Frauen eine getrennte Urne aufzustellen. Seine Argumente dafür sind unklar. War es die drohende Geldstrafe von 500 Franken, die den Gemeinderat abschreckte? Oder war es – wie Iris später mutmasste –, ein Lawinenniedergang kurz vor dem Abstimmungswochenende, der den Behörden allen Mut nahm und sie vor einem gerichtlichen Nachspiel zurückschrecken liess?

Am Abstimmungswochenende herrschte grosse Aufregung in Unterbäch. Das Stimmlokal im Obergeschoss der Dorfsennerei, das von einer Basler Gönnerin mit Blumen geschmückt worden war, verwandelte sich in einen dichtbesetzten Medienraum. *Meine Frau wird heute abend abstimmen,* erzählte Gemeindepräsident Zenhäusern, der in den Wochen vor der Abstimmung eine grosse Zahl von Sympathie- und Schmähbriefen aus der ganzen Schweiz erhielt, dem Korrespondenten der »New York Times«. Die Atmosphäre im Dorf war geladen. Das später in den Medien gezeichnete und über Jahrzehnte kolportierte Bild vom geschlossenen Dorf ist ein Mythos. In Wirklichkeit waren die christlich-sozialen Befürworter um Präsident Paul Zenhäusern und die katholisch-konservativen Gegner zerstritten wie Hund und Katz. Unter Tambourklängen veranstalteten die konservativen »Schwarzen« am Tag der Abstimmung einen Protestzug durch das Dorf, bezogen schliesslich Stellung vor dem Stimmlokal und warfen Steine auf das Blechdach der Sennerei. Der Weg zur Urne wurde für die stimmwilligen Unterbächnerinnen zum beklemmenden Spiessrutenlauf: Die Frauen mussten sich durch eine Gasse von lärmenden Gegnern kämpfen und böse Beschimpfungen über sich ergehen lassen. *Du Tampa,* wurde die Frau des Gemeindepräsidenten beschimpft, *gang heim und blieb gschieder in där Chuchi!* Als die eingeschüchterte Katharina

Zenhäusern einige Augenblicke später als erste Frau ihre Stimme abgab, sah sie sich von fünfzehn Journalisten und Fotografen sowie von zwei Filmteams umringt.

Von den insgesamt 106 »stimmfähigen« Frauen des Dorfes wagten sich 33 an die Urne. Nach dem Auszählen der Stimmen schickte Gemeindepräsident Zenhäusern das Resultat der Frauen- und Männerabstimmung gesondert nach Sitten. Beim Ergebnis der Frauenabstimmung, die den obligatorischen Zivildienst mit 16:15 bei zwei Enthaltungen knapp befürwortete – gesamtschweizerisch wurde er abgelehnt –, bemerkte Gemeindepräsident Zenhäusern: *Das Wahlbüro betrachtet diese Stimmen als gültig.* Die Walliser Behörden sahen das anders: Das Ergeb-

Unterbäch wird zum »Rütli der Schweizer Frau«, 1957.
Agnes Vogel bei der Stimmabgabe mit Gemeinderat Otto Weissen.

nis der Frauenabstimmung wurde weder im Amtsblatt veröffentlicht noch in die nach Bern überstellten Ergebnisse einverleibt.

Neben Unterbäch, Siders und Martigny-Bourg liessen an diesem 3. März 1957 auch einige andere Schweizer Gemeinden – Lugano, Moutier, La Tour-de-Peilz und Niederdorf in Baselland – ihre Frauen zur Urne schreiten. In der Westschweiz hatte das Abstimmungswochenende gar ein juristisches Nachspiel: Nachdem über tausend Frauen in den Kantonen Waadt, Neuenburg und Genf vergeblich ihren Eintrag in die kommunalen Stimmregister gefordert hatten, ermächtigten sie die Lausanner Anwältin und Aktivistin für das Frauenstimmrecht Antoinette Quinche, in ihrem Namen beim Bundesgericht zu rekurrieren. Wie Peter von Roten stützte sich auch Quinche auf Artikel 4 der alten Bundesverfassung, der alle Schweizer vor dem Gesetz gleichstellte. Das Bundesgericht war jedoch anderer Meinung und wies den Rekurs am 26. Juni 1957 ab. Wie die politischen Behörden stützte sich das Bundesgericht auf das Gewohnheitsrecht und unterstrich, dass das Frauenstimm- und -wahlrecht nur auf dem Weg der Verfassungsänderung und Volksabstimmung einzuführen sei.

Das Medieninteresse an Unterbäch hielt auch nach der Abstimmung vom 3. März 1957 an: Europäische und amerikanische Filmwochenschauen berichteten genauso über das Ereignis wie Zeitungen verschiedenster Länder. Das *Fanal von Unterbäch,* so die Zeitschrift »Elle« am 15. März 1957, war *die kühne Tat eines Dorfes,* in dem einfache Bergbauern ihren Frauen das Stimmrecht zugestanden. *Ja, es könnte sich ein neuer Sprachgebrauch durchsetzen,* schrieb die »Evangelische Woche« über die *weitsichtigen Gemeindeväter, indem als Gegensatz zum knorzigen und hinterwäldlerischen »Seldwyler« der »Unterbächer« als Prototyp des grosszügigen und fortschrittlichen Bürgers in die kulturelle und politische Nomenklatur unseres Landes eingehen würde.* Hinter die Kulissen des *sensationellen Theatercoups von Unterbäch* – so die Zeitschrift »Die Woche« – blickte einzig das deutsche Nachrichtenmagazin »Der Spiegel«: Der einseitige Bericht *Fortschritt in Unterbäch* vom 13. März 1957 präsentierte Peter und Iris von Roten als *geistige Urheber des Unterbächner Manifestes.*

Die Frauenabstimmung in Unterbäch blieb für Peter von Roten nicht ohne Folgen. Bei den Wahlen ins kantonale Parlament, die am gleichen Wochenende wie die Zivildienstvorlage über die Bühne gingen, verlor er seinen Sitz im Walliser Grossen Rat. Der Grund ist weniger in seinem Engagement für die Sache der Frau als vielmehr in seinem »Verrat« an der katholisch-konservativen Partei zu suchen. Für viele »Schwarze« war es inakzeptabel, dass ihr Grossrat sich gegen die eigene Partei stellte und mit dem »gelben« Gemeindepräsidenten Paul Zenhäusern gemeinsame Sache machte. Allein in Unterbäch wurde Peter auf dreiundvierzig eingelegten »schwarzen« Listen nicht weniger als vierzig Mal gestrichen. Mit seiner Abwahl aus dem Walliser Parlament verabschiedete sich Peter von Roten endgültig aus der aktiven Politik und zog sich auf den Posten des kritischen Beobachters kantonaler, schweizerischer und internationaler Politik zurück.

Achtundzwanzig Jahre nach dem denkwürdigen Urnengang machte der Gemeinderat von Unterbäch die erste Bundesrätin der Schweiz, Elisabeth Kopp, zur Ehrenbürgerin der Gemeinde. Als diese am 18. August 1985 mit grossem Pomp im Dorf, das sich seit den frühen achtziger Jahren mit dem Attribut »Das Rütli der Schweizer Frau« schmückt, empfangen wurde und in ihrer Rede *den mutigen Entscheid der Unterbächner und ihres Präsidenten* würdigte, waren Iris und Peter von Roten im Publikum. Als auch die offiziellen Gemeindevertreter mit keinem Wort auf den eigentlichen Drahtzieher des vielbeachteten Urnengangs zu sprechen kamen – ein Auswärtiger passte nicht zum Mythos des widerständigen Dorfes, und einer aus dem Nachbardorf Raron erst recht nicht –, war Peter *zuerst ein bisschen schockiert,* wie er später einer Journalistin erzählte. Mit dem ihm eigenen Sinn für Ironie fügte er an, dass dies halt die Mechanik einer Jubiläumsveranstaltung sei: Man lädt eine bekannte Persönlichkeit ein, überhäuft sie mit Ehren und feiert sich damit letztendlich nur selbst.

34
»BEI NACHT AUF ZÜRICHS STRASSEN«

Gibt es etwas Qualvolleres, als nicht schlafen zu können? Wer nicht davon betroffen ist, kann sich kaum vorstellen, wie sehr diese schwer erforschbare Krankheit das tägliche Leben der Iris von Roten beeinträchtigt hat. *Dieses verfluchte Aufstehen um 7.40*, schrieb sie am 12. Oktober 1943 an Peter. *Todsünde, wie aus dem Grab hervorgezerrt zu werden.* Von früher Jugend an litt Iris an chronischer Schlaflosigkeit, konnte meistens erst um ein oder zwei Uhr nachts einschlafen und griff deshalb als junge Frau schon zu Schlafmitteln. *Was das Ausschlafen für eine Bedeutung hat, ist mir einmal bei einem späten und sanften Aufwachen in den Ferien in den Sinn gekommen. Ausschlafen ist, bis sich alle, alle Nebel aus den Teilen der Seele verzogen haben. Gewaltsam aufstehen müssen – ich brauche dazu jeden Morgen sämtliche Geistes- und Leibeskräfte – aber bedeutet, jeden Augenblick tagsüber giftige Nebel verscheuchen, um einigermassen sich selbst zu sein, mit Schlacken sich herumschlagen.* Die Schlaflosigkeit war auch der Grund dafür, dass Iris am 6. Dezember 1955 gegen 23.30 ihr Haus am Heuberg verliess, den Spalenberg hinunter zum Marktplatz ging, wo sie nur einige Minuten später in ein Tram in Richtung Bahnhof stieg. Hier kaufte sie sich eine Fahrkarte für den Nachtzug nach Zürich, wo sie um drei Uhr in der Früh mit Anna Huggler verabredet war. Seit einiger Zeit schon traf Iris die ältere Freundin zu psychoanalytischen Sitzungen, von denen sie sich Aufschlüsse über die Ursachen ihrer Schlaflosigkeit erhoffte.

Zürich war ungewöhnlich still, als Iris gegen zwei Uhr in der Früh das Bahnhofsgebäude verliess. *Von der Bahnhofsbrücke aus sah ich die schlafenden Schwäne, die seltsame Laute von sich gaben.* Sie rechnete mit einem Fussmarsch von fünfundvierzig Minuten bis zum Haus der Freundin. Bis zum Seilergraben kreuzte keine Menschenseele ihren Weg. Dann lösten sich *zwei dunkle Gestalten aus Dunst und Dunkelheit. Sie nähern sich schweigend, kreuzen und bleiben dicht hinter mir stehen. »Zeigen Sie ihren Ausweis!« – »Wieso? Ich bin nicht verpflichtet, einen Ausweis bei mir zu führen. Übrigens habe ich keinen bei mir.« – »Soso, also keinen Ausweis. Wo wohnen Sie?« – »In Basel.« – »In Basel? Und von wo kommen Sie?« – »Eben von Basel. Ich sehe zwar nicht ein, wieso ich Ihnen antworten sollte – aber um die Sache kurz zu machen...« Ich gebe ihnen Namen und Adresse und wende mich zum Weitergehen. »Halt! Halt!« Mit einem Sprung vertritt mir der eine Polizist den Weg; er streckt den Arm als Barriere aus.*

»So geht das nicht. Wir wollen noch allerlei von Ihnen wissen. Wohin gehen Sie?« – »Wohin? Ich bin nicht verpflichtet, Ihnen das zu sagen.« – »In welches Hotel gehen sie?« – »In keines.« – »Sie werden wohl irgendwo übernachten, also wo?« – »Wie kommen Sie dazu, mich zu fragen, wo ich übernachten werde? Übrigens steht es mir frei, überhaupt nicht zu übernachten, immer zu gehen, beispielsweise bis nach Ziegelbrücke. Im übrigen sollte Ihnen meine Adresse genügen.« – »Von wo kommen Sie überhaupt?« – »Von Basel.« – »Aha. Vielleicht sucht man Sie in Basel. Sind Sie heute von Basel gekommen?« – »Ja.« – »Wann?« – »Soeben.« – »Um diese Zeit kommen gar keine Züge an.« – »Polizisten, die im Umkreis des Bahnhofs patrouillieren, sollten die Ankunftszeiten der letzten Züge kennen.« – »Nein, das brauchen wir nicht zu wissen. Haben Sie ein Billett? Zeigen Sie es!« Ich zeige es. Man ersieht daraus, dass ich vor weniger als zwei Stunden von Basel weggefahren bin. Hingegen ziehen die Polizisten aus diesem exakten Nachweis keine Konsequenzen.

Ich kann mir das gut vorstellen. Zwei Polizisten, die gewohnt sind, dass man sich ihrer amtlichen Autorität willfährig unterwirft, halten eine Frau an, die ihnen uneingeschüchtert und selbstbewusst entgegentritt und bestens über ihre Rechte im Bilde ist. Für die beiden Polizisten eine Herausforderung, aus der sie nicht als Verlierer herausgehen durften. Ihre berufliche Autorität stand auf dem Spiel. Man konnte sich doch unmöglich von einer Frau über die eigenen Kompetenzen belehren lassen. Bei Iris mag ein ähnlicher Reflex gespielt haben: Vom ersten Augenblick an wähnte sie sich im Recht, war sie überzeugt, dass das Vorgehen der beiden Polizisten auf ungesetzliche Weise ihre bürgerlichen Freiheitsrechte beschnitt. Der ganze Vorfall wurde für sie schnell zu einem Testfall bezüglich ihrer Rechte als Frau. Die beiden Polizisten werden später in ihren Berichten schreiben, dass sie in Anbetracht der ungewöhnlichen Zeit und der Panthermantel-Bekleidung der Passantin glaubten, bei der Frau könne etwas nicht stimmen. Sie hätten dabei aber keinen Augenblick daran gedacht, dass die Frau *dem Milieu entstamme.*

»Sagen Sie jetzt, wohin Sie gehen.« – »Nein! Sie haben kein Recht, das zu wissen.« – »Dann nehmen wir Sie auf den Polizeiposten.« – »Das ist geradezu absurd.« – »Soso, vielleicht, Fräulein, sagen Sie uns, was Sie von Beruf sind.« – »Journalistin, übrigens auch Anwältin.« – »Hihi, haha. Man wird es dann auf dem Polizeiposten schon sehen, ob Sie Journalistin sind. Kommen Sie!« – »Da sind Sie an die Rechte geraten. Wahrhaftig, ich hätte Lust, einen Artikel über diesen Vorfall zu schreiben.« – »So freuen Sie sich doch, dass wir Ihnen nun Gelegenheit geben, einen Artikel über Ihren Aufenthalt auf dem Polizeiposten zu schreiben.«

Zwölf Tage später, am 22. Dezember 1955, schrieb Iris eine vierzehnseitige Beschwerde an den Zürcher Polizeivorstand und einen polemischen Leserbrief in der »Neuen Zürcher Zeitung«. »Bei Nacht auf Zürichs Strassen. Abenteuer einer Baslerin.« Darin schilderte sie auf einer Dreiviertelseite, wie sie von den beiden Polizisten gewaltsam am Weitergehen gehindert, in ein Polizeiauto verfrachtet und unter dem Vorwand, dass sie die Polizei provoziert habe, auf den Polizeiposten an der Hottingerstrasse gebracht wurde. Nach der Durchsuchung ihrer Handtasche liess sich der Postenchef von der Stadtpolizei Basel ihre Identität bestätigen und rief um 2.45 Uhr auch noch am Heuberg an, um sich von der Hausangestellten versichern zu lassen, dass Frau von Roten nach Zürich gefahren sei.

Das nächtliche Zürcher Erlebnis war für Iris eine krasse Verletzung ihrer individuellen Freiheit. *Stehen die öffentlichen Verkehrswege nachts den Frauen weniger voraussetzungslos offen als den Männern?* Bei aller Empörung über ihre Verhaftung begriff sie die ganze Angelegenheit aber auch sehr schnell als Chance, nicht nur dem patriarchalischen Gehabe der Polizei eine Lektion zu erteilen, sondern auch die Rechtsungleichheit zwischen Mann und Frau zu thematisieren. Dabei wählte sie eine Strategie, die auf Provokation und Publizität setzte und an die Aktionen der englischen Suffragetten um Emeline Pankhurst (1858–1928) erinnert, die ihre Interessen mit spektakulären öffentlichen Aktionen durchzusetzen versuchten und dabei auch auf Gewalt nicht verzichteten.* Mit scharfen Worten attackierte Iris die beiden Polizisten, die sich in *besonders ehrverletzender Weise über ihr verfassungsmässiges Recht auf persönliche Freiheit hinweggesetzt* hatten. Sie gestand ihnen zwar das Recht auf Personenkontrollen zu, bezeichnete ihre vorübergehende Verhaftung aber als klaren *Amtsmissbrauch. Denn sie ergriffen, nachdem ihnen innert der ersten drei Minuten freiwillig Name und volle Adresse mitgeteilt, nachdem über das Woher exakte und mit der Fahrkarte sofort glaubhaft gemachte Auskunft gegeben worden war und ohne dass irgendein Verdachtsmoment vorgelegen hätte, weil es offenbar ihre Eitelkeit verletzte, auf die Frage nach dem Wohin keine Antwort zu erhalten, sogleich zum letzten Mittel, mit dem die Personenkontrolle erzwungen werden kann. Und wohlverstanden taten sie dies, ohne dass die Fest-*

* Aus Iris von Rotens Staatsschutzakte (»Fiche«) geht hervor, dass sie am 8. Juli 1953 im Stadtkasino Basel einen Vortrag *über die Propagandamethoden der englischen Suffragetten in Sachen Frauenstimmrecht* gehalten hat.

nahme für die Auskünfte, die sie in der Folge vom Polizeiposten aus einzogen, nötig gewesen wäre. Das Telefon aus der Kabine am Heimplatz hätte kein anderes Resultat als jenes vom Polizeiposten aus gehabt.

Für Iris von Roten stand ausser Frage, dass ihr jeder aufgeklärt und kritisch denkende Mensch recht geben und in ihrer Verhaftung ein Indiz für die gesellschaftliche Diskriminierung der Frau sehen musste. *Und da fragt man noch,* stellte sie den Vorfall in einen grösseren Zusammenhang, *für was die Schweizerinnen das Stimmrecht brauchen. Wohl um unter anderem dafür zu sorgen, dass in einem Staat, wo die Männer nach Lust und Laune zu jeder Tages- und Nachtzeit herumstehen, langsam oder auch geschwind einhergehen, die Augen rollen, senken oder himmelwärts richten und ungestraft Mädchen und Frauen auf der Strasse anreden können, die Frauen nicht ohne Grund, ja ohne vernünftigen Vorwand, von der Polizei mit Gewalt auf die Wache gebracht werden.* Vier Tage nach Iris' Leserbrief veröffentlichte die Stadtpolizei Zürich in verschiedenen Zeitungen eine Gegendarstellung der Ereignisse: *In Anbetracht der ungewöhnlichen Zeit und der Aufmachung der auffällig hastigen Passantin – sie trug grüne Manchesterhosen und einen sogenannten Panthermantel und war ohne Kopfbedeckung – erhielten die beiden Polizeimänner den Eindruck, es könne bei dieser Frau etwas nicht stimmen. Nachdem Frau von Roten angehalten worden war, fing sie an zu gestikulieren und laut zu werden, so dass bei den Polizisten sich der Verdacht verdichtete, es könnte sich bei dieser Frau um eine aus einer Heilanstalt entwichene Person handeln.* Die Polizei stellte weiter klar, dass es allein *Frau von Rotens auffälligem Gebaren* zuzuschreiben war, dass die Personenkontrolle nicht innert allerkürzester Frist durchgeführt werden konnte. Das Polizeiamt Zürich schreckte in seiner Stellungnahme nicht davor zurück, Iris auch persönlich zu diffamieren. *Frau von Roten hat es in der Schilderung der in Frage stehenden Begebenheit an der notwendigen Objektivität fehlen lassen. Ihre Darstellung, die nur mit Mühe als von einer Rechtsanwältin stammend erkannt werden kann, ist unrichtig und kann daher nicht unwidersprochen bleiben.*

Kondensiert man die Aussagen des Polizeiamtes der Stadt Zürich, so Iris eine Woche später in einer Entgegnung in den »Basler Nachrichten« und der »Neuen Zürcher Zeitung«, *auf die wesentlichen Punkte, welche die polizeiliche Sistierung rechtfertigen sollten, so bleibt ein erstaunlich kärglicher Bodensatz: »ungewöhnliche Zeit« (gewöhnlichste tiefe Nacht), »auffällig hastige Passantin« (unauffälliges Marschtempo), »Aufmachung: grüne Manchesterhosen und Panthermantel« (eher dunkelblaue Manchesterhosen und ein sportlicher Mantel aus Ozelot-Katze, wie beides seit Jahren in jedem Modeheft zu sehen ist). C'est tout.*

Die »Panthermantel-Affäre« erregte grosses Aufsehen in der Öffentlichkeit. Iris' Hoffnung, dass sich ihre Verhaftung zu einer

»National-Zeitung«, Basel, 22. Dezember 1955

öffentlichen Debatte über die gesellschaftliche und politische Stellung der Frau ausweite, erfüllte sich aber nicht. Einmal gab es für solcherlei Debatten in der Schweiz so gut wie keine Tradition, und zweitens war niemand in Sicht, der sich öffentlich mit ihr solidarisierte. Schlimmer noch: Feministische Kreise sahen sich veranlasst, sich öffentlich zu distanzieren. Die Zürcher Frauenzentrale bezeichnete Iris in einem Leserbrief als *verletzte Leberwurst* und kritisierte ihr Verhalten als deplaziert. Ähnlich das »Schweizer Frauenblatt«, das Iris in den Jahren 1944 und 1945 redigiert hatte: *Ein sicher zur Hauptsache durch ausgesprochen ungeschicktes Benehmen provoziertes, an und für sich belangloses Erlebnis nun als Trompetenstoss für das Frauenstimmrecht benützen zu wollen wäre ein ganz ungeschicktes psychologisches Verhalten, dem weite Frauenkreise die Gefolgschaft deutlich versagen.* Warum Iris nicht einmal bei Frauenorganisationen auf Solidarität stiess, ist schwer zu sagen. War es ihr einzelgängerisches Wesen, ihre unkonventionelle und extravagante Art, die so gar nicht dem Urbild der besonnenen schweizerischen Frauenrechtlerin entsprach, oder spielten gar Ressentiments aus Frauenblatt-Zeiten eine Rolle?

Die »Nacht auf Zürichs Strassen« bescherte Iris von Roten Berge von Post. Alles, was man sich vorstellen kann: Herzliche Gratulationsbriefe, Geschenke, kritische Distanzierungen, persönliche Beleidigungen und anonyme Beschimpfungen. Zusammen mit der Stellungnahme der Polizei erschien am 22. Dezember in der »Neuen Zürcher Zeitung« auch eine ganze Seite mit Leserbriefen: *Ich kenne London, Paris und Berlin,* so R. P., *aber Zürich geniesst den Ruf, moralisch die sauberste Grossstadt zu sein.* Und überhaupt: *Was hat eine Frau in Manchesterhosen bei Nacht und Nebel ihr Heim zu verlassen und den letzten Zug Basel–Zürich zu nehmen?*

Andere Leser warfen Iris Arroganz, Humorlosigkeit und Verständnislosigkeit für die schwierige Arbeit der Polizei vor, wieder andere unterstellten ihr propagandistische Absichten, bezeichneten den Bezug *dieses an sich belanglosen Vorfalls* zu allgemeinen Frauenfragen und zum Frauenstimmrecht als *herbeikonstruiert.* Einen Fürsprecher fand Iris in B. H.: *Die Rechtsanwältin hat ihr Erlebnis »auf Zürichs Strassen« so humoristisch und sachlich geschildert, dass man, abgesehen von seiner widerwärtigen Seite, sich ehrlich freuen muss, die eigenartigen Rechtsbegriffe moralinsüchtiger Ordnungshüter wieder einmal unter die Lupe gelegt zu sehen.* F., der wusste, dass eine offene und kritische Debatte über den Vorfall kaum möglich sein würde, versuchte es mit einem nicht ganz ernst gemeinten Vorschlag an die Frauen: *Weil es vermutlich sehr schwer sein wird, die Polizei von dem katastrophalen Amtsmissbrauch zu überzeugen, empfehle ich allen Frauen, die nachts die Strassen Zürichs ohne männliche Begleitung benutzen müssen, beim nächsten Polizeiposten einen Polizisten als Begleiter anzufordern, damit er sie vor den Anrempelungen seiner Berufskollegen schützt.*

»Bei Nacht auf Zürichs Strassen« hatte alle Ingredienzien eines guten Boulevardstücks und wurde schnell zu einem helvetischen Medienereignis. Iris' Ozelotmantel mutierte zum *Panther-* und *Leopardenmantel,* ihr Widerstand gegen die beiden Polizisten zum *Panther-Fauchen.* An die zwanzig Schweizer Zeitungen berichteten über Weihnachten und Silvester 1955 detailliert über den Vorfall. Auffallend ist, dass die Sympathien von Kommentatoren und Leserstimmen mit zunehmender Entfernung von Zürich in der Mehrheit bei Iris waren. In Basel, wo die »National-Zeitung« am 30. Dezember eine ganze Seite mit Leserbriefen veröffentlichte, war die Zustimmung für Iris gar überwältigend. *Wenn das Verhältnis zwischen »Züri-Leu« und »Basilisk«,* so der Basler H. M., *eine bedauerliche Trübung erfahren hat, so ist meines Erachtens weniger der Umstand eines Übergriffes seitens zweier Polizisten schuld als vielmehr das krampfhafte Decken solcher Gesetzwidrigkeiten durch die Direktion der Zürcher Stadtpolizei.** Einen prominenten Fürsprecher fand Iris in der

* Mit Interesse muss auch Friedrich Dürrenmatt das grosse Aufsehen um Iris' Verhaftung verfolgt haben. In seinem 1959 erschienenen Drama

Frankfurter Rundschau. *In Zürich ist es nicht angezeigt,* schrieb Arnold Kübler, Schriftsteller und Chefredaktor der Zeitschrift »Du« am 14. Januar 1956, *Manchesterhosen und Pelzmäntel zu tragen, weil Polizisten, wenn sie solche Kleidung in tiefer Nacht erblicken, Gespenster zu sehen glauben.*

Im Frühjahr 1956 war das »Zürcher Abenteuer einer Baslerin« eines der Themen an der Basler Fasnacht, und Anfang März sollte es Thema im Zürcher Stadtrat sein, wo ein linker Gemeinderat eine Interpellation eingereicht hatte, die eine Untersuchung des Vorfalls verlangte. Persönlich begab sich Iris am 8. März ins Zürcher Stadthaus. Ob sich wenigstens die Politiker in eine grundsätzliche Debatte einlassen würden? Das Ergebnis war eine grosse Enttäuschung: Polizeivorstand Sieber klemmte jede Diskussion ab, schilderte statt dessen zum wiederholten Mal den Tatbestand, umriss die rechtlichen Voraussetzungen und kam schliesslich zum Schluss, dass sich die Polizeipatrouille richtig verhalten hatte und nur durch Iris' Verhalten genötigt wurde, sie auf den Polizeiposten mitzunehmen. Den publizistischen Abschluss der Geschichte bildete eine Episode, bei der alle, die den Konfliktparteien fehlende Gelassenheit und mangelnden Humor vorwarfen, auf ihre Kosten kamen. *Frau Dr. Iris von Roten,* berichteten die »Neuen Zürcher Nachrichten« am 9. März 1956, *die am Mittwoch von Basel zum dritten Mal an eine Sitzung des Zürcher Gemeinderats gereist war, um von der Tribüne aus*

»Frank der Fünfte. Oper einer Privatbank« findet sich eine Passage, die auffällig an Iris' Erlebnis mit der Zürcher Polizei erinnert. In der Groteske um eine Gangsterbank, in der es zahlreiche Anspielungen auf die Zürcher Lokalhistorie gibt, erzählt die Bankangestellte Frieda Fürst im sechsten Bild einem Kunden, wie sie spätabends nach der Ankunft am Zürcher Bahnhof von der Sittenpolizei festgenommen und untersucht wurde. *So traf ich ein im Hauptbahnhof / Am letzten Freitag nachts / Mein Kleid das war aus bestem Stoff / Die ganze Stadt von Mondlicht troff / (...) / Ich war so glücklich und so frei / Gab mich der Menschheit froh / Da kam die Sittenpolizei / Es war die reinste Schweinerei (...).* Friedrich Dürrenmatt: Frank der Fünfte. Oper einer Privatbank. Musik von Paul Burkhard, 1959.

endlich die von ihr verursachte Cause célèbre in parlamentarischem Aufputz zu erleben, scheint an diesem Tag begreiflicherweise wie ein Schauspieler vor dem grossen Auftritt etwas zerstreut gewesen zu sein; die von ihr so geschmähte Polizei fand nämlich »an diesem Tag auf Zürichs Strassen« eine herrenlose Damenhandtasche, die sich bei näherer Untersuchung als Besitztum von Frau Dr. von Roten herausstellte! Der Gang in die Höhle des Löwen dürfte Frau Dr. Iris von Roten nicht leicht geworden sein, und um ein freundliches »Dankeschön« an die Adresse der vielgeschmähten Polizei kam sie dabei nicht herum. Dass die Polizei aus dem artigen Zwischenfall kein Amtsgeheimnis machte und findige Polizeireporter ihn zur Kenntnis der Öffentlichkeit brachten, wer könnte ihnen das verdenken?

Weil auch die von Iris angestrengte Disziplinaruntersuchung gegen die beiden Polizisten kurz darauf eingestellt wurde, verloren die Medien schnell das Interesse an dem *Panthermantel-Intermezzo*. Iris war konsterniert. Keine einzige Zeitung hatte ein Interesse daran gehabt, von ihrer nächtlichen Verhaftung zu abstrahieren und eine grundsätzliche Diskussion darüber zu führen. Statt dessen zementierten sie alle nur geschlechtsspezifische Klischees. *Ich habe mit einer grossen Korrektheit der Zeitungen gerechnet*, wird Iris ein Jahr später in einem »Elle«-Interview erklären, *und mir gesagt: jede Zeitung, die etwas von mir bringt, gibt mir auch die Möglichkeit, Stellung zu nehmen. Das war nicht der Fall. Auf schamlose Art wurden mir die Waffen entzogen. Mir ist es recht zu kämpfen, zu sagen: Das ist die Frage, und nun setzen wir uns auseinander. Aber es geht nicht, dass man der andern Partei die Waffe in die Hand gibt und mir die Waffe aus der Hand nimmt.*

Iris von Rotens Auseinandersetzung mit der Zürcher Stadtpolizei erinnert an den Caroline-Farner-Prozess aus dem Jahre 1893, in dem die Zürcher Ärztin im Verbund mit Iris' Verwandter mütterlicherseits, Meta von Salis, Missstände in der Zürcher Männerjustiz anprangerte. Hier wie dort hatten es feministisch engagierte Frauen gewagt, den ihnen zugewiesenen gesellschaftlichen Platz zu verlassen und in mutigen Einzelaktionen gegen den männlichen Staatsapparat aufzubegehren. Auch in ihrem medialen Echo lassen sich die beiden Fälle vergleichen: Caroline Farner, Meta von Salis und Iris von Roten bezahlten ihren Protest mit Vorverurteilungen und Beschimpfungen. Und schliesslich sind alle drei Frauen exemplarische Beispiele für die latente Unsicherheit, die Angst und den Hass breiter Kreise der Männer- und der Frauenwelt vor gebildeten, selbstbewussten und eigenständigen Frauen.

Im Rückblick auf Iris' Leben wird sich Peter fünfunddreissig Jahre später noch einmal an den Zusammenstoss mit der Zürcher Polizei erinnern. *Iris war ein Nachtmensch,* schreibt er im Frühling 1991, *und Robert Burns Spruch »Up in the morning's not für me« ihre Devise. Ein mitternächtlicher Besuch bei der Freundin Anna Huggler hatte für sie Routinecharakter. Die Episode mit der Zürcher Polizei wäre in ihrem Leben keine Schlagzeile wert gewesen, wenn Iris daraus nicht eine grundsätzliche Diskussion um die reale Freiheit gemacht hätte und so die Problematik der polizeilichen Schutzrolle einer experimentellen Nagelprobe unterzogen hätte. Wir wissen heute, als »Fichierte« und »Unfichierte«, um die heiklen Grenzwerte, welche da die Staatssicherheit und die individuelle Freiheit voneinander abgrenzen. Nur wenige haben aber damals in der schönen guten alten Zeit des McCarthyismus gemerkt, welche Werte hier im Spiele waren und wie sehr bald die Rechte der Frauen durch die Schutzgelüste der Männer praktisch in Frage gestellt würden. Immer noch zu gerne wird auch heute die Sicherheit als Vorwand für Unmündigkeit missbraucht.*

35
»FRAUEN IM LAUFGITTER«

Zu Jahresbeginn 1958 hatte Iris ihr Buch vollendet und sah sich in Deutschland und der Schweiz nach einem geeigneten Verlag um. Die Suche gestaltete sich schwierig. Die deutschen Verlage führten an, das Buch sei allzusehr auf die schweizerischen Verhältnisse gemünzt und für Deutschland nur mässig interessant. Einen ganz anderen Vorbehalt hatte man in der Schweiz: In Anbetracht des zu erwartenden Buchabsatzes, führten zwei Verlage an, seien die Produktionskosten für den fast 600 Seiten umfassenden Wälzer zu hoch und das Buch ein sicheres Verlustgeschäft. Als der Berner Hallwag-Verlag Iris die Offerte machte, ihr Buch herauszubringen, wenn sie 50% der Druckkosten übernehme, willigte sie Mitte Mai 1958 ein. Dreieinhalb Monate später erschien das Buch unter dem zugkräftigen Titel »Frauen im Laufgitter«. Im Untertitel versprach Iris den Leserinnen und Lesern »Offene Worte zur Stellung der Frau« und legte im Vorwort dar, wie sehr ihr daran gelegen habe, ein feministisches Grundlagenwerk zu schaffen. *Die Probleme des weiblichen Lebens, wie sie sich im Rahmen einer Männerwelt ergeben, werden zwar häufig behandelt. Aber in der Regel nur da ein Stück und dort ein Zipfel, ohne Blick aufs Ganze. Ich habe versucht, diesen Problemen bis an die Wurzeln und damit auch den Zusammenhängen nachzugehen.*

»Frauen im Laufgitter« war ein gewaltiger Wurf. Eine eindringliche und umfassende Studie, ein eindrückliches Manifest für die Gleichberechtigung von Mann und Frau. Auf 564 kleingedruckten Seiten verarbeitete Iris von Roten ihr breites Wissen aus Geschichtswissenschaft, Soziologie, Psychologie, Anthropologie und Sexualkunde. Mit unmissverständlicher Direktheit legte sie die patriarchalen Machtverhältnisse frei. *Das Ziel des Buches,* wird sie sich im Juli 1990 zurückerinnern, *war die grundsätzliche Gleichberechtigung der Geschlechter.* Im Gegensatz zu Simone de Beauvoirs »Le deuxième sexe«, das in erster Linie als philosophisches Werk eingestuft wurde, war »Frauen im Laufgitter« in sehr ausgeprägtem Masse politisch. Das Buch forderte nicht nur die berufliche, ökonomische und sexuelle Eigenständigkeit der Frau, sondern auch die volle politische Gleichberechtigung.

Seit Iris von Rotens entfernter Verwandter Meta von Salis im späten 19. Jahrhundert ist keine Schweizer Frauenrechtlerin so radikal zum offenen Angriff übergegangen, hat niemand derart unmissverständlich die volle Gleichberechtigung der Frau gefordert. Mit ihrer polemischen Art denunzierte Iris das gängige Frauenbild der fünfziger Jahre. Nach diesem stand es einer Frau nicht zu, auf so provokative Art und Weise Kritik zu üben. Schliesslich war die Frau doch der Inbegriff von Taktgefühl und Güte, waren ihre typischen Eigenschaften Ausgeglichenheit und Bescheidenheit. Eine gute Ehefrau, so das gängige Frauenbild, hatte in der Öffentlichkeit frei von Launen und Stimmungen zu sein, breitete über alle unangenehmen Tatsachen den Mantel von Liebe und Geduld aus und artikulierte ihre Wünsche leise und zurückhaltend.

In seiner Essenz widerspiegelt »Frauen im Laufgitter« die persönliche Lebensphilosophie seiner Autorin: Das grösste Ziel des menschlichen Lebens ist die freie Entfaltung der Persönlichkeit. Während der Mann im beruflichen und gesellschaftlichen Leben die viel besseren Rahmenbedingungen dafür vorfindet, umfasst ein Dasein als Gattin, Mutter und Hausfrau *keinen Augenblick lang die ganze Individualität der Frau.* Das Grundübel liegt im Konzept der traditionellen Ehe, die den Frauen zwar wirtschaftliche Sicherheit garantierte, ihre individuelle Freiheit aber massiv beschnitt. Ein krasseres Verlustgeschäft konnten die Frauen gar nicht machen! Iris sah nur einen Weg, um diesem fatalen Abhängigkeitsverhältnis zu entgehen: Die Frauen brauchten eine eigenständige berufliche Identität, mussten teilhaben an der Welt von Wirtschaft, Politik, Wissenschaft und Kultur. *Denn eines ist sicher: Je stärker ein Mensch seine individuellen Anlagen entwickeln und betätigen kann, um so mehr ist er selbst, um so mehr hat sein individuelles Wesen einen Sinn, um so glücklicher kann er als Individuum leben.* Profiteure davon, so Iris, wären in erster Linie wiederum die Männer: Wenn sie den Frauen die berufliche Entfaltung nicht systematisch verweigern würden, stellt sie klar, müssten sie sich auch nicht länger über langweilige Frauen beklagen.

In fünf langen Kapiteln führt Iris von Roten vor, wie wichtig es für die Frauen ist, sich beruflich, wirtschaftlich, politisch und sexuell von den Männern zu emanzipieren. Im ersten Kapitel befasst sie sich mit der beruflichen Zurückstellung der Frau. Im zweiten erörtert sie die weibliche Abhängigkeit in Liebe und Sexualität und fordert die »freie Liebe«. *Ein einziger »Richtiger« auf Lebenszeit ist richtig kümmerlich.* Das dritte Kapitel entlarvt den Mythos Mutterschaft als Falle, das vierte die Haushaltsarbeit als *Fron,* die die Frau in die ökonomische Abhängigkeit treibt. Im fünften und letzten Kapitel schliesslich setzt sich Iris mit der politischen Rechtlosigkeit der Schweizer Frauen auseinander, besonders detailliert mit dem verweigerten Frauenstimmrecht, *dem Schulbeispiel der Männerherrschaft.*

»Frauen im Laufgitter« war eine offene Kampfansage an das Geschlechterverhältnis der Nachkriegszeit: *Die Antworten auf die Fragen des weiblichen Lebens,* so Iris im Vorwort, *geben zum überwiegenden Teil Männer, wobei sie gerne einen Ton anschlagen, als hätten sie Geisshirten Wunderkuren anzupreisen oder aber Esel auf den rechten Pfad zu zerren. Diese Antworten werden hier beanstandet. Wenn man versucht, sie in ihrer ganzen Bedeutung zu erfassen, so kann man sich kaum der Indignation erwehren. Ich habe sie nicht verborgen. Denn mir scheint, die Frauen hätten zu häufig gute Miene zum bösen Spiel gemacht. Ich halte es für nötig, dem Missfallen Ausdruck zu geben.* Und wie Iris das tat: ganz nach der französischen Weisheit »C'est le ton qui fait la musique«. Ohne Rücksicht auf vorherrschende Meinungen schrieb sie mit spitzer und unversöhnlicher Feder gegen die missliche Lage der Frauen an. Stilsicher und mit einem Wissen, das seinesgleichen suchte. Sehr schweizerisch war das gerade nicht. Iris befasste sich mit allen Gebieten, in denen Männer und Frauen in irgendeiner Beziehung zueinander standen. *Es ist selbstverständlich, dass jede Frau, die ihre Umwelt mit offenen Augen betrachtet und sich nicht scheut, sich ihre Beobachtungen auch einzugestehen, Punkt für Punkt bestätigt finden wird. Sie geht damit einfach jenen Weg vom Buch zu den Tatsachen, den ich von den Tatsachen zum Buch gemacht habe.* Der polemische Stil und die grosse Souveränität im Umgang mit Satire und Ironie machten das Buch zu einem beissenden Pamphlet, das in seinem Furor an die englischen Suffragetten erinnert. Iris warf den Fehdehandschuh aber nicht nur den Männern hin, auch die Frauen sahen sich auf die Anklagebank versetzt. *Es gibt,* schreibt sie zu Beginn ihres Buches, *abgesehen von Ausnahmefällen, die in allen Jahrhunderten vorkamen, was gerne vergessen wird, grundsätzlich nach wie vor nur drei Arten »Frauenleben«: dasjenige der ausgenutzten Arbeitsbiene, jenes der Magd eines Ernährers und seiner Nachkommen und das Dasein einer amüsierten oder gelangweilten Luxusgattin.*

»Frauen im Laufgitter« liess keinen seiner Leserinnen und Leser – ob Befürworter oder Gegner – unberührt. Der Zeitpunkt der Herausgabe war vom Hallwag Verlag klug gewählt: Das Buch erschien Anfang September 1958, mitten in der Kampagne zur ersten eidgenössischen Abstimmung zum Frauenstimm- und -wahlrecht, die auf den 1. Februar 1959 angesetzt war. Die zahlreichen Besprechungen in den Schweizer Zeitungen – dem Buch haftete schnell der Nimbus »Skandalbuch« an – sorgten dafür, dass die erste Auflage von 3000 Exemplaren in nur elf Wochen ausverkauft war.

Wie Iris bereits 1949 in den USA befürchtet hatte, trug ihr das Buch viele Feindschaften und Angriffe ein. Die grosse Mehrheit der Rezensenten lehnte das Buch ab. Einige wiesen es mit Entrüstung zurück, andere konnten sich nicht zurückhalten, seine Autorin persönlich zu verunglimpfen. Während ihre sorgfältige Analyse über die berufliche Situation der Frauen in den meisten Zeitungen gelobt wurde – die Forderung nach beruflicher Gleichberechtigung war seit Jahrzehnten ein Thema –, wies man die Kapitel über Mutterschaft und Hausarbeit mit Entrüstung zurück und war entsetzt über ihre Ansichten zu Liebe und Sexualität. Weibliche Rezensenten waren Iris grundsätzlich wohlgesinnter als männliche, besprachen das Buch sehr viel differenzierter und bemühten sich in ihrer Analyse fast durchwegs um Sachlichkeit. So freute sich Laure Wyss am 18. Oktober im »Luzerner Tagblatt«, *dass so etwas Aufrührerisches im Schweizerland passiert, und ist nicht schon das an sich höchst begrüssenswert?* Mit den in »Frauen im Laufgitter« arg kritisierten Männern hatte Laure Wyss keinerlei Mitleid, *es braucht ja bekanntlich recht viel, bis ihnen ein Zäcklein aus der Krone bricht.* Sorgen aber machte sich Laure Wyss um Iris: *Böser ist, dass die Autorin auch die Frauen nicht auf ihrer Seite haben wird. Sie schwingt das Schlachtschwert im eigenen Namen, nicht im Namen der Frauen. Denn die meisten Frauen stört das, was dieses Buch kritisiert, wenig. Aus Lahmheit, aus Blindheit? Nicht nur, möchten wir sagen, denn die meisten Frauen sehen die Zustände ganz einfach nicht im von Rotschen Lichte. So begrüssen wir denn einen tapfern Winkelried, der sich für die bessere Zukunft der Schweizer Frauen die Spiesse und Lanzen in die Brust drückt – aber keiner schreitet diesem Winkelried nach, siegreich durch die geschlagene Bresche zum Sieg.*

Hanna Willi vom »Brückenbauer« bescheinigte Iris, *ein ehrliches und tapferes Buch* geschrieben zu haben, das man *wie eine Geheimlehre* behandeln und *nur unter Eingeweihten weiter verbreiten* sollte. *Es fordert zum Kampf auf und sollte deshalb nur von Frauen gelesen werden, die sich eine absolute Unabhängigkeit des Denkens und faire Kampfmethoden zu sichern wussten. Dies ist aber in einer Welt, die von Männern geformt wurde, sehr schwer.* Auf Unvorbereitete aber wirke »Frauen im Laufgitter« *wie eine zu grosse Menge Arsen, das bekanntlich ein tödliches Gift ist.* In kleinen Dosen aber sei das Buch – wie Arsen – ein Heilmittel, das das Immunsystem stärke und im Kampf um die Gleichberechtigung einen wertvollen Beitrag leiste.

Von Männern wurde »Frauen im Laufgitter« nur vereinzelt positiv aufgenommen: Während der »Tages-Anzeiger« darauf hoffte, dass *der ebenso fulminate wie umfassende Angriff auf die Herrschaft der Männer eine fruchtbare Diskussion in Gang* bringe, jubilierte Felix Leu in den »Schaffhauser Nachrichten«: *Endlich einmal eine Schriftstellerin, die Leben in die Bude bringt. Endlich eine Frau, die sogenannte Frauenfragen nicht im Konversationsstil müder Kamillenteekränzchen behandelt, sondern kräftig und nach allen Seiten mit der Peitsche knallt. Möglichst viele Männer sollten das Werk lesen. Wie geistreich, angriffig und anschaulich kämpft hier eine Frau für ihre Forderungen!* Die überwiegende Mehrheit der Kritiker ging sehr viel unzimperlicher mit »Frauen im Laufgitter« um: Der Literaturredaktor der »Basler Nachrichten« hielt das Buch für antiquiert: *Iris von Roten ist eine ehrlich überzeugte Kämpferin aus der Zeit um 1900. Sie beharrt eisern und entschlossen auf Männerrecht der Frau. Mit andern Worten: Die Frau hat genauso gestellt und angesehen zu sein wie der Mann. Was eine weitgehend überholte Forderung ist, denn bei den sich sehr rasch wandelnden Strukturverhältnissen der modernen Gesellschaft muss sich der Mann ebensosehr seiner Haut wehren wie die Frau.* Werner Weber, Literaturredaktor der »Neuen Zürcher Zeitung«, unterschob Iris ein von menschlicher Kälte und Herzlosigkeit bestimmtes Mann-Frau Beziehungsbild und bezichtigte sie der Rechthaberei, *gegen die kein Mann der Erde mit seinem Männerwörtchen aufkommt. Auf der »Es-musste-einmal-gesagt-werden-Stufe« sind nun offenbar auch die Frauen angelangt: von Simone de Beauvoir bis Iris von Roten.* Für das »Berner Tagblatt« war Iris' *Besessenheit vom weiblichen Gleichberechtigungs- und Überlegenheitsanspruch beängstigend totalitär* und ihr Vorschlag *der Kinderer-*

ziehung im privaten Hort oder Kinderheim gefährlich nahe an der *sozialistischen Utopie.*

Andere Rezensenten scheuten nicht davor zurück, Iris ihre Fachkompetenz abzusprechen und sie persönlich zu beleidigen. *Je länger, desto deutlicher,* schrieb ein gewisser Kaspar Subinger in der »Weltwoche«, *verwandelt die mit reichen Zitaten befrachtete scheinwissenschaftliche Arbeit sich zum leidenschaftlichen Pamphlet. Die jeder Dialektik abholde Geradheit der Anklagen reihen die Verfasserin zwangsläufig unter die literarischen Fanatiker: so wie Iris von Roten gegen die Männer schreibt, so äusserten sich etwa die Aargauer Radikalen vor hundert Jahren über die Jesuiten, oder Hitlers Rassentheoretiker gestern über die Juden oder gewisse Superschweizer heute über die Deutschen.* Der Berner »Bund« rief seinen Lesern *den Leopardenmantel* in Erinnerung, mit dem *Frau Iris von Roten vor einigen Jahren durch Zürichs nächtliche Strassen schlenderte. Der Mantel, den sie diesmal umgehängt hat, ist ein »wissenschaftlicher«, allerdings weniger echt als das Leopardenfell von dazumal.* Die »Arbeiterzeitung« beschimpfte Iris als *streitsüchtige Hysterikerin, schweizerische Juxfigur* und *Gift speiende Fürsprecherin,* und ein gewisser »Christian« in den »Luzerner Neuesten Nachrichten« bedauerte, *dass die Schönheit des Fräulein Meyer aus Rapperswil mit zuviel Gescheitheit und erst noch mit solcher Streitbarkeit verbunden ist.*

Eine treffende Antwort auf all die Beleidigungen und Verunglimpfungen formulierte das »Neue Winterthurer Tagblatt«: *»Frauen im Laufgitter« ist ein heilsames Ärgernis. Witze aus der untern Schublade sind eine unzureichende Replik.*

In eine schwierige Situation brachte Iris von Rotens Buch den Vorstand des Bundes Schweizerischer Frauenorganisationen (BSF). In ihm hatte sich eine grosse Zahl schweizerischer Frauenorganisationen – u. a. der Schweizerische Verband für das Frauenstimmrecht, die sozialdemokratischen Frauengruppen, die Akademikerinnen, verschiedene kantonale Frauenstimmrechtsvereine, die Arbeitsgemeinschaft Frau und Demokratie – zu einem Dachverband zusammengeschlossen, der die Interessen der verschiedenen Körperschaften auf eidgenössischer Ebene zu koordinieren und gegenüber den politischen Behörden zu vertreten versuchte.* Die Publikation von »Frauen im Laufgitter« platzte mitten in die vom BSF und verschiedenen anderen Frauenorganisationen auf der Zürcher »Landiwiese« organisierte »Schweizerische Ausstellung für Frauenarbeit« (SAFFA), die das Leben der Frau in Familie, Beruf und Staat in den Mittelpunkt stellte und dabei bewusst auf politisch-kämpferische Töne verzichtete. Die politische Zurückhaltung der Organisatorinnen hatte zwei Gründe: Erstens wollte man jene Frauenvereine nicht verärgern, die das Frauenstimmrecht ablehnten oder sich – wie der Schweizerische Katholische Frauenverein – noch nicht entschieden hatten und zweitens die bevorstehende Abstimmung über das Frauenstimmrecht nicht gefährden.** Taktik und Strategie mussten deshalb über den Inhalt der Ausstellung gestellt werden. Eine politische Demonstration wie an der SAFFA von 1928 in Bern, als die Frauenvereine mit einer Riesenschnecke auf das Schnekkentempo der Schweizer Männer in Sachen Frauenstimmrecht aufmerksam machten, war für die Organisatorinnen von 1958 undenkbar, genauso wie der Wunsch zahlreicher Stimmrechtsvereine nach einem Tag des Frauenstimmrechts. Die Haltung der Organisatorinnen war klar: die Herren der Schöpfung sollten vor ihrem Gang an die Urne mit Schmeichelworten eingeseift und nicht durch Nadelstiche provoziert werden. So kam es, dass die

* Einzelne grössere Frauenvereine traten dem BSF nie bei, weil sie sich selber als Dachorganisation betrachteten – so der Schweizerische Gemeinnützige Frauenverein (SGF) – oder aber ideologische Vorbehalte hatten wie der Katholische Frauenbund (SKF), der sich kirchlich und politisch gebunden fühlte, während der BSF konfessionell und parteipolitisch neutral war. Sie behielten sich vor, den BSF in seinen Aktivitäten von Fall zu Fall zu unterstützen. Für die SAFFA 1958 haben alle grossen Frauenvereine der Schweiz eine Zusammenarbeit vereinbart.

** Der Schweizerische Katholische Frauenbund sollte sich schliesslich zur Ja-Parole entscheiden, was scharfe Proteste im schweizerischen Klerus zur Folge hatte.

Organisatorinnen den 1. August nicht zum Tag des Frauenstimmrechts erklärten, sondern dem militärischen Frauenhilfsdienst FHD widmeten.

Am Eingang der SAFFA veranschaulichte eine Plakatwand mit Texten die Grundwerte des weiblichen Lebens: *Die Stunde der Frauenbewegung ist vorbei,* waren die Verfasserinnen Varja Honegger-Lavater und Marga Bührig überzeugt, *diejenige der Zusammenarbeit aber kaum angebrochen.* Und weiter: *Die Frau von heute ist erwacht. Sie erkennt und bejaht ihre veränderte Situation, ihre Möglichkeiten, ihre Verantwortung und ihre Aufgabe im kleinen wie im grossen, gemeinsam mit dem Mann wendet sie sich der Gestaltung ihres Lebens zu. Sie sucht: Ergänzung, nicht Wettstreit; Partnerschaft, nicht Emanzipation des einen vom andern; Arbeitsgemeinschaft, nicht Trennung durch starke Arbeitsteilung. Das Ja zu ihrem vom Manne verschiedenen Leben ist von der Frau gefordert, zum andern Lebensrhythmus, vor allem zu den verschiedenen Stadien ihres Lebens und den damit wechselnden Aufgaben: Die junge Frau mit kleinen Kindern versäumt etwas für sich und ihre Kinder Lebenswichtiges, wenn sie sie anderen überlässt, um frei zu sein für den grösseren Kreis. Die Frau der Lebensmitte versäumt Lebenswichtiges für sich und die Gemeinschaft, wenn sie nicht heraustritt aus dem engen Raum und in Beruf oder sozialem Leben, in Schule oder Kirche Verantwortung auf sich nimmt. Die alleinstehende Frau versäumt Lebenswichtiges, wenn sie versucht, sich dem Manne gleichzustellen, statt mit ihm zusammenzuarbeiten.*

Die SAFFA wurde zum Publikumserfolg: In acht Wochen strömten 1,2 Millionen Besucher durch die 15 Hallen und Pavillons. Auch das Echo in der Schweizer Presse war überaus positiv. *Schön ist diese Ausstellung,* hatte der Redaktor der »Neuen Zürcher Zeitung« bereits am 17. Juli 1958, dem Eröffnungstag der SAFFA, geschrieben, *und uns Männern steht es an, zu bewundern und dafür zu danken. Als Mann ist man stolz, dass wir so begabte, so tüchtige, so gescheite und so hübsche Frauen haben.* Der Vorstand des BSF wähnte sich auf dem richtigen Kurs.

Wir waren wahnsinnig optimistisch, erinnert sich Marga Bührig 1987 an die damalige Stimmung, *wir glaubten, dass uns Frauen alles offenstehe, dass auch das Frauenstimmrecht kurz bevorstehe.*

Als unmittelbar nach Torschluss der SAFFA die Pressepolemik um »Frauen im Laufgitter« einsetzte – das Buch war zwei Wochen lang auch in der Ausstellungsbuchhandlung verkauft worden –, reagierte der Vorstand des BSF mit Verunsicherung und Irritation. Vor allem deshalb, weil Iris in den Danksagungen für ihr Buch auch den BSF erwähnte, was den Eindruck erweckte, der BSF habe »Frauen im Laufgitter« aktiv unterstützt. Drohte damit der sicher geglaubte Burgfrieden mit den Männern kurz vor der Abstimmung doch noch brüchig zu werden? *Das Thema »Frau« scheint in diesem Jahre in besonderem Masse entdeckt worden zu sein,* spottete Laure Wyss im »Luzerner Tagblatt«. *Dem mächtigen SAFFA-Eintopfgericht folgt die rässe Nachspeise. Oder ist Iris von Rotens Plädoyer vielleicht der Magenbitter für diejenigen Mägen, die sich am Eintopf überassen?*

Gänzlich andere Töne schlug Alfred Grütter, der Bundesstadtredaktor der »Tat«, an: Er nannte die SAFFA eine *grossartige Kundgebung der Frau in einer bedeutungsvollen Zeit* und sah sich durch Iris' *falsches Buch zur falschen Zeit* dazu veranlasst, die Schweizer Frauen an ihre an der SAFFA *gegebenen Geloben und Versprechen* zu erinnern. *Man täusche sich nicht über die möglichen Folgen,* erhob Grütter im letzten Satz seiner Rezension den patriarchalischen Drohfinger. Der Vorstand des BSF sah sich zum Handeln veranlasst. Gerda Stocker-Meyer, damals Mitglied des überparteilichen »Aktionskomitees für das Frauenstimmrecht«, erinnerte sich 1990 daran, dass der BSF-Vorstand davon überzeugt war, dass »Frauen im Laufgitter« die männlichen Befürworter des Frauenstimmrechtes verunsicherte und die Gegner in ihrer Haltung bestärkte. Dagegen musste etwas unternommen werden. Eine erste Distanzierung von Iris von Roten erfolgte in einer ablehnenden Buchbesprechung im »Schweizer Frauenblatt«. *Diplomatie,* charakterisierte Elisabeth Studer *die irritierende Iris* und umriss damit auch die Abstimmungstaktik des BSF, *umfasst den Begriff der Erreichung des Möglichen durch Methoden, welche eine psychologisch richtige Behandlung derjenigen voraussetzen, bei denen man etwas erreichen möchte, etwas durchsetzen muss. Dass dieses diplomatische Talent nicht die hervorragendste Eigenschaft von Iris von Roten ist, hat sie schon mehrfach bewiesen.*

Sehr bald schon zeichnete sich eine zweite Massnahme ab: Der BSF-Vorstand erwog eine offizielle Distanzierung von »Frauen im Laufgitter«. Am 24. September 1958 engagierte die für den Pressedienst des BSF verantwortliche Henriette Cartier die Radiojournalistin Trudi Weder-Greiner für ein Honorar von zwanzig Franken, *eine humoristische Buchbesprechung* über »Frauen im Laufgitter« zu verfassen. Nach eingehender Lektüre des Buches sah sich Weder-Greiner nicht in der Lage, dem Begehren nachzukommen. *Je mehr ich mich in das Buch hineinlas (und ich habe es Wort für Wort gelesen, nicht nur die Kapitelüberschriften und einige »saftige« Stichproben, wie wohl die meisten Kritiker),* erklärte sie dem BSF-Vorstand am 8. Oktober, *desto faszinierender fand ich seinen gedanklichen Inhalt, desto unwichtiger wurde die gelegentlich störende Saloppheit des Tons. Ich halte dieses Buch sogar für ein sehr wesentliches, grundlegendes Werk, von dem noch sehr viele Diskussionen und weitere Arbeiten ausgehen werden. Es verlangt allerdings vom Leser eine ordentliche Portion Vorurteilsfreiheit und anstrengende Denkarbeit; die leichte Lesbarkeit des unterhaltenden Stils täuscht darüber hinweg.* Weder-Greiner machte den Vorstand auch darauf aufmerksam, dass der BSF mit einer Distanzierung von »Frauen im Laufgitter« einen Teil jener Forderungen verleugne, die er selbst bislang vertreten habe.

Den ganzen Herbst 1958 über rang der Vorstand des BSF um die richtige Form und Wortwahl der Distanzierung von Iris' Buch. In der Sitzung vom 4. Dezember 1958 war »Frauen im Laufgitter« – das Buch war inzwischen vergriffen und die zweite Auflage noch nicht im Handel – erneut ein zentrales Traktandum: Mit 15 gegen 2 Stimmen wurde nach längerer Diskussion schliesslich eine Erklärung verabschiedet, die kurz darauf in zahlreichen Schweizer Zeitungen erschien.

Henriette Cartier und andere führende Frauen aus dem BSF werden Jahrzehnte später anführen, dass ihre Distanzierung von »Frauen im Laufgitter« vor allem deshalb zustande kam, weil verschiedene Männer aus dem »Aktionskomitee für das Frauenstimmrecht« mit ihrem Austritt drohten, wenn sich der BSF nicht öffentlich von Iris' Buch distanziere. Dokumentarische Belege dafür finden sich aber weder in den Sitzungsprotokollen des BSF noch im Archiv des »Aktionskomitees für das Frauenstimmrecht«, was aber nicht heissen muss, dass es diese männliche Er-

Besser spät als nie!

Frauenvereine rücken von den «Frauen im Laufgitter» ab

Der Bund schweizerischer Frauenvereine teilt mit:

«Der Vorstand des Bundes schweizerischer Frauenvereine, der beschlossen hat, die Bestrebungen für die Einführung des Frauenstimm- und -wahlrechtes auf eidgenössischem Boden wirksam zu unterstützen, nahm auch Stellung zu dem Buch von Iris von Roten «Frauen im Laufgitter». Die in diesem Werk vertretenen Ansichten stehen in krassem Widerspruch zu den ethischen Zielen der schweizerischen Frauenorganisationen, wie sie auch an der Ausstellung der SAFFA 1958 zum Ausdruck gebracht wurden. Der Vorstand des Bundes schweizerischer Frauenvereine distanziert sich daher mit Entschiedenheit von diesem Buch.»

(Diese Distanzerklärung wäre längst fällig gewesen. Das erwähnte Buch stellt — unter dem Deckmantel einer aufgeplusterten «Wissenschaftlichkeit» — ein pamphletäres Machwerk dar, dessen sich jeder Mann, geschweige denn eine Frau in Grund und Boden schämen sollte. D. Red.)

»Rorschacher Zeitung«, 15. Dezember 1958

pressung nicht gegeben hat. Aber sie scheint nicht jene Bedeutung zu haben, die ihr verschiedene Frauen im historischen Rückblick geben. Vielleicht haben die Exponentinnen des BSF den Männern den schwarzen Peter nur deshalb in die Schuhe geschoben, weil er sie einerseits vor einer selbstkritischen Auseinandersetzung mit ihrer damaligen Haltung bewahrte und weil sie andererseits feststellen mussten, wie schwierig es war, Feministinnen der nächsten Generation, die die SAFFA 58 als biedere Ausstellung von Küchengeräten belächelten und Iris von Roten zur Ikone stilisierten, ihre damalige Haltung in einem schwierigen politischen und gesellschaftlichen Umfeld verständlich zu machen. Die 1914 geborene Juristin und Feministin Gertrud Heinzelmann, die selbst ein schwieriges Verhältnis zum BSF hatte, wird sich in diesem Generationenkonflikt in der schweizerischen Frauenbewegung hinter die Frauen ihrer Generation stellen: *Die Frauen der jüngeren Generation*, schreibt sie am 20. November 1990 – kurz nach Iris' Tod – in einem Leserbrief, *haben keine Ahnung von den damaligen gesellschaftlichen und politischen Druckverhältnissen, unter denen der Kampf um die politische Gleichberechtigung ausgefochten werden musste, von den demütigenden Abhängigkeiten, unter denen damals gekämpft und »gekrochen« werden musste.**

Für Iris, selbst Mitglied in verschiedenen Vereinen des BSF, kam die öffentliche Distanzierung völlig unerwartet. Am 30. Dezember 1958 publizierte sie in der Basler »National-Zeitung« eine bissige *Entgegnung: Als ich vor Jahren als Redaktorin des »Schweizer Frauenblatts« das Vergnügen hatte, für die »ethi-*

* Im Nachlass der Juristin und Feministin Gertrud Heinzelmann (1914–1999) findet sich folgende, im Frühling 1996 niedergeschriebene Notiz: *Das Buch* [»Frauen im Laufgitter«] *ist während der SAFFA 1958 herausgekommen und wurde dort verkauft, deshalb der grosse Erfolg. Die Opposition der im Aktionskomitee engagierten Männer konnte gar nicht anlaufen, aber sie kam später, vor allem durch Prof. Kägi und Bryner. Auskunft* [Henriette] *Cartier* [1958 im Vorstand BSF], *die unlängst im Alter von 92 Jahren gestorben ist: Es wurde Druck ausgeübt auf BSF, sich zu distanzieren, sonst würden »die Männer« mit Getöse austreten.*

schen Ziele« des BSF zu arbeiten, hörte ich kaum eine häufigere Klage als jene über »die mangelnde Solidarität der Frauen«. Erst jetzt wird mir klar, dass damit natürlich der Balken im eigenen Auge gemeint war. Es mag dem BSF schlau erscheinen, durch ostentative Ablehnung eines Werkes, das manche – wenn beileibe auch nicht alle – Männer ärgert, diesen mit einem Seitenblick auf die bevorstehende Abstimmung zum Frauenstimmrecht ein wenig im Bart zu kraulen. Schmeichelei ist ja ein bewährter Weg, ans Ziel zu gelangen. Wenn sie aber wie im vorliegenden Falle ausgerechnet darin besteht, ein Werk zu verleugnen, das kompromisslos für feministische Ideale einsteht, so riecht das doch ein bisschen nach Verrat und wird damit zur plumpen Schmeichelei.

Der Konflikt BSF–Iris von Roten war sehr ausgeprägt ein Konflikt um strategisches Denken, diplomatisches Kalkül und Political correctness. Inhaltlich stand man sich näher, als es von aussen den Anschein machte. Auf beiden Seiten waren fortschrittlich denkende Frauen am Werk, hier die erfahrenen Kämpferinnen aus verschiedenen Frauenorganisationen, die ein grosses Sensorium für politisch-gesellschaftliche Entwicklungen hatten, dort die Einzelkämpferin Iris von Roten, die ihre persönlichen Überzeugungen radikal und rücksichtslos auf den Punkt brachte. Die auf Verständigung und Partnerschaft setzenden Frauen des BSF, die in verschiedenen Frauenverbänden und -komitees sassen, seit Jahrzehnten in aufreibender Kleinarbeit Dutzende von Eingaben, Petitionen und Resolutionen ans Parlament gerichtet und auf diese Weise im Laufe der Jahrzehnte viele kleine und nur wenig beachtete Erfolge erzielt hatten, empfanden »Frauen im Laufgitter« gleichsam als verräterischen Schuss vor ihren Bug.*

* So zum Beispiel die Revision des Gesetzes über Erwerb und Verlust des Schweizer Bürgerrechts zu Beginn der fünfziger Jahre, die der BSF mit Resolutionen und Eingaben über mehr als zehn Jahre gefordert hatte. Bis dato verloren Schweizerinnen, die einen Ausländer heirateten, ihr angestammtes Schweizer Bürgerrecht. Das revidierte Bundesgesetz vom 29. September 1952 bestimmte nun, dass eine Schweizerin ihr Bürgerrecht

Iris' Konsequenz aus ihrem Scharmützel mit dem BSF war ihre völlige Distanzierung vom grössten Dachverband schweizerischer Frauenorganisationen. Was blieb, waren Wut und Enttäuschung, die sie in Interviews und Briefen bis zu ihrem Tod offen zum Ausdruck brachte. *Durch mehrfache Vereinszugehörigkeit Mitglied dieses Dachverbandes,* schrieb sie am 18. Februar 1988 an die Historikerin Elisabeth Joris, *und erst recht als Redaktorin seines Organs während einiger Jahre habe ich die Verhältnisse beim BSF gut gekannt. Er beeindruckte mich durch die Dürftigkeit seines Feminismus und muffiges Spiessertum. Ich sah mit Schrecken, wie das pseudofeministische Gehabe der Frauenverbände in Wohltätigkeit ausartete. Von dieser Seite war nichts anderes als Profilhascherei mittels Opposition zu erwarten.*

Die Distanzierung des BSF-Vorstandes von »Frauen im Laufgitter« stiess auf Kritik aus den eigenen Reihen: *Woher nimmt der BSF sein Recht,* fragte die Juristin Gertrud Heinzelmann im Januar 1959 – kurz vor der Abstimmung zum Frauenstimm- und -wahlrecht – in der Zeitschrift »Die Staatsbürgerin«, *sich materiell zu diesem Werk auszulassen, dasselbe im Verhältnis zur SAFFA als nicht musterkonform zu erklären und sich inhaltlich davon zu distanzieren? Seit wann und vor allem für wie lange ist die SAFFA das Mass aller weiblichen Dinge? Zur Klarstellung der Situation hätte es genügt zu erklären, dass das Werk eine freie Privatarbeit ist und dafür allein die Autorin als verantwortlich zeichnet. Die materielle Stellungnahme des BSF verstösst gegen die elementaren, allgemein anerkannten Spielregeln der Freiheit, sie riecht nach Zensur, Bücherverbrennung, Inquisition.*

Heinzelmann, die selbst seit Jahrzehnten sehr engagiert für die politische und rechtliche Besserstellung der Frau kämpfte und mit ihrer angriffigen Art auch selbst immer wieder aneckte, verstand Iris' Furor auf das Patriarchat: *Der scharfe Ton dieses Bu-*

bei Heirat mit einem Ausländer nicht mehr verliert, wenn sie eine entsprechende Erklärung abgibt. Eine grosse Zahl von Vorstössen unternahmen der BSF und andere Frauenorganisationen auch im Ehe- und Familienrecht (z. B. bei Besserstellung der Frau im Scheidungs- und Ehegüterrecht).

ches und seine Angriffe sind eine Reaktion, verständlich nur jenen, die um die schlechte geistesgeschichtliche Situation der Frau wissen. Davon allerdings erzählte die SAFFA nichts – davon hatte sie offenbar keine Ahnung.

Iris war über die *klaren, mutigen und loyalen Worte* der drei Jahre älteren Gertrud Heinzelmann – 1962 wird sie vom Papst den Zugang von Frauen zum Priesteramt fordern – sehr erfreut. *Es erfrischt mich zu sehen,* schrieb sie ihr am 24. Januar 1959, *wie Sie mit Geist, Ruhe und Vernunft dieser wirren Schaumschlägerei begegnen.* Einen Monat nach Gertrud Heinzelmann doppelte die Sektion Uster aus dem Zürcher Frauenstimmrechtsverein nach. Die »Staatsbürgerin« publizierte einen Brief, in dem Mitglieder der Sektion Uster dem BSF-Vorstand die Legitimation absprachen, sich *eigenmächtig und im Namen seiner Mitglieder* von »Frauen im Laufgitter« zu distanzieren. *Im Volk,* so die Frauen aus Uster, *wird Frau von Rotens Buch nämlich günstiger aufgenommen, als man es gern wahrhaben möchte. Auch wir sind weit davon entfernt, mit allem, was Frau von Roten schreibt, einverstanden zu sein. Aber das Buch enthält andererseits Wahrheiten, die um so verblüffender wirken, weil sie bis heute einfach niemand auszusprechen wagte. Frau von Roten scheint tatsächlich die einzige Suffragette in der Schweiz zu sein! Wer weiss, vielleicht errichtet man ihr in x-Jahren in der Schweiz ebenfalls ein Denkmal, wie man es in England für Frau Pankhurst getan hat. Letztere war einst die verhassteste Frau Englands.*

Der schwierige gesellschaftspolitische Kontext war nicht der einzige Grund, der den Vorstand des BSF zu seiner Distanzierung drängte. Auch inhaltlich konnte man sich nur mit zwei der fünf Kapitel identifizieren: Iris' Kritik an der Diskriminierung der Frau in der Arbeitwelt sowie ihre Forderung nach rechtlicher und politischer Gleichstellung waren Anliegen, für die sich der BSF seit Jahrzehnten stark machte. Das unüberwindbare Pièce de Résistance aber war das zweite Kapitel: »Wie es der Frau in der Liebe und ihrem Drum und Dran ergeht«. In ihm redete Iris offen von der weiblichen Sexualität und beging damit einen Tabubruch, der nicht goutiert wurde. Sie forderte die sexuelle Selbstbestimmung der Frau, propagierte die freie Liebe, redete offen und unverblümt von der weiblichen Lust, sexueller Erfüllung und genussreichem Geschlechtsverkehr. Ihre Behauptung, dass es dem erotisch-sexuellen Lebenswillen der Frau entspreche, *von jedem Mann, den sie leidenschaftlich liebt, ein Kind zu bekommen, aber nur selten mehrere,* war eine Attacke auf die sakrosankte Monogamie. Doch damit nicht genug. Iris stellte die Forderung nach freier Liebe in den Kontext des Matriarchats: Nicht der Mann sollte die Frau, sondern die Frau ihre Männer auswählen. *Wenn sich eine Liebe, das heisst ihre Fleischwerdung, »erfüllt hat«, ist es reizvoller, die Liebe und ihre Verkörperung wieder von allem Anfang an zu erleben, den weiten Weg von der Indifferenz bis zum Erkennen und vom Erkennen zur Inkarnation zu gehen, anstatt bestenfalls nach dem Erleben einer oder einiger echter Erfüllungen routinemässig ein Menschlein nach dem andern ins Leben zu stellen, ohne in tiefster Seele zu fühlen, weshalb.*

Als ich mich durch den von Iris selbst archivierten Berg der Buchrezensionen und Leserreaktionen arbeitete, hatte ich den Eindruck, dass das zweite Kapitel von »Frauen im Laufgitter« mehr als einem Rezensenten die Sprache verschlagen hat. Keine einzige Buchbesprechung befasste sich kritisch mit diesem Kapitel, und auch in späteren Debatten machte man einen weiten Bogen um Iris' Ansichten zu Liebe und Sexualität. Niemand, der Iris vorhielt, dass ihr Konzept der freien Liebe elitär war und materiellen Reichtum voraussetze. Keiner, der sich dafür interessierte, wie sie sich den Alltag vorstellte und wie es um die Rechte und Pflichten der verschiedenen Partner in bezug auf gemeinsame Kinder stand. Immer gab es dazu nur Äusserungen auf der Ebene des vielfach kolportierten Pauschalurteils, »Frauen im Laufgitter« sei ein *kaltes, seelenloses* und *ohne Liebe* geschriebenes Buch und *ein Hohn* – so der Walliser Bote – *auf das christliche Sittengesetz.* Vorwürfe der Pornographie wurden laut, sexistische Witzeleien machten die Runde, und das Buch erhielt den

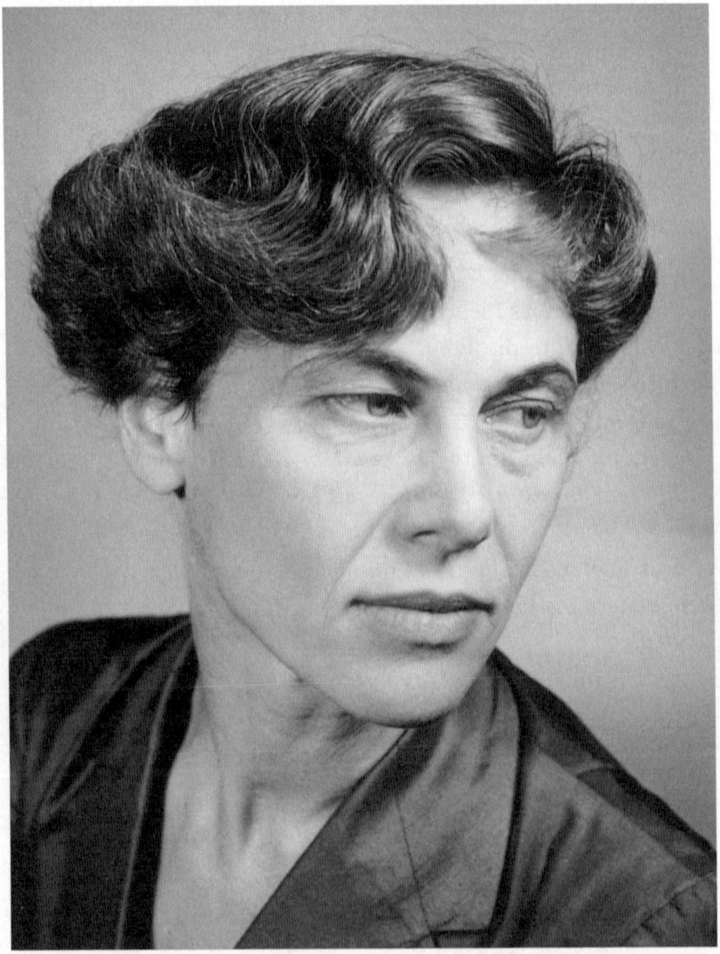

Iris von Roten, 1958

Stempel der Unappetitlichkeit. *Man tut wohl gut daran,* verunglimpfte der Redaktor der »Neuen Berner Zeitung« am 5. Oktober 1958 die Autorin, *wenn man solche Ausführungen als Entgleisung einer exzentrischen Frau betrachtet, die durch unliebsame Erlebnisse zu einer solch abwegigen Einstellung gekommen ist.*

Eine anonyme Männergruppe schrieb: *Sie verdienen nicht mehr und nicht weniger, als übers Knie genommen zu werden, um ihrem entblössten Hinterteil ein paar tüchtige Schläge zu versetzen, und dies so lange, bis sie zur Vernunft gekommen sind.* Eine Frau aus St. Gallen meinte entsetzt: *Madame, Sie müssen ein schönes Scheusal von einem Mann haben, dass Sie Ihr Buch schreiben konnten.* Auf grosse Opposition stiess »Frauen im Laufgitter« in religiösen Kreisen. *Ich finde es schändlich,* so eine Frau aus Sissach, *dass eine Frau, die solche Geistesgaben besitzt wie Sie, diese nicht um Frieden und Segen in die Welt zu streuen benützt, statt dessen aber Unzufriedenheit, Gottlosigkeit und Chaos unter die Menschen zu bringen versucht.*

Insgesamt überwogen die positiven Leserinnen- und Leserreaktionen. Eine von ihrem Mann enttäuschte Frau sprach Iris ihre Bewunderung aus und vertraute sich ihr an. *Die Ehe ist eine grosse Lüge. Frauenglück ist zum grössten Teil eine imaginäre Angelegenheit. Meine Geleise sind leider bereits fest eingefahren, von der »Gschwellti« bis zum Filet. Ich möchte gerne einige Generationen später mich nochmals auf der Welt umschauen können, um festzustellen, ob wir Frauen inzwischen Menschen geworden sind. Und wenn eine gute Fee mir einen Wunsch offenliesse, dann wünschte ich, alle Männer müssten nochmals als ihre Frauen auf die Welt kommen. Ich bete, dass Ihre Spannkraft und Ihr Oppositionsgeist ungebrochen aus dieser Feuertaufe hervorgehen mögen.* Zahlreich sind auch Komplimente von Männern: *Ich möchte Ihnen sagen,* schrieb ein Privatwissenschaftler aus Bern, *was ich über die vielgerügte polemische Tonart Ihres Buches denke, die man als stark, massiv, aggressiv oder in ähnlichen Wendungen gekennzeichnet und meist verurteilt hat. So fun-*

damentale Umwälzungen wie die Gleichberechtigung der Geschlechter geschehen nicht durch abgeklärte, sanfte oder spielerische literarische Betrachtungen, sondern durch sehr starke Stösse in Rede und Schrift, die die Gemüter in Wallung und zur Tat in Bewegung zu bringen fähig sind. Und das haben Sie mit Ihrem Buch, wie die Reaktion beweist, mit Erfolg erreicht. Auch die negative Reaktion tut da ungewollt ihren geschichtlichen Dienst, denn die Hauptsache ist ja die lebhafte Antwort; dass sie heute innerhalb der Schweiz noch vorwiegend negativ tönt, ist auf weite Sicht ein sehr gutes und nicht ein schlechtes Omen. Keine einzige grosse Sache wurde nicht zuerst abgelehnt und verfolgt. Sie werden ja selbst in der Geschichte geblättert haben. Allgemeiner Applaus für Ihr Buch am Beginn, wo die Schweiz heute steht, wäre daher sehr verdächtig. Der Pascha müsste dann schon gestorben sein.

Iris freute sich über jeden einzelnen positiven Brief. *Es ist erfrischend,* antwortete sie am 18. Dezember 1958 einem von ihrem Buch begeisterten Ehepaar, *von anständigen Menschen zu hören, die sich nicht der kläffenden Meute anschliessen. Obwohl ich in schwachsinnigen, bösartigen und unanständigen »Besprechungen« meiner Arbeit ertrinken könnte, macht mich die Gewissheit des Formats meiner Arbeit so munter, dass ich auf früher oder später die echte, volle Anerkennung erwarte, wie ich sie bis jetzt erst in – gottlob einigen Dutzenden – begeisterten Zuschriften empfangen durfte.* Am 18. Januar 1959 erhielt sie auch einen längeren Brief ihres Vaters. Walter Meyer gratulierte seiner Tochter für die *immense Arbeit* und zeigte sich beeindruckt von ihrem sprachlichen Talent, das sie – wie er in seiner unverbesserlichen Selbsteingenommenheit konstatierte – nur von ihm geerbt haben konnte. *Nebst der Virtuosität des Wortes* erkannte der Vater im Buch seiner Tochter *eine Scharfsinnigkeit, die nur bei Kampfschriften klassisch gewordener Reformatoren zu finden ist, ebenso aber auch die oft bis zum Zynischen getriebene Logik.* Das längerfristige Schicksal des Buches verglich der Vater mit seinem Scheitern in der Politik. *Ich habe hier während dreissig Jahren politisch mich frei und nach idealen Grundsätzen betätigt, verfüge über mehr allgemeine Bildungskenntnisse und Welterfahrung als der ganze Hinterstubenknäuel, aber man will mich nicht – zu eigenwillig.* Über den Inhalt des Buches verlor Walter Meyer, der sich am meisten für das Kapitel über das Frauenstimmrecht interessierte, nur wenig Worte. Statt dessen empfahl er Iris, ein signiertes Exemplar ihres Buches an Bundesrat Wahlen zu schicken, der *Dich für Beratungen zur Mitarbeit heranziehen* könnte, wenn er erkennen würde, *wie Du diese immense soziologische Materie beherrschst.*

Zunehmend schwierig wurde Iris von Rotens Verhältnis zu ihrem Verlag. Einmal, weil es zu ständigen Differenzen bezüglich Zwischenabrechnungen kam – abzüglich ihrer Beteiligung an den Druckkosten verdiente sie an der verkauften 1. Auflage gerade mal 1023.45 Franken –, und der Verlag zweitens lange zögerte, überhaupt eine zweite Auflage auf den Markt zu bringen. Eine Flut protestierender Leserbriefe, reklamierende Buchhändler und unterschiedliche Positionen in der Hallwag-Verlagsleitung waren verantwortlich dafür, dass das Buch erst Anfang Februar 1959, nur wenige Tage, nachdem die Schweizer Männer das Frauenstimm- und -wahlrecht mit einer Zweidrittelmehrheit wuchtig abgelehnt hatten, wieder in die Läden kam.* Der Verlag hatte Iris' Drängen erst nachgegeben, als sie sich erneut bereit erklärte, 50% der Druckkosten zu übernehmen.

Hatte ich früher zu sagen, so Iris im Vorwort zur 2. Auflage, *an wen sich das Buch wendet, so jetzt nur noch, für wen es nicht geschrieben wurde. Das so binsenwahre wie tiefsinnige Wort: Werft Eure Perlen nicht vor die Säue, intrigierte mich seit je. Jene, die mit so masslosen Ausfällen auf mein Buch reagierten, dass ich den Rest meiner Tage mit Ehrverletzungsklagen ausfüllen*

* Von den Parteien hatten nur die Sozialdemokraten, der Landesring und die PdA die Vorlage unterstützt, Freisinnige, Liberale und Katholisch-Konservative beschlossen Stimmfreigabe, die BGB (heute SVP) gab die Nein-Parole heraus.

könnte, machten mir klar, dass Wahrheitsliebe, Folgerichtigkeit und Ehrlichkeit mit solchen Perlen zu vergleichen sind, wo sie an Kreaturen geraten, die gern grunzen. Diese eignen sich für die Lektüre meines Buches sicher nicht.

In den Leserreaktionen auf die zweite Auflage ist der Ausgang der Abstimmung über das Frauenstimm- und -wahlrecht, die Iris bereits im Sommer 1958 skeptisch beurteilt hatte, ein dominantes Thema. *Der schweizerische Stimmbürger,* so ein Mann aus dem zürcherischen Töss an Iris, *ist ein Mondkalb!! Ich verneige mich vor Ihnen, Frau Doktor.* Entschieden anderer Meinung war eine Zürcher Berufsberaterin. *Durch die Publikation Ihrer neurotischen Ressentiments ist es Ihnen gelungen, dass ein kleiner Schritt nach vorwärts gestern nun wiederum auf Jahrzehnte vertagt wurde.*

Praktisch zeitgleich mit der Auslieferung der zweiten Auflage wurde »Frauen im Laufgitter« zum schweizweit verbreiteten Fasnachtssujet. Bei der Oberwalliser, Luzerner und vor allem der Basler Fasnacht waren Iris und ihr Buch ein dominantes Thema. Kein Umzug und keine Fasnachtszeitung, in denen das Thema »Frauen im Laufgitter« nicht prominent vertreten war. Während man sich im Oberwallis darüber lustig machte, dass die Familie von Roten mit Peters älterer Schwester Marie-Anne und seiner Frau Iris gleichzeitig eine überzeugte Gegnerin und eine kämpferische Befürworterin des Frauenstimmrechts in ihren Reihen hatte, wurde Iris am Luzerner »schmutzigen Donnerstag« als überlebensgrosse stolze römische Imperatorin mit Leopardenumhang parodiert, die in glanzvollem Triumphzug durch die Stadt zieht.

Am meisten Aufmerksamkeit fand »Frauen im Laufgitter« an der Fasnacht in Basel. Am »Morgenstreich« 1959 stürzte sich rund ein Viertel aller Cliquen auf das Thema. Mehr als einmal wurde dabei die Grenze des guten Geschmacks überschritten. Ein besonders unrühmliches Beispiel ist die Fasnachtsbeilage der »National-Zeitung«, das sogenannte »Suf-Ragetenblatt«, das Iris mit sexistischen Anspielungen böswillig beleidigte und damit gleichsam zum Abschuss freigab. Eine grosse Karikatur auf der Frontseite stellt Iris als peitschenknallende Domina dar, die die Männer dressiert. Der Gipfel der Geschmacklosigkeit aber liegt im Versprechen der Redaktion, jedem, der die »National-Zeitung« abonniere, ein Gratisexemplar von Iris' neuem Buch »Wie vergewaltige ich meinen Mann« zu schenken. Durch die Basler Fasnacht erhielten »Frauen im Laufgitter« und seine Autorin noch einmal landesweite Beachtung. Dabei ging es aber nicht mehr um den Inhalt des Buches, sondern nur noch um Verspottung und Hohn. *Der Schmutz der Basler Fasnacht,* wird sich Iris dreissig Jahre später erinnern, *ergoss sich infolge der gierigen Medien bis in die Wohnstuben des hintersten Bergdörfchens und lud Leser und Hörer zum Plantschen im Unflätigen ein. Die Schweinereien der Fasnacht stellten sich zwischen Buch und Publikum. Damit war der Zugang zu »Frauen im Laufgitter« auch psychologisch blockiert.*

Wie Iris auf das – wie sie es später nannte – *fasnächtliche Kesseltreiben* gegen ihre Person reagierte, lässt sich aus ihrem Nachlass nicht feststellen. Ob sie sich den Umzug, der unweit vor ihrem Haus vorbeiführte, angesehen hat? *Die massiven Angriffe an der Basler Fasnacht,* gibt sich Tochter Hortensia heute überzeugt, *führten dazu, dass meine Mutter ihr Leben lang eine kühle Beziehung zu Basel hatte.* Iris von Roten wird nie darüber reden, wie sie die massive Ablehnung ihres Buches und die öffentliche Verhöhnung ihrer Person erlebt hat. Vier Jahre vor ihrem Tod wird sie der Historikerin Elisabeth Joris gegenüber vehement in Abrede stellen, dass sie der Rufmord an ihrer Person verletzt habe. Ihr Leben lang wird Iris von Roten jede Opferrolle entschieden von sich weisen. Auf undifferenzierte und böswillige Kritik reagierte sie stets mit wortgewaltiger Empörung. Opfer sein hingegen passte nicht zu ihrer Lebenshaltung. Denn was bedeutete die Opferrolle anderes als das Eingeständnis von Schwäche und Abhängigkeit? Nein, damit konnte sie nicht dienen. *Die Reaktion der Umwelt auf mein Buch war so,* sagte sie 1979 in einem »Annabelle«-Interview, *dass ich bedaure – wenige Aus-*

nahmen vorbehalten –, in die schlechte Gesellschaft dieser Umwelt geraten zu sein.

Es war, wie wenn sich die Geschichte wiederholen würde: Drei Jahre nach der Polemik um ihre nächtliche Verhaftung in Zürich musste Iris erleben, wie sie von neuem angegriffen und der Lächerlichkeit preisgegeben wurde. *HURE* wurde über Nacht in Grossbuchstaben an eine Hauswand am Heuberg geschrieben. Wieso diese Hexenjagd auf jemanden, der von der Norm abweichende Lebensmodelle propagiert? Warum haben viele Kritiker und Leser »Frauen im Laufgitter« nicht sachlicher kommentiert und es statt dessen vorgezogen, Iris von Roten zu demütigen und – wie schon nach der »Nacht auf Zürichs Strassen« – sexistisch zu verunglimpfen? Kurz: Warum geht ein Land auf diese Weise mit seinen Intellektuellen um?

Jean Rudolf von Salis empfand die Schweiz der fünfziger Jahre als das konservativste Land Europas, weil sie länger als andere Länder dem Denken der Weltkriegsjahre verpflichtet blieb. Das Land war finsterste Provinz, was Feminismus und Frauenbewegung betraf. Die pluralistische Gesellschaft und der Triumph alternativer Lebensmodelle, die sich erst mit der 68er-Bewegung etablieren werden, waren noch in weiter Ferne. Warum hat niemand öffentlich seine Stimme erhoben und einen differenzierten Umgang mit Iris' Buch gefordert? Ich denke an Paul Nizons Buch »Der Diskurs in der Enge«, das elf Jahre nach »Frauen im Laufgitter« erschien und das gestörte Verhältnis schweizerischer Intellektueller und Künstler zu ihrem Heimatland thematisiert. Zwar gehöre die Kritik am Etablierten zum künstlerischen und intellektuellen Daseinsentwurf, so Nizon in seinem Pamphlet, aber das bedeute nicht zwingend, dass jeder kritische Intellektuelle *gesellschaftsunfähig sei und mehr: in geradezu lächerlichem Ausmass ohne Prestige auskommen, missachtet bis verachtet, ja verfolgt werden müsste.* Im Konservatismus eines erstarrten Bürgertums, das seine ideellen Werte aus dem 19. Jahrhundert abgelegt und durch materielle ersetzt hat, sieht Nizon die zentrale Ursache für die geistfeindliche Mentalität und fehlende Offenheit des *Berufsschweizers*. Seine Thesen belegt er mit *einer stolzen Reihe grosser Söhne* aus der schweizerischen Kunstgeschichte (Karl Stauffer-Bern), Architektur (Le Corbusier) und Literatur (Robert Walser). Grosse Schweizer Töchter gibt es in Nizons Buch leider nicht. Dabei wäre Iris von Roten ein geradezu exemplarisches Beispiel für die öffentliche Exekution einer kritischen Intellektuellen gewesen.

Zwei Monate nach der Abstimmung über das Frauenstimm- und -wahlrecht veröffentlichte Iris im Basler Frobenius-Verlag das »Frauenstimmrechts-Brevier«. Trotz des katastrophalen Ergebnisses vom 1. Februar stimmte sie in ihrem achtzig Seiten umfassenden Brevier, in dem sie sich kursorisch mit der Geschichte des schweizerischen Frauenstimmrechts befasste, kein Lamento an. Sie sah in der verlorenen Abstimmung vielmehr *den grossen Wendepunkt in der Frauenstimmrechtssache*. Drei Gründe waren ausschlaggebend: Einmal die erstmalige positive Haltung von Bundesrat und Parlament zum Frauenstimmrecht, dann das Abstimmungsergebnis in den Kantonen Waadt, Neuenburg und Genf, die sich in der eidgenössischen Abstimmung als einzige für die Gleichberechtigung von Mann und Frau ausgesprochen hatten, und schliesslich der Ausgang einer kantonalen Abstimmung im Kanton Waadt: Am gleichen Wochenende, an dem 66% der Schweizer Männer den Frauen das Aktivbürgerrecht versagt hatten, führte der Kanton Waadt das Frauenstimm- und -wahlrecht für kantonale und kommunale Angelegenheiten ein. Mit diesem *im Schatten der eidgenössischen Verwerfung fast übersehenen Durchstich der Waadt zur ersten politischen Gleichberechtigung der Frau in kantonalem Rahmen* war für Iris ein Stein ins Rollen gekommen, der nicht mehr aufzuhalten war und unweigerlich zur politischen Gleichstellung von Mann und Frau führen musste.

Am Schluss ihres im Ton sehr moderaten Breviers, auf das die Kritik, von wenigen Ausnahmen abgesehen, positiv reagierte, wirft Iris einen Blick in die Zukunft und berührt mit ihrer Forderung nach Frauenquoten ein bis heute aktuelles Thema: *Die*

Schweizerinnen sollten, wenn sie nominell einmal politisch gleichberechtigt sind, alles daransetzen, Rechtsvorschriften durchzubringen, die vorsehen, dass in sämtlichen staatlichen Organen – von den Parlamenten, Regierungen, Gerichten, bis zu den untersten Beamtenposten – Frauen und Männer zu gleichen Teilen vertreten sind. Dies wird schwerhalten. Und mit einem vollen Erfolg, besonders hinsichtlich amtlicher Funktionen, die zugleich gesuchte Berufstätigkeiten bedeuten, wird kaum zu rechnen sein. Ein teilweiser Erfolg dagegen ist denkbar und nicht zu unterschätzen.

ACHTER TEIL

Zwischen Eskishetir und Kütahya, Sommer 1960.
(Foto und Bildunterschrift von diesem und den folgenden Abbildungen stammen von Iris von Roten)

36
DIE KUNST DES REISENS

Warum reisen wir? Auch dies, damit wir Menschen begegnen, die nicht meinen, dass sie uns kennen ein für allemal, damit wir noch einmal erfahren, was uns in diesem Leben möglich sei. – Es ist ohnehin schon wenig genug. Max Frischs Tagebucheintrag aus den sechziger Jahren könnte als Leitsatz über Iris von Rotens grossen Reisen stehen. Nach der langen und aufreibenden Arbeit an »Frauen im Laufgitter« und den hohen Wellen, die das Buch geworfen hatte, zog sie 1960 einen Schlussstrich unter ihr öffentliches Engagement für die Sache der Frau. Mit »Frauen im Laufgitter« und dem »Stimmrechtsbrevier« war alles gesagt. Für Iris war seit langem klar, dass sie nach der Publikation ihres Buches auf Reisen gehen wollte. *Ich hatte ein grosses Verlangen,* wird sie sich später an diese Zeit erinnern, *nach neuen Dingen und Menschen.* Die Erkundung fremder Länder entsprach einer Sehnsucht ihrer Kindheit. Als Schülerin hatte sie davon geträumt, eines Tages wie Kara Ben Nemsi durch orientalische Länder zu streifen und wie Lederstrumpf gefährliche Abenteuer zu bestehen. Die Erwachsene hatte mit den Helden von Karl May oder James F. Cooper zwar nichts mehr am Hut, ihre Abenteuerlust und Neugier auf die Welt aber waren geblieben.

Anfang 1960 plante die Dreiundvierzigjährige eine sechsmonatige Reise in die Türkei, wo sie den Wurzeln der abendländischen Kultur nachgehen wollte. Italien und Griechenland hatte sie mit ihrem *Fiatli* bereits mehrfach besucht, die Türkei war das nächste grosse Ziel. *Wo immer der Besucher in der Türkei weilt,* schreibt sie später, *selbst wenn sich dem Auge nur trockene Erdbrocken, dürres Gras und Disteln bieten, der Fuss geht auf welt-*

berühmtem Boden. Auf Boden, in den nicht nur viele Wurzeln der abendländischen Kultur – der weltlichen wie der religiösen – tatsächlich zurückführen, sondern dank der ungebrochenen Kette der Überlieferung der Nachwelt auch durchaus bewusst.

Dass sie ihre Reise allein unternehmen wollte, stand ausser Frage. Nur wer allein reiste, lernte die Welt kennen, war offen für Zufallsbegegnungen und geradezu darauf angewiesen, mit den Einheimischen in Kontakt zu treten. Kein Transportmittel versprach mehr Bewegungsfreiheit und Unabhängigkeit als das Auto, das nach dem Zweiten Weltkrieg zum höchsten Symbol individueller Freiheit wurde. Der kleine Fiat 600, der Platz für vier Personen bot, war die Verkörperung von Freiheit und Emanzipation. *Ich wollte mich vollständig unabhängig von direkten oder indirekten, materiellen oder ideellen Bindungen und frei von bestimmten Zwecken und Meinungen allein von der Frage leiten lassen: Was tritt dem Besucher dieser Länder entgegen, und was steckt dahinter?*

Iris von Rotens Rundreise durch die Türkei steht in der Tradition der klassisch-individuellen Bildungsreise. *Der eine reist, um durch Fühlungnahme zu Vorstellungen über Sehenswertes zu kommen; der Gebildete, um den Vorstellungen, die er bereits gewonnen hat, den wahren Gehalt zu geben.* Beobachten, erforschen und analysieren allein aber genügten nicht. Iris wollte in die türkische Wirklichkeit eintauchen und möglichst viele direkte Kontakte zu Türkinnen und Türken herstellen. Ihre Vorbilder fand sie in Angehörigen der englischen Oberschicht, denen das Entdecken der Fremde noch als eine Kunst galt, die mit grosser Hingabe und Sorgfalt betrieben werden musste. Ein Land zu bereisen hiess für Reiseschriftstellerinnen wie Freya Stark oder Gertrud Bell, sich Zeit zu nehmen, Menschen, Sprache, Kunst und Alltagskultur kennenzulernen und nach Abschluss seiner Reise als ein um viele Erkenntnisse reicherer Mensch nach Hause zurückzukehren.

Besonders wichtig war der professionelle Rahmen ihres Unternehmens. Die Reise sollte nicht nur blosse Vergnügungsfahrt sein, sondern sie auch vor eine berufliche Herausforderung stellen. Das Angenehme musste mit dem Nützlichen verbunden werden. Im Spätherbst 1959 entwarf sie ein Buchprojekt, das darauf abzielte, auf ihrer Rundreise durch das Land *die typischen Züge der Türken und der Türkei zu studieren.* Nachdem sie ihr Vorhaben mehreren Verlagen vorgestellt hatte, schloss sie Anfang 1960 mit dem deutschen Ullstein Verlag einen Optionsvertrag ab, der ihr einen Vorschuss von 2000 Mark zusicherte.

Minutiös bereitete sich Iris auf ihre Reise vor. Neugierig und fasziniert arbeitete sie sich durch Berge von Literatur, vertiefte sich in die Geschichte, Kultur, Wirtschaft und Politik des Landes und wollte insbesondere auch der Frage nachgehen, wie sich die kemalistische Revolution auf die Türkei und die Mentalität ihrer Bevölkerung ausgewirkt hatte.* Anhand von antiken und modernen Reiseschilderungen legte sie eine provisorische Reiseroute fest, ohne allerdings alles bis ins letzte Detail zu planen. Genauso wichtig wie bestimmte Fixpunkte war Iris das Umherschweifen ohne jedes Ziel und das Sichbefreien von jedem Stundenplan. Mit Hilfe des Ullstein-Verlags und der türkischen Botschaft knüpfte sie bereits vor ihrer Abreise eine Reihe von Kontakten, arrangierte Begegnungen mit Ökonomen, Journalisten, Politikern und Autoren.

Am 25. Mai 1960 war es soweit: Ausgestattet mit zahlreichen Land- und Strassenkarten sowie zwei Fotoapparaten, fuhr Iris Richtung Süden. Von Basel aus ging es über den Simplon nach Italien. *Ich habe nun meine grosse Reise – sie wird viele Monate dauern – angetreten,* schrieb sie zwei Tage später aus Venedig an ihre Tochter Hortensia, die im englischen Saxmundham eine Pri-

* Atatürk, Mustafa Kemal (1881–1938), türkischer Politiker, prägte die Erneuerung der Türkei nach dem Zusammenbruch des Osmanischen Reiches 1918. Er rief die Republik aus, schaffte das Sultanat ab und strebte die Säkularisierung der Gesellschaft an. Nach europäischem Vorbild förderte er Wissenschaft, Wirtschaft und Technik, ersetzte das arabische durch das lateinische Alphabet, verfügte die Gleichstellung von Mann und Frau, verbot den Harem und führte die Einehe ein.

vatschule besuchte. In Brindisi schiffte sie sich auf die Autofähre nach Korfu ein. *Die Korfioten,* hatte sie im Frühling 1959 nach ihrem ersten Besuch auf der griechischen Insel in der »Weltwoche« geschrieben, *begrüssen einen mit edlen Gebärden, die an Segnen erinnern und durch ihre Einfachheit und Distanzwahrung eine Innigkeit erlauben, die sonst unmöglich wäre. Zwar lebt die Insel neben der Ölproduktion auch ein wenig von der Fremdenindustrie. Aber noch wird der Tourist als Gast und nicht als Milchkuh betrachtet, noch nimmt man ihn oft buchstäblich bei der Hand und zeigt ihm die Schätze. Hier hat man noch nicht vergessen, dass das Interessanteste für den Menschen der Mensch ist. Man arbeitet auch; aber kaum scheint eine Arbeit so fesselnd oder dringend zu sein, dass man auf den Genuss des menschlichen Kontaktes, den sie vermittelt, verzichten könnte. Daher ist das Leben jeden Augenblick spannend; »Freizeitbeschäftigung« ist in Korfu ein Problem, das nur heillose Narren haben mögen. »Zermürbt und entseelt«, wie einige Basler auf dem Barfüsserplatz öffentlich jammerten, kommt sich auch der Ärmste nicht vor.**

Auf dem Landweg fuhr Iris anschliessend durch Nordgriechenland. Anfang Juni 1960 überquerte sie die Grenze zur Türkei.

Nach dem Skandal um »Frauen im Laufgitter« dürfte Iris nichts dagegen gehabt haben, der Schweiz für ein halbes Jahr den Rücken zu kehren. Der nach ihrem Tod verbreiteten Meinung, dass sie sich nach den heftigen Verrissen und der Verunglimpfung ihrer Person aus der Öffentlichkeit zurückgezogen habe, sich vom Feminismus abgewandt und auf Reisen gegangen sei, hätte sie mit Sicherheit vehement widersprochen. Ihre Reise habe nichts mit Flucht zu tun, wäre vermutlich ihre Replik gewesen, sondern einzig und allein mit ihrer Lust und ihrem Drang, fremde Kulturen kennenzulernen. Wie dem auch sei, eines ist sicher: Von einer Abwendung vom Feminismus kann bei der Rei-

* »Korfu – der Olivenpark im Meer«, »Weltwoche«, 22. Mai 1959, S. 27

Galata-Brücke in Istanbul

senden Iris von Roten keine Rede sein: Ihr Buch »Vom Bosporus zum Euphrat. Türken und Türkei« ist stark geprägt von einem feministischen Blick auf Land und Leute, dem kritischen Blick auf die Stellung der türkischen Frau und von ihrer – wie sie schreibt – *Lust am feministischen Experiment.*

Obwohl sie wusste, dass *eine Frau* in der Türkei *nie ein Café betritt, nicht in Gesellschaft und schon gar nicht allein,* machte sie es sich von allem Anfang ihrer Reise an zur Gewohnheit, Cafés zu besuchen, Männer anzusprechen und Menschen, die sie kennenlernte und als vertrauenswürdig ansah, in ihrem Auto mitzunehmen. *Eine Frau, die in ihrem Wagen allein das Land bereist, bringt ein ganzes Dorf in Bewegung. Selbst in den Nebengassen geraten die Leute ins Laufen. Alle, alle stehen da. Das heisst, die Männer und Jungen. Die türkischen Frauen und Mädchen dagegen, die im buchstäblichen Sinn »ins Haus gehören«, sind in der Öffentlichkeit wenig zu sehen. Die herandrängenden Massen, das Umringtwerden gaben mir gelegentlich das Gefühl, von einem Heuschreckenschwarm überfallen zu werden, in einen Ameisenhaufen geraten zu sein, um innerhalb kürzester Frist bis auf die Knochen abgenagt zu werden. Eigentlich aber brannten ihnen nur zwei Fragen auf der Zunge. Die erste war die nach der Nationalität. Die zweite war jene nach dem »Monsieur«. Die Tatsache, dass eine Frau allein reist, schien jedes Vorstellungsvermögen zu übersteigen. Die Frage, wo der »Monsieur« sei, der Mann, ohne den sich eine Frau vermeintlich so wenig in der Welt bewegen kann wie ohne Füsse, wurde mir oft von denselben Personen dreimal hintereinander gestellt. Denn bei der verneinenden Antwort hatte man seinen Ohren nicht getraut.*

Mit dem Zeitpunkt ihrer Reise hatte Iris grosses Glück. 1960 war die Türkei noch kein vom Massentourismus heimgesuchtes Land, gab es noch keine verstopften Strassen und auch keine grossen Schwierigkeiten, in die Zentren der grossen Städte hinein- und wieder hinauszufahren. *Eine allein in ihrem Auto des Weges kommende Touristin wird in eine Prinzessinnenrolle gedrängt. Viele beglückt ihre Gegenwart. Das Phänomen der freu-*

digen Aufnahme und die entsprechende Bereitschaft zu irgendeinem kleinen Akt der Huldigung wurden mir allmählich selbstverständlich, blieben aber rätselhaft. Und es ist merkwürdig, ungefragt das Amt eines Sendboten westlicher Zivilisation zu verwalten.

Die freundliche und zuvorkommende Aufnahme in der Türkei hat Iris immer wieder von neuem beeindruckt. Die Herzlichkeit der Menschen war Balsam auf das in der Schweiz gegen sie inszenierte Kesseltreiben, die türkische Gastfreundschaft eine Heilkur für ihre ramponierte Seele. Mehrfach kommt sie in ihrem Buch auf die vier Kardinaltugenden der türkischen Bevölkerung zu sprechen: Höflichkeit, Freigebigkeit, Grossmut und Gastfreundschaft. *Man hat den Eindruck, abends an eine Tür klopfen zu können, um mit Achtung und Freundlichkeit empfangen zu werden. Diese Aussicht gibt dem Besucher der Türkei das Ge-*

Türkische Bauern posieren mit Iris von Rotens Fiat Seicento.

fühl, in dem ihm so wildfremden Land eine Heimat gefunden zu haben. Einen fremden Besucher empfangen sie wie einen Freund, mit dem man, ohne ihn je gesehen zu haben, seit Jahren Briefe gewechselt hat.

Als Iris mehrfach betont, dass *das türkische Leben so gut wie frei von hämischer Freude* ist, beschleicht mich das Gefühl, sie spiele auf ihre Erfahrungen mit »Frauen im Laufgitter« an. *Während im Westen nicht nur witzige und zugleich verletzende Bemerkungen für geistreich gehalten werden, sondern oft schon verletzende, gerade weil sie verletzen, stehen die Türken über solchen Freuden.*

Abgesehen von einigen Postkarten an Hortensia sind keine direkten Zeugnisse über Iris von Rotens Erlebnisse und Erfahrungen in der Türkei erhalten geblieben. Ihre Briefe an Peter sind genauso unauffindbar wie Peters Briefe an sie, die dieser – wie damals üblich – mit dem Vermerk »poste restante« an vereinbarte türkische Adressen schickte. Ebenso unklar ist, wie Iris ihre Reise finanzierte. Sicher ist, dass sie den Fiat 600 mit ihrem eigenen Geld gekauft hat. Ob sie auch die laufenden Reisekosten selbst bezahlt hat, ist unklar. Spätere Reisebriefe deuten darauf hin, dass sie einen Teil ihrer Lebenskosten mit einem Aktienpaket bestritten hat, das sie 1965 in einem Brief aus dem Iran als *meine Existenz* bezeichnet. Wie dem auch sei: Es scheint mir ziemlich unwahrscheinlich, dass sich Iris – bei ihrem Anspruch auf Eigenständigkeit und ihrer Konsequenz – ihre Reisen, wie ihr das später vor allem aus Feministinnen-Kreisen vorgeworfen wurde, voll und ganz von Peter finanzieren liess.

Die wichtigste »Quelle« von Iris' Türkeireise ist ihr fünf Jahre später im Stuttgarter Goverts Verlag erschienenes Buch. Auch wenn Reisen und die Schilderung einer Reise zwei unterschiedliche Dinge sind und keine Reise so stattgefunden hat, wie sie hinterher dargestellt wird, vermittelt einem »Vom Bosporus zum Euphrat« einen lebendigen Eindruck ihrer Art zu reisen, ihrer intensiven Wahrnehmung und ihrer grossen Neugier auf Land und Leute. Iris von Roten ist eine begeisterte Fernfahrerin, die ver-

Junge Baumwollpflückerinnen in Adana – erwachsene Männer funktionieren nur als Aufsicht im Schatten der wenigen Bäume.

weilen, sich ihren Eindrücken überlassen und sehr direkt und voller Humor erzählen kann. Ihr Buch ist eine gelungene Mischung von sachlicher Information und spannenden Erzählpassagen, die sich am Genre des Abenteuerromans orientieren. Sie schildert Land und Leute immer wieder anhand von zufälligen Begegnungen und unvorhersehbaren Zwischenfällen, die bisweilen sehr komisch sind.

Als Iris in der Nähe von Antalya auf eine kleine Karawane von Nomaden mit Kamelen, Eseln und Ochsen trifft, ist sie überaus fasziniert und glücklich. *Die Yurüken waren endlich etwas, das mehr als nur fremd war, etwas Malerisch-Fremdes. Hier war unmissverständlich Asien, altes Asien. So ungefähr waren unendliche Landstrecken seit uralten Zeiten durchzogen worden. Wanderte mit diesen Menschen nicht ein Stück Vorzeit mit seinen Lebensauffassungen, Bräuchen und Redensarten? Übrigens geben auch die an sich kaum malerischen Ochsenwagen, mit welchen die meist ebenso unmalerischen anatolischen Bauern ihre Ware in die Stadt bringen, eine Ahnung uferloser Vergangenheit. Es liegt an den Rädern. Sie besitzen keine Speichen, sondern sind massive, schwerfällige Holzscheiben. An diesen plumpen Rädern scheint etwas von der allein schon für die elementare Lebensfristung aufgewendeten unendlichen Mühe und Arbeit des Menschengeschlechts zu haften. Ähnlich mussten die Wagen ausgesehen haben, welche vor Zeiten die eine neue Heimat suchenden Völker begleiteten. Betrachtet man diese schweren, vollen Räder, so hört man förmlich das Echo der Mühsal, die im Laufe der Jahrtausende über den Boden Asiens und Europas gerumpelt ist.*

Über ihre Begegnung mit dem Nomadenvolk der Yurüken berichtete sie am 15. Juli 1960 auch ihrer Tochter: *Lieber Hortensli-Schatz, in dieser interessanten türkischen Stadt wohne ich seit einer Woche. Mit dem Fiatli haben wir Familien besucht, die keine Häuser haben, sondern in Zelten leben und alle paar Tage mit ihren Kamelen weiterziehen. Es ist so heiss, dass wir alle Tage 2–3 Mal baden. Bald reise ich weiter und schreibe Dir dann wieder. Viele, viele Küssli und Grüssli von Mama.*

Die Begegnung mit den Nomaden

Das grosse Erlebnis des Altertums berührte Iris nicht an den offiziellen Ruinenstätten, sondern an verborgenen und auf den ersten Blick unscheinbaren Stellen. Den Einfall der Moderne und die touristische Erschliessung der über weite Strecken noch archaisch anmutenden Welt Vorderasiens beobachtete sie mit grosser Skepsis. *Die einladende kleine Autostrasse, die sich zu den letzten Resten der Königsstadt Pergamon emporwand, mündete in einen Parkplatz. Soeben verschwand ein Häuflein Touristen mit Mienen, die für Pflichterfüllung ein Mittagessen erwarten, in einem riesigen Autobus.* Sowohl in Pergamon wie auch im weltberühmten Ephesos hatte Iris Mühe, *das Eigentliche zu spüren, die Stimme des Ursprünglichen zu hören.* Für das Stummbleiben der alten Werke sah sie zwei Ursachen: Einmal *das durch die Pfleger der alten Stätten andeutungsweise gemeinte Zusammenstellen von aufgefundenen Dingen, die doch nicht recht zusammengehören. Dieses halbwegs sinnvolle Zusammenstellen birgt die Gefahr, den Betrachter vor ein totes Sammelsurium zu stellen. Mit den Reparaturen verhält es sich ähnlich. Sie helfen zwar, stören aber gleichzeitig. Manche Reparatur ist unvermeidlich auch Verfälschung und zudem eine, die meist leicht in die Augen springt.* Das eindrücklichste und faszinierendste Zeugnis griechischer Baukunst fand Iris in der Nähe von Milet. *Eine unglaubliche Faszination ging von der mächtigen Tempelanlage von Didyma aus – schon immer nur Fragment. Um 300 v. Chr. in gewaltigen Ausmassen begonnen, wurde der Tempel trotz 400jähriger Bauarbeit nie ganz fertiggestellt. Er beeindruckt durch dreierlei: Einmal durch die Grösse der Anlage. Die Tempelstufen sind Stufen für Giganten, die Säulenschäfte haben an ihrer Basis den Umfang alter Linden, die Kapitelle sind übermannshoch. Nichtsdestoweniger sind die Ornamente vollendet gestaltet.*

Die Grossartigkeit der Gestaltung und die Freiheit und Qualität jeder Einzelheit erhalten ihren vollen Wert durch ihre harmonischen Proportionen und drängen den Besucher zur Erkenntnis, hier Optimalem, Vollendetem zu begegnen. So paradox es klingen mag, es ersteht die Vorstellung eines Riesenkleinods, eines vom Goldschmieden gearbeiteten Schmuckstücks von übermenschlicher Dimension, wahrlich die Behausung eines Gottes. Von hier aus konnte mit Himmel und Erde, mit Sternen und Meer gesprochen werden, und wurde es auch. Das Apollo-Orakel von Didyma stellte beinahe jenes von Delphi in den Schatten. Hier erlebte ich zum ersten Mal auf türkischem Boden wie vor Jahren beim ersten Anblick der Akropolis, von der Autobahn zwischen Piräus und Athen aus, Altertum als Wirklichkeit.

Als Leserin oder Leser erlebt man Iris von Roten nie gelöster als unterwegs. Nie ist sie kurz angebunden, nie ungeduldig und aggressiv, nie hat sie begeisterter und heiterer über Erlebnisse und Menschen geschrieben. Reisen scheint die ihrem Wesen adäquate Existenzform zu sein, Unterwegssein der intensivste Ausdruck ihres lebendigen Daseins. Von der Routine und den Zwängen des Alltags befreit, war jeder Tag ein neues Versprechen, konnte sie am Morgen voller Unternehmungslust in den Fiat 600 steigen, *um neuen Überraschungen entgegenzufahren.* Es ist, als käme die

Die Tempelanlage von Didyma

streitbare Iris erst auf Reisen ganz zu sich und als hätte sie ihre Fahrt ins türkische Blaue so beflügelt, dass sie sich unter Menschen wieder heimisch fühlen konnte.

Dass das individuelle Reisen im Auto sie vor zahllose Bewährungsproben stellte, war Iris von Anfang an bewusst. Sie verschweigt in ihrem Buch weder Erschöpfung noch Verlorenheit, weder ihre anfänglichen Schwierigkeiten mit den türkischen Essgewohnheiten noch die Mühsal der Quartiersuche. »*Wozu ein Schlüssel*«, *meinte der Wirt,* »*wo Sie doch einfach die Klinke von aussen abschrauben können?*«

Grosses Ungemach musste Iris auch immer wieder mit ihrem Fiat erleben. Sei es, dass sein Faltdach aufgeschnitten, Polsterteile und Teile ihrer Ausrüstung gestohlen, der Seitenspiegel über Nacht abmontiert wurde oder sie nach einer Panne und *Wallfahrten von Werkstatt zu Werkstatt* tagelang auf Ersatzteile warten musste. *Aber dies alles, gestörter Schlaf, Durst, Hunger, Radiolärm, Gerüttelt- und Geschütteltwerden im Wagen und allerlei Autoärger, hat auch sein Gutes: Es gibt keine bessere Abmagerungskur als eine Reise durch die Türkei. In die türkischen Werbeprospekte gehörte der Satz: »Wo jedes Mittel versagte, wollen korpulente, aber entschlossene Persönlichkeiten sich vertrauensvoll und in eigenem (wichtig!) Wagen nach Anatolien wenden. Zwei, drei sonnige, bildende Hochsommermonate – und Sie werden schlank wie nie zuvor ein neues Leben mit neuer Garderobe und wahrscheinlich auch neuem Wagen beginnen können!«*

Iris von Roten gliederte ihr Buch nicht nach ihrer Reiseroute, sondern nach Fragestellungen und Themen, die vom Praktisch-Alltäglichen (z. B. türkisches Essen, Hotelkultur, Strassennetz) bis zu spezifischen Fragestellungen (z. B. Auswirkungen der kemalistischen Revolution, Stellung der türkischen Frau) reichen. Sie schildert die Türkei als ein wirtschaftlich und kulturell reiches Land, *in dem Milch und Honig fliessen könnten, aber Kargheit herrscht,* weil die von Kemal Atatürk eingeleitete Modernisierung ihren Schwung verloren und vielerorts gar zum Stillstand gekommen ist. Gründe dafür sieht Iris in der traditionellen Kultur und in der zentralen Bedeutung des Islam, der auch fünfunddreissig Jahre nach der kemalistischen Revolution im öffentlichen und privaten Leben vieler Menschen erste und letzte Instanz geblieben ist. Die nur zögerliche wirtschaftliche Entwicklung des Landes und der unglaubliche *Leerlauf des osmanischen Amtsschimmels* führt Iris auf die besondere türkische Mentalität zurück: *Leistungsfähigkeit und Selbstbewusstsein werden in der Türkei nicht wie bei uns miteinander verkoppelt. Für die Türken ist die Arbeit weniger Bühne des persönlichen Erfolgs und Versagens. Es versteht sich von selbst, dass dort, wo wie in Europa und den USA Leistungsfähigkeit und Selbstachtung miteinander verbunden werden, der Arbeitserfolg Ehrensache ist, Anstrengung und damit Erfolgsaussicht grösser sind als bei den Türken, wo der hohe Einsatz des Selbstbewussteins oft fehlt. Die Europäer und Amerikaner sind tüchtiger als der durchschnittliche Türke, weil sie zur Selbstachtung den positiven Arbeitserfolg nötig haben und die Überwindung der Hindernisse, die sich dem Erreichen des Ziels entgegenstellen, zur Selbstbestätigung.*

Iris war aber weit davon entfernt, den westlichen Bienenfleiss zum Mass aller Dinge zu erklären. *Der dürftigen Arbeitsleistung mancher Türken steht eine grosse Schonung des Selbstbewusstseins gegenüber, weil sie sich nicht in ihrer Arbeit zu bestätigen brauchen. Die Ehre hat mit dem Arbeitserfolg wenig zu tun. Ein Türke ist er und besitzt schon so Würde – Leistungen oder auch keine. Minderwertigkeitsgefühle sind ihm fremd. Kümmerliche Arbeitsleistung kann gemütlichem Wohnen im Hause seines Ichs nichts anhaben.*

Diese Einstellung hat gegenüber der westlichen natürlich auch ihre guten Seiten, beziehungsweise das westliche Arbeitsethos seine schlechten – zum mindesten in den Generationen und Kreisen, wo Selbstkasteiung durch Arbeit als höchste aller Tugenden galt und gilt.

Ambivalent war Iris auch in bezug auf die Stellung der türkischen Frau. Einerseits beeindruckte sie die grosse Zahl von Frauen in akademischen Berufen und in der Büroarbeit, andererseits war sie entsetzt über deren eingeschränkte Bewegungsfreiheit: *Von Schicht zu Schicht gibt es deutliche Unterschiede, aber ob Abgeordnete oder Fallschirmspringerin – die berühmte kemalistische Fanfare der türkischen Frauenemanzipation –, eine Frau »kann nicht« nach acht Uhr abends allein in der Öffentlichkeit erscheinen. Sie verletzt damit gröblich den Anstand.*

Kein gutes Haar liess Iris am patriarchalischen Gehabe der türkischen Männer. Mit einer Bissigkeit, die an »Frauen im Laufgitter« erinnert, kommentierte sie: *Türken sind schwungvolle Überrascher, aber missliche Wunscherfüller. Es ist, als setzten sie voraus, dass Frauen keinen Willen und daher auch keine Wünsche hätten. Männer fühlen sich als Paten der Frauen. Freundliche Paten, die gerne ein Geschenk mitbringen. Aber das Was macht wenig Kopfzerbrechen – Kinder haben an allem Freude.*

Ein Dorn im Auge war Iris auch die Tabuisierung der Sexualität. *Im öffentlichen Leben wird keine Andeutung des Vorhandenseins sexuellen Lebens geduldet. Die türkische Prüderie, der türkische Puritanismus ist im Vergleich zu westlichen Kulturen nicht zu überbieten. Es bleibt wenig Platz für Tändeleien, Flirts, erotische Freundschaften und freundschaftliche Erotik; da ist weder geistreiche noch grobe Frivolität zwischen den Geschlechtern, auch keine Romantik. Und ganz besonders keine Küsse in der Öffentlichkeit.*

Für Iris war es ein Glück, dass sie als allein reisende Frau nicht dem türkischen Frauenbild entsprechen musste. Mutig und unentwegt ging sie auf die türkischen Männer zu und scheint auf ihrer ganzen Reise keinerlei schlechte Erfahrungen gemacht zu haben. Im Gegenteil. Sie gewann Freunde, hatte kurzzeitig immer wieder mal einen Begleiter, erhielt Einladungen, liess sich von vier türkischen Männern, die sich kreuz und quer in den Fiat zwängten, ein paar Tage lang ihre Heimat zeigen und wurde einmal sogar eine Woche lang von einem offiziellen Beamten begleitet, der *mir im Auftrag des Gouverneurs* helfen sollte, *mein*

Wunschprogramm abzuwickeln. Noch Jahre nach ihrer Rückkehr wird Iris Briefe von ihren türkischen Freunden erhalten.

Nach einem kurzen Abstecher nach Syrien hatte Iris Anfang September 1960 kurz vor dem ostanatolischen Städtchen Sivas Schwierigkeiten mit ihrem Auto: *Aus dem Getriebe kamen Töne, die nur Unheil bedeuten konnten. Schon ging das Schalten schwerer. Kein Zweifel, zum chronisch gewordenen Kummer der sich sachte ankündenden Irreparabilität des Wagens gesellte sich die Drohung einer unmittelbaren Katastrophe. Das Geräusch wurde zum Lärm. Der Lärm schwoll zum Getöse an – dann ein trockenes Krachen! Mit einer Endgültigkeit, die den Ton eines Schicksalsschlages hatte – der Wagen machte einen Sprung, drehte sich*

Iris von Roten mit ihren Begleitern

um 90 Grad, stellte sich quer auf die Fahrbahn und stand still; auch die Räder waren blockiert. So also sah das Ende meiner Reise aus!

Aus Iris' Nachlass wird klar, dass sich unter den zahlreichen Helfern, die das havarierte Fahrzeug abschleppten, auch ein türkischer Ingenieur befand, zu dem sie eine Liebesbeziehung eingehen sollte. Ein kleines Bündel handgeschriebener und in gebrochenem Englisch abgefasster Briefe sowie einige von Iris gemachte Fotografien erzählen davon. *I could marry with you,* so K. am 5. Juni 1961, *if you aren't marry. But I respect your husband and your daughter.* Vermutlich hat K. Iris auf einem längeren Teilstück ihrer Reise begleitet. Sicher ist, dass sie auch auf ihren späteren Türkei-Reisen immer wieder mit ihm zusammengetroffen ist und sie sich auch gegenseitig besucht haben, als K. 1963 nach Deutschland übersiedelte. Die Beziehung zwischen Iris von Roten und dem sieben Jahre jüngeren K. fand ihr Ende, als K.s deutsche Verlobte Iris' Briefe entdeckte. In der Folge schrieb die enttäuschte junge Frau einen freundlichen Brief an Peter, mit dem sie ihn auf die Beziehung seiner Frau zu ihrem Verlobten aufmerksam machen wollte. Für Peter indes war das nichts Neues, er hatte K. längst persönlich kennengelernt.

37
ENTTÄUSCHUNG UND RÜCKZUG

Ende November 1960 kehrte Iris von Roten mit einer schweren Gelbsucht in die Schweiz zurück. Da die Genesung nur langsam voranschritt und ihren Gesundheitszustand über lange Zeit beeinträchtigte, verzögerte sich auch die Fertigstellung ihres Reisebuches. Als sie das Manuskript im Frühjahr 1962 beim Ullstein-Verlag ablieferte, hatte dieser plötzlich kein Interesse mehr. *Das Buch ist in seiner jetzigen Gestalt nicht für eine Veröffentlichung geeignet,* hiess es aus Hamburg. Wochenlang bemühte sich Iris vergeblich um ein Gespräch mit dem Verlag. Als auch Peters Intervention ohne Echo blieb, zog sie die Konsequenzen. Sie wollte nichts mehr mit dem Ullstein-Verlag zu tun haben.

Was mögen die Gründe für die Ablehnung ihres Manuskripts gewesen sein? An der Qualität des Buches kann es kaum liegen. Wahrscheinlicher scheint mir, dass der Ullstein-Verlag in Iris' schlechtem Ruf ein zu grosses Risiko sah und Zweifel am Verkaufserfolg eines Reisebuches aus der Feder einer radikalen Feministin hatte. Vielleicht wurde dem Hamburger Verlag erst nach Abschluss des Optionsvertrags klar, dass der Name Iris von Roten in der Schweiz untrennbar mit dem Skandal um »Frauen im Laufgitter« verbunden war.

Über ein Jahr lang suchten Iris und Peter von Roten nach einem neuen Verlag und kassierten mehr als ein Dutzend Absagen aus Deutschland, Österreich und der Schweiz. Als schliesslich der Henry Goverts Verlag aus Stuttgart Iris das Angebot unterbreitete, das Buch zu publizieren, wenn sie es noch einmal überarbeite und massiv kürze, willigte sie mangels Alternativen ein. Die nächste Enttäuschung liess nicht auf sich warten: Nach der Ablieferung des gekürzten Manuskripts im Sommer 1964 nahm sich der Verlag das Recht heraus, von sich aus weitere Kürzungen vorzunehmen. *Ich habe Tag und Tage damit verbracht, solche verstümmelten Sätze wieder in ihre ursprüngliche Form zurückzubringen, habe in der Sache mit dem Verlag telegrafiert, korrespondiert und bin schliesslich nach Stuttgart gereist, um zum Rechten zu sehen. Die Restitution meines ursprünglichen Textes, dort, wo ich es verlangte, wurde mir auch zugesagt, leider aber nicht eingehalten.*

Allen Widrigkeiten zum Trotz wurde »Vom Bosporus zum Euphrat« sehr positiv aufgenommen. Einzig die »Neue Zürcher Zeitung« führte neben anerkennenden Worten auch Vorbehalte an. K. Gy. kritisierte Iris' allzu europäische Perspektive auf die Türkei und – sehr zu Unrecht – die sarkastische Darstellung der türkischen Frau, *hinter der der Massstab einer Frau im Laufgitter unschwer zu erkennen sei.* Iris fühlte sich provoziert und konnte – wie immer, wenn sie sich ungerecht behandelt fühlte – die Sache nicht auf sich beruhen lassen. *Mein Buch,* so Iris in einem vierseitigen Brief an Werner Weber, den Feuilletonchef der NZZ, *ist eine mit Reiseerlebnissen illustrierte Monographie unter dem Gesichtswinkel eines europäischen Besuchers, wie es im Vorwort deutlich gesagt worden ist. Ein Standpunkt, der nicht nur erlaubt, sondern auch der einzige seriöse eines Autors sein kann, der nicht mindestens 10 Jahre im Lande verbracht hat. Anders als der Rezensent glaubt, ist es kein Missverständnis, nicht Europäisches mit europäischem Massstab zu messen, sondern das Gegebene. Welch anderer Massstab käme sonst in Frage?*

Trotz des guten Anklangs bewertete Iris auch ihr zweites Buch als eine negative Erfahrung. Die Verunstaltung des Originalmanuskriptes durch den Verlag war ein Schönheitsfleck, über den sie nicht hinwegsehen und den sie dem Goverts Verlag nie verzeihen konnte. Aus all dem Ärger konnte es nur eine Konsequenz geben: Sie zog einen Schlussstrich unter ihr Leben als Buchautorin.

Anders verhielt es sich mit dem Reisen. Nach ihrer Rückkehr aus der Türkei verschrieb sich Iris von Roten fast zehn Jahre lang ihrer neuen Leidenschaft. Die Türkei, Nordafrika und der Orient waren ihre bevorzugten Destinationen. Einigermassen dürftig sind Dokumente aus dieser Zeit. Abgesehen von ein paar Postkarten und Briefen, einer Serie von Fotografien sowie einzelnen Reiseberichten für verschiedene Zeitungen gibt es in ihrem Nachlass keine Spuren über diese Zeit. Einzelne Reisen lassen sich gar nur aufgrund von Stempeln oder Visa in ihrem Reisepass rekonstruieren.

Nach einem weiteren Türkei- und Jugoslawienaufenthalt im Jahre 1961 erkundete Iris ein Jahr später Tunesien, unternahm 1964 mit einem 2CV eine längere Fahrt durch Jugoslawien, wo sie sich für ein neues grosses Ziel zu interessieren begann: *Am liebsten,* schrieb sie Peter aus Prizren, *möchte ich nach Persien, aber das kommt wohl erst später in Betracht.* Im gleichen Jahr reiste sie via Spanien nach Marokko, das ihr nicht besonders gefiel. *Die Türkei und Syrien waren 1000 x schöner,* stellte sie in Marrakesch fest. Ein knappes Jahr später folgte ein neuer grosser Aufbruch: Mit einem Renault 4 fuhr sie über Griechenland und die Türkei in den Iran und kehrte über den Irak, Saudi-Arabien, Syrien und den Libanon nach Europa zurück. Ob sie sich dabei an den grossen Schweizer Reiseschriftstellerinnen Ella Maillart oder Annemarie Schwarzenbach orientierte, die 1939 mit einem Ford Cabriolet von Genf nach Afghanistan gefahren waren? Weder die genaue Route noch die Dauer ihrer Reise lassen sich einwandfrei rekonstruieren. Ähnlich wie in der Türkei interessierte sich Iris auch im Iran für die Zeugnisse der islamischen Hochkulturen. Darauf deutet ein Brief aus Teheran hin, aus dem sich nachvollziehen lässt, welche Stätten sie im Iran besuchte. Von Teheran aus fuhr sie auf der alten Seidenstrasse in den Süden und besuchte als erstes die alte Stadt Isfahan, die mit ihrer im frühen 17. Jahrhundert erbauten Imam-Moschee und ihrem monumentalen Park auch heute noch im Ruf steht, eine der schönsten Städte des Orients zu sein. Iris war beeindruckt vom ausgeprägten Formen- und Farbenreichtum von Moscheen, Minaretten, Mausoleen und Karawansereien. Womöglich beschäftigte sie sich in Isfahan auch mit der alten Kunst der persischen Farbkeramik, die sie – das zeigt ihre Sammlung – ganz besonders faszinierte. Die nächste Station war Shiraz, wo sie das Mausoleum von Schah Cheragh, eines der höchsten Heiligtümer der schiitischen Muslime, und das Grab des grossen persischen Dichters Hafis (1320–1388) besucht haben dürfte. *Lieber Schatz,* meldete sich Iris auf der Fahrt in den persischen Süden am 4. Juli 1965 bei ihre Tochter Hortensia, *es ist langweilig, in der Halbwüste zu fahren. Man legt den Kopf aufs Lenkrad. Einzelne Moscheen sind sehr schön, aber die Basare sind nicht halb so interessant wie türkische, marokkanische und tunesische, ganz zu schweigen von den syrischen. Die Leute betteln auch ziemlich viel.* Die letzte Station im persischen Süden waren die unweit von Shiraz gelegenen Ruinen von Persepolis, wo Xerxes und sein Sohn Darius im fünften Jahrhundert das persische Weltreich regiert hatten. Von Persepolis aus führte der Weg zurück in die Hauptstadt. *Gestern nacht bin ich zum zweiten Mal in Teheran eingetroffen, nachdem ich die ganze Reise Isfahan nach Teheran bei Vollmond machte, was schöner ist als bei Tag. Der R4 hält sich neuerdings gut – allerdings halte ich mich ausschliesslich an Asphalt. Ich überlege mir, ob ich über Irak zurück soll. Die Reise ist eigentlich nicht länger und im türkischen Teil schöner und mit besseren Strassen. Problematisch aber ist die Route Bagdad–Aleppio. Ich werde mich morgen genau erkundigen. Hier muss man schon der Unfälle wegen weg. Die Zeitungen sind voll von einem schweren Unfall. Einer dieser Camioneure konnte nicht mehr bremsen, und seine Karre fuhr in einen Personenwagen nach dem andern. Schliesslich waren 3 Leute tot und schwer verletzt. Der Kerl flüchtete; man hat ihn noch nicht gefunden. Wie durch ein Wunder hatte ich noch nicht die leiseste Kollision. Aber mir scheint schon nach der Wahrscheinlichkeitsrechnung muss man hier früher oder später einen Unfall haben, und ich habe diesen Ausbruch des Angstschweisses 10 x täglich satt.*

Heute fand ich vier Briefe von Dir auf dem Konsulat. Danke für Deine Nachrichten.

Gerne wüsste ich mehr über Iris von Rotens Kontakte mit Iranerinnen und Iranern. Was mag sie über Schah Reza Khan und seinen Sohn Reza Pahlevi gedacht haben, die dem Land nach 1925 eine ähnlich rabiate Modernisierung verpasst hatten wie Atatürk der Türkei? Die Säkularisierungsbestrebungen, insbesondere den aufgehobenen Schleierzwang für Frauen – nach dem Sturz des Schahs im Jahre 1979 wird er von Ayatollah Khomeini wieder rückgängig gemacht werden –, hat Iris sicherlich begrüsst. Das auf Armee, Polizei und Geheimdienst aufgebaute diktatorische Schah-Regime hingegen dürfte ihr weniger gefallen haben.

Die Zeit zwischen ihren Reisen verbrachte Iris in Basel und Raron, kümmerte sich um das Haus in Basel und den alten Wohnturm neben der Burgkirche in Raron, arbeitete als Juristin mit Peter im gemeinsamen Büro und sah sich immer wieder ergebnislos nach neuen beruflichen Herausforderungen um. Nach einer weiteren Reise in die Türkei erhielt sie 1968 einen Brief des Westschweizer Verlegers Benjamin Laederer, der von der Qualität ihrer Bücher beeindruckt war und sie zum Weiterschreiben animieren wollte. Als sie ablehnte, Laederer aber insistierte und ihr vorschlug, ein neues Buch zur Frauenemanzipation zu schreiben, entstand ein kurzer und intensiver Briefwechsel zwischen den beiden. Darin zog Laederer alle Register, um die Autorin Iris von Roten zu neuem Leben zu erwecken. Diese aber liess sich nicht umstimmen. *Meine Bemerkung,* stellte sie klar, *ich hätte genug von Verlegern und Bücherschreiben, entspringt nicht einer Laune, sondern einer schweren Ladung von Erfahrungen.* Laederer aber dachte nicht daran, aufzugeben. Schreiben sei schlicht und einfach ihre moralische Pflicht. *Sie schreiben in Ihrem Brief,* antwortete Iris am 16. Juni 1968, *vom Verkriechen und geistigen Verrat an meinem Mitmenschen, das beides ich mir zuschulden kommen lasse, wenn ich nicht weiterschreibe. Sie tun das in der guten Absicht, mich aufzustacheln. Wenn Sie wüssten, dass ich beim Lesen von »Verkriechen« und »Verrat« laut lachen*

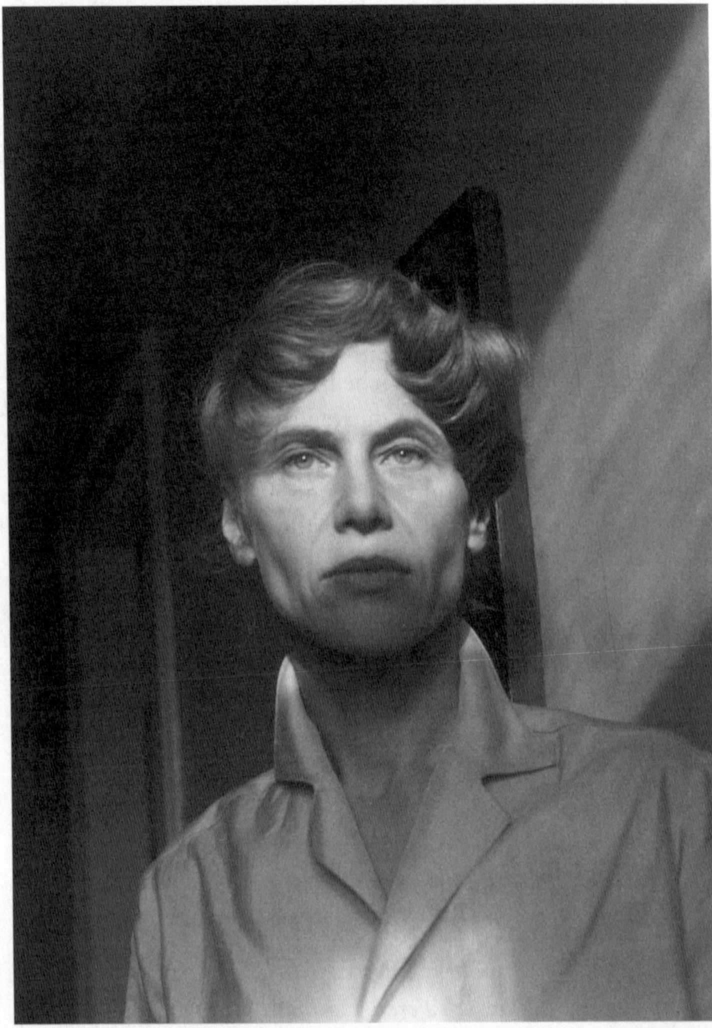

Iris von Roten, 1966

musste. Ihre Appelle an meine Eitelkeit oder auch nur an mein Selbstbewusstsein sind Schläge in die Luft. Nach so vielen Jahren asketischer Schreibarbeit schreibe ich kein Wort mehr für Glanz und Ruhm und schon gar nicht für Anerkennung oder auch nur Rehabilitierung. Auch der Gedanke, meinen Mitmen-

schen gegenüber die Verpflichtung zu haben, weiterhin mit meiner Schreibarbeit gegen ihre Trägheit und Gleichgültigkeit anzugehen, berührt mich fast als absurd. Nicht mit Trägheit und Gleichgültigkeit habe ich bei der Masse zu tun gehabt, sondern mit einer entschiedenen Abneigung gegen die Wahrheit. Kein Mensch hat die Pflicht, heilige Feuer in sich zu entfachen, sie zu nähren und ihnen jeden andern Lebensbereich unterzuordnen. Und schon gar nicht mehr, wenn er dies während langer Jahre bereits getan hat.

Die Briefe an den Westschweizer Verleger, den Iris für seine Offenheit und sein Engagement schnell zu schätzen begann, sind für ihre Lebensbeschreibung ein wichtiges Dokument. Für die Zeit nach 1960 sind sie die einzig erhalten gebliebene Quelle, die einen tieferen Einblick in die Gedankenwelt der Einundfünfzigjährigen erlaubt. *Habe ich tatsächlich gesagt,* so Iris nach einem Treffen mit Laederer, *mein Leben sei bereits vorbei? Ich weiss nicht. Jedenfalls habe ich auf dem Pariser Marché aux Puces jeweilen versucht, Zigeunerinnen, die einem die Zukunft voraussagen wollten, mit den Worten »Mon futur est mon passé« abzuhalten. Das sollte heissen, es käme nichts Neues mehr, da alles Auswirkungen des bisherigen Lebens sein würden. Ihre Worte, »einen Menschen, der einmal geglaubt hat, die Welt zu kennen, der heute jeden Tag Neues zu entdecken und der noch viel zu lernen hat«, haben mir zu denken gegeben. Ich habe mich gefragt, ob diese so optimistisch sind, wie sie auf den ersten Blick wirken, oder ob auch darin etwas von der Erkenntnis liegt, die mir erst kurz vor 50 gekommen ist: Dass »das Leben« (oder »die Zeit«) den einzelnen Menschen überholt, dass, wenn er endlich ein paar Erscheinungen als Wirklichkeit erkannt und sich entsprechend eingestellt hat, sie sich unter seinen Augen schon wieder verwandelt haben, so dass er kaum Erlerntes wieder fahren lassen muss, um nochmals Neues zu lernen, welches er wiederum nicht rasch genug vergessen kann, um sich unversehens auf dessen Gegenteil umzustellen – ich bewundere Ihre Bereitschaft dazu. Mir persönlich gibt das ständige Lernen, Umlernen, Ver-*

gessen, Neulernen, Hinzulernen, neuerdings Vergessen ... das Gefühl, in einem Karussell zu sitzen.

Ein Jammer, dass Sie bei mir mit Ihren Anregungen, die mich vor 10, ja noch vor 5 Jahren hell begeistert hätten, auf eine gewisse Düsterkeit und Gedämpftheit stossen!

So ganz ohne Hoffnung liess Iris den Verleger der Éditions Générales S. A. schliesslich doch nicht: *Andererseits »lässt die Katze das Mausen nicht«, und Anregungen und Pläne für Bücher interessieren mich noch heute – fast gegen meinen Willen, möchte ich sagen. Möglich, dass ich, neu gestärkt vom Schwimmen, Essen und Schlafen in der Türkei, mit frischem Elan an das Leben in der Schweiz herantrete, obgleich auch die schönste Gesundheit die erwähnten Argumente gegen eine neue Autorschaft hinfällig macht.*

Im Juli 1968 reiste Iris von Roten in ihrem Renault 4 ein letztes Mal in die Türkei, um noch einmal die Schauplätze ihrer ersten Reise zu besuchen. Ein Vorhaben, das mit Ernüchterung und Enttäuschung verbunden war. Es begann bereits an der Grenze. Im griechisch-türkischen Grenzort Edirne, wo 1960 noch kaum Automobilisten abgefertigt wurden, stand sie nun im Stau vor einer modern eingerichteten Schalterhalle, an der systematisch kontrolliert wurde. Etappe für Etappe folgte Iris ihren eigenen Spuren, traf alte Bekannte und suchte Landschaften und historische Stätten auf, die sie 1960 beeindruckt hatten. *Es ist merkwürdig,* schrieb sie Peter am 18. Juli, *alle diese Gegenden sind mir nicht mehr in Erinnerung als reale Erlebnisse, sondern als literarische, durch ihre schriftstellerische Gestaltung.*

Die Reise auf den Spuren ihrer ersten Türkeireise war die Suche nach der verlorenen Zeit. *Wie stark sich die Atmosphäre verändert hat. Wie seltsam es ist, die Stellen nur mit Mühe wiederzuerkennen, wo sich so Eigentümliches abspielte oder gesagt wurde. Jetzt ist alles ungemein banal: Die lebendige Leiche sucht die Schatten der verstorbenen Lebendigen. So etwa.* Der befreundete Händler in dem kleinen Dorf an der Südküste, dessen grösster Zukunftswunsch einst die Anschaffung eines Esels gewesen war, erwog nun den Bau eines Motels. Die bärtigen Altkupferhändler auf dem grossen Basar in Istanbul, die ihre Kundschaft auf liebenswürdige Weise zum Tee nötigten, waren von geschäftstüchtigen jungen Männern verdrängt worden, die zum dreifachen Preis verkauften.

Noch immer ist die Bevölkerung gastfreundlich. Aber einem Tankwart, der heimlich eine Melone in den Wagen schmuggelte, bin ich diesmal nicht begegnet, dafür einem, der das ganze Herausgeld für sich behalten wollte. Und da nun in der Türkei in gewissem Sinne »jeder« nachgerade einen Wagen besitzt, ist der europäische Tourist viel weniger als noch vor kurzem das mit freudigem Interesse empfangene Meerwunder. Fast empfindet man eine Spur Wehmut beim Gedanken an die oft kuriosen, hanebüchenen Schwierigkeiten des früheren Reisens, die aber unfehlbar die Eigentümlichkeit hatten, unversehens Freunde hervorzuzaubern.

Mit Staunen und Irritation nahm Iris die landschaftlichen Veränderungen zur Kenntnis, den rasch voranschreitenden Bau der Autobahnen, das Wachsen der Städte, die zunehmende Verwestlichung des Baustils. Die Briefe ihrer letzten Reise sind eine Litanei des Verschwindens, ein Abgesang auf ihre Art des Reisens. *O Gott, das war vor acht Jahren ein Paradies gewesen. Wenn Venedig und Salamanca nicht wären, würde man sagen, alles, was die Menschen anrühren, würde hässlich und verwüstet. Ich gehe – oder besser fahre – also wie in Träumen einher. »Les actionaires passent, les actions restent« gilt nicht in diesem besonderen Zusammenhang. Die Aktionäre passieren zwar die Aktion, die Landschaften verwandeln sich aber noch schneller und schlimmer. Habe ich noch dieselben Hände und denselben Kopf wie vor 8 Jahren? Der Mensch ist zwar hinfällig, aber die Landschaft noch mehr.*

Alles in allem ist die Reise nicht interessant, mit den früheren nicht zu vergleichen und schon gar nicht mit der ersten. Übermorgen geht es nach Alanya zu Deinen Briefen. Leb wohl, lieber Schatz.

38
FREIHEIT UND VERANTWORTUNG

Im Gegensatz zu seiner Frau war Peter von Roten kein Reisender. Den grössten Teil seiner Zeit verbrachte er in Basel und Raron, wo er sich nach der Auflösung seiner Anwaltskanzlei in Visp im alten Pfarrhaus auf dem Burghügel, in unmittelbarer Nachbarschaft zum alten Wohnturm, ein improvisiertes Büro einrichtete. Wie in der Politik ging er auch beruflich seinen eigenen Weg. Weder im Wallis noch in Basel gehörte er zu den Leithammeln der Anwaltskaste. Dafür war er viel zuwenig ambitioniert und keiner, der für seine Karriere allzu grosse Opfer auf sich nahm. Konkurrenzdenken und gezielter Aufbau eines Beziehungsnetzes lagen ihm genausowenig wie die gezielte Akquisition prestigeträchtiger Mandate. Dazu kommt, dass er sich mit seinen Ansichten zu juristischen Grundsatzfragen in Opposition zu vorherrschenden Überzeugungen befand.

Das juristische Credo des Peter von Roten entsprach seiner politischen Überzeugung: Hier wie dort war er ein Verteidiger persönlicher Freiheitsrechte und ein vehementer Kritiker staatlicher Zentralgewalt. *Schauen Sie,* erklärte er im August 1976 einem Journalisten der Basler »National-Zeitung«, *mit den Bundesgesetzen dieses Jahres sind wir jetzt schon auf Seite 1700. Pro Tag zehn Seiten neue Gesetze, das kann doch nicht so weitergehen! Wir werden zuviel regiert, der einzelne muss sich wieder vermehrt wehren.* Die Verteidigung der individuellen Freiheit vor dem – wie er es einmal formulierte – *staatlichen Zwang des Kollektivdenkens* war seine absolute Lieblingskonstellation vor Gericht. Der Kampf für eine Welt, in der jeder seine Überzeugungen haben durfte, war die grösste Herausforderung für den Straf-

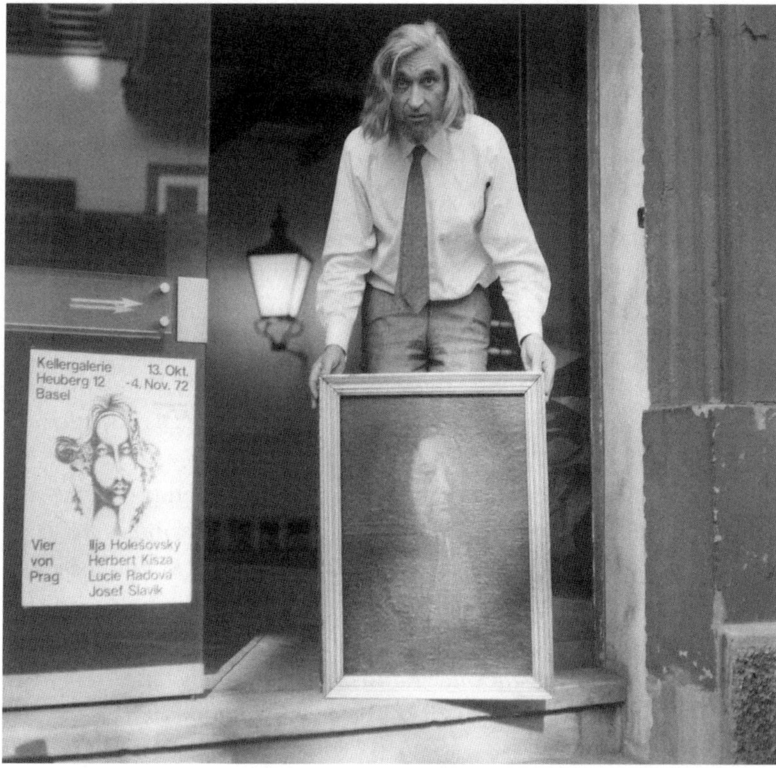

Peter von Roten am Heuberg 12 in Basel, 1972

verteidiger Peter von Roten. Mit Vorliebe übernahm er sogenannt hoffnungslose Fälle, verteidigte er Kleinkriminelle und arme Schlucker, die aus Not ein paar Kleider gestohlen hatten. Selbst vor wenig lukrativen Offizialverteidigungen schreckte er – zum Entsetzen von Iris – nicht zurück. Die Verbissenheit, mit der er bisweilen für seine Mandanten kämpfte, brachte ihm in Basler und Walliser Anwaltskreisen den Ruf eines Querulanten ein. *Das Interesse der Gesellschaft,* schrieb er 1983 in der juristischen Zeitschrift »Plädoyer«, *an der Entkriminalisierung vieler Randgebiete sollte vor dem Interesse an einer schematisch-abstrakten »Rechtseinheit« überwiegen, nach dem immer noch recht aktuellen Wort, das Antigone ihrem straffreudigen Onkel Kreon zurief: »Nicht mit zu hassen, mit zu lieben bin ich da!«*

Mit der gleichen Überzeugung, mit der er die individuelle Freiheit verteidigte, wandte sich Peter auch gegen die zunehmende juristische Reglementierung der menschlichen Intimsphäre. Dabei kümmerte es ihn wenig, dass er mit seinen Aussagen dazu einen Tabubruch nach dem andern beging. So setzte er sich 1966 für die Entkriminalisierung des Schwangerschaftsabbruchs und der Sterbehilfe ein, kritisierte 1974 *die primitive Qualität des Sexualstrafrechts*, das Bigamie immer noch als Straftatbestand ansah. *Wie grotesk ist doch heute die staatliche Vorschrift, wonach jeder Ehebruch dem anderen Ehegatten einen Anspruch auf Scheidung gibt!** In den 1980er Jahren schrieb er gegen die gesetzliche Diskriminierung von Homosexuellen an und setzte sich für die Freigabe leichter Drogen ein. *Natürlich fordern die Drogen auch ihre Todesopfer. Aber das tut auch das Matterhorn, und trotzdem denkt niemand daran, die Bergsteigerei zu verbieten oder gar zu bestrafen. An unserer Generation wäre es, eine Initiative auf Freigabe aller Rauschmittel zu lancieren: Art. 312ter BV: »Absinth, Haschisch, Kokain und Opium sind frei.« Wer macht mit?*

Aus der gleichen Optik beurteilte Peter das gesetzliche Konkubinatsverbot. *Dass zwei nicht ins gleiche Bett schlüpfen können,* schrieb er 1981, *ohne dem Staat Meldung zu erstatten, das will einem nicht in den Kopf.* Bei den Parlamentsberatungen zur Revision des Sexualstrafrechts (1987–1991) forderte er einen zurückhaltenden Staat. *Der schweizerische katholische Frauenbund hat in den letzten Tagen in einer öffentlichen Verlautbarung verlangt, dass innerhalb der Ehe die Vergewaltigung als strafbar erklärt werde, und zwar nicht nur auf Antrag eines Ehepartners, sondern von Amtes wegen. Nicht mehr die Partner ent-*

* Bis zum Inkrafttreten des revidierten Ehescheidungsrechts am 1. Januar 2000 lautete Artikel 137 des Zivilgesetzbuchs: »Hat ein Ehegatte einen Ehebruch begangen, so kann der andere Ehegatte auf Scheidung klagen.«

scheiden damit, was das Ehebett bedeutet, sondern der allmächtige Staat und seine Beamten. Vorsichtige Männer werden sich in Zukunft eine schriftliche Zustimmung geben lassen, bevor sie zu Bette gehen. Die Referendumsabstimmung über das neue Sexualstrafrecht hat Peter von Roten nicht mehr erlebt: Vermutlich aber hätte er dem am 17. Mai 1992 beschlossenen und einzig vom Wallis abgelehnten neuen Sexualstrafrecht, das die Vergewaltigung in der Ehe auf Antrag verfolgte, einigermassen gute Noten gegeben.

Peter von Rotens Freiheitsbegriff steht in der Tradition von Schiller und Kant, die davon ausgingen, dass in der menschlichen Vernunft eine höhere, über allen Handlungen stehende Ethik und Moral eingeschrieben ist. *Freiheit ist* für ihn – so schreibt er 1944 im »Walliser Boten« – untrennbar an das christliche Weltbild gebunden und beinhaltet im Sinne von Kants kategorischem Imperativ *immer auch die Freiheit des andern.* Peters Ideal war eine Gesellschaft aus freien und moralisch mündigen Bürgern. *Zwischen dem Strafrecht und der Moral,* schreibt er 1973, *besteht auf vielen Gebieten ein »Niemandsland«, weil der Staat nicht dieselben Rechtsgüter zu wahren und zu verteidigen hat als die Moral. Kein vernünftiger Mensch denkt beispielsweise daran, dass zwischen beiden Welten Identität bestehen soll: Jede Lüge ist eine Verletzung des 8. Gebotes. Trotzdem denkt kein Strafrichter daran, einen Menschen zu verurteilen, weil er gelogen hat. Auch der Selbstmord ist ethisch gesehen eine Sünde, und trotzdem sieht die weltliche Gerechtigkeit davon ab, den Selbstmörder zu bestrafen, wenn zum Beispiel der Versuch dazu misslungen ist.*

Am 14. November 1962 verteidigte Peter im »Walliser Boten« den Freispruch einer belgischen Mutter, die ihr schwerstbehindertes Kind aus Mitleid mit einer starken Dosis Schlafmitteln getötet hatte. Die Handlung der Mutter war für ihn einzig und allein eine Angelegenheit des persönlichen Gewissens und nicht von Verbrechen und Bestrafung. *Hier behält das fünfte Gebot – Du sollst nicht töten! – seine völlige uneingeschränkte Geltung, und die Sünde, welche die Mutter begeht, welche ihr verunstaltetes Kind tötet, wird durch keinen Freispruch beschönigt.*

Ein Anliegen, das Peter seit den frühen 1970er Jahren verfolgte, war der straffreie Schwangerschaftsabbruch. Das Thema wurde vor allem in den siebziger Jahren – 1977 wurde die für die Liberalisierung kämpfende »Fristenlösungsinitiative« vom Volk abgelehnt – sehr kontrovers diskutiert, und Peter war damals einer der wenigen katholischen Befürworter. Seine Haltung begründete er einmal mehr mit der moralischen Dimension der Abtreibungsfrage, die seiner Ansicht nach staatlich nicht zu regeln war. *Fanatische Strafbegeisterte haben mich gefragt,* erklärte er sich im »Walliser Boten«, *wie ich denn als Katholik für die Straflosigkeit der Schwangerschaftsunterbrechung eintreten könne, die ich doch als Sünde bezeichnen müsse. Nun, die Antwort auf solche Fragen ist nicht schwer: Die Kirche kennt die menschliche Schwäche und hat im Sakrament der Busse dem Gläubigen die Möglichkeit gegeben, sich mit dem Herrgott zu versöhnen, ohne dass Staatsanwalt und Büttel sich einmischen. Nur wer die Institution und das Sakrament der Beichte als altmodischen Plunder betrachtet, die gerade gut genug sind, klerikalen Machtansprüchen Vorschub zu leisten, kann dies im Ernst bezweifeln. Die Beichtmöglichkeit ist für den Menschen ein ungeheures Pfand der Freiheit, weil es dem Menschen erlaubt, ohne Gesichtsverlust einen Fehler zu begehen.*

In bezug auf den staatlichen Strafvollzug verlangte Peter eine humane, direkt auf den einzelnen Straftäter ausgerichtete Rechtsprechung. *Das Patentmittel »Strafe« ist anscheinend die einzige Reaktion,* schrieb er 1987, *mit dem unser Staat glaubt, seine Ideale und Wertmassstäbe durchsetzen zu müssen.* Mit ihrem *Strafkult* beschreite die moderne Gesellschaft einen falschen Weg: *Hier liegt nichts anderes vor als eine pervertierte Idee der Gerechtigkeit. Die Vorstellung, es könnte ein Vergehen oder Verbrechen ungesühnt, das heisst unbestraft bleiben, wird von den meisten als eine Katastrophe betrachtet. Theoretisch ist der Bürger unschuldig bis zur Verurteilung. In Wirklichkeit ist er, sobald er in die Hände der Justiz gerät, verloren. Vielleicht aber wird sich doch einmal die Überlegung durchsetzen, dass der Strafanspruch des Staates etwas ebenso kindisch Einfältiges ist wie der Wunsch der Leser, einen schrecklichen Roman mit einer schönen Hochzeit beendigt zu sehen.* Eine hochgradig narzisstische Haarspalterei sei anstelle menschlicher Reaktion getreten, war Peter überzeugt und forderte bereits 1976 die Möglichkeit *der Verbüssung einer Strafe im blossen Nachtvollzug,* d. h. in Halbgefangenschaft. *Als Strafverteidiger ist man immer neu mit der tragischen Situation konfrontiert, dass die Strafrichter nicht das entscheiden, was ihnen im konkreten Fall »richtig« erscheint, sondern was Gesetz, Praxis oder Bundesgericht ihnen in der sogenannten »Rechtsprechung« vorschreibt. Ich möchte die Diskussion um die Strafprozessordnung von einer scholastisch-kasuistischen Höhe auf den Boden der Menschlichkeit herabziehen.*

Was soll man von alldem halten? Auf den ersten Blick ist man beeindruckt von Peter von Rotens humanistischem Ansatz und seiner Originalität und folgt gebannt seinem unkonventionellen Gedankenstrom. Bei näherer Betrachtung aber setzt man hinter seinen extremen Individualismus und seine letztlich rechtsanarchistische Grundhaltung, die eine herrschaftsfreie Ordnung von freien und moralisch mündigen Bürgern anstrebt, ein dickes Fragezeichen. Nicht nur deshalb, weil einem dieser Gesellschaftsentwurf hoch idealistisch, um nicht zu sagen utopisch erscheint, sondern weil er seine Kritik einseitig auf den Staat bezieht, die Kirche aber verschont. *Nicht die katholische Kirche ist altmodisch,* schreibt er 1972, *die moralische Vorschriften aufrechterhält, aber keinem Menschen ein Haar krümmt, sondern der helvetische Staat, der Zuchthäuser für Haschisch-Verbrecher haben will.*

Was für eine Umkehrung historischer Realitäten! Was für eine Beleidigung all der Menschen, die in den vergangenen Jahrhunderten kirchlicher Macht- und Repressionspolitik zum Opfer gefallen sind! Aus eigener Erfahrung wusste Peter von Roten nur zu genau, dass Individualisierung, Autonomie von Weltanschauung und Lebensgestaltung sehr ausgesprochen eine Folge der Säkularisierung waren und mit dem Aufbrechen von rigiden kirchlichen und religiösen Ordnungssystemen zu tun hatten. Das Teufelchen seiner staatskritischen Haltung muss ihn bei dieser Aussage geritten haben. Dazu kommt sein Hang zur romantischen Verklärung des Katholizismus: Nachdem er sich mit Iris' Hilfe vom strengen Moralismus seiner Kindheitsreligion emanzipiert hatte, versuchte er in seiner zweiten Lebenshälfte die tieferen Wahrheiten des Katholizismus mit der Idee des freiheitlich-individuellen Lebens zu verbinden.

Am meisten Aufsehen erregte Peter von Roten mit seinem Kampf für die politische und rechtliche Gleichstellung der Frau. *Es muss immer wieder versucht werden*, schrieb er Anfang der sechziger Jahre, *aufgrund der bestehenden Gesetze Einbrüche in das Männermonopol zu erreichen.* Acht Jahre nach Unterbäch startete er 1965 einen neuen Versuch: Bei den Walliser Grossratswahlen hinterlegte die »Demokratische Union christlicher Schweizer Frauen« im Bezirk Brig eine eigene, von Peter und zehn andern Männern unterzeichnete Liste mit der Kandidatur der Briger Aristokratin Mathilde von Stockalper. Als sowohl der Regierungsstatthalter als auch der Walliser Staatsrat die Liste für ungültig erklärte, zog Peter den Fall bis vors Bundesgericht. Die Richter von Lausanne aber stützten einmal mehr die Position der Walliser Behörden.

Die Einführung des eidgenössischen Frauenstimm- und -wahlrechts am 7. Februar 1971 nahm Peter mit gelassener Freude zur Kenntnis. Er habe nie daran geglaubt, kommentierte er im »Walliser Boten«, dass die Männer freiwillig einen Teil ihrer Macht abgäben. *Die Abstimmung vom letzten Wochenende hat das Gegenteil bewiesen, man weiss heute, dass auch in einer Demokratie bei genügender Beeinflussung ein Entscheid gegen den eigenen Machtbereich möglich ist.* Mit dem Stimm- und Wahlrecht war für Peter ein wichtiges Teilziel erreicht, die rechtliche Gleichstellung von Mann und Frau aber immer noch in weiter Ferne.

Peter von Roten, 1984

Ende der siebziger Jahre wird er sich für die 1981 in der Bundesverfassung verankerte rechtliche Gleichstellung von Mann und Frau einsetzen und 1985 auch die Revision des Eherechts unterstützen, das auf dem Grundsatz völliger Gleichberechtigung beruht.

Das Zusammenleben von Mann und Frau würde ihn mit Sicherheit auch heute noch interessieren. Einmal weil gewisse Forderungen der ersten Stunde – Gleichstellung von Frau und Mann in Lohnfragen, bessere Vertretung der Frauen in Politik und in Kaderpositionen – noch nicht erfüllt sind, dann aber auch, weil viele von Iris in »Frauen im Laufgitter« bereits aufgegriffene Themen heute gesellschaftspolitisch breit diskutiert werden: So die Suche nach neuen Familienmodellen, die Forderung nach mehr Teilzeitstellen für Frau und Mann sowie das steigende Bedürfnis nach Krippenplätzen und Tagesschulen.

Mit seinem Kampf für die Wiedereinführung der alten lateinischen Messe geriet Peter von Roten zwischen alle Fronten. Nach ihrem Verbot durch das 2. Vatikanischen Konzil (1962–1965) kämpfte er zwanzig Jahre lang unbeirrt dafür. Als Papst Johannes Paul II. die vorkonziliare Messe 1984 wieder erlaubte und der bischöflichen Spezialbewilligung unterstellte, war er am Ziel. *Man muss sich daran erinnern,* so Peter im »Walliser Boten«, *wie unsere alte Generation das Kirchenerlebnis über sich ergehen liess, um zu ermessen, was das Konzil an Andacht und religiösem Gotteserlebnis zerstört hat. Für uns war es von Kindsbeinen auf eine Selbstverständlichkeit, dass in einer Kirche, in der das Ewige Licht brannte, die Gegenwart Gottes eine Tatsache war, über die einfach nicht diskutiert wurde und die in ihrer bedrohlichen Grösse die gesamte Stimmung im Raum beherrschte.*

Peter von Rotens Festhalten an den Formen des traditionellen Katholizismus war in allererster Linie ein Kampf gegen die fortschreitende Entmythologisierung der Religion und – um mit Max Weber zu sprechen – der sinnlichen Entzauberung der Welt. War er in seiner beruflichen und politischen Arbeit ein kritischer

Zeitgenosse und Aufklärer und bezüglich seines Lebensstils ein moderner Libertin, so blieb er im Religiösen immer ein überzeugter Verfechter der geheimnisvollen und magischen Seite des Glaubens. Gott war für ihn die Projektion eines grossen und aufregenden Geheimnisses, das das menschliche Leben in einen übergeordneten Rahmen stellte. Der Bedeutungsverlust von Kirche und Religion führte aus seiner Sicht zu einer Verarmung des menschlichen Lebens. *Aber wie das »Magnificat«*, so Peter am 10. März 1982 im »Walliser Boten«, *und das »Salve Regina« nur mehr auf Langspielplatten gehört werden und die Rosenkränze nur mehr auf den Flohmärkten erhältlich sind, so werden wir getrost ins Grab sinken können, weil unsere Frömmigkeit auch schon vor uns gestorben ist und keiner mehr dasein wird, uns das »Libera« und das »Requiem aeternam« zu singen. Diese Melodien sind vom Schönsten, was die katholische Liturgie hervorgebracht hat, und man muss schon ein Herz von Stein haben, wenn man die Eindringlichkeit des »Requiems« nicht bis ins Innerste fühlt.*

Ähnlich unerschütterlich, wie Don Quichotte gegen Windmühlen kämpfte, legte sich Peter von Roten vierzig Jahre lang mit dem Schweizerischen Landesmuseum an. Mit insgesamt acht Vorstössen verlangte er zwischen 1950 und 1990 die Rückgabe eines um 1420 entstandenen gotischen Altars und einer um 1170 aus Lindenholz geschnitzten Muttergottesstatue, die das Landesmuseum im Jahre 1925 für 14 000 Franken von der Pfarrei Raron erworben hatte. Selbst abschlägige Entscheide der Bundesräte Etter, Tschudi, Hürlimann und Egli konnten ihn nicht entmutigen. 1981 wandte er sich an den Papst, und zwei Jahre vor seinem Tod versuchte er vergeblich, den deutschen Bundeskanzler Helmut Kohl, der 1989 Rilkes Grab in Raron besuchte, für sein Anliegen zu gewinnen. *Wer Kirchen entleert,* polterte Peter 1990 in der »Weltwoche«, *um Museen zu füllen, zerstört eine unserer tragenden religiösen Traditionen.*

Bei der ganzen Angelegenheit ging es Peter nie um den finanziellen Wert, sondern immer um die religiöse Bedeutung der

Der Baldachin-Altar aus Raron (um 1415), der seit 1925 im Landesmuseum in Zürich steht

Kultgegenstände. *Der reale Katholizismus,* führte er 1984 im »Tages Anzeiger« aus, *so, wie er nicht in den Lehrbüchern steht, sondern vom gläubigen Volk empfunden wird, ist weit davon entfernt, den jüdischen Monotheismus mit seinen biblischen Scheuklappen akzeptiert zu haben. Der katholische Alltag steht jenem hellenistischen Götter-Olymp weit näher als der reformatorischen Schmalkost des alleinseligmachenden Wortes. Für den Katholiken sind die Heiligenstatue, der eigene Kirchenaltar, der Kirchenpatron, namentlich die Muttergottes in vielen Gestalten so viele Elemente der persönlichen Gottbezogenheit, als es eben Gegenstände in der Kirche oder in den Kapellen gibt, zu denen er ein höchst persönliches Vertrauensverhältnis hat. Man kann darum die Weigerung des Schweizerischen Landesmuseums, Altäre und Marienstatuen herauszugeben und an ihre sinnvollen Orte zu überführen, nicht nur als eine rechtlich-patriotische Spitzfindigkeit taxieren, sondern darin nur eine jener verkappten ikonoklastischen (bilderstürmerischen) Traditionen entdecken, die sich im Grunde genommen reibungslos an die reformatorische Bilderstürmerei anschliessen, mit der Einschränkung, dass – ökonomisch, wie der Schweizer nun einmal ist – die Heiligenbilder nicht mehr verholzt, sondern zu Kapitalanlagen gemacht werden sollen.*

Natürlich spielte auch Peters antizentralistischer Reflex eine Rolle: *Es ist eine der schlimmsten Kultursünden unserer Eidgenossenschaft gewesen, dass sie – übrigens ohne jegliche verfassungsmässige Grundlage – damit begonnen hat, »Schweizer« Kultur zu einer eigenen Sparte staatlicher Tätigkeit emporzustilisieren, ein Ding, das ja in offensichtlichem Widerspruch steht zu den föderalistischen politischen Strukturen und unserer historisch kulturellen Vielfalt.*

Die Verteidigung katholischer Traditionen und die Befürwortung des straffreien Schwangerschaftsabbruchs sind nur auf den ersten Blick unvereinbar scheinende Facetten von Peter von Rotens Persönlichkeit. Wer näher hinschaut, sieht, dass er hier wie dort tiefen persönlichen Überzeugungen gefolgt ist. Als Katholik war er ein überzeugter Anhänger traditioneller Formen, als Föderalist und Verfechter des liberalen Individualismus ein konsequenter Kritiker aller staatlichen Instrumente, ob Armee, Justiz oder Landesmuseum.

Der 17. Januar 1978 hätte Peter von Rotens Todestag sein können. Als Beifahrer wurde er bei einem schweren Autounfall in der Nähe von Bern lebensgefährlich verletzt. Auf der Intensivstation des Inselspitals Bern schwebte er wochenlang zwischen Leben und Tod. Siebenundzwanzig gebrochene Knochen, ein mehrfach verstückelter Darm sowie viele kleinere Verletzungen waren das brutale Verdikt. *Dein grossartiger Geist,* so Iris, die Peter fast täglich im Spital besuchte, *in diesem scheusslichen Sträflingshemd in der Matratzengruft – wie Heine. Aber Du wirst wieder aufstehen, lieber lieber Peter.*

Zwei Monate war ich besinnungslos, berichtete Peter Anfang Mai einer Freundin aus Deutschland, *und die Todesanzeige druckfertig – bis auf das genaue Datum. Ich weiss nicht, welcher Zufall mich am »Leben« erhielt. Ich möchte nicht von Dir gesehen werden. Ich schäme mich. Es würde mich demütigen, wenn ich an Deinen Lippen die Zeichen des Ekels erkennen würde, den Du vor dem Wrack empfindest, das ich geworden bin. Wenigstens in Deiner Erinnerung möchte ich als der alte fortleben. Wie wir tanzten und marschierten!*

In den sechs Monaten im Inselspital musste Peter zahlreiche Operationen über sich ergehen lassen. Der Spitalalltag machte ihm zu schaffen, der schleichende Heilungsprozess stimmte ihn nachdenklich. *Morgen werde ich operiert,* schrieb er am 30. Mai, *und die Schatten der Messer liegen schon über meiner Seele und meinem Gemüt. Ich hatte immer gehofft, dass das Leben mir dieses Schicksal ersparen würde, und wollte einen Zettel um den Hals tragen: »Bitte sterben lassen.« Leider kümmert sich die öffentliche Gesundheitsindustrie nicht um solche Wünsche, und nun bin ich im 5. Monat in der Sterbe-Lebe-Zwickmühle mit wechselnden Chancen. Was ist die wahre Chance? Ist es, leben zu müssen, oder sterben zu können?*

Das monatelange Angebundensein an das Spitalbett hatte zur Folge, dass Peter die Kontrolle über seine Frauenbeziehungen verlor und es an seinem Krankenbett zu einer schwierigen Begegnung zwischen Iris und einer seiner Freundinnen kam. *Ich finde Deinen Unfall herzzerreissend,* protestierte Iris, *wenn ich daran denke, kommen mir immer die Tränen. Zugleich aber erfüllt mich Hass, wenn ich daran denke, wie Du mit mir umspringst und was Du mir einbrockst. Dir fehlt der Sinn für das Zumutbare.*

Nach sieben Monaten verliess Peter das Inselspital. Auf Anraten der Ärzte entschied er sich für einen vierwöchigen Aufenthalt in Sri Lanka, wo er im weichen Meeressand barfuss und ohne Krücken Gehversuche machen sollte. So kam es, dass er Ende Dezember 1978 zusammen mit Iris zum ersten Mal in seinem Leben ein Flugzeug bestieg. *Als ich ein Bub war, musste ich einmal die kranke Kuh von Rotigen, dem obersten Stafel im Turt-*

manntal, nach Breitmatten oberhalb Eischoll treiben. Der Gang dauerte acht volle Stunden. Nicht ganz so lange flog ich von Genf nach der indischen Insel Sri Lanka, dem früheren Ceylon. Der Flug übers Adriatische Meer, den Balkan, die Türkei und Persien hat mich weniger beeindruckt als seinerzeit der Gang ins Turtmanntal.

In einer völlig von der Umwelt abgeschirmten Hotelanlage lernte Peter wieder laufen und schrieb *auf Kosten der »Winterthur Unfall« für die Leser des »Walliser Boten«* die Kolumnen-Serie *Von Raron nach Ceylon,* in der er *soziologische Studien* über das Leben in der ausschliesslich von europäischen Touristen besuchten geschlossenen Ferienanlage anstellte: *Wie die Seligen in den Kirchenfresken von Raron, zeigen sich alle Ferienmachenden nur mit Minikini*.Und wenn man als Europäer stolz ist auf die wirtschaftliche Überlegenheit, die uns erlaubt, sich hier vierzehn Tage lang als König unter Knechten zu fühlen, so lässt dann leider der unverhüllte Anblick unserer Leute ein peinliches Gefühl unsagbarer Hässlichkeit aufsteigen. Die Neuankommenden, die noch keine schonende Bronze erwerben konnten, sind dabei besonders auffallende Riesenengerlinge, deren sitzende, fressende Lebensweise plötzlich als unnatürliche Käfighaltung evident wird.*

Ein Jahr nach seinem Unfall konnte Peter wieder einigermassen gehen und auch seine Arbeit wieder aufnehmen. Ganz erholt von seinem schweren Unfall hat er sich nie mehr. Zwischen 1978 und seinem Tod 1991 traten immer wieder Komplikationen auf, die verschiedene Spitalaufenthalte zur Folge hatten. Trotz der körperlichen Beeinträchtigungen blieb Peter aber ein lebensfroher und humorvoller Mensch. Nirgends ein Brief, aus dem Verzweiflung spricht, nirgends ein Tagebucheintrag, in dem er mit seinem Schicksal hadert, und kein Zeitzeuge, der den schweren Unfall als den grossen psychischen Knick seiner Biographie deuten

* Damenbadebekleidung ohne Oberteil

würde. Der Mann muss über ein stupendes inneres Gleichgewicht verfügt haben! Mit dem gleichen unterminierenden Witz, mit dem er die Gesellschaft beobachtete und das aktuelle Zeitgeschehen kommentierte, scheint er auch sich selbst begegnet zu sein.

39
DER LETZTE ABSCHNITT

Am 6. Dezember 1971 hatte Iris von Roten ihren letzten öffentlichen Auftritt als Feministin. Dabei ging es nicht um das in der Schweiz eben erst eingeführte Frauenstimm- und -wahlrecht, sondern um ein Streitgespräch mit der argentinisch-deutschen Schriftstellerin Esther Vilar, die mit ihrem Buch »Der dressierte Mann« die Gemüter von Lesern und Kritikern erhitzte. Die Münchner Ärztin und Psychologin vertrat in ihrem antifeministischen Werk die provokative These, nicht die Männer würden die Frauen unterdrücken, sondern die Frauen die Männer ausbeuten. In den Männern sah Vilar die manipulierten Ernährer, die von den Frauen zur Arbeit erzogen und im Bett belohnt wurden. Den schmarotzenden Frauen, die bereits als kleine Mädchen zur Männer-Domptur erzogen würden, sprach sie jeden Intellekt ab und gestand ihnen höchstens ein Gedächtnis zu. Eine Provokation war auch ihre Sicht der Frauen über Fünfzig, die sie *als einen beliebigen Haufen menschlicher Zellen* bezeichnete, *als einen Fettklumpen, der nur durch die Haut zusammengehalten wird.* Den modernen Feminismus schliesslich degradierte Vilar zur *Erbauungsliteratur,* die die Würde der Frau attackiere.

Das von der »Frankfurter Rundschau« als *Party-Geblödel einer Weitgereisten* bezeichnete Buch wurde in Deutschland zu einem Sensationserfolg. Binnen kurzer Zeit gingen über 200 000 Exemplare über den Ladentisch. Sehr zum Ärger engagierter Feministinnen wie Alice Schwarzer, die gegen das Buch Sturm liefen. Im Gegensatz zu Schwarzer, die – ähnlich wie Iris in der Schweiz – von den deutschen Medien und in der Öffentlichkeit regelmässig sexistisch verunglimpft und mit einem »Hexen-

Image« bedacht wurde, stieg Esther Vilar schnell zum Liebling der Medien auf, wurde in Talk-Shows herumgereicht und verstand sich bestens auf die Inszenierung ihrer Person. Als sie im Spätherbst 1971 auf ihrer Lesereise durch die Schweiz auch in Basel haltmachte, klopfte das Schweizer Fernsehen bei Iris von Roten an und lud sie zu einem Streitgespräch mit Esther Vilar ein. Im Vorgespräch einigte man sich darauf, dass der rote Faden des Gespräches fünf Fragen sein sollten, die Iris an Esther Vilar zu richten hätte.

Fünfunddreissig Jahre später visioniere ich den Mitschnitt der damaligen Sendung im Archiv des Schweizer Fernsehens. Mit einem Deux-pièces und ärmellos seidener Bluse sitzt die vierundfünzigjährige Iris von Roten der achtzehn Jahre jüngeren Esther Vilar gegenüber, die einen kurzärmeligen schwarzen Pullover trägt und ihre langen dunklen Haare in geraden Strähnen auf ihre Schultern fallen lässt. Bereits vor Gesprächsbeginn – die beiden ungleichen Frauen sitzen sich an Peters bronzebeschlagenem Louis-XV.-Arbeitspult gegenüber – ist unschwer zu erkennen, was Iris über das Buch ihrer Gesprächspartnerin denkt. Ihre Körpersprache hat etwas Unruhiges und Drängendes, ihr entnervter Blick in die Kamera verrät die aufgestaute Aggression. Dementsprechend angriffig sind ihre Fragen, die nicht eigentlich Fragen sind, sondern ihre Empörung zum Ausdruck bringen. Gleich zu Beginn des Gesprächs bezeichnet Iris das Buch *als eine versteckte Kriecherei vor den Männern,* wirft Vilar vor, in ihrem Buch *die Ladenhüter der klassischen Frauenfeinde wie Möbius und Weiniger zu neuem Leben zu erwecken,* und will schliesslich von ihrer Gesprächspartnerin wissen, *ob sie ein weiblicher Frauenfeind sei und die Frauen hasse.**

Als Vilar ihre Thesen ausbreitet und anführt, dass die Männer keinen Grund hätten, sich durch ihr Buch geschmeichelt zu fühlen, reagiert Iris ungehalten, fällt der entspannt dasitzenden

* Möbius, Paul Julius: Der physiologische Schwachsinn des Weibes, Halle 1904; Weininger, Otto: Geschlecht und Charakter, Berlin 1932.

Vilar permanent ins Wort, kann vor Aufregung kaum noch stillsitzen und hat Mühe, grammatikalisch fehlerfreie Sätze zu bilden. *Ihr Buch*, wirft sie Vilar schliesslich ein zweites Mal an den Kopf, *ist nichts anderes als eine schlaue und raffinierte Schmeichelei vor den Männern.* Esther Vilar ihrerseits lässt sich nicht aus der Ruhe bringen. Ihre stärkste Waffe ist die Gelassenheit, mit der sie Iris' Attacken scheinbar mühelos pariert. *Das ist Ihre Meinung, und ich respektiere sie,* sagt sie mit unerschütterlichem Lächeln auf den Lippen, *aber ich habe eine andere.*

Ein kurzer Dialog ergibt sich erst, als Iris von ihrer Kontrahentin wissen will, was sie einer jungen Frau denn raten würde. *Soll sie einen Beruf ergreifen, heiraten, Kinder haben?* Als Esther Vilar betont, dass sie keine Rezepte liefere und jede Frau das selbst für sich entscheiden müsse, ist Iris entsetzt. *Sie müssen doch die Konsequenzen ziehen, Sie können sich doch nicht bei der Bilanz aus dem Staube machen.* Für Iris ist es absolut unverständlich, dass ihr Gegenüber die Mann-Frau-Beziehung mit jedem Wort ihres Buches kritisiert, es aber nicht für nötig hält, Rezepte für eine Verbesserung der Situation zu liefern. *Sie müssen sagen, was die Leute tun sollen. Sie sind moralisch dazu verpflichtet.* Als Esther Vilar beide Male freundlich verneint, kann Iris das Buch ihrer Gesprächspartnerin nicht mehr Ernst nehmen. *Damit ist ihr Buch,* beendet Iris das Gespräch, *ein hübscher oder weniger hübscher Scherz.* Das sei ihre Ansicht, kontert Vilar postwendend, *aber nicht meine.*

Iris von Rotens fulminanter Auftritt, ihre gebieterische Gebärde und Unfähigkeit, sich in ein wirkliches Gespräch mit ihrer Kontrahentin einzulassen, muss viele Zuschauer mehr als nur befremdet haben. Für ihr näheres Umfeld jedoch war er keine grosse Überraschung. *Iris liebte es nicht,* wird Peter nach ihrem Tod schreiben, *über die Richtigkeit ihrer Ideen zu diskutieren.* Mit Esther Vilar traf Iris von Roten auf eine Frau, die das pure Gegenteil jener Haltung verkörperte, die im Zentrum ihres Lebens stand und für ihr Werk bezeichnend war. Iris konnte es nicht ertragen, dass sich eine junge Frau als militante Antifeministin inszenierte und für den modernen Feminismus nur ein ironisches Lächeln übrig hatte. Der Feminismus war für sie auch dreizehn Jahre nach ihrem Buch alles andere als ironiefähig.

In den letzten zwei Jahrzehnten ihres Lebens äusserte sich Iris von Roten noch verschiedentlich zu feministischen Themen, gab sporadisch Interviews und liess sich kurz vor ihrem Tod von der Filmemacherin Tula Roy befragen. Im Mittelpunkt ihres letzten Lebensabschnittes aber stand die Malerei, eine Leidenschaft, der sie seit ihrer Jugend frönte und der sie nun endlich Raum geben wollte. Seit ihrer Schulzeit war sie eine talentierte Zeichnerin, skizzierte auf Bergwanderungen Landschaften und auf kunsthistorischen Exkursionen Altäre, Fresken und Heiligenfiguren in ihren Zeichenblock. Ihr erstes grösseres Leinwandbild stammt aus dem Jahr 1947. Von Leuk aus malte sie den herrlichen Ausblick in das untere Rhonetal, ein Landschaftsbild, das sie einige Jahre später grossflächig auf eine Wand im offenen Treppenhaus ihres Basler Hauses kopierte. Aus der gleichen Zeit stammt auch ein gelungenes Porträt von Peter.

Ende der fünfziger Jahre malte Iris ihr erstes Blumenbild: eine Gruppe von blühendem Rittersporn. Vor neutralem Hintergrund stehen einzelne, in die Höhe geschossene Ritterspornzweige dicht nebeneinander und entfalten in unterschiedlichsten Blautönen eine intensiv strahlende Leuchtkraft. Die gemeinsamen Fahrten mit ihrer Mutter in die Gärtnerei Wackernagel nach Riehen sind für Tochter Hortensia eine besondere Erinnerung: Iris zwängte die grossformatige Leinwand und ihre Staffelei durch das Sonnendach ihres Fiat 600 und beauftragte die knapp schulpflichtige Tochter, auf dem Hintersitz zu stehen und alles festzuhalten.

Um 1970 fasste Iris einen ehrgeizigen Entschluss: Einhundert Bilder wollte sie schaffen und ihr Werk anschliessend der Öffentlichkeit präsentieren. Blumen wurden immer mehr zu ihrem bevorzugten Sujet. Mit ausgesprochenem Sinn für das Detail malte sie Tulpen in allen Stadien, Amaryllis mit feuerroten und über-

Iris von Rotens Porträt von ihrem Mann, Leuk 1950

grossen Blüten, Iris in unterschiedlichen Farbtönen, Lilien in vielen Varianten, daneben Mohn, Kapuziner und Wicken, Malven, Oleander und Kampsis, Orchideen, Rosen, Narzissen, Vergissmeinnicht, Hibiskus, Gladiolen, Astern, Dahlien und Chrysanthemen. *Als Malerin,* so Peter nach ihrem Tod, *verstand sich Iris als Handwerkerin in einem traditionellen Sinn, und ihre Kunst war deshalb im höchsten Grad dekorativ. Das natürliche Kunstwerk »Blume« blieb ihr zeitlebens das liebste Objekt und Vorbild.* Die genaue Abbildung der Natur ist das höchste Ziel von Iris' Blumenbildern. Mit ihrer Malerei steht sie in der Tradition der klassischen Mimesis, die ihren Fokus auf die Nachahmung und Darstellung der phänomenalen Welt richtet. In ihrer Präzision erinnern ihre Blumenbilder an botanische Studien aus dem 18. Jahrhundert. Immer ist es die natürliche Schönheit der einzelnen Blume und ihrer Blüte, der sich Iris mit sachlicher Strenge verpflichtet und die sie auf ihren Bildern meistens vor neutralem Hintergrund darstellt. *Das ging so weit,* erinnert sich Peter nach ihrem Tod, *dass sie die verblühte Pflanze überwintern liess, um sie übers Jahr in der neuen Blütenpracht zu vollenden.*

Wer Iris' Blumenbilder verstehen will, muss ihre tiefe Beziehung zu Blumen kennen, die sie seit ihrer Jugend pflegte und nach ihrem Umzug nach Basel zu intensivieren begann. Im Hof ihres Hauses legte sie schon in den fünfziger Jahren ihren eigenen Blumengarten an, in dem sie über Jahre systematisch verschiedene neue Tulpenarten erprobte und mit Rosen, Narzissen und Osterglocken experimentierte. War sie unterwegs, musste Peter nach den Blumen schauen. *Hier im Garten,* berichtete er am 2. April 1967 nach Kreta, *ist jetzt alles in voller Pracht, und bedauern muss ich nur, dass ich die Namen der Tulpen nicht besser kenne, damit ich Dir sagen könnte, ob nun die Gregii oder die Queen Elisabeth blüht. Auch die Narzissen sind jetzt in voller Pracht, was ich Dir, glaube ich, schon einmal schrieb. Dagegen ist die Amaryllis in dem gelben Zimmer eine schwere Enttäuschung.*

Blumen waren für Iris von Roten ein Symbol des Lebens, ein

Ausdruck von Lebenskraft und Schönheit. Einer Schönheit, in der sich die Natur und die Hand des Menschen auf einmalige Weise vereinen konnten. *Iris' Beziehung zu Blumen,* erinnert sich Cousine Elisabeth Rutishauser-Guggenbühl, *war etwas sehr Spezielles. Es konnte vorkommen, dass sie, wenn wir zusammen mit dem Auto unterwegs waren, ganz plötzlich anhielt, weil sie am Strassenrand ein paar einzelne Blumen gesehen hatte. Minutenlang konnte sie dann nur noch dastehen, staunen und schwärmen. Ich fand das immer sehr erstaunlich und eindrücklich, wenn sie, die ausgeprägte Egozentrikerin, in der Betrachtung von Blumen sich selbst und die ganz Welt vergass.*

Zwischen 1967 und 1990 hat Iris 56 grossformatige Ölbilder gemalt, zum allergrössten Teil Blumenbilder, die sie in der freien Natur oder in ihrem Atelier am Heuberg angefertigt hat. Inspiriert hat sie sich nicht nur in ihrem kleinen Blumengarten oder in der Gärtnerei in Riehen, sondern auch auf Ausflügen ins Elsass, im Garten ihrer Cousine Elisabeth Rutishauser-Guggenbühl in Oberhofen am Thunersee oder bei ihrer jüngeren Schwester Sylvia in Südfrankreich.

In der Malerei scheint Iris von Roten nicht nur ihre Kreativität gelebt, sondern auch Erfüllung, Entspannung und Ruhe gefunden zu haben. Ihre Bilder verbreiten eine friedvolle Stimmung von Schönheit und Harmonie. *Wenn sie Tee servierte,* erinnert sich Elisabeth Rutishauser-Guggenbühl, *hat sie nicht nur ihr Teeservice sorgfältig ausgewählt, sondern bestand bei schönem Wetter auch darauf, den Tee im Garten zu trinken. Hier hat sie sich dann nach der von der Sonne am intensivsten beschienenen Stelle umgesehen, und als wir schliesslich bei einer speziell beleuchteten Lilie sassen, sagte sie: »Jetzt ist es perfekt!«*

Mit Flucht vor der Realität in die pure Schönheit hatte Iris' Ästhetizismus nichts zu tun. Vielmehr war er Ausdruck ihrer ganzheitlichen Lebens- und Kunstauffassung, ihrer Leidenschaft für die vollendete Form. *Wie Durst und Hunger,* erklärte sie sich Peter, *habe ich jeden Tag ein unsägliches Bedürfnis nach Schönheit. Ich muss einfach pro Tag eine Zeit mit etwas Schönem,*

Kunstwerk, Büchern, schönen Gebrauchsgegenständen, kurz etwas Ästhetischem verbringen, sonst wird es mir so staubig. Dann muss ich auch ein wenig draussen unter Pflanzen und andern Lebewesen sein, dann muss ich auch noch etwas Gutes lesen, wenn ich dazu nicht Gelegenheit habe, fehlt mir die Harmonie des Tages.

Ob die gepflanzten Blumenbeete in ihrem Garten, die selbstentworfene und mit grösster Sorgfalt zusammengestellte Garderobe, die Einladungskarte für das Geburtstagsfest, für alles und jedes hatte Iris eine ästhetische Vision. *Man muss schon die vollendete Meisterschaft,* so Peter nach Iris' Tod, *mit der Iris sowohl ihre Stadtwohnung als die Burg in Raron einrichtete, auf die Waage ihrer Persönlichkeit legen, wenn aus der Lektüre von »Frauen im Laufgitter« der Eindruck bleiben sollte, ihr sei Haus und Haushalt nur eine lästige Notwendigkeit des fraulichen Daseins gewesen. Wie richtig dagegen ihre Feststellung, Hausfrau sei der Inbegriff des Universalmenschen, der sowohl die Würze der Speisen als die Farbtöne der Teppiche beherrschen müsse. Mit einer proustschen Konsequenz wusste sie, dass die Eleganz den Verzicht voraussetzt und dass Überflüssiges der schlimmste Feind der Schönheit ist.*

Iris von Rotens Anspruch an ästhetische Perfektion scheute keinen Aufwand und Konflikt. Die Probe aufs Exempel liefert das grosse Fest im Schloss Thunstetten. Aus Anlass ihres fünfundfünfzigsten und zu Hortensias zwanzigstem Geburtstag organisierten Iris, Peter und Hortensia am 17. Juni 1972 ein grosses Diner mit Ball für 200 Gäste, bei dem Iris für die Dekoration der Räume zuständig war. Weil das im Schloss Thunstetten vorgefundene Mobiliar nicht ihrem Geschmack entsprach, entschied sie sich dazu, ausgewählte Möbelstücke aus Basel und Raron ins bernische Aarwangen transportieren zu lassen. Die Schlossräume seien ein Festschmaus für die Augen gewesen, erinnert sich ein geladener Gast. *Die schneeweissen Kellergewölbe,* so Iris an ihre kranke Mutter, *wo wir das Abendessen einnahmen, hatten Hortensia und ich mit acht riesigen Sonnen ausgeschmückt. Ich hatte sie im Schaufenster eines Tabakladens gesehen und konnte sie nach zwei Tagen Telefonierens schliesslich günstig mieten. Jeder einzelne der fünfundzwanzig Tische war mit zwei Riesenblumen in einer unterschiedlichen Farbe oder Farbkombination der Rot-Gelb-Rosa-Skala geschmückt. Das Ganze wurde farblich ergänzt von einem zweihundert Meter langen grünen Seidenband, das sich um die Beleuchtungsbalken schlängelte. Jeder Gast erhielt ein Namenskärtchen, auf das ich zwei Seidenpapierblümchen der Farbe seines Tisches aufgenäht hatte.*

Im grossen Saal mit Wand- und Deckenbemalung haben wir veranlasst, dass über den Cheminées Spiegel von je zwei Quadratmeter Fläche angebracht wurden, welche dann den Saal nach beiden Seiten unendlich reflektierten. Von der jüngeren Generation waren 120 Gäste da – mit einem schönen und seltenen Männerüberfluss von 20 Mann –, von der älteren 60 graue Häupter, zu denen nun auch wir gehören.

Iris von Roten richtete sich nicht nur ihre private Welt nach ihrem persönlichen Geschmack ein, sondern nahm auch ihre Umwelt sehr ausgeprägt nach ihrem ästhetischen Gehalt wahr. Unerbittlich konnte ihr Urteil sein, wenn etwas nicht ihrem Schönheitsideal entsprach. Deutlich zu spüren bekam das ihre Tochter, wenn sie einen neuen Verehrer nach Hause brachte oder Freude an Kleidern fand, für die die Mutter nichts übrig hatte. Auf der andern Seite war Iris geradezu beglückt, wenn sie auf Kunstauktionen ein Gemälde ersteigern konnte, wenn sie ziellos und ohne Kaufabsichten durch die Zürcher Bahnhofstrasse flanieren, sich den ständig wechselnden Reizen der Schaufensterauslagen überlassen konnte oder irgendwo auf Besuch war, wo die Gastgeberin den Tee »schön« zu servieren wusste.

Vereinzelt ist Iris von Roten nach 1970 auch noch gereist. Kenia, Malta, Brasilien und Tunesien waren die letzten grossen Destinationen ihres Lebens. Ihre allerletzte grosse Reise führte sie im Herbst 1984 nach Tunesien. Mit ihrem Renault 5 fuhr sie von Basel nach Genua, eine Fahrt, die sich in rein gar nichts mehr mit ihren genussreichen Fahrten in die Türkei zu Beginn der sechziger Jahre vergleichen liess. Der zunehmende Verkehr, die vielen Staus und die ewig langen Tunnels machten der Siebenundsechzigjährigen zu schaffen. *Man schiesst als Lurch durch Tunnels,* beklagte sie sich bei Peter, *oder saust über Siebenmeilenstiefel-Viadukte an den städtischen Ameisenhaufen vorbei. Zweimal habe ich versucht, zur Unterhaltung von der Autobahn*

Von Schlaflosigkeit geplagt: Iris von Rotens Kommentar auf der Rückseite ihres Porträts von 1976

abzuweichen, in Salerno und hinter Messina. Praktisch hiess das aber einfach, hinter stinkenden Lastautos vorwärtszustraucheln und grässlichen Autotransportern zu begegnen. Also floh ich wieder auf die Autobahn.

Zum unbequemen und langweiligen Reisen kamen gesundheitliche Probleme: Seit Ende der siebziger Jahre litt Iris zunehmend an schwindender Sehstärke und starkem Augenbrennen, deren Ursache sie in der jahrzehntelangen Einnahme von Tabletten gegen ihre Hausstauballergie vermutete. *Ab 17 Uhr kann ich die Wegweiser gegen das Licht kaum lesen, wenn überhaupt.* Chronische Schlafstörungen, Appetitlosigkeit und Herzrhythmusstörungen sorgten dafür, dass sie bereits auf der Fähre nach Tunesien vollständig erschöpft war. *Es ist klar, das Reisen ist auch unter dem Gesichtspunkt meiner Gesundheit vorbei.*

Als sie ihre Kabine unerwartet mit einer jungen Mutter und ihrem Säugling teilen musste, sah sie darin eine Allegorie des Lebens. *Ich beneidete den Säugling. Hier lag einer, viereinhalb Monate alt, und daneben lag ich, die nur noch vier bis viereinhalb Jahre zu leben hat – wenn überhaupt. Leben und Tod, ich war der Tod.*

Der Aufenthalt in Tunesien war eine einzige Enttäuschung. *Ohne zu wollen, gerät man in die Touristenghettomaschine. Das Land bietet im Grunde sehr wenig, sobald das Baden und »sünnelen« gar nicht mehr in Frage kommt. Überall geisterhaft gespenstische Versammlungen von alten Frauen. Witwen und aber Witwen zuhauf. Alte Frauen sollten als Seltenheiten hervorragen. Aber in Schwärmen?*

Die Tunesier sind zum Verzweifeln anstrengend: zuviel Leute und zuviel Lärm. Ameisenhaufen an Ameisenhaufen, und dazwischen Sandwüsten. Bettelkinder auf Schritt und Tritt, die an der Tasche zupfen und einem am Arm packen, dazu Burschen und aber Burschen! Die Polizei hat mir heute nach einer Strassenkontrolle wahrhaftig einen zwergigen Greis oder einen Greisenzwerg – er ist, glaube ich, wie Gottfried Keller, nur 140 cm gross gewesen – zum Transport über 10 km ins Auto gesteckt. Neben mir hockte ein 5jähriges Kind mit aggressivem Männerblick aus einem Haufen Runzeln.

Ein kleines Bündel von zwölf Briefen aus verschiedenen tunesischen Orten macht deutlich, wie eine Vielgereiste die Freude am Reisen verliert. *Immer deutlicher sehe ich, wie meine Art zu reisen vorbei ist, historisch vorbei. Eine Freudenquelle, die es nur einmal in Europa gab: in den fünfziger, sechziger und siebziger Jahren des 20. Jahrhunderts. Es gehörten dazu Strassen, aber nicht Autobahnen, ganz fremde Völker in relativer Nähe und nicht unangenehm vertraute Leute mit fremdem Hintergrund, und natürlich kein Massentourismus, Wolkenkratzer, Hotels. Es gibt für den Autoreisenden die Leidenschaft nicht mehr. Mein Gott, ich habe das menschenwürdige Reisen regelrecht überlebt.*

Iris' Briefe aus Tunesien sind die letzten erhalten gebliebenen Briefe ihres Lebens an Peter. Immer noch ist er ihre wichtigste Referenz- und Ansprechperson. Die Briefe sind freundlich und abgeklärt, der fordernde Ton und die beklemmende Hast der frühen Jahre haben einer spürbaren Gelassenheit Platz gemacht. Iris redet ihren Mann mit *Liebster Schatz* oder *Lieber Peter* an, ist voller guter Wünsche für ihn und unterschreibt ihre Briefe wie in den 1940er Jahren mit *Iris de Pierre.*

Was mir in diesen letzten Briefen ins Auge sticht, ist die Auseinandersetzung mit dem Älterwerden und der kritische Blick auf die Frauen ihrer Generation. Über eine Gruppe deutscher Touristinnen, die sie gelangweilt in der Hotelhalle sitzen sah, schreibt sie: *An allen Ecken »alte Weiber«, wie Fliegen an den Fenstern im Winter. Knochen hocken da, weil sie vom Tod übersehen wurden. Sollte ich nun auch zu diesen alten Fliegen gehören? Das Äussere, vor allem die Kleider, ist bei mir ganz anders; ich empfinde mich nicht als abgestellte Fensterfliege, aber weiss der Himmel, vielleicht ist es ansteckend.*

Älterwerden war das persönliche Skandalon im Leben der Iris von Roten. Sie konnte nicht akzeptieren, dass ihre Sehstärke abnahm, sie nicht mehr die halbe Nacht lesen konnte, ihr Gehör schwächer wurde, sie unter Arthrose zu leiden begann und plötzlich nicht mehr wie früher lustvoll durch die Strassen flanieren konnte. Und es fiel ihr schwer, aus nächster Nähe mitzuerleben, wie Peter immer mehr an den Spätfolgen seines Unfalls litt, wie ihm Herz und Nieren zu schaffen machten, er nur mit Mühe Treppensteigen konnte. *Was für eine bittere Aussicht,* so Iris zu ihrer Tochter, *sich eines Tages gegenseitig nicht mehr helfen zu können.* Das Alter war eine heimtückische Fallgrube, der Verfall des menschlichen Körpers eine unannehmbare Zumutung. *Brrr, was für ein Leben,* hatte Iris bereits Ende der siebziger Jahre an Peter geschrieben. *Ich frage mich, was mit dem Rest des Lebens noch anzufangen ist?*

Entweder ein intensives oder gar kein Leben! Das schleichende Absacken der Lebensqualität war eine unerträgliche Vorstellung. Was machte es für einen Sinn, immer hinfälliger zu werden, seine Eigenständigkeit zu verlieren und am Schluss vollständig von andern abhängig zu sein? Das Leben musste mit Würde und Stil beendet werden. Über ihre Absicht hatte Iris Peter schon 1946 ins Bild gesetzt: Sie werde wissen, was zu tun sei, *wenn das Elend einmal so weit sein sollte, dass keine Erfüllung, sondern nur noch das Aufhören der Wünsche bleibt.* An ein Gespräch mit der jungen Iris erinnert sich auch der Dichter Maurice Chappaz. »Wenn das Leben eines Tages nicht mehr lebenswert ist, sagte sie zu mir, dann bringe ich mich um.«*

Ohne zu zögern, hätte Iris von Roten wohl auch Hannah Arendt zugestimmt, die am 10. August 1966 an ihren ehemaligen Lehrer Karl Jaspers schrieb: *Mir war der Tod immer ein angenehmer Genosse – ohne Melancholie. Krankheit wäre mir sehr*

* In seinem Buch »L'Océan« (1993) schildert Maurice Chappaz die Szene: *J'ai repensé à un mot d'une femme de ma jeunesse, trente ans, avocate, qui m'avait dit, belle et droite, devant des près de mai au sortir de ma prèmiere maison: »Il faut se fixer une date et s'enlever la vie avant d'être piégé par la vieillesse, entre soixante et septante ans.«* Maurice Chappaz bestätigte mir im Jahr 2005, dass es sich bei der in seinem Tagebuch erwähnten anonymen Anwältin um Iris von Roten handelt.

unangenehm, lästig oder schlimmer. Was ich gerne hätte, wäre ein sicheres, anständiges Mittel zum eventuellen Selbstmord; ich hätte es gern in der Hand. Der dreiundachtzigjährige Jaspers antwortete: *Das »anständige Mittel zum Selbstmord« war seit der Nazizeit unser Problem und ist es jetzt noch. Es ist in unserem technischen Zeitalter verdriesslich, dass das nicht einfach zur Verfügung steht. Die »freie Welt« ist nicht frei, denn sie verbietet den Selbstmord. Sie ist demokratisch, nicht aristokratisch, in diesem Falle zugunsten der Mehrzahl der Selbstmörder, die psychisch begründet sind (die geretteten Selbstmörder sind meistens nachher dankbar, gerettet zu sein), zuungunsten der Minderzahl, die richtig frei ihren Tod wollen. Wie anders die Antike!*

Ende der achtziger Jahre hielt Iris von Roten den Zeitpunkt für gekommen: Nachdem sie bei einem Verkehrsunfall im März 1988 einen komplizierten Beinbruch erlitt, der ihr das Gehen weiter erschwerte, und kurz darauf eine Augenoperation über sich ergehen lassen musste, wollte sie nicht mehr. Als einige Monate später ihre jüngere Schwester Sylvia, mit der sie sich – im Gegensatz zu ihrem Bruder – Zeit ihres Lebens verbunden fühlte, völlig unerwartet an einem Hirnschlag starb, war es genug. *Nach diesem Schicksalsschlag fing sie an,* erinnert sich Tochter Hortensia, *vermehrt und konkret vom Freitod zu reden.*

Iris setzte Peter, Hortensia und ihr näheres Umfeld offen über ihre Absicht ins Bild. *Auch bei ihrem letzten Entschluss,* so Peter später, *hat Iris ihren Kopf durchgesetzt.* Es war zwecklos, sie von ihrem Vorhaben abzuhalten. *Als ich Peter einmal fragte,* erinnert sich Elisabeth Rutishauser-Guggenbühl, *wie er mit Iris' Entscheid lebe, sagte er nur, er könne es nicht verstehen. Und dann fügte er noch diese mir unvergesslichen Sätze an: »Warum soll man sich selber umbringen. Tot ist man dann noch lange genug.«* An intensive letzte Gespräche mit Iris erinnert sich auch Elisabeths älterer Bruder Adolf Guggenbühl: *In den letzten zwei Jahren ihres Lebens hat Iris ununterbrochen und endlos vom Sterben geredet. Der Selbstmord war das letzte grosse Thema ihres Lebens.*

Wie bei all ihren Unternehmungen musste auch hier erst gründlich recherchiert werden. Nichts war peinlicher als eine gescheiterte Selbsttötung. Eine Einschränkung allerdings musste berücksichtigt werden: Iris wollte auf eine Weise in den Tod gehen, die ihren äusseren Körper unversehrt liess und ihre Angehörigen nicht allzusehr belastete. Sich unter einen Zug zu werfen oder von einer Brücke zu springen kam nicht in Frage. Genau so ausgeschlossen waren eine Überdosis Schlafmittel, Gift oder Drogen. *Das ist mir alles zu unsicher,* räumte sie ihrem Cousin gegenüber ein. Nicht wirklich vertrauen konnte sie auch der Sterbehilfeorganisation »Exit«, deren vierteljährliches Bulletin sie seit 1982 abonniert hatte. Aufgrund kritischer Presseberichte hatte sie Vorbehalte gegen das von Exit bevorzugte Medikament: *Vesperax ist des Teufels,* schrieb sie 1989 an den Rand eines Briefes der Sterbehilfeorganisation, *nur kurzer Schlaf (5 Min.), grauenhafte Träume, überdies soll es mehr als 24 Stunden bis zum Tod gehen.*

Irgendwann war für Iris klar, dass sie sich aufhängen wollte. Wie aber musste der Strick – in der Antike die ausschliesslich weibliche Form des Selbstmordes – geknüpft werden, damit er auch wirklich hielt? *Mit dieser Frage,* so Elisabeth Rutishauser-Guggenbühl, *war für mich die Grenze erreicht. Obwohl ich es wusste, hab ich es Iris nicht sagen können. Wie sie dann schliesslich doch an die nötigen Kenntnisse kam, ist mir nicht klar.*

Am 31. Januar 1990 verfasste Iris den später auf ihrem Bett gefundenen Brief:

Erklärung für den Fall der Selbsttötung:

Wenn jemand sich umbringt, wird immer gefragt: Warum?

Darum:

Wie ein Gast wissen muss, wann es Zeit ist zu gehen, so sollte man sich auch rechtzeitig vom Tisch des Lebens erheben. Als rechtzeitig erschienen mir immer die Jahre zwischen 65 und 75. Anderseits ist bei uns der freiwillige Tod zu Unrecht mit einem Makel behaftet, der den an sich schweren und schwer durchführbaren Entscheid noch schwerer macht.

Heute jedoch wird er mir aufgedrängt:

Vor allem die vage mit Sjögrensyndrom erfasste Erkrankung der Augen bzw. der Tränenkomposition, welche ein pausenloses Brennen, Stechen und Kitzeln in den Augen mit sich bringt, ist fast unerträglich. Dies um so mehr, als das Sehen durch die Staroperation weiter verunsichert ist.

Auch die gleichzeitig wachsende Schwerhörigkeit, das Austrocknen der Lippen, der Speichelmangel gehen wahrscheinlich auf dieselbe Störung zurück. Ihre Ursache sehe ich in der während eines halben Jahrhunderts täglichen Einnahme von Anti-Histaminika, um die Symptome einer quälenden Allergie gegenüber Haushaltsstaub zu beheben.

Hinzu kommen die Integritätsschäden des durch einen Autounfall gebrochenen rechten Beines, die erwähnte Schwerhörigkeit und die Arthrose der kleinen Gelenke. Ausserdem besteht eine Cox-Arthrose und seit 3 Jahren ein ständig vorhandener und zunehmender Schmerz – er wurde erfolglos behandelt – im Unterbauch-Kreuz auf der linken Seite. Alles wird von der seit dreissig Jahren verschärften Schlaflosigkeit begleitet. Es reicht. Ich bringe mich um.

Ich möchte noch dem Wunsch Ausdruck geben, dass keine Obduktion bzw. Autopsie und dergleichen stattfindet, wozu meines Erachtens dank dem vorliegenden Schreiben kein rechtlicher Grund besteht. Wie dem auch sei, jedenfalls dürfen keine Teile von der Leiche weggenommen werden. Die Kremation soll vollumfänglich stattfinden.

In Iris von Rotens Abschiedsschreiben kommt die gleiche kompromisslose Haltung zum Ausdruck, die ihr ganzes Leben geprägt und ihr intellektuelles Format hervorgebracht hat. Der Punkt, den sie nicht überschreiten wollte, war erreicht. Jetzt musste sie handeln. *Mein Ohr vernimmt das Zeichen / So mir zu Schiffe ruft,* setzte sie zwei Verse ihres Lieblingsdichters Johann Christian Günther als Motto über die selbstverfasste Todesanzeige.

Iris von Roten, 1989

In ihrem selbstbestimmten Ende sah Iris – wie Jean Améry in seinem Essay »Hand an sich legen« schreibt – *ein unveräusserliches Menschenrecht.* Leben, um auf den Tod zu warten, machte keinen Sinn. *Weiterzumachen,* schrieb die russische Dichterin Marina Zwetajewa am 26. August 1941 kurz vor ihrem Selbstmord an ihre Tochter, *wäre schlimmer. Ich bin schwer krank, das bin nicht mehr ich. Versteh, dass ich nicht mehr leben kann. Erklär ihnen, dass ich in eine Sackgasse geraten bin.* Im Freitod sah Iris einen letzten Akt von Selbstbestimmung und Freiheit.

Von den zwei Möglichkeiten, die ihr blieben, wählte sie die, die ihrem Wesen besser entsprach. *Selbstmörder,* so die deutsche Dichterin Inge Müller kurz vor ihrer Selbsttötung im Mai 1966, *sind die, die sich nicht aufgeben wollen.*

Zweihundertzweiundzwanzig Tage nach der Niederschrift ihrer *Erklärung für den Fall der Selbsttötung* hat sich Iris von Roten am Morgen des 11. September 1990 in ihrer Wohnung erhängt. Peter wird später erzählen, dass er sich in Iris' letzten Lebensjahren oft vor dem Augenblick gefürchtet habe, nach Hause zu kommen und Iris tot aufzufinden. Am Morgen jenes 11. September habe er kurioserweise aber keinen Augenblick daran gedacht, dass das gemeinsame Morgenessen ein Abschied für immer war. In sein Tagebuch schrieb Peter an diesem Tag zwei lapidar kurze Sätze: *Um elf Uhr ist Iris ungefähr gestorben. Um 12.20 habe ich sie gefunden.*

In seinem Brief *an alle Verwandten, Verehrer und Bewunderer, Leser, Freunde und Feinde von Iris von Roten* schreibt er einige Wochen später: *Als ich um 12 Uhr in die Wohnung zurückkehrte, begriff ich sofort, was geschehen war, aber erstaunlicherweise hat die schwebende Gestalt kein Grauen in mir geweckt, sondern Bewunderung und grosse Dankbarkeit dafür, dass Iris die Selbsttötung, die sie wollte und plante, so gut gelungen ist. »Der Strick im Haus erspart Arzt und Apotheker«, hatte sie oft den Tell parodiert, als ihr die Ärzte Schmerzlinderung verweigerten.*

Wie von seiner Frau gewünscht, verzichtete Peter auf ein Begräbnis. Statt dessen hatte sie verfügt, dass ihre Asche auf dem Heidnischbiel, einem Hügel unweit der Burgkirche von Raron, den sie in den 1960er Jahren erworben hatte, verstreut werde. Ihre Bilder überliess sie je zur Hälfte Peter und Hortensia, die sich entschlossen, mit einem Katalog an das malerische Werk Iris von Rotens zu erinnern.*

* Iris von Roten, Blumenblicke, hg. von Hortensia von Roten, Zürich 1993. Im gleichen Jahr veranstaltete der Oberwalliser Kunstverein eine Ausstellung in der Galerie »Zur Matze« in Brig, 1998 wurde Iris von Rotens Werk in der Galerie »Roswitha Haftmann« in Zürich ausgestellt.

Fünf Tage nach dem Tod seiner Frau erklärte Peter seinem älteren Bruder Hans Anton die Hintergründe von Iris' Entscheid. Detailliert listete er ihre verschiedenen Leiden auf und beschrieb die Aussichtslosigkeit ihrer Lage. *Ich sage Dir das alles, damit Du Iris' verständliche, aus der Sicht der Kirche aber verbotene Tat verzeihen kannst.* Für seine Antwort liess sich Pfarrer Hans Anton einen ganzen Monat Zeit. *Deine Briefe und Iris' Erklärung,* schrieb er am 11. Oktober, *haben mich erschüttert. Die Arme! Sie hatte viele Talente und eine künstlerische Begabung, aber ich denke, dass sie nie wirklich in einem christlichen Milieu gelebt hat. Beten wir für sie. Ich wünsche Dir viel Kraft, und vergiss nicht: Unser bester Freund wohnt im Tabernakel.*

Nach aussen trug Peter Iris' Tod mit grosser Fassung. Innerlich aber, mutmassen enge Bekannte, traf er ihn schwer. *Es war ihm überaus wichtig,* so eine Freundin, *auch in diesem schweren Augenblick Haltung zu bewahren.* Besonders viel lag ihm daran, nach aussen klar zum Ausdruck zu bringen, dass er den letzten Entscheid seiner Frau akzeptiert hatte. Im bereits erwähnten Dankesbrief wird deutlich, wie sehr er ihn auch ästhetisch überhöhte: *Iris ist nicht mehr da. Sie hat ausgelitten, aber das Handtuch nicht geworfen, sondern ihren Tod – wie alles, was sie anpackte – stilvoll vollendet. Mit ihrem schönen grünen Seidenkleid angetan und ihr Haar perfekt geordnet, hat sie die traulichste Stelle des Hauses zum Sterben ausgewählt: Zwischen blühendem Hibiskus und duftendem Jasmin schwebte sie, die Füsse knapp über dem kelimbedeckten Fussboden, so dass es optisch wirkte wie der Engel der Verkündigung, der heruntersteigend die Erde berühren wird. Oder heidnischer: wie die olympische Botin Iris, die den Sterblichen etwas zu verkünden hat, oder einfacher: wie ein grosses Ausrufungszeichen nach einem tapferen Satz.*

NEUNTER TEIL

Wenn wir zusammen sterben, werden wir auch zugleich im Himmel ankommen und die Plätze nebeneinander angewiesen erhalten. Sicher sicher lieber guter Schatz. Sonst verlangen wir sie dann extra. Wie könnte man uns auch im Himmel trennen. Das wäre ja die reine Bestialität und keine Spur von himmlischer Gesinnung. O nein, wir wollen und werden nicht getrennt sein. Es sei denn, Du wollest nicht neben mir sitzen.

Peter an Iris von Roten, Silvester 1948

40
DER BESUCH

Am 4. Oktober 1991 ging ich ins Altersheim.

Herr von Roten, hatte man mir telefonisch mitgeteilt, sei bereit, mich zu empfangen. Endlich. Mehrere Male hatte ich mich vergeblich um einen Termin bemüht. Er sei krank, hiess es, oder er habe im Augenblick keine Zeit. Überpünktlich machte ich mich auf den Weg. Ich war gespannt auf unsere Begegnung und voller Neugier auf den Ort, den ich in meiner Kindheit wie meine Hosentasche gekannt, seither aber nicht mehr wiedergesehen hatte. Die lange Platanenallee, die von der Kantonsstrasse zur alten Ringmauer und zum klassizistischen Portal des Altersheims führte, stand in herrlichen Herbstfarben, als ich an jenem Tag durch den Innenhof des ehemaligen Sommerschlosses der Barone von Werra schritt, in dem sich alte und gebrechliche Leute die Füsse vertraten. Besser den alten Herrn erst mal kennenlernen, sagte ich mir, und dann erst die heiklen Fragen stellen. Die vierteilige Serie von Yvonne-Denise Köchli über Iris von Rotens Leben und Werk, die eben erst in der »Weltwoche« erschienen war und die ich meinem Gastgeber schenken wollte, sollte mir helfen, unser Gespräch in Gang bringen. »Heute hast du Glück«, sagte Schwester Menas zu mir, als sie mich kurz darauf im Entrée empfing. »Er erwartet dich.«

Die Ordensfrau, die ich seit zwanzig Jahren kannte, führte mich über eine steinerne Wendeltreppe in den ersten Stock. Über eine ausladende Terrasse, von der aus man in der Ferne das alte Städtchen Leuk erkennen konnte, führte unser Weg in einen der beiden Wohntrakte des Altersheims. In einem endlos langen Gang blieb Schwester Menas plötzlich stehen. »Er ist ein sehr spezieller Fall«, warnte sie mich, »und lebt hier sehr zurückgezogen. Geht nie aus, hat keinerlei Kontakte zu Heimbewohnern, sitzt von morgens bis abends an seinem Schreibtisch. Sogar die heilige Messe feiert er in seinem Zimmer. Immer auf lateinisch. Und mit mir als seiner Messdienerin.«

Ein Lift brachte uns in den obersten Stock des Wohntraktes, der aus einer Reihe von Abstellräumen und einer kleinen Zweizimmerwohnung bestand. »Da wohnt er«, deutete Schwester Menas auf eine Tür und trat nach kurzem Klopfen ein.

»Guten Tag, Herr von Roten, Ihr Besuch ist da.«

»Soll Platz nehmen«, antwortete eine müde Stimme.

Kurz darauf stand ich in einem schummrigen kleinen und auf beiden Seiten abgeschrägten Zimmer, in dessen Mitte ein mit Büchern und Zeitungsausschnitten überladener Schreibtisch stand. Zusammen mit dem Bücherregal auf der linken und der Kommode auf der rechten Seite bildete er eine fast durchgehende Front. Ob Schwester Menas nicht jedesmal die Möbel verrükken musste, wenn der alte Herr seine Klause verliess?

Als er mir seine Hand entgegenstreckte, sah ich, dass er eine Soutane trug. Ich blickte in ein schmales, von zahllosen Falten zerfurchtes hohlwangiges Gesicht, das durch die schmalen Augen, die überproportional grosse Adlernase und das energisch spitze Kinn eine unverwechselbare Physiognomie hatte, die gleichzeitig etwas Sanftes und strikt Entschlossenes ausstrahlte.

»Ist eine interessante Arbeit, die Sie planen«, sagte er mit jener eigentümlich weichen Aussprache des Buchstabens r, die für Französischsprachige und die sogenannt vornehmen deutschsprachigen Familien des Wallis typisch war und im Volksmund »Chrosen« genannt wurde. Damit hielt ich den Augenblick für gekommen, ihm die vier Zeitungsartikel über Iris vorzulegen. Er bedankte sich, studierte die Überschriften und betrachtete die Fotos. Dabei geschah etwas völlig Unerwartetes. Seine Züge verfinsterten sich, er rutschte unruhig in seinem Sessel hin und her, fing bedrohlich zu stöhnen an und schleuderte mein Geschenk schliesslich mit zorniger Gebärde vor meine Füsse.

»Diese Frau«, platzte es aus ihm heraus, »war das Unglück des armen Peter!«

Ich war mehr als irritiert und wusste nicht, was ich sagen sollte. Geradezu instinktiv erhob ich mich von meinem Stuhl, sammelte die auf dem Boden zerstreuten Artikel ein und liess sie in meiner Mappe verschwinden. Als ich wieder Platz genommen hatte und sah, wie der alte Mann mit halbgeschlossenen Augen und in sich versunkenem Blick regungslos und in sich zusammengesackt in seinem Sessel sass, wusste ich nicht, wie ich mich verhalten sollte. Musste ich mich entschuldigen? Oder mich möglichst unauffällig aus seinem Zimmer entfernen? Nach einem langen Augenblick verlegener Stille richtete er sich in seinem Sessel wieder auf. Eine halbe Ewigkeit lang starrte er mich an und sagte schliesslich in überraschend freundlichem Ton: »Was also wollten Sie mich fragen?«

Im Herbst 1991 und im Frühling 1992 habe ich Hans Anton von Roten mehrere Male besucht. Ich recherchierte damals an der Geschichte der Familie von Werra, die im Jahre 1910 nach einem Konkurs ihren gesamten Besitz verloren hatte. Das alte Familienschloss wurde versteigert und in jenes Altersheim umgewandelt, in dem 1931 Eduard von Roten, der vermeintliche Vater von Rainer Maria Rilke, gestorben war und nun auch Peters ältester Bruder Hans Anton seine Tage zu beschliessen hoffte. Pfarrer Hans Anton von Roten war für mich nicht nur deshalb eine wichtige Auskunftsperson, weil er ein Cousin jenes Franz von Werra war, der in Hitlers Deutschland zu einem gefeierten Jagdflieger wurde, sondern vor allem auch deshalb, weil er ein ausgewiesener Kenner der Walliser Geschichte war. Über seine Schwägerin Iris oder seinen jüngeren Bruder Peter habe ich mit Hans Anton von Roten – er starb 1993 – nie mehr gesprochen. Sein emotionaler Ausbruch allerdings hat mich beschäftigt. Wer war diese Iris von Roten, fragte ich mich? Was hatte sie getan, das ihren Schwager auch ein Jahr nach ihrem Tod noch dermassen in Wut versetzen konnte?

Iris von Roten hat ein reiches, bewegtes und gefährliches Leben gelebt. Sie war eine eigenwillige und komplexe Persönlichkeit, der Inbegriff eines schwierigen Charakters, der es weder sich noch den andern leicht gemacht hat. Dass ihr breite Anerkennung für ihr epochales Emanzipationswerk »Frauen im Laufgitter« erst mit der erfolgreichen Neuauflage kurz nach ihrem Tod zuteil wurde, ist symptomatisch für dieses Leben, dessen verstörende Eigenheit und Eigenwilligkeit bis heute irritiert und provoziert. Wer sich eingehender mit Iris von Roten befasst, lernt einen ungeheuer lebendigen und ernsthaften Geist kennen, der mit ketzerischer Frische selbst denkt und den tieferen Sinn des Lebens in der freien Entfaltung seiner Persönlichkeit sieht. Eine wilde und fast masslose Sehnsucht nach Freiheit lag tief in ihrer Natur. *Ich wollte alles,* sagte sie in einem Interview 1979, *was das Herz begehrte: wilde Abenteuer, lockende Fernen, tolle Kraftproben, Unabhängigkeit, Freiheit – das schäumende Leben schlechthin.* Die junge Frau suchte das freie Männerleben, wollte einen Platz auf der Bühne des Lebens, strebte nach beruflicher und finanzieller Eigenständigkeit.

Soviel Aufbruch war nie, dachte ich mir, als ich überaus beeindruckt ihre frühen Briefe las. Was für eine atemberaubend geradlinige Persönlichkeit! Was für ein Ehrgeiz, was für eine Leidenschaft für die Verheissungen des Lebens! Aufklärung und Romantik scheinen im Wesen der jungen Frau aufeinanderzutreffen und nach einer neuen Synthese zu suchen. Walt Whitmans Gedicht *Ich singe das Selbst* (1867) erscheint mir wie eine Ode auf den Geist der jungen Iris Meyer:

Ich singe das Selbst, den Einzelmenschen,
Ich singe das Weibliche gleichen Ranges mit dem Männlichen,
Das Leben, unermesslich in Leidenschaft, Puls und Kraft,
Freudig, zu freiester Tat geformt nach göttlichem Gesetz,
[illegible] den modernen Menschen.

Iris von Roten, um 1950

Von einem glücklichen Leben kann man bei Iris von Roten nicht reden, weder in der Kindheit noch später. Was sie erreicht hat, beruflich wie privat, musste dem Leben förmlich abgepresst werden. Wer über sie schreibt, muss vom Leiden schreiben, vom Leiden an der grossen Kluft zwischen Ideal und Wirklichkeit, vom Leiden an einem unstillbaren Bedürfnis nach Zuneigung und Anerkennung und von der bitteren Erfahrung, dass das Leben nicht hält, was es verspricht.

Iris von Roten war eine ausgesprochene Idealistin in eigenen Dingen. Ihre Persönlichkeit war bestimmt von einem ausgeprägten Drang nach Stil, Standpunkt und Gestaltung. Zeit ihres Lebens lag ihr das Ideal immer näher als die Realität, war sie eine Bewohnerin des Himmels, lebte sie in hochgreifenden Vorstellungen von Schönheit, Ästhetik und Perfektion. Die höchste Aufgabe des Menschen bestand darin, das Gewöhnliche und Alltägliche in den Rang des Schönen emporzuheben. Darin sah sie ihre ewige Herausforderung und womöglich auch den metaphysischen Kern ihres Lebens. Man kann ihr gut romantische Allüren, übersteigerten Idealismus oder gar Utopismus vorhalten – eins allerdings kann man ihr nicht vorwerfen: Leere Worte hat sie nie gemacht. Es war ihr immer ernst mit ihren Überzeugungen. Bis zum Schluss. Selbst ihren Freitod inszenierte sie bis ins kleinste Detail nach ihren Vorstellungen. Hätte man ihr vorgehalten, dass das Unzulängliche dem Menschen im Grunde näher stehe als die Perfektion, wäre man mit Bestimmtheit auf Widerspruch gestossen.

Iris von Roten verfügte über eine ungeheuer lebendige und faszinierende Innenwelt, die in ihrem Verhältnis zur Wirklichkeit aber auch Züge einer imaginären und ideell überspannten Kunstwelt an sich hatte. Beruflich wie privat wollte sie sich eine Bühne schaffen, auf der sie ihre Ideale zur Entfaltung bringen konnte. Dass sie am Ende oft allein und deprimiert mit ihren strahlenden Ich-Projektionen auf dieser Bühne stand, hat mit den hohen Ansprüchen zu tun, die sie an sich und ihr Umfeld stellte.

Weil sie die real existierende Welt unablässig an ihrer imaginären mass, mit der sie provozierte und aneckte, geriet sie immer wieder in Konflikt mit ihrer Umwelt und hatte Mühe, Beziehungen zu Menschen herzustellen. Auch ihre Unwilligkeit, sich zu arrangieren, erleichterte ihr das Leben nicht. Die Folgen waren fatal: Die junge Iris litt an schier unerträglichen emotionalen Spannungen, kämpfte mit Gefühlen der Leere, neigte zu unkontrollierten Wutausbrüchen, suchte geradezu verzweifelt nach Zuwendung, dachte an Selbstmord. *Über die ganze Schweiz habe ich Verwandte und Bekannte,* schrieb sie am 18. Oktober 1943 an Peter, *aber überall bin ich fremd. Als Ahasver werde ich herumgetrieben.*

Das grosse Lebensthema der Iris von Roten war die Selbstverwirklichung. Der Kampf für die Individualrechte des Menschen. Dass sie dabei zur militanten Feministin wurde, hat weniger mit der Frauenbewegung zu tun als mit ihrer persönlichen Erfahrung weiblicher Diskriminierung. Aktiv gesucht hat sie diese Rolle nicht. Sie hat sie vielmehr wütend gemacht und in Rage versetzt. Warum nur musste man sich ein halbes Leben lang für eine Sache einsetzen, die eigentlich selbstverständlich war? In »Frauen im Laufgitter« hat sich Iris von Roten ihre Wut von der Seele geschrieben. Der aggressive Ton des Buches ist vor diesem Hintergrund nur allzu verständlich.

Im Unterschied zu ihrer ersten ist Iris von Roten für mich als Biographen in ihrer zweiten Lebenshälfte eine verschwiegene Frau. Die äusseren Fakten immerhin sind bekannt: Die Jahre zwischen 1960 und 1990 stehen im Zeichen des Reisens und der Malerei. Nach ihrem Tod wird man diese beiden Tätigkeiten als Flucht und Rückzug ins Private deuten und dabei übersehen, dass sie ihrem Wesen im Grunde besser entsprochen haben als der zermürbende Kampf für die Gleichstellung von Mann und Frau. *Iris,* so Peter kurz nach ihrem Tod, *war keine Predigerin. Nichts lag ihr weniger als das Martyrium.*

Es gehört zu den tragischen Seiten dieses Lebens, dass der Name »Iris von Roten« im öffentlichen Bewusstsein untrennbar mit dem Skandal um »Frauen im Laufgitter« verbunden blieb und sie als Reiseschriftstellerin und Malerin kaum mehr wahrgenommen wurde. Fest steht, dass sie auch nach ihrem Rückzug aus der Öffentlichkeit ein intensives Leben geführt hat. Die ehemalige Bibliothekarin der Universitätsbibliothek Basel erinnert sich, dass sie bis zu ihrem Tod säckeweise Bücher mit nach Hause nahm – Sachbücher und Belletristik in englisch, französisch und deutsch – und sich bestimmte Neuerscheinungen immer zum voraus reservieren liess. *In ihrem Nachlass,* erinnert sich Tochter Hortensia, *stiess ich auf ganze Schuhschachteln voller Ausleihscheine.*

Am Ende des Lebens zog Iris Bilanz. Wie reich und phantastisch man sich das Leben vorgestellt hatte! Wie erbärmlich wenig man realisieren konnte. Und wie schnell man alt geworden war. Unerhört! *Iris war enttäuscht,* erinnert sich ihre Cousine Elisabeth Rutishauser-Guggenbühl, *aber nicht resigniert. »Das soll nun alles gewesen sein«, sagte sie eines Tages voller Erstaunen zu mir. Durch ihr ganzes Leben und bis zum Schluss hatte sie immer dieses Gefühl, zu kurz gekommen zu sein.*

41
DAS LETZTE JAHR

Am 2./3. Dezember 1990

Im Traum ist mir Iris erschienen. Ich stand vor dem Coiffeurladen der Edith Meyer und schaute ins Schaufenster. Dort stellte eine Frau Perlen aus, die sie in einen Samtspalt einsteckte. In diesem Moment kam Iris in weissen Jeans mit der weissen Windjacke um die Ecke der Papeterie Schmid, hielt die Basler Zeitung in der Hand und rief mir etwas Fröhliches zu. Mir war sofort klar, dass etwas nicht stimmen konnte, denn einer von uns beiden war ja tot, aber mir war nicht klar, wer. So lebendig war Iris um die Ecke gekommen. Ich ging dann auf sie zu, und sie kam gegen mich. Ich wollte sie umfassen, um sie zu halten, und da löste sie sich in meinen Armen auf, und ich erwachte.

Die Schilderung dieses Traums ist der letzte persönliche Tagebucheintrag Peter von Rotens. Was folgt, sind vier eingeklebte Todesanzeigen von Bekannten und Verwandten. Kommentarlos dokumentierte er seit Mitte der achtziger Jahre den langsamen Abgang seiner Generation. Es war ihm klar, dass auch er nicht mehr lange zu leben hatte. Die Folgen seines Autounfalls machten sich immer stärker bemerkbar. *Jedes Hinsetzen und Aufstehen,* schrieb er an eine Freundin, *ist ein Martyrium und eine beschämende Invaliditäts-Demo.* Mitte März 1991 wurde klar, dass Peter ohne künstliche Niere nicht weiterleben konnte. Zwei- bis dreimal in der Woche musste er sich fortan für einen halben Tag ins Kantonsspital Basel begeben, um sein Blut auf mechanische Art und Weise entgiften zu lassen. *Seit acht Tagen,* schrieb er am 26. März im »Walliser Boten«, *bin ich nun mit der grossen Dialyse-Maschine verheiratet, die halb Billettautomat und halb Benzintanksäule sein sollte. Sie ist allerdings bedeutend teurer, komplizierter, raffinierter, schwerer und noch teurer als ihre Vorbilder, aber dafür ist man mit ihr gut versorgt. Was früher die bescheidenen Nieren selbstverständlich, klaglos und unentgeltlich verrichteten, das wird nun durch dieses grosse, pfeifende, stöhnende, dampfende Monstrum erledigt, mit dem ich dreimal in der Woche trauliche Stunden verbringen muss. Diese Lebensgefährtin ist allerdings untreu: Sie steht nicht nur mir zur Verfügung, sondern einer ganzen Reihe anderer Patienten, welche geduldig warten, bis sie an die Reihe kommen.*

Im Sommer 1991 konnte Peter seinen Alltag kaum mehr ohne fremde Hilfe bewältigen. Tochter Hortensia sowie seine jahrelange Mitarbeiterin Mary Paravicini kümmerten sich – wenn immer nötig – um ihn. *Mein Schicksal,* so Peter an Hans Anton, *ähnelt immer mehr demjenigen unserer Grossmutter Hedwig Kym. Während sie ihre Tage im Haus ihrer Pflegerin in Embrach beschloss, wird mein Leben wohl in der Drosselstrasse bei Mme Paravicini zu Ende gehen.*

Der Briefwechsel mit Hans Anton ist eine wichtige Quelle für die Rekonstruktion von Peters allerletztem Lebensabschnitt. Trotz sehr unterschiedlicher Lebensentwürfe sind die beiden Brüder ein Leben lang in Verbindung geblieben. Hans Anton liess keine Gelegenheit ungenutzt, dem jüngeren Bruder die Leviten zu lesen. *Jetzt bist Du bald siebzig,* schrieb er Peter nach einem armeekritischen Artikel im »Walliser Boten« am 14. Juli 1985, *und das ist nun wirklich der Zeitpunkt, mit Deinen Dummheiten in dieser garstigen Zeitung aufzuhören. Was für ein klägliches Beispiel hast Du unserer Familie mit Deiner Heirat gegeben, und wie viel Kummer hast Du unserer Mutter bereitet. Sei wenigstens im Alter nun ernsthaft und vernünftig. Wir müssen uns jetzt auf das Jenseits vorbereiten. Mein armer Peter, nimm Dir diese Zeilen Deines Bruders, der Dich liebt und für Dich betet, zu Herzen.*

Der letzte Konflikt zwischen den Brüdern war eine Folge von Peters letztem und zweifelsohne kuriosestem Schreibprojekt: Im

Frühling 1990 bot er dem Verleger des »Walliser Boten« ein Romanmanuskript zum Vorabdruck an, das er unter den nachgelassenen Schriften seines Grossonkels Leo Luzian von Roten gefunden haben wollte – in Tat und Wahrheit aber selbst geschrieben hatte. Das Manuskript, das laut Peter den Vermerk trug »Darf erst 1990 publiziert werden«, trug den seltsamen Titel »Phallus Alpinus – Drama am Matterhorn« und erzählt vor dem Hintergrund der Matterhornerstbesteigung im Jahre 1865 eine abenteuerlich-wilde Geschichte um eine geheimnisvolle Schatulle. In ihr verwahrte der junge Lord Douglas, ein Mitglied der Eduard-Whymper-Expedition, brisante Liebeslyrik zwischen Maria Stuart und einem Liebhaber, die die Thronfolge im britischen Königshaus auf den Kopf zu stellen drohte. Rund um diese Schatulle, die Lord F. Douglas vor dem Aufstieg aufs Matterhorn Josef Anton Clemenz, dem Gerichtspräsidenten von Visp, anvertraut, konstruierte Peter mit Versatzstücken aus dem Abenteuer- und Kriminalroman eine vielschichtige Erzählung, in die er tatsächliche und fingierte Ereignisse aus der europäischen Geschichte, Anekdoten aus dem alten Wallis und der eigenen Familiengeschichte genauso einbezog wie kritische Seitenhiebe auf Kirche und Staat oder die Frage der Homosexualität.

In seiner Anlage ist Peters Geschichte von Mary Shelleys Roman »Dr. Frankenstein« inspiriert und spielt gleichzeitig kritisch auf die moderne Gentechnologie an: Als der junge Lord Douglas am Matterhorn tödlich abstürzt, heckt der von der Schönheit des jungen Engländers betörte Gerichtspräsident Clemenz zusammen mit einem befreundeten Arzt einen ehrgeizigen Plan aus: In einem kühnen wissenschaftlichen Experiment wird eine von Clemenz wegen Kindsmord zum Tod verurteilte Italienerin mit den eingefrorenen Spermien von Lord Douglas künstlich befruchtet, was zur Folge hat, dass der englische Geheimdienst, der im Oberwallis fieberhaft nach der Schatulle sucht, die schwangere Italienerin entführt.

Vom 20. Juli 1990 an erschien Peters Roman unter de
»Die Schatulle des Lord Douglas. Aus dem Nachlass v

Luzian von Roten« als wöchentlicher Fortsetzungsroman in der »Walliser Woche«, dem Magazin des »Walliser Boten«. Der Originaltitel »Phallus Alpinus – Drama am Matterhorn« war der Redaktion, in der man schnell vermutete, dass nicht Leo Luzian von Roten, sondern Peter selbst der Autor war, zu gewagt. *Hör auf mit diesem schmutzigen Fortsetzungsroman in dieser schmutzigen Zeitung*, empörte sich Hans Anton. *Mein Roman*, so Peter in seiner Antwort, *mag Dir gefallen oder nicht. Ich sehe nicht ein, warum wir uns in unserem Alter noch darüber entsetzen sollten. Die Homosexualität ist eine Erscheinung, die schwer einzuordnen ist, und es ist reine Heuchelei, sie zu tabuisieren und als grosses Laster zu brandmarken. Und es ist genauso absurd, in ihr eine noble Besonderheit zu sehen. Ich denke vielmehr, dass es die Pflicht wahrer Christen ist, dieses Tabu zu überwinden. Wenn Du damit nicht einverstanden bist, nehme ich Dir das nicht übel, aber denke an die »Eclesia bona mater« und an die vielen verschiedenen Wohnungen, die es – wie es heisst – im Himmel hat.*

Wie fast alle Werke Peter von Rotens ist auch der »Phallus Alpinus«-Roman eine vergnügliche Story, ein Kabinettstück humoristischer Prosa, spannend, grotesk und absurd, voller Anspielungen, Spott und Ironie. Auch wenn der Roman unvollendet geblieben ist und formal viele Fragen offenlässt, ist man doch beeindruckt von Peters überquellender Erzähllust.

Drei Monate später – Mitte Oktober 1990 – zog sich Hans Anton von Roten zum Sterben ins Altersheim zurück, von wo aus er mindestens einmal in der Woche einen längeren Brief nach Basel schickte. *Was mich betrifft, mein Lieber*, so der Dreiundachtzigjährige, *so halte ich es mit Mörike: »Ich tat nichts als vegetieren.« Man heisst mich zu essen, zu trinken und ein ganzes Quantum Pillen zu schlucken. Und jeden Tag werde ich dümmer, einfältiger und unbrauchbarer. Muss mich eben noch gedulden!* Peter war entsetzt, dass der ältere Bruder sein Leben in einem Altersheim beschliessen wollte. So lange wie nur irgend möglich wollte er in seinem Haus am Heuberg bleiben und an seinem gewohnten Leben festhalten. So übernahm er auch nach Iris' Tod noch Offizialverteidigungen straffälliger und mittelloser Ausländer, schrieb wöchentlich seine zwei Kolumnen für den »Walliser Boten« und erledigte seine Korrespondenz. *Du bist und bleibst für mich,* schrieb ihm eine Künstlerfreundin aus Deutschland in dieser Zeit, *der geheimnisvolle, lebensstrotzende Gebirgsfürst, so wie ich Dich einst kennenlernte! Sicher, älter und gebrechlicher bist Du geworden, aber nur der Körper ist gebrechlich, nicht aber der Geist.*

Es erscheint mir unmöglich, das schillernde Leben des Peter von Roten auf eine konzise Formel zu bringen. Das mag damit zusammenhängen, dass ich Peters Leben als eine ungeheuer fragmentierte Existenz vor Augen habe, die keinen organischen Mittelpunkt zu haben scheint. Er war Katholik und Freigeist, konservativ und anarchistisch, Nostalgiker der alten Zeit und Aufklärer der Moderne, Realist und Träumer, Angepasster und Nonkonformist, Kosmopolit und Kleinbürger, Pathetiker und Ironiker, Karrierepolitiker und Paradiesvogel, Familienvater und erotischer Libertin.

Peters Persönlichkeit vereint alle Ingredienzen einer literarischen Figur. Sein Leben erscheint mir bisweilen als Romanleben, ist viel spektakulärer als sein schriftstellerisches Werk. Mehr als einmal habe ich im Laufe meiner Auseinandersetzung mit ihm an das von André Gide überlieferte Zitat Oscar Wildes denken müssen: *Wissen Sie, was das grösste Drama meines Lebens ist? Dass ich mein Genie in mein Leben gelegt habe und in mein Werk nur mein Talent.*

Vielleicht wird man Peter von Roten gerechter, wenn man sich ihm über jene Mächte nähert, die sein Leben am stärksten bestimmt haben: Intellekt, Eros und Religion. Peter war ein gebildeter und kritischer Intellektueller, der als Journalist zu den verschiedensten Fragen, die die Gesellschaft betrafen, auf persönliche, oft pointierte Weise Stellung nahm und als Politiker auf innovative Weise – z. B. bei der ersten Frauenabstimmung in Unterbäch – politischen Einfluss zu gewinnen suchte. In seinem

Nonkonformismus ist er wie seine Frau ein Einzelgänger, passte er in keine Schublade und hatte keinerlei nähere Kontakte zu den führenden Intellektuellen seiner Zeit. Mit seiner schweiz- und armeekritischen Haltung war er für die einen zu links, mit seiner Verteidigung des traditionellen Katholizismus für die andern zu rechts. Dass er sich nicht zum braven Parteisoldaten eignete, liegt an seinem widerständigen Wesen, das seine politischen und journalistischen Stellungnahmen weit mehr bestimmte als das offizielle Parteiprogramm.

Beeindruckend ist der Zuspruch, den Peter von Roten für seine kritischen Kommentare erhielt. In seinem Nachlass stosse ich auf eine Vielzahl von Komplimenten und Ermunterungen. *Lieber Herr von Roten,* schrieb ihm der in Saas-Fee lebende österreichische Lyriker Michael Guttenbrunner am 30. Juli 1985, *nach 25 Jahren ist es keine Zudringlichkeit mehr. Ich habe Ihnen immer wieder sagen wollen, dass Ihre Zeitungsglossen gewöhnlich ein Erlebnis sind. Sie sind das seltene Beispiel eines authentischen Journalisten. Aber nicht dieselbe Meinung bewegt mich, sondern die Wahrnehmung Ihrer Gesinnung und Ihre Unnachgiebigkeit in der Kompetenz.*

Trotz dieser Dominanz des Intellektuellen blieb Peter von Roten zeit seines Lebens ein Grenzgänger zwischen der Welt des Wissens und der Welt des Glaubens. Der menschliche Intellekt war begrenzt wie der Mensch selbst und deshalb auch nicht in der Lage, die grossen Fragen des Lebens zu beantworten. Im Leben und Sterben sah Peter ein letztlich unaufschlüsselbares Geheimnis, das seinen unmittelbarsten Ausdruck in der Religion fand.

So unwiderstehlich wie die Religion, schreibt Walter Schubart in seiner Studie »Religion und Eros«, *kann nur noch eine Macht den Menschen packen – der Eros.* Peter von Rotens Liebesverhältnisse und Beziehungen sind kaum überblickbar. Bis in die letzten Monate meiner Beschäftigung mit seinem Leben sind immer wieder neue Korrespondenzen aufgetaucht. Gäbe es eine Rangliste, hätte Peter Chancen auf den Titel »meistbeschäftigter

Briefeschreiber des 20. Jahrhunderts«. Einer seiner hartnäckigsten Rivalen wäre gewiss Rainer Maria Rilke, sein vermeintlicher Vorfahre, der ebenfalls ein halbes Leben damit zubrachte, Frauen Briefe zu schreiben.

Die grossen Widersprüche in Peter von Rotens Persönlichkeit haben mich am Anfang meiner Recherche genauso irritiert wie sein näheres und weiteres Umfeld. Am Ende dieser Arbeit sehe ich in diesen gegensätzlichen Seiten seines Charakters nicht mehr in erster Linie Widersprüche, sondern die verschiedenen Facetten einer kontrastreichen und vitalen Persönlichkeit. In diesem friedlichen Nebeneinander von Widersprüchen liegt vermutlich auch ein wichtiger Grund für seine grosse Anziehungskraft. Dazu kommen sein vielfach belegter Charme, sein Witz und seine Grosszügigkeit, die es den Menschen in seinem Umfeld schwer machten, ihm ihre Sympathie zu verweigern. Peter von Roten war ein Mensch, dem man leicht verzeihen konnte, der – so erzählen mir Zeitzeugen – Konflikte spielend leicht mit seinem Charme und Witz überspielen konnte. Diese Wirkung bekomme ich auch als Biograph zu spüren. Ich kann gar nicht anders, als nachsichtig mit ihm umzugehen.

Die folgenreichste Horizonterweiterung Peter von Rotens war Iris Meyer. Mit ihr kam viel frischer Wind in sein Leben. Eine Frau, attraktiv, intelligent, mit beeindruckender Klarsicht und der seltenen Kühnheit, wirklich individuell zu denken und zu handeln. Zusammen mit ihr konnte er neue Gedanken denken. Die Frau öffnete ihm das Tor zum 20. Jahrhundert, verlieh ihm ein neues Augenmass, verlangte aber auch Schritte der Emanzipation. *Das Erlebnis meines Lebens,* so Peter am 26. September 1949 an Iris, *ist weiss Gott nicht der Nationalrat oder der Grossratspräsident oder das Doktorexamen, sondern Deine Briefe, der Aufstieg in Dein Zimmer oder die zehntägige Wanderung mit Catinka in der Toskana.*

Als Paar haben Peter und Iris von Roten ein vielschichtiges Leben gelebt. Geschöpfe aus der Literatur oder der Welt des Kinos könnten sie sein. Ihre Biographien und ihre Beziehungsge-

Peter von Roten, um 1947

schichte sind voll von jenen Motiven, die den Stoff grosser Romane ausmachen. In ihren Persönlichkeiten, ihrer Weltanschauung und in ihrem Beziehungsentwurf verdichten sich verschiedene Strömungen des 19. und 20. Jahrhunderts, spiegelt sich die Geistesgeschichte einer ganzen Epoche wider. Während Peters Nostalgie für das Ancien Régime, seine Kritik am Bundesstaat und sein Eintreten für den traditionellen Katholizismus ihre historischen Wurzeln in der Zeit von Sonderbundskrieg und Kulturkampf haben, erinnern Iris' ausgeprägter Ästhetizismus, ihr elitärer Geschmack sowie ihr Versuch, Schönheit und Realität zu einer Einheit zu führen, an den Jugendstil des ausgehenden 19. Jahrhunderts. Sehr viel ausgeprägter aber verweist ihre Persönlichkeit in die Zukunft: Mit ihren Forderungen nach freier Entfaltung, weiblicher Selbstbestimmung und sexueller Freizügigkeit antizipiert sie genau jene Forderungen, die erst die 1968er-Bewegung und der moderne Feminismus zu gesellschaftlichen Themen machen wird.

Iris und Peter von Rotens Biographien verbindet ein ähnlich tragisches Element. Beide haben sie ihr Talent zum Schreiben nicht voll entfalten können. In einem Radiogespräch im Frühjahr 1991 betonte Peter, dass das Schreiben immer seine grösste Passion gewesen sei. Bis zu seinem Tod unterhielt er eine weitverzweigte Korrespondenz, arbeitete am »Lord Douglas-Roman« und verfasste Kolumnen. *Im Fichenland* hiess sein letzter Beitrag im »Walliser Boten«, der drei Tage vor seinem Tod erschien und den Inhalt seiner Staatsschutzakte (»Fiche«) öffentlich machte.

42
DAS LETZTE BRIEFGESPRÄCH

Wirklich, Sie sind wunderbar, schrieb Marie-Lise Tripet-du Pasquier am 28. Juli 1991 an Peter von Roten. *Entschuldigen Sie den Ausdruck, Peter, aber ich finde kein anderes Wort. Ich werde Ihnen schreiben, solange Sie möchten, und würde sogar gern nach Basel kommen, wenn Sie mich noch sehen möchten.*

Am Schluss ist alles ein Kreis. Anfang und Ende berühren sich. Peter von Rotens letzter grosser Briefwechsel erinnert mich an seine Brieffreundschaften mit Frauen aus den späten 1930er Jahren. In den letzten acht Monaten seines Lebens erhielt er jede Woche zwei längere Briefe von Marie-Lise Tripet-du Pasquier, die er bei seinen Dialysesitzungen im Kantonsspital Basel ausführlich zu beantworten pflegte. Schreiben ja und liebend gern – treffen aber wollte Peter seine Gesprächspartnerin nicht.

Am 8. Dezember 2004 fuhr ich Richtung Lausanne. Ich wollte wissen, wer diese Marie-Lise Tripet-du Pasquier war, die Peter mehr als hundert Briefe geschrieben hatte. In einem Westschweizer Telefonbuch war ich auf ihre Adresse gestossen, und nach einem kurzen Anruf war unser Treffen perfekt. In einer stilvoll eingerichteten Wohnung in einem etwas heruntergekommenen älteren Wohnblock, der im Fadenkreuz von zwei lärmenden Autostrassen stand, traf ich auf eine elegant gekleidete achtundachtzigjährige Frau, die grosse Mühe beim Gehen hatte und sich nur mit grosser Mühe und gestützt auf einen Stock vom kleinen Entrée ihrer Wohnung ins Wohnzimmer bewegen konnte.

Peter und ich stammen beide aus klerikalem Milieu, begann sie ohne Umschweife zu erzählen. *Mein Vater war Pasteur und überaus fasziniert von Peters Intellekt und seiner zuvorkommenden*

Art. Kennengelernt habe sie Peter bei der Hochzeit von Lambert de Vries und Andrée de Montmollin am 15. Juli 1939 in Auvernier. *Es war der absolute Coup de foudre! Ich hatte überhaupt keine Zweifel.*

Die beiden begannen sich zu schreiben, man traf sich, Peter lernte Marie-Lises Eltern kennen, von Heiraten war die Rede. Die Voraussetzungen dazu waren in doppelter Hinsicht ungünstig: Maria von Roten verbot ihrem Sohn die Ehe mit der Tochter eines reformierten Pfarrers, und für Marie-Lise war eine Konversion genauso undenkbar wie die Aussicht, ihr Leben in Raron unter der Regie von Peters Mutter und Tante Ida zu verbringen. *Was mich befremdete, war diese Rigidität des Katholizismus: Während es bei uns zu Hause ein traditionelles Tischgebet vor dem Essen gab, sprach Tante Ida in Raron ein Gebet vor jedem einzelnen Gang.*

Für die Studentin Marie-Lise du Pasquier kam es nicht in Frage, ihr persönliches Leben für eine Ehe mit Peter aufzugeben. Sie wollte ihre Dissertation in Mathematik zu Ende führen und sich dann beruflich verwirklichen. *Die Trennung ist für uns beide sehr schmerzhaft gewesen. Ich verkroch mich in die Mathematik, und Peter flüchtete, wie immer, wenn er Liebeskummer hatte, nach Italien.* Das letzte Lebenszeichen vom andern war die Hochzeitsanzeige, die man sich gegenseitig zukommen liess. Marie-Lise heiratete 1943 den Mathematiker Philippe Tripet, Peter drei Jahre später Iris Meyer.

Vierundvierzig Jahre später – im Oktober 1990 – erfuhr Marie-Lise Tripet von Iris' Tod aus der Zeitung. *Ich schrieb Peter einen Kondolenzbrief und bot ihm an, unsere Bekanntschaft zu erneuern. Er war einverstanden und schlug einen Briefwechsel vor.* Als sie nach einigen Briefen ein Treffen vorschlug, lehnte Peter ab. *Er sei alt und gebrechlich geworden, schrieb er mir, und ziehe es vor, dass ich ihn als jungen Mann in Erinnerung behalte.*

Die drei Stunden bei Madame Tripet waren ein besonderer Moment meiner Recherche. Ich war beeindruckt von der Ausstrahlung und der Persönlichkeit der alten Frau. Ihre Offenheit und ihr kritischer Geist liessen mich glauben, einem jungen Menschen gegenüberzusitzen. *Im Grunde genommen,* räumte sie ein, *war ich im Herbst 1990 noch immer am gleichen Punkt wie 1939. Ich schätzte Peter noch immer sehr, hatte den Wunsch, ihn wiederzusehen, und stellte mir vor, wie schön es sein könnte, noch ein paar Jahre mit ihm zusammenzuleben.*

Marie-Lise Tripets Briefe an Peter sind eine Art Tagebuch ihres täglichen Lebens und ihrer Gedankenwelt. Ausführlich schilderte sie Peter die Besuche ihres Sohnes, erzählte ihm von Ausflügen mit Bekannten, ihrem dienstäglichen Kaffeekränzchen, verschiedenen Ausstellungsbesuchen und ihrer augenblicklichen Lektüre. Detailliert schilderte sie ihm den Tod ihres Mannes im Jahre 1979, der sie in eine tiefe Krise stürzte. *Ich kann das Witwendasein nicht geniessen, nur ertragen.*

Die grossen Themen von Peters letztem Briefwechsel sind die altbewährten: Religion, Literatur, Politik und Sexualität. Im Gegensatz zu ihm war Marie-Lise Tripet eine überzeugte Armeebefürworterin und offene Papstkritikerin: *Ich verstehe nicht, dass man einem Menschen, der doch ein armer Sünder ist wie wir alle, Unfehlbarkeit zugestehen kann.* Ein offenes Gespräch führten die beiden auch über Erotik und Sexualität im Alter: *Also,* so Marie-Lise Tripet am 16. Juli 1991, *komme ich zurück auf eines Ihrer Lieblingsthemen, zum alten lüsternen Voyeur! Ich weiss nicht, warum man alte Männer als Lüstlinge abtut, wenn sie die Schönheit einer Frau bewundern. Fast alle jungen und mittelalterlichen Männer tun es ja auch, ohne dass man sie dafür auslacht und abschätzig behandelt. Solange es nicht zu deplazierten Gesten kommt, sehe ich darin alles andere als ein Laster.*

Emanzipation und Gleichberechtigung waren für Peters Gesprächspartnerin die selbstverständlichste Sache der Welt. Sie konnte nicht verstehen, wie Frauen es sich zum zentralen Lebensinhalt machen konnten, ihre Männer zu verwöhnen. *Viele meiner Freundinnen, die ihren Mann noch haben, beklagen sich, dass sie nicht wirklich im Ruhestand leben, weil ihre Männer allzusehr daran gewöhnt sind, von ihnen bedient zu werden.*

Die Lektüre von Peters Briefen, erzählte Madame Tripet weiter, sei für sie immer ein besonderes Ritual gewesen, genauso wie die Niederschrift ihrer Briefe. Jeden einzelnen habe sie sorgfältig entworfen und erst dann ins reine geschrieben. Als ich sie fragte, ob sie sich mit Peter auch über ihre Begegnung in den dreissiger Jahren unterhalten habe, winkte sie ab: *Die alten Gefühle sind nie mehr wirklich ein Thema gewesen. Der Platz für Gefühle lag zwischen den Zeilen. Einzig in Schlussformulierungen wie »In liebevoller Verbundenheit« oder »In freundschaftlicher Liebe« sind Peters Gefühle für mich greifbar geworden.*

Peter von Roten sei ein gebildeter und äusserst interessanter Gesprächspartner gewesen, versuchte sie seine Persönlichkeit zu fassen. Ein unglaublich wacher und offener Geist. *Er war liebevoll, anhänglich, zugetan und von einem ganz besonderen Feingefühl im Umgang mit anderen Menschen.* Ein Mann mit Charakter, Format und Stil. Wie es leider viel zu wenige gebe. *Nach dem Tod meines Mannes hatte ich einige Gründe,* schrieb sie am 11. Juli 1991 an Peter, *mich über die Männer aufzuregen. Einige haben mich förmlich verfolgt, glaubten wohl, eine Witwe sei sexuell eine leichte Beute. Der aufdringlichste von allen war ein Verheirateter!*

Marie-Lise Tripet war klar, dass Peter nicht mehr lange zu leben hatte. Traf an drei aufeinanderfolgenden Tagen kein Brief bei ihr ein, geriet sie in Sorge. *Ich frage mich,* schrieb sie nach Basel, *ob Ihnen etwas zugestossen ist. Was auch immer es sei, meine Gedanken begleiten Sie, mein Zuspruch kommt aus der Tiefe meines Herzens.* Traf der langersehnte Brief dann endlich ein, konnte sie ihre Freude nicht zurückhalten. *Was für eine Erleichterung heute morgen. Lieber Peter, ich verspüre eine unsägliche Lust, Sie zu necken.*

In seinen letzten Lebenswochen beklagte sich Peter zunehmend über Müdigkeit, Einsamkeit und Traurigkeit. *Er lud mich zu seiner Beerdigung ein und freute sich darüber, dass ihm der Kirchenchor von Raron eine lateinische Totenmesse singen werde.*

Am 30. August 1991 ist Peter von Roten an den Folgen einer

Lungenentzündung im Kantonsspital Basel gestorben. Drei Tage später fuhr Marie-Lise Tripet nach Brig, stieg in einem Hotel ab und nahm am 5. September als grosse Unbekannte an Peters Beerdigung in Raron teil.

Haben Sie alle meine Briefe an Peter gelesen? fragte mich Madame Tripet am Schluss unseres Gesprächs. Als ich ihre Frage mit einem etwas beklommenen Gefühl bejahte, schmunzelte sie und fügte an: *Damit die Geschichte vollständig ist, will ich Ihnen nun auch noch Peters Briefe mitgeben.* Als ich mich kurz darauf mit Peters Briefen in der Hand von ihr verabschiedete, hatte ich das Gefühl, einer der letzten Überlebenden der grossen Epoche des Briefeschreibens begegnet zu sein.

Auszüge aus den Briefen Peter von Rotens an Marie-Lise Tripet-du Pasquier:

25. November 1990

Liebe Marie-Lise,

Ihr Vorschlag, mir zu schreiben, freut mich sehr. Die Einsamkeit nach dem Verlust meiner Frau wiegt schwer.

11. April 1991

In dieser Anstalt der kollektiven Gesundheit, die sich Kantonsspital nennt, scheint mir das Schreiben die vernünftigste Tätigkeit zu sein. Im Golfkrieg tötet man, hier wird man wiederhergestellt. Der Mensch ist gründlich, aber seltsamerweise ohne Ziel.

7. Mai 1991

Sterben wird für mich zur alltäglichen Handlung ohne jede falsche Scham. Seit der Dialyse lebe ich nur noch halb.

11. Mai 1991

Der 11. ist mir zum Unglückstag geworden. Schon sind es acht Monate, seit sich Iris am 11. September 1990 das Leben genommen hat.

14. Mai 1991

Der Professor hat mir heute gesagt, dass ich weniger Käse essen soll. Ich soll nur noch die Hälfte meiner Gruyère- und Bagnes-Portion essen! Wenn das der Käseverband wüsste!

11. Juni 1991

Mir passt diese 700-Jahr-Feier der Eidgenossenschaft nicht: Die Historiker sind sich einig, dass 1291 das Datum eines unbedeutenden Dokuments ist und Wilhelm Tell niemals existiert hat. Einmal mehr wird klar, wie sehr der Mensch Mythen und Legenden braucht.

15. Juni 1991

Zwanzig Jahre mögen es hersein, liebe Sœur-Calviniste, dass ich in einem Artikel vorgeschlagen habe, dass die katholische Kirche Luther, Calvin und Zwingli feierlich heiligsprechen soll, um damit ihren Willen zur Ökumene unter Beweis zu stellen. Im Gegenzug sollen Zürich und Genf den Katholiken die Fronleichnamsprozession auf ihren Strassen erlauben. Einige meiner Klienten waren dermassen empört, dass sie mir mein Mandat entzogen haben. Sie sehen, wie sehr ich Opfer und Märtyrer des konfessionellen Friedens bin.

18. Juni 1991

Für die Dialyse hab ich heute ein Buch mitgenommen, und während ich Ihnen schreibe, gerate ich immer wieder in Versuchung, das Schreiben zu unterbrechen und zu lesen. In diesem Konflikt steckt das Dilemma meines ganzen Lebens: Soll ich die mir verbleibenden Monate mit Lesen oder Schreiben zubringen? Es ist diese Zerrissenheit, die mein ganzes Leben geprägt hat, diese Unfähigkeit, sich im reichhaltigen Angebot des Lebens einmal wirklich zu entscheiden. To be or not to be? Lieben oder geliebt werden? Schreiben oder lesen? Gott oder Mensch?

29. Juni 1991

Je älter ich werde, um so mehr ziehe ich die alten kirchlichen Wahrheiten in Frage.

6. Juli 1991

Wenn wir unsere Briefe fortlaufend numerieren, wird das jenem armen Wissenschaftler die Arbeit erleichtern, der im Jahre 2500 unseren Briefwechsel unter dem Oberthema »Die helvetische Sentimentalität im Zeitalter der Computer« herausgeben wird.

13. Juli 1991

Die schöne Krankenschwester, die lange neben mir eine Illustrierte las, sitzt nun in der anderen Ecke des Zimmers. Was für ein Verlust für den Voyeur in mir! Aber warum eigentlich ein Verlust? Man sollte im Laster nicht das Glück sehen, und als Calvinistin werden Sie darüber die gleiche Auffassung haben wie ich, dessen Moral geprägt ist von den Lehren des heiligen Thomas von Aquin. Damit sind wir bei einem alten Thema: der lüsterne alte Mann. Ist er zu verachten oder zu bedauern? Die Sexualität – wie es Proust vornehm sagt – ist eine Funktion, die ihren Platz im Mechanismus der menschlichen Reproduktion hat. Aber interessanterweise übersteigt sie ja diese Funktion. Soll man darin nun einen schlechten Scherz Gottes oder aber einen Trost sehen?

Sexualität ist eine ganz besondere Erfahrung im menschlichen

Leben. Ich bewundere immer die Griechen, die sie zur Göttin erhoben haben. Unser Briefwechsel ist für mich zu einer wichtigen Kompensationshandlung geworden. Die Tage ohne Dialyse erscheinen mir schrecklich fad und unendlich lang. Ich zerbreche mir den Kopf nach Themen, die ich mit Ihnen besprechen, und studiere an Gedanken herum, die ich Ihnen vorlegen könnte.

Dass wir uns täglich schreiben, kann ich mir gut vorstellen. Ich habe nicht mehr lange zu leben, und bereits die römischen Legionäre freuten sich darüber, wenn sie vor ihrem Gang in die Schlacht noch auf die eine oder andere Weise verwöhnt wurden.

Moriturus te salutat! Peter von Roten

16. Juli 1991

Eines Tages werden Sie einen Ihrer an mich gesandten Briefe mit dem Vermerk »Verstorben-décédé-morto« zurückerhalten.

23. Juli 1991

Gestern war ich schwimmen im Rhein. Beim Betrachten der verschiedenen Badekleider habe ich mich über die Hässlichkeit der menschlichen Körper entsetzt. Eine oder zwei junge Frauen machten die Ausnahme. Was mir besonders ins Auge gestochen ist, sind die grossen Männerbrüste, die Proust »têtonières« nennt und aus denen nie Milch fliessen wird. Diese männliche Atrophie hat etwas Beleidigendes für uns andere Männchen: Wir sind missratene Frauen. Wir Armen!

PERSONENREGISTER

(in alphabetischer Reihenfolge)

Banderet, Fritz
1916–2002, geboren in Glarisegg bei Steckborn. Jurastudium in Basel und Bern. Fürsprecherpatent. 1943 Heirat mit Maja Reist, vier Kinder. Nach dem 2. Weltkrieg arbeitete Fritz Banderet als Jurist in der Bundesverwaltung in Bern, zuletzt als Chef des Rechtsdienstes der direkten Bundessteuer.

Iris von Roten lernte Fritz Banderet an der Universität Bern kennen. Nach einer gescheiterten Liebesbeziehung blieben die beiden gute Freunde.

Baumgartner, Hans
1911–1996, geboren in Altnau, Thurgau. Sekundarlehrer. Ab 1934 sozial engagierte Fotoreportagen für die von Arnold Kübler redigierte »Zürcher Illustrierte«, im Aktivdienst als Fotograf im Dienst der Armee, nach 1945 zahlreiche Fotoreportagen aus der Schweiz und vielen andern Ländern. Baumgartners Bildarchiv ist eine wichtige Quelle für die Alltagskultur der Schweiz.

Iris von Roten kannte Hans Baumgartner durch ihre Schwester Sylvia, die dieser verschiedentlich porträtiert hat. Hans Baumgartner hat Iris und Peter von Roten in den Jahren 1947 und 1948 im Wallis besucht.

de Beauvoir, Simone
1908–1986, geboren in Paris. Schriftstellerin, führende Repräsentantin des Existentialismus und der Frauenbewegung. Lebensgefährtin von Jean-Paul Sartre. 1954 Prix Goncourt für den Roman »Die Mandarine von Paris«. Mit ihrem bereits 1949 erschienenen Buch »Le deuxième sexe« (»Das andere Geschlecht«) wurde Simone de Beauvoir in den

sechziger Jahren zu einer der wichtigsten Theoretikerinnen der Frauenbewegung.

Beck, Josef
1858–1943, geboren in Sursee. Studium der Theologie, Priesterweihe 1884. Beck setzte sich früh mit der Arbeiterfrage auseinander. Ab 1891 Professor für Pastoraltheologie, Liturgik und Pädagogik an der Universität Freiburg. Beck war über Jahrzehnte ein wichtiger Wortführer der katholisch-konservativen Schweiz. Zusammen mit Ernst Feigenwinter und Caspar Decurtins bildete er das »soziale Triumvirat«, das die soziale Frage im Sinne der katholischen Soziallehre lösen wollte. Sein besonderer Einsatz galt dem nationalen und internationalen Arbeiterschutz, u.a. dem gesetzlichen Schutz der Sonntagsruhe und der Verkürzung der Arbeitszeit. Beck war auch ein wichtiger Initiant des eidgenössischen Kranken- und Unfallversicherungsgesetzes (1911) und des revidierten Fabrikgesetzes (1914). Im Alter nahm er zunehmend rechtskonservative, antiliberale Positionen ein und veröffentlichte eine Kampfschrift gegen die Sozialdemokratie.

Bell, Gertrud
1868–1926, geboren in New York. Biochemikerin. Unternahm zwischen 1897 und 1903 zwei Weltreisen, war eine bekannte Bergsteigerin und nach 1903 eine grosse Orientreisende. Wie Freya Stark (siehe unten) schrieb sie mehrere Bücher, hinterliess zahlreiche Tagebücher und über 7000 Fotografien von ihren Reisen.

Bircher, Eugen
1882–1956, Arzt, geboren in Aarau. Medizinstudium. In den 1920er Jahren führender Schweizer Chirurg. 1941–1943 leitete Bircher die schweizerische Ärztemission auf deutscher Seite an der Ostfront. Divisionskommandant der Schweizer Armee, Dozent an der militärwissenschaftlichen Abteilung der ETH und Nationalrat der Bauern- und Bürgerpartei (heute SVP), 1942–1955. Vertreter eines antimodernistischen Weltbildes.

Bodenmann, Marino
1893–1962, geboren in Fiesch im Goms. Hilfsarbeiter. Neffe des eng mit der Familie von Roten verbundenen Geistlichen Josef Bodenmann.

1921 Gründungsmitglied der KP Schweiz, 1918–1935 mehrere Reisen nach Sowjetrussland, 1944 Gründungsmitglied der Partei der Arbeit (PdA), langjähriger Nationalrat, einer der führenden Journalisten und Politiker der kommunistischen Linken der Schweiz.

Böhlen, Marie

1911–1999, geboren in Riggisberg. Fürsprecherin, Jugendanwältin der Stadt Bern, Mitglied der UNESCO-Kommission. Bereits als junge Frau engagierte sie sich für die Rechte der Frau, war später Mitglied im Frauenstimmrechtsverein und im Bund Schweizerischer Frauenorganisationen. Nach 1971 als sozialdemokratische Stadträtin und Grossrätin politisch aktiv im Kanton Bern. Als Jugendanwältin proklamierte sie die Arbeitsleistung als Wiedergutmachung statt der Gefängnisstrafe.

Borselli, Augusto

1891–1966, geboren in Neapel. Anwalt, Diplomat, Professor, Autor und Übersetzer. Nach der Heirat mit der Amerikanerin Therese Lynch übersiedelte Borselli in den späten 1930er Jahren nach Chicago, wo er an verschiedenen Universitäten und für das italienische Konsulat tätig war. Borselli war aktives Mitglied verschiedener Friedensorganisationen und machte sich als erster Übersetzer der Tagebücher von Mussolinis Schwiegersohn Graf Ciano einen Namen.

Iris von Roten lernte Augusto Borselli in den 1930er Jahren im Hause ihres Onkels Adolf Guggenbühl kennen und traf ihn wieder 1949 in Chicago. Im Herbst 1948 besuchten Augusto und Therese Borselli Peter von Roten in Leuk.

Bührig, Marga

1915–2002, geboren in Binningen, Baselland. Germanistik- und Theologiestudium in Zürich. 1945 Gründerin des Reformierten Studentinnenhauses Zürich, Redakteurin der Zeitschrift »Die Evangelische Schweizerfrau«. 1958 für die SAFFA tätig. Mitglied im Vorstand des Bundes Schweizerischer Frauenorganisationen (BSF). Von 1959–1981 arbeitete sie im evangelischen Tagungszentrum Boldern. Marga Bührig war eine wichtige Verfechterin feministischer Theologie und veröffentlichte zahlreiche Schriften zu religiösen und politischen Themen.

Cartier, Henriette
1902–1994, geboren in Genf. Kaufmännische Ausbildung, Studium in Sozialarbeit. 1949–1969 Abteilungsleiterin des Frauensekretariats und der Geschäftsstelle des Bundes Schweizerischer Frauenorganisationen (BSF). Mitinitiantin der SAFFA 1958, Spezialistin für Internationale Beziehungen der Frauenbewegung, Mitglied der Schweizerischen Vereinigung für die UNO.

Chappaz, Maurice
geboren 1916 in Lausanne. Dichter und Schriftsteller. Kindheit im französischsprachigen Wallis. Dem Jurastudium zog Chappaz ein Dasein als Dichter und Schriftsteller vor. Zahlreiche Reisen. Bekanntschaft mit Charles Ferdinand Ramuz und Gustav Roud. 1947 Heirat mit der Schriftstellerin Corinna Bille. Gesellschaftskritische Werke und Poesie.

Maurice Chappaz' Freundschaft mit Peter von Roten datiert aus den Jahren des 2. Weltkrieges, wo Chappaz einige Zeit in der Nähe von Raron wohnte.

Decurtins, Caspar
1855–1916, geboren in Trun, Graubünden. Studium Geschichte, Kunstgeschichte und Staatsrecht. Katholisch-konservativer Nationalrat 1881–1905. 1889 gründete er mit Ernst Feigenwinter den katholischen Männer- und Arbeiterverband. Mit Feigenwinter und Josef Beck vertrat Decurtins den katholisch-sozialen Standpunkt. Mitbegründer der Universität Freiburg. Zahlreiche Schriften. Sein Lebensabend ist geprägt vom Kampf gegen den Modernismus.

Escher, Josef
1885–1954, geboren in Simplon-Dorf. Jurastudium in Bern und Berlin. Inhaber eines Anwalts- und Notarbüros in Brig, in dem Peter von Roten ein Praktikum absolvierte. Escher war Mitglied der katholisch-konservativen Partei; u. a. Grossrat und Staatsrat im Wallis (1932–1927), Nationalrat (1936–1950), Erster Walliser Bundesrat (1950–1954). Er setzte sich v. a. ein für die Gebirgskantone, den Familienschutz und das konfessionelle Element seiner Partei.

Etter, Philipp
1891–1977, geboren in Menzingen, Zug. Anwalt und katholisch-konservativer Politiker, 1930–1934 Ständerat, 1934–1959 Bundesrat, Vorsteher des Departement des Innern. In den Vorkriegsjahren massgeblich an der Entwicklung der Geistigen Landesverteidigung beteiligt. Im 2. Weltkrieg vertrat er eine anpassungsfreundliche Politik gegenüber Nazideutschland und insbesondere Italien. Nach dem Krieg war Etter am Ausbau des Sozialstaates beteiligt.

Farner, Caroline
1842–1913, geboren in Aadorf, Zürich. Medizinstudium und später eigene Praxis in Zürich. 1886 Präsidentin des Schweizer Frauenverbandes. Gründerin der Zürcher Frauenklinik. 1890–1894 Herausgeberin der Zeitschrift »Die Philanthropin«, bei der auch Meta von Salis und Hedwig Kym mitwirkten. 1892 wurde Caroline Farner zusammen mit ihrer Lebensgefährtin Anna Pfrunder der Veruntreuung angeklagt, 1893 freigesprochen (ihr Verteidiger war Ernst Feigenwinter). Nach dem Prozess, der von einer aggressiven Hetzkampagne gegen emanzipierte und gebildete Frauen begleitet war, zog sich Caroline Farner aus der Öffentlichkeit zurück.

Feigenwinter, Bertha (geb. Blarer-von Wartensee)
1858–1904, geboren in Pfeffingen, Baselland. Peter von Rotens Grossmutter. Tochter des Anton von Blarer, der einer der führenden Köpfe der Unabhängigkeitsbewegung der Landschaft Basel von der Stadt war. Gymnasium am Mädcheninstitut Lindau, wo sie enge Freundschaft mit Peters Tante Ida von Roten schloss. 1880 heiratete sie Ernst Feigenwinter. Drei Kinder: Maria, Elisabeth und Ernst.

Feigenwinter, Elisabeth
1887–1977, geboren in Basel. Jüngere Schwester von Peter von Rotens Mutter. 1915 tritt Elisabeth Feigenwinter ins Basler Mädchenheim »Rettungsheim« – eine weltliche, von Rom anerkannte katholische Sozialinstitution – ein, leitet das spätere »Katharinenheim« von 1922–1935 und von 1947–1959. Gründet ein Therapieheim in Kastanienbaum, eine Begegnungsstätte in Lucelle.

Feigenwinter, Ernst
1853–1919, geboren in Reinach, Baselland. Peter von Rotens Grossvater mütterlicherseits. Studium in Basel, München, Strassburg und Berlin, Anwalt und Politiker, Nationalrat 1917–1919. Ernst Feigenwinter war in erster Ehe verheiratet mit Bertha Blarer von Wartensee (3 Kinder), in zweiter Ehe mit Hedwig Kym.

Feigenwinter, Ernst jr.
1889–1915, geboren in Basel. Bruder von Peter von Rotens Mutter. Ein Sturz im frühen Kindesalter führte zu einer geistigen Behinderung, die vermutlich auch seinen frühen Tod verursachte.

Frick, Robert
1902–1980, geboren in Vevey. Primarlehrer, Instruktionsoffizier der Armee. Im 2. Weltkrieg Offizier im Nachrichtendienst, Referent der Sektion Heer und Haus, 1946–1949 Chef Sektion Nachrichtendienst, 1958–1965 Ausbildungschef der Schweizer Armee.

Friedan-Goldstein, Betty
1921–2006, geboren in Peoria, Illinois. Studium der Psychologie. Feministin und Publizistin. In ihrem Buch »The Feminine Mystique« (»Der Weiblichkeitswahn«) rechnete sie 1963 mit der traditionellen Frauenrolle ab. 1966 gründete sie die »National Organization of Women«, organisierte verschiedene feministische Kongresse, wurde später Professorin für Soziologie und beschäftigte sich im Alter mit der gesellschaftlichen Diskriminierung alter Menschen.

Gosteli, Marthe
geboren 1917 in Worblaufen bei Bern. Kaufmännische Ausbildung. Publizistin, Archivarin und Frauenrechtlerin. Im 2. Weltkrieg betreute sie die Abteilung Presse und Rundfunk des Schweizer Armeestabes. Ihre Erfahrungen mit Medien stellte sie später in den Dienst der Frauenbewegung. Vielfältige Aktivitäten in der schweizerischen Frauenbewegung.

1982 gründete sie das »Archiv zur Geschichte der schweizerischen Frauenbewegung«, das Archivmaterial der meisten Frauenverbände sowie Nachlässe wichtiger Frauen der Zeitgeschichte verwahrt.

Guggelberg von Moos, Hortensia (geb. von Salis)
1659–1715, geboren im Kanton Graubünden. Heilkundige und Gelehrte. Nach dem frühen Tod ihres Mannes lebte sie in Soglio und Maienfeld, beschäftigte sich autodidaktisch mit Naturkunde und Medizin und hatte ein weitverzweigtes Bekanntennetz. So korrespondierte sie mit bekannten Theologen und Naturforschern ihrer Zeit, forderte das Recht der Frauen auf Bildung. Verschiedene Publikationen.

Hortensia Guggelberg von Moos ist eine Vorfahrin von Meta von Salis und Iris von Rotens Mutter Bertha Huber. Iris von Roten hat ihre Tochter nach Hortensia Guggelberg von Moos benannt.

Guggenbühl, Adolf
1896–1971, geboren in Zürich. Onkel mütterlicherseits von Iris von Roten. Studierte Wirtschaft in Zürich, Bern, Berlin und Montpellier. Mit seiner Frau Helen Huber und seinem Schwager Fortunat Huber, beides Geschwister von Iris von Rotens Mutter Bertha Huber, gründete er 1925 den »Schweizer Spiegel Verlag«, der Schweizer Autoren verlegte und die Monatszeitschrift »Schweizer Spiegel« herausgab. Guggenbühl war ein Verteidiger der politischen und kulturellen Eigenart der Schweiz. Über lange Jahre unterhielt Iris von Roten eine enge Beziehung zu ihrem Onkel, die Ende 1942 zerbrach.

Guttenbrunner, Michael
1919–2004 geboren in Althofen bei Klagenfurt. Dichter und Schriftsteller. 1944 als Wehrmachtssoldat zum Tode verurteilt und zur »Frontbewährung« begnadigt. Verheiratet mit Maria Zuckmayer, der Tochter von Carl Zuckmayer. Lebte in Wien und Saas-Fee. Zahlreiche Publikationen und Preise.

Gutzwiller, Richard
1896–1958, geboren in Basel. Jesuit. 1926 Priesterweihe. 1928–1958 Studenten- und Akademieseelsorger an der Universität und ETH Zürich. Vielseitige publizistische Tätigkeit. Gutzwillers Stimme hatte im Schweizer Katholizismus grosses Gewicht. Sehr verbreitet waren seine Meditationen zu den Evangelien. Auch in Fragen der Konversion war Gutzwiller eine wichtige Anlaufstelle: So hat er – neben dem gescheiterten Versuch im Falle von Iris Meyer – unter anderem auch James Schwarzenbach (»Schwarzenbach-Initiative«) zur Konversion geführt.

Huggler, Anna (geb. Guggenbühl)
1894–1982, geboren in Zürich. Germanistik- und Medizinstudium in Zürich und Wien (bei Sigmund Freud). Anschliessend Weiterstudium in Paris, wo sie den Künstler Arnold Huggler kennenlernte und heiratete. Zwei Töchter und zwei Söhne. Nach der Rückkehr nach Zürich widmete sie sich ihrer Familie und schrieb zahlreiche Artikel für die von ihrem Bruder Adolf Guggenbühl herausgegebene Monatszeitschrift »Schweizer Spiegel«. Wegen ihrer Schlaflosigkeit unterzog sich Iris von Roten bei Anna Huggler einer Psychoanalyse.

Heinzelmann, Gertrud
1914–1999, geboren in Wohlen, Aargau. Rechtsanwältin und katholische Theologin. Leiterin des »Büro gegen Amts- und Verbandswillkür« im Migros-Genossenschaftsbund. Heinzelmann war von 1956 an im Vorstand des Schweizerischen Verbandes für das Frauenstimmrecht, den sie 1959/60 präsidierte. 1962 forderte sie vom 2. Vatikanischen Konzil die Gleichberechtigung der Geschlechter und die Zulassung der Frauen zum katholischen Priesteramt.

Hersch, Jeanne
1910–2000, geboren in Genf. Philosophieprofessorin, Mitglied der Unesco-Kommission. Schülerin und Übersetzerin von Karl Jaspers. Die Freiheit und Würde des Menschen waren zentrale Themen ihrer Bücher und Aufsätze.

Hesse, Isa (geb. Rabinovitch)
1917–2003, geboren in Zürich. Filmemacherin, Journalistin, Graphikerin und Fotografin. Besuch der Kunstgewerbeschulen Zürich und Wien. 1941 Heirat mit Heiner Hesse, zweiter Sohn des Schriftstellers Hermann Hesse. Isa Hesse-Rabinovitch arbeitete als Journalistin und Illustratorin für Zeitungen und Zeitschriften. Nach 1960 realisierte sie eine Reihe von experimentellen Filmen und engagierte sich in der Frauenfilmbewegung.

Isa Hesse-Rabinovitch war eine Jugendfreundin von Iris von Roten. 1947 unterstützte sie eine Flugblattaktion von Iris zum Frauenstimmrecht, 1958 und 1965 gratulierte sie der Freundin zu ihren Büchern »Frauen im Laufgitter« und »Vom Bosporus zum Euphrat«.

Joye, Joseph Alexis
1852–1919, Jesuit, Jugendseelsorger, Filmpionier in Basel. Gründer des Basler Waisenhauses »Vinzentianum« und des Jugendhauses »Borromäum«. Abbé Joye setzte als einer der ersten in der Schweiz Lichtbilder und Filme für die Jugendarbeit ein. Er sammelte erste Western, handkolorierte Trickfilme, wilde Ehedramen und führte diese ab 1901 in der Sonntagsschule vor. An Sonn- und Feiertagen lockten seine Lichtbild- und Filmvorführungen viele Kinder und Jugendliche ins Basler Borromäum. Die Vorführungen sollten der Verherrlichung Gottes dienen und die Jugendlichen von der Strasse in den Religionsunterricht zurückholen. Abbé Joye hinterliess eine beeindruckende Filmsammlung, die heute im »National Film Archive« in London archiviert ist.

Abbé Joye war einer der geistlichen Beiräte der jungen Maria Feigenwinter und spielte eine entscheidende Rolle bei ihrer Heirat mit Heinrich von Roten.

Kinsey, Alfred Charles
1894–1956, geboren in Hoboken, New Jersey. Zoologe und Sexualforscher an der Indiana Universität. 1947 gründete er das »Institut für Sexualforschung«. Kinsey untersuchte aufgrund breit angelegter Umfragen das Sexualverhalten des Menschen. Der sogenannte »Kinsey-Report« umfasst zwei Publikationen: »Das sexuelle Verhalten des Mannes« (1948, dt. 1955) und »Das sexuelle Verhalten der Frau« (1953, dt. 1954).

Kym, Hedwig
1860–1949, geboren in Berlingen, Thurgau. Zweite Frau von Peters Grossvater Ernst Feigenwinter. Studium der Literatur und Philosophie. 1883 lernte sie an der Universität Zürich Meta von Salis kennen, mit der sie eine lebenslange Freundschaft verband.

Lewis, Clive Staples
1898–1993, geboren in Belfast. Schriftsteller und Literaturwissenschaftler. Sein Buch »The allegory of love: A Study in Medieval Tradition« (1936) gilt als Standardwerk über die Dichtung des Mittelalters. Im angloamerikanischen Raum ist Lewis vor allem bekannt für seine Kinderbuchserie »Die Chroniken von Narnia«.

Maillart, Ella
1903–1997, geboren in Genf. Reiseschriftstellerin und Sportlerin. Als Seglerin nahm sie 1924 an den Olympischen Spielen teil und war als Skiläuferin Mitglied der Schweizer Nationalmannschaft. Nach 1930 ausgedehnte Reisen als Journalistin in Europa, Asien und im Orient. 1934 durchquerte sie mit dem »Times«-Reporter Peter Flemming den Norden Chinas. 1939 reiste sie mit Annemarie Schwarzenbach nach Afghanistan, verbrachte die Kriegsjahre in Indien und kehrte 1946 in die Schweiz zurück. Zahlreiche Publikationen.

von Matt, Annemarie (geb. Root)
1905–1967, geboren in Root, Kanton Luzern. Als Haushaltshilfe verdiente sie ihr erstes Geld, arbeitete dann in einem kunstgewerblichen Atelier und entwickelte sich zur bildenden Künstlerin, Malerin und Lyrikerin. 1935 heiratete sie den Stanser Bildhauer Hans von Matt, mit dem sie eine offene Beziehung lebte. Annemarie von Matts Werk besteht aus religiöser Volkskunst, Zeichnungen, Collagen, plastischen Arbeiten und lyrischen Texten. Nach dem 2. Weltkrieg lebte Annemarie von Matt sehr zurückgezogen auf dem Brünig und in Luzern.

Im Frühling 1943 hat Iris von Roten Annemarie von Matt zwei Mal besucht.

Mazot, Sylvia (geb. Meyer)
1921–1988, geboren in Basel. Schwester von Iris von Roten. Handelsschule in Neuchâtel und Schule für Sozialarbeit in Lausanne. Studien an der École des Beaux-Arts in Genf, Erfahrungen als Bühnenbildnerin in London. In Paris lernte sie 1949 den Maler, Zeichner und Karikaturisten Louis Mazot kennen, den sie 1950 heiratete. Übersiedlung nach Paris, wo Sylvia Mazot-Meyer mit ihrem Mann in der Werbung und als Textildesignerin für die Haute Couture arbeitete. Als sich ihr Mann Ende der fünfziger Jahre ausschliesslich der Malerei widmete, eröffnete sie ihr eigenes Textil- und Möbeldesigner-Geschäft, mit dem sie sich einen Namen schaffte. 1962 Geburt der Tochter Sibylle.

Meyer, Bertha (geb. Huber)
1887–1978, geboren in Zürich. Mutter von Iris von Roten. Tochter des Zürcher Weinhändlers Rudolf Huber und der Wilhemine von Salis, die ihrerseits eine Verwandte von Meta von Salis war. Bertha Huber be-

suchte die »Höhere Töchterschule Zürich« und heiratete 1915 Walter Meyer. Drei Kinder: Iris, Manfred und Sylvia.

Meyer, Manfred
1918–1994, geboren in Burgdorf. Bruder von Iris von Roten. Rechtsanwalt mit eigenem Anwaltsbüro in Zürich. Zweimal verheiratet. Mitgründer der »Interessengemeinschaft geschiedener Männer«. Manfred Meyer war ein ausgesprochener Pferdeliebhaber und einer der ersten Rennpferdezüchter der Schweiz. Autor von Pferdebüchern, u. a. »Rennpferde Training«, Zürich 1967. In seiner Freizeit hat Manfred Meyer gemalt, hauptsächlich Pferdebilder. Verschiedene kleinere Ausstellungen.

Meyer, Sylvia siehe unter Mazot, Sylvia

Meyer, Walter
1887–1971, geboren in Ennet Baden, Aargau. Vater von Iris von Roten. Sohn eines Posthalters. Nach der Schule trat Walter Meyer in den Postdienst, absolvierte nach seiner Heirat mit Bertha Huber das Technikum in Burgdorf, war später Direktor der Rapperswiler Firma »H. Weidmann AG«, die er bis zu seiner Pensionierung leitete.

Mill, John Stuart und Harriet Taylor
John Stuart Mill (1806–1873), geboren in London, Philosoph und Volkswirtschaftler, Mitglied des britischen Unterhauses. Zusammen mit seiner Frau Harriet Taylor Mill (1807–1858) setzte er sich dreissig Jahre lang mit der Situation der Frauen auseinander. Nach dem Tod seiner Frau publizierte er 1869 die gemeinsam in Reden und Vorträgen entwickelte Kritik »The subjection of women«. Das sehr bald nach seinem Erscheinen ins Deutsche übersetzte Buch (»Die Hörigkeit der Frau«) übte grossen Einfluss auf die amerikanischen und englischen Suffragetten des späten 19. Jahrhunderts aus.

Pankhurst, Emeline
1858–1928, geboren in Manchester. Englische Frauenrechtlerin. 1903 gründete sie die »Women's social and political Union«, die bis 1914 radikalste Organisation der englischen Suffragetten. Pankhurst wurde achtmal wegen Vergehens gegen die öffentliche Ordnung, Brandstiftung etc. zu Gefängnis verurteilt.

Iris von Roten hat die englische Suffragettenbewegung bei ihrem England-Aufenthalt im Sommer/Herbst 1947 studiert.

Rebsamen, August
1909–2002, geboren in Winterthur. Studium der Jurisprudenz. Ab 1942 im Dienst des Eidgenössischen Departementes für auswärtige Angelegenheiten, u. a. an der Schweizerischen Gesandtschaft in Köln. 1965–1974 Schweizerischer Generalkonsul in Frankfurt am Main. 1974 Ehrenplakette der Stadt Frankfurt am Main. Nach seiner Pensionierung Vorstandsmitglied der »Arbeitsgemeinschaft Rechtsgrundlagen für Fuss- und Wanderwege ARF« der Schweiz, heute »Fussverkehr Schweiz«, die sich für die Erhaltung und Markierung der Wanderwege einsetzte.

Iris Meyer war im Winter 1941/42 mit August Rebsamen liiert.

de Reynold, Gonzague
1880–1970, geboren in Cressier, Freiburg. Freiburger Patrizier und rechtskonservativer Intellektueller. Studium in Paris und Freiburg im Breisgau. 1915–1931 Professor für französische Literatur an der Universität Bern, ab 1932 Professor für Geschichte an der Universität Fribourg. Hier besuchte Peter von Roten zusammen mit seinem Bruder Hans Anton Gonzague de Reynolds Vorlesung »Le Portugal contemporain«. Seine Ablehnung des Kommunismus, sein Misstrauen in die Demokratie und seine Anhänglichkeit an die aristokratische Vergangenheit machten Gonzague de Reynold zu einem Bewunderer der autoritären Regimes.

Im Sommer 1939 besuchte Peter von Roten Gonzague de Reynold auf dessen Landsitz in Cressier.

von Roten, Hans Anton
1826–1895, geboren in Raron. Peter von Rotens Grossvater. Katholisch-konservativer Ständerat und Nationalrat, Oberstleutnant, verheiratet mit Eugenie de Riedmatten, Kinder: Ida, Heinrich und Bertha von Roten.

von Roten, Hans Anton
1907–1993, Peter von Rotens ältester Bruder. Priester und Historiker. 1931 zum Priester geweiht, Geschichtsstudium in Fribourg und Paris, bischöflicher Kanzler in Sitten, anschliessend Seelsorger in verschiede-

nen Oberwalliser Pfarreien. Mit zahlreichen Veröffentlichungen zur Walliser Geschichte und der Aufarbeitung von über 100 Archivbeständen hat Hans Anton von Roten Bedeutendes für die Walliser Geschichtsschreibung geleistet.

von Roten, Eduard
1852–1931, entfernter Verwandter Peter von Rotens. Studium der Medizin in Bern und Würzburg. Lebte einige Zeit in Amerika, kehrte dann nach Raron zurück, wo er eine Arztpraxis führte. Ein altes Gerücht sieht in ihm den Vater von Rainer Maria Rilke.

von Roten, Ernst
1914–2002, Peter von Rotens Bruder. Studium an der ETH, Ingenieur bei der Lonza, Walliser Staatsrat 1958–1973. Ernst von Roten bewohnte mit seiner Frau, den fünf Kindern und seiner Mutter den alten Familiensitz der Familie in Raron.

von Roten, Heinrich
1856–1916, geboren in Raron. Peter von Rotens Vater. Advokat und Notar. Im Kulturkampf zusammen mit Ernst Feigenwinter Verteidiger der römisch-katholischen Kirche. 1904–1906 katholisch-konservativer Nationalrat, 1906–1916 Ständerat.

von Roten, Hildebrand
1910–1995, Peter von Rotens Bruder. Medizinstudium in Basel, Wien und München. Hildebrand von Roten lebte und arbeitete als Chirurg in Sitten, zweimal verwitwet, fünf Kinder.

von Roten, Hortensia
geb. 1952 in Zürich, Tochter von Iris und Peter von Roten. Studium der Geschichte, Kunstgeschichte und der englischen Literatur. Hortensia von Roten arbeitet als Museumskuratorin und Numismatikerin in Zürich. Eine Tochter.

von Roten, Leo Luzian
1824–1898, geboren in Raron. Peter von Rotens Grossonkel. Der unverheiratete Bruder von Peters Grossvater Hans Anton von Roten war katholisch-konservativer Ständerat und Walliser Staatsrat, publizierte

Dramen, Novellen, Gedichte und wurde bekannt als Dichter der Walliser Landeshymne.

von Roten, Maria (geb. Feigenwinter)
1883–1967, geboren in Basel. Peter von Rotens Mutter. Schulische Ausbildung im Kloster des Visitationsordens in Solothurn und Roselands, England. 1906 Heirat mit Heinrich von Roten, sechs Kinder. Nach dem Tod ihres Mannes 1916 kümmerte sich Maria von Roten zusammen mit ihren Schwägerinnen Bertha (1852–1922) und Ida von Roten (1854–1945) um die Erziehung und Ausbildung der Kinder sowie die Verwaltung des Familienbesitzes.

von Roten, Marie-Anne siehe unter von Sury, Marie-Anne

von Roten, Raphael
1860–1953, entfernter Verwandter Peter von Rotens. Priester und Rektor der Familie von Roten. Verfasser von historischen Schriften, Schauspielen und Lebenserinnerungen. Älterer Bruder von Eduard von Roten.

von Roten, Roman
1908–1914, Peter von Rotens Bruder. Starb im Kindesalter, vermutlich an Hirnhautentzündung.

von Salis, Meta
1855–1929, geboren in Marschlins, Graubünden. Schriftstellerin und erste Historikerin der Schweiz, Frauenrechtlerin mit weitverzweigtem Bekanntennetz, Brieffreundin von Friedrich Nietzsche. Meta von Salis forderte die politische und rechtliche Gleichstellung der Frau, wurde angefeindet und musste für ihre publizistische Unterstützung von Caroline Farner kurzzeitig sogar ins Gefängnis. Nach dem Verkauf ihres Schlosses in Marschlins lebte sie mit ihrer Lebensgefährtin Hedwig Kym, der zweiten Frau von Peters Grossvater Ernst Feigenwinter, erst auf Capri, dann in Basel. Im 1. Weltkrieg war Meta von Salis eine überzeugte Verfechterin des deutschen Nationalismus und eine erbitterte Gegnerin Englands und der USA.

Schwarzenbach, Annemarie
1908–1942, geboren in Zürich, Schriftstellerin und Journalistin. Enkelin von General Ulrich Wille. Zu Beginn er 1930er Jahre in Berlin, wo sie enge Kontakte zu Klaus und Erika Mann pflegte. Zahlreiche Reisen in Europa, im Orient, in die USA und nach Afrika. Gemeinsam mit Ella Maillart reiste sie 1939/40 nach Afghanistan. Nach einem schweren Fahrradsturz stirbt sie 1942 im Engadin.

Stark, Freya
1893–1993, geboren in Paris. Forschungsreisende und Schriftstellerin. Zwischen 1928 und 1983 reiste Freya Stark immer wieder in den Vorderen Orient, publizierte mehrere Reisebücher und machte sich auch als Fotografin einen Namen.

von Steiger, Eduard
1881–1962, geboren in Bern. Bundesrat der BGB, heute SVP, 1940–1951.

von Sury, Marie-Anne (geb. von Roten)
1913–2006, geboren in Raron. Peter von Rotens Schwester. Gymnasium in Ingenbohl, Studium der Germanistik und Geschichte an der Universität Freiburg. 1941 Heirat mit dem Solothurner Josef von Sury Büssy. 7 Kinder. Im Gegensatz zu ihrer Schwägerin Iris von Roten war Marie-Anne von Sury-von Roten eine engagierte Gegnerin des Frauenstimmrechts.

Tripet, Marie-Lise (geb. du Pasquier)
geb. 1916 in Neuenburg. Tochter eines reformierten Pfarrers. Studium der Mathematik. Gymnasiallehrerin. Verheiratet mit dem Mathematiker Philipp Tripet, der 1979 starb.

Marie-Lise Tripet-du Pasquier lernte Peter von Roten Ende der 1930er Jahre kennen. 1990 nahm sie den Kontakt wieder auf und korrespondierte mit ihm bis zu seinem Tod.

Vilar, Esther
geb. 1935 in Buenos Aires. Ärztin und Schriftstellerin. Mit ihrem Buch »Der dressierte Mann« (1971), das die These aufstellte, die Frau unterdrücke den Mann und nicht umgekehrt, löste sie grosse Kontroversen

aus. Esther Vilar veröffentlichte zahlreiche Bücher und Theaterstücke, die sich mehrheitlich gegen »linke« und feministische Positionen richteten.

In der Sendung »Antenne« des Schweizer Fernsehens kam es am 6. Dezember 1971 zu einem Streitgespräch zwischen Iris von Roten und Esther Vilar.

Weitzel, Andrée

1917–1984, geboren in Lausanne. Trat nach der Handelsmatur und dem eidgenössischen Fotografendiplom 1940 in den neu gegründeten militärischen Frauenhilfsdienst (FHD) und wurde 1943 zur Inspektorin befördert, war später Dienstchefin im Stab des Fliegerbeobachtungs- und Meldedienstes. Ihre Beziehung mit Peter von Roten datiert aus den frühen 1950er Jahren. 1953 wurde Andrée Weitzel Chefin des militärischen Frauenhilfsdienstes FHD. Nach ihrem Rücktritt war sie Mitglied des IKRK und der Schweizer UNESCO-Kommission.

Wyss, Laure

1913–2002, geboren in Biel. Journalistin und Schriftstellerin, sozialkritisches Engagement, Vorkämpferin der Frauenrechte. Ab 1950 Redaktorin beim Luzerner »Tagblatt«, Mitarbeiterin beim Schweizer Fernsehen. Nach 1962 beim »Tagesanzeiger Zürich«, wo sie 1970 das »Magazin« mitgründete. Laure Wyss veröffentlichte zahlreiche Reportagen und Bücher.

Züblin-Spiller, Else

1881–1948, geboren in Winterthur. Journalistin und bekennende Abstinenzlerin. Sie initiierte im 1. Weltkrieg die Soldatenstuben, gründete den Schweizer Verband für den Volksdienst und gilt auch als Mitbegründerin des militärischen Frauenhilfsdienstes FHD. Unter ihrer Leitung entstanden im 1. Weltkrieg in der Schweiz ungefähr 700 alkoholfreie Soldatenstuben. Else Züblin war lange Jahre Redaktorin und Vorstandsmitglied des »Schweizerischen Frauenblattes«.

ZEITTAFEL

1916	Am 5. Juni wird Peter von Roten geboren.
1916	Peters Vater Heinrich von Roten stirbt am 18. Dezember im Alter von sechzig Jahren.
1917	Am 2. April erblickt Iris Meyer das Licht der Welt.
1919	Maria von Roten zieht mit ihren fünf Kindern nach Sitten, wo Peter die französischsprachige Primarschule besucht.
1923–25	Walter und Bertha Meyer-Huber leben mit ihren Kindern Iris, Manfred und Sylvia in Schweden.
1926	Maria von Roten bezieht mit ihren Kindern eine Wohnung im Stockalperschloss in Brig, wo Peter und seine Brüder das Kollegium »Spiritus Sanctus« besuchen.
1929	Die Familie Meyer zieht nach Rapperswil, wo Walter Meyer die Leitung der Firma »Weidmann« übernimmt und Iris die Sekundarschule besucht.
1932	Iris Meyer tritt in die Höhere Töchterschule »Hohe Promenade« in Zürich ein.
1935	Peter von Roten schliesst das Kollegium Brig erfolgreich ab und beginnt ein Jurastudium an der Universität Fribourg.
1936	Nach absolvierter Maturität und einem halben Jahr Aufenthalt in Schweden beginnt Iris Meyer mit dem Studium der Rechte in Bern. Peter von Roten verlässt die Universität Fribourg, absolviert ein Gastsemester an der Sorbonne in Paris und setzt sein Studium im Herbst 1937 in Bern fort.
1939	Nach einer kurzen Bekanntschaft im Sommer trennen sich Iris Meyer und Peter von Roten im Streit. Im August nimmt Peter an einem einmonatigen Studentenaustausch in Ungarn teil.
1940	Peter von Roten promoviert zum Doktor iur. und legt das Walliser Staatsexamen als Notar ab. Im gleichen Jahr wird er Walliser Grossrat und zum Aktivdienst eingezogen.
1940–41	In Florenz und Perugia belegt Peter von Roten zwei Semester

lang Politik- und Staatswissenschaft. Iris Meyer promoviert zum Doktor iur. und beschliesst, sich dem Journalismus zu widmen.

1941 Iris Meyer arbeitet als Journalistin und Redakteurin bei dem von ihrem Onkel Adolf Guggenbühl gegründeten »Schweizer Spiegel«, für den sie als Studentin schon Artikel und Kolumnen schrieb.

1942 In Florenz studiert Peter von Roten ein Semester lang Staatswissenschaften.

1942 Iris Meyer überwirft sich mit ihrem Onkel Adolf Guggenbühl und verlässt den »Schweizer Spiegel Verlag«.

1943 Iris Meyer wird Redaktorin der Zeitschrift »Heim und Leben« in Luzern und nimmt den Kontakt zu Peter von Roten wieder auf. Beginn des Briefwechsels. Peter von Roten legt das Walliser Staatsexamen als Rechtsanwalt ab und wird Gemeinderat von Raron. In Visp und Raron eröffnet er ein eigenes Advokatur- und Notariatsbüro.

1944 Iris Meyer wird Redaktorin des »Schweizer Frauenblattes«, Peter von Roten nebenamtlich Redaktor des »Walliser Boten«.

1945 Iris Meyer und Peter von Roten verloben sich am 1. Juni. Iris verlässt das »Schweizer Frauenblatt« und bereitet sich auf das zürcherische Anwaltsexamen vor, das sie erfolgreich besteht. Peter von Roten wird zum Präfekten des Bezirks Westlich-Raron ernannt. Er wird dieses Amt bis 1986 innehaben.

1946 Am 25. Juli heiraten Iris Meyer und Peter von Roten im freiburgischen Marly-Le-Grand.

1947 Iris und Peter von Roten wohnen in Visp. Peter kandidiert erfolglos für den Nationalrat, Iris absolviert einen dreimonatigen Sprachaufenthalt in England. Im Herbst übersiedeln sie von Visp nach Leuk.

1948 Peter von Roten ist Grossratspräsident und Landeshauptmann des Kantons Wallis. Im Spätsommer verreist Iris für ein Studienjahr in die USA. Im Gepäck hat sie erste Entwürfe von »Frauen im Laufgitter«. Im Spätherbst rückt Peter von Roten als Nachfolger des katholisch-konservativen Oskar Schnyder in den Nationalrat nach. Hier reicht er zum Ärger seiner Partei bis 1951 verschiedene Motionen und Interpellationen für die politische Gleichstellung der Frauen ein.

1950 Iris von Roten wird Leiterin der Reklameabteilung des Modehauses »Hanro« in Liestal. Im Herbst übersiedeln Iris und Peter von Roten nach Basel in das Haus von Peters Grossvater Ernst Feigenwinter. Peter von Roten macht einen ersten Vorstoss, um den sich im Schweizerischen Landesmuseum befindenden Romanus-Altar nach Raron zurückzuführen.

1951 Bei den Nationalratswahlen wird Peter von Roten abgewählt. Er wird Teilhaber des Advokaturbüros Paravicini/Im Obersteg. Iris von Roten verlässt »Hanro« und will sich ausschliesslich der Entstehung ihres Buches widmen.

1952 Geburt der Tochter Hortensia.

1955 Bei einer nächtlichen Personenkontrolle in Zürich wird Iris von Roten, die sich weigert, der Polizei ihr Ziel bekanntzugeben, verhaftet. Die anschliessende Pressepolemik bringt Iris von Roten zum ersten Mal als Frauenrechtlerin schweizweit in die Schlagzeilen.

1957 In Unterbäch inszeniert Peter von Roten die erste Abstimmung der Schweiz, an der Frauen teilnehmen. Eine unmittelbare Folge davon ist seine Abwahl aus dem Walliser Grossen Rat.

1958 Mit der Publikation von »Frauen im Laufgitter« verursacht Iris von Roten einen landesweiten Proteststurm.

1959 Am 1. Februar lehnt das Schweizer (Männer-)Volk im Verhältnis von 2:1 das Frauenstimm- und -wahlrecht ab. Auf kantonaler Ebene wird das Frauenstimmrecht im Waadtland angenommen. Iris von Roten publiziert das »Frauenstimmrechtsbrevier«. Sie unternimmt eine erste längere Reise nach Griechenland.

1960 Iris von Roten wendet sich dem Reisen zu: Mit dem Ullstein-Verlag plant sie ein Reisebuch und fährt ein halbes Jahr allein durch die Türkei.

1961 Reise nach Tunesien. Die Publikation des Türkei-Buches verzögert sich.

1962 Peter von Roten macht sich selbständig und eröffnet zusammen mit Iris im Parterre ihres Hauses am Heuberg ein Advokatur- und Notariatsbüro.

1963 Das Schweizer Radio DRS produziert Peter von Rotens Hörspiel »Maria Magdalena«.

1964	Iris von Roten unternimmt eine längere Reise durch Jugoslawien.
1965	Nach einigen Komplikationen erscheint Iris von Rotens Türkei-Buch »Vom Bosporus zum Euphrat. Türken und Türkei« schliesslich im Henry Goverts Verlag in Stuttgart. Im gleichen Jahr bereist sie Griechenland, die Türkei, Iran, Irak, Saudi-Arabien, Syrien und den Libanon.
1965	Peter von Roten portiert Mathilde von Stockalper als Grossratskandidatin des Bezirkes Brig. Das Bundesgericht erklärt ihre Kandidatur als ungültig.
1966	Iris von Roten reist durch Spanien und Portugal
1967	Peters Mutter, Maria von Roten, stirbt am 15. August in ihrem fünfundachtzigsten Lebensjahr.
1968	Iris von Roten fährt zum letzten Mal in die Türkei und besucht die Stätten ihrer ersten Reise.
ab 1970	Iris von Roten wendet sich der Malerei zu.
1971	Einführung des Frauenstimm- und -wahlrechtes in der Schweiz. Im Schweizer Fernsehen führt Iris von Roten ein Streitgespräch mit Esther Vilar. Im gleichen Jahr unternimmt sie eine Reise nach Kenia. Am 17. Juli stirbt ihr Vater in seinem fünfundachtzigsten Lebensjahr.
1972	Iris, Peter und Hortensia von Roten geben ein grosses Fest im Schloss Thunstetten im bernischen Aarwangen.
1978	Am 17. Januar wird Peter von Roten bei einem Autounfall schwer verletzt. Die gesundheitlichen Folgen beeinträchtigen sein Leben bis zu seinem Tod. Am 26. August stirbt Iris von Rotens Mutter, Bertha Meyer-Huber, in ihrem zweiundneunzigsten Altersjahr.
1981	In seinem Kampf um die Rückführung des Romanus-Altars und einer Muttergottesstatue nach Raron wendet sich Peter von Roten an den Papst.
1983/84	Iris von Roten unternimmt Reisen nach Tunesien, Malta und Brasilien.
1984	Papst Johannes Paul II. erlaubt die Wiedereinführung der lateinischen Messe, die seit dem 2. Vatikanischen Konzil verboten war. Peter von Roten hat zwanzig Jahre dafür gekämpft.

1988 Iris von Roten wird von einem Auto angefahren und erleidet einen komplizierten Beinbruch.

1990 Am 11. September geht Iris von Roten in den Freitod.

1991 Am 30. August stirbt Peter von Roten im Kantonsspital Basel. Kurz nach seinem Tod erscheint im efef-Verlag eine Neuauflage von »Frauen im Laufgitter«, die zum Bestseller wird.

QUELLENLAGE UND BIBLIOGRAPHIE

1. Zur Quellenlage

Die Nachlässe von Iris und Peter von Roten befinden sich zum allergrössten Teil im Besitz ihrer Tochter Hortensia von Roten. Der gemeinsame Nachlass besteht aus einem umfangreichen Briefwechsel von 1288 Briefen, der die Jahre 1943–1949 umfasst.

Der Nachlass von Iris von Roten beinhaltet Originalmanuskripte sowie Entstehungsmaterialien ihrer Bücher, eine Sammlung zeitgenössischer Rezensionen und persönlicher Leserreaktionen. Ebenso sorgsam archivierte sie die breite Pressepolemik um ihre nächtliche Verhaftung in Zürich (1955). Weiter hat Iris von Roten auch zahlreiche ihrer Artikel im »Schweizer Spiegel« (1941–1942), in »Heim und Leben« (1943) und dem »Schweizer Frauenblatt« (1944–1945) aufbewahrt. Nach 1960 verfasste sie in unregelmässigen Abständen einzelne Beiträge für verschiedene Zeitschriften und Zeitungen. Reiseberichte, Buchrezensionen sowie frauenspezifische Themen standen dabei im Vordergrund, so für die Frauenzeitschriften »Annabelle« und »Elle«, für die Zeitungen »Weltwoche« und die »Basler Nachrichten«. Im Nachlass von Iris von Roten befindet sich weiter ein grosser Fundus von Briefen verschiedenster Adressaten, die für dieses Buch von grosser Wichtigkeit waren. Dazu kommen frühe Notiz- und Skizzenbücher, spätere Dossiers zu ihrer Familiengeschichte und zu verschiedenen Themen (z. B. Schlaf, Exit, Reisen), die sie in ihrem Leben beschäftigten. Im Gegensatz zu Peter von Roten führte sie nie ein Tagebuch.

Peter von Rotens Nachlass ist sehr viel umfangreicher als derjenige seiner Gattin. So hat er nicht nur seine frühen Tagebuchhefte aus den späten 1930er und frühen 1940er Jahren aufbewahrt, sondern auch seine Korrespondenz aus dieser Zeit noch zu seinen Lebzeiten im Von-Roten-Familienarchiv in Raron deponiert. Seine spätere Korrespondenz – zahlreiche Briefe v. a. von Frauen und Familienmitgliedern (v. a. Hans Anton von Roten) – sowie seine nur mehr lose geführten Tagebücher befinden sich im Besitz von Hortensia von Roten. Nur schwer zu überblicken ist Peter von Rotens politischer, journalistischer und schriftstellerischer Nachlass. Seine politische Tätigkeit dokumentieren zahlreiche Reden, persönliche Notizen zu politischen Vorstössen (z. B. Motionen im Nationalrat) und Artikel in den verschiedensten Zeitungen (u. a. »Neue Zürcher Nachrichten«, »Vaterland«, »Schweizerische Mittelpresse«). Lückenlos erhalten sind seine Leitartikel und Kolumnen im »Walliser Boten« (1944–1990). Wie Iris von Roten hat auch Peter von Roten Zeitungs- und Zeitschriftenartikel über sein politisches und feministisches Engagement (v. a. Frauenstimmrecht) systematisch gesammelt.

Grossen Platz in Peter von Rotens Nachlass nehmen seine literarischen Arbeiten ein: Sie umfassen ein gutes Dutzend mehr oder weniger vollendete Theaterstücke, ein Hörspiel (»Maria Magdalena«, 1963), lyrische Versuche, umfangreiche Kindheits- und Jugenderinnerungen sowie einen unvollendet gebliebenen Roman (»Phallus Alpinus – Drama am Matterhorn«, 1989/90).

Dazu kommen zahlreiche Dokumente zur Familiengeschichte, umfangreiche Dossiers zur lateinischen Liturgie und zur jahrzehntelangen Auseinandersetzung mit dem Landesmuseum um den Romanus-Altar aus Raron.

2. *Konsultierte Archive*

Privatarchive

- Archiv Hortensia von Roten, Zürich
- Familienarchiv von Roten, Raron
- Familienarchiv von Sury, Solothurn

Öffentliche Archive

- Archiv des Büros für die Gleichstellung von Frau und Mann des Kanton Wallis
- Bundesarchiv, Bern
- Gosteli Archiv, Worblaufen
- Kantonsbibiliothek Nidwalden

- Klosterarchiv Mariastein
- Mediathek des Kanton Wallis, Martigny
- Schweizerisches Literaturarchiv, Bern
- Schweizerische Nationalbibliothek, Bern (Zeitungs- und Zeitschriftenarchiv)
- Walliser Staatsarchiv, Sitten

3. *Abbildungen*

Ich danke folgenden Rechteinhabern für den Abdruck von Fotografien:

Walter Albrecht/Universitätsbibliothek Basel: S. 111
Hans Baumgartner, Hortensia von Roten: Umschlag, S. 226, 297, 362
Reta Berger-Paravicini: S. 24, 44, 46, 97, 135
Maurice Betz: S. 154
Keystone: S. 487
National-Zeitung: S. 495
Familienarchiv von Roten: S. 130, 133, 143, 150, 154, 156
Hortensia von Roten: S. 13, 19, 21, 32, 39, 117, 189, 198, 201, 205, 206, 208, 211, 219, 247, 255, 335, 347, 351, 354, 358, 370, 379, 407, 410, 448, 455, 470, 475, 482, 518, 528, 533, 535, 537, 539, 541, 545, 552, 557, 575, 580, 597, 608
Hubert von Roten: S. 94
Anne Roth-Huggler: S. 169
Tula Roy: S. 587
Hans-Ulrich Rübel: S. 159
Jean Rudolf von Salis: S. 161
Schweizerisches Landesmuseum: S. 566
Hans-Peter Siffert: S. 563
Familienarchiv von Sury: S. 88, 89, 91, 100, 103, 123, 126, 145

4. *Literatur (Auswahl)*

- Albert-Lasard, Lou: Wege mit Rilke, Frankfurt am Main 1952
- Altermatt, Urs; Hürten, Heinz; Lobkowicz, Nikolaus (Hg.): Moderne als Problem des Katholizismus, Regensburg 1995

- Altermatt, Urs (Hg.): Katholische Denk- und Lebenswelten. Beiträge zur Kultur- und Sozialgeschichte des Schweizer Katholizismus im 20. Jahrhundert, Freiburg 2003
- Améry, Jean: Werke 6. Aufsätze zur Philosophie. Stuttgart 2004
- Arendt, Hannah und Karl Jaspers: Briefwechsel 1926–1969, hg. von Lotte Köhler und Hans Saner, München 1985
- Ariès, Philippe: Geschichte der Kindheit, München 1978
- Ariès, Philippe und Georges Duby (Hg.): Geschichte des privaten Lebens, Bde. IV und V, Frankfurt am Main 1992–1994
- de Beauvoir, Simone: Das andere Geschlecht. Sitte und Sexus der Frau. Reinbek bei Hamburg 2002
- Beck, Ulrich: Die Liebe – Gott der Privatheit. Über das Ringen um neue Formen des Zusammenlebens von Mann und Frau, in: »Neue Zürcher Zeitung«, 23./24. September 2006, Nr. 221, S. 71
- Belkina, Marija: Die letzten Jahre der Marina Zwetajewa, Frankfurt 1990
- Blum, F. Ch.: Marie Elisabeth Feigenwinter. Aus den Anfängen des St. Katharinawerkes, Basel 1965
- Bollinger, Andrea: Die Korrespondenz der Meta von Salis-Marschlins (1855–1929), Projekt Schweizerischer Nationalfonds, bisher unveröffentlicht
- Bührig, Marga: Spät habe ich gelernt, gerne Frau zu sein. Eine feministische Autobiographie, Stuttgart 1999
- Brilli, Attilio: Als das Reisen noch eine Kunst war. Vom Beginn des modernen Tourismus: Die »Grand Tour«, Berlin 1997
- Brilli, Attilio: Das rasende Leben. Die Anfänge des Reisens mit dem Automobil, Berlin 1999
- Broda, May. B.: Wenn Männer für Frauen motzen – ein politisches Lehrstück über die Einführung des Frauenstimmrechts, in: Itinera, Hg. Schweizerische Geschichtsforschende Gesellschaft, Heft 20, Basel 1998, S. 53–76
- Brückner, Margrit und Lothar Böhnisch: Geschlechterverhältnisse. Gesellschaftliche Konstruktion und Perspektiven ihrer Veränderung. Weinheim und München 2001
- Carlen, Louis: 27 Walliser, Porträtsammlung, Visp 1994
- Casanova, Giacomo: Die Geschichte meines Lebens, Berlin, 1985
- Chappaz, Maurice: Die Walliser. Dichtung und Wahrheit. Zürich 1982
- Chappaz, Maurice: La pagne-pain du songe, Correspondance 1928–1961, Lausanne 1991

- Chappaz, Maurice: L'Ocean, Lausanne 1993
- Conzemius, Viktor: Schweizer Katholizismus 1933–1945: eine Konfessionskultur zwischen Abkapselung und Solidarität, Zürich 2001
- Dürrenmatt, Friedrich: Frank der Fünfte. Oper einer Privatbank. Musik von Paul Burkhard, 1959
- Elias, Norbert: Über den Prozess der Zivilisation. Soziogenetische und psychogenetische Untersuchungen, Basel 1939
- Feigenwinter, Ernst August: Die Feigenwinter im Spiegel von fünf Jahrhunderten, Basel 1989
- Flury, Peter: Ernst Feigenwinter (1853–1919). Die Anfänge des Basler Katholikenführers um die Jahrhundertwende, Lizentiatsarbeit an der Universität Basel, Hägendorf 1979
- Freedman, Ralph: Rainer Maria Rilke. Biographie. Zwei Bände. Frankfurt am Main 2001/2002
- Frisch, Max: Tagebuch 1966–1971, Frankfurt am Main 1972
- Füllner, Bernt; Liedtke, Christian (Hg.): Heinrich Heine: »...und grüssen Sie mir die Welt«, Ein Leben in Briefen. Hamburg 2005
- Flusser, Vilém: Bodenlos. Eine philosophische Autobiographie. Düsseldorf 1992
- Geipel, Ines: Dann fiel auf einmal der Himmel um. Inge Müller. Die Biographie. Berlin 2002
- Graupner, Ernst: Rainer Maria Rilke. Ein unruhiges Leben. Unveröffentlichtes Manuskript, 1977
- Härtling, Peter: Hölderlin. Ein Roman. Darmstadt und Neuwied 1976
- Hebeisen, Erika: Freundinnen. Wenn Frauen Frauen lieben – Meta von Salis und Hedwig Kym: »Die keusche Blume der Freundschaft«, in: Chratz und Quer, sieben Frauenstadtrundgänge in Zürich, Zürich 1995/2003
- Honegger, Claudia: Die Ordnung der Geschlechter. Die Wissenschaften vom Menschen und das Weib. Frankfurt/New York 1991
- Indermitte, Josef: Der Dekan von Raron, Alois Andenmatten, Pfarrer von Raron, Visp 1971
- Keller, Rosemarie: Ich bereue nicht einen meiner Schritte. Leben und Prozess der Ärztin Caroline Farner. Zürich 2001
- Kippenberg, Katharina: Rainer Maria Rilke. Ein Beitrag. Leipzig 1938
- Köchli, Yvonne-Denise: Eine Frau kommt zu früh. Zürich 1992
- Kopp, Barbara: Die Unbeirrbare. Wie Gertrud Heinzelmann den Papst und die Schweiz das Fürchten lernte, Zürich 2003

- Korrodi, Eduard: Rainer Maria Rilkes Begräbnis, in: Das Inselschiff. Eine Zeitschrift für die Freunde des Insel-Verlages. März 1927, VIII, 2
- Kreis, Georg: Philipp Etter – »voll auf eidgenössischem Boden«, in: Intellektuelle von rechts. Ideologie und Politik in der Schweiz 1918–1939, hg. von Aram Mattioli
- Kuonen, Roland: Gott in Leuk. Von der Wiege bis ins Grab – Die kirchlichen Übergangsrituale im 20. Jahrhundert, Freiburg 2000
- Jacquemet, Nicole: Le suffrage feminin dans le canton du Valais, Lizentiatsarbeit an der Universität Lausanne, 1992
- Joris, Elisabeth: Nachwort zur Neuauflage von »Frauen im Laufgitter«. Zürich 1991
- Kym, Hedwig: In memoriam Meta von Salis-Marschlins, Chur 1929.
- Jost, Hans Ulrich: Politik und Wirtschaft im Krieg. Die Schweiz 1938–1948, Zürich 1998
- Jost, Hans Ulrich: Die reaktionäre Avantgarde. Die Geburt der neuen Rechten in der Schweiz um 1900. Zürich 1992
- Langner, Beatrix: Hölderlin und Diotima. Eine Biographie. Frankfurt am Main und Leipzig 2001
- Luck, Rätus (Hg.): Rainer Maria Rilke, Briefe an Schweizer Freunde, Frankfurt am Main 1990
- Luck, Rätus (Hg.): Rainer Maria Rilke: Briefe an Nanny Wunderly-Volkart, Frankfurt am Main 1977
- auf der Maur, Anton: Dr. Ernst Feigenwinter, Basel 1921
- Marko, Gerda: Schreibende Paare, Zürich-Düsseldorf 1995
- Marti, Madeleine: Frauenfreundschaften im kulturellen Wandel, Vortrag an der Tagung »Die Bedeutung von Frauenfreundschaften«, in: »Basler Nachrichten« Nr. 32, 10. August 1991
- Matt, Peter von: Liebesverrat: Die Treulosen in der Literatur, München 1989
- Mattioli, Aram: Zwischen Demokratie und totalitärer Diktatur. Gonzague de Reynold und die Tradition der europäischen Rechten in der Schweiz. Zürich 1994
- Meichtry, Wilfried: Zwischen Ancien Régime und Moderne: Die Walliser Adelsfamilie von Werra. Dissertation, Universität Bern, 1998
- Meichtry, Wilfried: »Du und ich – ewig eins«. Die Geschichte der Geschwister von Werra. Zürich 2006
- Meier-Kern, Paul: Zwischen Isolation und Integration. Geschichte der Katholischen Volkspartei Basel-Stadt, 1870–1914, Basel 1997

- Mesmer, Beatrix: Ausgeklammert – Eingeklammert. Frauen und Frauenorganisationen in der Schweiz des 19. Jahrhunderts, Basel 1988
- Mesmer, Beatrix: Staatsbürgerinnen ohne Stimmrecht. Die Politik der schweizerischen Frauenverbände 1914–1971, Zürich 2007
- Nizon, Paul: Diskurs in der Enge. Verweigerers Steckbrief. Frankfurt am Main 1990
- Pfammatter, Alphons: Dorfchronik Raron St. German, Visp 1988
- Pfammatter, Andrea: Frauen und Politik im Wallis. Lizentiatsarbeit an der Universität Fribourg, 1992
- Redolfi, Silke: Frauen bauen Staat. 1900–2000: 100 Jahre Bund Schweizerischer Frauenorganisationen, Zürich 2000
- van Rossum, Walter: Simone de Beauvoir und Jean Paul Sartre. Hamburg 2001
- von Roten, Hans Anton und Ernst: Stammtafeln Familie von Roten, Vallesia, Sion 1989
- von Roten, Hortensia (Hg.): Blumenblicke. Zürich 1993
- von Roten, Iris: Frauen im Laufgitter, Bern 1958. Neuauflage: Zürich 1991
- von Roten, Iris: Frauenstimmrechts-Brevier, Basel 1959
- von Roten, Iris: Vom Bosporus zum Euphrat. Stuttgart 1965. Neuauflage 1993
- von Roten, Peter: Leitartikel und Kolumnen, hg. von Hans-Viktor von Sury, Visp 1992
- von Roten, Raphael: Lebenserinnerungen, hg. von Bernard Truffer in »Blätter aus der Walliser Geschichte«, Band 37, Brig 2005
- de Rougement, Denis: Die Liebe und das Abendland, Köln–Berlin 1966 [Paris 1939]
- Ruckstuhl, Lotti: Frauen sprengen Fesseln. Hindernislauf zum Frauenstimmrecht der Schweiz, Bonstetten 1986
- Ruppen, Walter: Raron. Schweizerische Kunstführer, hg. von der Gesellschaft für Schweizerische Kunstgeschichte, Basel 1974
- Schnyder, Albert: Leo Luzian von Roten, Walliser Jahrbuch, Brig 1933
- Truffer, Bernard: Zur Erinnerung an Rektor Hans Anton von Roten 1907–1993, Vallesia, Sion 1993
- von Salis, Hans Rudolf: Rilkes Schweizer Jahre. Ein Beitrag zur Biographie von Rilkes Spätzeit, Frankfurt am Main 1975
- Schank, Stefan: Kindheitserfahrungen im Werk Rainer Maria Rilkes. Eine biographisch-literaturwissenschaftliche Studie. Im Anhang: Die

Briefe Sophie Rilkes an Nanny Wunderly-Volkart 1926–1931, Saarbrücken 1994
- Schubart, Walter: Religion und Eros. München 1966
- Stump, Doris: Sie töten uns – nicht unsere Ideen. Meta von Salis-Marschlins. Schweizer Frauenrechtskämpferin und Schriftstellerin, Dissertation Universität Zürich, 1984
- Stump, Doris: Meta von Salis-Marschlins. Die unerwünschte Weiblichkeit. Autobiographie, Gedichte, Feministische Schriften, Zürich 1988
- Vilar, Esther: Der dressierte Mann, Gütersloh-Wien 1971
- Vögeli, Yvonne: Zwischen Hausrat und Rathaus. Auseinandersetzungen um die politische Gleichberechtigung der Frauen in der Schweiz 1945–1971, Zürich 1997
- Walter, Otto: Dr. Ernst Feigenwinter, 1853–1919, Basel 1944
- Wecker, Regina; Studer, Brigitte; Sutter, Gaby: Die »schutzbedürftige Frau«. Zur Konstruktion von Geschlecht, Zürich 2001
- Zenhäusern, Gregor: Unterbäch … das »Rütli der Schweizerfrau«. Eine denkwürdige Episode auf dem Weg zum Frauenstimmrecht in der Schweiz. Mit Anmerkungen versehener Vortragstext, in: Frauen und Geschlechtergeschichte im Wallis und in Graubünden. Referate der Tagung vom 30. August 2003 in Chur
- Zermatten, Maurice: Les Années valaisannes de Rilke. Avec des lettres inédites à ses amis valaisans. Lausanne 1941

5. *Darstellungen, Nachschlagewerke*

- Frauen-Macht-Geschichte. Frauen- und gleichstellungspolitische Ereignisse in der Schweiz 1848–1998, Hg. Eidgenössische Kommission für Frauenfragen, Teil 1–3, Bern 1998
- Geschichte der Schweiz und der Schweizer. Basel–Frankfurt am Main 1986
- Historisches Lexikon der Schweiz, hg. von der Stiftung Historisches Lexikon der Schweiz, Basel 2002–2007
- Katholischer Katechismus, Einsiedeln 1955
- Personenlexikon des Kantons Basel Landschaft, Staatsarchiv Basel Landschaft; elektronische Publikation (www.baselland.ch/docs/archive/hist/bio)

FAMILIE VON ROTEN-FEIGENWINTER

Hans-Anton von Roten
1826–1895
∞ Eugenie de Riedmatten
1826–1862

Berta
1852–1922

Ida
1854–1945

Heinrich
1856–1916

Hans Anton
1907–1993

Roman
1908–1914

Hildebrand
1910–1995
∞ 1. Christiane de Kalbermat
1921–1971
2. Isabelle Kaiser
1943–1987

Grafik: Severin Fischer

Ernst Feigenwinter
1853–1922
∞ **1. Berta Blarer von Wartensee**
1858–1904
2. Hedwig Kym
1860–1949

Maria
1883–1967

Elisabeth
1887–1977

Ernst
1889–1915

Marie-Anne
1913–2006
∞ Josef von Sury
1896–1991

Ernst
1914–2002
∞ Marie José Allet
1924

Peter
1916–1991
∞ **Iris Meyer**
1917–1990

FAMILIE VON MEYER-HUBER

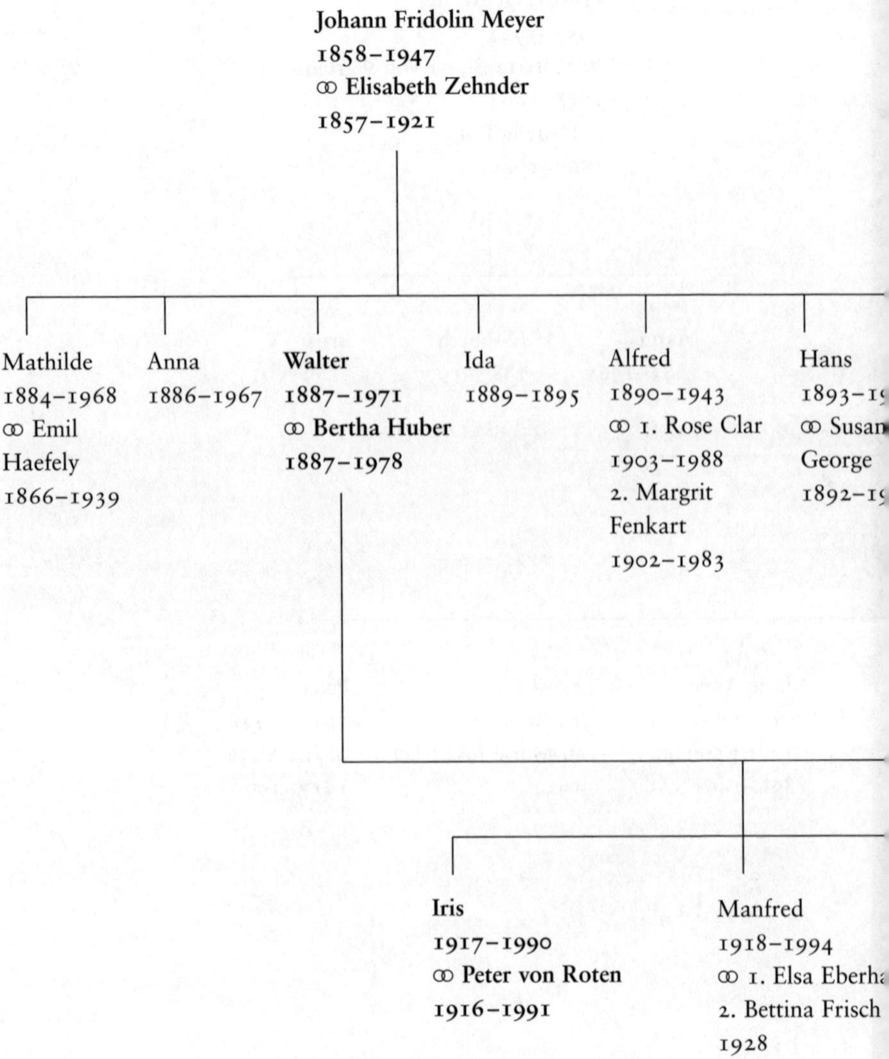

Grafik: Severin Fischer

Rudolf Huber
1858–1922
⚭ 1. Wilhelmine v. Salis
1859–1912
2. Nina v. Salis

tto
397–1991
⚭ Hanni Erny
904–1990

Meta
1885–1902

Bertha
1887–1978
⚭ Walter Meyer
1887–1971

Fortunat
1896–1984
⚭ Ellinor
Voegeli
1910–2003

Helen
1899–1966
⚭ Adolf
Guggenbühl
1896–1974

Sylvia
1921–1988
⚭ Louis Mazot
1919–1994

DANK

Von Herzen danke ich Hortensia von Roten für das mir entgegengebrachte Vertrauen und die wohlwollende Begleitung dieser Arbeit. Bei Frau Professor em. Beatrix Mesmer, Patrizia Lorenzi und Egon Ammann bedanke ich mich für das Lektorat und viele anregende Gespräche. Werner Schweizer verdanke ich die aufmerksame Durchsicht des Manuskriptes, Barbara Kopp und Pascale Meyer ihr Interesse und viele kritische Fragen.

Mein Dank geht an alle Freunde und Verwandten von Iris und Peter von Roten, die bereit waren, sich mit mir zu unterhalten und mir Briefe und Fotografien zur Verfügung zu stellen. Namentlich gilt mein Dank: Hortensia von Roten, Marie-Anne von Sury-von Roten, Heinrich von Roten, Hubert von Roten, Verena von Sury Zumsteg, Hans-Viktor von Sury, Adolf Guggenbühl-Craig, Elisabeth Rutishauser-Guggenbühl, Bettina Meyer-Frisch, Marie-Lise Tripet-du Pasquier, Carlo Bellwald, Maurice Chappaz, Anton Nanzer, Philipp Mengis, Barbara Schiller-von Schulthess, Alfred Ernst, Margrith Ernst-Nonnenmacher, Dominique Marcuard, Raymond Perren, Martina Wille-von Erlach, Reta Berger-Paravicini, Hans-Ulrich Rübel, Isa Hesse-Rabinovitch, Natascha Mann.

Mein Dank richtet sich weiter an: Marthe Gosteli, Rätus Luck, Curdin Ebneter, Monika Bumann, Marienne und Alfons Piller-Zen Ruffinen, Christoph Banderet, Vreni Simonini, Adolf Imboden, Andrea Bollinger, Walter Albrecht, Lukas Hartmann, Gregor Zenhäusern, Katharina Zenhäusern, Erna Aeberhard, Alex Hagen, Donat Jeiziner, Sylvia Bittel, Lina Karlen-Hildbrand, Roger Perret, Severin Fischer, Stiftung Schloss Leuk, Kulturstiftung Raron.

Einen besonderen Dank sage ich den MitarbeiterInnen der konsultierten Archive und an Prof. Dr. Jürgen von Ungern-Sternberg für das Gastrecht im Seminar für Alte Geschichte am Heuberg 12 in Basel.

INHALT